Hamburger Edition

Luc Boltanski und Laurent Thévenot

Über die Rechtfertigung

Eine Soziologie der kritischen Urteilskraft

Aus dem Französischen
von Andreas Pfeuffer

Hamburger Edition

Hamburger Edition HIS Verlagsges. mbH
Verlag des Hamburger Instituts für Sozialforschung
Mittelweg 36
20148 Hamburg
www.hamburger-edition.de

Titel der französischen Ausgabe: »De la justification.
Les économies de la grandeur«

Redaktion: Jörg Potthast
Umschlaggestaltung: Wilfried Gandras
Typografie: Jan Enns
Satz aus der Sabon von Dörlemann Satz, Lemförde
Druck und Bindung: CPI books GmbH, Leck
Printed in Germany
ISBN 978-3-86854-285-1
2. Auflage April 2018

Für Joëlle Affichard
und Elisabeth Claverie

Inhalt

Wie wir dieses Buch geschrieben haben

Die Leserinnen und Leser dieses Buches könnten etwas irritiert sein, auf den folgenden Seiten nicht die ihnen sonst vertrauten Wesen anzutreffen. Wir begegnen hier keinerlei Gruppen, sozialen Klassen, Arbeitern, Führungskräften, Jugendlichen, Frauen, Wählern und so weiter, an die uns die Sozialwissenschaften und die Allgegenwart von Statistiken mittlerweile gewöhnt haben; ebenso wenig aber auch jenen eigenschaftslosen Wesen, die der Wirtschaftswissenschaftler Individuen nennt und denen er im Rahmen seiner Theorie die Rolle von Trägern von Wissen und Präferenzen zuweist. Auch wird man nicht jene aus dem Leben gegriffenen Persönlichkeiten antreffen, welche die am stärksten literarisch orientierten Strömungen der Soziologie, der Geschichtswissenschaft oder der Anthropologie in das Feld der Wissenschaft überführen, indem sie Zeugnisse und Äußerungen heranziehen, die jenen, wie sie von Journalisten gesammelt und von Romanautoren in Szene gesetzt werden, stark ähneln. Dieses Buch mag vielleicht arm an Gruppen, Individuen oder wirklichen Personen sein, es hat jedoch eine Fülle von Wesen zu bieten, die als Menschen oder Dinge hier nie in Erscheinung treten, ohne dass zugleich ihr jeweiliger Zustand näher bestimmt wird.[1] Genau das Verhältnis zwischen diesen »Personenzuständen« und »Dingzuständen«, also das, was wir im weiteren Verlauf eine *Situation* nennen werden, ist Gegenstand dieses Buches.

---

1 (Anm. aus der engl. Übers.:) Über den gewöhnlichen Sprachgebrauch hinausgehend verwenden wir das Verb »qualifizieren« (frz. *qualifier*) zur Bezeichnung eines Vorgangs, mittels dessen man (a) ein einzelnes Wesen identifiziert, indem man es einer Äquivalenzklasse zuordnet, subsumiert, es »kategorisiert«; (b) dem Wesen eine konventionell festgelegte Bezeichnung gibt, was ungefähr dem entspricht, was im Englischen mit dem Begriff »Labeling« bezeichnet wird, mit der Ausnahme, dass der Begriff es wie im juristischen Sprachgebrauch möglich macht (wenn ein Richter entscheidet, dass die Situation die Anwendung eines Gesetzes verlangt), zu spezifizieren, dass man (c) das Wesen in einen performativen Code einschreibt. Die »Qualifizierungen«, die wir in diesem Buch untersuchen, besitzen auch eine wertende Dimension, was voraussetzt, dass man sich (d) auf ein Gemeinwohl bezieht. (Der Begriff »qualifier« wird im Verlauf des Buchs je nach Kontext als »zuordnen«, »einordnen«, »näher bestimmen«, »kategorisieren«, »bewerten«, »subsumieren« wiedergegeben; Anm. des Übers.)

Allerdings haben wir die von den Sozialwissenschaften her gewohnten Wesen nicht völlig aus den Augen verloren. Bei der Beschäftigung mit den Problemen, welche ihr Aufeinandertreffen in ein und demselben diskursiven Rahmen und sogar bis in dieselben individuellen Äußerungen hinein hervorruft, ging uns auf, dass wir genau solche Fragen in den Mittelpunkt unserer Forschungen rücken müssten, wie sie der Akt, etwas näher zu bestimmen, zu bezeichnen oder einzuordnen, aufwirft, und zwar nicht nur Dinge, sondern auch jene Wesen, die sich einer solchen Einordnung gegenüber normalerweise besonders widerspenstig zeigen, wie Personen. Die Ausrichtung unserer Forschung darauf, wie dieses Einordnen, Bestimmen und Bezeichnen vonstatten geht, war für uns von höchstem Interesse. Dadurch wurde es uns nämlich möglich, zwischen Fragestellungen, die gewöhnlich in den Bereich der Wissenschaftstheorie gehören, und solchen, wie sie für die Soziologie oder die Anthropologie typisch sind, flexibel hin und her zu wechseln. Eine genauere Bestimmung oder Einordnung von etwas vorzunehmen, kann nämlich als elementarer Akt jeder wissenschaftlichen Tätigkeit gelten. Diese beruht ja darauf, dass Objekte, die einer Erklärung unterzogen werden sollen, in eine Äquivalenzbeziehung gebracht werden; zugleich ist das aber auch ein grundlegender kognitiver Vorgang im Rahmen sozialer Interaktionen, deren Koordinierung ein permanentes Gegenüberstellen und Vergleichen, gemeinsam vorgenommenes Bezeichnen und Identifizieren erforderlich macht.

Das Verallgemeinern von Beobachtungen aus der Feldforschung und die Herstellung statistischer Äquivalenz

Unsere Vorgehensweise hatte die Aufmerksamkeit dafür geschärft, wie unterschiedlich Wissenschaftler und Alltagsmenschen dabei vorgehen, wenn sie etwas näher bestimmen und einordnen; wir wurden auch auf die Probleme aufmerksam, die sich einstellen, sobald man diese unterschiedlichen Vorgehensweisen zueinander in Bezug setzt. Unsere berufliche Tätigkeit – einer von uns ist Ökonom und Statistiker, der andere Soziologe – brachte es ständig mit sich, mit den großen kollektiven Wesenheiten zu hantieren, mit denen man es zwangsläufig zu tun bekommt, will man auf quasi kartographische Art erfassen, was seit der ersten Hälfte des 19. Jahrhunderts gemeinhin als Gesellschaft bezeichnet wird. Doch als Hersteller und Nutzer von statistischen Nomenklaturen beziehungsweise als im Feld mit ethnologischen Methoden arbeitender Soziologe konnten wir die Augen ja nicht völlig verschließen angesichts des Spannungsverhältnisses zwischen den Erfordernissen des jeder Klassifizierung vorangehenden Einordnens und Bestimmens und den Widerständen des zu klassifizierenden Materials, das ja aus menschlichen Äußerungen bestand – dies unabhängig von der Art seiner Aufarbeitung. In vielen Fällen setzten die Personen dem Versuch der Erstellung einer Taxonomie nicht vorgesehene und daher nicht kategorisierbare Einordnungen entgegen. Wenn sie die Gelegenheit dazu bekamen, empörten sie sich manchmal sogar regelrecht gegen die Anmaßung der Fachleute oder Wissenschaftler, sie einordnen und mit anderen Personen in ein und dieselbe Kategorie stecken zu wollen.

Wie mit dem problematischen Verhältnis von Gattung und Fall in sozialwissenschaftlichen Texten umgegangen wird, erschien uns in wissenschaftstheoretischer Hinsicht besonders schwer zu rechtfertigen. Das trifft auf den Fall zu, dass manche Autoren, wenn sie eine Aussage, die sich auf Makrogebilde wie etwa sozialen Klassen bezieht, etwas lebendiger gestalten wollen, mit einem Interviewauszug versehen und damit ihr durchaus problematisches Verhältnis als das einer Illustration oder eines typischen Beispiels begreifen. Diese Spannung besteht, wenn auch in abgeschwächter Form, schon ab dem Moment, wo man, wie in der deskriptiven Statistik üblich, in ein und derselben Aussage aus Kreuztabellen entnommene Daten mit Ansichten über das Verhalten der Menschen zusammenbringt und derart das Problem, das die Vermengung dieser beiden Sprachen in demselben Kommentar hervorruft, als eine Frage der Rhetorik oder des Stils abtut. Das Gleiche gilt für das in zahlreichen Varianten der Inhaltsanalyse praktizierte Verfahren, die Aussage einer Person mit der Begründung, sie sei typisch, einer Kategorie zuzuordnen, was einem dann erlaubt, sie für eine sprachliche Tatsache zu nehmen, die sich wissenschaftlich analysieren lässt; ganz zu schweigen von dem Gefühl der Peinlichkeit, das oft schon entsteht, wenn ein Interviewer einem Befragten zu Hause inmitten seiner vertrauten Umgebung mit dem Fragebogen in der Hand gegenübersitzt und allein schon seine Anwesenheit oder seine Äußerungen jeden Moment die Gefahr heraufbeschwören, dass der Versuch, die Wahrheit einer Situation im standardisierten Raster des Fragebogens zu erfassen, sich als störend, vergeblich, ja sogar beleidigend erweist.

Eine etwas naive Interpretation führt diese Spannung auf das Missverhältnis zwischen einer gegebenen Wirklichkeit und solchen Kategorien zurück, die entweder nicht angemessen oder zu allgemein sind, um diese Wirklichkeit auch nur annähernd erfassen zu können. Dahinter steckt die übliche Kritik an der Statistik und ganz allgemein an allen globalisierenden Ansätzen. Wir wollten uns zunächst also stärker, als es sonst üblich ist, in die Prozesse vertiefen, in deren Verlauf Rohdaten eigens gebildeten Kategorien zugeordnet werden. So grundlegend diese jeder Erklärung oder Aufbereitung des erhobenen Materials vorangehenden Forschungsschritte auch sind, sie werden kaum problematisiert, geschweige denn wirklich erforscht.

Unser Interesse, das den anthropologischen Forschungen Pierre Bourdieus über das Verhältnis von Klassifikationsvorgängen und praktischem Handeln jede Menge Anregungen verdankt (Bourdieu, Entwurf), richtete sich zunächst darauf, wie Statistiker, Soziologen oder auch Juristen Kodierungen oder ganz allgemein »Formalisierungen« von Daten vornehmen. Unser besonderes Augenmerk galt dabei den Querbezügen zu anderen allgemein akzeptierten Formen des Einordnens oder Bestimmens, mit denen sich zu bildende oder anzuwendende Kategorien verfestigen und stabilisieren lassen.

Dabei haben wir zwei verschiedene, jedoch parallel zueinander verlaufende Wege eingeschlagen: Zum einen haben wir in Fortführung der Arbeiten Alain Desrosières zu den sozioprofessionellen Kategorien (Desrosières, Éléments pour l'histoire) die Geschichte der Konstruktion einer von ihnen, nämlich der Kategorie der leitenden Angestellten und Führungskräfte, der sogenannten »Cadres«, erforscht und dabei zeigen können, wie sie sich in Relation zu schon früher (etwa in Kollektivverträgen) verfestigten »Gruppierungen« herausgebildet hat (Boltanski, 1982). Dafür musste rekonstruiert werden, wie deren politische oder gewerkschaftliche Wortführer zuvor eine Bestimmung des Inhalts und der Grenzen der Kategorie vorgenommen hatten. Bevor sie eine fraglos gegebene und sozusagen »offizielle« Gruppe bezeichnen konnte, war die Kategorie der »Cadres« durchaus noch problematisch und musste auf die Art und Weise konstituiert werden, wie von sozialen oder politischen Bewegungen eine gemeinsame »Sache« verfochten wird, das heißt mit der klaren Absicht, eine Ungerechtigkeit auszuräumen und dieser bislang schweigend übergangenen Gruppe zur Anerkennung zu verhelfen. Doch die Untersuchung derjenigen, die sich heutzutage als »Cadres« bezeichnen, zeigte auch, dass die Akteure bei Befragungen bezüglich ihrer beruflichen Identität diesen Repräsentationsprozess[2] selbst

2 (Anm. aus der engl. Übers.:) Der Vorgang der Repräsentation umfasst sowohl eine kognitive Operation (sich eine Kategorie vorstellen) wie auch einen politischen Prozess, im Verlauf dessen Repräsentanten zu Wortführern ernannt werden.

wieder reaktivieren und dabei ihrerseits die Rolle des Repräsentanten einnehmen. Andererseits kann eine im Prinzip auf der Kreuzung von Variablen beruhende statistische Datenanalyse nicht erfolgreich durchgeführt werden, wenn sie die Personen vollkommen unter den Tisch fallen lässt. Sie tauchen nämlich in jenen heiklen Fällen wieder auf, wo die Vorschriften hinsichtlich des Gebrauchs der Variablen nicht mehr greifen. In solchen Fällen müssen sich die mit der statistischen Datenverarbeitung befassten Angestellten die Person, die den Fragebogen ausgefüllt hat, anhand von Leuten aus ihrem Bekanntenkreis bildlich vorzustellen versuchen, um über die Zuordnung zu einer Kategorie entscheiden zu können.

Alltägliche Identifizierung und wissenschaftliches Bestimmen

Die zweite Reihe von Forschungsprojekten befasste sich mit der Beobachtung und Analyse von Kategorien mit unklaren Abgrenzungen wie etwa den Jugendlichen (Thévenot, Une jeunesse difficile) sowie der in den großen statistischen Ämtern meist untergeordnetem Personal übertragenen Datenkodierung, die als unproblematische Routinetätigkeit angesehen wird (Thévenot, L'économie du codage social). Besonderes Interesse kam dabei den Momenten zu, in denen der normale Ablauf der statistischen Datenverarbeitung ins Stocken gerät, weil etwa die mit der Kodierung befassten Personen den Eindruck bekommen, dass ihre Arbeitsanweisungen nicht mehr ausreichen. Zu solchen Momenten des Zweifels kommt es vor allem dann, wenn sie der einen oder anderen Kategorie der Nomenklatur Fälle zuordnen sollen, die ihnen unklar erscheinen oder ihren Argwohn erwecken. Wenn etwa der Beruf kodiert werden soll, dann lässt sich die Zuordnung häufig doch noch vornehmen und der Zweifel dadurch ausräumen, dass man andere Eigenschaften aus dem Fragebogen, etwa das Bildungsniveau oder das Einkommen mit heranzieht. Jedoch läuft eine solche »Gruppierung« häufig darauf hinaus, dass man den von der befragten Person angegebenen Titel oder die Berufsbezeichnung in Zweifel zieht. Die Person wird dann einer Kategorie zugeordnet, die unterhalb derer liegt, in die sie den Angaben zufolge zunächst eigentlich hineingehört hätte. Den in der Terminologie der amtlichen Statistik als »Berichtigung« der Angaben bezeichneten Schritt nahm der Kodierende oder der Forscher mit Entschiedenheit und manchmal fast schon mit einem Ton moralischer Entrüstung vor, so als ob er sich in Gedanken in einer Art Disput mit dem Individuum befände, das er zu klassifizieren hatte. Das lief oft auf ein Herabstufen dieser Person innerhalb einer Rangskala hinaus, so als ob sie sich eine Stellung angemaßt hatte, die ihr gar nicht zukam, kurzum, auf eine Verringerung ihrer »Größe«.

Eine der wichtigsten Lehren, die wir aus diesen Forschungen ziehen konnten, bestand darin, die Ähnlichkeit zwischen der Art und Weise herauszustellen, wie sich eine Person um der Nachvollziehbarkeit ihres Verhaltens willen identifiziert, indem sie sich nach ihr angebracht erscheinenden Kriterien anderen Personen zuordnet, und der Art und Weise, wie der Forscher völlig verschiedenartige Wesen in ein und dieselbe Kategorie steckt, um ihr Verhalten durch ein und dasselbe Gesetz erklären zu können. Das führte uns dazu, dass wir den von den befragten Personen vorgebrachten Zuordnungen die gleiche Aufmerksamkeit schenkten wie den kategoriellen Einordnungen derer, die die Umfragen durchgeführt hatten. Wir zogen daraus den Schluss, darin anstelle eines Gegensatzes zwischen der Allgemeinheit der Kategorie und der Singularität eines persönlichen Falls einen Konflikt zwischen verschiedenen Möglichkeiten der Einordnung von Menschen zu sehen.

Es ging also nicht mehr an, diesen Konflikt – der an die in alltäglichen Auseinandersetzungen geäußerte Kritik erinnert – möglichst ohne großen Aufwand zu schlichten, indem man den von den Handelnden vorgeschlagenen gegenüber den im Verlauf der Auswertung der Umfrage vorgenommenen Einordnungen weniger Wert beimaß. Auch wenn er im Prinzip der Neutralität verpflichtet war, hatte der Forscher beziehungsweise der Statistiker, um überhaupt eine Zuordnung vornehmen zu können, ein Urteil zu fällen. Das konnte anhand der oben erwähnten Beispiele für die Zuordnung von uneindeutigen oder zweifelhaften Fällen in eine Kategorie belegt werden.

Von der Zuordnung zum Urteil

Die Beobachtung der Praxis des Kodierens und die historisch angelegte Untersuchung der Herausbildung der sozioprofessionellen Kategorien fanden ihre Fortsetzung in Experimenten, welche unsere Forschungen über die kognitive Fähigkeit von Laien, anhand der Berufsbezeichnung und des sozialen Milieus »Gruppierungen« vorzunehmen, vertiefen sollten (Boltanski/Thévenot, Finding One's Way). Diese Forschungen untermauerten in erster Linie nochmals die zwischen dem Klassifizieren und dem Fällen eines Urteils bestehende Verwandtschaft. Ganz deutlich kam das in einer Übung zum Ausdruck, in der einer Gruppe von etwa zwölf Personen die Aufgabe gestellt wurde, ausgehend von den von jedem Teilnehmer in einer vorangegangenen Phase separat durchgeführten Zuordnungen eine einheitliche Nomenklatur zu entwickeln. Im Verlauf dieser als Spiel arrangierten Übung äußerten die Teilnehmer Kritik an den Vorschlägen der anderen Spieler nicht nur vom Blickwinkel logischer Kohärenz aus, sondern vor allem unter Berufung auf Gerechtigkeitsaspekte. Man sah es etwa als eine Ungerechtigkeit gegenüber einer Fabrikarbeiterin an, ihre Karte einfach mit der einer Putzfrau zusammenzustecken, auch wenn beide das gleiche Ausbildungs- oder Einkommensniveau aufwiesen. In einer anderen Übung ließ man die Teilnehmer gegeneinander antreten. Sie sollten das Milieu einer unbekannten (aber realen) Person identifizieren und konnten dabei auf ganz unterschiedliche Informationen beziehungsweise Indizien zurückgreifen, für deren Erhalt sie allerdings etwas bezahlen mussten. Diese Hinweise wurden jedem Mitspieler einzeln ohne Wissen der anderen nach und nach aufgedeckt. An dieser Übung nahmen alle mit Begeisterung teil, da es ja einen Gewinner gab, nämlich denjenigen, der die betreffende Person am genauesten und zu den geringsten Kosten identifizieren konnte. Sie zeigte, dass die bei der Einordnung zu beobachtenden Variationen mit Urteilen einhergingen, die in solchen Überlegungen zum Ausdruck kamen wie: »Den mach ich etwas höher«, oder beispielsweise, nachdem die bevorzugte Lektüre der zu erratenden Person bekannt war: »Also die da, die habe ich zu schlecht beurteilt.« Die Verbindung zwischen einer kognitiven Aktivität und einer Bewertung kam in der im Verlauf der Beurteilung geäußerten emotionalen Erregung ganz klar zum Ausdruck.

Diese Übung lehrte uns aber noch etwas anderes: Es wurden darin den Spielern Informationen unterschiedlichster Art angeboten. Manche wiesen die Form von Kriterien auf, wie die Variablen, die von Behörden registriert werden und als von nationalem Interesse betrachtet werden, Informationen, die beispielsweise in den Bereich des Personenstandsregisters, der volkswirtschaftlichen Gesamtrechnung, der Tarifverträge gehören: Alter, Bildungsabschluss oder Betriebsgröße. Andere ermöglichten eine an alltagsweltlichen Gesichtspunkten orientierte Annäherung an die Person über ihre geschmacklichen Vorlieben und ihr Verhalten im privaten Bereich. Diese Übung griff die Spannung zwischen Gattung und Fall auf, deren Untersuchung wir uns ja vorgenommen hatten. Dieses Spannungsverhältnis wurde durch die an die Spieler ausgegebenen Anweisungen nicht aufgelöst. Wenn diesen Anweisungen zufolge der Beruf oder das Milieu der betreffenden Person herauszufinden war, wurde das von manchen im Sinne einer statistischen Annäherung interpretiert (»mit achtzigprozentiger Wahrscheinlichkeit ist das ein Cadre«), von anderen wiederum als eine Ermittlung mit dem Ziel, die Identität der hinter dem Fragebogen verborgenen Person aufzudecken. Mittels dieser Übung ließ sich die ganze Vielfalt von nicht miteinander zu vereinbarenden Gesichtspunkten herausarbeiten, unter denen Zuordnungen und Beurteilungen vorgenommen werden konnten. So gab es etwa Spieler, die sich wie Statistiker oder mit sozialen Gesetzmäßigkeiten gewappnete Forscher verhielten und versuchten, durch Kreuzen von Variablen Schritt für Schritt Spezifizierungen vorzunehmen, um schließlich zur Bestimmung der Kategorie zu gelangen. Als Belege führten sie Korrelationen an, gingen also wie bei einer statistischen Beweisführung vor. Umgekehrt verloren sich andere Spieler im Ränkespiel einer Ermittlung, die auf das Überführen der gesuchten Person abzielte. Dafür zogen sie, wie beim Indizienparadigma Carlo Ginzburgs (ders., Spurensicherung), die am wenigsten direkten Zeichen wie Lektürevorlieben, den Lieblingssport oder das Alter und die Marke des Autos der betreffenden Person heran.

Wie das letzte Beispiel zeigt, hingen die von den Spielern vorgenommenen Zuordnungen offensichtlich eng mit den Arrangements der Objekte zusammen, mit denen man sie mittels der Fragen konfrontierte, auf die ihnen mögliche Antworten angeboten wurden. Wurde die Information nach und nach gegeben, genügte eine begrenzte Anzahl von Objekten, wenn sie in eine kohärente Anordnung gebracht wurden, dass sich daraus Formen ergaben, die ausreichend prägnant waren, um entweder eine Kehrtwende bei der Interpretation oder den Verzicht auf weitere Informationen nach sich zu ziehen. In der Folge hielten sie oft schon in einem recht frühen Stadium des Experiments an ihrem Urteil fest.

Schließlich zeigte sich in diesen Identifizierungsexperimenten ein unerwarteter Nebeneffekt: Oft war der Erfolg im Spiel von einem Peinlichkeitsgefühl begleitet, etwa wenn es einem der Mitspieler gelang, das verborgene Individuum zu »stellen«, wie die Teilnehmer es nannten – dies durchaus im doppelten Sinne einer Enthüllung und einer Hetzjagd. Das ungute Gefühl, ein Wesen in Gänze umschreiben zu sollen, stellte sich ein, sobald man sie darauf hinwies, dass sich hinter dieser Übung eine echte Person verbarg, was dann nicht selten dazu führte, dass das Spiel für manche den Charakter eines Spiels verlor. Diejenigen Spieler, die am besten mit den indirekten Indizien umzugehen verstanden und die in der Regel auch die besten Resultate erzielten, zeigten sich am häufigsten peinlich berührt oder empfanden gar Scham darüber, wenn sie sich anderen Mitspielern gegenüber, die sich nur auf die legitimen Eigenschaften gestützt hatten, öffentlich erklären mussten. Zu einer solchen Bestürzung wäre es gar nicht gekommen, hätten sie ihre Schlüsse im Rahmen einer privaten Unterhaltung gezogen, wo einen nichts daran hindert, andere Menschen einem Kalkül anhand von Indizien zu unterziehen, etwa um sich Klarheit über ihre Absichten zu verschaffen. Kurzum, da die Versuchsanordnung statistische Fragebögen, eine Bezugnahme auf offizielle Eigenschaften und offen ausgetragene Debatten enthielt, in deren Verlauf man seine vorgenommenen Zuordnungen zur Begründung verallgemeinern musste, erschien die allem Anschein nach eigentlich alltägliche Beurteilung von Personen plötzlich als inakzeptabel.

Nachdem wir in dieser Arbeit der Problematik des Prozesses nachgegangen waren, im Verlauf dessen persönliche Eigenschaften zu klassifikatorischen Kategorien in Beziehung gesetzt werden, wandten wir uns der systematischeren Erforschung der sozioprofessionellen Kategorien zu (Desrosières/Thévenot, Les catégories socioprofessionnelles). Doch ist die Analyse dessen, wie eine Singularität in allgemeinen Formen aufgeht, keineswegs nur auf statistische Fragen oder auf die Klassifikationsproblematik beschränkt. Wir führten die Untersuchung der an den Umgang mit Singularitäten gestellten Anforderungen in zwei Forschungsprojekten fort, die scheinbar wenig miteinander zu tun hatten. Eines befasste sich mit den Bedingungen der Gültigkeit von Beschwerden über Ungerechtigkeiten, das andere mit den Formen der Anpassung zwischen ungleichen Ressourcen in Unternehmen.

Beweisführung und Spannung zwischen dem Allgemeinen und dem Besonderen

Die Klärung von Kohärenzerfordernissen, die bei der Verallgemeinerung einer Situation bestehen, stützte sich auf eine Analyse davon, wie ganz normale Menschen zu vermitteln suchen, dass ihre persönlichen Ärgernisse tatsächlich Ungerechtigkeiten darstellen und damit von Belang für die Allgemeinheit sind und dass für eine Wiedergutmachung eine öffentlichen Anerkennung des ihnen widerfahrenen Unrechts nötig wäre. Bei dieser Gelegenheit zeigt sich, wie notwendig es für ein angemessenes Vorgehen ist, die Rückbezüge auf den Einzelfall zu kappen (Boltanski, La dénonciation). Eines der Hauptergebnisse aus diesen Forschungen ist Folgendes: Die für nicht schlüssig und in manchen Fällen gar für abstrus gehaltenen Berufungen auf Gerechtigkeitsargumente waren dadurch gekennzeichnet, dass es nicht in ausreichendem Maße gelang, die Beschwerde als von allgemeinem Belang darzustellen. Dieser Mangel wurde besonders dann deutlich, wenn es keine zuständige Institution gab, die dem Unglück des Opfers ansonsten die Einzigartigkeit hätte nehmen können, wodurch es zur Illustration einer Angelegenheit von allgemeinem Interesse geworden wäre. An Tageszeitungen geschickte, jedoch unveröffentlicht gebliebene Briefe sowie umfangreiche Dokumentsammlungen waren von einer aus ganz gewöhnlichen Menschen bestehenden Jury aufgrund der völligen Disparatheit der als Belege vorgebrachten Objekte abgelehnt worden. Manche gehörten in den Bereich des Vertraut-Familiären (wie eine untreue Gattin) oder des Privaten (wie ein Angstgefühl), während andere höchste Allgemeinheit beanspruchen konnten, etwa ein Fall von Unterschlagung in einer großen Gewerkschaft, die Moral der Nation oder gar das internationale Gleichgewicht.

Analysiert man das Bemühen um Verallgemeinerung anhand der Form der Beweisstücke und der Stimmigkeit ihrer Verknüpfung, die gegeben sein muss, um sie im Verlauf einer Streitigkeit angemessen zur Geltung bringen zu können, dann bietet sich einem ein recht ungewöhnlicher Zugang zu den Gerechtigkeitsvorstellungen. Der Weg führt dabei nicht über eine transzendentale Regel, wie dies traditionellerweise der Fall ist, sondern über den Nachvollzug von Zwängen pragmatischer Art, von denen die Angemessenheit einer Reihe von Arrangements oder, wenn man so will, ihre Eignung abhängen. Dieser Ansatz fand seine Bestätigung in den Forschungen zu technischen Arrangements, in denen den Objekten eine wichtige Rolle zukommt, wie dies vor allem auf Unternehmen zutrifft. Dabei kam heraus, dass die Notwendigkeit, auf allgemeine Formen zu rekurrieren, nicht nur dann besteht, wenn menschliche Wesen in Gruppen oder im Einsatz für eine gemeinsame Sache verbunden werden sollen. Auch wenn es meist unbemerkt geschieht, so trifft das ebenso auf die Welt der Industrie zu, in der sich technische Objekte um des einwandfreien Funktionierens und korrekter wechselseitiger Abstimmung willen auf Ressourcen stützen müssen, die zuvor in einer Form bereitgestellt wurden, in der sich die Verbindung vom Lokalen zum Globalen bewerkstelligen lässt.

Dadurch, dass wir die Frage nach der Effizienz von den Anpassungserfordernissen her aufgerollt haben, gerieten solche Investitionen in den Blick, die die Objekte mit einer Form von Allgemeinheit ausstatten. Diese »Forminvestitionen« verleihen den Objekten bestimmte Fähigkeiten und gewährleisten dadurch die Vorhersehbarkeit ihres Verhaltens

(Thévenot, Investissements; Eymard-Duvernay, La qualification).[3] Sie ermöglichen die Ausdehnung der Objekte in Raum und Zeit, indem sie eine Legitimation dafür liefern, ihre Funktionsweisen situationsübergreifend abzugleichen. Die Notwendigkeit von Forminvestitionen zeigt sich besonders deutlich in Großunternehmen, beispielsweise wenn es darum geht, die Organisation der Produktion unter Einsatz von Hilfsmitteln wie Messungen, Zeitplänen, Normen, Anleitungen und Ähnlichem in zeitlicher Hinsicht zu stabilisieren und räumlich auszudehnen. Auch wenn sie kostspielig sind, lässt sich mit solchen Mitteln das dauernde Problematisieren der Leistungsfähigkeit der Dinge und ihrer möglichen Unvereinbarkeit vermeiden.

Die Spannung zwischen unterschiedlichen Formen von Allgemeinheit

Wie gesagt, gingen diese scheinbar so unterschiedlichen Forschungen letztlich ein und derselben Fragestellung nach, nämlich der nach den Verfahren der Einordnung beziehungsweise Bewertung und der Verallgemeinerung. Dadurch ließen sich solche Fälle begreifen, in denen jemand Gerechtigkeit in einer Sache einfordert, ebenso aber auch Investitionen, welche die wechselseitige Anpassung und Abstimmung zwischen verschiedenartigen Ressourcen innerhalb einer gemeinsamen Form ermöglichen. Dieses parallele Herangehen an die Notwendigkeit, Gerechtigkeit zwischen Menschen herzustellen, und diejenige der wechselseitigen Abstimmung zwischen Dingen gab uns die Mittel an die Hand, offenbar völlig unterschiedliche Gegenstände mit dem gleichen Satz an begrifflichen

---

3 (Anm. aus der engl. Übers.:) Der Begriff der »Forminvestition« betont die Behandlung von Menschen und Dingen in Formen, welche dazu dienen, sie durch die Herstellung von Äquivalenzen auf einer gewissen Ebene der Allgemeinheit zu halten. In solchen Fällen werden allgemeine Charakterisierungen, Klassifikationen und Standards in materiellen Begrifflichkeiten auf der Basis von kostspieligen Operationen vorgenommen, die Menschen oder Dingen Form verleihen und – um einen gewissen Preis – spätere Koordinierungen, die auf diesen »formvollendeten« Wesen beruhen, erleichtern. Einer produktiven Investition vergleichbar, erwarten auch hier die Akteure davon einen gewissen Nutzen, der in einer erleichterten Koordination besteht. Forminvestitionen unterscheiden sich je nach der Ausdehnung des räumlichen oder zeitlichen Geltungsbereichs der hergestellten Äquivalenz, ebenso aber auch je nach der Konsistenz der materiellen Ausstattung, von der die Äquivalenz getragen wird.

Werkzeugen anzugehen. Des Weiteren konnten wir dadurch die Möglichkeit einer Vielfalt von Forminvestitionen erforschen und damit auch von Formen der Allgemeinheit, denen diese Objekte unterstehen.

Bei der Untersuchung der Funktionsweise von Organisationen und Unternehmen richtete sich unser besonderes Augenmerk auf die Ressourcen und Arrangements, in erster Linie solche, die auf persönlichen Beziehungen und einer Nähe zwischen den Menschen und zwischen den Dingen beruhen, sowie auf die Rolle von spezifischen Bindungen für auf Dauer angelegte Bande. In der Folge bekamen wir einen ganz neuen Blick für diejenigen Merkmale, die meist als Archaismen und als Hemmnisse für die Ausdehnung des Marktes oder den technischen Fortschritt abgetan werden. Ebenso wurde uns dadurch die Bedeutung einer weiteren Form von Allgemeinheit bewusst, die wir als »häusliche« im Unterschied zu einer »industriellen« Allgemeinheit bezeichnet haben, wobei die Letztere sich durch Standardisierung, zeitliche Stabilität und Anonymität der funktionalen Entitäten auszeichnet; die Erstere äußert sich nicht in Gestalt technischer Effizienz, sondern kommt in Begriffen des Vertrauens zum Ausdruck und beruht auf gewachsenen Traditionen und Präzedenzfällen. Die häuslichen Ressourcen kommen in einer Personalführung zum Einsatz, welche auf die besondere Erfahrung Wert legt, die sich jemand im Laufe einer langen Betriebszugehörigkeit erworben hat. Ökonomen sprechen daher von *internen* Märkten, um solche Typen der Personalführung zu bezeichnen, die sich von der marktförmigen Ordnung absetzen, in der die Wesen mobil, bindungslos und ohne Vergangenheit sein sollen. Das Interesse an einer systematischen Analyse einer Form von Allgemeinheit bestand jedoch darin, in ein und demselben Analyserahmen unterschiedliche Funktionselemente einer Organisation zu erfassen und zu zeigen, dass sich mit einer einzigen Ökonomie der häuslichen Formen Regeln der Personalführung, Typen des Verhältnisses zu den Zulieferern oder der Kundenbindung, Know-how, spezifische Ausrüstungen sowie verschiedene Formen des Lernens begreifen lassen (Thévenot, Économie et politique). Die Bezugnahme auf eine Form von Allgemeinheit führte uns auch dazu, eine Art, die Personen ganz allgemein zu behandeln, und eine Art, die Dinge ganz allgemein zu behandeln, miteinander in Verbindung zu bringen. Durch die Betonung der Entsprechung zwischen der Bewertung von Menschen und derjenigen von Objekten ermöglicht dieser Ansatz die Verknüpfung von Fragestellungen, die ansonsten von unterschiedlichen Blickwinkeln aus oder von verschiedenen Disziplinen angegangen werden, die entweder auf die Untersuchung von sozialen Beziehungen oder Verträgen spezialisiert sind, oder auf die Erforschung von technischen Anforderungen oder der Qualität von Produkten (Eymard-Duvernay, Coopération et concurrence).

Diese Offenheit alternativen Formen von Allgemeinheit gegenüber brachte kritische Spannungen zum Vorschein, die auftreten, sobald unterschiedliche Arten, Äquivalenzen zwischen Wesen herzustellen, also Verallgemeinerungen vorzunehmen, miteinander in Konflikt geraten. Die Kritik an den Archaismen der Tradition stellt nur eine Variante dar, in der dieses Spannungsverhältnis zum Ausdruck kommen kann. Daraus ergab sich für uns die Notwendigkeit, alle möglichen Formen von Allgemeinheit symmetrisch zu behandeln, wenn man der Gesamtheit der kritischen Spannungen gerecht werden wollte, da ja jede dieser Formen als Ausgangspunkt für die Kritik an einer anderen dient. Dieser symmetrische Ansatz drängt sich besonders bei der Analyse von Organisationen auf, die man als komplex bezeichnen kann, insofern ihre Funktionsweise Imperativen gehorcht, die auf unterschiedliche Formen von Allgemeinheit zugleich verweisen, deren Konfrontation zu Spannungen führen, aber auch die Bildung von mehr oder weniger fragilen Kompromissen nach sich ziehen kann. Diese Untersuchung machte uns insbesondere die inmitten der Wirtschaftswissenschaften herrschenden internen Spannungen bewusst. Marktförmige Arrangements verhalten sich der Integration einer zeitlichen Perspektive gegenüber äußerst sperrig, während industrielle Arrangements die Möglichkeit von Entwürfen in die Zukunft und einer Verlagerung im Raum erlauben; häusliche Arrangements dagegen gestatten die Herstellung von Verbindungen zur Vergangenheit und eine lokale Verankerung der je spezifischen Ressourcen.

Die Bedeutung, die wir der symmetrischen Betrachtung beimaßen, hatte methodische Weichenstellungen zur Folge, welche sich sowohl auf die in der Feldforschung eingenommene Perspektive auswirkten, als auch auf die Bildung der Modelle, in denen die in den empirischen Beobachtungen zum Vorschein kommende Kohärenz herausgestellt werden sollte. Das hatte zur Folge, dass die mit den unterschiedlichen Formen der Verallgemeinerung einhergehenden Zwänge sich nicht nur auf die Praxis der Rechtfertigung der Akteure auswirkten, sondern auch auf die verschiedenen Formen der Erkenntnis der Sozialwelt. So können auf statistischen Häufigkeiten aufbauende Beweise nur dadurch erbracht werden, dass man Objekte einer Kalkulation unterzieht, die vorab schon standardisiert wurden und unter eine industrielle Allgemeinheitsform fallen (Thévenot, Les enquêtes; ders., L'origine sociale). Im Gegenzug schöpft der sich auf Einzelbeispiele stützende und meist in monographisch vorgehenden Untersuchungen anzutreffende Erkenntnistyp aus der Erinnerung an vergangene Erfahrungen, deren Gültigkeit sich auf Zeugnisse respektabler Persönlichkeiten und damit auf eine häusliche Form der Allgemeinheit stützt.

Bei unseren Forschungen über Gerechtigkeit gingen wir schließlich einer anderen Form von Allgemeinheit nach, nämlich jener, die man »staatsbürgerlich« nennen könnte, und zwar in dem Sinne, dass sie an die Stelle des Vorherrschens persönlicher Beziehungen eine Welt setzt, in der alle Beziehungen, um als legitim zu gelten, über Kollektivgebilde – Vereine, demokratische Institutionen und so weiter – als Garanten des Gemeinwohls vermittelt sein müssen. Zugleich brachten diese Analysen das Vorhandensein eines weiteren Spannungsverhältnisses an den Tag, nämlich jenes, in dem die persönlichen Beziehungen, in denen die Menschen sich direkt engagieren, im Gegensatz zu Beziehungen stehen, die man entsingularisiert nennen könnte. Damit ist gemeint, dass die Akteure darin nur in akzeptabler Art und Weise agieren können, wenn sie Kollektiven angehören. Sie legen ihren Namen und ihren eigenen Körper ab, um sich mit Merkmalen einzukleiden, die ihre Zugehörigkeit zu Institutionen oder Gruppen kenntlich machen. So verfährt zum Beispiel der Wortführer in einer Auseinandersetzung, der ein Dokument in seiner Eigenschaft als gewählter Vorsitzender einer Organisation unterzeichnet. Damit ließen sich zugleich auch noch weitere Äußerungen von Kritik begreifen. Unter Berufung auf diese staatsbürgerlichen Formen prangern in Affären[4] engagierte Personen Skandale an, die bei ihnen

4 (Anm. aus der engl. Übers.:) Wir verwenden den Begriff »Affäre«, um Prozesse der Mobilisierung zu bezeichnen, die sich in der öffentlichen Sphäre abspielen und einen Fall zum Gegenstand haben, bei dem es zu einer Beschuldigung und potenziell auch zu einer gerichtlichen Anklage einer oder mehrerer Personen kommt. In diesem Sinne ist eine Affäre zuallererst durch ein Set von Bausteinen definiert, das ein (zu Unrecht beschuldigtes) Opfer umfasst, einen Angreifer, einen Ankläger, eine Person, die die Affäre anprangert (indem sie es auf sich nimmt, den Beschuldigten zu entlasten) und einen Richter (dessen Rolle heutzutage meist vom souveränen Volk, der öffentlichen Meinung, ganz allgemein der Menschheit gespielt wird). Eine Affäre ist ein Moment der Ungewissheit hinsichtlich der Identität der empirischen Personen, die die verschiedenen Bausteine in diesem System verkörpern. Die Präsentation von Beweisen, an der sich eine Debatte entzündet, muss es möglich machen, diese Ungewissheit zu beheben und die Ereignisse und die Ränge der Beteiligten unter Bezugnahme auf die verschiedenen Formen von Größe genauer zu bestimmen. Die »Affäre Dreyfus«, die gegen Ende des 19. Jahrhunderts allmählich sämtliche Aspekte des politischen und gesellschaftlichen Lebens in Frankreich in Beschlag nahm, ist das paradigmatische Beispiel für eine Affäre.

Empörung ausgelöst haben. Die Untersuchung von als skandalös erachteten Angelegenheiten zeigte, dass sich solche Formen der Kritik – schematisch gesprochen – stets in der Enthüllung von persönlichen Beziehungen erschöpften, von Interessen also, die vom Standpunkt der staatsbürgerlichen Kritik aus fast zwangsläufig als egoistisch interpretiert werden mussten, und die hinter den Kulissen Personen zusammenbrachten, die nach außen hin vorgaben, dem Gemeinwohl verpflichtet zu sein (wie etwa Richter und Beschuldigte, Bürgermeister und Immobilienmakler). Genau solche Bindungen sind jedoch Quelle von Vertrauen und Loyalität, gegen die im Prinzip ja nichts einzuwenden ist, solange sich die Akteure ausschließlich in der Welt des Hauses bewegen. Genauso kam aber auch zum Vorschein, dass sich das zwischen der häuslichen und der staatsbürgerlichen Welt bestehende Spannungsverhältnis nicht nur auf Personen bezog. Es sorgte für nicht weniger Missstimmung, wenn Gegenstände, die zur Welt des Hauses, und solche, die zur Welt des Staatsbürgers gehörten, in ein und demselben Arrangement zum Einsatz kamen. Das ist beispielsweise der Fall, wenn ein Opfer, das fest entschlossen ist, einen Schaden öffentlich anerkennen zu lassen, in seinem Bericht intime oder private Details über seinen Körper oder vertraute Gegenstände mit Gebilden staatsbürgerlicher Art vermischt.

Die Aufmerksamkeit für kritische Operationen

Um die einzelnen Gemeinwesen – etwa das des Hauses, der Industrie oder des Staatsbürgers – und ebenso die wechselseitige Kritik, welche die Akteure vom Standpunkt eines dieser Arrangements aus an Handlungen üben, die jeweils anderen Arrangements angehören, angemessen beschreiben zu können, mussten wir besonders auf unseren Sprachgebrauch achten. Bezugnahmen auf fremde Gemeinwesen sollten nämlich umgangen werden, um nicht wie so oft in den Sozialwissenschaften vom reinen Konstatieren selbst ins Kritisieren zu geraten. Dieser Anspruch ist nicht nur Ausdruck einer methodologischen Festlegung, erst recht nicht einer ethischen Haltung. Er beruht auf der Feststellung, dass ein Zusammenhang zwischen den in den Sozialwissenschaften gebräuchlichen Erklärungsprinzipien und den von den Akteuren angewandten Deutungsprinzipien besteht. Letztere werden von den Sozialwissenschaften zum Gegenstand der Untersuchung gemacht, wobei unterstellt wird, dass zwischen Beobachter und Beobachteten eine weite Kluft liegt. Zur Illustration der daraus resultierenden Schwierigkeiten wollen wir uns einen Begriff herausgreifen, der häufig in den Sozialwissenschaften gebraucht wird, um den Akteuren bestimmte Motive zuzuschreiben, nämlich das Bemühen um Aufmerksamkeit und die Akkumulation eines Kredits bei anderen (etwa wenn man in der Wissenschaftssoziologie von wissenschaftlichem Kredit spricht). Der Rückgriff auf diesen scheinbar neutralen Begriff führt in die Sprache der Beschreibung eine Form der Herstellung von Allgemeinheit und damit der Stützung von Rechtfertigungen und Kritiken ein, die den Akteuren selbst nicht fremd ist. Die Akteure verzichten nämlich in Auseinandersetzungen, um ihre Ansprüche geltend zu machen, nicht darauf, sich des Arguments der Bekanntheit zu bedienen, etwa wenn sich Forderungen auf eine Petition stützen, welche die Namen von bekannten Persönlichkeiten trägt. Diese Form der Allgemeinheit kommt ebenfalls ins Spiel, wenn die Akteure das Bemühen um Anerkennung durch die Enthüllung eines verborgenen Motivs brandmarken. Das ist zum Beispiel der Fall, wenn die Beteiligung an einer Petition als selbstsüchtiges Bemühen um Öffentlichkeit angeprangert wird. Um dieselbe Form von Allgemeinheit geht es ebenfalls, wenn Kritik an der Tyrannei der öffentlichen Meinung geübt wird. Ebenso sorgen der Gebrauch des Interessenbegriffs und vor allem der Rückgriff auf das Modell von Angebot und Nachfrage, die sich auf einem Markt treffen sollen, durch den Import der Wertordnung des Marktes in die Beschreibung für ähnlich gelagerte Probleme.

Die Überlegungen zur Symmetrie zwischen dem deskriptiven Sprachgebrauch in den Sozialwissenschaften oder den in ihnen gebräuchlichen Erklärungsprinzipien und auf der anderen Seite den von den Akteuren benutzten Formen der Rechtfertigung beziehungsweise der Kritik haben unsere Aufmerksamkeit besonders für die die Soziologie durchziehenden Spannungen geschärft, die gerade dann verschärft hervortreten, wenn sie eine positivistische Auffassung wissenschaftlicher Neutralität mit dem Anspruch der Sozialkritik unter einen Hut zu bringen versucht. Die kritische Soziologie verbaut sich dadurch selbst die Möglichkeit, die notwendigerweise normativen Dimensionen in den Griff zu bekommen, die in ihrem Beitrag zur Anprangerung sozialer Ungerechtigkeiten vorhanden sind. Letztlich führt das dazu, dass sie fälschlicherweise wissenschaftliche Neutralität für sich reklamiert, um ihre Praxis zu legitimieren.

Die Aufmerksamkeit für Interessen, die sich unter dem Deckmäntelchen von Interesselosigkeit oder Gemeinwohlorientierung verbergen und als »Rationalisierungen« hingestellt werden – eine der Triebfedern der Soziologie, sobald sie den falschen Schein aufdecken oder Ideologiekritik betreiben will –, lässt sich durchaus auf eine Stufe mit dem Alltagshandeln von Akteuren stellen, wenn diese einer Form der Rechtfertigung zugunsten einer anderen die Gültigkeit absprechen wollen. Dies allerdings mit dem fundamentalen Unterschied, dass die normativen Bezugspunkte, auf die sich die wechselseitigen Kritiken der Akteure bei ihren Auseinandersetzungen stützen, im Fall der Sozialwissenschaften völlig ausgeblendet bleiben, wodurch sie sich dem Rechtfertigungsdruck zu entziehen vermögen, dem die Alltagsakteure zwangsläufig ausgesetzt sind.

Der von uns eingeschlagene Weg legte also eine gewisse Wachsamkeit gegenüber den Beziehungen zwischen den vom Forscher vorgenommenen Bewertungen und denen der Akteure nahe. Sobald sich die Gültigkeit der Behauptungen des Forschers nicht mehr aus dem radikalen Außen seiner Position ergibt, gerät die Abschottung der Beschreibung unter Beschuss. Er muss sich also bei der Beschreibung möglichst an das halten, was die Akteure in der jeweiligen Situation selbst an Beweisen anführen, was wiederum eine besondere Aufmerksamkeit gegenüber der Vielfalt der Rechtfertigungsformen erfordert. Hält man sich an die Akteure, dann muss man eine noch breitere Palette von Rechtfertigungsordnungen als die im Vorangegangenen schon erwähnten Formen des Staatsbürgers, des Hauses, der Industrie, des Marktes oder der Meinung annehmen. Aufgrund derselben Aufmerksamkeit für die Relevanz der in eine Beweisführung einbezogenen Objekte, besonders dann, wenn sie sich im Verlauf einer Kontroverse entwickelt hat, ging uns die Bedeutung der Allgemeinheit von einzigartigen oder persönlichen, vor allem in Begriffen des Enthusiasmus oder der Inspiration beschriebenen Äußerungen auf. Diese vor allem auf Authentizität abhebenden Ausdrucksweisen schienen dem Allgemeinheitserfordernis enthoben zu sein, auf dessen unterschiedliche Ausprägungen wir bei unseren Forschungen gestoßen waren. Bei genauerem Hinsehen aber konnten wir eine inspirierte Form der Größe ausmachen, die genauso wie die anderen auch die Akteure um eine für alle gültige Einigung zusammenzuführen vermag.[5]

Die symmetrische Behandlung dieser unterschiedlichen Formen von Allgemeinheit mündete schließlich in die Erstellung eines umfassenden

5 (Anm. aus der engl. Übers.:) In solchen Fällen können die Menschen ihr Handeln auf der Basis von Phänomenen, die in ihrer subjektiven Erfahrung verankert sind, koordinieren, da sie sich alle implizit auf dieselbe externe Quelle von Größe beziehen.

Analyserasters, innerhalb dessen sich das Erfordernis der Gerechtigkeit zwischen den Menschen und zugleich das Erfordernis der Abstimmung zwischen den Dingen mit dem gleichen konzeptuellen Rüstzeug untersuchen ließ. Eine akzeptable Beweisführung im juristischen oder im technisch-wissenschaftlichen Sinne vorzunehmen, macht es nämlich erforderlich, dass man auf Mittel zurückgreift, die schon Gegenstand einer Verallgemeinerung gewesen sind. Warum sollte sich das Beweisverfahren bei einer Forderung nach Herstellung von Gerechtigkeit, ein technisches Testverfahren oder eine wissenschaftliche Überprüfung[6] nicht in ein und demselben konzeptuellen Rahmen angehen lassen? Einer auf einen Sinn für das, was gerecht ist, ausgerichteten Beweisführung und einer wissenschaftlichen Beweisführung ist gemeinsam, dass sie sich nicht nur auf Geisteszustände in Form von Ansichten oder Überzeugungen stützen, sondern gleichermaßen auf stabile und in sich stimmige Arrangements, also auf Objekte, die einer allgemeinen Bewertung unterliegen. Durch diese Perspektive kann die Trennung zwischen dem, was »gerecht« ist und was allein durch eine vernünftige Argumentation deutlich gemacht werden kann, und dem, was »richtig (eingestellt)« ist und dessen schiere Evidenz vollkommen von der natürlichen oder instrumentellen Passung zwischen den Dingen abhänge, vermieden werden.

Allgemeinheit und Gemeinwohl: Die Größen der politischen Philosophie

Die Größen werden besonders in den zahllosen Konfliktsituationen des Alltags greifbar. Da sich solche Situationen durch eine Unklarheit hinsichtlich der Bewertung von Personen auszeichnen, lässt sich an ihnen vorzüglich ermitteln, wie unterschiedlich sich dieser Vorgang der Einordnung und Bewertung abspielen kann. Solche Auseinandersetzungen lassen allerdings keinen systematischen Überblick von der Art zu, dass

6 (Anm. aus der engl. Übers.:) Der Gedanke der Prüfung ist zentral für dieses Buch. In einem breiten Begriffsverständnis bezeichnet er Prozeduren, durch die es möglich wird, die Ungewissheit einer Situation durch ein Einvernehmen bezüglich der in der Situation relevanten Wesen zu verringern. In diesem Sinne umfasst eine Prüfung sowohl eine Bewertung unter Bezugnahme auf einen moralischen Standard als auch eine Beurteilung bezüglich des Standards der Wahrheit (vgl. Fn. 1, S. 11).

man nur noch die einer Bewertung zugrunde liegenden Größen abzuleiten bräuchte. Doch genau diesem letztgenannten Erfordernis müssen die politischen Philosophien entsprechen. Um überzeugend zu wirken, müssen sie die Fundiertheit der Definitionen des Gemeinwohls demonstrieren, die mit diesen Größen jeweils einhergehen. Die Gegenüberstellung einer Reihe von Theoriegebäuden der politischen Philosophie dient insofern dazu, die verschiedenen Prinzipien nach bestimmten Gesichtspunkten auszurichten, so dass sich daraus ein Modell der Art und Weise, wie sie jeweils ihre Forderungen nach Gerechtigkeit unterstützen können, entwickeln lässt.

Der Umweg über die politische Philosophie diente uns zu einem besseren Verständnis der Kompetenzen, welche die Akteure an den Tag legen, wenn sie ihr Handeln oder ihre Kritik rechtfertigen müssen. Wer aufmerksam den Verlauf von Auseinandersetzungen verfolgt, dem wird deutlich, dass sie sich genauso wenig in direkten Interessenbekundungen erschöpfen wie in einer anarchischen und endlosen Konfrontation gegensätzlicher Weltauffassungen, der einem Dialog zwischen Gehörlosen gleicht. Im Verlauf von Auseinandersetzungen, die ohne den Einsatz von Gewalt auskommen, machen sich ganz im Gegenteil starke Beschränkungen bemerkbar, denen die Suche nach überzeugenden und sich auf solide Beweise stützenden Argumenten entsprechen muss. Darin offenbaren sich Bemühungen um Konvergenz inmitten einer Meinungsverschiedenheit. Die Theorien der politischen Philosophie eignen sich ganz vorzüglich dazu, diese Zwänge zu erhellen, ebenso auch, die beim Austausch der Argumente in der Hitze des Gefechts meist implizit bleibenden Grundlagen explizit zu machen.

Die Teile des Buches, in denen die kanonischen Texte der politischen Philosophie analysiert werden, sollten nicht für sich genommen, unabhängig von der Gesamtkonstruktion gelesen werden. Wäre dies der Fall, dann wäre unser Unternehmen wohl etwas vermessen, ein ganzes Leben reichte nicht aus, Parallelen zwischen den Werken zu ziehen, die wir hier herangezogen haben, um das Modell der Rechtfertigungsordnungen zu entwickeln und die sich mit ihnen befassenden Kommentare zusammenzutragen. Wie in der Folge sicherlich noch deutlicher wird, wurden diese Texte keineswegs um ihrer selbst willen behandelt, ebensowenig aus historischem Interesse heraus, sondern einzig und allein in ihrer Eigenschaft als Grammatiken politischer Ordnung. Das Ziel dieses Ansatzes bestand darin, alle untersuchten Texte ein und derselben Fragestellung zu unterziehen, gerade so, als handele es sich um einen Textkorpus, der für eine Inhaltsanalyse kodiert wird.

Dieser Zugang zur politischen Philosophie hat uns dazu gebracht, diejenigen Theorien außer Acht zu lassen, die in realistischer oder kritischer Stoßrichtung behaupten, dass jegliche soziale Beziehung auf Herrschaft oder Gewalt beruht, um uns solchen Theorien zuzuwenden, in denen es darum geht, wie in einem Gemeinwesen ein Gleichgewicht hergestellt wird. Letzteren ist gemeinsam, dass sie eine Welt entwerfen, in der Menschen zum einen klar von anderen Wesen unterschieden werden und zum anderen aufgrund einer grundsätzlichen Gleichheit zusammengefasst werden. Diese politischen Philosophien lassen sich daher auch über ihre Absicht definieren, Konstruktionen gemeinsamen Menschseins vorzulegen. Genau das erlaubt uns, verschiedene Theoriekonstruktionen zunächst einem Vergleich zu unterziehen und die in ihnen enthaltenen Grundsätze legitimer Ordnung herauszuarbeiten: die Inspiration in Augustinus' »Gottesstaat«, das Prinzip des Hauses in der »Politik« Bossuets, die Zeichen von Ruhm und den Kredit in der öffentlichen Meinung in Hobbes' »Leviathan«, den Gemeinwillen im »Gesellschaftsvertrag« Rousseaus, den Reichtum in Adam Smiths »Reichtum der Nationen« oder die industrielle Effizienz im »Système industriel« Saint-Simons. Wir haben auch zu zeigen versucht, dass sich selbst eine politische Philosophie, die dem Individualismus durch den Entwurf einer auf marktförmigem Tausch beruhenden Ordnung Ausdruck verliehen hat, in das Modell des Gemeinwohls einfügen lässt. Das wird in der Theorie Adam Smiths noch deutlicher als in den späteren Werken der Wirtschaftswissenschaften, vor allem weil Adam Smith in seiner »Theorie der ethischen Gefühle« eine den menschlichen Fähigkeiten, wie sie eine nach dem Marktmodell organisierte Welt voraussetzt, entsprechende Anthropologie entwickelt hat.

Das Interesse an dieser Gegenüberstellung besteht jedoch nicht allein darin, die wiederkehrenden Bezugnahmen auf ein gemeinsames Verständnis von Menschen nachzuweisen. Es liegt vielmehr auch darin, aufzuzeigen, dass eine jede dieser Philosophien ein eigenes Ordnungsprinzip anbietet, anhand dessen sich genauer bestimmen lässt, was die Größe der Großen ausmacht und wie sich eine legitime Ordnung zwischen Personen begründen lässt. Auf solche Ordnungen nehmen die Personen Bezug, wenn sie ihr Handeln rechtfertigen oder ihre Kritik mit Argumenten untermauern müssen. Nicht, dass die gewöhnlichen Mitglieder unserer Gesellschaft all die Werke gelesen hätten, von denen wir uns inspirieren haben lassen, um solche Modelle der Kompetenz zu konzipieren, wie sie in Auseinandersetzungen zur Anwendung kommen. Doch die in diesen Philosophien ausformulierten Modelle finden sich in Arrangements von Objekten verankert, aus denen die Situationen des täglichen Lebens zusammengesetzt sind.

Die Suche nach einem umfassenden Modell

Das Hin und Her zwischen den klassischen Theorien der politischen Theorie und den von den gewöhnlichen Akteuren in Konfliktsituationen vorgebrachten Rechtfertigungen machte es möglich, eine solide Verbindung zwischen politischer Philosophie und Soziologie zu knüpfen. Auf diese Weise ließ sich ein oft polemisch überspitzter Gegensatz zwischen diesen beiden Disziplinen, zwischen einer auf die Erklärung von Prinzipien abzielenden transzendentalen Absicht und einer oftmals mit dem Etikett des Relativismus belegten Beschäftigung mit Ungleichheiten, umgehen. Dieser Antagonismus deckt sich mit einer noch allgemeineren Opposition, die auch in den Debatten zwischen der Rechtswissenschaft und den Sozialwissenschaften unterschwellig vorhanden ist, nämlich der zwischen der Bezugnahme auf Regeln und der Bezugnahme auf Praktiken. Bei unseren Forschungen galt unser nachhaltiges Interesse den unterschiedlichen Ausdrucksformen eines Sinnes für das Richtige oder Passende, was sich in der Anerkennung einer Vielfalt von Formen von Allgemeinheit niederschlägt, die zugleich auch Formen von Größe darstellen, mit denen sich Handlungen rechtfertigen lassen. Dieser Pluralismus rückt unsere Position in die Nähe der von Michael Walzer entwickelten und weckt, wie bei Walzer in den »Spheres of Justice« (Walzer, Sphären), das Interesse an einer Theorie der Gerechtigkeit, welche der Vielfalt an Möglichkeiten, eine Bestimmung des Gemeinwohls vorzunehmen, gerecht wird. Der Weg, den wir damit einschlugen, brachte es mit sich, dass wir uns mit dem Gefühl von Ungerechtigkeit näher befassen mussten, das sich einstellt, wenn verschiedene Gerechtigkeitsordnungen miteinander vermengt werden. Das ist insbesondere dann der Fall, wenn eine Rechtfertigung aus der Ordnung des Marktes über ihren Geltungsbereich hinaus Anwendung findet.

Wir waren allerdings darum bemüht, die Probleme des Kulturrelativismus zu vermeiden, den eine Öffnung in Richtung auf mehr Diversität notwendigerweise mit sich bringt. Dafür mussten wir uns stärker auf die Untersuchung des Gefühls von Ungerechtigkeit verlegen, welches sich bei den Akteuren dann einstellt, wenn Rechtfertigungsformen auf Situationen übergreifen, in denen sie unangebracht sind. Um die Befähigung der Akteure zur Kritik besser zu verstehen, mussten wir ihnen die Fähigkeit unterstellen, von einer Rechtfertigungsform zu einer anderen überzugehen und sich dort denselben Anforderungen auszusetzen. Genau diese allen von uns identifizierten Wertordnungen gemeinsamen Erfordernisse haben wir dann zu formulieren und in ein umfassendes Modell der Rechtfertigungsordnung zu integrieren versucht. Das Modell lässt sich als eine mit anderen Ansätzen aus der politischen Philosophie kompatible Theorie der Gerechtigkeit begreifen. Zugleich kann es aber auch als ein Modell der Fähigkeit angesehen werden, die man als bei den Akteuren vorhanden voraussetzen muss, um überhaupt begreifen zu können, wie die Angehörigen einer komplexen Gesellschaft Kritik äußern, Situationen infrage stellen, sich streiten oder zu einer Einigung kommen. Eine Möglichkeit, die Gültigkeit des Modells zu überprüfen, besteht darin, aufzuzeigen, dass es sich auch auf die Schwierigkeiten anwenden lässt, die dann auftauchen, wenn eine Argumentation auf illegitimen Werten aufgebaut wird – illegitim in dem Sinne, dass sie mit rechtfertigbaren Prinzipien unvereinbar sind, wie dies etwa bei eugenischen Argumenten der Fall ist.

Das Modell der Rechtfertigungsordnung ist eine Antwort auf einige der Anforderungen, die Rawls an die Rechtfertigung von Ungleichheiten hinsichtlich der Merkmalszustände von Personen stellt (Rawls, Theory). Eine Anforderung besagt, dass die Kleineren daraus einen Vorteil ziehen müssen, der unserer Auffassung nach der Idee des Gemeinwohls entspricht. Eine weitere Anforderung besteht darin, dass die Merkmalszustände allen Beteiligten offenstehen und nicht an ungleiche Statuspositionen gebunden sind. Doch in dem Modell, wie es hier vorgestellt wird und dessen Ziel unter anderem darin besteht, die politische Philosophie mit einer Pragmatik des Urteilens zu verbinden, kommt der Unterscheidung zwischen den Merkmalszuständen der Personen und den Personen selbst eine Schlüsselrolle zu; ebenso dem Vorgang, im Verlauf dessen diese Zustände zugewiesen werden und ein der Situation entsprechendes Urteil gefällt wird. Durch die Konzentration auf den Moment der Zuweisung von Zuständen zu Personen konnten wir von einem formalen Prinzip demokratischer Offenheit zur Ungewissheit des kritischen Moments übergehen. An solchen Momenten interessierte uns vor allem die Art und Weise, wie die Ungewissheit in einer Prüfung aufgehoben wird, die, wenn sie akzeptabel sein soll, zugleich auch die Umstände der jeweiligen Situation berücksichtigen und ganz allgemein rechtfertigbar sein muss. Eine für das Modell zentrale Eigenschaft besteht darin, dass eine dauerhafte Bindung von Merkmalszuständen der Größe an Personen ausgeschlossen ist. Diese Einschränkung zieht ein

Interesse an den Prozessen der Zuweisung sowie der immer wiederkehrenden Infragestellung der Verteilung von Merkmalszuständen der Größe nach sich.

Dieser Gedanke ist in der politischen Philosophie nicht explizit thematisiert und hat uns dazu bewegt, unsere Aufmerksamkeit bevorzugt auf die pragmatischen Bedingungen für die Zuordnung von Größe zu richten, die der politischen Philosophie eigene Sphäre der Begründungen und Prinzipien zu verlassen, um in diejenige des Handelns einzutauchen. Hier stellt sich nun die Frage nach den Objekten und der Beziehung zwischen Personen und Dingen. Bei dieser am Handlungsablauf ansetzenden Analyse der Infragestellung der Größen in einer Situation wurde nämlich die Rolle der Objekte deutlich, die einzubeziehen sind, wenn eine Überprüfung realistisch sein soll. Wenn man aufmerksam auf die Verknüpfungen zwischen den zum Beweis vorgebrachten Gründen und Objekten, zwischen den einbezogenen Gerechtigkeitsmodellen und der Pragmatik achtet, lässt sich vermeiden, dass die Last der Verhaltenskoordinierung ausschließlich einheitlichen Überzeugungen und Vorstellungen oder Systemen und Gesetzen aufgebürdet wird, die sämtliche Möglichkeiten von Ordnung der Regelmäßigkeit der Dinge zuschreiben, ganz nach einem in den Sozialwissenschaften immer wieder anzutreffenden Gegensatz zwischen Kultur und Gesellschaft, Repräsentation und Morphologie oder Kommunikation und System wie im Habermas'schen Modell.

Das soziale Band auf dem Prüfstein der Dinge

Das im Vorangegangenen skizzierte Vorgehen führt uns weg von so manchen in der Soziologie verbreiteten Grundannahmen, die sich vor allem darin äußern, wie sie mit Überzeugungen, Werten oder Vorstellungen umgeht, und zweitens das Schicksal betrifft, dem sie die Objekte überlässt. Die Formen der Allgemeinheit und der Größen, deren Ökonomie dieses Buch skizziert, haften nämlich keineswegs Kollektiven an, sondern Situationen, weshalb wir uns von dem gesamten Arsenal wissenschaftlicher Werkzeuge verabschieden wollen, das in Begriffen wie »Kultur« oder »soziale Gruppe« fest verankert ist. Die Personen, die wir bei ihren Prüfungen begleiten, sehen sich veranlasst, von einer Art der Anpassung zu einer anderen, von einer Größe zur nächsten zu wechseln, und das abhängig von der jeweiligen Situation, an der sie beteiligt sind. Dass diese Anpassungsfähigkeit zur Definition von Normalität gehört, bezeugen die zahlreichen Anschuldigungen, welche die Widerstände gegen Anpassungsleistungen, wie sie für den Wechsel zwischen verschiedenen Situationen erforderlich sind, als pathologisch und vor allem als Paranoia stigmatisieren. Was die Objekte anbelangt, so gestehen wir ihnen den Platz zu, der ihnen in den Anforderungen an ein realistisches Urteil zukommt, wobei wir darin keineswegs nur willkürlich gewählte Stützen für die symbolischen Investitionen der Personen sehen wollen, für die sie nichts weiter als ein Mittel zum Ausdruck ihrer Gruppenzugehörigkeit darstellen, oder, was auf dasselbe hinausläuft, zur Manifestation ihrer Distinktionsabsichten. Dennoch lehnen wir uns nicht allzu sehr an eine Spielart des Realismus an, wie sie in besonders ausgeprägter Form in den Wirtschaftswissenschaften gepflegt wird. Diese sehen nämlich in den Objekten – die sich entweder dadurch auszeichnen, dass sie sich austauschen lassen und in natürlicher Weise einen Preis stützen, oder dass sie aufgrund ihrer funktionalen Eigenschaften effizient sind – die einzige Ordnungsmacht, die sich den Personen aufzwingt. Wir wollen dabei keiner der beiden Sichtweisen recht geben, weder der realistischen Fetischisierung noch der symbolischen Dekonstruktion, vielmehr versuchen wir zu zeigen, wie Personen mit Unsicherheiten umgehen und sich dabei auf Objekte stützen, um Ordnung herzustellen, und wie sie umgekehrt auch die Objekte konsolidieren, indem sie sie mit schon konstituierten Ordnungen in Verbindung bringen. Unser Unternehmen zielt damit auf einen dynamischen Realismus ab, insofern es die Konstruktionsarbeit sichtbar machen will, ohne sie zugleich auf eine instabile und lokal beschränkte Einigung über Bedeutungen reduzieren zu wollen. Aus dieser theoretischen Festlegung, für die das Handeln in Zusammenhang mit Unsicherheit zu begreifen ist, folgt auf der Ebene der Beobachtungsmethode, die empirische Forschung auf solche Momente zu konzentrieren, in denen etwas infrage gestellt oder kritisiert wird. Solche Momente stellen auch die in diesem Buch hauptsächlich behandelten Szenen dar. Zudem schien sich für uns die vorrangige Auswahl solcher Momente besonders für die Untersuchung einer Gesellschaft wie der unseren zu eignen, in der die Kritik ja eine derart zentrale Rolle spielt und zugleich für die Akteure eines der wichtigsten ihnen verfügbaren Werkzeuge darstellt, mit dem sie das Verhältnis des Besonderen zum Allgemeinen und des Lokalen zum Globalen erproben können.

Zur ausführlichen Schilderung der Objektwelten, für die die Überprüfung der Größe durchgeführt wird, haben wir an Unternehmen adressierte Handbücher herangezogen (nicht zuletzt, um eine Stichprobe von gleichgelagerten Situationen zu haben, die jeweils den verschiedenen Formen von Allgemeinheit entsprechen). Vor allem haben wir auch die Respektlosigkeit begangen, diese bescheidenen und höchst vergänglichen Sammlungen von praktischen Ratschlägen den unsterblichen Werken der politischen Philosophie gegenüberzustellen. Diese Praxisratgeber beschränken sich allerdings nicht auf die ökonomische Sphäre, sie beziehen sich viel mehr, wie die Lektüre der aus Textauszügen bestehenden Überblicke zeigen wird, weitgehend auf alltägliche Aktivitäten in völlig unterschiedlich gearteten Bereichen.

Da sie ja im Gegensatz zu den von uns untersuchten politischen Philosophien nichts zur Gerechtigkeitsdebatte beitragen müssen, sondern einfach praktische Handlungsanleitungen sein wollen, und weil ihnen daher ein gewisser Realismus eigen ist, müssen diese Handbücher auch das praktische Problem des Übergangs zwischen verschiedenen Welten lösen. Indem sie auf Möglichkeiten hinweisen, wie sich die Unvereinbarkeit zwischen den Formen von Allgemeinheit überwinden lässt, helfen sie uns, Kompromissbildungen ausfindig zu machen, in denen ein Ausgleich zwischen verschiedenen Formen der Allgemeinheit angestrebt wird. Dadurch lassen sich Auseinandersetzungen eindämmen, um eine Eskalation der Kritik zu verhindern.

Es könnte nun den Anschein haben, dass diese sich auf Handbücher für Unternehmen stützende Herangehensweise etwas einseitig bleibt und hinsichtlich unseres Forschungsgegenstands, der sich ja auf die Gesamtheit von Rechtfertigungen erstreckt und nicht nur auf jene, die wir im Wirtschaftsleben antreffen, von nur begrenzter Aussagekraft ist. Dennoch hat sich diese erste Auswertung, deren Ziel zunächst lediglich darin bestand, das Handwerkszeug für die Aufbereitung der gesammelten Informationen zu liefern, robuster erwiesen, als man auf den ersten Blick hätte meinen können. Die zahlreichen Feldforschungen, die mit dem hier vorgestellten Analyseraster arbeiteten, haben, auch wenn sie die Liste der in rechtfertigbaren Handlungen involvierten Wesen verlängert haben, nicht dazu geführt, den harten Kern einer jeden dieser aus den Handbüchern herausdestillierten Welten – also die jeder Welt eigene Form von Kohärenz und die Wesen, die am ehesten geeignet sind, diese Kohärenz zu bewerkstelligen – infrage zu stellen. Dass die später skizzierten Darstellungen der verschiedenen Welten praktisch unverformt bestehen bleiben, wenn man sich zwischen verschiedenen Feldern bewegt, stellt einen empirischen Beleg für die Allgemeingültigkeit der aus einem beschränkten und sehr speziellen Textkorpus herausgezogenen Matrix dar.

Mit der Durchführung einer Vielzahl solcher Arbeiten eröffnet sich eine völlig neue und systematische Herangehensweise an Organisationen, die nun nicht mehr als einheitliche und durch Handlungssphären, Akteurssysteme oder Felder charakterisierte Entitäten angesehen werden, sondern als eine Montage von unterschiedlichen Welten angehörenden Arrangements (Boltanski/Thévenot, Justesse et justice). Mit diesem Ansatz wird es möglich, in ein und demselben konzeptuellen Rahmen Beobachtungen aus vollkommen unterschiedlichen Organisationen – Industrie- oder Dienstleistungsunternehmen, Gebietskörperschaften, öffentliche Verwaltungen, Bildungs- und Kultureinrichtungen – zu vergleichen und in einem Register, das nicht ausschließlich die Sprache der Konkurrenz oder der technischen Effizienz gebraucht, zu sammeln. Diese Vielfalt hat ihre Entsprechung nicht in der Verschiedenheit unterschiedlicher Aktivitäten oder Milieus, sondern betrifft den Kern jeder Organisation. Keine Organisation – und sei sie noch so industriell geprägt – kann überleben, wenn sie nicht auch andersgeartete Situationen duldet. Genau diese Pluralität der zu unterschiedlichen Welten gehörenden Arrangements vermag die in solchen Organisationen herrschenden Spannungen zu erklären. Der Ansatz verlangte, dass wir uns nicht nur den Kritiken gegenüber aufmerksam zeigten, sondern auch gegenüber Kompromissbildungen. Sie ermöglichen nämlich, Wesen zusammenzubringen, deren Rechtfertigung normalerweise erforderte, sie auf unterschiedliche Welten, die unterschiedlichen Allgemeinheitsordnungen angehören, aufzuteilen. Ein zusätzlicher Vorteil dieser Methode besteht darin, dass sich mit ihr die verschiedenen Kompromissarrangements, aus denen Organisationen bestehen, vergleichen lassen. Dadurch wird die Einzigartigkeit lokaler Konstellationen respektiert, zugleich aber auch der allgemeine Rahmen bereichert.

Der Gang der Argumentation

Unser Argumentationsgang sieht folgendermaßen aus: Das erste Kapitel widmet sich der kritischen Überprüfung einiger der klassischen Antworten in den Sozialwissenschaften auf die Frage nach dem Zustandekommen von Einigungen. Ausgehend von der Kontroverse zwischen der Durkheim'schen Soziologie und der liberalen Ökonomie wollen wir zeigen, wie diese beiden so gegensätzlichen Konzeptionen, ungeachtet all ihrer Unterschiede, davon ausgehen, dass eine Einigung auf dem Verhältnis zwischen den Einzelpersonen und einer Form von Allgemeinheit beruht, die wir das übergeordnete Prinzip nennen. Diese aus zwei Ebenen bestehende theoretische Konstruktion bildet das Grundgerüst einer politischen Metaphysik. Diese Feststellung versteht sich keinesfalls als Kritik, da ein solches Gerüst die Humanwissenschaften überhaupt erst in den Stand versetzt, ihrem Gegenstand gerecht zu werden, nämlich den Personen, deren Einigung voraussetzt, dass sie auf ein sie transzendierendes Prinzip Bezug nehmen und so zu legitimen Verallgemeinerungen kommen. Das Kapitel II ist einer ersten Überprüfung dieser politischen Metaphysik am Beispiel der Marktphilosophie gewidmet.

Das Kapitel III behandelt die Anforderungen an die Herstellung der auf die Allgemeinheit abzielenden Einigungsformen. Die Analyse stützt sich auf die klassischen Arbeiten der politischen Philosophie, die hier als Werke der Grammatik politischer Ordnung verwendet werden, und mündet ein in die Bildung eines Modells der legitimen Rechtfertigungsordnung. Das Modell der Rechtfertigungsordnung macht die Anforderungen deutlich, denen ein übergeordnetes gemeinsames Prinzip entsprechen muss, um Rechtfertigungen abstützen zu können. Mit seiner Hilfe wird es möglich, legitime Formen des Gemeinwohls, die wir *Größen* nennen, von anderen, illegitimen Formen (wie etwa dem Wert der Eugenik) klarer zu unterscheiden. Das Modell der Rechtfertigungsordnung wird als ein Modell der Kompetenz behandelt, das sich den praktischen Fähigkeiten der Personen gegenüberstellen lässt, die in Situationen Anwendung finden, in denen ihre Urteile aufgrund einer Kritik unter Rechtfertigungsdruck geraten. In Kapitel IV untersuchen wir die politischen Philosophien, die wir unter dem Gesichtspunkt ausgesucht haben, dass die Ausdrucksformen des Gemeinwohls, auf denen sie beruhen, in unserer eigenen Gesellschaft heute präsent sind.

In Kapitel V untersuchen wir die Wirkung der im vorangegangenen Kapitel ausgearbeiteten Ordnungsprinzipien im Rahmen von Prüfungen, die eine Einigung darüber erlauben, wie Personen der Größe nach geordnet werden. Im Modell der Rechtfertigungsordnung besitzt eine Person nicht eine feste Größe. Einvernehmen muss also jeweils im Verlauf einer Prüfung erzielt werden, die auf jene Objekte zurückgreift, anhand deren die Personen sich messen und ihre relative Größe bestimmen. Jedes dieser den verschiedenen Ordnungen zugehörigen Ensembles von Objekten stellt eine eigene zusammenhängende Welt dar. Die Beschreibung dieser Welten erfolgt dann in Kapitel VI anhand von Handbüchern und Handlungsanweisungen für das richtige Verhalten in Situationen, in denen eine jede dieser von uns ausgearbeiteten Formen des Gemeinwohls jeweils vorherrschend ist.

Kapitel VII behandelt das Verhältnis zwischen den verschiedenen Welten, welches anhand von kritischen Situationen untersucht wird, in denen verschiedenen Naturen zugehörige Wesen zugleich zur Geltung gebracht werden. Wir untersuchen das Gefühl verletzten Gerechtigkeitssinnes, das aufkommt, wenn eine Prüfung dadurch korrumpiert wird, dass eine Größe mitgenommen wird; ebenso analysieren wir auch die Kritik, die eine Meinungsverschiedenheit nicht nur hinsichtlich des Ergebnisses einer Überprüfung darstellt, sondern auch hinsichtlich des Grundsatzes, der ihre Durchführung regelt. Die Auseinandersetzung kann zu einem Ende gebracht werden, indem es erneut zu einer Überprüfung entweder innerhalb der ursprünglichen Welt kommt, oder – über eine völlige Neuausrichtung der Situation – in einer durch eine Enthüllung ins Spiel gebrachten alternativen Welt. In Kapitel VIII werden die den Handbüchern, die wir schon für die Illustration der verschiedenen Welten herangezogen haben, entnommenen Kritiken dargestellt.

In Kapitel IX betrachten wir hybride Situationen, in denen Wesen aus verschiedenen Welten vorkommen und wo es aufgrund eines Kompromisses, mit dem eine Überprüfung vermieden werden soll, zu keiner Auseinandersetzung kommt.

Wir zeigen, wie der Kompromiss um seiner Akzeptanz willen auf ein Gemeinwohl ausgerichtet sein muss, das auf höherer Ebene angesiedelt ist als die jeweiligen Formen des Gemeinwohls, die er zusammenbringt. Weil dieses Gemeinwohl nicht näher bestimmt wird, solange es nicht explizit gemacht und in einer Rechtfertigungsordnung begründet worden ist, bleiben solche Kompromisse im Allgemeinen fragil. Dem Kompromiss lässt sich jederzeit im Namen eines der Prinzipien, auf denen er beruht, der Vorwurf machen, dass er das andere Prinzip kompromittiert. Kompromisse sind weniger fragil, wenn sie in spezifische Arrangements eingebettet sind. Die nähere Untersuchung dessen, wie ein solcher Kompromiss angebahnt wird, lässt gewisse Rückschlüsse auf die Entstehung neuer Rechtfertigungsordnungen zu. In Kapitel X entwickeln wir analog zu dem Verfahren, das wir schon bei den Kritiken angewandt haben, die im gleichen Textkorpus vorgefundenen Kompromissfiguren. Im letzten Kapitel untersuchen wir weitere Lösungsmöglichkeiten für Konflikte, die ohne Rechtfertigungen auskommen. In der Relativierung etwa können sich Personen der Überprüfung und der damit verbundenen Auseinandersetzung hinsichtlich dessen, worauf es in Wirklichkeit ankommt, entziehen, indem sie übereinkommen, dass nichts von Belang ist. Angeregt durch diese Konstellation, untersuchen wir dann, wie sich in den Sozialwissenschaften der Übergang von der notwendigerweise instabil bleibenden Relativierung zum Relativismus vollzieht, der aufgrund dessen, dass er Kräfteverhältnisse als Erklärungsfaktoren heranzieht, Gewalt als ein allgemeines Äquivalent ohne Bezugnahme auf ein Gemeinwohl ansieht. Damit privilegieren die Sozialwissenschaften eine Möglichkeit unter vielen, soziale Ordnung darzustellen. Wir hingegen sind darum bemüht, die Vielfalt der Formen des Zusammenlebens mit anderen zu erforschen, unter denen die Rechtfertigung nur eines der möglichen Handlungsregime darstellt. Die Darstellung dieses Handlungsregimes bildet den Gegenstand dieses Buches.

Diesem Vorhaben wäre ohne die Unterstützung zahlreicher Personen kein Erfolg beschieden gewesen.

Das Werk Bruno Latours (Latour, Les microbes; ders., Science in action; ders./Woolgar, Laboratory life) und die Arbeiten Michel Callons (Callon/Latour, Unscrewing; Callon/Law, La proto-histoire) sind uns seit langem schon eine enorme Hilfe gewesen, die umso größer ausfiel, als sie mit einer kritischen Lektüre unserer eigenen Arbeiten einherging. Diesen anregenden und mutigen Forschungen kommt zum einen das Verdienst zu, den Zusammenhang zwischen dem Knüpfen sozialer Bande und der Anfertigung von Objekten aufgezeigt und zum anderen eine Brücke zwischen den modernen Sozialwissenschaften und der politischen Philosophie geschlagen zu haben. Wir denken dabei insbesondere an den Gebrauch, den sie vom Werk Hobbes' gemacht haben, um bestimmte Aspekte der Ethnomethodologie fortzuentwickeln oder neu zu fassen.

Die Lektüre von Albert Hirschmans »The Passions and the interests« (Hirschman, Leidenschaften und Interessen), ebenso seine kritischen Anmerkungen zu unseren früheren Arbeiten über soziale Identifizierung sind uns eine persönliche Ermutigung gewesen, während sein Werk für uns ein Beispiel für eine ungemein gebildete Auseinandersetzung mit dem Verhältnis der politischen Philosophie, der Moralphilosophie und den Sozial- und vor allem Wirtschaftswissenschaften abgibt.

Die Arbeiten Louis Dumonts (Dumont, Homo hierarchicus; ders., Homo aequalis; ders., Individualismus) sind für unser eigenes Vorhaben ebenfalls außerordentlich prägend gewesen. Wir haben darin äußerst erhellende Überlegungen zur Unterordnung unter eine Totalität wie auch eine Neufassung des Ideologiebegriffs gefunden. Das Werk Paul Ricœurs hat zur Neufassung dieses Begriffes ebenfalls maßgeblich beigetragen, indem er ihn mit der praktischen Vernunft in Zusammenhang gebracht hat (Ricœur, Der Konflikt; ders., Praktische Vernunft). In ähnlicher Weise haben wir auch aus den Arbeiten François Furets zur Französischen Revolution und zur Revolutionsgeschichtsschreibung großen Nutzen gezogen (Furet, 1789). Wir haben versucht, die politischen Konstruktionen, für die er das Interesse der Sozialwissenschaften geweckt hat, mit den alltäglichen Verhaltensweisen der Personen, dem eigentlichen Gegenstand der soziologischen Analyse, zu verbinden.

Die Ausarbeitung des hier vorgestellten Analyserahmens ging Hand in Hand mit der Durchführung eines empirischen Forschungsprogramms durch ein Netzwerk von Forschern, die an unseren an der *École des Hautes Études en Sciences Sociales* durchgeführten Seminaren teilnahmen und der *Groupe de Sociologie politique et morale* (*EHESS-CNRS*) sowie dem *Centre d'études de l'emploi* angehören. Dieses Netzwerk unterstützte uns auch bei der Ausarbeitung eines Proteus-Programmes sowie bei der Veröffentlichung einer ersten Version dieses Buches, das als Handwerkszeug für die im Durchführungsstadium befindlichen Forschungen dienen sollte. Das genannte Netzwerk verdankt François Eymard-Duvernay, Jean-Louis Derouet und Alain Desrosières außerordentlich viel. Ihre Arbeiten zur Unternehmensökonomie, zur Erziehungssoziologie und zur Geschichte der Statistik waren für uns von allergrößtem Wert. Wir wollen ihnen deshalb unseren Dank aussprechen für die Geduld, mit der sie unsere Arbeit Schritt für Schritt begleitet und uns in den schwierigen Phasen ihr Vertrauen geschenkt haben, wenn die Ab- und Umwege unserer Forschungen so manchen hätte entmutigen können. Unser Dank richtet sich insbesondere an Alain Desrosières für seine Großzügigkeit, sein Wohlwollen, seine stets treffsicheren und konstruktiven Bemerkungen sowie seine Art, Menschen zusammenzubringen. Ohne ihn wäre diese Arbeit schlichtweg nicht zustande gekommen.

Einen nicht zu unterschätzenden Vorteil stellte die Möglichkeit dar, diese Arbeit in ihren verschiedenen Stadien vorstellen und der Diskussion unterbreiten zu können. Zu Fortschritten kam es aufgrund von Hinweisen und Vorwürfen seitens Studenten und Forschern oder wenn wir gemeinsam Probleme betrachteten, auf die sie in ihren eigenen Forschungen, etwa im Rahmen ihrer Diplom- oder Doktorarbeiten, gestoßen waren. So profitierte unser Forschungsvorhaben enorm von den Beiträgen folgender Personen: Pierre Boisard, Agnès Camus und Francis Chateauraynaud, deren scharfsinnige Bemerkungen sich als eine Belebung der Diskussionen und eine Anregung für unsere Überlegungen erwiesen haben; Philippe Corcuff und seinem steten Bemühen um Synthese; Vinoli Delamourd, Nicolas Dodier, bei dem ein kompetentes Interesse mit einer ständigen Verfügbarkeit einherging; Francis Kramarz, Claudette Lafaye, deren aus ihrer Erfahrung im Feld hervorgegangene Fragen nach Aufklärung verlangten; Marie-Thérèse Letablier und schließlich André Wissler, der die Hypothesen sorgfältig überprüfte und einem empirischen Test unterzog. Das von Danièle Burre und Anne Dubret geführte Sekretariat sorgte für den reibungslosen Verlauf dieses langwierigen Unternehmens.

Wir bedanken uns auch für die aufmerksame Lektüre in unterschiedlichen Etappen sowie die hilfreichen Bemerkungen, die folgende Personen aus der Perspektive ihres jeweiligen Faches gemacht haben: Monique Djokic, Olivier Favereau, Pierre Livet, Patrick Fridenson, Steven Kaplan, Serge Moscovici, Jacques Revel, David Stark und Heinz Wisman. Schließlich blieben uns die einer Veröffentlichung häufig vorausgehenden kritischen Augenblicke dank des Verständnisses Eric Vignes erspart, der die Effizienz eines Fachmannes mit der Leidenschaft eines inspirierten Verlegers zu vereinen wusste.

Unser Dank geht an Joëlle Affichard und Elisabeth Claverie, von deren klugen Bemerkungen und emotionaler Unterstützung wir während der Arbeit an diesem Buch profitiert haben, und die uns auf diese Weise ihre »Größe« in verschiedenen Welten haben spüren lassen.

Erster Teil
Der Rechtfertigungsimperativ

I Die Sozialwissenschaften und die Legitimität der Einigung

Das vorliegende Buch befasst sich mit dem Verhältnis von Einigkeit und Uneinigkeit. In erster Linie soll hier ein Rahmen erarbeitet werden, mit dem sich unter Einsatz ein und desselben theoretischen Instrumentariums sowie identischer Methoden sowohl jene Äußerungen von Kritik analysieren lassen, mittels deren Akteure ohne Gewalt einzusetzen ihr mangelndes Einverständnis zum Ausdruck bringen, als auch die Vorgänge, mittels deren sie zu mehr oder weniger dauerhaften Übereinkünften kommen, diese kundtun und besiegeln.

Das Problem der Einigung gehört mit zu den grundlegenden Themen, die die Sozialwissenschaften von der politischen Philosophie geerbt und sich in mannigfaltiger begrifflicher Form – als Ordnung, Gleichgewicht, Norm oder Kultur – angeeignet haben (Habermas, Theorie). Es lässt sich jedoch auf keinen Fall losgelöst von jenen Momenten behandeln, die zum Aufbrechen einer Ordnung führen und die sich in Krisen, Ungleichgewicht, Kritik, Streit und Infragestellung bemerkbar machen. Ungeachtet der unterschiedlichen Traditionen, in denen sie stehen, ist es daher wenig wünschenswert, zwischen Konsens- und Konfliktsoziologien einen radikalen Antagonismus aufrechtzuerhalten. Wir setzen daher alles daran, Einigung und Kritik als eng zusammenhängende Momente ein und desselben Handlungsverlaufs zu behandeln.

Gemeinhin wird die Vielfalt an sozialwissenschaftlichen Theorien auf wenige fundamentale Gegensätze reduziert. Eine erste Traditionslinie gelangt etwa über den Begriff des Kollektivs, der beispielsweise für die Soziologie durkheimscher Prägung bestimmend ist, zu einem Ordnungsgefüge. Eine weitere, sich am *rational choice*-Ansatz der Wirtschaftswissenschaften orientierende Linie betrachtet jedwede Ordnung beziehungsweise jedes Gleichgewicht als nicht intendiertes Resultat individueller Entscheidungen. Wir schlagen unsererseits eine Perspektive vor, die auf die Bildung solcher Gegensatzpaare verzichtet, und bemühen uns stattdessen, die verschiedenen Theoriekonstruktionen in einem umfassenderen Modell aufgehen zu lassen. Wir wollen zeigen, wie jede einzelne von ihnen das Verhältnis zwischen den Momenten der Einigung und den Momenten der kritischen Infragestellung auf ihre besondere Weise integriert.

Der Gegensatz zwischen dem Kollektiven und dem Individuellen wird durch die anhaltende Kritik von Soziologen und Ökonomen aneinander seit jeher noch zusätzlich vertieft. Der Soziologe Alessandro Pizzorno weist beispielsweise darauf hin, dass sich Wählervertrauen nicht unter rein utilitaristischen Annahmen erklären lässt, sondern einen zusätzlichen Erklärungsfaktor voraussetzt, nämlich die – vom utilitaristischen Standpunkt aus völlig irrelevante – Identifikation mit einer Partei (Pizzorno, Sur la rationalité, S. 34). Der Gegensatz zwischen auf Kollektiven beruhenden und auf Individuen beruhenden Erklärungen, der nicht nur Disziplingrenzen markiert, sondern sich auch innerhalb jeder einzelnen Fachrichtung findet, scheint so radikal zu sein, dass sich die methodologische Grundentscheidung eines Forschers heutzutage in der Tat meist auf der Basis dieser Alternative vollzieht.

Natürlich kann man diesen Antagonismus auch einfach so hinnehmen und auf der Realität gesellschaftlicher Tatbestände (kollektive Determinierungen) gründende Argumente mit solchen unter einen Hut zu bringen versuchen, die von einem individuellen Kalkül ausgehen (individuelle Strategien), wie dies etwa der Fall ist, wenn man von kollektiven Strategien spricht. Insbesondere politikwissenschaftliche Ansätze neigen zu solchen Kompromisslösungen. Das gilt etwa für Untersuchungen, die mit dem Begriff des »Aushandelns« (eine Beziehung zwischen Personen, die durch ihre Marktförmigkeit gekennzeichnet ist) von Interessen »kollektiver« Art (welche die Konstituierung eines Allgemeininteresses voraussetzen) arbeiten. Doch die beständigen Ordnungsrufe durch den erwähnten Gegensatz drohen solche Erklärungsversuche rasch wieder ins Wanken zu bringen, indem sie deren innere Widersprüche bloßlegen.

Muss wirklich jede Entwicklung in den Sozialwissenschaften zwangsläufig in den von dieser Alternative vorgegebenen Bahnen verlaufen? Wie ist mit dem empirischen Material und den Forschungsergebnissen aus Fächern umzugehen, die entweder dem einen oder dem anderen Erklärungsansatz verhaftet sind? Wie könnte eine Annäherung zwischen beiden aussehen, wie ließen sich die Widersprüche anders lösen als durch das unbefriedigende Nebeneinander von Bezugnahmen auf das Ökonomische und das Soziale, individuelles Interesse und kollektive Zwänge gleichzeitig?

Die Kritik am mangelnden Realismus der Soziologie

Sämtliche Forscher, die menschliche Verhaltensweisen als Abfolge individueller Entscheidungen begreifen, stellen die Gültigkeit der ersten Richtung in Zweifel. Für sie entbehrt der »Holismus« jeglicher Grundlage, er ist noch zu sehr metaphysisch geprägt, als dass er wissenschaftlichen Ansprüchen genügen könnte. Eine Erklärung dürfe sich nicht auf die Realität angeblich kollektiver Tatbestände stützen. Man müsse vielmehr aufzeigen, wie diese kollektiven Tatbestände sich aus dem Verhalten interessegeleiteter Individuen als den einzig relevanten Untersuchungseinheiten ergeben. Statt in Personen lediglich Ausführende zu sehen, sei es viel angemessener, sie als Individuen zu begreifen, befreit von jeglichem normativen Korsett und in der Lage, ihr Verhalten an ihren jeweiligen persönlichen Interessen auszurichten. Diese Argumentation, die sich in dem Antagonismus von am Kollektiven und am Individuellen ausgerichteten Disziplinen kristallisiert, tut so, als ob die Soziologie als empirische Subjekte lediglich Personen in Gestalt von Gruppenwesen kenne, wohingegen sich die Wirtschaftswissenschaften ausschließlich mit Individuen befassten und damit auch der Wirklichkeit näher kämen.

In F. A. Hayeks Buch »Mißbrauch und Verfall der Vernunft« findet sich diese Kritik in besonders zugespitzter Form. Der Verfasser stellt dem »methodologischen Individualismus« eine »szientistische Methode« gegenüber, die darum bemüht sei, »jene Kollektiva als Tatsachen zu behandeln, die nicht mehr sind als populäre Verallgemeinerungen« beziehungsweise – wie er an anderer Stelle schreibt – »vage populäre Theorien« (Hayek, Mißbrauch, S. 33 und 54). Zur Widerlegung des »kollektivistischen Vorurteils« führt er die von C. Langlois und C. Seignobos gegen die Soziologie vorgebrachte Kritik an: »[...] sowohl in der Vorstellung wie auch in der direkten Beobachtung reduzieren sie [die Kollektivakte] sich immer auf eine Summe von individuellen Handlungen. Das soziale Faktum, das von gewissen Soziologen anerkannt wird, ist eine philosophische Konstruktion, nicht ein historisches Faktum.« (Langlois/Seignobos, Introduction, S. 187, zit. nach Hayek, Mißbrauch, S. 29, Fn. 29)

Individualismus: auch eine gesellschaftliche Metaphysik

Unser Vorgehen läuft darauf hinaus, hinter diesem scheinbar unversöhnlichen methodologischen Gegensatz, der gerade dann besonders stark ausgeprägt ist, wenn er in der Antinomie »individuell«/»kollektiv« zum Ausdruck kommt, doch gewisse Ähnlichkeiten sichtbar zu machen. Dazu wollen wir uns eingehender als gewöhnlich mit jenen Aspekten der beiden Methodologien befassen, die zwangsläufig unterbelichtet bleiben, wenn man in dem Bemühen, ihr Verhältnis zueinander zu bestimmen, dieses dann doch immer wieder auf die vorherige Antinomie projiziert.

Eingangs sei darauf hingewiesen, dass eine auf gesellschaftlichen Faktoren basierende Erklärung durchaus Einzelwesen anerkennt. Und gerade dieser *double bind* erklärt auch die Bedeutung, die der Verinnerlichung kollektiver Determinismen gewissermaßen in Gestalt eines im Innern jedes Einzelnen angelegten Unterbewusstseins zukommt. Umgekehrt stellen auch die Individuen des Wirtschaftswissenschaftlers, die auf einem Markt miteinander in Kontakt zueinander treten, keine isolierten Einzelwesen dar, auch wenn dies der Gebrauch des Begriffs »Individuum« sowohl aus der Feder der Ökonomen, die ja diesen »Individualismus« für sich beanspruchen, als auch seitens der Soziologen, die ihn mit ihrer Kritik überziehen und auf die anomischen Züge des riskanten Umgangs von miteinander konkurrierenden Menschen pochen (Durkheim, Arbeitsteilung, S. 42–47), für gewöhnlich nahelegt. Uns geht es dagegen um den Nachweis, dass die Wirtschaftswissenschaften auf eine Konstruktion des Individuums angewiesen sind, die dem Akteur Ansprüche auferlegt und so aus ihm ein moralisches Wesen macht. Dabei verstehen wir hier »Moral« im Gegensatz zu manchen Ansätzen des Liberalismus nicht im eingeschränkten Sinne einer Veranlagung zu guten Taten, die interessengetriebenen Egoismus ausgleicht. Wir wollen zeigen, dass eine moralische Kapazität den Kern einer auf marktförmigem Austausch zwischen Personen beruhenden Ordnung ausmacht. Diese müssen in der Lage sein, von ihren eigenen Besonderheiten abzusehen, um hinsichtlich äußerer Güter, deren Definition allgemeingültig ist, Verständigung zu erzielen. Der Umstand, dass der Gebrauch dieser Güter exklusiv ist, hindert uns oft daran, die Annahme eines allgemein geteilten Wissens, welches die Universalität ihrer Definition impliziert, zu erkennen. Diese Konvention ist die Voraussetzung dafür, dass Besitzwünsche miteinander konkurrieren und sich aufeinander abstimmen können, sie bleibt jedoch in der Wirtschaftstheorie zumeist implizit (natürlich). Wir werden später noch auf die Ähnlichkeit zwischen ihr und Adam Smiths Bemühungen eingehen, ausgehend von den in der »Theory of moral sentiments« entwickelten Begriffen »Sympathie« und »unparteiischer Zuschauer«, Personen zu definieren, die über ebendieses moralische Vermögen verfügen.

Sobald man Personen vorweisen kann, die »unter« der Kollektivinstanz handeln, oder sobald man die am Markt wirksame und »auf« den Individuen lastende Konvention offenlegt, verschwimmt der Gegensatz zunehmend. Dabei drängt sich auch der Gedanke auf, dass diese Dichotomie zur Beschreibung der zwischen diesen beiden Modellen bestehenden Unterschiede ungeeignet ist. Um den gemeinsamen Gegenstand, den Umgang der Menschen miteinander, zu bearbeiten, kommen beide Modelle nicht um eine doppelte Bezugnahme herum: Einerseits weisen sie diesen Personen einen besonderen Zustand zu, andererseits sehen sie die Möglichkeit vor, wie die jeweiligen Besonderheiten der Personen zu überwinden und das Fundament für eine Einigung zu legen seien. Diese Möglichkeit werden wir als *gemeinsames übergeordnetes Prinzip* bezeichnen. Je nachdem, ob es in einem Kollektivwillen oder in der Universalität der auf dem Markt tauschbaren Güter zum Ausdruck kommt, kann dieses Prinzip sehr unterschiedliche Ausprägungen annehmen. Die Spannung zwischen dem Rückgriff auf allgemeine Formen einerseits und dem Bezug auf einzelne Personen andererseits resultiert also nicht aus der Gegenüberstellung zweier Erklärungssysteme, sondern ist Herzstück eines jeden von ihnen. Die zwei Ebenen umfassende Konstruktion – die der Einzelpersonen und die einer übergeordneten Allgemeinheit – ist ein theoretisches Gerüst, das beiden Systemen gemeinsam ist und aus beiden eine politische Metaphysik macht.

Die sozialwissenschaftliche Verkürzung politischer Metaphysiken

Wir verfolgen mit unserem Ansatz das Ziel, Gemeinsamkeiten hinter dem scheinbar unversöhnlichen methodologischen Gegensatz von Erklärungen »individueller« und Erklärungen »kollektiver« Verhaltensweisen aufzuzeigen. Das Aufdecken vergleichbarer Elemente in wissenschaftlichen Theorien, die für gewöhnlich in Widerspruch zueinander gesehen werden, soll uns helfen, die Konturen eines neuen Forschungsgegenstandes für die Sozialwissenschaften zu umreißen, mit dem sich die Voraussetzungen für Einigung und die Bedingungen für Uneinigkeit zusammen denken lassen.

Eine eingehendere Betrachtung als gewöhnlich verdient hierbei die jeweilige Struktur der beiden methodologischen Konstruktionen, von der die Antinomie meist nur ein allzu grobschlächtiges Bild vermittelt und die von den wechselseitigen Kritiken sowieso im Dunkeln gelassen wird. Aus Gründen der Vereinfachung und zum besseren Nachvollzug unseres Vorgehens wollen wir uns auf zwei sozialwissenschaftliche Theoriegebilde beschränken. Dabei erheben wir weder den Anspruch, alle dazugehörigen Disziplinen, noch alles, was gemeinhin unter den Bezeichnungen Soziologie beziehungsweise Wirtschaftswissenschaften gefasst wird, abzudecken. Die Entscheidung für die Soziologie kollektiver Sachverhalte und die Ökonomie des Marktes erfolgte aufgrund der Kohärenz der Erklärungsschemata, die den Kern dieser Theoriegebilde ausmachen, sowie der Vielfalt von Kombinationsmöglichkeiten, in die sich diese Schemata einbauen lassen.

Da sie Gesetze formulieren müssen, nach denen die menschlichen Wesen miteinander in Beziehung treten – ob sie nun durch einen kollektiven Willen übereinkommen oder ihre Besitzwünsche auf einem Markt aushandeln –, müssen sich die beiden Disziplinen auf eine Regel der Einigung (die kollektive Identität oder das marktfähige Gut), eine universelle Form stützen, welche die Partikularitäten der Einzelpersonen transzendiert. Gleichwohl fällt es umso schwerer, die zugrunde liegende politische Metaphysik aufzudecken, als sich sowohl die Ökonomie wie die Soziologie in Abgrenzung zur Philosophie als wissenschaftliche Disziplinen konstituiert haben. Nichtsdestotrotz gehen wir davon aus, dass beide aus politischen Philosophien hervorgegangen sind, von denen sie nach wie vor geprägt und in denen diese Metaphysiken ausformuliert sind.

Untersucht man diese Entstehungsprozesse und die damit einhergehenden wechselseitigen Abgrenzungsversuche, stößt man bei beiden auf die Umdeutung eines normativen, übergeordneten Prinzips in ein positives wissenschaftliches Gesetz. Um den Preis dieser für den Naturalismus der Sozialwissenschaften so charakteristischen Operation des Einebnens kommen sie den Naturwissenschaften oder, wenn man so will, einer politischen Physik näher. Dieses Einebnen verändert jedoch nachhaltig die Bedeutung der Regel und des Verhältnisses der Einzelpersonen zu dieser Regel. Im Rahmen einer politischen Philosophie stellt eine Regel eine Konvention dar, also einen Ansatzpunkt, mit dem sich der Ausgleich der Interessen der Einzelnen, die um diese Konvention wissen, erreichen lässt. Im weiteren Verlauf dieses Buches wird noch zu zeigen sein, wie eine umfassend ausgearbeitete politische Philosophie diese Konvention zu begründen sucht. Für die politische Physik, an deren Entwicklung die Sozialwissenschaften teilhaben, stellt eine Regel ein wissenschaftliches Gesetz dar, das sowohl für Menschen als auch für Dinge gilt. Es besteht kein Anlass mehr, Willensäußerungen auf eine Form von Allgemeinheit hin abzustimmen. Die beiden Ebenen der politischen Metaphysik finden sich auf eine einzige Fläche projiziert, in der die Wesen sich nur noch durch mehr oder weniger regelkonformes Verhalten unterscheiden, je nachdem, wie streng sie das Gesetz befolgen.

In der Durkheim'schen Soziologie ist das Kollektiv nicht nur ein moralisches Wesen (es wird zu einem solchen, wenn Durkheim nicht als Soziologe, sondern als politischer Philosoph argumentiert), sondern ein ebenso realer, ja sogar »objektiverer« Gegenstand als eine Einzelperson. Werden, wie es der soziologische Realismus kollektiver Tatbestände impliziert, beide Ebenen – die des Moralisch-Kollektiven und die der Einzelpersonen – auf eine einzige zusammengelegt, dann vollzieht sich zugleich die Metamorphose eines Einigungsprinzips (der Gemeinwille) in ein für die Einzelpersonen geltendes Gesetz. Die sich daraus ergebenden theoretischen Probleme werden mit einer Erklärung ausgeräumt, der zufolge die Personen das, was in der politischen Philosophie noch ein Prinzip gewesen war, das die Beziehung zu anderen und die Einigung von Willensäußerungen ermöglichte, in Form einer Kraft oder Determination (mehr oder weniger bewusst) verinnerlichen.

Der Ökonom hat mithin leichtes Spiel, das Metaphysische an der Konstruktion des Soziologen zu entlarven und ihre Wissenschaftlichkeit infrage zu stellen. Er bezweifelt, dass die Kollektivphänomene, bei denen es sich seiner Meinung nach um menschliche Konstrukte handelt, real sind. Wie alle Institutionen sollten sie durch die Interessen der Einzelpersonen, der einzigen von ihm anerkannten Realität, erklärt werden. Diese Argumentation findet sich in der Unterscheidung zwischen Kollektiv- und Individualdisziplinen auskristallisiert, gerade so, als ob die Soziologie nur mit Personen in Gruppenverbänden als einzigen empirischen Subjekten hantierte, während die realitätsnäheren Wirtschaftswissenschaften allein den Einzelmenschen als Individuen Beachtung schenkten.

Allerdings fällt dem Ökonomen die Kritik an der Sozialmetaphysik des Soziologen nur deshalb so leicht, weil er das übergeordnete gemeinsame Prinzip nicht kennt, das sich in den positiven Gesetzen verbirgt, die seine Disziplin zutage fördert. Dieses Prinzip ließe sich in der für sämtliche Wirtschaftsakteure geltenden Eigenschaft suchen, nämlich dass sie von Interessen beziehungsweise Bedürfnissen geleitet sind. Wir werden jedoch noch sehen, dass es sich deutlicher anhand des auf einem Markt gehandelten Gutes herausarbeiten lässt, dem in den wirtschaftswissenschaftlichen Gesetzen genau die gleiche Rolle zukommt wie dem Kollektivwesen bei Durkheim. Die auf einem Markt miteinander in Beziehung tretenden Individuen des Wirtschaftswissenschaftlers sind keineswegs einfach Einzelpersonen, sondern moralische Wesen, die ihre Besonderheiten abstreifen und sich über gemeinsam identifizierte Güter verständigen können, um die ihre Besitzwünsche konkurrieren und hinsichtlich deren sie Einvernehmen erzielen. Das auf einem Markt gehandelte und gemeinsam durch einen Preis bewertete Gut bildet das Rückgrat der in der Ökonomie schlummernden politischen Metaphysik.

Es sei an dieser Stelle auf einen bedeutsamen Unterschied in der Art und Weise hingewiesen, wie sich die Reduktion der beiden Ebenen der Metaphysik im einen wie im anderen der genannten Erklärungsansätze vollzieht, ein Unterschied, der im Übrigen auch das Fortbestehen des Gegensatzes »kollektiv«/»individuell« bei der Darstellung ihres Verhältnisses zueinander erklären dürfte. Wie gesagt, nimmt der soziologische Realismus dabei den Weg über die Verinnerlichung der kollektiv geteilten Wirklichkeit, was sie zu einer Art Unbewusstem macht. In der Ökonomie erfolgt die Reduktion, indem zwischen Gütern und Personen unterschieden wird. Der Umstand, dass der Besitz von Gütern exklusiv ist, verstellt den Blick auf das Gemeinwohl, welches in der Universalität ihrer Definition besteht. Diese Universalität bildet die Voraussetzung für eine Einigung mittels Wettbewerb und bietet den Einzelpersonen die Möglichkeit, ihre Partikularitäten hinter sich zu lassen. Nichtsdestotrotz vollziehen sich das Einebnen dieses marktvermittelten Gemeinwohles und seine Transformation in ein positives Gesetz nicht, ohne Spuren in dem zugrunde liegenden Modell des menschlichen Verstandes oder der Psychologie der Personen selbst zu hinterlassen. Auch wenn Letztere nicht durch die Spannung zwischen den verinnerlichten Kollektivvorstellungen und ihren persönlichen Beweggründen zerrissen werden, tragen sie dennoch Spuren des marktwirtschaftlichen Gemeinwohles. Dies nimmt die Form des Interesses an, also einer Fähigkeit, diese universellen, exklusiv genutzten Güter unabhängig von sonstigen Beweggründen zu erkennen.

Das Problem der Einigung

Den Kern der Argumentation der beiden in ständigem Widerstreit befindlichen sozialwissenschaftlichen Disziplinen macht also eine identische Grundstruktur (übergeordnet gemeinsam/partikular) sowie derselbe Naturalismus aus, der bei einer Erklärung durch soziale Tatsachen wie auch bei einer Erklärung durch den Marktindividualismus auf einer vergleichbaren grundlegenden Transformation (ein übergeordnetes Prinzip wird in ein positives Gesetz verwandelt) beruht. Als Konsequenz aus diesem Befund sollte man die genannte strikte Opposition überhaupt infrage stellen. Zudem lassen sich aus der Tatsache, dass sich ein metaphysisches Konstrukt in Disziplinen eingeschlichen hat, die sich ja gerade in Abgrenzung zu philosophischen Denkweisen herausgebildet haben, zwei Schlussfolgerungen ziehen.

Die erste Schlussfolgerung ist positiv. Sie ergibt sich aus der Einsicht, dass jeder der beiden wissenschaftlichen Erklärungsansätze auf seine Art die Realität einer möglichen Form zwischenmenschlicher Einigung (durch Kollektivinstanzen im einen, den Markt im anderen Fall) demonstriert. Zwar behandeln die beiden Sozialwissenschaften diese Einigung wie ein positives Gesetz, welches den Umgang unter den Menschen unabhängig von ihrem Willen universell regelt. Andererseits zeigt sich, dass diese Einigungsform einem zuvor schon in einer politischen Philosophie ausgearbeiteten allgemeinen Prinzip entspricht, welches das Allgemeinwohl begründen, die verschiedenen Einzelwillen aufeinander abstimmen und dadurch in Einklang bringen soll. Die positiven Tatbestände, die beide Disziplinen vorzuweisen haben (und die keinesfalls in Abrede gestellt werden sollen), liefern mithin Belege für die Wirkmächtigkeit dieser Prinzipien. Daher sollten sie auch ernst genommen werden, wenn zu Zwecken der Rechtfertigung auf sie Bezug genommen wird.

Die zweite Schlussfolgerung ist negativ, weshalb sich die Umsetzung des Programms, das sich aus der ersten Schlussfolgerung ableiten lässt, schwieriger gestaltet. Es gibt mindestens zwei Einigungsprinzipien. Infolgedessen ist keine der beiden Disziplinen, die diese Prinzipien in positive Gesetze verwandeln, in der Lage, das Verhältnis zwischen diesen beiden Arten von Gesetzen zu klären. Problematisch wird dieses Unvermögen erst recht im Hinblick auf hybride Objekte wie zum Beispiel Organisationen. Solche Objekte geraten nur dann in den Blick, wenn die Verfechter einer der beiden Forschungsrichtungen – auf der einen Seite solche, die von Wirtschaftsakteuren ausgehen, die sich auf einem vom Wettbewerb beherrschten Markt an Tauschbeziehungen beteiligen, auf der anderen solche, die von gesellschaftlichen Normen unterworfenen Akteuren ausgehen – bereit sind, Konzessionen zu machen. Solche Zugeständnisse stehen allerdings auf tönernen Füßen und geraten ins Wanken, sobald ein Vertreter der einen oder der anderen Schule das Übereinkommen bricht und auf der Allgemeingültigkeit seines Systems zur Erklärung menschlichen Verhaltens beharrt.

Unser Ansatz bezieht einige Anregungen aus diesen Feststellungen. Wie ist es möglich, dass sowohl Ökonomie als auch Soziologie ein metaphysisches Prinzip in ein positives Gesetz verwandeln, wo sie sich doch einer Definition der Wirklichkeit verpflichtet fühlen, die sich jeglicher Form von Metaphysik widersetzt? Unsere Antwort lautet: Sie können sich nicht mit ihrem eigentlichen Anliegen, dem zwischenmenschlichen Umgang, befassen, ohne dabei die von den Menschen geschaffenen Einigungsformen in Betracht zu ziehen. Und dennoch betrachten unsere beiden Ausgangsdisziplinen – die Soziologie wie die Wirtschaftswissenschaften – dieses Einvernehmen als ein Naturgesetz, so dass der Vorgang seines Zustandekommens gar nicht erst in ihr Blickfeld gerät. Mit genau dieser Konstruktionsleistung aber wollen wir uns hier befassen. Dieses Vorhaben setzt voraus, die Anforderungen für eine Einigung und die Beilegung von Konflikten im Allgemeinen ernst zu nehmen. Daher werden wir Verhaltensweisen, die diesen Anforderungen nicht unterliegen, vorläufig unberücksichtigt lassen und erst gegen Ende unserer Ausführungen wieder aufgreifen.

Zuordnung und Formen der Allgemeinheit

Aus dem von uns gewählten Zugang zur Problematik der Koordinierung menschlichen Verhaltens ergibt sich ein Interesse an der kognitiven Fähigkeit, unter Bezugnahme auf das, was relevant ist, Zuordnungen vorzunehmen, Wesen zu identifizieren, die sich von den äußeren Umständen abheben, und sich auf Formen von Allgemeinheit zu einigen. Zuordnungen werden unter Bezugnahme auf etwas Allgemeineres, auf etwas, was den zueinander in Beziehung gesetzten Objekten gemeinsam ist, vorgenommen. Dieser Bezug lässt sich – und sei es auch nur mit einem Wort – explizit machen. Insofern unterscheiden sie sich von einem einfachen räumlichen oder zeitlichen Nebeneinander, selbst wenn Nähe als Basis für eine Form von Ähnlichkeit dienen kann (Foucault, Ordnung, S. 47). Die Personen müssen freilich ihre Zuordnungen nicht immer explizit machen, und noch weniger sind sie dazu verpflichtet, das jeder einzelnen Zuordnung zugrunde liegende allgemeine Kriterium offenzulegen. Deshalb sollten wir auch nicht aus den Augen verlieren, dass es durchaus auch Zuordnungen gibt, die nicht begründet werden.

Wir wollen die Fähigkeit der Personen, solche Zuordnungen vorzunehmen, nicht um ihrer selbst willen untersuchen und beabsichtigen auch nicht, das – im Übrigen unendliche – Universum von bereits bestehenden oder noch zu bildenden Klassifikationssystemen, Taxonomien und Nomenklaturen zu erkunden. Unter den unendlich vielen möglichen Zuordnungen interessieren uns nur diejenigen, die nicht nur häufig vorkommen und somit mitteilbar sind, sondern gerade diejenigen, die darüber hinaus auch noch eine Stütze für *Rechtfertigungen* abgeben.

Das Erfordernis, Zuordnungen vorzunehmen, die von allen geteilt werden können, ist nicht immer gleich stark ausgeprägt. Selbst in Situationen, die auf eine Rechtfertigung hinauslaufen, lässt sich diese Anforderung umgehen. Wir werden noch zeigen, dass in Gegenwart anderer ein solcher Weg in einem Verweis auf die äußeren Umstände besteht, das heißt in einer *Relativierung*, wie wir es nennen wollen. Wenn sie sich allerdings nicht dauerhaft auf eine Relativierung zurückziehen wollen, müssen die Personen über Mittel und Wege verfügen, um Einvernehmen hinsichtlich ihrer Zuordnungen zu erzielen.

Unter Umständen können sie sich trotz einer Meinungsverschiedenheit hinsichtlich ihrer Zuordnungen arrangieren und einander entgegenkommen, also eine punktuelle und vorübergehende Einigung erzielen, so dass die Meinungsverschiedenheit an Brisanz verliert, freilich ohne dass sie unter Bezugnahme auf eine gemeinsame Zuordnung ausgeräumt worden wäre. Von einer derartigen Kompromisslösung würde man jedoch sagen, dass sie »streng genommen« eigentlich nicht vertretbar sei.

Kommen die Parteien zu keiner Einigung, dann können die Zuordnungen nicht mehr dem persönlichen Ermessen der Beteiligten überlassen bleiben. Der Ton wird lauter, und mit ihm steigt das Niveau, auf dem nach Einigung gesucht und in die Form des Streits investiert wird. Es geht nicht länger um den Unterschied zwischen den Farben Braun und Grün oder um einen Kompromiss auf ein bräunliches Grün. Die Beteiligten verlangen, dass über die gesamte Klassifikation, innerhalb deren die fraglichen Farben lediglich Einzelklassen darstellen, ein Einvernehmen erzielt wird. Zur Begründung dieser Annäherungen muss ein Prinzip gefunden werden, das die Äquivalenzverhältnisse regelt. Diese Anhebung der Einigungsebenen, die der klassifikatorischen Form nach eine Anhebung auf eine höhere logische Ebene bedeutet, ließe sich auf der Suche nach einem stets höher angesiedelten Einigungsprinzip bis ins Unendliche fortführen.

Statt einer solchen nicht enden wollenden Regression lässt sich jedoch beobachten, dass die Auseinandersetzung in den meisten Fällen in einer Einigung auf ein übergeordnetes Prinzip beziehungsweise in der Gegenüberstellung mehrerer solcher Prinzipien ihr Ende findet. Rasch kommt es nämlich zu einer Frage wie: »Nach welchen Gesichtspunkten soll eigentlich diese Farbe zugeordnet werden?« Aus der Antwort auf diese Frage, die den Übergang von einer einfachen Zuordnung zu einem Urteil mit Allgemeingültigkeitsanspruch markiert, ergibt sich, nach welchem Grundsatz die Zuordnungen gerechtfertigt werden, nach welcher Art der Prüfung sich Einigkeit darüber erzielen lässt, ob die Zuordnung den betreffenden Einzelobjekten überhaupt angemessen ist. Um solche Formen der Zuordnung zu kennzeichnen, spricht man üblicherweise von technischen Definitionen, die eine standardisierte Messung mittels wissenschaftlicher Apparaturen beinhalten, von subjektiven Überzeugungen, die unter Einfluss der allgemeinen Meinung stehen, von einer Gebrauchsweise, die sich durchsetzt, indem sie eine fest verwurzelte Tradition fortschreibt, von einem untrüglichen ästhetischen Gespür, ja sogar von einem ethischen oder politischen Anspruch, wenn es zum Beispiel darum geht, eine Farbe zu beurteilen, die als Emblem dienen soll.

Die Konfrontation derart unterschiedlicher Beurteilungsprinzipien wird unweigerlich als fehl am Platz empfunden werden, so wenig vereinbar und inkommensurabel sind sie, was allein schon die Vielzahl der sie strukturierenden Gegensatzpaare zeigt: materiell/symbolisch, positiv/normativ, Wirklichkeit/Werte, subjektiv/objektiv, Einzelnes/Kollektiv und so weiter. Gleichwohl unternimmt unser Ansatz den Versuch, diese unterschiedlichen Modalitäten der Identifizierung (»technisches Erfordernis«, »ästhetisches Argument«, »moralischer Gesichtspunkt«) innerhalb eines einzigen Analyserahmens zu behandeln. Insofern unser Interesse sich auf Zuordnungen konzentriert, hinsichtlich derer eine Einigung möglich ist und die sich in Urteilsfindungen einfügen lassen, behaupten wir, dass die genannten Modalitäten auf *Gerechtigkeits*prinzipien (beziehungsweise Grundsätze der *Richtigkeit*, wie man im Zusammenhang mit technischen Formen der Rechtfertigung wohl eher sagen müsste) verweisen, die auch auf die jeweils anderen verweisen. Somit machen wir die Eigenschaft der Gerechtigkeit, einen Streit zu beenden (Henri Lévy-Bruhl, La preuve), zu ihrem charakteristischen

Merkmal. Daran anknüpfend möchten wir zeigen, dass Zuordnungen, die man für gewöhnlich auseinanderhält, den gleichen Anforderungen genügen müssen, ob sie nun auf psychische Eigenheiten der Personen zurückgehen, mit denen sich die Psychologie befasst, oder kollektive Interessen ins Spiel bringen, wie sie von der Soziologie untersucht werden, ob sie im Rahmen einer wirtschaftlichen oder politischen Ordnung von Relevanz sind oder in einer technischen Bewertung auf naturwissenschaftlicher Basis eine Rolle spielen. Die von uns untersuchten Situationen der Uneinigkeit umfassen sowohl Meinungsverschiedenheiten zwischen Menschen, deren persönliche, singuläre Beziehungen für uns interessant sind, also leidenschaftlichen persönlichen Streit, als auch kollektive Konflikte und politische Kämpfe, und nicht zuletzt auch wirtschaftliche Suboptimalitäten oder technische Betriebsstörungen.

Die Perspektive, die wir einnehmen, ist in vielerlei Hinsicht wohl etwas irritierend. Man könnte sich etwa darüber wundern, dass der kognitive Prozess der Zuordnung kurzerhand auf die Ebene der Begründung von Gerechtigkeit heruntergebrochen wird. Besteht denn nicht ein fundamentaler Unterschied zwischen der Identifizierung von Objekten durch die Personen und der Ermittlung der Gesetze, denen sie unterworfen sind und die ihre Verständigung regeln? Kommt es durch den Verzicht auf diese Unterscheidung nicht zu einer Regression auf einen vorwissenschaftlichen Erkenntniszustand, in dem Werte und Tatsachen miteinander vermengt werden? Und führt diese unverhoffte Vermischung nicht zwangsläufig dazu, eine Ordnung auf unbeschränkte Dauer für selbstverständlich zu halten, eine, aus der die Frage nach der Verständigung verbannt ist und die den vorangegangenen Bemerkungen über die Vielfalt der Formen von Einigung widerspricht?

Bevor wir uns weiter auf diese Fragen einlassen, sei darauf hingewiesen, dass die Zuordnungen in zahlreichen Fällen keinem Imperativ zur Rechtfertigung unterliegen, sondern als zufällig angesehen werden. Wir gehen davon aus, dass es sich dabei um *kontingente* äußere Umstände handelt, die in einem nachbarschaftlichen Verhältnis Dinge und Menschen umfassen, die ansonsten nicht von Belang sind. Im Alltagstrott ist man so mit kleinen Einzelheiten befasst, dass man gar nicht erst versucht, Äquivalenzen herzustellen oder die Bedeutung von Personen und Dingen näher zu bestimmen. Ein Fußgänger, den man aus Versehen anrempelt, kann alles Mögliche sein, ein Richter zum Beispiel oder irgendein Prominenter. Wenn die Begegnung keine weiteren Konsequenzen hat, ist das ansonsten ohne Belang. Die äußeren Umstände sind ohne tiefere Bedeutung, weil die eigentliche Natur der Wesen, die aufeinandertreffen, nicht problematisiert wird. Wesen, die sich nach nicht miteinander zu vereinbarenden Modalitäten näher bestimmen lassen, begegnen einander, laufen sich über den Weg, ohne einander zu erkennen. An einem Herbstnachmittag bevölkern Personen, die nichts voneinander wissen, ein und dasselbe Waldstück: Spaziergänger, Liebespaare, Jäger, Pilzsammler, Waldarbeiter, Pfadfinder und so weiter. Dass sie sich am selben Ort befinden, ist den jeweiligen äußeren Umständen geschuldet und stellt somit keine Situation dar, die sie gemeinsam regeln müssten. Dass einander wildfremde Menschen unter einem objektivierenden Blick versammelt, in einer Szenerie platziert, an einem Ort zusammengeführt werden, wobei jeder seiner eigenen Natur gemäß seiner Beschäftigung nachgeht, ist eine wichtige Quelle des Komischen, besonders im Vaudeville. Im wirklichen Leben jedoch, wo im Unterschied zum Theater kein Rahmen da ist, um die Bühne abzugrenzen, entsteht aus dem Nebeneinander nicht immer gleich eine Situation. Die Wesen, die einander begegnen, gehören nicht demselben Handlungszusammenhang an. Erst wenn beispielsweise infolge eines Unfalls ein solcher Zusammenhang entsteht, stellt sich die Frage der Rechtfertigung: Gehört der Wald den Spaziergängern oder denjenigen, die ihn bewirtschaften?

Auch wenn es in unserer Studie nicht um die Untersuchung derartiger Umstände geht, insoweit sie keinerlei Einigungserfordernissen unterliegen, bleibt festzuhalten, dass sich für den Fall, dass es hinsichtlich der Gültigkeit einer Zuordnung zu einer Meinungsverschiedenheit kommt, der Versuch, diese äußeren Umstände anzuführen, nur in Bezug auf einen Imperativ zur Rechtfertigung verstehen lässt, der durch diesen Versuch aufgehoben werden soll. Gegen Ende der vorliegenden Arbeit werden wir nochmals auf diesen Vorgang der *Relativierung* zurückkommen, mit dem der Versuch unternommen wird, im Rahmen der kontingenten Begleitumstände zu bleiben und die Wesen beiseitezudrängen oder zu ignorieren, die aus einer Situation aufgrund dessen, dass sie von Belang sind, eine natürliche Situation zu machen drohen.

Die Ordnung des Allgemeinen und des Besonderen

Wenn man nun die den Personen zur Koordinierung ihrer Handlungen dienende Fähigkeit oder Neigung, Zuordnungen vorzunehmen, für gegeben nimmt, ergibt sich die Allgemeinheit der Formen der Zuordnung nicht von selbst. Um eine Idee von einer Welt zu bekommen, in der diese Allgemeinheit gegeben wäre, lassen sich Situationen – die wir *natürlich* nennen wollen – vorstellen, in denen ein völliges Einvernehmen hinsichtlich der Zuordnungen herrscht. Der Manager eines Unternehmens führt ausländische Industrielle durch die modernste Fertigungshalle der Fabrik, die seiner Verantwortung untersteht: Alles ist zum Besten bestellt, und jedes Wesen, das er seinen Besuchern zeigt, genügt vollauf den Ansprüchen der Allgemeinheit. Die Blicke streifen über die Objekte, die keinerlei Unregelmäßigkeiten aufweisen: Nichts erregt besondere Aufmerksamkeit. Die Worte des begleitenden Kommentars spiegeln ebenso wie das Metallgehäuse der neuen Maschinen die unendliche Reihe ähnlicher Dinge wider, die sie unter demselben Fachbegriff zusammenfassen. Sogar die Arbeiter und Angestellten, die ihren Aufgaben nachgehen, werden entsprechend ein und derselben Form von Allgemeinheit gefasst. Es herrscht Einvernehmen zwischen den Besuchern und ihrem Führer darüber, wie das, was sie vor Augen haben, zu verstehen sei, nämlich als das effiziente Funktionieren der Fabrik. Wenn man sie nach ihrer Fabrikbesichtigung um einen Bericht bitten würde, dann fielen die Resultate nicht unbedingt identisch aus. Bei einer Gegenüberstellung würde sich jedoch keinerlei störender Widerspruch ergeben: Die einzelnen Berichte würden sich harmonisch ergänzen.

Unschwer ist darin die heilige Aura eines Paradieses auf Erden zu erkennen, in dem sich solche Szenen im Verlauf einer langen Zeremonie abspielen, die einer festgelegten Etikette präzise folgt. Wer wollte da noch Wortlaut und Gegenstand, Bericht und wirklich Geschehenes auseinanderhalten? In den von uns untersuchten Gesellschaften sind die natürlichen Situationen, in denen sich alles harmonisch ineinanderfügt und stimmig ist, zwar keine Seltenheit, sie sind jedoch nicht von Dauer. Wie kommt es nun zur Erschütterung des harmonischen Miteinanders der Dinge und Personen im allgemeinen Ordnungszustand? Ganz einfach, durch eine Panne. Ein Fabrikbesucher entdeckt eine ausgefallene Maschine, vor der sich noch unbearbeitete Teile stapeln, er wird auf einen unbesetzten Arbeitsposten aufmerksam oder auf Ausschuss, der sich in einem Container ansammelt. Die Neugierde des Besuchers ist geweckt; er beginnt Fragen zu stellen über diese störenden Dinge, die das reibungslose Funktionieren der Fabrik infrage stellen. Schon an dieser Stelle sei auf das hingewiesen, worauf er sich zur Begründung seines Zweifels stützt. Die drohende Uneinigkeit kann nicht in einem reinen Gedankenaustausch zum Ausdruck kommen, sondern muss auch darauf Bezug nehmen, wie die Dinge sich verhalten. Um die durch die Fragen entstandene Ungewissheit zu verringern, muss der Manager »ins Detail gehen« und Abstriche machen von seinem Anspruch auf Allgemeinheit, der seinem Kommentar so gut zu Gesicht gestanden und breite Zustimmung gefunden hatte. Die Maschine, so erklärt er, habe einen Konstruktionsfehler; der Arbeiter fehle aus diesem oder jenem persönlichen Grund; die Produktionsteile würden aufgrund einer Verunreinigung des Rohmaterials Mängel aufweisen. Das Durcheinander der besonderen Details, welches auf die Situation übergreift und deren harmonische Ordnung zu stören droht, bringt umgekehrt die Vorkehrungen ans Tageslicht, die nötig sind, um die Dinge und Personen, welche durch Zuordnungen zusammengebracht wurden, den äußeren Umständen zu entreißen und in eine stimmige Situation einzufügen.

Dieses Beispiel zeigt eines: Die im Anschluss an die Vertreibung aus dem Paradies, die die erwähnten Mängel ja illustriert haben, vorgenommene Zuordnung führt in der Folge zur Errichtung einer Ordnung, in der die Klassen von angenäherten Wesen entsprechend ihres Allgemeinheitsgrads eingeteilt werden, wodurch ihnen jeweils ein relativer Wert zugemessen wird. Eine reibungslos funktionierende Maschine steht auf einer höheren Ebene von Allgemeinheit als eine schadhafte Maschine, die weniger als die zuvor erwähnte imstande ist, Äquivalenz in die Zukunft hinein zu gewährleisten, eine regelmäßige Produktion zu sicherzustellen, und die sozusagen weniger »zuverlässig« ist. Selbst in dem Extremfall, dass die vom höchsten Grad an Allgemeinheit bis zum niedrigsten reichende Skala aufs Äußerste reduziert ist, bleiben zumindest zwei mögliche Stufen: diejenige, die sich aus der Zuordnung ergibt, und die Stufe des besonderen Elements, das nicht auf der allgemeineren Stufe steht. Anstatt sich zueinander gemäß einer ganzheitlichen Logik wie ein Ganzes zu seinen Teilen zu verhalten, sind diese Stufen über eine Ordnung miteinander verbunden, in der das Allgemeine als dem Besonderen überlegen angesehen wird. Die so geartete Ordnung führt dazu, dass Personen in der gleichen Art und Weise bewertet werden, wie dies für Objekte ausgehend von Zuordnungen festgelegt ist.

Die Notwendigkeit einer allgemeinen Einigung und die Legitimität der Ordnung

Unter welchen Voraussetzungen kann eine Form von Äquivalenz allgemeine Gültigkeit erlangen, das heißt eine Einordnung und Bewertung von Personen und Objekten ermöglichen, die den Rahmen für eine Einigung abgeben oder in einem Konflikt als Bezugspunkt dienen kann? Als Antwort auf diese Frage wollen wir den der Möglichkeit zur Koordinierung menschlicher Handlungen zugrunde liegenden Rechtfertigungsimperativ ernst nehmen und den Zwang zur Einigung auf ein Gemeinwohl untersuchen. Insofern geben wir uns nicht mit dem *Legitimations*begriff zufrieden, mit dem im Anschluss an Max Weber tendenziell Rechtfertigung und Täuschung gleichgesetzt und unter Rückzug auf einen Werterelativismus der Zwang zur Koordinierung völlig ausgeblendet wird. Unser Interesse richtet sich auf Handlungen, die rechtfertigbar sind, wobei wir sämtliche Schlussfolgerungen aus der Tatsache ziehen, dass die Personen der Notwendigkeit ausgesetzt sind, ihre Handlungen zu begründen. Anstatt – wie bei einem falschen Alibi – im Nachhinein Gründe vorzuschieben, um die eigentlichen Beweggründe zu verheimlichen, liefern sie Erklärungen, die einer Überprüfung durchaus standhalten können.

Wie kann eine Gesellschaftswissenschaft überhaupt beanspruchen, vernünftige Ergebnisse zu produzieren, wenn sie eine fundamentale Eigenschaft ihres Gegenstandes bewusst ignoriert und den Umstand unter den Tisch fallen lässt, dass Menschen genötigt sind, ihren Interaktionspartnern gegenüber unter Anführung konkreter Belege über ihre Handlungen Rechenschaft abzulegen? Man muss nur – so wie wir es auf den folgenden Seiten zu tun versuchen – den Rechtfertigungen, die die Personen in ihrem Reden und Tun entwickeln, die gebührende Aufmerksamkeit zukommen lassen, um zu erkennen, dass es ganz im Gegenteil im Alltagsleben unablässiger Bemühungen bedarf, um Situationen, die zu entgleisen drohen, wieder in Ordnung zu bringen und sie auf diese Weise zu stabilisieren. Die Menschen unterdrücken im Alltag ihre Beunruhigung nicht, und genau wie Wissenschaftler hegen sie ständig Verdacht, stellen sich unablässig Fragen, unterziehen die Welt immer wieder Prüfungen.

Solche Situationen jedoch, in denen diese Unruhe unausgesprochen bleibt und nicht in Kritik und Rechtfertigung mündet, liegen außerhalb unseres Untersuchungsspektrums. Gerade die Schwierigkeit, der Kritik in Situationen Gehör zu verschaffen, die derart asymmetrisch sind, dass einer der Interaktionspartner nach Gutdünken schalten und walten kann, ohne sich weiter um Erklärungen kümmern zu müssen, öffnet der Gewalt Tür und Tor. Ohne dass wir ihre Möglichkeit und die Rolle, die sie in menschlichen Angelegenheiten spielen können, in Abrede stellen, schließen wir etwa Bürgerkriege oder Tyrannei (in denen Ordnung auf Gewalt und Furcht beruht) aus unserem Untersuchungsfeld aus.

Manche Konfliktsituationen können sich natürlich für kurze Zeit in einem Schwebezustand zwischen Rechtfertigung und Gewalt halten, an einer Art Wasserscheide, von der aus sie sich entweder in Richtung einer einvernehmlichen Lösung entwickeln oder aber in Gewalt umschlagen können. In dem Moment, in dem sie in Gewalt umschlagen, entziehen sie sich jedoch unserem Modell und sollen uns hier nicht weiter kümmern. Andererseits wollen wir in dem Flugblatt, mit dem die Streikenden die Ungerechtigkeit zu niedriger Löhne anprangern, oder in der Erklärung des Fabrikleiters, der die Wiederaufnahme der Arbeit fordert, keine Formen von – sogenannter symbolischer – Gewalt sehen. Wir können darin keinerlei Täuschungsmanöver erkennen, hinter denen sich unterschwellig Gewalt verbirgt, ebenso wenig sind wir mit der Behauptung einverstanden, sie bezögen all ihre Stärke und Wirksamkeit aus der Gewalt, die ihnen vorangegangen ist oder noch folgen wird.

Wir werden also der Frage nachgehen, unter welchen Bedingungen ein Prinzip der Einigung als legitim betrachtet wird. Aus den bisherigen Bemerkungen lassen sich die beiden in unseren Augen zentralen Schwierigkeiten bei der Herstellung von Legitimität ableiten. Die erste Schwierigkeit hat mit Ordnung zu tun. Wir haben darauf hingewiesen, dass das Erfordernis zur Einigung zur Bildung einer Ordnung führt. Soll ein Konflikt beendet werden, in dem sich beispielsweise zwei Personen miteinander »messen« und sich über den ungleichen Wert von zwei miteinander verglichenen Tatbeständen auseinandersetzen, wird eine Ordnung erforderlich. Aber geraten nicht die daraus resultierenden Ungleichheiten in Konflikt mit dem, was als ein Grundsatz gelten könnte, der alle legitimen Rechtfertigungsformen – unser Untersuchungsobjekt – regelt und den wir als das *Prinzip des gemeinsamen Menschseins* bezeichnet haben? Kann aus dem Blickwinkel dieses Prinzips nicht jede Rangordnung unter den Menschen als eine nicht rechtfertigbare »Herrschaft« betrachtet werden, die einzig dem »persönlichen Interesse« derjenigen dient, die von ihr profitieren?

Dazu sei angemerkt, dass die Sublimierungstheorie (die von Freud nicht systematisch ausgearbeitet worden ist) einen der weitestgehenden Versuche zur Beantwortung dieser Frage darstellt. Mit ihr liegt eine theoretische Erklärung jener Vorstellung vor, die unsere Gesellschaft von der Größe hat, sowie der Argumente, die in unzusammenhängender Weise vorgebracht werden, um zu rechtfertigen, dass es Größe gibt. Diese Theorie bietet Aufschluss über die Möglichkeit großer Menschen (und damit auch über die Möglichkeit eines hinnehmbaren Ausmaßes an Ungleichheit). Insofern handelt es sich dabei um eine Theorie der Legitimität sozialer Ordnung. Sie entwirft eine innere Ökonomie des Individuums (die Ökonomie der Libido und der Verschiebung psychologischer Besetzungen), eine Ökonomie des Verhältnisses zwischen den Individuen in der Gesellschaft und den Ungleichheiten der Verteilung der Größe (zwischen Geschlechtern, Klassen etc.) sowie eine Ökonomie des Verhältnisses zwischen Kulturen. Andererseits versteht Freud unter Sublimierung auch eine Art der Verallgemeinerung. Die Libido, jene geheimnisvolle Energie, welche die offenkundig so disparaten Arten der wechselseitigen Anziehung und des Zusammenschlusses von Individuen umfasst, ermöglicht Verlagerungen auf einer Achse, die vom Einzelnen zum Allgemeinen reicht. Sich für die »allgemeinen Interessen der Menschheit« einzusetzen, in ihrem Namen zu sprechen, bedeutet beispielsweise, dass ein individuelles Begehren, mit dem eine körperliche Anziehung (für ein Familienmitglied) einhergeht, in eine auf die gesamte Gattung bezogene, entkörperlichte Beziehung umgewandelt wird, die nicht länger Gegenstand einer individualisierten und körperlichen Befriedigung sein kann. Das analytische Gedankengebäude und sein methodischer Apparat zeugen jedoch von heftigen internen Spannungen. Folgt man einer ersten Tendenz, geht es darum, den Prozess der Vergrößerung ernst zu nehmen und seine Relevanz für die Grundlegung von Gesellschaft überhaupt aufzuzeigen. Aber eine zweite Tendenz äußert sich in einer kritischen Enthüllung, die hinter der Rede des Subjekts, das im Namen der »allgemeinen Interessen der Menschheit«, der »Wissenschaft« oder der »Kunst« spricht, Interessen, Triebe und Leidenschaften einer Einzelperson aufdeckt. Die Interpretation des Verdachts, wie es bei Ricœur (Hermeneutik und Psychoanalyse, S. 9–81) heißt, geht also vom Allgemeinen zum Besonderen und genau genommen vom Gemeinwohl zu den Partikularinteressen der Individuen. Die Person besitzt eine biologische Identität und eine Libido, die verlangt, was ihr zusteht. Auch wenn dies einem Gattungsinstinkt entspricht, geschieht es doch zum Wohle des eigenen Körpers. Genau dieses Spannungsverhältnis zwischen der Konstitution einer Ordnung und dem Akt ihrer kritischen Infragestellung bildet den Kern unserer Untersuchung.

Die zweite Hauptschwierigkeit hat mit der Beobachtung zu tun, dass es offensichtlich eine Vielfalt von Formen der Einigung gibt. Wie ist diese Pluralität möglich, wo doch eine notwendige Voraussetzung der Legitimität in der Universalität zu bestehen scheint? Wie können Personen handeln und Einigung erzielen, wo es doch eine Vielfalt an Modalitäten der Einigung zu geben scheint?

Unseres Erachtens lassen sich die beiden Schwierigkeiten nicht unabhängig voneinander angehen. Die Untersuchung gerade des Zusammenhangs zwischen diesen beiden Fragestellungen verspricht ein besseres

Verständnis des Legitimitätsbegriffs. Insofern ist der zweite Teil unserer Arbeit dieser Analyse und der Ausarbeitung eines umfassenden Modells der Rechtfertigungsordnung gewidmet, das wir auf die legitimen Einigungsformen anwenden, die als letzte Instanz zur Klärung und Lösung von Meinungsverschiedenheiten dienen. Wir versuchen herauszufinden, wie diese Formen der Einigung konstruiert sind, indem wir uns darauf beziehen, welche Behandlung die politische Philosophie ihnen angedeihen lässt. Mit Hilfe der politischen Philosophie – verstanden als grammatikalisches Unternehmen, das zum Ziel hat, diese Formen explizit zu machen und zu fixieren – lassen sich die Anforderungen benennen, denen ein übergeordnetes gemeinsames Prinzip entsprechen muss, um auf Akzeptanz zu stoßen und damit zu Rechtfertigungszwecken genutzt werden zu können.

Einem ersten Überblick über die politische Philosophie des Marktes lassen sich bestimmte dieser Anforderungen entnehmen, die anschließend im Modell einer politischen Grammatik systematischer entfaltet und anhand weiterer Beispiele aus der politischen Philosophie überprüft werden sollen. Natürlich hängt diese Grammatik von der Bestimmung der Gesamtheit ab, für die sie Geltung beansprucht. Wir erheben nicht den Anspruch, dass diese Gesamtheit sich mit sämtlichen je errichteten gesellschaftlichen Ordnungen deckt, und lassen vorübergehend auch die Frage nach ihrer Ausdehnung beiseite. Auf der Basis der gesamten Palette der politischen Philosophien, anhand deren im Folgenden die Anwendung des Modells veranschaulicht wird und aus denen die Grundformen des Gemeinwohls abgeleitet werden, kann sich der Leser bereits ein Urteil über die Reichweite ihrer Geltung bilden. Diese Grundformen sind im Übrigen nicht die Einzigen, die mit der Grammatik vereinbar sind. Wir werden später noch Gelegenheit haben, auf die Entstehung neuer Formulierungen des Gemeinwohls einzugehen.

Sobald wir das Modell als ein System von Anforderungen konzipiert haben, an das sich die Errichtung einer legitimen Ordnung halten muss (also einer Ordnung, die einen Rahmen für die Schlichtung von Auseinandersetzungen abgeben könnte), müssen wir es noch durch eine Kompetenz ergänzen, über die die Personen verfügen müssen, wenn sie ihre Urteile als Antwort auf eine Kritik begründen, beziehungsweise Situationen so zu gestalten, dass eine solche Kritik erst gar nicht aufkommt.

Realitätsprüfung und kluges Urteilen

Der mögliche Rückgriff auf mehrere Prinzipien der Einigung, wie sie eine Konfrontation der Ergebnisse wirtschaftswissenschaftlicher und soziologischer Ansätze zur Erklärung menschlichen Handelns nahelegt, zieht neben der Frage, wie sich nun über eine Zuordnung Einvernehmen erzielen lässt, noch weitere Schwierigkeiten nach sich. Aufgrund dieses Umstandes können wir zu Recht von einer *komplexen* Gesellschaft sprechen, und auch der Verweis auf eine Kultur, die die Gemeinsamkeiten zwischen den Zuordnungen durch kollektiv geteilte Symbolsysteme erklärt, gibt keine Antwort auf die Frage nach der Einigung. Selbst wenn man die Existenz mehrerer, von Gemeinschaften oder Personengruppen geteilten Kulturen beziehungsweise Wertesystemen anerkennt, löst das noch lange nicht die sich aus ihrer Konfrontation ergebenden Schwierigkeiten. Wenn es diesen Widersprüchen zum Trotz doch nicht zu Konflikten kommt, wird dies meist nur über den hypothetischen Umweg einer gezielten Täuschung erklärt, mit der die Herrschaft der einen über die anderen verschleiert wird.

Wir gehen davon aus, dass der Einbezug von Dingen im Verlauf von *Prüfungen* zur Regelung von Streitfällen notwendig ist. Um solche Prüfungen vornehmen zu können, erweist sich die Verfügung über Äquivalenzprinzipien allein als nicht hinreichend. Voraussetzung ist, dass diese Prinzipien mit Objekten verknüpft werden, anhand deren sich die Personen miteinander messen können. Erst aus deren unterschiedlichem Vermögen, diese Objekte *zur Geltung zu bringen*, entsteht nämlich eine begründete Rangfolge. Jedes der Objektensembles, die mit den verschiedenen, übergeordneten gemeinsamen Prinzipien verknüpft sind, bildet eine kohärente und sich selbst genügende Welt, eine *Natur*, deren mögliche Konstellationen im dritten Teil des vorliegenden Buches dargestellt werden.

In der Prüfung müssen die Personen sich über die relative Bedeutung jener Wesen verständigen, die an der Situation beteiligt sind. Das gilt in gleichem Maße für den relativen Nutzen von zwei Maschinen oder Investitionen wie für die jeweiligen Leistungen zweier Schüler, die Kompetenz zweier Manager oder den Respekt, den sich zwei lokale Würdenträger gegenseitig erweisen. Vollkommen verschiedene Wesen – etwa Personen, aber auch Institutionen, Instrumente, Maschinen, Verhaltensvorschriften, Zahlungsmittel, Abkürzungen, Namen und so weiter – werden miteinander verknüpft und in einen Zusammenhang gebracht, der ausreichend Kohärenz aufweist, um ihren Einsatz für effektiv zu erachten, damit Prozesse planmäßig verlaufen und Situationen auf korrekte Weise ablaufen können (im Unterschied zu Situationen, die aus dem Ruder laufen und die je nach betroffener Disziplin als pathologisch, dysfunktional oder konfliktreich bezeichnet werden). Damit die Situation von einem übergeordneten Prinzip aus bewertet werden kann, muss jedes Wesen (Person oder Ding) darauf abgestimmt sein. Sind diese Bedingungen erfüllt, kann eine Situation als stimmig bezeichnet werden. Eine solche Situation, die ohne das Vorhandensein zweifelhafter Objekte in sich schlüssig ist und Bestand hat, wollen wir *natürlich* nennen. Die einfachste Art, eine Situation herzustellen, die einem natürlichen Handeln angemessen ist, besteht darin, Wesen derselben Natur einzubeziehen und andersartige Wesen auszuschließen. Wenn manche der in die Situation einbezogenen Wesen von allgemeinem Belang sind, andere hingegen kontingent bleiben oder einer anderen allgemeinen Ordnung angehören, dann ist die Situation nicht stimmig.

Die Neuartigkeit dieses Vorgehens – auch im Vergleich zu jenen Ansätzen, die die Möglichkeit mehrerer Formen von »Legitimität« oder »Rationalität« beinhalten – ergibt sich auch aus der Annahme, dass die wissenschaftlich-technische Genauigkeit beziehungsweise Richtigkeit genauso zu behandeln ist wie andere Formen der Rechtfertigung, die man normalerweise aufgrund ihrer ethischen Komponente davon unterscheidet, ohne dass freilich alle Formen der Rechtfertigung auf ein einziges Äquivalent (zum Beispiel auf den Glauben oder die Kraft) reduziert werden sollen. In unserem Theoriegebäude sind die Naturen des Wissenschaftlers oder des Technikers, denen angeblich das Privileg der objektiven Erfassung der Wirklichkeit zukommt, nicht die einzigen, in denen Objekte vorkommen. Jede Natur hat ihre Objekte, die sich für Prüfungen heranziehen lassen.

Insofern müssen wir die Unterscheidung der beiden Definitionen des *Abgestimmten* – die eine bezieht sich auf die *Gerechtigkeit*, die andere auf die *Richtigkeit* – hinter uns lassen und mit denselben begrifflichen Werkzeugen Situationen angehen, in denen Unstimmiges entweder als ungerecht oder als fehlerhaft bezeichnet wird. Unstimmigkeiten können sich etwa aus dem Fehlverhalten von Personen ergeben, wenn sich ein Streit zum Beispiel – wie im Falle von Ehrverletzungen – um das genaue Maß an wechselseitig geschuldeten Respektsbekundungen dreht. Manchmal rühren sie auch von den Unzulänglichkeiten der Personen oder der Objekte her, etwa wenn sich der Konflikt um die Verteilung von Gütern – wie zum Beispiel Einkommen, Arbeitsplätze, Gegenstände, Diplome und so weiter – entspinnt. Andererseits sind Abstimmungsmängel manchmal auch darauf zurückzuführen, wie Objekte zueinander angeordnet sind. Das ist zum Beispiel der Fall, wenn die technischen Eigenschaften einer Maschine, die Modalitäten ihrer Finanzierung und die Bestimmungen, die ihren Einsatz regeln, in Verbindung gebracht werden müssen.

Das Erfordernis der Prüfung hat einen Perspektivenwechsel unserer Forschung im Gefolge, die von der Untersuchung von Konstruktionen der politischen Philosophie zur Analyse der praktischen Vernunft beziehungsweise der Klugheit übergehen wird – um einen aus einer früheren Tradition stammenden Begriff zu verwenden. Ebenso wie wir die Struktur des Modells der Rechtfertigungsordnung durch das Erfordernis einer Reduzierung der Vielfalt von Einigungsprinzipien zu begreifen versuchen, werden wir auch die Spannungen zwischen Vernunft und Praxis, zwischen Allgemeinheit und Kontingenz oder zwischen Gerechtigkeit und Billigkeit untersuchen; dabei gehen wir von den Zwängen aus, die ein mehrere Naturen umfassendes Universum für das Urteil, allerdings unter Beibehaltung eines gewissen Spielraums, mit sich bringt. Im letzten Teil wird es daher um die Verfahren gehen, mit denen sich Auseinandersetzungen schlichten lassen.

II Die Grundlage der Einigung in der politischen Philosophie: Das Beispiel des Gemeinwesens des Marktes

Aufgrund späterer Entwicklungen in den Wirtschaftswissenschaften, in deren Verlauf das Problem des Gleichgewichts von dem des Wohlstands losgelöst wurde, ist weitgehend in Vergessenheit geraten, dass es der politischen Ökonomie eigentlich darum gegangen war, die Frage sozialen Friedens zu lösen. Sie ging dabei von Personen aus, die sich, von ihren Leidenschaften getrieben, in einer Art anarchischem Urzustand befinden. Freilich hatte sie auch die Möglichkeit einer generellen Einigung vorgesehen. Sie konnte zeigen, wie sich die Heftigkeit von Konflikten unter Bezugnahme auf ein einziges Prinzip überwinden und in einen Zustand des allgemeinen Wohlergehens als Garanten für sozialen Frieden überführen lässt. Auf diese Weise konnte ihr zufolge das Interesse des Einzelnen mit dem Interesse aller verknüpft werden. Die Schlichtung von Auseinandersetzungen erfolgt durch eine auf zwei Pfeilern ruhende Koordinationsleistung: auf einer gemeinsamen Identifizierung der Marktgüter, deren Tausch den Handlungsverlauf bestimmt, und einer gemeinsam durchgeführten Bewertung dieser Objekte in Form von Preisen, mit denen sich verschiedene Handlungen aufeinander abstimmen lassen. Demnach lässt sich das Handeln der Personen als vernünftig, in sich schlüssig und gemäß eines allen bekannten und von allen anerkannten Prinzips als *rechtfertigbar* ansehen – es wird nicht aus unbewussten, uneingestandenen und dunklen Motiven heraus vollzogen. Wie in anderen politischen Philosophien sind an diese Einigungsmöglichkeit darüber hinaus noch entsprechende Annahmen über die menschliche Natur geknüpft, die diesem Gedankengebäude ein solides Fundament verschaffen. So beinhaltet etwa die politische Philosophie Adam Smiths eine »Theorie der ethischen Gefühle«, die – wie noch zu zeigen sein wird – beschreibt, wie das menschliche, auf die Bedingungen ständiger Konkurrenz zugeschnittene Urteilsvermögen funktioniert. Diese Spezifizierung der menschlichen Natur wird im Werk von Adam Smith detaillierter ausgeführt als in den Abhandlungen späterer Ökonomen, in denen sie gemeinhin mit der optimierenden Rationalität gleichgesetzt wird.

Zum besseren Verständnis der Prinzipien, auf deren Grundlage sich Handlungen begründen lassen, wollen wir noch der Frage nachgehen, wie es sich bei der politischen Ökonomie mit den im vorangegangenen Teil dargestellten Erfordernissen hinsichtlich der Lösung des Ordnungsproblems verhält. Insofern wollen wir anhand des Smith'schen Werks unter Berücksichtigung der älteren Theorien, mit denen es sich auseinandersetzt, die Definition eines Einigungsprinzips und eine Analyse der menschlichen Natur vornehmen, mit der sich die jeweiligen Anpassungsleistungen an ebendieses Prinzip erklären lassen. Uns geht es also nicht darum, der umfangreichen Liste von Kommentaren zu diesem Werk noch einen weiteren Auslegungsversuch hinzuzufügen, vielmehr wollen wir ganz bewusst selektiv vorgehen. Das Ziel der nachfolgenden Interpretation besteht demnach darin, zu zeigen, wie sich auf der Basis eines übergeordneten Marktprinzips eine Ordnung begründen lässt, die als solche genauso »holistisch« ist wie die anderen Ordnungsformen auch. Dabei werden wie nochmals auf die verschiedenen Formen der Antinomie von Individualismus und Holismus, von Individuum und Kollektiv oder auch von privat und öffentlich eingehen und sie – anders als sonst üblich – in ein umfassendes Modell integrieren. Anhand dieses Modells wird der Unterschied zwischen einer Einzelperson und einem »Individuum« in einer Marktsituation deutlich: »Individuen« sind nicht minder metaphysisch als die Kollektivwesen der Soziologie und auf ihre Art ebenso »kollektiv«, insofern sie an einem Gemeinwohl teilhaben.

Die Neigung zum Tausch aus Eigeninteresse als Grundlage des gesellschaftlichen Bandes

Aus dem Werk Adam Smiths lassen sich die Bausteine eines *Gemeinwesens* gewinnen, das auf einem vom Markt geschaffenen Band beruht. Dieses Band vereinigt die Personen mittels knapper, allseits begehrter Güter, während sich der Preis, den man für den Besitz eines solchen Gutes entrichten muss, aufgrund der Konkurrenz der Leidenschaften aus den Wünschen all jener, die dieses Gut ebenfalls haben wollen, ergibt. Viele der Bausteine dieser Grammatik (Smith selbst benutzt diesen Begriff, wenn er feststellt, dass »die Regeln der Gerechtigkeit [...] mit den Regeln der Grammatik verglichen werden« können; Theorie, S. 268) wurden schon viel früher ausgearbeitet. Seine Ausführungen über den Wert der Güter etwa stützen sich auf eine lange Tradition von Abhandlungen über den gerechten Preis. Die Glossen zu den Schriften des Aristoteles in den scholastischen Texten sind insofern von Bedeutung, als sie einen Beitrag zur Schaffung von allgemeinen Systemen der Gerechtigkeit darstellen.

In Pufendorfs Abhandlung »Acht Bücher vom Natur- und Völkerrecht«, von der auch Adam Smith ein Exemplar besaß, ist diese Fragestellung besonders prägnant formuliert. Der Wert der Sachen und der Personen, die in derselben Gattung der »Moral-Dinge« zusammengefasst sind, wird als »Moral-Quantität oder Sittliche Größe« oder auch als »Moralischer Gehalt« bezeichnet und als ein »Modus moralischer Bewertung« begriffen. »Es findet sich aber ein Moralischer Gehalt«, so Pufendorf, »so wohl in denen Sachen, das heißet man insgemein den Preis als in denen Personen, das ist ihre Achtung, oder Achtbarkeit, welche beyde wohl unter dem Wort eines Gehalts können begriffen werden; Und endlich in dem Tun und Laßen, welchen man keinen eigenen Namen beylegen kann.« (Pufendorf, Acht Bücher, Buch I, Kapitel I, § 22, Bd. 1, S. 31) Barbeyrac, der den lateinischen Text 1771 ins Französische übertragen hat, weist in seinem Kommentar darauf hin, dass »der Verfasser hier bemerkt, dass die erste und die zweite Form des moralischen Gehalts im Begriff *Valor* zum Ausdruck kommen« (Pufendorf, Le droit, Buch I, Kapitel I, § 22, Bd. 1, S. 21). Pufendorf unterstreicht nachdrücklich (und das in mancherlei Hinsicht mehr noch als Adam Smith), welche Rolle die Knappheit eines Gutes für die auf dem Markt geltende Größe spielt: »Die Seltsamkeit einer Sache thut demnach das meiste zu Erhöhung ihres Preises.« (Pufendorf, Acht Bücher, Buch V, Kapitel I, § 6, S. 11) Im Übrigen sieht er im Preis einen Ausdruck des Begehrens der Mitmenschen, was wir als eine Form, sie zu »umfassen«[7], interpretieren: »Es pfleget nemlich der menschliche Hochmuth vor was besonders Werthes zu schätzen, was er für andern allein hat; Hingegen dünckt ihn wenig werth zu seyn, was man in eines jeden Vermögen antreffen kann.« (Ebenda, S. 12) Diese Theorie geht allerdings mit einem kritischen Vorbehalt einher, der in einem sehr bezeichnenden »an sich« angezeigt wird: »Man kan aber hiebey nicht Abrede seyn, daß es nicht eine Würckung des verkehrten Menschlichen Sinnes sei, wenn man die wahren Güter nach der Wenigkeit oder Menge der sie besitzenden abwiegen will; denn es wird ja, was ich habe, deßhalben weil es andere auch haben, *an sich* nicht geringer und auch nicht besser, wenn und weil es andere nicht haben.« (Ebenda, S. 12f., eigene Kursivsetzung)

7 (Anm. aus der engl. Übers.:) Das Verb »umfassen« (frz. *comprendre*) wird hier verwendet, um einen Akt der Repräsentation zu bezeichnen, bei dem »große« Wesen die »kleineren« *in sich einschließen:* Die Ersteren sind also am ehesten in der Lage, die Wünsche der Letzteren zu *verstehen* und zum Ausdruck zu bringen.

Insofern Adam Smith explizit eine den Rechtswissenschaften vergleichbare Perspektive einnimmt und eine Grundlegung der Einigungsprinzipien vorlegen will, welche das menschliche Miteinander regeln sollen, finden sich hier die Bausteine für eine politische Grammatik des Marktes systematisch angeordnet. Darin besteht der Unterschied zu späteren ökonomischen Texten, deren Autoren es mehrheitlich darum geht, einen für ihre jeweilige Disziplin spezifischen Satz von Theoriebausteinen aus ihrer in ihren Augen übertrieben moralischen Verpackung herauszulösen.

Ursprünglich geht es Adam Smith – wie er am Ende der »Theorie der ethischen Gefühle« erklärt – um eine Gerechtigkeitstheorie und um »eine Darstellung der allgemeinen Prinzipien des Rechts und der Regierung«, anstatt sich, wie es in seinen Augen Cicero und Platon getan hatten, auf die Formulierung von »Gesetzen der Verwaltung« zu beschränken. Er eifert dabei Grotius in seinem Bemühen nach, »so etwas wie ein System jener Prinzipien zu schenken, welche sich durch die Gesetze aller Nationen hindurchziehen und deren Grundlage bilden sollen« (Smith, Theorie, S. 570). Nach der Veröffentlichung der »Untersuchung über Wesen und Ursachen des Reichtums der Völker« war der Verfasser der Ansicht, dass dieses Versprechen eingelöst worden war, »wenigstens insofern es sich um Verwaltung, Staatseinkünfte und Militärwesen handelt«. 30 Jahre nach der erstmaligen Veröffentlichung der »Theorie der ethischen Gefühle« kommt er in der sechsten, erheblich überarbeiteten und erweiterten Ausgabe (Smith, Theorie, S. LXXXVI), noch einmal darauf zu sprechen und bedauert lediglich, sein Projekt einer *Theorie des Rechts* nicht zum Abschluss gebracht zu haben.

Dass bei der Begründung einer Wissenschaft des Wirtschaftslebens die Wahl vorwiegend auf den »Wohlstand der Nationen« gefallen ist, hat dazu geführt, dass die beiden Werke meist unabhängig voneinander betrachtet wurden, obwohl sie ursprünglich von ihrem Autor als ein zusammenhängendes Projekt verstanden worden waren. Zudem schätzte Smith die »Theorie der ethischen Gefühle« (zumindest wenn man Samuel Romilly Glauben schenken darf; zit. n. Raphael, Impartial Spectator, S. 85) offenbar höher ein. Für unsere Zwecke bedarf es jedoch gerade einer zusammenhängenden Betrachtung, wenn wir das Projekt Adam Smiths nicht aus dem Blickwinkel der nachgeborenen Wirtschaftswissenschaftler betrachten wollen, sondern als einen an eine lange Tradition anknüpfenden Versuch, ein neuartiges gesellschaftliches Band zu begründen, das die Personen mit einem Gemeinwohl zu verknüpfen vermag. Dieses Band wird vom Markt bewerkstelligt, auf dem

Individuen, die zwar Sympathie füreinander empfinden, jedoch ihre persönlichen Interessen verfolgen, derart miteinander in Konkurrenz um den Besitz knapper Güter treten, dass der dort von ihnen erworbene Reichtum ihnen eine Größe verleiht, insofern er der Ausdruck der unbefriedigten Wünsche der Mitmenschen ist.

Gerade aufgrund ihrer bewusst systematischen Anlage[8] eignen sich die Werke Adam Smiths bestens zur Beschreibung der Bausteine einer politischen Philosophie, und das selbst wenn man – wie noch zu zeigen sein wird – daneben noch auf eine ganze Reihe älterer Versuche zur Konstruktion einer auf dem Markt beruhenden Ordnung verweisen kann und die Texte von Adam Smith einige Elemente enthalten, die von dieser Konstruktion abweichen: So führt er gelegentlich sogar selbst andere Definitionen von Größe an, um jenes gesellschaftliche Band zu kritisieren, zu dessen Begründung er doch beigetragen hat.

Uns geht es hier keineswegs um eine umfassende Darstellung des Smith'schen Denkens. Wir werden in unseren Ausführungen zur Funktionsweise des Marktes in den ersten Kapiteln lediglich auf einen kleinen Abschnitt des »Wohlstands der Nationen« Bezug nehmen. Aus wirtschaftswissenschaftlicher Perspektive gesehen mag dieser Teil als der am wenigsten originelle gelten. Um die Entstehung dieser politischen Grammatik zu verstehen, muss er jedoch in Zusammenhang mit den von Adam Smith in der »Theorie der ethischen Gefühle« dargestellten Überlegungen zur Sympathie und zum unparteiischen Zuschauer gesehen werden. Dagegen wollen wir uns hier nicht weiter mit der Arbeitsteilung, der Theorie des Arbeitswerts oder der Frage der Investition befassen. Sie hängen eher damit zusammen, was wir auf der Grundlage der Texte von Saint-Simon im späteren Verlauf als *industrielle* Größe bezeichnen werden. Wir werden uns hier also vorzugsweise auf den Markt und die Adam Smith zufolge damit korrespondie-

8 Um die Vorzüge der Systeme zu benennen, benutzt Smith Begriffe, die sowohl ihr Integrationsvermögen, ihre maschinengleiche Leistungsfähigkeit, als auch ihre auf der Ausrichtung auf ein bestimmtes Ziel hin bestehende Anmut zum Ausdruck bringen. »In vielerlei Hinsicht ähneln die Systeme Maschinen. [...] Ein System ist eine imaginäre Maschine, dazu erdacht, in der Vorstellung faktische Bewegungen der Realität miteinander zu verknüpfen.« (Essays, S. 352) »Wenn wir an einem System oder einer Maschine bemerken, daß sie geeignet sind, den Zweck zu verwirklichen, für den sie bestimmt waren, so verleiht dies in unseren Augen dem Ganzen eine gewisse Schicklichkeit und Schönheit und macht uns schon die bloße Vorstellung und die Betrachtung desselben angenehm; – und das ist so augenfällig, daß es noch niemand übersehen hat.« (Smith, Theorie, S. 308)

renden Zustände moralischer Verfassung konzentrieren, auch wenn im Gegenzug auf jene Abschnitte des »Wohlstands der Nationen« verwiesen werden könnte, in denen ein anderes Wertprinzip zum Tragen kommt. Ökonomen haben nämlich nachgewiesen, dass die Verzögerung der wirtschaftswissenschaftlichen Theoriebildung mit darauf zurückzuführen sei, dass Smith den Arbeitskosten eine größere Bedeutung beigemessen habe als dem Wert, der aus einer Konkurrenzsituation auf dem Markt erwächst (Kauder, Retarded Acceptance). Umgekehrt wollten die Historiker die Originalität Adam Smiths gegenüber der aristotelischen Tradition des gerechten Preises hervorheben, mit der er durch Pufendorf, Carmichael und seinen Lehrer Hutcheson vertraut gemacht worden war (Robertson/Taylor, Adam Smith's Approach).

Auch wenn Adam Smith, wohl durch Mandeville (La fable, S. 11) beeinflusst, in seinem Werk der Arbeitsteilung großen Raum beimisst, hat er sie – im Unterschied zu jenen Autoren, die versucht haben, Größe über die Arbeit und ihren Nutzen zu begründen – nicht zum Prinzip des »allgemeinen Reichtums« erklärt. Die Arbeitsteilung bildet nicht die Basis einer auf dem Markt herrschenden Gegenseitigkeit, wie etwa bei Hume (Deleule, Hume, S. 51). »Die Arbeitsteilung, der so viele Vorteile zu verdanken sind, ist ursprünglich nicht das Werk menschlicher Weisheit.« (Smith, Untersuchung, S. 97) Sie ist lediglich die »Folge einer bestimmten Neigung der menschlichen Natur, der kein so weitreichender Nutzen vorschwebt: der Neigung, zueinander in Beziehung zu treten, zu handeln, zu tauschen« (ebenda). Voraussetzung hierfür ist seitens der Beteiligten eine gewisse Befähigung, sich auf einem Markt zu einigen und regelkonforme Verträge zu schließen. Diese Neigung »ist allen Menschen gemeinsam und findet sich bei keiner anderen Art von Lebewesen, die weder diesen noch sonst eine Art von Vertrag zu kennen scheinen. Zwei Windhunde, die denselben Hasen jagen, erwecken manchmal den Anschein, in einer Art Einverständnis zu handeln. [...] Das ist aber nicht die Wirkung irgendeines Vertrags, sondern die der zufälligen gleichzeitigen Ausrichtung ihrer Begierden auf denselben Gegenstand. Kein Mensch hat jemals einen Hund mit einem anderen redlich und vorbedacht einen Knochen gegen einen anderen tauschen sehen. Kein Mensch hat jemals ein Tier einem anderen durch Gebärden und Laute bedeuten sehen, das ist mein, das dein; ich bin bereit, das für jenes zu geben.« (Ebenda)

Wie wir systematischer noch im zweiten Teil sehen werden, geht die Begründung eines übergeordneten gemeinsamen Prinzips durch ein neuartiges soziales Band immer mit der Kritik an solchen gesellschaftlichen Banden einher, die auf anderen Prinzipien beruhen. So kritisiert Smith beispielsweise die persönlichen Abhängigkeitsverhältnisse, während er dagegen die Vorteile anführt, die von dem durch den Markt gestifteten sozialen Band zu erwarten sind. Er ist in seinen Augen ein Mittel zur Befreiung aus der Knechtschaft und einer langen Kette der Unterordnung, welche die verschiedenen Wesen aneinanderfesselt. Wir werden auf die in dieser Kette der Unterordnung verkörperte Größe noch im Zusammenhang mit der Untersuchung des Gemeinwesens des *Hauses* zu sprechen kommen. »Handel und Gewerbe führten allmählich Ordnung und eine gute Verwaltung und damit die Freiheit und Sicherheit des einzelnen bei den Landbewohnern ein, die bisher fast unausgesetzt im Kriegszustand mit ihren Nachbarn und in Hörigkeit gegenüber ihren Oberherren gelebt hatten.« (Smith, Untersuchung, S. 430) Durch die Ausweitung des zwischen den Personen gesponnenen Netzes entkleidet der Handelsverkehr diese Beziehungen jeglicher persönlichen Abhängigkeit. Im Anschluss daran werden vor allem die häuslichen Bande zwischen Meister und Arbeiter angeprangert, die schon in die Kritik der Edikte Turgots (Turgot, Édits) gekommen waren. »Jeder Krämer oder Handwerker bezieht seinen Unterhalt aus der Tätigkeit nicht für einen, sondern für hundert oder tausend verschiedene Kunden. Obwohl er daher in gewissem Maße ihnen allen verpflichtet ist, hängt er nicht ausschließlich von einem von ihnen ab.« (Ebenda, S. 435) Bezeichnenderweise reicht in Smiths ursprünglicher Darstellung diese Kette häuslicher Bindungen, die durch die Marktbeziehungen durchbrochen wird, bis hinunter zu den Haustieren. »Ein Spaniel trachtet auf tausenderlei Weise, die Aufmerksamkeit seines Herrn, der bei Tische sitzt, zu erwecken, wenn er von ihm gefüttert werden will. Der Mensch bedient sich im Umgang mit seinen Mitmenschen zuweilen derselben Künste; und wenn er sie nicht anders bewegen kann, seinen Wünschen gemäß zu handeln, so trachtet er, sie sich durch allerlei liebedienernde und schmeichlerische Aufmerksamkeit gewogen zu machen.« (Ebenda, S. 97f.) Auf barmherzige Gaben, in denen, wie noch zu zeigen sein wird, die Größe des Hauses zum Ausdruck kommt, darf sich der Bedürftige nicht allzu sehr verlassen. Anstatt um das »Wohlwollen« [*benevolence*] seiner Mitmenschen zu betteln, kann er »eher Erfolg haben, wenn er ihre Eigenliebe [*self-love*] zu seinen Gunsten wecken und ihnen zeigen kann, daß es zu ihrem eigenen Vorteil ist, das zu tun, was er von ihnen haben will« (Untersuchung, S. 98). »Auf diese Weise erlangen wir voneinander die meisten jener guten Dienste, auf die wir angewiesen sind [...] durch Übereinkommen, durch Tausch und durch Kauf.« (Ebenda)

Diese Parallele zwischen dem durch den Markt gestifteten Band und dem *häuslichen* Band folgt in nahezu identischer Form dem Vergleich, den Pascal und die Jansenisten Domat und Nicole in ihren Schriften zwischen den jeweiligen Wohltaten der »Habsucht« und der »Barmherzigkeit« anstellen. So erwähnt etwa Pascal in seinen »Pensées« die »Größe des Menschen selbst in seiner Begierde, weil er daraus eine bewundernswerte Ordnung gewinnen konnte und ein Bild der christlichen Liebe daraus gemacht hat« (Gedanke Nr. 118/402; Pascal, Gedanken, S. 83). »Jeder ist also der politischen Ordnung in besonderem Maße verpflichtet; und um das zu verstehen«, schreibt Nicole in dem der »Größe« gewidmeten Kapitel seiner »Essais de morale« (»De la grandeur«), »ist davon auszugehen, dass die Menschen, die aufgrund zügelloser Sündhaftigkeit keinerlei Barmherzigkeit empfinden, nichtsdestotrotz zahlreiche Bedürfnisse haben und vielfältig voneinander abhängen. Die Habgier hat also die Barmherzigkeit verdrängt, um diese Bedürfnisse zu befriedigen, und sie tut dies in einer Art und Weise, die man nicht genug bewundern kann und zu der die eigentliche Barmherzigkeit nicht vorzustoßen imstande ist. [...] Was wäre das für eine Barmherzigkeit, für jemanden ein ganzes Haus zu bauen, es einzurichten, zu tapezieren und ihm den Schlüssel in die Hand zu geben? Die Habgier tut dies mit größtem Vergnügen.« (Nicole, Essais, Bd. 2, S. 170f.) »Aus all dem Gesagten lässt sich schließen, dass – um die Welt von Grund auf zu reformieren, das heißt, um alle Laster und jede gemeine Unordnung daraus zu verbannen und um die Menschen bereits in diesem Leben glücklich zu machen – alle Menschen mangels Barmherzigkeit eine aufgeklärte Eigenliebe besitzen sollten, die ihre wahren Interessen zu erkennen vermag und auf den Wegen, die die rechte Vernunft ihnen zeigt, dahin führt. [...] [Selbst wenn es in der Gesellschaft] keinerlei Barmherzigkeit gäbe, sähe man doch überall nur die Gestalt und die Eigenschaften der Barmherzigkeit.« (Ebenda, Bd. 3, »Second traité«, Kapitel XI, S. 176–177)

Das Zusammenspiel der Individuen in ihrem Begehren nach Gütern

Allerdings setzt das vom Markt gebildete Band nicht nur voraus, dass das Handeln der Individuen durch eine ihnen allen eigene Tauschneigung in Übereinstimmung gebracht wird, es gründet zugleich auch auf dem Umstand, dass sie die äußeren Güter alle in gleicher Weise identifizieren. Als allseits begehrte und in einem Tauschgeschäft ohne weiteres veräußerbare Objekte dienen sie als Träger zwischenmenschlicher Beziehungen. Die Knappheit dieser Güter ist die Ursache für die Konkurrenz der Besitzwünsche auf dem Markt. Sie macht aus dem Besitz der ersehnten Güter eine Form des Ausdrucks der Mitmenschen.

Das Zusammenspiel der Begehrlichkeiten ist keineswegs eine Erfindung von Adam Smith, selbst wenn er es zum Schlussstein seiner politischen Philosophie gemacht hat. Für die Scholastiker regelte die aristotelische kommutative Gerechtigkeit den Austausch von Gütern und Dienstleistungen zwischen Einzelpersonen, und die Theorien zur Bestimmung des »gerechten Preises« setzten zumindest eine gemeinschaftliche Bewertung (*communis aestimatio*) voraus, wenn nicht gar eine Konkurrenzsituation auf einem Markt – eine Konstruktion, die bei den Spätscholastikern dann schon expliziter wird (de Roover, Scholastic Economics; ders., La pensée économique). Die schon erwähnte jansenistische Tradition zeigt den Menschen, der an die Stelle eines »einzigen Gutes« »offensichtliche Güter« setzt, deren »Aufteilung« nichtsdestotrotz dazu führt, »die Menschen auf tausenderlei Art und Weise zu einen« (Domat, Traité des lois, S. 25, zit. n. Faccarello, Réflexions).

Wie Gilbert Faccarello (Facarello, Réflexions; ders., Origines) gezeigt hat, greift Boisguilbert die oben beschriebenen Elemente der jansenistischen Theorie wieder auf und ergänzt sie, indem er an die Stelle einer zu befördernden Regierungskunst (Nicole, Essais, Bd. 2, S. 172) die »Balance«, das »Gleichgewicht«, die »Gerechtigkeit« des »Wettbewerbs« setzt. Für die »Beseelung aller Märkte« erweist sich der »Wunsch nach Profit« als vollkommen ausreichend. Er gewährleistet ein »Gleichgewicht«, eine »Ausgewogenheit« zwischen Käufer und Verkäufer (Faccarello, Réflexions, S. 52). »Jeder Käufer hat Interesse daran, dass es viele Händler und zahlreiche Waren gibt, damit die Konkurrenz sie dazu bringt, die Lebensmittel preisgünstiger auszuschreiben, um ihre Waren besser absetzen zu können.« (Ebenda)

Albert Hirschman (Hirschman, Leidenschaften) verdanken wir die anhand einer ideengeschichtlichen Rekonstruktion der historischen Aufeinanderfolge solcher Ideen wie Begierde, Ruhm, Eigenliebe, Eitelkeit, Begehrlichkeit, Tugend und so weiter vorgenommene Analyse der Verwendung der Begriffe Leidenschaft und Interesse vor Adam Smith und ganz allgemein der Argumentationen im Umfeld des Liberalismus (ders., Leidenschaften; Streit; Begriff). Um lediglich auf die prägnantesten Formulierungen des Ausgleichs zwischen den Leidenschaften näher einzugehen, der hinter all diesen Entwürfen einer Ordnung steht, die über das Chaos der Partikularinteressen hinausgeht, sollen im Anschluss an Hirschman hier kurz die Ausführungen Vicos, Montesquieus und Steuarts wiedergegeben werden.

In seinen »Principi di una scienza nuova« aus dem Jahre 1725 beschreibt Vico ein Gleichgewicht, das nicht nur auf der Habgier, sondern gleich auf dreierlei Lastern beruht. »So macht sie [die Gesetzgebung] aus der Grausamkeit, der Habsucht und dem Ehrgeiz – den drei Lastern, die das ganze Menschengeschlecht verwirren – das Militär, den Handel und den Hof und damit die Stärke, den Reichtum und die Weisheit der Staaten; und aus diesen drei großen Lastern, die sonst sicher das Menschengeschlecht auf Erden vernichten würden, macht sie einen glücklichen politischen Zustand.« (Vico, Neue Wissenschaft, Bd. 1, I, S. 91) Die göttliche Vorsehung, ein »göttlicher gesetzgebender Geist«, hat »aus den Leidenschaften der Menschen, die alle nur an ihrem Privatnutzen hängen und vermöge jener Leidenschaften wie wilde Bestien in den Einöden leben würden, die politischen Ordnungen hervorgebracht [...], durch die sie in menschlicher Gesellschaft leben können« (ebenda). Und da »die Menschen selbst diese Welt der Völker gemacht« haben, spricht Vico diesem gesetzgeberischen Geist auch die Möglichkeit zu, die Eigeninteressen zugunsten von »höheren Zwecken« zu überwinden, um »das Menschengeschlecht auf dieser Erde zu erhalten« (ebenda, Bd. 2, S. 606).

Im »Esprit des lois« lässt sich Montesquieu ähnlich skeptisch über die Macht der Vernunft zur Regulierung menschlichen Verhaltens aus. Er geht davon aus, dass die Stimulation der Leidenschaften mit größerer Gewissheit zu einem solchen Gleichgewicht führt. »Solch ein immer erregtes Volk ist leichter bei seinen Leidenschaften als bei seiner Vernunft zu fassen, die niemals großen Einfluß auf den Sinn des Menschen ausübt.« (Montesquieu, Geist, Buch XIX, Kapitel 27, Bd. 1, S. 435f.) Handel und Wettbewerb, der »den Waren einen gerechten Preis [gibt]« (ebenda, Bd. 2, S. 10), sichern den Frieden: »und es gilt beinahe allgemein die Regel, daß es da, wo sanfte Sitten herrschen, auch Handel gibt und daß überall, wo es Handel gibt, auch sanfte Sitten herrschen« (ebenda, Buch XX, Kapitel I, Bd. 2, S. 2). Der Topos des Handels, der die Leidenschaften zügelt und dessen Entwicklung Hirschman nachgezeichnet hat, kommt in folgender Formulierung bündig zum Ausdruck: »Es ist ein Glück für die Menschen, sich in einer Lage zu befinden, wo sie gegenüber den Einflüsterungen ihrer Leidenschaften, böse zu sein, doch ein Interesse daran haben, es nicht zu sein.« (Ebenda, Buch XXI, Kapitel 20, Bd. 2, S. 71)

Steuart wiederum entwickelt in seiner »Untersuchung über die Grundsätze der Völkerwirtschaftslehre« aus dem Jahre 1767 den Entwurf einer »politischen Ökonomie«. Darin wird die Despotenmacht durch die komplex miteinander verzahnten Mechanismen von Handel und Industrie gebändigt, die Steuart mit den Mechanismen eines Uhrwerks vergleicht. »Sobald ein Staat beginnt, seinen Unterhalt den Früchten des Gewerbes zu verdanken, sind von Seiten der Macht des Souveräns weniger Gefahren zu befürchten. Der Mechanismus seiner Regierung wird komplexer, und [...] er ist durch die Gesetze seines wirtschaftenden Gemeinwesens derart gebunden, daß jeder Vorstoß gegen sie ihm neue Schwierigkeiten einträgt.« (Steuart, Untersuchung, Bd. I, S. 215–217, zit. n. Hirschman, Leidenschaften, S. 93f.)

Aufgrund ihres Einflusses auf Adam Smiths Werk ist eine kurze Auseinandersetzung mit der Theorie David Humes erforderlich. Bekanntlich weigert sich Hume in »Ein Traktat über die menschliche Natur« von 1739, im Verstand ein Mittel zur Bändigung der Leidenschaften sehen zu wollen. Ihm zufolge eigne sich der Verstand zur »Beurteilung von Ursache und Wirkung« in der Arithmetik oder der Mechanik. Auf unsere Handlungen habe er dagegen einen immer nur sehr begrenzten Einfluss. Bezeichnenderweise veranschaulicht Hume dies mit dem Beispiel des Marktkalküls, das er von der Leidenschaft, die zum Handeln antreibe, unterscheidet: »So beeinflußt abstraktes oder demonstratives Denken niemals irgendwelche unserer Handlungen anders, als durch Regelung unseres Urteils über Ursachen und Wirkungen.« (Hume, Traktat, 2. Buch, S. 152) Der Verstand kann nur als »Sklave der Affekte« (ebenda, 2. Buch, S. 153) dienen, und »keine [natürliche] Neigung des menschlichen Geistes« hat »zugleich die genügende Kraft und die erforderliche Richtung, um der Gewinnsucht das Gleichgewicht zu halten [...]. Wohlwollen gegen Fremde ist zu schwach für diesen Zweck.« (Ebenda, 3. Buch, S. 235) Das für die gesellschaftliche Ordnung notwendige Gleichgewicht lässt sich nur dadurch herstellen, dass sich diese Leidenschaft gegen sich selbst richtet, um sich dadurch »im Zaum zu halten« (ebenda, S. 236).

Hume betont die Rolle, die die von den Personen losgelösten Güter für die Instrumentierung dieses Gleichgewichts spielen. Diese unterscheidet er als dritten Typus von Gütern von der »innere[n] Befriedigung unserer Seele«, die zu genießen »uns durchaus gesichert« sei, und von den »äußerlichen Vorzüge[n] unseres Körpers«, die uns zwar geraubt werden können, »dem [aber], der es uns raubt, keinen Vorteil« bringen. In diesen abgestuften Besitzverhältnissen, die von den Eigenschaften der Person bis zu den Gütern reichen, die von den Personen losgelöst sind und die man sich daher aneignen kann, sind »nur die Güter der letzteren Art [...] der gewaltsamen Aneignung durch andere ausgesetzt und können ohne Einbuße und Veränderung auf sie übertragen werden. Gleichzeitig ist keine genügende Menge solcher Güter vorhanden, um die Wünsche und Bedürfnisse aller zu befriedigen« (ebenda, S. 231). Die Konventionen, die den Besitz der Güter und die Bedingungen ihrer Veräußerung betreffen, komplettieren diese Instrumentierung des vom Markt geknüpften Bandes. Sie tragen das Ihre dazu bei, dass »dem Besitz jener äußeren Güter Sicherheit verliehen wird« (ebenda, S. 232f.), »weil wir durch dieses Mittel die Gesellschaft erhalten« (ebenda, S. 233). Im Übrigen versucht Hume, die Aufstellung von Konventionen hinsichtlich der Besitzverhältnisse, der Sprache oder der Tauschwährung endogen zu erklären. Diese Übereinkünfte bilden sich allmählich, »ohne Versprechungen«, weil man wiederholt die Erfahrung macht, welche Nachteile aus ihrer Übertretung erwachsen können (ebenda, S. 234).

Die Anordnung der verschiedenen Elemente, die bei der Herausbildung einer auf Marktbindungen beruhenden allgemeinen Form der Einigung eine Rolle spielen, wird besonders in jenem Abschnitt deutlich, in dem Hume deren gesamtes Räderwerk auseinandernimmt und das Zusammenspiel bestimmter geistiger Dispositionen der Menschen und einer Situation untersucht, in der sich ihnen die knappen und erwerbbaren äußeren Güter als Objekte gemeinsam geteilter Besitzwünsche darbieten. »Ich habe schon bemerkt, daß die Rechtsordnung auf menschlichen Vereinbarungen beruht und daß diese bestimmt sind, als Mittel zu dienen gegen gewisse Übelstände. Diese Übelstände nun entspringen aus dem Zusammentreffen gewisser Beschaffenheiten des menschlichen Geistes mit der in den Dingen begründeten äußeren Situation. Jene *Beschaffenheiten* des Geistes sind *Selbstsucht* und *begrenzte Großmut*. Diese in den Dingen begründete äußere Situation besteht in der *leichten Übertragbarkeit der Dinge*, verbunden mit ihrer geringen Menge im Verhältnis zu den Bedürfnissen und Wünschen der Menschen.« (Ebenda, S. 238; Hervorhebungen im Original) Der Tauschvorgang beruht darauf, dass alle beteiligten Personen von jeglicher persönlichen Abhängigkeit freie *Individuen* sind: »Um diese Selbstsucht in Schranken zu halten, mußten die Menschen aus der Gemeinsamkeit [des Besitzes] heraustreten und zwischen ihren Gütern und denen anderer unterscheiden.« (Ebenda, S. 238) Befinden sie sich einmal in diesem Zustand, der ihnen den Zugang zum Markt gestattet, richten die Individuen ihre Eitelkeit auf die Güter. Aus der Vorgabe von Knappheit, der dieVerteilung der Güter unterliegt, geht eine neue Art von Größe hervor. Der Besitz der kostbarsten Güter spiegelt die Wünsche der Umwelt wider und bestimmt folglich eine neuartige Form von Ordnung.

Um der späteren Analyse der *Kritik* vorzugreifen, die der Vielfalt der übergeordneten gemeinsamen Prinzipien entspringt, sei angemerkt, dass

Hume und sogar Smith, auch wenn sie selbst an der Grundlegung eines auf dem Markt basierenden Gemeinwesens arbeiten, zugleich darauf verweisen, dass sich an dieses Band die Kritik der Ruhmsucht richten lässt. Dieser Verweis schließt an eine lange Tradition der Kritik an dieser Form von Größe an, die bis zu den Äußerungen der Stoiker über die Sinnlosigkeit des Besitzes von Reichtümern, die den Weisen gleichgültig sind, zurückreicht. Im Unterschied zu Hume und Smith verwarf Seneca in der Unterscheidung zwischen den Gütern und den sonstigen Eigenschaften der Person den Gedanken, dass sich diese Eigenschaften in irgendeiner Form in den Gütern spiegeln und dass diese zur Begründung irgendeiner Art von Größe dienen könnten. In »Vom glücklichen Leben« stellt Seneca das Verhältnis zwischen Personen und Gütern mit folgenden Worten infrage: »Du [...] wirst dir wie ohne dich selbst zurückgelassen vorkommen, wenn sich der Reichtum von dir zurückgezogen hat. [...] Der Reichtum gehört mir, du aber gehörst dem Reichtum. [...] Setze mich in ein überaus reiches Haus, setze mich dorthin, wo Gold und Silber bei jeder Gelegenheit in Gebrauch sind: Nicht werde ich wegen dieser Dinge zu mir aufschauen, die, auch wenn sie bei mir, doch außerhalb meiner sind.« (Seneca, Vom glücklichen Leben, S. 63 und 71)

Die Arbeiten von Hume und Smith stellen einen Beitrag zur Bildung eines Gemeinwesens dar, der eine menschliche Natur entspricht, die auf bestimmten affektiven Einstellungen gegenüber Mitmenschen und Dingen beruht, nicht aber auf einer Fähigkeit zum rationalen Kalkül. Darin unterscheiden sie sich grundlegend von späteren Formulierungen, die im Zuge der sich autonomisierenden Wirtschaftswissenschaften die etwa von Schumpeter beschriebene Antinomie von »subjektiv« und »objektiv« verfestigen. »In beiden Fällen erzeugt die subjektive Bewertung den objektiven Wert – wir wissen, daß dies im Falle von Waren von den Scholastikern gelehrt wurde – und nicht umgekehrt: Ein Gegenstand ist schön, weil er gefällt; er gefällt nicht deshalb, weil er ›objektiv‹ schön ist.« (Schumpeter, Geschichte, Bd. 1, S. 179) Damit das vom Markt geknüpfte Band die Grundlage einer Form der Einigung bilden kann, müssen die Personen von einer mächtigen Leidenschaft für den Besitz von Gütern ergriffen sein. Im Unterschied zu dem Hauptcharakteristikum der *staatsbürgerlichen* Ordnung müssen sie mithin ein starkes Eigeninteresse empfinden. Parallel dazu müssen sie jedoch auch eine hinreichende Distanz gegenüber sich selbst und gegenüber den *häuslichen* Abhängigkeiten besitzen, um sich mit allen anderen Individuen auf einem Markt, der als übergeordnetes gemeinsames Prinzip fungiert, zu verständigen und um Einvernehmen über die Tauschwaren, in denen sich ihre Besitzwünsche spiegeln, zu erzielen. In seinem Kommentar zu Pufendorf beschreibt Barbeyrac diese Einstellung den Gütern gegenüber. Dabei verweist er auf die Unterscheidung, die Thomasius zwischen einer »gleichartigen Sache« und einer »austauschbaren Sache« vornimmt, die durch ein »Äquivalent« ersetzt werden kann (vgl. Thomasius, Göttliche Rechtsgelehrtheit, Buch II, Kapitel XI, § 13, S. 290ff.). »Denn nur für die erstgenannten Dinge kann man einen beliebig hohen Preis verlangen. Wenn man in dem anderen Fall bei einem Leihhandel oder einem Tauschgeschäft zum Beispiel sein Getreide oder seinen Wein höher schätzen wollte, obwohl sie im Grunde dieselben Eigenschaften und dieselbe Güte besitzen wie die des Vertragspartners, würde man sich laut Thomasius gegen die natürliche Gleichheit der Menschen versündigen, die besagt, dass der Besitz anderer und unser eigener nicht ungleich gegeneinander aufgewogen und sie selbst und das, was sie besitzen, nicht ohne triftigen Grund anders bewertet werden dürfen. Dazu kommt noch, dass die Natur des Handels, für den der Preis festgesetzt wurde, Gleichheit verlangt.« (In: Pufendorf, Le droit, Buch V, Kapitel I, § 8, Bd. 2, S. 9) Weil in der »Theorie der ethischen Gefühle« diese an den Markt angepasste Disposition der Menschen dadurch möglich wird, dass wir »in Gedanken jenen Wechsel unserer Lage« vornehmen, der »die vollständigste Übereinstimmung der Empfindungen und Gemütsbewegungen« herstellt (Smith, Theorie, S. 20), und weil diese Disposition auf der Basis einer Veranlagung zur »Sympathie« und einer moralischen Person in Gestalt des »unparteiischen Zuschauers« aufbaut, bildet die »Theorie der ethischen Gefühle« die notwendige Ergänzung zum besseren Verständnis der Konstruktion eines auf dem Markt basierenden Gemeinwesens.

Die Veranlagung zur Sympathie und die Position des unparteiischen Zuschauers

Schon Hume verweist auf eine allen Menschen gemeinsame Veranlagung zur Sympathie, ein nachgerade physiologisches, von allen geteiltes Gefühl, auf dem das soziale Band begründet werden kann, ohne dass man eigens die Vernunft bemühen müsste oder gar das Wohlwollen, welches Hume als eine zu schwache Leidenschaft ansah, als dass sie die Profitgier würde zügeln können. Geistig sind die Menschen alle ähnlich veranlagt: »Niemand kann durch eine Gemütsbewegung getrieben werden, ohne daß zugleich alle anderen bis zu einem gewissen Grade dafür empfänglich wären. […] Wenn ich die Wirkung eines Affektes in der Stimme und in den Gebärden irgend einer Person wahrnehme, so geht mein Geist sofort von diesen Wirkungen zu ihrer Ursache über und bildet sich eine so lebhafte Vorstellung des Affektes, daß dieselbe sich alsbald in den Affekt selber verwandelt.« (Hume, Traktat, 3. Buch, S. 329) Jeder Gegenstand, der seinem Besitzer Vergnügen bereitet, erfreut »auch den Zuschauer vermöge eines zarten Mitgefühls mit dem Nutznießer« (ebenda, S. 330).

Smith äußert sich ähnlich. Er geht davon aus, dass man sich ein Urteil bildet, indem man die Vorlieben und Leidenschaften seiner Mitmenschen übernimmt und nicht so sehr, weil man von der Nützlichkeit eines bestimmten Verhaltens überzeugt wäre: »Die Vorstellung der Nützlichkeit aller dieser Eigenschaften ist offenkundig eine später hinzutretende Überlegung und nicht sie ist es, was jene Eigenschaften zunächst unserer Billigung empfiehlt.« (Smith, Theorie, S. 22) Auf der Grundlage der vorausgehenden Überlegungen Humes (»Die Nützlichkeit eines Gegenstandes gefällt, seiner Ansicht nach, dem Besitzer desselben darum, weil sie ihn beständig an das Vergnügen und die Bequemlichkeit erinnert, die der Gegenstand zu fördern geeignet ist.« Ebenda, S. 308) will er die Argumentation noch vertiefen. Ihm zufolge ist das Vergnügen nicht unbedingt an einen Nutzen geknüpft. Um dies zu veranschaulichen, führt er eine Reihe von Beispielen an, mit denen sich zeigen lässt, wie illusorisch ein Verweis auf die Bedürfnisse oder den Nutzen ist, und die somit die von uns im weiteren Verlauf als *industriell* bezeichnete Größe infrage stellen. Das erste Beispiel zeigt einen Mann, den der Gedanke, seine Wohnung sorgsam in Ordnung zu halten, mehr beschäftigt, als sich darin gemütlich einzurichten: »Um diese Bequemlichkeit zu erreichen [einen Boden, auf dem nichts herumliegt], nimmt er bereitwillig eine Mühe auf sich, die alles Ungemach übersteigt, das ihm aus dem Mangel jener Bequemlichkeit hätte erwachsen können […]. Was er wollte, war also, wie es scheint, nicht so sehr diese Bequemlichkeit, als jene Anordnung der Dinge, die sie befördert. Und doch ist es diese Bequemlichkeit, was ihm jede Anordnung letzten Endes empfiehlt, und was ihr ihre ganze Schicklichkeit und Schönheit verleiht.« (Ebenda, S. 309) Beim zweiten Beispiel handelt es sich um eine Person, die davon besessen ist, sich – egal zu welchem Preis – eine Uhr zu beschaffen, die auf die Minute genau geht: »Man wird aber durchaus nicht immer finden, daß gerade derjenige, der in bezug auf dieses Instrument so genau ist, im allgemeinen gewissenhafter und pünktlicher wäre als andere Menschen, oder daß er aus irgendeinem anderen Grund ein größeres Interesse daran hätte, genau zu wissen, wieviel Uhr es ist. Woran ihm besonders liegt, das ist nicht so sehr die Erlangung einer Kenntnis dieser Art, als vielmehr die Vollkommenheit des Instruments, das dazu dient, sie zu erlangen.« (Ebenda, S. 309f.) In beiden Fällen enthüllt Smith das Manische oder zumindest die Sinnlosigkeit eines auf Ordnung beziehungsweise Exaktheit achtenden Verhaltens. Beide Verhaltensweisen ließen sich heute in der Sprache der Psychiatrie als »zwanghaft« bezeichnen, insofern sie Symptome aufweisen, die auf die Beschreibung einer obsessiven Neurose zutreffen. Die libidinöse Ökonomie, wie sie Freud entworfen hat, stellt gerade Kräfte oder Einheiten wie das Unbewusste heraus, die darüber Aufschluss geben, wie Situationen ausbalanciert werden, die sich in Schieflage befinden. Das Beispiel, das Smith wählt, um die Bedeutung des Effizienzprinzips infrage zu stellen, eignet sich zur Einführung des im Verlauf des vorliegenden Buches entwickelten Gedankens, dass die Prinzipien den jeweiligen Situationen entsprechen müssen. Andernfalls lässt sich die Fixierung auf eines dieser Prinzipien ohne Berücksichtigung der jeweiligen Situation als ein Zeichen von Anormalität, ja sogar von Wahnvorstellungen deuten. Genau genommen wäre das oben beschriebene Verhalten nicht weiter verwunderlich, wenn es sich bei dem Raum, in dem Ordnung geschaffen werden soll, um eine industrielle Fertigungshalle handeln oder wenn die Uhr zur Zeitmessung im Rahmen koordinierter technischer Abläufe dienen würde. Weil jedoch die betrachteten Situationen eher *häuslicher* Natur sind und nur schlecht zu einer minutiösen Organisation passen, erscheint die Begründung der erbrachten Opfer zweifelhaft. Die Ordnungsliebe lässt sich vom Psychiater umso leichter als ein manisch-obsessives Verhalten deuten, als sie außerhalb beruflicher Tätigkeiten in Erscheinung tritt.

Die folgenden Beispiele wurden von Smith gewählt, um die Eitelkeit derer zu kritisieren, die auf teure und nutzlose Güter, auf »Tand« oder sonstige »Spielereien« Wert legen. »Reichtum und Größe [sind] bloßer Tand«, deren »Nutzen lächerlich gering« ist (ebenda, S. 312). In seiner harschen Kritik an jenem »Hang, sich vor anderen auszuzeichnen, der dem Menschen so natürlich ist« (ebenda, S. 312), vergleicht Smith das Wertvolle mit dem Notwendigen: »Ein Mensch, der allein auf einem wüsten Eiland leben müßte, könnte vielleicht im Zweifel sein, ob ein Palast oder eine Zusammenstellung jener kleinen, der Bequemlichkeit dienenden Instrumentchen, wie sie gewöhnlich in einem Futterale vereinigt sind, mehr zu seiner Glückseligkeit beitragen und ihm den größeren Genuß bereiten würde.« (Ebenda, S. 312f.) Die Eitelkeit, der Wunsch, Beifall bei den Mitmenschen zu erheischen, die – wie noch zu zeigen sein wird – ebenfalls eine Form der Einigung über die *Meinung* bilden können, kommen in der Theorie Adam Smiths über den Umweg der Güter zum Ausdruck. Größe wird hier nicht mehr anhand von Wertschätzung, sondern von Reichtum gemessen. »Es ist die Eitelkeit, nicht das Wohlbefinden oder das Vergnügen, was uns daran anzieht. Eitelkeit aber beruht immer auf der Überzeugung, daß wir der Gegenstand der Aufmerksamkeit und Billigung sind. Der reiche Mann rühmt sich seines Reichtums, weil er fühlt, daß dieser naturgemäß die Aufmerksamkeit der Welt auf ihn lenkt.« (Ebenda, S. 71 f.) Insofern ist die Eitelkeit also der Träger jener Leidenschaft, die sich »durch alle die verschiedenen Stände der Menschen hindurchzieht« und »die wir bei jenem großen Endziel menschlichen Lebens, das wir ›Verbesserung unserer Verhältnisse‹ [*bettering our condition*] nennen, im Sinne haben« (ebenda, S. 71). Obwohl Smith diese Gleichsetzung von Größe und Reichtum als illusorisch brandmarkt, unterliegt sie doch der Formel, der zufolge im Gemeinwesen des Marktes die anderen mit zum Ausdruck kommen. »Die Freuden, welche Wohlstand und hoher Rang bieten, drängen sich aber, wenn sie in diesem Zusammenhang betrachtet werden, der Einbildungskraft als etwas Großes und Schönes und Edles auf, dessen Erlangung wohl alle die Mühen und Ängste wert ist, die wir so gerne auf sie zu verwenden pflegen. Und es ist gut, daß die Natur uns in dieser Weise betrügt. Denn diese Täuschung ist es, was den Fleiß der Menschen erweckt und in beständiger Bewegung erhält.« (Ebenda, S. 315)

Smith macht das Sympathieempfinden zum Kernstück seiner Theorie, um das Band zwischen uns und unserem Mitmenschen zu festigen, so dass wir »in unserer Phantasie [...] gleichsam in seinen Körper [den des Leidenden] eintreten und [...] gewissermaßen eine Person mit ihm« werden (ebenda, S. 2). Auf dieses Sympathieempfinden stützt sich die Einigung, die seines Erachtens nicht allein auf Eigenliebe beziehungsweise Eigeninteresse oder auf Verstand und Nutzenkalkül beruhen kann: »Die Sympathie kann jedoch in keinem Sinne als ein egoistisches Prinzip betrachtet werden« (ebenda, S. 528)[9], und es ist »nicht der Gedanke an das, was wir wirklich gewonnen oder erlitten haben, der unseren Beifall oder unseren Unwillen veranlaßt« (ebenda, S. 528). Zudem kann »ein Mann [...] mit einer Wöchnerin wohl sympathisieren; aber es ist doch ganz unmöglich, daß er sich vorstellen könnte, er

9 Dupuy (L'émancipation) befasst sich mit den Begriffen »Sympathie« und »unparteiischer Zuschauer« im Vergleich der »Theorie der ethischen Gefühle« und des »Wohlstands der Nationen« miteinander. Er betont die Funktion der Sympathie als »Selbstregulator der gesellschaftlichen Harmonie«.

selbst würde in seiner eigenen Person und seiner eigenen Lebenslage ihre Schmerzen erleiden« (ebenda, S. 529). Diese Sympathieneigung ist demnach gewissermaßen eine Zwischenstufe zwischen der vollständigen Hingabe der Personen an ihr Eigeninteresse und der Erschließung der »allgemeinen Objekte der Wissenschaft und des Geschmacks [...], die außerhalb jeder besonderen Beziehung auf [...] uns [...] stehen« (ebenda, S. 20). »Alle die allgemeinen Objekte der Wissenschaft und des Geschmackes, alles das sind Dinge, die von uns und unseren Gefährten als Gegenstände betrachtet werden, die außerhalb jeder besonderen Beziehung auf einen von uns beiden stehen. Wir sehen sie beide von dem gleichen Gesichtspunkt aus, wir brauchen füreinander keine Sympathie zu empfinden oder in Gedanken jenen Wechsel unserer Lage vorzunehmen, aus dem diese entsteht, um mit Bezug auf solche Gegenstände die vollständigste Übereinstimmung der Empfindungen und Gemütsbewegungen herzustellen.« (Ebenda) Smith beschreibt das Resultat dieser »gegenseitigen Sympathie« als geteiltes Leid, was die beiderseitigen Gewinne in Erinnerung ruft, die die in Konkurrenz befindlichen Individuen aneinanderbinden. »Wie erleichtert fühlen sich unglückliche Menschen, wenn sie jemanden gefunden haben, dem sie die Ursache ihres Kummers mitteilen können! Auf seine Sympathie scheinen sie einen Teil ihrer Leiden abzuladen und man sagt darum nicht unpassend, daß er ihre Leiden ›teile‹. Er fühlt nicht nur einen Kummer, der mit demjenigen gleichartig ist, den sie selbst fühlen, sondern es ist gleichsam, als ob er einen Teil ihres Kummers auf sich genommen hätte, und als ob, was er empfindet, das Gewicht dessen vermindern würde, was sie fühlen.« (Ebenda, S. 11f.) Smith, der Hutcheson für dessen Bezugnahme auf ein spezifisches Wahrnehmungsvermögen, einen »moralischen Sinn«, kritisiert, ist der Ansicht, dass man der Natur folgen müsse, die »mit der größten Sparsamkeit und Wirtschaftlichkeit« vorgehe (ebenda, S. 535) und die vielfältige Wirkungen aus ein und derselben Ursache, der Sympathie als einem allen Menschen gemeinsamen Vermögen, zustande bringe. Insofern ist die Sympathie ein grundlegender Baustein der Theorie von Adam Smith, weil sie – genau wie die später noch näher zu betrachtende Definition des unparteiischen Zuschauers – dazu beiträgt, aus Personen, die Leidenschaften unterworfen sind, Individuen zu machen, die sich miteinander identifizieren und sich damit auf einem Gütermarkt verständigen können.

In diesem Zusammenhang ist das Sympathieverständnis von Cabanis in Erinnerung zu rufen, weil es erlaubt, die Bedeutungsverschiebung zu begreifen, die sich von der Verwendung dieser für die Konstruktion der Individuen in der politischen Marktphilosophie notwendigen Disposition zur physiologischen Bestimmung dieses Instinkts in der organizistischen Gesellschaftstheorie vollzieht, wie sie im *industriellen Gemeinwesen* vorgelegt und dann von Durkheim überarbeitet wird. In seinen Aufzeichnungen zu den »Rapports du physique et du moral de l'homme« aus dem Jahr 1802 versucht Cabanis das Sympathieempfinden als Grundinstinkt im Körper zu verankern (Cabanis, Rapports, S. 469). Damit verfolgt er das Ziel, die Moralphilosophie in den Bereich der Physik hineinzubringen (ebenda, S. 48) und eine Einheitswissenschaft zu schaffen, die »Humanwissenschaft vom Menschen« – was die Deutschen Anthropologie nennen (ebenda, S. 59). Als Gegenentwurf zur Metaphysik entwickelt er eine Theorie auf physiologischer Grundlage, die – wie wir im zweiten Teil noch zeigen werden – den Positivismus eines Saint-Simon nachhaltig beeinflusst. »Die moralische Sympathie zeitigt noch weitere bemerkenswerte Wirkungen. Allein durch die Macht ihrer Zeichen können sich Eindrücke von einem empfindsamen – beziehungsweise einem als empfindsam betrachteten – Wesen auf andere übertragen, die sich – um sie mitzufühlen – mit ihm zu identifizieren scheinen. Man beobachtet, wie die Individuen sich wechselseitig anziehen oder abstoßen: Ihre Gedanken und Gefühle antworten einander [...] in einer geheimen Sprache, und ebenso rasch fügen sich die Eindrücke selbst in vollkommener Harmonie zueinander.« (Ebenda) Cabanis weist darauf hin, dass »diese und viele andere, ähnliche Wirkungen [der moralischen Sympathie] eingehend untersucht worden sind: Von den schottischen Philosophen werden sie als das Prinzip aller moralischen Beziehungen angesehen.« (Ebenda) Für ihn gewinnt der Mensch durch diese Sympathie unzweifelhaft an Größe. »Man erkennt ohne weiteres, dass der einzige Bereich, in dem seine Befriedigungen unendlich erweitert werden können, die Beziehungen zu seinesgleichen sind, dass sein Dasein an Größe gewinnt, je stärker er mit ihren Gefühlen mitempfindet und seine eigenen Gefühle mit ihnen teilt.« (Ebenda, S. 51) Die pantomimischen Zeichen »sind die wichtigsten von allen, die einzigen, die der gesamten Menschenrasse gemeinsam sind: Sie sind eine wirkliche Weltsprache; noch vor dem Erlernen jeder gesprochenen Sprache sorgen sie dafür, dass das Kind zum Kinde eilt, dass es jene anlächelt, die es anlächeln; [...] andere Sprachen entstehen; und bald existieren wir nicht weniger in den anderen als in uns selbst. [... Es ist diese Fähigkeit], die mehreren Philosophen zufolge an einen sechsten Sinn gekoppelt ist. Sie haben ihr die Bezeichnung Sympathie gegeben.« (Ebenda, S. 89) Cabanis zufolge beruht die moralische Sympathie auf den am tiefsten im

Organischen verankerten Neigungen. »In allen organischen Systemen sorgt die Ähnlichkeit oder Analogie von Materien dafür, dass sie sich wechselseitig anziehen« (ebenda, S. 467), wie man es bei der Wundheilung oder Pflanzenpfropfung beobachten kann (ebenda, S. 468).

Die Position des »Zuschauers« findet sich bereits bei Hutcheson erwähnt, der Smiths direkter Lehrer war, ebenso bei Hume, der ihn stark beeinflusst hat. Bei Hutcheson dient sie genauso wie die Inszenierung der Reaktion von »Zuschauern« dazu, die Umwelt zu einem Urteil zu bewegen, um über die öffentliche Meinung ein Verhalten zu rechtfertigen, welches seinen Ursprung im Wohlwollen (*benevolence*) hat, dessen Grundlagen Hutcheson nachzuweisen sucht. »Virtue is then called amiable or lovely, from its raising goodwill or love in *spectators* toward the agent.« (Hutcheson, Inquiry concerning Virtue, I, VIII, zit. n. Raphael, Impartial Spectator, S. 86)

Hume bezieht sich ebenfalls auf eine solche Zuschauerposition, die die Personen zur Einnahme einer gemeinsamen Perspektive befähigt. So schreibt er, »daß die Lustgefühle und Interessen bei den einzelnen Personen verschieden sind und daher die Menschen in ihren Gefühlen und Urteilen nur zur Übereinstimmung gelangen können, wenn sie sich auf einen gemeinsamen Standpunkt stellen, von dem aus sie ihren Gegenstand betrachten und von dem aus derselbe ihnen allen gleich erscheinen kann« (Hume, Traktat, 3. Buch, S. 345). Der Betrachter wird bald als urteilsfähig (»judicious«), bald als gewöhnlich (»every spectator«) bezeichnet. Dadurch lässt sich die Möglichkeit eines gemeinsamen Standpunktes rechtfertigen. Außerdem lässt sich so der Einfluss von dem häuslichen Bereich zugehörigen Beziehungen auf die Sympathie zurückdrängen, bei denen »Menschen, die uns nahestehen« und »Bekannte« vor »Fremden« Vorrang haben (ebenda, S. 334).

Zum ersten Mal erwähnt Smith den *impartial spectator* im Zusammenhang mit seiner Lobrede auf die stoisch-christliche Tugend der Selbstbeherrschung desjenigen, der sich nicht von seinem Zorn und seiner Wut überwältigen lässt, und den man für sein »edles und vornehmes Vergeltungsgefühl« bewundert, »welches sich in der Verfolgung der größten Beleidigungen nicht durch die Wut lenken läßt, [...] sondern durch den Unwillen, wie sie ihn naturgemäß im Herzen des unparteiischen Zuschauers hervorrufen. [...] Wie es das erhabene Gesetz des Christentums ist, unseren Nächsten zu lieben, wie wir uns selber lieben, so ist es das erhabene Gebot der Natur, uns selbst nur so zu lieben, wie wir unseren Nächsten lieben, oder was auf das gleiche herauskommt, wie unser Nächster fähig ist, uns zu lieben.« (Smith, Theorie, S. 28f.)

Dieser Verweis auf einen Beobachter lässt sich als eine Darstellung der Perspektive der anderen deuten, ein Eindruck, der durch das Bild des Spiegels, das für die Selbstbetrachtung notwendig ist, bestätigt wird. Ein menschliches Wesen, das außerhalb jedweder Gemeinschaft und ohne Verbindung zu den Angehörigen seiner Gattung aufwüchse, könnte sich »ebensowenig über seinen Charakter, über die Schicklichkeit oder Verwerflichkeit seiner Empfindungen und seines Verhaltens Gedanken machen, als über die Schönheit oder Häßlichkeit seines eigenen Gesichts. All das sind Gegenstände, die es nicht leicht erblicken kann, auf die es natürlicherweise nicht achtet, und für die es doch auch nicht mit einem Spiegel ausgerüstet ist, der sie seinem Blicke darbieten könnte. Bringe jenen Menschen in Gesellschaft anderer und er ist sogleich mit dem Spiegel ausgerüstet, dessen er vorher entbehrte.« (Ebenda, S. 167f.)

Allerdings war Smith darum bemüht, kritische Distanz zu einer Einigungsform zu wahren, die – wie wir im nächsten Teil analysieren werden – auf der Billigung durch Dritte, also durch die öffentliche Meinung beruht. In der zweiten Auflage hat er einige Passagen des Textes modifiziert und rechtfertigt dies in einem Brief an Gilbert Elliot: Die Überarbeitungen sollten »einerseits meine Auffassung bestätigen, dass die Urteile, die wir über unser eigenes Verhalten fällen, stets auf die Gefühle eines anderen Wesens bezogen sind, und andererseits zeigen, dass dessen ungeachtet wahre Größe und echte Tugend eine Stütze gegen die Missbilligung durch die gesamte Menschheit bieten können« (Smith, Correspondence, Brief Nr. 40, Oktober 1759). Im Übrigen muss das Misstrauen Adam Smiths gegenüber der öffentlichen Meinung im Zusammenhang mit der Affäre Jean Calas[10] und Voltaires Plädoyer für dessen Unschuld

10 Anm. d. Übers.: Im Oktober 1761 erhängt sich Marc-Antoine, der älteste Sohn des calvinistischen, seit 40 Jahren in Toulouse ansässigen und wohlangesehenen Händlers Jean Calas, der versucht, den Selbstmord zu vertuschen. Bald gehen jedoch Gerüchte um, Jean Calas habe seinen Sohn, der zum Katholizismus überwechseln wollte, selbst erwürgt. Während sich der 200. Jahrestag des Protestantenmassakers in Toulouse jährt, kommt es zu einer Art Hexenprozess, der nach zahlreichen offensichtlichen Falschaussagen über die vermeintliche Bekehrung Marc-Antoines zum katholischen Glauben in einer Verurteilung gipfelt: Jean Calas wird gerädert, gehängt und verbrannt. Marc-Antoine wird nach katholischem Brauch feierlich beigesetzt. 20000 Bürger der Stadt Toulouse nehmen an der Zeremonie teil. Gleichwohl kommt es parallel dazu zu einer von Voltaire orchestrierten öffentlichen Gegenkampagne (vgl. unter anderem Voltaires »Traité sur la tolérance« aus dem Jahr 1763), die letztlich die Rehabilitation Jean Calas' im Jahre 1765 bewirkt.

gesehen werden. Beides hatte Adam Smith, der diese Begebenheiten in der »Theorie der ethischen Gefühle« erwähnt (S. 182f.), umso stärker bewegt, als er nur zwei Jahre nach den Ereignissen von 1764 bis 1765 in Toulouse weilte (Raphael, Impartial Spectator, S. 92).

Die »Empfindungen anderer« (*sentiments of others*) werden im Sinne einer inneren Rechtsprechung und einer inneren Spaltung der Person gedeutet, die durchaus mit der Figur des Souveräns bei Rousseau vergleichbar ist. »Wenn ich mich bemühe, mein eigenes Verhalten zu prüfen, wenn ich mich bemühe, über dasselbe ein Urteil zu fällen und es entweder zu billigen oder zu verurteilen, dann teile ich mich offenbar in all diesen Fällen gleichsam in zwei Personen. Es ist einleuchtend, daß ich, der Prüfer und Richter [*examiner and judge*], eine Rolle spiele, die verschieden ist von jenem anderen Ich, nämlich von der Person, deren Verhalten geprüft und beurteilt wird.« (Smith, Theorie, S. 170) Dieser Gedanke wird in der sechsten Auflage vertieft und führt zur Unterscheidung zwischen dem »Verlangen nach Lob« (*love of praise*), das die Menschen dazu veranlasst, sich der »Herrschaft durch das Urteil der anderen zu unterwerfen«, sich Schmeicheleien und Lügen hinzugeben, sich nicht in dem Licht zu betrachten, »in dem sie, wie sie wohl wissen, ihren Gefährten erscheinen sollten, sondern in demjenigen Licht, in dem ihre Gefährten sie, ihrer Meinung nach, tatsächlich erblicken« (ebenda, S. 174), und der »Lobenswürdigkeit« (*praiseworthiness*) (ebenda, S. 172). Diese Lobenswürdigkeit gründet auf der eigenen Zustimmung, die keiner lärmenden Beifallsbekundungen und »keiner Bestätigung und Verstärkung durch die Billigung anderer« (ebenda, S. 178) und auch keines »höheren Tribunals« als des »Tribunals ihres [der Menschen] eigenen Gewissens« bedarf (ebenda, S. 194). Der unparteiische Zuschauer erscheint insofern als eine innere Berufungsinstanz (darin ähnelt er Rousseau), auf die man sich berufen kann, um das Urteil der öffentlichen Meinung aufzuheben. »Obgleich aber der Mensch auf diese Weise zum unmittelbaren Richter der Menschen gemacht worden ist, so erhielt er dieses Richteramt doch nur in der ersten Instanz; und es gibt eine Berufung von seinem Richterspruch an ein weit höheres Tribunal, an das Tribunal ihres eigenen Gewissens, an jenes Tribunal des vorgestellten unparteiischen und wohlunterrichteten Zuschauers, an das des ›inneren Menschen‹, des großen Richters und Schiedsherren über ihr Verhalten.« (Ebenda, S. 194)

Die räumliche Metapher der Perspektive illustriert eindrücklich den Zusammenhang zwischen der Figur des Zuschauers und der »wahren Größe«. »Und nur, wenn wir diesen inneren Richter zurate ziehen, können wir jemals die Dinge, die uns selbst betreffen, in ihrer richtigen Gestalt und in ihren *wahren Maßen* [in der französischen Übersetzung »grandeur réelle«; Anm. d. Übers.] erblicken oder können wir jemals einen richtigen Vergleich zwischen unseren eigenen Interessen und denen anderer Menschen ziehen. Wie dem Auge des Körpers Gegenstände groß oder klein erscheinen, nicht so sehr ihren wirklichen Maßen entsprechend, als vielmehr entsprechend der größeren oder geringeren Entfernung ihres Standortes, so erscheinen sie auch in gleicher Weise dem, was man das natürliche Auge des Geistes nennen könnte; und wir stellen die Fehler bei beiden Organen so ziemlich auf die gleiche Art richtig. [...] Ich kann auf keine andere Weise einen richtigen Vergleich zwischen jenen großen Objekten und den kleinen Gegenständen ziehen, die um mich sind, als indem ich mich wenigstens in der Phantasie an einen anderen Standort versetze, von wo ich beide aus ungefähr gleicher Entfernung überblicken kann, so daß ich mir *dadurch ein Urteil über ihre wahren Größenverhältnisse zu bilden vermag.*« (Ebenda, S. 199f.)

Wie wir später, im Zusammenhang mit der Möglichkeit zur Kritik als Folge der Pluralität der übergeordneten gemeinsamen Prinzipien, noch feststellen werden, lässt sich an der am *Markt* geltenden Größe, die ja auch im Alltag häufig infrage gestellt wird, aus der Perspektive einer anderen Größe Kritik üben. Unter Bezugnahme auf die *industrielle* Größe, mit der wir uns im Folgenden noch beschäftigen werden, zeichnet Veblen (Veblen, Theorie) in kritischer Absicht ein detailliertes Bild der Triebkräfte der marktwirtschaftlichen Größe in der amerikanischen Gesellschaft. Am Rande sei bemerkt, dass Veblen der *industriellen* Größe, auf die er sich unablässig beruft, in seinem eigenen Leben durchaus skeptisch gegenüberstand und sich mit ihren technischen (Telefon) oder konventionellen Instrumenten (einheitliches System der Benotung von Studenten) nicht anfreunden konnte. Veblen beschreibt also Situationen, die den Prinzipien des auf dem Markt beruhenden Gemeinwesens entsprechen, wobei die präzise Beschreibung jener Einheiten, die zur Bestimmung der Größe des Marktes (bis hin zu den »unproduktiven« Haustieren) nützlich sind, seinem anthropologisch geschulten Blick einiges zu verdanken hat. Er unterscheidet zwischen Situationen, die den Prinzipien industrieller Größe (was er *industrial efficiency* nennt) entsprechen, und Beziehungen, die auf dem Erwerb von Marktgütern beruhen und die die Umsetzung dieser Prinzipien beeinträchtigen, wenn sie ins Spiel kommen. Im Anschluss an diese im Verlauf des Buches entwickelte Unterscheidung kritisiert er eine Reihe von *Kompromissen* zwischen den beiden Größen wie zum Beispiel jene, aufgrund deren die Ingenieure und Geschäftsmänner, die in den neu entstandenen »Großkonzernen« zusammenarbeiten,

Einvernehmen erzielen können. Veblen habe, wie C. Wright Mills in seinem Vorwort schreibt, sein ganzes Leben der Klärung des Unterschieds zwischen der »Effizienz des redlichen Ingenieurs« und der »fanatischen Profitgier des Geschäftsmannes« gewidmet (Mills, Introduction, S. X–XI). Veblen bringt die demonstrative Anhäufung von Gütern mit der Lösung aus persönlichen Abhängigkeitsverhältnissen zusammen. Damit betont er die charakteristischen Merkmale der Marktbeziehungen, die explizit als eine Möglichkeit begriffen werden, die anderen gleichzeitig zu umfassen und mit auszudrücken: »Besitz gilt nun nicht mehr in erster Linie als Zeugnis eines geglückten Raubzuges, sondern vor allem als Zeichen der Überlegenheit des Besitzenden über andere Gruppenmitglieder.« (Veblen, Theorie, S. 45) Der Verweis auf die *conspicuous consumption* in der modernen wirtschaftswissenschaftlichen Literatur, die als pervertierter Ausdruck eines Konsumentenwunsches gilt, der sich nicht auf Nutzgüter richtet, ist ein leiser Nachklang jener fundamentalen Spannung zwischen der *marktwirtschaftlichen* und der *industriellen* Größe, die den Kern der ökonomischen Theorie ausmachen.

So wie sich in Durkheims Definition einer organizistischen Soziologie Elemente der *staatsbürgerlichen* und der *industriellen* Größe finden und die Größe der *öffentlichen Meinung* als kritische Antriebsfeder in der Wissenschaftssoziologie genutzt wird, so prägt die Idee des Marktbandes und insbesondere das Argument der Zuschauerperspektive nicht nur die unmittelbar von den Wirtschaftswissenschaften inspirierte Soziologie, sondern auch, allerdings weniger explizit, die Theorie eines George Herbert Mead und all jener Strömungen, bei denen die Interaktionen zwischen Individuen im Zentrum ihres Interesses stehen.

Die Begriffe Sympathie und Zuschauer, deren zentrale Bedeutung für die über den Markt erzielte Einigung wir gerade nachgewiesen haben, werden von Mead in »Geist, Identität und Gesellschaft« weiterentwickelt, was ihm im Vorwort zur französischen Ausgabe die Kritik Gurvitchs an seinem angeblichen »Individualismus« eingetragen hat. In dem Kapitel mit dem Titel »Das Wesen des Mitgefühls« erklärt Mead, Mitgefühl bestehe beim Menschen darin, »daß man in der eigenen Identität die Haltung des Individuums auslöst, das hilfebedürftig ist« (Mead, Geist, S. 346). Im Spiel (der Einfluss dieses Konzepts auf Untersuchungen, die mit Begriffen wie Rolle, Spiel und Inszenierung arbeiten, sind hinreichend bekannt), sowohl im »freien Spiel« [*play*] des Kindes, das alle Rollen spielt, als auch im »Wettkampf« [*game*], lernt das Individuum, jemand anders zu sein als es selbst. »Der Einzelne erfährt sich – nicht direkt, sonder nur indirekt – aus der besonderen Sicht anderer Mitglieder der gleichen gesellschaftlichen Gruppe oder aus der verallgemeinerten Sicht der gesellschaftlichen Gruppe als Ganzer, zu der er gehört [was Mead den »generalisierten Anderen« nennt]. Denn er bringt die eigene Erfahrung als einer Identität oder Persönlichkeit nicht direkt oder unmittelbar ins Spiel, nicht indem er für sich selbst zu einem Subjekt wird, sondern nur insoweit, als er zuerst zu einem Objekt für sich selbst wird, genauso wie andere Individuen für ihn [...] Objekte sind.« (Ebenda, S. 180) »Wenn sie [die Identität] sich bereits entwickelt hat, können wir uns vorstellen, daß die betreffende Person, wenn sie in lebenslängliche Einzelhaft gerät, immer noch sich selbst als Gefährten hat.« (Ebenda, S. 182) Der Zusammenhang zwischen dieser Konstruktion menschlicher Zustände und marktfömigem Austausch im eigentlichen Sinn wird in Meads Werk explizit, insofern er darin wie die bereits zitierten Autoren auch betont, wie wichtig es ist, sich auf die Äußerlichkeit und die Natur der ausgetauschten Güter zu einigen: »Wenn wir anerkennen, daß das Individuum zu sich selbst findet, sein eigenes Bewußtsein entwickelt, indem es sich selbst mit den anderen identifiziert, dann können wir sagen, daß der Wirtschaftsprozeß so beschaffen sein muß, daß sich das Individuum mit den potentiellen Kunden zu identifizieren vermag, mit denen es [wie zum Beispiel ein »Vertreter«] Güter zu tauschen wünscht, und daß es ständig Kommunikationsmittel für den Kontakt mit diesen Individuen entwickeln muß, damit dieser Prozeß erfolgreich ablaufen kann.« (Ebenda, S. 345) »Wir sprechen ziemlich verächtlich vom Vertretergeist, der immer unaufrichtig zu sein, immer zu empfehlen scheint, man müsse sich in die Haltung versetzen, um ihm etwas aufzuschwätzen, das er gar nicht braucht.« (Ebenda, S. 346) Mead erklärt den Handel anhand der Eigentümlichkeit der Tauschgüter und der Befähigung der Individuen, zu ihnen auf Distanz zu gehen: »Universal wird [der Tauschgegenstand] erst dadurch, daß ihn der Einzelne nicht selbst verwendet. [...] Dieser Einsatz von Tauschmitteln ist also äußerst abstrakt. Er hängt von der Fähigkeit des Einzelnen ab, sich in die Lage des anderen zu versetzen, um erkennen zu können, daß der andere etwas braucht, das er selbst nicht benötigt, und daß das, was er selbst nicht braucht, von einem anderen benötigt wird. Der ganze Prozeß hängt von der Identifikation der eigenen Identität mit dem anderen ab.« (Ebenda, S. 349) Im Anschluss daran zeichnet Mead folgendes Bild der Idealgesellschaft: »Die Idealgesellschaft bringt die Menschen so eng zusammen und das notwendige Kommunikationssystem zu so völliger Entfaltung, daß die einzelnen Menschen, die ihre spezifischen Funktionen ausfüllen, die Haltung der von ihnen beeinflußten Menschen übernehmen können.« (Ebenda, S. 376)

Zweiter Teil
Die Gemeinwesen

III Politische Ordnungen und ein Gerechtigkeitsmodell

Im vorangegangenen Kapitel haben wir gezeigt, wie eine Marktordnung in ihren Grundzügen verfasst ist. Im zweiten Teil wollen wir nun diese Marktordnung konkurrierenden Ordnungen, die wir anderen Werken der politischen Philosophie entnommen haben, gegenüberstellen. Wir gehen davon aus, dass all diesen Ordnungsformen ein gemeinsames Modell zugrunde liegt und jede von ihnen eine spezifische Ausprägung dieses Modells darstellt – je nachdem, ob die maßgebliche Größe auf Reichtum, Achtung, Gemeinwillen, Kompetenz und so weiter beruht. Wozu dieser Umweg? Interessiert man sich für die an Auseinandersetzungen und Koordinierungsbemühungen gestellten Anforderungen, kommt den Modalitäten, nach denen die Menschen einander durch die Herstellung von Äquivalenzen und die Bildung von Rangordnungen bewerten, eine zentrale Rolle zu. Wir wollen der Frage nachgehen, wie diese Ordnungsprozesse faktisch ablaufen, wie sich Menschen dabei beispielsweise auf jemandes Ansehen stützen oder dieses infrage stellen. Darin unterscheidet sich unser Vorgehen von demjenigen der politischen Philosophie, die sich auf die Frage nach den Prinzipien der Einigung beschränkt. Uns interessiert, wie die Koordinierungsbemühungen in Alltagssituationen mit der Konstruktion eines Ordnungsprinzips und eines Gemeinwohls zusammenhängen. Dabei wollen wir zeigen, dass die an zwischenmenschliche Ordnungskonstruktionen gestellten Anforderungen für die politischen Philosophen ebenso gelten wie für Personen, die in ihrer konkreten Praxis um Einigung bemüht sind, und dass die abstrakten und systematischen Lösungen Ersterer eine Entsprechung in den Alltagslösungen Letzterer haben.

Das heißt allerdings nicht, dass wir die ursprüngliche Zielsetzung dieser Theorien übernehmen wollen. Es geht uns hier nicht um den Nachweis, dass sich Menschen einigen, weil sie sich aus vernünftigen Gründen für genau eines dieser Prinzipien entscheiden. Allein schon die Einsicht, dass es mehr als nur ein Prinzip gibt, wirft eine Frage auf, auf die keines dieser Prinzipien eine zufriedenstellende Antwort zu geben vermag. Das ist jedoch nicht die einzige Schwierigkeit, wegen der wir zur eigentlichen Intention dieser Theorien auf Distanz gehen. Wenn man von einer Analyse der in reiner Form ausgeprägten Prinzipien absieht und sich konkrete Situationen vornimmt, in denen Uneinigkeit oder Einvernehmen herrscht, dann handelt es sich nicht einfach um einen empirischen Test, um die Überprüfung eines Modells auf seine Anwendbarkeit. Die Unsicherheit, die bei der Koordinierung in einer konkreten Situation herrscht, weitet den Blick für neuartige pragmatische Problemstellungen und regt Fragen an, die sich dem ursprünglichen Vorhaben der politischen Philosophie so gar nicht stellten. Welcher Art ist die Prüfung, der sich die Rechtfertigung unterziehen muss? Inwiefern dienen die beim Handeln eingesetzten Objekte als Beweis? Wie kommt es zur Festlegung auf ein Urteil und wie zu seiner Infragestellung?

Zur Beantwortung all dieser Fragen wollen wir unseren Fokus im dritten Teil weg von der Rangordnung zwischen Personen, die entsprechend den jeweiligen Prinzipien näher bestimmt und eingestuft werden, auf die Situationen, die konkreten Umstände und den offenen Moment richten, in dem Menschen und Dinge ins Spiel kommen. Wir werden uns dabei einem Textkorpus zuwenden, der auf den ersten Blick kaum etwas mit demjenigen zu tun hat, der uns hier zunächst beschäftigt. Wir werden Praxisratgeber untersuchen, in denen konkrete Maximen für das Verhalten in bestimmten Situationen aufgeführt und die am besten dazu passenden Instrumente beschrieben werden.

Im vorliegenden zweiten Teil versuchen wir also, unabhängig von den Besonderheiten des Marktprinzips und der damit korrespondierenden menschlichen Natur, wie wir sie eben aus dem Werk von Adam Smith abgeleitet haben, ein Modell zu entwickeln, das ganz unterschiedlichen politischen Philosophien zugrunde liegt. Wir behandeln dabei die ausgewählten Werke als eine Art von Grammatiken zur Verdeutlichung und Festsetzung der Regeln der Einheit, das heißt als präskriptive Regelwerke zur Bildung eines harmonischen Gemeinwesens und zugleich als Modelle der *Kompetenz*, die alle Personen besitzen müssen, damit diese Harmonie überhaupt möglich ist. Wir greifen auf diese Werke zurück, um das Modell einer legitimen Ordnung zu entwickeln, das wir Modell der *Rechtfertigungsordnung* nennen wollen. Dieses Modell macht die Vorgaben explizit, die ein *übergeordnetes gemeinsames Prinzip* erfüllen muss, damit *Rechtfertigungen* darauf Bezug nehmen können. Zunächst wollen wir dabei die Tradition in Erinnerung rufen, in der die ausgewählten Werke stehen, und die Gründe für unsere Auswahl nennen. Daran anschließend werden wir eine Reihe von Annahmen formulieren, die dem formalen Modell der *Rechtfertigungsordnung* zugrunde liegen, und es mit anderen Gemeinschaftsmodellen vergleichen. Auf diese Weise werden wir zeigen, dass das Gemeinwesen des Marktes seine Legitimität aus diesem Modell bezieht und lediglich eine seiner besonderen Konkretisierungen darstellt. Das Kapitel endet mit der Darstellung eines politischen Gebildes, das den Grundannahmen des Modells der Rechtfertigungsordnung nicht entspricht. Es handelt sich dabei um den Versuch, einen eugenischen »sozialen Wert« zu begründen.

Politische Philosophien des Gemeinwohls

Unsere Auswahl umfasst mehrere klassische Werke der politischen Philosophie, die in systematischer Weise Formen des Gemeinwohls darlegen, auf die in unserer heutigen Gesellschaft ständig Bezug genommen wird. Diese Systeme lassen sich somit als Grammatiken des politischen Bandes betrachten. Sie dienen dazu, Bewertungen über den gerechten oder ungerechten Charakter einer Situation zu rechtfertigen, wenn der Fall eintritt, dass die Parteien nicht mehr zu einem Vergleich finden und Einmütigkeit nicht mehr eine Frage des Ermessens unter Anwesenden bleibt. In einem solchen Fall muss eine Einigung auf höherem Niveau erfolgen, damit der Äquivalenz Allgemeingültigkeit zukommt. Ein »annehmbares« Argument, wie Ricœur (La raison pratique, S. 264) es nennt, ist eines, das dieser Verlagerung auf ein immer höheres Niveau Einhalt gebietet, indem es »zumindest in der Situation des Nachfragens und der Diskussion, in der diese Fragen gestellt werden, die Reihe der ›weil's‹ beendet«. Man wird also der Notwendigkeit gewahr, sich auf allgemeine Regeln zu stützen, mit denen sich der Übergang von einem strukturlosen Nebeneinander inkommensurabler Personen zu einer organisierten Einheit vollziehen und – um es in den Worten Louis Dumonts (Homo hierarchicus) zu sagen – der »Bezug der Teile zum Ganzen« herstellen lässt. Dadurch lässt sich die relative Größe der Menschen bestimmen. Erst diese Bewertung veranlasst sie dazu, sich zu einigen oder sich ungerecht behandelt zu fühlen, zu protestieren und ihr Recht einzufordern.

Die eigentliche Grundlage dieser Prinzipien wird in der alltäglichen Praxis nur in Ausnahmefällen explizit gemacht. Deshalb haben wir uns auf philosophische Theorien gestützt, die an der Entstehung und Formalisierung derjenigen Systeme von Größe beteiligt waren, die sich heutzutage in Auseinandersetzungen identifizieren lassen. Wir haben diese Gebilde aus kanonischen Texten herausdestilliert, die sie zu Gemeinplätzen der politischen Theorie gemacht haben. Wir haben also versucht, jene Formen von Äquivalenz herauszuarbeiten, auf denen ein legitimes Einvernehmen beruht, indem wir auf klassische Werke der politischen Theorie zurückgegriffen haben, von denen jedes ein universell Geltung beanspruchendes Prinzip zur Regulierung des Gemeinwesens aufweist.

Auch wenn jeder einzelne dieser kanonischen Texte die systematische Ausformulierung einer der in Alltagssituationen gängigen Formen der Einigung darstellt, gilt umgekehrt, dass der Versuch, über die Analyse eines harmonischen Miteinanders zu einem Gerechtigkeitsprinzip zurückzufinden, aussichtslos bleibt, wenn dieses nicht zuvor in der politischen Tradition eine systematische Ausformulierung erfahren hat. Ohne eine solche theoretische Grundlegung bleibt der Versuch der Einigung eine simple *Zuordnung*, die sich mit Leichtigkeit als Produkt des Zufalls diskreditieren lässt.

DIE TRADITION DER TOPIK. Die Behauptung hat durchaus einiges für sich, dass unser Projekt in gewisser Hinsicht an die Tradition des Studiums von »Topoi«, eines Bestandteils der Rhetoriklehre, anknüpft, die selbst im Zentrum des klassischen Bildungsideals stand. Grund genug, bei dieser Tradition etwas zu verweilen. Wir müssen allerdings hinter die kartesianische Rhetorikkritik zurückgehen, die heute ganz und gar den pejorativen Gebrauch des Wortes bestimmt, wie er vor allem in der berühmten Formel des »Discours de la méthode« zum Ausdruck kommt: »Jemand, der den schärfsten Verstand hat und seine Gedanken am besten zu ordnen versteht, um sie klar und verständlich zu machen, kann die Menschen am besten von dem, was er vorbringt, überzeugen, selbst wenn er nur niederbretonisch spräche und niemals Rhetorik studiert hätte.« (Descartes, Discours, S. 13) Daher muss an dieser Stelle in Erinnerung gerufen werden, welche Bedeutung der Rhetorik in der Antike für die Begründung der politischen Ordnung zukam. Bei Cicero heißt es dazu in »De oratore« (S. 61): »Ja, welche Macht sonst [als die Redekunst] vermochte die zerstreuten Menschen an einem Orte zu versammeln, sie von einem wilden und rohen Leben zu unserer menschlichen und politischen Gesittung hinzuführen oder schon bestehenden Staatswesen die Gesetze, Gerichte und Rechtsnormen vorzuschreiben?«

Ist die Politik Teil der Rhetorik oder ist die Rhetorik lediglich eine ihr nützliche Technik? Platons Kritik an der Rhetorik, besonders in der Gestalt des Rhetors Gorgias, betrifft gerade ihr Verhältnis zur Wahrheit und Gerechtigkeit. Teisias und Gorgias, sagt Sokrates im »Phaidros«, haben gesehen, »daß höher als die Wahrheit die Wahrscheinlichkeit zu schätzen ist, die ferner die kleinen Dinge groß und die großen klein erscheinen lassen durch die Macht ihrer Worte« (Platon, Phaidros, 267a, S. 53). Im »Gorgias« versucht Sokrates ebendiesem zu beweisen, dass zwischen der Rhetorik, die »eine Produzentin von Überzeugung ist« (Platon, Gorgias, 453a, S. 19), und der Gerechtigkeit ein Widerspruch besteht. Wenn der Redner nicht als »Unwissender« spricht (ebenda, 459b, S. 26) und wenn es nichts gibt, »worüber der Redner nicht überzeugender sprechen könnte vor der Menge als irgendeiner von den Fachleuten« (ebenda, 456c, S. 23), dann muss er das Gerechte »gelernt« haben und mithin »gerecht sein« (ebenda, 460c, S. 27). Wie lässt sich also erklären, dass er seine Gabe auch dazu nutzen könnte, Böses zu tun? (Ebenda, 457c, S. 24 und 460d, S. 27)

Diese *τέχνη*, die Platon zufolge im Verhältnis zur Gerechtigkeit steht wie »die Kochkunst im Verhältnis zur medizinischen Kunst« (ebenda, 465b–d, S. 32f.) – »ein Schattenbild eines Teils der Politik« (ebenda, 463e, S. 31), ein Teil der Schmeichelei (ebenda, 466a, S. 33) –, löst sich bei Aristoteles – wie M. Dufour in der Einführung zur französischen Ausgabe der »Rhetorik« schreibt – aus der Bevormundung durch die Moral (Aristoteles, Rhétorique, S. 7 und 13): Man muss »in der Lage sein, eine gegenteilige Ansicht überzeugend darzulegen«, denn die Rhetorik gilt gleichermaßen für gegensätzliche Thesen (Aristoteles, Rhetorik, 1355a, S. 10). Gleichwohl besteht die Aufgabe der Rhetorik nicht mehr nur darin zu überzeugen, wie es in Platons Definition der Fall war. Sie muss vielmehr »untersuchen, was an jeder Sache Glaubwürdiges vorhanden ist« (ebenda, 1355 b, S. 11). Ein weiterer Unterschied zu Platon besteht darin, dass »das Wahre und das dem Wahren Ähnliche« (ebenda, 1355a, S. 10) Aufgabe ein und derselben Fähigkeit ist und von dem Glaubwürdigen, das aus jedem Sachverhalt resultiere, abgeleitet wird (ebenda, 1356a, S. 13). Die »Rhetorik« widmet sich dem zweiten Begriff, dem Wahrscheinlichen, um »Unterredungen« zu ermöglichen, wie es als Ziel zu Beginn der »Topik« formuliert wird (Aristoteles, Organon, 101a, S. 7). Aristoteles untersucht darin die Quellen, aus denen man die Topoi der Argumentation beziehen muss: »Wenn wir erfassen können, auf wie viele (Gesichtspunkte) und was für welche die Erklärungsreden (gehen) und woher (sie kommen) und wie wir darüber sichere Verfügung gewinnen können, dann hätten wir das Vorhaben wohl hinreichend geleistet.« (Ebenda, 101b, S. 9)

Cicero knüpft mehrfach an die Metapher der »Orte« oder »Stellen« an, die der Redner nach seinen Argumenten »durchforschen« kann (Cicero, De oratore, S. 299), nachdem er sie dort wie vergrabenes Gold (ebenda, S. 315) methodisch »auf Halde« gelegt und angemessen betitelt hat. Dabei zeigt er sogar, wie sich die Argumente aus diesen »Quellen« herleiten lassen, »die so wie die Buchstaben zum Schreiben eines Wortes sogleich für die Behandlung eines Falles zur Verfügung stehen« (ebenda, S. 287): »Ebenso wie die Auffindung von Dingen, die versteckt sind, dann leicht ist, wenn ihr *Ort* bezeichnet und bekannt ist, genauso muß man, wenn man irgendein Argument auffinden will, solche *Stellen* kennen. Mit diesem Namen – ›Stelle‹ – sind nämlich von Aristoteles diese, wenn man so will, ›Wohnsitze‹ bezeichnet, aus denen man sich Argumente holt.« (Cicero, Topik, S. 7)

Cicero kritisiert jene, die ein Wahrheitsurteil dialektisch fällen wollen und dabei die *inventio* vernachlässigen, die sich auf diese Topoi stützt und auf das Wahrscheinliche abhebt: »Die Methodik der Auffindung [der Argumente], die ›Topik‹ heißt, haben sie ganz liegengelassen, obwohl sie doch eigentlich für die Praxis wichtiger und der gegebenen Reihenfolge der Begriffe nach fundamentaler ist.« (Ebenda, S. 5ff.) Ganz ähnlich wird dieser Gegensatz in »De oratore« formuliert, wo Cicero Kritik an Diogenes übt, der »sagte, er lehre die Wissenschaft, etwa so, wie es sich gehöre, zu erörtern und Wahres vom Falschen zu unterscheiden, eine Kunst, die er mit dem griechischen Ausdruck διαλεκτική [Dialektik] bezeichnete[.] Bei dieser Wissenschaft, wenn es sich wirklich um eine solche handelt, gibt es keine Anweisung dafür, wie man die Wahrheit finden, sondern nur wie man urteilen soll.« (Cicero, De oratore, S. 305) In der »Logik« von Arnauld und Nicole wird in dem Kapitel mit dem Titel »Von den Loci argumentorum oder über die Methode, Argumente zu finden; von welch geringem Nutzen diese Methode ist« (Arnaud/Nicole, Die Logik, Buch III, XVII, S. 222) die gerade erwähnte Kritik Ciceros zitiert, um sie gemäß der kartesianischen Kritik umzudeuten: »Es ist also ziemlich unnütz, sich lange um die Reihenfolge zu streiten, innerhalb derer die Behandlung der Loci vorkommen soll, da es sich um eine fast gleichgültige Sache handelt. Vielleicht wäre es viel nützlicher zu prüfen, ob es nicht zweckmäßiger wäre, überhaupt die Erörterung der Loci zu streichen.« (Ebenda, S. 223)

Vicos »Wesen und Weg« beschäftigt sich zu weiten Teilen mit dieser Opposition, die bei ihm erneut umgekehrt wird. Gegen die kritische Haltung von Descartes beziehungsweise von Arnauld und Nicole, die sich einzig und allein an der Unterscheidung zwischen wahr und unwahr orientiert, vertritt Vico den Standpunkt der *ars topica* (Vico, ebenda, S. 31). Zugleich findet er eine ganz ähnliche Formulierung wie Cicero, wobei allerdings weniger Diogenes als Descartes gemeint ist:

»denn wie die Auffindung der allgemeinen Beweisgründe naturgemäß früher ist als das Urteil über ihre Wahrheit, so muß die Lehre der Topik früher sein als die der Kritik« (ebenda, S. 29; vgl. auch Prinzipien, Bd. 2, S. 251). Die Topik, so schreibt er, ist »eine Kunst, die erste Tätigkeit unseres Geistes gut zu regeln, indem sie die Punkte lehrt, die alle zu durchlaufen sind, um all das zu erkennen, was an dem Ding ist, das man richtig, und das heißt in seiner Ganzheit erkennen will« (Vico, Prinzipien, Bd. 2, S. 251). Vico idealisiert die Klasse all jener »einfallsreichen [*ingegnosi*] und tiefsinnigen Männer, die aus diesen Topoi zum Zwecke der Erfindung Nutzen ziehen: Ihr Genie [*ingegno*] gestattet es ihnen, die Feinheiten [*acutezze*] blitzschnell zu erfassen.« (Zum Verhältnis zwischen *ingenium*, *ingenio*, *acumen* und *agudeza* vgl. die Fußnote von A. Pons in: Vico, Vie, S. 131.)

Die Beschreibung dieser sich auf Gemeinplätze stützenden topischen *inventio* deckt sich weitgehend mit der ausgeprägten Kohärenz und den vielfältigen Redundanzen in jenen Werken, auf die wir bei der Lektüre der Werke, aus denen wir die verschiedenen Gemeinwesen herausdestilliert haben, ständig gestoßen sind. Das trifft auch auf jene Texte zu, die im daran anschließenden Teil untersucht werden und aus denen das Anschauungsmaterial für die zu den jeweiligen Gemeinwesen gehörigen Welten gewonnen wurde. »Der menschliche Geist neigt von Natur aus dazu, sich am Gleichförmigen zu erfreuen«, heißt es bei Vico. »Dieser Grundsatz wird in Bezug auf die Mythen durch die Sitte des gemeinen Volkes bekräftigt, das von den Menschen, die auf die eine oder die andere Weise berühmt und in diese oder jene Lage versetzt sind, zu dem, was ihnen unter solchen Umständen zukommt, passende Geschichten erfindet. Diese sind *Wahrheiten der Idee nach*, in Übereinstimmung mit dem Verdienst derer, von denen das gemeine Volk sie erfindet.« (Vico, Prinzipien, Bd. 1, S. 108f.)

Ein weiteres Gegensatzpaar, das in den »Prinzipien« immer wieder auftaucht und Berührungspunkte mit dem zuvor erwähnten Gegensatzpaar aufweist, ist insofern von Interesse, als es auf das Verhältnis zwischen Gesetz und Jurisprudenz verweist, beziehungsweise – um es in den Worten Vicos zu sagen – zwischen dem »Gewissen« und dem »Wahren«. Das »Gewisse der Gesetze« gründet auf der Autorität zwecks Durchsetzung einer starren Anwendung des Rechts (ebenda, S. 139). Das Wahre dagegen wird durch die »natürliche Vernunft« erhellt. Die »natürliche Billigkeit [...] der menschlichen Vernunft ist eine Anwendung der Weisheit auf die Angelegenheiten des Nutzens, denn die Weisheit ist in ihrem weitesten Umfang nichts als eine Wissenschaft, die Dinge so zu gebrauchen, wie es in ihrer Natur liegt.« (Ebenda, S. 141) Dieses Verhältnis des »Gewissen« (dem Vico jedoch, wie Croce betont, unterschiedliche Bedeutungen unterlegt; Croce, Philosophie, S. 99) zum »Wahren« muss in Zusammenhang mit dem Einfluss Grotius' betrachtet werden, den Vico in den Rang eines »Jurisconsultus der Menschheit« erhebt (wenngleich er durchaus Kritik an dessen ahistorischer Betrachtungsweise übt). Auf die Bedeutung Grotius' für die Unterscheidung zwischen Gewissem und Wahrem hat Guido Fasso (Vico e Grozio, S. 47) aufmerksam gemacht, während Dario Faucci darauf hinweist, dass »es Grotius nicht gelungen ist, das Verhältnis zwischen Vernunft und Autorität zu verdeutlichen, das einer der Aspekte des Verhältnisses zwischen Faktizität und Wahrheit (*certum* und *verum*) ist« (Faucci, Vico and Grotius, S. 67).

Wir wollen diesen Umweg über eine Tradition, die eine große Zahl für unsere Fragestellung sehr geeigneter begrifflicher Kategorien bietet, mit der Bemerkung abschließen, dass das heikle Gleichgewicht, nach dem Vico strebt, bei seinen Kommentatoren nicht immer gewahrt bleibt. Während Schumpeter Vico zusammen mit Galton und Marx für einen der drei größten Soziologen aller Zeiten hält (Schumpeter, Geschichte, Bd. 2, S. 965), wurde er bisweilen auch in der von Croce (The Philosophy) begründeten Richtung einer ganz und gar idealistischen Lesart unterzogen (Grassi, Critical Philosophy, S. 50).

Unser Ansatz weicht jedoch von dieser Tradition insofern ab, als die Rechtfertigungsprozesse, unabhängig davon, ob es sich um einen technischen Produktionsprozess oder um menschliches Verhalten handelt, in einem einzigen Theorierahmen behandelt werden sollen. Diese Entscheidung stützt sich auf die Tatsache, dass eine *industrielle Rechtfertigungsordnung* nach demselben Modell wie die anderen Rechtfertigungsordnungen gebildet werden kann. Es sei noch angemerkt, dass die Rhetorik als *τέχνη* im Sinne einer Produktionsleistung bei Aristoteles strikt von der Klugheit, der praktischen Weisheit hinsichtlich des Verhaltens, unterschieden wird.

Wir haben also nach verschiedenen Erscheinungsformen des *Gemeinwohls* geforscht, wobei sich unser Augenmerk sowohl auf Meinungsverschiedenheiten beziehungsweise Unstimmigkeiten, die im Verlauf von zwischenmenschlichen Interaktionen auftreten (und gemeinhin mit dem Begriffsregister der Höflichkeit, der Rücksichtnahme oder des Charakters bewertet werden), richtete, als auch (im Hinblick auf das Verhältnis zum Staat) auf Spannungen zwischen der öffentlichen und privaten Sphäre, auf Arbeitskonflikte (von einem heftigen Wortwechsel bis hin zu kollektiven Auseinandersetzungen) oder ganz allgemein auf

Fehlleistungen in ökonomischen Beziehungen (zu denen es im Verlauf eines marktförmigen Tausches oder bei einer technischen Investition kommen kann).

Auf diese Weise haben wir sechs *übergeordnete gemeinsame Prinzipien* ermitteln können, auf die sich die Individuen im heutigen Frankreich zumeist beziehen, um Einigung zu erzielen oder einen Streit auszufechten. Es lässt sich insofern behaupten, dass es sich bei diesen Prinzipien um eine Art politische Grundausrüstung zur Verfertigung eines sozialen Bandes handelt. Die Liste dieser *Prinzipien* kann jedoch nicht als abgeschlossen gelten, insofern sich in Ansätzen die Bildung weiterer Rechtfertigungsordnungen im Sinne des hier entwickelten Modells beobachten lässt.

DIE AUSWAHLKRITERIEN DER KANONISCHEN TEXTE. An dieser Stelle wollen wir kurz darlegen, nach welchen Kriterien wir die politischen Texte ausgewählt haben, anhand derer die Grundlagen dieser übergeordneten gemeinsamen Prinzipien offengelegt werden sollen.

(a) Wir haben zunächst nach dem ersten beziehungsweise einem der ersten Texte gesucht, der das jeweilige Gemeinwesen systematisch beschreibt. Diese Texte lassen sich, wie gesagt, mit den Werken von Grammatikern vergleichen: Sie bieten eine allgemeine, für alle und in allen Situationen geltende Formulierung, die die Gültigkeit von Gepflogenheiten, Verfahren, lokalen Arrangements oder Regeln festlegt. So existierten bereits vor Adam Smith Märkte, Händler und Argumente für das Erwirtschaften von Profit. Aber erst bei Adam Smith ist es mit den Marktbeziehungen zum ersten Mal möglich, ein universelles Rechtfertigungsprinzip aufzustellen sowie ein auf diesem Prinzip gründendes Gemeinwesen zu errichten. Uns ging es mithin weniger darum, ein theoretisches Marktprinzip und dessen tatsächliche, eventuell von ihm abweichende oder ihm zeitlich vorausgegangene Realisierungen voneinander zu unterscheiden, oder ein vereinzeltes Individuum und ein soziales Wesen, wie es beispielsweise Michael Polanyi mit dem Gegensatzpaar *formal/substantive* tut. Wir haben das Werk Adams Smiths vielmehr als das eines Vertreters der politischen Philosophie behandelt. Die Konstruktion dieser politischen Grammatik verleiht den am Marktgeschehen beteiligten Wesen und Beziehungen allgemeine Relevanz und eine Legitimität (genau in dem Sinne, den wir diesem Begriff gegeben haben).

Für unsere Zwecke ist die Frage der historischen Genese der ausgewählten Texte im Grunde nicht ausschlaggebend. Wir werden uns daher auch nicht systematisch mit ihr befassen, da dies viel Arbeit und Analysen erfordern würde, die im Rahmen dieses Buches gar nicht geleistet werden können. Das ändert nichts an der Tatsache, dass die Gemeinwesen sich historisch herausgebildet haben. Ihre Zahl lässt sich nicht *a priori* bestimmen. Die verschiedenen Formen von Größe, auf die man sich heutzutage bezieht, um Situationen gerecht zu gestalten, gewannen ihre Stabilität in ganz verschiedenen geschichtlichen Epochen. Überdies haben sie nur in sehr ungleichem Maße Eingang in das gefunden, was man gemeinhin als den Staat bezeichnet. Der *staatsbürgerlichen Größe* – wie wir sie nennen – haftet heute etwas Verfassungsmäßiges an, woraus sich ein enger Bezug zur Definition des Staates selbst ergibt, während die häusliche Topik, in der das Gemeinwohl auf der Grundlage zwischenmenschlicher Abhängigkeitsverhältnisse definiert wird, heute nicht mehr direkt mit der Definition des französischen Staates verknüpft ist wie noch zu Zeiten der absoluten Monarchie.

Dass ein Staat niemals mit einem einzigen *Gemeinwesen* gleichzusetzen ist, sondern eine sich auf verschiedene Größen beziehende Zusammenstellung darstellt, hat vor allem damit zu tun, dass sich zwischen den Größen *Kompromisse* schließen lassen. Die offensichtlichen Unterschiede zwischen den Staaten ergeben sich gerade aus den denkbaren Modulierungen im Zusammenspiel der verschiedenen Größen. Wir sind allerdings der Auffassung, dass die verschiedenen Gemeinwesen eine viel allgemeinere Tragweite besitzen und dass sie, wenn auch nicht für alle, so doch für all jene Gesellschaften Geltung beanspruchen können, die ihre Prägung durch die moderne politische Philosophie erfahren haben.

(b) Der jeweilige Basistext muss das übergeordnete gemeinsame Prinzip in einer Konstruktion der Größe enthalten, die einen Ausgleich zwischen einer Form von *Opferleistung* und einer Form von *Gemeinwohl* mit universeller Gültigkeit beinhaltet. Texte, in denen Argumente aus einem Gemeinwesen ungeordnet, nur in Andeutungen, beiläufig oder unsystematisch auftauchen (wie oftmals in Dokumenten, die der Bildung eines Gemeinwesens vorangehen), eignen sich ebenso wenig wie Texte, in denen mehrere Größen eng nebeneinander auftauchen.[11]

---

11 Die Frage, ob eine Mischung beziehungsweise Verbindung unterschiedlicher politischer Prinzipien akzeptabel ist oder nicht, gehört zu den klassischen Fragestellungen der politischen Philosophie. Im Vergleich verschiedener Staatsformen miteinander geht Bodin in seinem Buch über die »République« beispielsweise der Frage nach, ob sich die Wohltaten des *État aristocratique* mit den Wohltaten des *État populaire* kombinieren lassen. Dabei bringt er diese beiden gegensätzlichen Souveränitätsprinzipien mit der Unterscheidung zwi-

Darstellungen, in denen eine Größe *kritisch* betrachtet wird, haben wir ebenfalls nicht berücksichtigt. Es wird sich noch zeigen, dass die Größe, die auf dem Prinzip der Wertschätzung durch Dritte beruht, in den Texten der französischen Moralisten des 17. Jahrhunderts zu finden ist. Dort wird sie jedoch aus einer kritischen Perspektive betrachtet, was sich von dem Text Thomas Hobbes', der als zentraler Bezugspunkt für das *Gemeinwesen der Meinung* dient, nicht sagen lässt. Der Text darf nicht nur eine kritische Stoßrichtung aufweisen. Er muss vielmehr zeigen, wie die Welt faktisch beschaffen ist und wie sie beschaffen sein sollte. Es muss aus dem Text hervorgehen, wie die beteiligten Wesen einer natürlichen Ordnung gemäß aufgestellt werden sollen. Kritische Diskurse zielen darauf ab, eine politische Ordnung zu dekonstruieren, indem sie die falsche Größe, auf der sie beruht, einer Kritik unterziehen. Die auf Topoi beruhenden Konstruktionen (Ansart, Marx et l'anarchisme) hingegen, auf dir wir uns hier beziehen wollen, um die im Alltag gebräuchlichen politischen Grammatiken zu illustrieren, bestimmen ihre Größe auf der Grundlage eines Ordnungsprinzips, das den Zugang zu einem hohen Status auf der Werteskala und das Opfer für das Gemeinwohl ausgewogen hält.

---

schen einer distributiven (die »geometrische Proportion« im *État aristocratique*) und einer korrektiven Gerechtigkeit (der »arithmetischen Proportion« im *État populaire*) bei Aristoteles (Nikomachische Ethik, V) in Verbindung und zeigt anschließend, dass eine Zwischenlösung, die von einer »harmonischen Proportion« geprägt ist und sich anhand der Volksherrschaft durch den Adel in Venedig veranschaulichen lässt, durchaus gewisse Vorzüge aufweist (Bodin, Sechs Bücher). Mesnard (L'essor, S. 516f.) betont jedoch, dass »eine Vermischung (in dieser Hinsicht) kein Prinzip darstellt, keine Fahne, die man kühn auf einer Institution hissen würde. Es handelt sich eher um eine aus der Not geborene Bezeichnung, die sich aus der praktischen *Klugheit* der Regierenden ergibt«. In diesem Sinne wendet sich Pufendorf entschieden gegen den sich aus dieser harmonischen Proportion ergebenden Personenbegriff: »Wenn man aber wegen solcher Umstände, die weder zum Laster noch zur Empfindung der Straffe gehören, gleiche Verbrecher mit ungleicher Ahndung ansehen will, so handelt man sträfflicher Weise nach dem Ansehen der Person.« (Pufendorf, Acht Bücher, VIII, III, § XXV, Bd. 2, S. 821) Ein anschauliches Beispiel für die entgegengesetzte Position in Bezug auf die Mischungsfrage bietet der Verfasser einer Kurzdarstellung der »Sechs Bücher über den Staat« (nach J. Bodin, Abrégé de la République). Die Bestimmung verschiedener Staatsformen wird von ihm als »rein grammatikalische Frage« abgetan. Er betont vielmehr, dass »die staatsrechtlich interessante Frage lautet, ob die Verbindung von zwei oder drei (Staatsformen) vorteilhaft sein kann« und ob dieser »gemischte beziehungsweise zusammengesetzte Staat« als gut regierter Staat bezeichnet werden kann.

(c) In der Entfaltung einer harmonischen Ordnung und der Ökonomie der Größen, auf der diese Ordnung gründet, kommt die politische Dimension dieser Texte fast schon explizit zum Ausdruck: Sie nennen die das Gemeinwesen regulierenden Gerechtigkeitsprinzipien. Das ist auch einer der Gründe, weshalb wir uns auf Augustinus berufen, wenn wir die *Größe der Inspiration* darstellen. Als Theoretiker der Gnade, auf deren Grundlage er eine sowohl politische als auch mystische Konzeption des Gemeinwesens und der Geschichte entwirft, unterscheidet er sich vom heiligen Johannes vom Kreuz oder der heiligen Theresia von Ávila. Bei diesen beiden Autoren äußert sich das Erleuchtungserlebnis zwar schlagender und reiner, geht jedoch, selbst wenn sie kirchliche Institutionen ins Leben gerufen haben, nicht mit der Errichtung eines Gemeinwesens einher. Der Fall, der dem Modell am vollkommensten entspräche, wäre derjenige eines Mystikers, der nichts oder nur wenig zu Papier gebracht hätte, dem aber das Erleuchtungserlebnis am vollständigsten zuteil geworden wäre.

In diesem Sinne muss die Größe des Hauses, die auf persönlicher Abhängigkeit und einer hierarchischen Ordnung gründet, aus politischen Abhandlungen gewonnen werden, die in der häuslichen Gemeinschaft ein übergeordnetes gemeinsames Prinzip von universeller Gültigkeit sehen und nicht so sehr einen Grundsatz, der ausschließlich für das Familienleben gilt. Diese Schriften, die die häusliche Gemeinschaft zum eigentlichen Staatsprinzip erheben, unterscheiden sich von jenen Werken, die darin – wie zum Beispiel Aristoteles – lediglich einen Teilbereich des Gemeinwesens sehen: »Auch von Natur ursprünglicher aber ist der Staat als das Haus und jeder einzelne von uns. Denn das Ganze ist notwendig ursprünglicher als der Teil.« (Aristoteles, Politik, 1253 a, S. 11)

(d) Insofern die ausgewählten Texte eine natürliche Ordnung und damit Situationen begründen wollen, die konsistent auf ein übergeordnetes gemeinsames Prinzip hin abgestimmt sind, müssen sie praxisbezogen sein. Sie dürfen keine reine Utopie entwerfen, einen »Idealstaat«, wie es bei Bodin über die Theorien von Platon und Thomus Morus heißt (Bodin, Sechs Bücher). Es handelt sich um Handlungsanleitungen für politische Entscheidungsträger.

Ein gemeinsamer Ursprung dieser Werke lässt sich in der rhetorischen Tradition finden, deren Grundzüge wir in der gebotenen Kürze skizziert haben. In seiner Untersuchung zu den Grundlagen des modernen politischen Denkens hat Quentin Skinner gezeigt, dass vor Anbruch der Renaissance zwei unterschiedliche rhetorische Ansätze aufeinandertreffen. Zum einen zeigt er, dass in den italienischen Stadtstaaten des 12. und 13. Jahrhunderts sowohl die rein technischen, praxisorientierten rhetorischen Abhandlungen der *ars dictaminis* als Hilfe zur Abfassung offizieller Dokumente Verbreitung fanden als auch Schriften, die Empfehlungen zur guten Führung juristischer beziehungsweise politischer Angelegenheiten beinhalteten, sowie unmittelbar der *podesta* gewidmete Ratgeber, ein Genre, dem beispielsweise auch »Der Fürst« zuzurechnen ist (Skinner, Foundations, Bd. 1, S. 28–35). Darüber hinaus wird seit der zweiten Hälfte des 12. Jahrhunderts durch den Einfluss einer französischen Rhetorikschule, die sich verstärkt auf die klassischen Autoren – in erster Linie Cicero – beruft, den von diesen Autoren aufgeworfenen Fragen größere Bedeutung beigemessen. Skinner führt als Beispiel das Werk Latinis aus der Mitte des 13. Jahrhunderts an, das wegen der darin enthaltenen Brief- und Redemodelle die Rolle eines praktischen Ratgebers spielte, zugleich aber aufgrund der Fülle an Verweisen auf Aristoteles und Cicero eine Abhandlung der Rhetorik und der politischen Moralphilosophie darstellte. Ihr Verfasser betrachtete die Rhetorik explizit als die oberste Wissenschaft für die Regierung der Stadtstaaten (ebenda, S. 40). Diese Werke enthalten mithin eine systematische Fragestellung, wie sich das Gemeinwohl erreichen und die den Bestand des Gemeinwesens gefährdenden Partikularinteressen überwinden lassen. Für alle kanonischen Texte, in denen wir Konkretisierungen des Modells der Rechtfertigungsordnung gesucht haben, ist diese Fragestellung charakteristisch. Darüber hinaus weisen sie allerdings auch Berührungspunkte mit den Praxisratgebern auf, denen wir uns im daran anschließenden Teil widmen wollen.

(e) Schließlich stützen wir uns bevorzugt auf Schriften, die weit verbreitet waren, genauer gesagt auf Texte, die zur Formung politischer Technologien genutzt wurden, das heißt zur Einrichtung beziehungsweise Rechtfertigung von Instrumenten zur Herstellung von Äquivalenzen von großer allgemeiner Geltung (wie zum Beispiel der »Gesellschaftsvertrag« während der Französischen Revolution zur Begründung juristischer Konstruktionen genutzt wurde). Diese Beschränkung ist notwendig, um den Zusammenhang zwischen den kanonischen Texten, in denen die Größe in ihrer Allgemeingültigkeit begründet wird, und den Arrangements und Argumentationen aufzuzeigen, auf die sich die Menschen einlassen, wenn sie gegenüber einer bestimmten Größe Stellung beziehen.

Das Modell der Rechtfertigungsordnung

In diesem Abschnitt wollen wir Schritt für Schritt das Gefüge von Annahmen entwickeln, mit denen sich das umfassende Modell der Rechtfertigungsordnung definieren lässt. Auf einer Ordnung von Größen errichtet, bildet es die Grundlage für verschiedene Theoriegebäude der politischen Philosophie und gibt dem alltäglichen Gerechtigkeitssinn eine Orientierung. Dieses schrittweise Vorgehen erlaubt uns zudem, einige weniger solide etablierte Modelle politischer Gemeinwesen kurz zu streifen.

Das Prinzip des *gemeinsamen Menschseins* gilt für alle Mitglieder des Gemeinwesens und stellt das erste Axiom (a1) dar. Das Modell setzt in der Tat voraus, dass alle Personen identifiziert werden, die imstande sind, sich zu einigen, also die *Mitglieder* des *Gemeinwesens*. Es geht von einer Art grundsätzlicher Äquivalenz zwischen diesen Mitgliedern aus, die alle gleichermaßen der Menschheit angehören. Zudem weisen die von uns untersuchten politischen Metaphysiken insofern eine Gemeinsamkeit auf, als sie alle von derselben Definition der Menschheit ausgehen. Zwischen ihnen herrscht Einigkeit, wer zur Gesamtheit der menschlichen Lebewesen zu rechnen ist, und sie stimmen auch in dem Grundsatz überein, dass innerhalb dieser Gesamtheit alle menschlichen Wesen in gleichem Maße menschlich sind. Dieses *Prinzip des gemeinsamen Menschseins* schließt politische Theorien aus, in denen es Sklaven oder Untermenschen gibt. Es wird also nicht von allen politischen Metaphysiken geteilt. So grenzt sich das Feld der Theorien ein, mit denen wir uns hier beschäftigen.

Beließen wir es bei dieser Einschränkung, ohne weitere Differenzierungen vorzunehmen, dann definierte diese Beschränkung für sich allein genommen lediglich eine triviale politische Metaphysik auf einer einzigen logischen Ebene, die wir mit dem Begriff *Eden* bezeichnen wollen (H1). All ihre Mitglieder gehören einer einzigen Äquivalenzklasse an, das gemeinsam geteilte Menschsein kennt demzufolge nur noch einen einzigen Menschen in Gestalt eines Adam. Solche Theorien beschreiben ewige Welten, in denen (wie in manchen Utopien) ein ständiges Einvernehmen zwischen allen herrscht. Trotz seiner Trivialität sollte man dieses Modell als Extremfall eines Gemeinwesens im Hinterkopf behalten.

Für die Theoriekonstruktionen, mit denen wir uns hier befassen, gelten jedoch weitere Bedingungen. Das zweite Axiom des Modells, das *Prinzip der Verschiedenartigkeit* (a2), soll solche paradiesartigen Zustände ausschließen. Das setzt die Existenz von mindestens zwei möglichen Merkmalszuständen voraus, die die eines Gemeinwesens einnehmen können. Wenn man davon ausgeht, dass Verhaltensweisen auf diese Zustände hin abgestimmt werden können – nach Modalitäten, die uns an dieser Stelle noch nicht weiter interessieren sollen –, dann lässt sich aus dieser Differenzierung bereits eine Mehrzahl von Formen der *Rechtfertigung* von Handlungen und von *Prüfungen* ableiten, mit denen sich die Zuordnung zu diesen Merkmalszuständen vornehmen lässt.

Wenn er für sich allein steht, lässt sich mit diesem zweiten Grundsatz eine weitere triviale politische Theoriekonstruktion erzeugen, in der die Besonderheiten jedes einzelnen Individuums insoweit bestehen bleiben, als es ebenso viele Stufen gibt wie Personen. Diese Annahme verbietet es, Menschen zuzuordnen, und respektiert nicht länger den Grundsatz des gemeinsamen Menschseins. Trotz ihrer Trivialität ist auch diese Gedankenkonstruktion nicht uninteressant, weil sie einen zweiten Grenzfall des Modells der Rechtfertigungsordnung markiert, der sich ergibt, wenn im Namen individueller Besonderheiten jegliche Bewertung oder Einordnung und damit jede Form von Repräsentation infrage gestellt wird.

Um das Modell der Rechtfertigungsordnung entwickeln zu können, bedarf es einer näheren Bestimmung der Voraussetzungen, unter denen die Mitglieder eines Gemeinwesens Zugang zu einem bestimmten Merkmalszustand bekommen, wobei diese Bestimmung wiederum die erste Voraussetzung, nämlich die eines gemeinsamen Menschseins erforderlich macht. Demzufolge ist eine dauerhafte Zuweisung zu diesen Zuständen aufgrund dieses ersten Prinzips ausgeschlossen. Eine politische Metaphysik etwa, die man als *Kasten*-Metaphysik bezeichnen könnte (oder die zum Beispiel auf geschlechtlichen Unterscheidungen beruht), ist mit dem Prinzip des gemeinsamen Menschseins unvereinbar.[12] Um im Rahmen von *Menschheits*modellen zu bleiben und die Vereinbarkeit der beiden genannten Voraussetzungen zu gewährleisten, müssen in dem Modell alle Mitglieder exakt die gleichen Zugangschancen zu allen Merkmalszuständen haben. Wir wollen sie als die ihnen

12 Es sei angemerkt, dass Ordnungsprinzipien, die den Axiomen des Modells der Rechtfertigungsordnung nicht entsprechen, nichtsdestotrotz eine Form von Opfer vorsehen können, etwa in Gestalt der Möglichkeit, einen Ausgleich über mehrere Lebensspannen hinweg erreichen zu können. Wir haben allerdings derartige Ordnungsprinzipien, denen die Vorstellung der Wiedergeburt zugrunde liegt, nicht in unser Untersuchungsfeld mit einbezogen, ebenso wenig theologische Denkgebäude, die den Ausgleich für die im Verlauf des Lebens begangenen Taten auf einen Zustand nach dem Tod verlegen.

gemeinsame Würde (a3) bezeichnen. Das derart definierte Modell einer *Menschheit*, die in *mehrere Merkmalszustände* (H2) untergliedert ist, eröffnet so die Möglichkeit von nicht trivialen Formen der Einigung wie auch von Unstimmigkeiten, die allerdings auf *Streitigkeiten* hinsichtlich der Zuweisung von Zuständen zu Personen beschränkt bleiben, ohne unmittelbar in einen fundamentaleren *Konflikt* hinsichtlich der Definition dieser Merkmalszustände einzumünden. Solcherart Einvernehmen wird unter Laborbedingungen von Sozialpsychologen experimentell hergestellt; auf der Basis ihrer Beobachtungen versuchen sie, die minimalen Voraussetzungen für die Bildung von Gruppenidentität zu demonstrieren, mit der insbesondere die Akteure Verhaltensweisen erklären können. Wir wollen diese Rechtfertigungen als schwach bezeichnen, insofern sie lediglich auf einem solchen Modell einer in mehrere Zustände gegliederten Menschheit beruhen. Sie unterscheiden sich von den starken Rechtfertigungen, die wir zu unserem Forschungsobjekt gemacht haben und die ihrerseits dem Gesamtmodell der Rechtfertigungsordnung entsprechen, das noch zusätzliche Annahmen enthält.

Viele Einigungen setzen nicht nur die Erklärung beziehungsweise Vorwegnahmen von Verhaltensweisen voraus (was mit dem Modell H2 möglich ist), sondern, wie immer, wenn es um Fragen der Einstufung oder Einordnung geht, auch deren Hierarchisierung. Auseinandersetzungen lassen sich erst dann schlichten, wenn die Merkmalszustände in eine *Rangordnung* gebracht werden (a4). Diese zur Koordinierung von Handlungen und zur Rechtfertigung von Verteilungen nötige Rangordnung spiegelt sich in einer *Werteskala* der Güter beziehungsweise der Vorteile wider, die an diese Einstufungen geknüpft sind. Dabei gerät sie in ein Spannungsverhältnis mit dem Axiom des *gemeinsamen Menschseins* (a1). Wenn die identischen Zugangsmöglichkeiten zu allen Merkmalszuständen nicht gewährleistet sind, läuft die bestehende Ordnung Gefahr, in eine Fraktionierung in lauter Menschheiten umzuschlagen, ohne dass die Möglichkeit einer Verbindung zwischen ihnen besteht.

Bei den hier untersuchten politischen Philosophien handelt es sich um Theorien, die alle von der aus dieser doppelten Voraussetzung resultierenden Spannung (zwischen a1 und a4) geprägt sind. In ihnen gehören alle Personen derselben Menschheit an, obwohl sie zugleich entsprechend einer bestimmten Form von Größe geordnet sind. Sie bieten eine Erklärung für eine Menschheit, die mit ungleichen Größen konfrontiert ist, ohne jedoch im Bürgerkrieg zu versinken.

Angesichts der Tatsache, dass alle Menschen aufgrund ihres gemeinsamen Menschseins (a1), durch das sie sich als menschliche Lebewesen identifizieren lassen, dieselben Zugangsmöglichkeiten (a3) zu den *höchsten Merkmalszuständen* (womit die größten Annehmlichkeiten verbunden sind) haben, ist es ohne zusätzliche Annahmen nicht einsichtig, weshalb nicht alle Mitglieder des Gemeinwesens diesen höchsten Zustand einnehmen sollten (und damit eine *paradiesähnliche* Gesellschaft bilden könnten). Dies lässt sich nur unter Bezugnahme auf einen *Investitionsmodus* (a5) erklären, welcher die Vorteile eines *höheren* Zustands mit zu erbringenden Kosten und Opfern verknüpft. Die Formel, nach der sich dieses Opfer oder diese Verzichtsleistung bestimmt, sorgt für die Aufhebung des Spannungsverhältnisses zwischen dem gemeinsamen Menschsein und der Rangordnung zwischen den Merkmalszuständen.

Mit dem Modell einer *hierarchisierten Menschheit* (H3) lässt sich ein breiteres Spektrum von Einigungen rechtfertigen als mit dem zuerst beschriebenen Modell. Die Möglichkeit eines im Großen und Ganzen zulässigen Einvernehmens steht jedoch insofern auf unsicherem Boden, als die Personen von *niedrigem Zustand* selbstverständlich in den Genuss der Annehmlichkeiten kommen wollen, die an die *höheren Merkmalszustände* geknüpft sind (wir erörtern hier ein einfaches Modell, das nur zwei Zustände vorsieht, aber diese Eigenschaft ist keineswegs notwendig). Anstatt die Kosten für den Zugang zu einem höheren Zustand (a5) auf sich zu nehmen, könnten sie diese auch einfach infrage stellen. Insofern besteht die Gefahr, dass sich der Investitionsmodus, der ja ein zentrales Element der Theorie ist und die gesamte Last der beiden für die *Rechtfertigungsordnung* grundlegenden Annahmen zu tragen hat, als nicht solide genug erweist, es sei denn, er wird durch eine weitere Annahme gestützt.

Dieses zusätzliche Axiom ist von zentraler Bedeutung für das Modell der Rechtfertigungsordnung (H4), insofern es nämlich die verschiedenen Merkmalszustände durch die Annahme der jeweils daran geknüpften *Güter* und *Vorteile* miteinander verbindet. Es besagt, dass diese Vorteile, die umso größer sind, je weiter man auf der Stufenleiter emporsteigt, der Gemeinschaft in ihrer Gesamtheit zugute kommen, was das Gemeinwohl befördert (a6). Nur wenn diese zusätzliche Bedingung erfüllt ist, die diejenige der Rangordnung zwischen den Merkmalszuständen (a4) ergänzt, sprechen wir von einer *Rangordnung nach der Größe*. Das Gemeinwohl ist das genaue Gegenteil des egoistischen Genusses, den man für den Aufstieg zu einem höheren *Zustand* opfern muss.

In diesem Axiom spiegelt sich das gängige Verständnis des Begriffs Gemeinwesen, der auf ein Gemeinwohl in einer geordneten Gesellschaft verweist. Die von *allen geteilte Würde* (a3) wird in dem umfassenden Modell der Rechtfertigungsordnung zu einem allen Menschen gleichermaßen verliehenen Vermögen, das persönliche Verhalten auf das Gemeinwohl hin auszurichten. Deshalb handelt es sich auch bei den Ordnungsentwürfen der politischen Philosophie um metaphysische Entwürfe: Sie beschreiben eine Menschheit, die von einem Gemeinwohl zusammengehalten wird, welches über das individuelle Glück jedes Einzelnen hinausgeht.

Die auf diese Weise begründeten Ordnungsentwürfe sind stark von diesem Axiom geprägt. Der Zustand, in dem sich diejenigen befinden, die »Größe« haben, unterscheidet sich von demjenigen der »Kleinen« nicht allein dadurch, dass er denen, die dahin gelangen, mehr Annehmlichkeiten bietet, sondern auch, weil davon auch etwas auf die »Kleinen« zurückfällt. Zu deren egoistischen Genüssen kommen so noch die Vorteile, die ihnen aus der Größe der Großen erwachsen. Die Struktur dieser Konstruktion lässt sich besser begreifen, wenn man sie nicht sofort unter moralischen Gesichtspunkten interpretiert (was im Übrigen die Aufgabe der politischen Philosophen ist), sondern sich stattdessen so eng wie möglich an die Axiomatik hält und *Gemeinwohl* und Form von Allgemeinheit miteinander gleichsetzt. Wie das oben erwähnte Beispiel des Fabrikbesuchs zeigt, beruht eine legitime Einigung, wenn sie nicht paradiesischer Natur ist, auf der Bildung einer *Rangordnung von Allgemeinheit*. Am bedeutendsten ist, was am allgemeinsten ist. Die Allgemeinheit der Großen fördert nicht nur ihr eigenes Wohlergehen (was sich wie eine Art Erweiterung ihres Seins darstellt), sondern auch das der Kleinen. In jeder der Konkretisierungen des Modells der Rechtfertigungsordnung kommt dieser allgemeine Nutzen derart zum Ausdruck, dass die auf niederer Stufe Stehenden in den Großen *aufgehen*. Der große Merkmalszustand bildet den Richtwert für das *Gemeinwesen*. Die Zuweisung einer Größe, das heißt die Bildung und Hierarchisierung von Zustandsklassen, lässt sich nur vornehmen, wenn man diesen Richtwert kennt. Das Gemeinwesen ist am Zustand der Großen erkennbar. Als groß angesehen zu werden, bedeutet, mit dem Gemeinwesen identifiziert zu werden. In einem solchen Modell der Rechtfertigungsordnung (H4) fallen die Bezeichnung der jeweiligen Größe (a4) und der Begriff des Gemeinwohls im *übergeordneten gemeinsamen Prinzip* zusammen. Mit diesem Prinzip lassen sich strittige Situationen im Rahmen des Zulässigen schlichten, so dass sie nicht an dem jeweiligen Einigungsprinzip rühren, das heißt die Definition der Größe und mithin die Grundlagen des Gemeinwesens selbst infrage stellen. Uneinigkeit darüber, welcher Rang einem Individuum zusteht, ist dadurch auf einem niedrigeren logischen Niveau angesiedelt als die Konvention, die diesen Rang und die damit verbundenen Annehmlichkeiten definiert.

Nachdem wir die konstitutiven Elemente des Modells der Rechtfertigungsordnung (das Prinzip des gemeinsam geteilten Menschseins (a1), das Prinzip der Verschiedenartigkeit (a2), die allen gemeinsame Würde (a3), die Rangordnung entsprechend der Größe (a4), den Investitionsmodus (a5) und das Allgemeinwohl (a6)) herausgearbeitet haben, wollen wir nun seine formale Struktur darstellen und uns den Problemen zuwenden, die es lösen soll. Das macht einen gewissen Abstand zu den untersuchten politischen Philosophen erforderlich, um deren Zielsetzung als einen Versuch zu begreifen, zwei Anforderungen, die nicht so ohne weiteres miteinander vereinbar sind, dennoch unter einen Hut zu bringen. Die Modellstruktur enthält in der Tat zwei äußerst gegensätzliche Annahmen: (1) Die Annahme eines gemeinsamen Menschseins, das eine wie auch immer geartete, von allen geteilte Identität voraussetzt; (2) die Annahme, dass eine derart definierte Menschheit hierarchisch gegliedert ist. Die Definition des Gemeinwohls bildet den Schlussstein dieser Konstruktion, der für die Vereinbarkeit dieser beiden Normen sorgen muss.

Eine zweite Perspektive erfordert einen noch größeren Abstand, weil sie verlangt, dass man die Vielfalt der Einigungsprinzipien in der Zusammenschau betrachtet, anstatt den Blick nur auf eines von ihnen zu verengen und dessen alleinige Geltung zu behaupten. Um den späteren Ausführungen im Zusammenhang mit der Koexistenz mehrerer Gemeinwesen vorzugreifen, wollen wir davon ausgehen, dass das Modell der Rechtfertigungsordnung eine Antwort auf das Problem der Pluralität der existierenden Einigungsprinzipien darstellt, welches die Utopie eines Eden von vornherein ausschließt. Durch die Bildung einer auf ein Gemeinwohl ausgerichteten Ordnung muss es das Modell der Rechtfertigungsordnung ermöglichen, die Geltung der übrigen Prinzipien einzuschränken. Obwohl sich das Modell der Rechtfertigungsordnung lediglich auf ein einziges Rechtfertigungsprinzip stützt, stellt es eine Antwort auf die Vielfalt der Prinzipien dar, ohne die die Welt ein Paradies wäre. Es lässt die Möglichkeit dieser Vielfalt zu, auch wenn es für den Vorrang eines einzigen dieser Prinzipien sorgt. Die Vielfalt der Erscheinungsformen des Gemeinwohls lässt sich dadurch einschränken, dass diese untereinander hierarchisiert werden und die niedrigeren als Partikularwohl behandelt werden. Das *Prinzip der Verschiedenartigkeit* (a2) und die *Rangordnung nach der Größe* (a4) bilden die Grundlage für eine Ordnung, der zufolge eine einzelne Form von Allgemeinheit zugleich als die legitime Definition des *Gemeinwohls* des Gemeinwesens gilt, während alle übrigen zu Formen von Partikularwohl erklärt werden, mit denen lediglich egoistische Genüsse verbunden sind. Die übrigen Gemeinwohlformen werden also nicht völlig ausgeblendet; sie klingen noch nach in der Beschreibung des Glücks der Kleinen, die sich einem selbstgefälligen Genuss hingeben. Auf diese Reduktion eines Gemeinwohls auf ein Partikularwohl, welche die Beziehungen zwischen den verschiedenen Gemeinwesen bestimmt, wollen wir in dem im Wesentlichen der Kritik gewidmeten vierten Teil noch näher eingehen. Die für das Modell der Rechtfertigungsordnung charakteristische Fähigkeit zur Reduktion der Komplexität und die Figur der Kritik, in der sie zum Ausdruck kommt, kommen in einem *Eden* nicht vor, weil dort Partikularinteressen keine Existenzberechtigung haben, insofern alles – wie in dem »epideiktischen« Genre der Rhetorik – nur in allgemeiner Form behandelt wird: »Die *Steigerung* [ist] am geeignetesten für die *epideiktischen* Reden; denn man nimmt die Handlungen als unbestritten an, so daß nur noch Größe und Schönheit hinzugefügt werden müssen.« (Aristoteles, Rhetorik, 1368a, S. 53) Die Reduktion der Vielfalt von Allgemeinheitsformen im Modell der Rechtfertigungsordnung erhellt auch den *Investitionsmodus*: Das für wahre Größe erforderliche Opfer scheint somit daran gebunden zu sein, dass die übrigen Rechtfertigungsordnungen ausgeschaltet werden. Das Partikularwohl derer, denen es an Größe mangelt, und das von den Großen geopfert werden muss, ist insofern ein Nachklang der übrigen Formen von Gemeinwohl, die als solche im Gemeinwesen keine Anerkennung finden können.

DER FALL DES GEMEINWESENS DES MARKTES. Wir wollen nun anhand der Einsichten, zu denen wir bei unserer Analyse der politischen Marktphilosophie gekommen sind, das Modell der Rechtfertigungsordnung auf seine Anwendbarkeit zu testen versuchen. Die Absicht, das Modell der Rechtfertigungsordnung am Beispiel der politischen Ökonomie zu veranschaulichen, mag in mehrfacher Hinsicht etwas gewagt erscheinen. Tatsächlich diente der Markt stets dazu, die Möglichkeit einer absichtlich herbeigeführten allgemeinen Einigung infrage zu stellen. Zudem hat sich die Soziologie als Fach konstituiert, indem sie gerade die zerstörerische Wirkung marktförmiger Beziehungen für die Bildung einer Gesellschaft analysiert hat. Selbst der Begriff Individualismus, der mit dieser Form von Beziehungen einhergeht, steht zu den Begriffen Kultur, Gemeinschaft, Kollektivität oder Gesellschaft in einem so dezidiert gegensätzlichen Verhältnis, dass es nur schwer nachvollziehbar ist, wie sich eine Rechtfertigungsordnung auf der Basis von Marktbeziehungen ebenso gut wie auf der Grundlage eines allgemeinen Kollektivinteresses errichten ließe. Und doch kann man eine solche Gemeinsamkeit, die sich anhand einer Lektüre der modernen wirtschaftswissenschaftlichen oder soziologischen Texte nur schwer rekonstruieren lässt, mit Hilfe des vorliegenden Modells nachweisen. Zu diesem Zweck genügt es, das Werk des politischen Philosophen Adam Smith heranzuziehen oder – wie in Kapitel VI gezeigt – zeitgenössische Texte zu analysieren, in denen die Größe des Marktes dargestellt wird.

Die Voraussetzung eines *gemeinsamen Menschseins* (a1), mit der sich die menschlichen Lebewesen als solche identifizieren lassen, ist für die politische Ökonomie grundlegend, weil sie ja dazu dient, die Personen von den äußeren Gütern zu unterscheiden, um deren Besitz sie wetteifern: Im Gemeinwesen des Marktes dürfen Personen nicht getauscht werden wie Waren. Die Unterscheidungen zwischen verschiedenen *Merkmalszuständen* (a2) erfolgen über Wohlstandsunterschiede, wobei diese *Zustände* klar *hierarchisiert* (a4) sind. Die Annahme, dass prinzipiell alle Menschen dazu in der Lage sind, sich zu bereichern (a3), wird häufig als Argument dafür angeführt, dass das Marktprinzip eine gerechte Ordnung zu begründen vermag. Die *Kosten*, die an diese Form von Größe geknüpft sind, sind Anpassungskosten: Man muss sich permanent als geschäftstüchtig erweisen, auf günstige Gelegenheiten lauern und darf sich niemals auf Traditionen, persönlichen Bindungen, Regeln oder Projekten ausruhen. Die letzte konstitutive Bedingung der Rechtfertigungsordnung – die des *Gemeinwohls* (a6) – ist am schwierigsten nachzuweisen. In ihrer gelungensten Ausformulierung findet sie sich bei Adam Smith. Insofern darf man in dessen Werk zu Recht die Quintessenz der politischen Marktphilosophie sehen. Die Behauptung, der Wohlstand der Reichen komme allen zugute, stützt sich auf den Nachweis einer ungleichen und dennoch harmonischen Verteilung der Merkmalszustände für Größe, wie sie sich aus dem Wettbewerb der Besitzwünsche um die knappen Waren (die unsichtbare Hand) ergibt. Wie in allen Konkretisierungen des Modells der Rechtfertigungsordnung, sind es auch hier die Großen, die aufgrund ihrer Größe das *übergeordnete gemeinsame Prinzip* verkörpern. Das sind hier die Reichen, die durch ihre Geschäfte die Marktkonkurrenz beleben. Aus diesem Grund kommt der Luxus allen zugute, und zwar nicht, weil er die Industrie belebt. Im Unterschied zum ererbten Familienvermögen belebt der Reichtum die marktförmigen Tauschbeziehungen und nützt damit dem gesamten Gemeinwesen.

Die politische Ökonomie begründet daher ein Gemeinwesen, indem sie aufzeigt, wie sich die Individuen in ihrem Verhalten und den zu seiner Rechtfertigung vorgebrachten Argumenten auf ein Kohärenzprinzip berufen können und dadurch einen ständigen Dissens vermeiden. Im Gemeinwesen des Marktes kann sich jede Uneinigkeit zu einem Streit auswachsen, der dann mittels einer den Marktprinzipien entsprechenden Prüfung geschlichtet werden kann, der sich die Individuen aus freien Stücken unterziehen. Das gewaltsame Aufeinandertreffen von konkurrierenden Besitzwünschen wird derart über den Markt befriedet, auf den sich die Menschen als übergeordnetes gemeinsames Prinzip in ihrem Bemühen um Einigung berufen können.

Eugenik als illegitime Ordnung

Wir haben bei der Erläuterung des Modells der Rechtfertigungsordnung schon erwähnt, dass es möglich ist, Wertskalen zu bilden, auf die sich eine Ordnung stützen kann, die nicht alle Voraussetzungen für die Konstitution eines Gemeinwesens erfüllt und auf die somit keine legitimen Rechtfertigungen Bezug nehmen können. Es gibt Bewertungsmodi, Formen der Einstufung der Menschen in eine Hierarchie von Zuständen, die im Unterschied zu den Größen nicht mit dem Erfordernis der *allen Menschen gemeinsamen Würde* vereinbar sind. Eine zentrale Konsequenz aus dem Fehlen einer allen Menschen gemeinsamen Würde besteht darin, dass die Unterscheidung zwischen menschlichen und nicht menschlichen Lebewesen infrage gestellt wird. Eine Ordnung, die auf der Basis eines *illegitimen Wertes* errichtet ist, hat somit keinen Anspruch auf allgemeine Gültigkeit, solange ihre Vereinbarkeit mit dem Prinzip des gemeinsamen Menschseins nicht nachgewiesen wird. Gerade dieser Aufgabe hat sich jedoch die politische Philosophie verschrieben, als sie aus der Gesamtzahl der herrschenden Wertvorstellungen, die sich auf die Individuen und ihre Vorlieben beziehen, diejenigen legitimen Größen ausgewählt hat, die in einer Rechtfertigungsordnung für einen Grundkonsens hinsichtlich der Beurteilungen sorgen.

Als Beispiel für einen illegitimen Wert wollen wir kurz bei jenen Rangordnungen verweilen, die auf rassischen und – allgemeiner gesagt – biologischen Ungleichheiten gründen. Die aufkommende Eugenik hat einen *civic worth* (wie es bei Galton selbst heißt) postuliert, mit dem sich die Einstufung als *serviceable citizen* vornehmen lässt. Die Bedingung eines gemeinsam geteilten Menschseins ist insofern nicht erfüllt, als die Eugenik davon ausgeht, dass die Menschen von Geburt an unwiderruflich ungleich sind. Dieser eugenische Wert muss von den Größen unterschieden werden, die man unter dem ein oder anderen Aspekt als ihnen verwandt betrachten kann (Thévenot, L'origine sociale). Wie die Philosophen, die an der Begründung einer Rechtfertigungsordnung mitwirken, stellen auch die Vertreter der Eugenik andere mögliche Kriterien zur Bewertung von Menschen in Abrede. In der zweiten Auflage von »Hereditary Genius« warnt Galton (S. 25 f.) den Leser, den Wert, den er postuliert, mit dem Genius im »technischen Sinne« eines Lombroso zu verwechseln. Da Lombroso Wahnsinnige und Ausnahmemenschen als prinzipiell vergleichbar hält, stellt er eine Äquivalenz zwischen Personen her, die den höchsten eugenischen Wert besitzen, und anderen, die – wenn man Galton darin folgen will, die Skala des *civic worth* (MacKenzie, Statistics, S. 18) auf die Gesellschaftskategorien von Booths Erhebung (»On occupations«) zu übertragen – auf einem sehr niedrigen Niveau anzusiedeln sind. Zwar gibt Galton zu, dass es durchaus Hinweise gibt, die einen schmerzhaft engen (*painfully close*) Zusammenhang zwischen Genie und Wahnsinn nahelegen, doch übt er dezidiert Kritik an dem, was wir im Folgenden mit dem Begriff der *inspirierten Größe* bezeichnen werden und was eine solche Gleichsetzung aufgrund des Geistes, der die inspirierte Person bewohnt, rechtfertigen würde: »Wenn unter Genie ein Gefühl der Inspiration zu verstehen ist oder auch ein Andrang von Gedanken scheinbar übernatürlichen Ursprungs oder ein maßloser und brennender Wunsch, ein wie auch immer geartetes Ziel zu erreichen, dann handelt es sich um etwas, was den Stimmen, die ein Geisteskranker zu hören vermeint, gefährlich ähnelt.« (Galton, Hereditary Genius, S. 27) Diese Kritik orientiert sich am Maßstab des »gesunden Menschen« und findet sich bei allen Versuchen zur Begründung eines biologischen Wertes.

Der eugenische Wert ähnelt zwar den auf der Basis der *Zeugung* gebildeten Äquivalenzen, ist jedoch nicht mit der von uns so genannten *häuslichen Größe* gleichzusetzen, die auf einer Zuordnung durch »Abstammung« beruht. Es gibt keinen ursächlichen Zusammenhang zwischen dem Ruhm eines großen »Hauses« und dem Erbgut eines großen Mannes. Karl Pearson kritisiert denn auch unumwunden die Erblichkeit des Lord-Titels, die seines Erachtens vom eugenischen Standpunkt aus nicht gerechtfertigt sei und lediglich »gemeinen Plutokraten« zugute komme, »Männern, die sich nicht die Mühe gegeben haben, einen guten ›Stamm‹ [›stock‹] zu zeugen und zu bewahren«. Es sei allerdings noch angemerkt, dass der Verweis auf einen »Stamm« zur Begründung einer Zuordnung zu semantischen Verschiebungen zwischen der *Größe des Hauses*, biologischen Werten und auch der *industriellen* Größe mit ihrem Produktivkapital geradezu einlädt (Sahlins, Use an Abuse, S. 104f.). Tatsächlich lässt sich die eugenisch begründete Ordnung als eine degenerierte industrielle Ordnung ansehen, insofern die menschliche Reproduktion und die damit verknüpfte Produktivität mit denselben Begrifflichkeiten beurteilt wird wie die von industriell hergestellten Erzeugnissen.[13]

Unter den unterschiedlichen Erscheinungsformen des eugenischen Wertes finden sich durchaus Versuche, eine Art Gemeinwohl sowie eine Form von Opferleistung zu definieren. Alexis Carrel spricht von der Bildung eines »neuen gesellschaftlichen Gebäudes« und begründet dies mit einem »öffentlichen Bedürfnis« in Abgrenzung zum persönlichen Interesse (Carrel, Der Mensch, S. 293f.). »Für diejenigen, die durch die glückliche Wahl ihrer Ehen hervorragende Menschen zu zeugen wussten«, argumentiert er, »dürfte keine materielle und moralische Belohnung zu groß sein.« (Ebenda, S. 304) Gleichwohl beinhaltet diese Opferleistung, die sich daran bemisst, ob jemand Nachkommen in die Welt setzt oder nicht, ein Kalkül, das ein Universum mit mehreren Generationen umfasst.[14] Aufgrund der damit einhergehenden zeitlichen Asymmetrie verunmöglicht dieses Zusammenbringen mehrerer Generationen eine Wechselseitigkeit in den Beziehungen zwischen den Personen. In

---

13 In Frankreich waren vor allem die »qualitative Demographie« und – in geringerem Maße – die Verwaltungsstatistik Bereiche, in denen intensiv an der Bildung eines eugenischen Wertes auf der Grundlage der industriellen, der staatsbürgerlichen und der häuslichen Größe gearbeitet wurde. Wichtige Etappen dieses Prozesses finden sich in der Genealogie der Befragungen zu den besonderen Eigenschaften der Bewohner, angefangen beim Projekt einer »Volkszählung der behinderten Kinder in Frankreich«, über die Studien zum »qualitativen Zustand« der Bevölkerung, die von der *Fondation française pour l'étude des problèmes humains* (Französische Stiftung zur Erforschung menschlicher Probleme) in Auftrag gegeben wurden, bis hin zu den INED- und INSEE-Untersuchungen zu Berufsorientierung, -ausbildung und -qualifikation (Thévenot, L'origine sociale).

14 In den Worten Galtons (Hereditary Genius, S. 41): »Die Verbesserung der natürlichen Gaben der kommenden Generationen der menschlichen Rasse liegt weitgehend, wenn auch nicht unmittelbar, in unserer Hand.« Lucien March, Eugeniker und Direktor der *Statistique générale de la France* (Desrosières, Histoire des formes), bringt dies auf eine Formel, in der die Gemeinwohlorientierung noch deutlicher zum Ausdruck kommt: »Der Glaube an die Eugenik weitet die Aufgaben der Philanthropie auf die kommenden Generationen aus.«

seiner Gerechtigkeitstheorie schließt Rawls diese Form des Gemeinwohls, das erst den nachfolgenden Generationen zugute kommt, aus und betont die dadurch entstehende zeitliche Asymmetrie: »Die späteren Generationen haben keine Möglichkeit, den früheren in ihrer weniger glücklichen Situation zu helfen.« (Rawls, Theorie, § 44, S. 322) Aber vor allem der Umstand, dass sogar die Begrenzung dieser Menschheit zu einer endogenen Variable wird und das Opfer gewissermaßen von jenen geleistet wird, die vielleicht niemals existieren werden, lässt sich in keiner Weise mit den Erfordernissen, die für ein Gemeinwesen konstitutiv sind, vereinbaren.

Abschließend sei in diesem Zusammenhang noch darauf hingewiesen, dass die Nationalsozialisten, die mit dem Ausschluss vor allem der Juden und der Zigeuner die Aufhebung des Erfordernisses eines gemeinsamen Menschseins am weitesten getrieben haben, diese Aufhebung gleichwohl nicht konsequent durchhalten konnten. Das hätte die Bildung von zwei Menschenklassen vorausgesetzt: eine Klasse von Personen und eine Klasse von Nicht-Personen. Die Hierarchisierung jener, die zu Nicht-Personen herabgewertet wurden, musste zwangsläufig diese Aufteilung selbst infrage stellen: Wie hätte man bestimmte Nicht-Personen zum Geigespielen veranlassen können, während man gleichzeitig zugibt, dass Geigespielen etwas typisch Menschliches ist?

Zuordnungen, die im Zuge von auf *illegitimen Werten* beruhenden Urteilen vorgenommen werden, sind umso weniger akzeptabel, als man sich damit tendenziell auf Situationen einlässt, in denen Auseinandersetzungen unter Bezugnahme auf ein Gerechtigkeitsprinzip bereinigt werden müssen. Die Anforderungen an die Allgemeingültigkeit der angeführten Prinzipien sind dabei umso höher, je schwerwiegender die Auseinandersetzung ist. Gerichtssäle sind, wenn dort bedeutende Fälle und vor allem Kapitalverbrechen verhandelt werden, in diesem Sinne Orte, an denen die Unterscheidung zwischen begründeten Argumenten und unbegründbaren Zuordnungen besonders klar ins Auge fällt. Erstere lassen sich ins Feld führen, um »mildernde Umstände« geltend zu machen, Letztere nicht. Im Verlauf der Prüfung, die ein Gerichtsprozess darstellt, reicht es nicht, wenn die zur Rechtfertigung vorgebrachten Argumente lediglich in einfachen Zuordnungen bestehen. Sollen sie überzeugen, müssen sie derart vorgebracht werden, dass die spezifische Größe, das Opfer oder die Würde des Gemeinwesens, der sie entnommen sind, unmissverständlich zutage treten. Insofern bietet die Prüfung die Gelegenheit, die Größe herauszustellen sowie ihre innere Struktur und Ausgewogenheit sichtbar zu machen.

IV Die politischen Formen der Größe

Das Gemeinwesen der Inspiration

Der heilige Augustinus spricht in »Der Gottesstaat«[15] von der Existenzmöglichkeit eines Staates, in dem die bedingungslose Hinnahme der Gnade die Voraussetzung für die Einigung zwischen seinen Angehörigen bildet. Dem ließe sich entgegenhalten, dass der Begriff »Staat« hier nur metaphorische Bedeutung hat. Der Gottesstaat ist nicht nur nicht von dieser Welt, er ist zugleich auch der radikale Gegensatz zum weltlichen Staat. »Der Gottesstaat« lässt sich tatsächlich der eschatologischen Literatur zurechnen, in der die Ankunft des Reiches Gottes als Vollendung der Heilsgeschichte angekündigt wird. So gesehen ist das Gedankengebäude des Augustinus der Theologie und nicht der politischen Philosophie zugehörig. Die Heilsgeschichte ist jedoch zugleich eine politische Geschichte, da sich die Geschichte der Beziehung zwischen den Menschen und Gott im Neuen wie im Alten Testament an der Geschichte der Menschen untereinander ablesen lässt. Darüber hinaus bezeichnet das Reich Gottes im Neuen Testament nicht mehr nur jenen Horizont, der das letzte Stadium der Heilsgeschichte markiert. Wenn es vollständig erst mit der Wiederkunft Christi (Parusie) errichtet werden kann, so ist es doch bereits jetzt in den Herzen derer präsent, die, von der Gnade berührt, den Glauben haben und damit das Wirken der Gnade in sich ohne Widerwillen annehmen. In diesem Sinne ist das Reich Gottes bereits in der Welt der Menschen präsent, selbst wenn es bei weitem nicht diese Welt in Gänze ausmacht. »Der Gottesstaat« ist wie der Großteil der alttestamentarischen Bücher ein historisches Buch, und ganz zu Recht hat man es als eine der ersten großen Geschichtsphilosophien bezeichnet. Er schildert die Geschichte des Kampfes, der seit der Ankunft des Messias zwischen zwei möglichen Welten tobt, einer von der Gnade bewohnten und einer der Gnade beraubten Welt. Die

15 Anm. d. Übers.: Um der Konformität mit den Standardübersetzungen von Augustinus' »De civitate dei« (dt. »Der Gottesstaat«, frz. »La Cité de Dieu«) willen wird der französische Begriff der *cité* hier als »Staat« übersetzt, wenn er sich auf Augustinus' Konzept bezieht, als »Rechtfertigungsordnung«, wenn er in dem weiteren Sinne gebraucht wird, den die Autoren ihm in diesem Buch geben.

beiden Staaten sind für Augustinus *Modelle*, von denen keines hier auf Erden vollständig verwirklicht ist. Die Welt entbehrt nicht völlig der Gnade Gottes, da nicht alle sie mit derselben Entschiedenheit von sich weisen. Die Gnade Gottes ist jedoch nicht in der ganzen Welt zu Hause, da die Mehrzahl der Menschen sie ablehnt. Die »Nationen«, »Republiken« oder »Völker« dieser »Welt« stellen demnach eine Art »vorübergehender Mischungen« dar, in denen die beiden Staaten, die voneinander zu scheiden dem Jüngsten Gericht je nach Fall vorbehalten ist, mehr oder weniger präsent sind. Diese Spannung zwischen den beiden Welten sichtbar zu machen und in einer Geschichte zu entfalten, dazu dient im lateinischen Original der Gebrauch des Begriffs *civitas* und die Metapher von den zwei Staaten. Auf der von der Reduzierung auf zwei zumindest in mancherlei Hinsicht vergleichbare Staaten bewirkten Parallelisierung des Reiches Gottes und der Welt beruht die Zusammenführung der Heilsgeschichte und der politischen Geschichte in einer Geschichtsphilosophie. Auf die theologische Ebene gehoben behält das Konzept des Staates, so wie es Augustinus verwendet, durchaus einige der Charakteristika, die ihm auf politischer Ebene eigen sind. Der Gegensatz der beiden Staaten lässt sich nicht gänzlich reduzieren auf einen Gegensatz zwischen dem Reich Gottes und der Welt, zwischen Gut und Böse.

Die beiden Staaten sind nach dem Grad hierarchisiert, in dem sie das »Gemeinwohl« verwirklichen und Wohlergehen und Eintracht zwischen den Wesen gewährleisten. Diese Wesen beschränken sich nicht nur auf die Menschen; für jeden der beiden Staaten kann man von »einer Gemeinschaft zwischen Menschen und Engeln« sprechen, da sowohl Engel als auch Menschen »gut oder böse« sein können (Gottesstaat, Bd. 2, S. 58). Das Volk, bei dem der irdische Staat dominiert, »ist die Vereinigung einer vernunftbegabten Menge, die durch einträchtiges Streben nach gewissen geliebten Dingen zusammengehalten wird« (ebenda, Bd. 2, S. 578). Denn es »strebt auch der irdische Staat, der nicht im Glauben lebt, nach irdischem Frieden und versteht die Eintracht der Bürger im Befehlen und Gehorchen als gleichmäßige Ausrichtung des menschlichen Wollens auf die zum sterblichen Leben gehörenden Güter« (ebenda, Bd. 2, S. 561). Der Grad an Vollkommenheit dieser Eintracht ist jedoch vom Wert dessen abhängig, was geliebt wird. Die Eintracht ist »umso besser«, je mehr sich das Volk darauf einigt, was die »besten« Dinge sind. Die Anordnung zwischen den Staaten hängt also wiederum ab von der Ordnung zwischen den in ihnen bekannten Formen des Gemeinwohls. Der irdische Staat, der »hier sein Gut [hat] und

[...] sich des Genusses [freut], wie man sich an solchen Dingen freuen kann«, ist »häufig in Zwiespalt mit sich selber, streitet, führt Krieg, kämpft und trachtet nach todbringenden und sicherlich todverfallenen Siegen« (ebenda, Bd. 2, S. 217). Auch die niederen Dinge, die er begehrt, »sind Güter und ohne Frage Gaben Gottes. Wenn aber diese Güter unter Vernachlässigung der edleren, die dem oberen Staat eignen, wo der Sieg in ewigem und höchstem Frieden gesichert ist, derart begehrt werden, daß man sie entweder für die einzigen hält, oder sie doch mehr liebt als die nach unserer Überzeugung besseren, dann muß unweigerlich Elend folgen und das schon vorhandene noch gemehrt werden.« (Ebenda, Bd. 2, S. 218)

Allein der Gottesstaat verdient den Namen *Gemeinwesen* in dem Sinne, in dem wir ihn hier verstehen, denn nur er ist imstande, die Wesen zur Überwindung ihrer Vereinzelung zugunsten des Strebens nach einem Gemeinwohl zu bringen. Dieser »allen Völkern durch Gottes Erbarmen« eröffnete »Menschheitsweg« (ebenda, Bd. 1, S. 526) gründet, wie Augustinus in einer Passage von »Über den Wortlaut der Genesis«, einer Art Vorläufer und Ankündigung von »Der Gottesstaat«, schreibt, auf der Nächstenliebe.[16] Diese Liebe »›sucht nicht das Ihrige‹, das heißt, sie freut sich nicht an ihrer persönlichen Vortrefflichkeit«. Im Gegensatz zu ihr steht die »Selbstliebe«: »die eine zielt zugunsten der höheren Genossenschaft auf den allgemeinen Nutzen, die andre will auch die allgemeine Sache unter die eigene Gewalt bringen zugunsten einer rücksichtslosen Herrschaft; die eine ergibt sich Gott, die andere eifert gegen Gott; [...] die eine wünscht dem Nächsten dasselbe wie sich selbst, die andre will den Nächsten sich unterwürfig machen; die eine leitet den Nächsten zu seinem Nutzen, die andre um ihres eigenen Nutzens willen.« (Augustinus, Wortlaut, Bd. 2, S. 189) Den beiden Gemeinwesen sind jeweils gegensätzliche Formen von Größe und Elend eigen. Während der irdische Staat von Hochmut besessen ist, der für den Sündenfall verantwortlich ist, gründet der Gottesstaat auf »Demut«, welche hier die wahre Größe ausmacht. »Hochmütig« sind nämlich die »Selbstgefälligen« und von Selbstliebe Beherrschten. Sie sind »klein«, weil sie nach Selbstgefälligkeit trachten, was zur Folge hat, dass sie von

16 »Der Gottesstaat« wurde wohl zwischen 410 und 420 verfasst. Er ist damit ein Nachfolgewerk von »Über den Wortlaut der Genesis«, das zwischen 400 und 410 verfasst wurde und ungefähr zur gleichen Zeit entstand wie die Schrift über die Gnade, die anlässlich Augustinus' Polemik gegen Pelagius veröffentlicht wurde (vgl. Marrou, Saint Augustin, S. 48).

Gott abfallen und sich selbst genug sein wollen. »Fromme Demut unterwirft sich [dagegen] dem Höheren«, dem, was sie der Größe gegenüber öffnet. »Demut hat [daher] etwas an sich, was das Herz emporhebt, und Hochmut etwas, was das Herz herabzieht. Es scheint zwar ein Widerspruch zu sein, daß der Hochmut nach unten, die Demut nach oben führen soll. Aber fromme Demut unterwirft sich dem Höheren.« (Ebenda, Bd. 2, S. 184) Und während der aus Kain hervorgegangene irdische Staat das Ergebnis eines Brudermords ist – Augustinus spricht, Annaeus Lucanus zitierend (»kaum errichtet, troffen die Mauern vom Blute des Bruders«), vom »Archetypen«, der der Gründung aller Völker dieser Welt, insbesondere Roms voranging (ebenda, Bd. 2, S. 218) –, ist der Gottesstaat auf Selbstaufopferung und Selbstverleugnung gegründet.

Das Geschick »des in dieser Welt pilgernden Gottesstaates« (ebenda, Bd. 2, S. 261) hängt vollkommen von der »himmlischen Gnade« ab (ebenda, Bd. 2, S. 627). Ohne Erlösung durch die Gnade sind die Menschen völlig dem irdischen Staat ausgeliefert. Vom Wirken der Gnade hängt also jede wahrhafte Größe in der Welt ab. Auf einer überreichlich geschenkten Gnade beruht beispielsweise die »geistige Gottschau« der Propheten. Diese Gnade ist allerdings »unverdient« (ebenda, Bd. 2, S. 262). Sie entspringt reiner Freigebigkeit: die Gunst dessen, der sie schenkt, lässt sich nicht erkaufen (ebenda, Bd. 2, S. 223). Der Zugang zum Gnadenstand ist nicht über von den Menschen an den Tag gelegte Tugendhaftigkeit zu erlangen, weil das, was die grundsätzlich allen offenstehende »erbarmende Gnade« vermag und was nur »einigen kund wird«, sich nicht verdienen lässt (ebenda, Bd. 2, S. 705). »[...] rein von [Sünden] macht uns in diesem Leben nicht eigene Kraft, sondern göttliches Erbarmen.« (Ebenda, Bd. 1, S. 502) Die Gnade ist daher das wahre Fundament des Gottesstaates, und nur sie bewahrt die Menschen vor der ewigen Erbärmlichkeit des irdischen Staates. Gnade wird den Demütigen meist gewährt. Deshalb haben sich selbst die Herzen der Weisen in der Welt verfinstert, »da sie sich für weise hielten – das heißt, von Stolz beherrscht sich ihrer eigenen Weisheit überhoben –, sind sie zu Narren geworden [...]« (ebenda, Bd. 2, S. 211). Die Bezugnahme auf den Wahnsinn muss hier ganz wörtlich genommen werden. In jeder der von uns untersuchten Welten wird der Glaube an seinen eigenen Wert als Verrücktheit behandelt, da er auf einem anderen Prinzip beruht als dem, welches die Größe des jeweiligen *Gemeinwesens* ausmacht, wie wir das später etwa für das *Gemeinwesen* des Hauses sehen werden, in dem es als Wahnsinn gilt, »scheinen zu wollen, was man nicht ist«. Ähnliches gilt auch für das Gemeinwesen der Meinung, in der man Wahnsinn an der Tatsache festmacht, dass jemand »sich inspiriert fühlt«.

Der Augustinische Gnadenbegriff wird in den polemischen Schriften gegen die Pelagianer weiter vertieft. Der ursprünglich aus Britannien stammende Pelagius übt seit etwa 410 bis in die zwanziger Jahre des fünften Jahrhunderts großen Einfluss auf die neue asketische Bewegung aus, die sich vor allem unter den gebildeten christlichen Laien Roms ausbreitet. Seiner Lehre zufolge besteht die Möglichkeit, Vollkommenheit zu erlangen, auch ist er der Ansicht, dass die Menschennatur für die zu erringende Vollkommenheit geschaffen sei: »Wenn immer ich von der Aufstellung von Regeln für das sittliche Verhalten und für die Führung eines heiligen Lebens sprechen muß, so stelle ich zuallererst die Kraft und Eigenart der menschlichen Natur heraus und zeige, wessen sie fähig ist [...], damit ich nicht meine Zeit vergeude, jemanden auf einen Weg zu rufen, den er für unmöglich hält.« (Brown, Augustinus, S. 300) Zur Widerlegung Pelagius', demzufolge die Menschen mit einer in ihrer Natur liegenden Gnade ausgestattet sind, betont der heilige Augustinus vom Standpunkt der Gnade aus den Unterschied zwischen der Menschheit vor und nach dem Sündenfall. Nach dem Sündenfall ist der freie Wille nicht ausreichend für das Heil, da ja der Wille nicht zugunsten der Gnade aufgegeben wird, insofern derjenige, der um die göttliche Gnade bittet, ja seinen freien Willen unter Beweis stellt (Augustinus, Brief an Hilarius [CLVII]). Allerdings ist dieses Bitten nicht ausreichend, die Gnade wird »gratis« verliehen wie eine Gabe (Augustinus, Schriften gegen die Pelagianer, Bd. 1, S. 441). Wie Pelagius der Tugend zuzuschreiben, was eine Sache der Gnade ist, läuft darauf hinaus, einen verfehlten Hochmut fortzusetzen, der für den Sündenfall verantwortlich ist.

Anhand des Gnadenprinzips lässt sich die Größe der Inspiriertheit von den anderen Formen von Größe scheiden, die als Verhaftetsein an irdische Interessen angeprangert werden und die anzustreben nur zu Wahnsinn und Zwietracht führt. Ebenso lassen sich so die unterschiedlichen Arten von Gütern, die geliebt werden und darüber die Menschen verbinden können, in eine hierarchische Ordnung bringen. Dasjenige Gut, das am häufigsten angeprangert wird und dessen Erbärmlichkeit mit dem meisten Nachdruck betont wird, da es am unmittelbarsten mit dem Hochmut zusammenhängt, ist der »eitle Ruhm«. Vortrefflichkeit ist »gleichgültig gegen Menschenlob« und die Tugend selbst ist ohne wahre Größe, wenn sie »begierig nach menschlichen Lobsprüchen« ist (Augustinus, Gottesstaat, Bd. 1, S. 49). Die Gnade hat, insoweit sie den Demütigen zuteil wird, auch nichts übrig für die dem Hochmut verwandte »Habgier« und die »Liebe zum Reichtum«, denn »Besitz kann niemand haben, der ihn nicht mit anderen teilen will« (ebenda, Bd. 2, S. 219). Schließlich vollzieht sich durch das Wirken der Gnade die erneute Geburt – der Gegensatz zum fundamentalen Prinzip der »Abstammung« im Gemeinwesen des Hauses – im Gottesstaat. So wird Isaak, der »Sohn der Verheißung«, zum »Sinnbild der Gnade [...], nicht der Natur. Denn er wart als Sohn eines Greises und einer unfruchtbaren alten Frau verheißen.« (Ebenda, Bd. 2, S. 325) In dieser wunderbaren Geburt »tritt die Gnade [umso] offenkundiger zutage«, als dies »bei mangelhafter und versagender Natur« geschieht, und zwar »nicht durch Geburt, sondern Wiedergeburt [...]. Auch die Namen der Eltern werden geändert; kurz, alles verkündet Neuheit, und man sieht, wie im Alten Bunde der Neue abgeschattet ist.« (Ebenda, Bd. 2, S. 326) Überlässt man sich ganz dem Wirken der Gnade, hat dies eine Loslösung von der Größe des Hauses zur Folge. So erhält Abraham, ein Chaldäer, die Weisung, »seine Heimat, seine Verwandtschaft und sein Vaterhaus zu verlassen«, um dem »Menschheitsweg zur Erlösung der Seele« zu folgen[17] (ebenda, Bd. 1, S. 526).

Das Modell der inspirierten Größe, die jenen Frommen verheißen ist, die sich gleichgültig gegenüber den weltlichen Gütern zeigen, wurde von den von Peter Brown untersuchten spätantiken Heiligen in die Praxis umgesetzt (Brown, Heiden, S. 31–58). Sie versuchten, durch Selbst-

---

17 Die Größe des Hauses, die ansonsten der Gleichgültigkeit gegenüber der Gnade bezichtigt wird, wird zum Gegenstand eines Kompromisses, als der heilige Augustinus die Sklaverei rechtfertigen will (Augustinus, Gottesstaat, Bd. 2, S. 557–559, Kapitel »Naturordnung und Sklaverei«), die im Rahmen des Modells des Gottesstaates nicht abgehandelt werden kann. Zunächst betont er, dass für die Sklaven das Prinzip des gemeinsam geteilten Menschseins zutrifft, dies unter Hinweis darauf, dass Isaak mit der Bestimmung, dass »nicht nur alle Söhne, sondern auch die hausgeborenen und gekauften Knechte beschnitten werden sollten, [...] bezeugt, daß diese Gnade sich auf alle Menschen erstreckt« (ebenda, Bd. 2, S. 326). In der Folge stellt Augustinus einen Kompromiss her zwischen der Größe der Inspiriertheit und der Größe des Hauses: »Obschon darum auch unsere gerechten Erzväter Knechte hatten, walteten sie des Hausfriedens doch in der Weise, daß sie zwar hinsichtlich der zeitlichen Güter einen Unterschied machten zwischen dem Los der Kinder und der Lage der Knechte, was aber die Gottesverehrung anlangt, die uns auf ewige Güter hoffen läßt, waren sie für alle Glieder ihres Hauses in gleicher Liebe besorgt. Das fordert ja schon die Naturordnung, und zwar mit solchem Nachdruck, daß der Name Familienvater hier seinen Ursprung hat und so weit verbreitet ist, daß auch Haustyrannen sich gern so nennen lassen.« (Ebenda, Bd. 2, S. 559)

verleugnung und Askese eine »Beziehung zum Übernatürlichen« herzustellen, die »für sie selber etwas rein Persönliches« war. Diese »greifbaren Bindeglieder zwischen Himmel und Erde« wurden durch eine »sorgsam unterhaltene Spannung zwischen Abstand und Nähe« erreicht, welche die »physische Gegenwart des Heiligen« sicherte (Brown, Heiligenverehrung, S. 88). Die Erfahrung der Größe war mit dem Zustand der Apparate, mit denen die Erwartungen gemessen wurden, »was ein Mensch in seinem Leben tun und erfahren kann« (Brown, Heiden, S. 48), unvereinbar, und das damit einhergehende »Gefühl der Isoliertheit« (ebenda, S. 74) führte sie dazu, sich aus anderen sozialen Bindungen zu lösen, etwa in der Anachorese, durch die sich »die Asketen der normalen sozialen Absicherungen qua Identität« entledigten (ebenda, S. 122). Gerade durch die Herauslösung aus den durch Verwandtschaft, Nachbarschaft oder Sprachgemeinschaft geknüpften Banden wird der Ruf der Gnade vernehmbar: »[...] Die Engelserscheinung [hat] mich genährt, hat mich geformt und an der Hand geführt. Vor allem verband sie mich mit jenem großen Mann – einem Mann, der bisher in keiner Beziehung zu mir gestanden hatte: weder als Verwandter noch als Nachbar, der nicht aus meiner Provinz stammte und keinen Kontakt zu meiner Heimat hatte.« (Gregor der Wundertäter, Dankrede an Origenes, zit. n. Brown, Heiden, S. 104) Das Fleisch muss besiegt werden, denn über das Fleisch setzen sich die anderen Gemeinwesen zugehörigen Größen, die hier als erbärmlich gelten, unwiderruflich in den Gewohnheiten und dem Körper des Einzelnen fest: »Die Frau stand für alles Stabile und Umgreifende im Leben der Männer. Wenn ein Mann von seiner Frau träumt, schreibt Artemidoros, denkt er gewöhnlich an seine Arbeit: ›Die Frau steht entweder für den Beruf des Träumenden oder für seine geschäftlichen Verpflichtungen.‹« (Artemidor, Oneirokritikon, zit. nach Brown, ebenda, S. 121) Die Gattin, bemerkt Michel Foucault in seinem Kommentar zu demselben Text, »steht in einem natürlichen Analogieverhältnis zu den Geschäften und zum Beruf« (Foucault, Sorge um sich, S. 29). Voraussetzung für den Verzicht auf die Nichtigkeit der »Ämter und Ehren«, den »Verkauf der Redekunst« und die Versuchung, mit den Großen dieser Welt bekannt zu werden, ist die Befreiung »aus der Fessel des Verlangens nach Beischlaf« und »der Knechtschaft der Weltgeschäftigkeit« (Augustinus, Bekenntnisse, S. 385ff.).

Die Durchtrennung der körperlichen Bande, die einen über die Sinneslust an die Welt fesseln, ist zugleich auch die Voraussetzung für die Nutzung des Leibes als eines Mittels, um Zugang zu höheren Wahrheiten zu erhalten, und damit als eines essentiellen Mittels zur Erlangung wahrer Größe. Die Größe der Inspiriertheit lässt sich nämlich nicht losgelöst von der Person denken. Sie hängt aufs Engste am eigenen Leib, in dessen inspirierten Äußerungen sie bevorzugt zum Ausdruck kommt und den aufzuopfern die vollkommenste Form ihrer Verwirklichung darstellt.[18] Die Inspiriertheit verflüchtigt sich, sobald sie mit etwas zusammenkommt, was sie objektivieren und vom Körper lösen könnte, etwa die Niederschrift, die etwas festhalten und transportierbar machen will, oder gar die innere Stimme, die ja die Bezugnahme auf einen Dritten voraussetzt: »[...] Gott selbst [sei] angerufen nicht mit dem Schall von Worten, sondern indem wir uns mit der Seele zum Gebet nach Ihm strecken, denn auf diese Weise können wir für uns allein zu Ihm allein beten.« (Plotinus, Enneade, zit. n. Brown, Augustinus, S. 144)

Obschon die Heiligkeit heute keine typische und damit von einer großen Zahl von Individuen besonders gesuchte Form der Selbstverwirklichung mehr darstellt, bleibt der Bezug auf dieses Gemeinwesen nichtsdestotrotz jedes Mal dann unerlässlich, wenn Menschen nach Größe streben, ohne sich um Anerkennung und die Meinung der anderen zu kümmern. Einer der Wesenszüge der inspirierten Größe besteht nämlich darin, dass man um der anderen willen der Entsagung höchsten Wert beimisst (die Einsiedler in der Wüste »tun Buße und beten für alle« [Chiavaro, Les saints]), ohne sich überhaupt um Anerkennung zu kümmern. »Kein Prophet«, schreibt Max Weber, »hat seine Qualität als abhängig von der Meinung der Menge über ihn angesehen.« (Weber, Wirtschaft und Gesellschaft, S. 140) Das trifft etwa auf die Künstler zu, die, ohne unbedingt auf die Wertschätzung des Publikums oder aufs Geld zu verzichten (die beide im Rahmen eines nicht immer leicht aufrechtzuerhaltenden Kompromisses zwischen der Größe des Renommees und der Größe des Marktes akzeptiert werden), dies jedoch nicht gleich zur alleinigen Grundlage des Wertes ihres Werkes und ihrer Größe machen; in anderem Zusammenhang gilt dies auch für die »politischen Avantgarden«, die in ihren Aktivitäten häufig bis zum Martyrium gehen; ihre Aktivitäten haben zu ihrer Rechtfertigung weder die Unterstützung einer Organisation nötig, noch müssen sie notwendigerweise von denen verstanden werden, für deren Wohl sie gedacht sind; das trifft schließlich auch auf jene zu, deren inspiriertes Verhalten aus ihnen

18 Das Aufopfern des inspirierten Körpers ist Gegenstand eines häuslichen Kompromisses in der Institution des Patronats sowie in der Verehrung der Reliquien des *lokalen* Schutzheiligen einer Stadt oder einer Gemeinschaft (vgl. Chiavaro, Les saints).

Neuerer, Originale, Verzweifelte oder Vandalen macht (Boltanski, La dénonciation).

Wie wir gesehen haben, äußert sich das Streben nach Inspiration indirekt in der Kritik an anderen Formen von Größe, beispielsweise an persönlicher Abhängigkeit von den Großen dieser Welt oder am Streben nach Renommee und Ruhm. Allerdings ist diese Haltung zutiefst ambivalent, was vom heiligen Augustinus bis zum Rousseau der »Bekenntnisse« immer wieder betont und kommentiert worden ist. Wenn nämlich ein Projekt, das sich am Ruhm oder einfach an den anderen orientiert – insofern die Größe einer Person in der Anerkennung durch die anderen besteht –, ausreichend ist, dass man der Gnade wieder verlustig geht (die sich weder einstellt, weil man überzeugt ist, in ihrem Besitz zu sein, und weniger noch durch ostentatives Hervorkehren des Glaubens, dass man sie tatsächlich besitzt), warum sollte man dann die reine Kontemplation um des Ausdrucks willen, den »Diskurs der Stille« um des Redens willen, die Passivität des Geistes bei der Erfahrung der Wahrheit um der »theoretischen Erfassung« dieser Erfahrung willen aufgeben?

Augustinus exponiert sich ebenso wenig vor Gott, »vor dessen ›Auge offenliegt‹ der Abgrund des menschlichen Bewußtseins« (Augustinus, Bekenntnisse, S. 487), noch vor den Menschen, einem »Geschlecht, neugierig nach anderer Leben, aber unlustig, das eigene zu verbessern« (ebenda, S. 489). Er sucht Gott tief in seinem Innern und preist ihn vor den »Ohren der glaubenden Menschenkinder« (ebenda, S. 493), damit sie ihre auf Gnade ausgerichteten Handlungen mit den seinen vereinen, und nicht, um sich als Vorbild hinzustellen, ihr Urteil herauszufordern, ihre Missbilligung oder ihr Lob zu erheischen. Öffentliches Bekenntnis der Sünden ist ihm suspekt, da das Anprangern des »eitlen Ruhmes« immer noch ein Mittel sein kann, die Wertschätzung der anderen über Umwege auf sich zu ziehen: »Die Rede aber, die aus dem Munde hinausgeht, und die Taten, von denen die Welt erfährt, sind von einer äußerst gefährlichen Versuchung bedroht, verursacht eben durch Ehrverlangen, das sich Beifall zusammenbettelt, um das liebe Ich in seiner besonderen Bedeutung hervorzuheben. Diese Liebe ist noch meine Versuchung, auch wenn sie an mir – von mir – gerügt wird, ja gerade in solchem Rügen. Denn es rühmt sich der Mensch – was die höhere Eitelkeit ist – oft auch der Verachtung eitlen Ruhmes; nein, es ist schon nicht mehr Verachtung des Ruhmes, ihrer sich zu rühmen: man verachtet ihn nicht, wenn man sich rühmt.« (Ebenda, S. 589) Das Gemeinwesen der Inspiration, deren Errichtung, wie wir bei Augustinus gesehen haben, Verachtung gegenüber dem Ruhm erfordert, und die Größe der Meinung stehen in einem permanenten Spannungsverhältnis zueinander. Der Bruch mit der Welt, den man vollziehen muss, um sich der Inspiration gegenüber zu öffnen, geschieht mittels mehr oder weniger radikaler asketischer Praktiken. Doch sobald der Asket außergewöhnliche Leistungen vollbringt, zieht er sogleich die Massen an, die er wiederum fliehen muss, um seinem Renommee zu entgehen. Wir verdanken die Kenntnis mancher der rigorosesten Askesepraktiken den Wüstenvätern – von ihren Zeitgenossen wurden sie mit »Athleten« verglichen –, die nur mit Gott allein sein wollten und – wie der Altvater Arsenius oder der Abbas Theodor von Pherme – »vor allem die Wertschätzung durch die Menschen verabscheuten« (Guy, Paroles des anciens, S. 28) und daher unablässig das Ansehen mieden, für das ihre asketischen Leistungen bei den anderen sorgten, ebenso aber auch das übertriebene Ignorieren der anderen. Altvater Arsenius weist eine »Jungfrau aus senatorischem Geschlecht« zurück, die extra aus Rom gekommen ist, um ihn zu sehen. (»Wie hast du es gewagt, eine so große Seereise zu unternehmen? [...] Oder willst du nach Rom zurück und den anderen Weibern sagen: Ich habe den Arsenios gesehen! Daß sie dann das Meer zu einem Weg für Weiber machen, die zu mir kommen wollen.« [Weisung der Väter, S. 31]) Der Abbas Theodor von Pherme lehnt die Ernennung zum Diakon ab und flüchtet an viele Orte (ebenda, S. 107). Der Abbas Poimen entzieht sich den Blicken seiner Mutter, die vor seiner Pforte weint (ebenda, S. 225f.). Der Altvater Longin verschleiert einer Frau seine Identität, die ihn, von seinem Ruf angezogen, sehen möchte, um von ihm geheilt zu werden: »Sie fand ihn und sagte zu ihm: ›Abbas, wo weilt der Altvater Longinos, der Diener Gottes?‹ Sie wußte nicht, daß er es selber war. Er aber sagte: ›Was willst du von diesem Schwindler?‹« (Ebenda, S. 158) Der Vater Moses flieht an einen See, als er erfährt, dass der Statthalter, der von ihm gehört hat, ihn sehen will. Als dieser ihm nach langer Suche begegnet und ihn bittet: »›Zeig uns, Alter, wo das Kellion des Abbas Moses ist!‹, antwortet er: ›Was wollt ihr von ihm? Er ist ein Narr!‹« Später erfährt der Statthalter, dass er dem Abt Moses unwissentlich begegnet sei, und kehrt mit großem Gewinn heim (ebenda, S. 180).[19]

19 Zur Erklärung eines Gesellschaftszustands, der den Konstruktionen einiger Rechtsgelehrten, die annahmen, dass es zuerst ein Stadium der Menschheitsentwicklung gegeben habe, in dem die »Menschen [...] von der vollentfalteten natürlichen Vernunft erleuchtet waren« (Vico, Prinzipien, S. 184), vorausgegangen sei, stellt Vico zwei alternative Möglichkeiten dar, ein Band zwischen den Menschen zu begründen, und bringt sie mit zwei »Zeitaltern« der Mensch-

Das häusliche Gemeinwesen

In den klassischen Darstellungen des *häuslichen Gemeinwesens* hängt die Größe der Menschen von ihrer Position in einer Kette persönlicher Abhängigkeiten innerhalb »eines von Gottes Absicht mittels Rängen und Stufen geordneten und hierarchisierten Universums« (Mousnier, Institutions, Bd. 1, S. 15) ab. Die Einzelperson lässt sich in diesem Modell nicht losgelöst von ihrer Zugehörigkeit zu einem Körper, der wiederum als eine durch ihren Rang charakterisierte Person gedacht ist, betrachten. Des Weiteren ist sie durch ihre Zugehörigkeit zu einem Geschlecht definiert, das mit einer eigenen Identität ausgestattet ist, die auf einer höheren Ebene steht als die Identität der Individuen, die sie in der zeitlichen Dimension ausfüllen, so dass Vorgänger und Nachfolger mit Recht als eine einzige Person angesehen werden können (Kantorowicz, Zwei Körper, S. 391). Der Einzelne bildet ein Glied in der »großen Kette des Seins«. Ein jedes dieser Glieder ist umgeben von einem Höherstehenden, von dem es aufgrund einer persönlichen Beziehung die Zugangsmöglichkeit zur Größe erhält, und von einem Niedrigerstehenden, die es in sich einschließt und zum Ausdruck bringt. In diesem häuslichen Gemeinwesen ist das Band zwischen den Wesen dem die Generationen einer Familie einigenden Band nachempfunden: Ein jeder ist für seine Untergebenen wie ein Vater und seine eigenen Beziehungen zur Autorität gleichen denen eines Kindes. Doch die Familienanalogie bezieht sich hier weniger auf die Blutsbande als auf die Zugehörigkeit zu

heitsentwicklung in Verbindung. Die zweite von Vico dargestellte Form, die dem »Zeitalter der Heroen« entspricht, hat vieles mit dem von uns im Anschluss dargestellten *Gemeinwesen* des Hauses gemein. Die erste weist viele Züge auf, die wir auch bei der inspirierten Größe finden. Sie entspricht dem »Zeitalter der Götter« (ebenda, S. 48) und beruht auf etwas, was Vico »als poetische Metaphysik erörtert [hat], kraft deren die theologischen Dichter sich die Körper zumeist als göttliche Substanzen vorstellten« und diesen »Sinn und Leidenschaften« verliehen (ebenda, S. 188–190). Vico beschreibt die Formen der Allgemeinheit dessen, was er selbst eine »sinnliche Topik nennt, mittels deren [die ersten Gründer der Humanität] die sozusagen konkreten Eigenschaften oder Qualitäten oder Beziehungen der Individuen oder der Arten vereinten« (ebenda, Bd. 2, S. 250). Vico, für den der Sprache stets eine bedeutende Rolle zukommt, stellt die Synekdochen als hervorragendes Mittel dar, um zu höherer Allgemeinheit zu kommen: »Die Synekdoche erhielt später [nach der Metapher] eine übertragene Bedeutung, als sich das Besondere zum Allgemeinen erhob und sich Teile mit anderen zusammensetzten, um mit ihnen das zugehörige Ganze auszumachen.« (Ebenda, S. 193) ein und demselben Haus als eines Territoriums, in dem die Beziehung häuslicher Abhängigkeit verankert ist. Daher bewegt sich ein jeder in den mit diesem Modell übereinstimmenden Schilderungen der traditionalen bäuerlichen Gesellschaft (in zitiertem Fall im Margeride des 18. und 19. Jahrhunderts) »mit der Aura der Geschichte seines Ranges, seiner Familie, seines Geschlechts, des Raumes, der Zeit und der Erinnerung, die durch seine *ousta* im Dorf besetzt sind. Er ist mit seinem Haus regelrecht verwachsen, und selbst, wenn ihm die Gelegenheit zum Beweis seines individuellen Vermögens gegeben wird, bleibt er in letzter Instanz durch seinen familiären Rang und Status bestimmt. Ohne Familie ist er nichts.« (Claverie, Lamaison, L'impossible mariage, S. 84) Die Wesen verteilen sich entsprechend der Beziehung, die sie zu einem Haus unterhalten (wie dies beispielsweise die in diesem Gemeinwesen äußerst bedeutungsvolle Unterscheidung zwischen Haustieren und wilden Tieren zeigt), und im Innern des Hauses entsprechend der Rolle, die sie für die Reproduktion des Geschlechts spielen. Dieser Verteilungsmodus neutralisiert die Einteilung nach Alter, da die Unterscheidung zwischen Kindern und Erwachsenen weniger bedeutend ist (die Kindheit als eigener Status ist unbekannt) als die Unterscheidung zwischen den Kindern innerhalb einer häuslichen Einheit, die daran festgemacht wird, ob es sich um Erstgeborene handelt (in biologischer Hinsicht oder vom Vater bestimmt; daher der Ausdruck: »jemanden zum Erstgeborenen machen«) oder um Nachgeborene, dazu verurteilt, ihr Glück fern von zu Hause zu suchen (ebenda, S. 60). Wie dieses Beispiel in einem dem häuslichen Modell entlehnten Muster der Unterordnung zeigt, kommt Größe hier einem Rang gleich, der nur dann entsprechend eingeschätzt werden kann, wenn er auf die Abhängigkeitsbeziehungen bezogen wird, aus denen die Personen ihre Autorität beziehen, die sie wiederum über andere ausüben können. Seinen Rang kennen, bedeutet zugleich seine Größe und damit sich selbst zu kennen: Wie Erich Auerbach (Mimesis, S. 350f.) schreibt, wird der *honnête homme*, um seiner Fähigkeit willen geschätzt, dass er niemals »scheinen [will], was er nicht ist« (eine Anmaßung, die in der Logik dieses Gemeinwesens als Zeichen von Wahnsinn gilt), das heißt um der Genauigkeit willen, mit der er seine Größe einzuschätzen weiß, indem er sie auf den Platz bezieht, der ihm in der Abfolge der Bande persönlichen Abhängigkeit zukommt. Das geht bis hin zum Gesinde, das selbst in seinem elenden Stand noch teilhat an der Größe seines Herrn und seiner Güter.

La Bruyère geht ausführlich auf dieses Thema ein: »Wenn der Schweizer, der Kammerdiener, der Mann der Livree überhaupt nicht mehr Geist haben, als ihr Stand begünstigt, so urteilen sie nicht mehr aus sich selbst, nach ihrer ersten Niedrigkeit, sondern nach der Erhöhung und dem Glück der Menschen, denen sie dienen, und setzen alle, die durch ihre Tür kommen und auf ihrer Treppe heraufsteigen, ohne Unterschied unter sich und ihre Herren: so sehr ist es wahr, daß man bestimmt ist, durch die Großen und das, was ihnen gehört, zu leiden.« (La Bruyère, Charaktere, Kapitel »Die Großen«, 2. Bd., Nr. 33, S. 13) In dem den häuslichen Banden gewidmeten Kapitel von »Über die Demokratie in Amerika« greift Tocqueville denselben Gedanken anderthalb Jahrhunderte später nochmals auf (Tocqueville, Demokratie, Bd. 2, S. 667–675). Doch wird der Gedanke hier von einer neuartigen Position aus entwickelt, die mittels der vergleichenden Methode eine Distanzierung sowie den überaus modernen Relativismus des »ethnologischen Blicks« Tocquevilles auf die Moderne ermöglicht (Furet, Introduction, S. 41): »Bei den aristokratischen Völkern beginnt der Herr seine Diener schließlich als einen niedrigeren und untergeordneten Teil seiner selber anzusehen, und er nimmt an ihrem Ergehen oft mit einer letzten Regung von Selbstsucht teil. Die Diener ihrerseits sind nicht weit davon entfernt, sich unter dem gleichen Gesichtspunkt zu betrachten, und manchmal werden sie mit der Person des Herrn eins, dergestalt, daß sie schließlich in ihren eigenen wie in seinen Augen zu dessen Zubehör werden. [...] In dieser ausweglosen Lage hört der Diener schließlich auf, an sich selbst zu denken, er gibt sich sozusagen selber auf, oder vielmehr, er versetzt sich ganz in seinen Herrn; da schafft er sich eine eingebildete Persönlichkeit. Er schmückt sich selbstgefällig mit dem Reichtum derer, die ihm befehlen; er rühmt sich ihres Ruhmes, erhöht sich mit ihrem Adel und ergötzt sich beständig an einer fremden Größe, auf die er oft mehr Wert legt als deren volle und wirkliche Träger.« (Tocqueville, Demokratie, S. 669 f.)

Bossuet entwickelt eine der möglichen Demonstrationen des Modells der Rechtfertigungsordnung des Hauses, die an den Thronfolger adressiert ist (Bossuet, 1967). »La Politique tirée des propres paroles de l'écriture sainte« zielt, ähnlich wie Augustinus' »Gottesstaat«, darauf ab, anhand einer Exegese aus den heiligen Texten die Formen des legitimen Bandes zwischen den Wesen abzuleiten. Doch während Augustinus seine Deutung entwickelt, indem er all dem Wert beimisst, was den inspirierten Charakter des Gottesstaats zu begründen vermag, und dies auf Kosten der dem Haus entspringenden Größe, die meistens gar nicht erwähnt, wenn nicht gar angeprangert wird, bemüht sich Bossuet dagegen, die Legitimität des französischen Königtums aus den Formen der häuslichen Beziehung abzuleiten, für die die Heilige Schrift und insbesondere das Alte Testament so zahlreiche Beispiele bietet. Er greift den alten Gedanken auf, demzufolge dem König im Reich dieselbe Position zukommt wie Gott im Universum, wobei er ihn in der modernen Sprache des Absolutismus formuliert und der Übersetzung von Hobbes' »De Cive« die Formel entnimmt, wonach »der ganze Staat in der Person des Königs enthalten ist« (für Hobbes' »a City is contain'd in the person of a King« [Keohane, 1980, S. 252]). Bossuet ist nicht der Erste, der in einer politischen Schrift dem Prinzip der Verwandtschaft universelle Bedeutung zuerkannt hat. Auch in der historischen Literatur (etwa in dem Buch von A. Lewis, »Le Sang royal«, das die Entwicklung der dynastischen Formen vom 10. bis ins 14. Jahrhundert zum Gegenstand hat) lassen sich zahlreiche Beispiele für solche Gedanken finden, die darauf hinauslaufen, den Staat als eine Erweiterung der königlichen Familie zu begründen. Aber just seine Verspätung (er bleibt praktisch ohne Nachfolger) macht das Werk Bossuets so außerordentlich interessant. In Kenntnis der politischen Philosophien seiner Zeit (die implizit verworfen werden) stellt es sich als eine Axiomatik dar, die Folgerungen aus einer ganzen Reihe von Theoremen zieht, um schließlich eine Anleitung zur Klugheit für den Thronfolger darzulegen. Das geschieht mit einer solchen Systematik, die dieses Werk für unsere Zwecke besonders geeignet macht. Das Modell des Hauses wird in der »Politik« von Bossuet auf die Konstruktion eines häuslichen Gemeinwesens angewandt, die sich aber von der Familie im engeren Sinne ganz deutlich absetzt, was in den früheren Texten, in denen es um die dynastische Legitimität der Kapetinger ging, noch nicht der Fall war. So spielt der Grundsatz der Vererbung des Bluts, der die Besonderheit der Person des Königs ausmacht und hier nur latent in der Beweisführung mitschwingt, keine größere Rolle für den Gesamtgang der Argumentation, der es darum geht, die königliche Autorität auf ein harmonisches Verhältnis zwischen Fürst, Staat und Untertanen zu gründen.

Vor allem hierin weist dieser Lobpreis auf den absoluten Herrscher, der Rousseau später als Negativfolie dienen wird (vgl. das der Kritik an den genealogisch begründeten Theorien der Herrscherautorität gewidmete zweite Kapitel des 1. Buches des »Gesellschaftsvertrags«), alle Eigenschaften einer Rechtfertigungsordnung in unserem Sinne auf. Im weiteren Verlauf werden wir auch zeigen, worin die Originalität des auf dem Gesellschaftsvertrag basierenden *Gemeinwesens der Staatsbürger* im Vergleich zu der bei Bossuet zu findenden absolutistischen Variante dieses Modells besteht, nämlich mit denselben menschlichen Wesen die drei Instanzen des Souveräns, des Staates und der Privatmenschen zu begründen, ohne dabei auf die Delegation der göttlichen Autorität, auf die Person des Fürsten und die Inkarnation des Staates im Körper des Königs zurückgreifen zu müssen. Damit wird aber auch angedeutet, dass Bossuet mit diesem Gedanken die Entkörperlichung des Souveräns im staatsbürgerlichen Gemeinwesen mit anbahnt, die zwar die durch die »Transsubstantiation eines Individuums in einen Monarchen« (Marin, Le portrait) erzeugten Schwierigkeiten umschifft, freilich um den Preis der Schaffung einer nicht weniger paradoxen Metaphysik, die für die Transsubstantiation des Volkes in einen Souverän nötig wird. Bei Bossuet ist der König nämlich nicht mehr nur »heilig« oder »tugendhaft«, wie dies noch in den genealogischen Konzepten des alten Frankreich der Fall gewesen ist (Lewis, Le sang royal, S. 165–175). Er ist zuvorderst einsam, trägt Verantwortung und existiert nur für den Staat, mit dem er in eins fällt. Seine Größe bemisst sich an seinem Opfer. In dieser ganz um das Opfer kreisenden Konzeption der Größe des Fürsten besteht die Zelebration seiner Tugenden darin, in all seinen Dimensionen den Umfang des Opfers sichtbar zu machen, das er um des allgemeinen Wohlergehens willen auf sich nimmt, ein Ziel, dem er all seine persönlichen Befriedigungen unterordnet.

Die Topiken des häuslichen Gemeinwesens und vor allem das Thema der Einsamkeit und der Bürde des königlichen Amtes werden von La Bruyère in epischer Breite behandelt, dessen »Caractères« für den Soziologen insofern von Interesse sind, als sie um eine Sozialtypologie herum die wichtigsten Gemeinplätze seiner Zeit versammeln. So liest man etwa in dem »Vom Oberhaupt oder dem Gemeinwesen« betitelten Kapitel: »Einen König den Vater des Volkes zu nennen heißt weniger, eine Lobrede auf ihn zu halten, als ihn bei seinem Namen nennen, oder seine Definition geben.« (La Bruyère, Charaktere, 2. Bd. Nr. 27, S. 47) La Bruyère hebt das Opfer des Fürsten hervor sowie die harmonische Beziehung, die ihn mit seinen Untertanen verbindet: »Es besteht zwischen den Pflichten des Fürsten seinen Untertanen gegenüber und zwischen diesen und ihm eine Wechselwirkung und ein Ausgleich: welche die schwierigeren und lästigeren sind, entscheide ich nicht. Es handelt sich darum, auf der einen Seite zwischen den enggezogenen Erfordernissen der Achtung, der Hilfe, des Dienstes, des Gehorsams, der Abhängigkeit, und auf der anderen den unerläßlichen Verpflichtungen der Güte, Gerechtigkeit, Sorge, Verteidigung und Beschützung zu entscheiden.« (Ebenda, Nr. 28, S. 47f.) Und er fügt hinzu: »Welches Leben scheint dir köstlicher und freier, das des Hirten oder der Schafe? Ist die Herde für den Hirten geschaffen, oder der Hirt für die Herde? Es ist ein einfaches Bild der Völker und des Fürsten, welcher sie leitet, wenn er ein guter Fürst ist.« (Ebenda, Nr. 29, S. 48f.) La Bruyère betont mehrfach die auf dem König lastende Bürde: »Wenn es schon zuviel ist, die Sorge für eine einzige Familie auf sich lasten zu fühlen, wenn es genug ist, nur für sich einstehen zu müssen, welch ungeheueres Gewicht ist dann ein ganzes Königreich!« (Ebenda, Nr. 34, S. 50)

In einem politischen Körper, dessen Zusammenhalt auf der Befolgung göttlicher Gesetze beruht, wird die »Religion des Schwurs« zur Grundlage des Bandes zwischen den Wesen. Die Menschen vermögen der Zwietracht nur durch wechselseitige Verpflichtung zu entgehen. Doch gelten diese Versprechen nur dann etwas, wenn diese Verpflichtungen angesichts eines höheren Wesens eingegangen werden, das ihre Einhaltung garantiert. Es gibt also »keinerlei andere Mittel, die Dinge zu festigen«, als »bei etwas Größerem als man selbst« zu schwören, weshalb »die Völker, die keinerlei Religion kennen, zugleich ohne staatliche Ordnung, ohne wirkliche Unterordnung im Zustand der Verwilderung verharren«, da »Menschen, die nicht von ihrem Gewissen geleitet sind, sich gegenseitig keine Sicherheiten geben können« (Bossuet, Politique, S. 216). Wenn die Menschen ohne den Umweg über ein transzendentes Prinzip keine noch so primitive Form von Eintracht zu erlangen vermögen, dann hat jede Unterwerfung unter eine Gottheit, und sei sie auch noch so trügerisch, zumindest den Vorteil, »die Gesetze zu festigen«: »Es ist absolut nicht notwendig, dass man beim wahrhaften Gott schwört. Es genügt, dass ein jeder bei dem Gott schwört, den er anerkennt.« (Ebenda, S. 215) Dennoch vermag einzig die »wahrhafte Religion«, die »auf festen Grundsätzen ruht«, die »Verfassung der Staaten stabiler und solider zu machen« (ebenda, S. 217). Einzig die Heilige Schrift, in der die wahre Abstammungsfolge der Menschheit enthalten ist, vermag nämlich das politische Band zu begründen und dessen Legitimität zu festigen, indem sie es auf dem Prinzip der Abstammung begründet: »Auf diese Weise gelangt man in einer wie auch immer bemessenen Zeit über eine offenbare Verkettung Glied für Glied bis hin zu Adam und zum Anbeginn des Universums.« (Ebenda, S. 220) Zum Abreißen des politischen Bandes kommt es durch eine Unterbrechung der Generationenfolge, welche die Wesen im Einklang mit der Tradition dergestalt verknüpft und ordnet, dass eine »Neuerung« zu einer Quelle der Zwietracht wird: Sie trägt den »unauslöschlichen Makel« des »Schismas« und der »Ketzerei«, der Revolte, welche die Familien spaltet und die Bindung an die Gemeinschaft »kappt« (ebenda, S. 224f.).

In dieser hierarchisch und politisch geprägten Vorstellung des Kosmos wird der in der Widmung an den Thronfolger mit dem Titel des »Königs der Könige« bezeichnete Souverän zum »Minister« Gottes. Als solcher wird er zum Wahrer des »Schwurs« und zum Garanten der »Unterordnung«, die in einem solchen Gemeinwesen die Verbindung zwischen den hierarchisch geordneten Wesen im Staat herstellt, so wie in einem Geschlecht die Nachkommen den Vorfahren, die Kinder dem Vater, die jüngeren Geschwister den älteren untergeordnet sind. Seine Vorrangstellung ist die des Vaters, und die Bezeichnung »gemeinsamer Vater« bezieht sich je nach Kontext bald auf Gott, bald auf den König. In dieser Eigenschaft fällt ihm die Aufgabe des Urteilens zu: »Hat der Fürst sein Urteil gesprochen, gibt es kein weiteres Urteil mehr zu fällen.« (Ebenda, S. 93) Die Liebe zum Vater eint die Untertanen in der Unterordnung, wie es auch unter Brüdern der Fall ist: »Wir sind es uns schuldig, uns gegenseitig zu lieben, weil wir alle denselben Gott lieben müssen, der unser gemeinsamer Vater ist, und seine Einheit ist das Band, das uns zusammenhält.« (Ebenda, S. 6) Der König ist eins mit dem Grund und Boden der Nation, wie es der Vater mit der Mutter ist, und die Liebe zur »Erde, auf der man zusammenlebt«, welche zusammen mit der Sprachgemeinschaft »die Einheit der Nation« ausmacht, gleicht der Liebe zu einer Mutter oder zu einer »gemeinsamen Amme«. In den Völkern kann man »mehrere eigene Familien« sehen, »die jeweils eigene Rechte besitzen« und die »bürgerliche Gesellschaft« oder den »Staat« ausmachen (ebenda, S. 43). Die staatliche Autorität ist nämlich eine Verlängerung der väterlichen Autorität. Man hat »die Könige nach dem Modell der Väter geschaffen«, und der »Königsname« ist ein Vatername« (ebenda, S. 71). Ihre »Macht kommt von oben« (ebenda, S. 70), sie ist ihnen »von Außen verliehen« (ebenda, S. 180). Sie sind Minister Gottes, der »den Fürsten etwas Göttliches eingegeben« hat (ebenda, S. 68). Die Fürsten als Garanten des Gemeinwesens nehmen also »den Platz Gottes ein, welcher der wahre Vater des Menschengeschlechts ist« (ebenda, S. 71). Desgleichen »werden alle Menschen als Untertanen geboren«, und die väterliche Herrschaftsgewalt, der zu gehorchen sie gewohnt sind, impft ihnen zugleich die Gewohnheit ein, nur ein einziges Oberhaupt zu haben« (ebenda, S. 53). Die Ausübung dieser natürlichen Machtbefugnis verlangte keine weiteren Vorkehrungen, gäbe es nicht noch die Leidenschaften, die sich spaltend auswirken und die Umwandlung der väterlichen Liebe in eine politische Kunst erfordern. »Unerbittlich geworden aufgrund der Heftigkeit ihrer Leidenschaften und von unvereinbarer Gemütsart, könnten sie [die Menschen] gar kein Einvernehmen erzielen, es sei denn, sie unterwerfen sich gemeinsam einer Herrschaft, die zwischen ihnen schlichtet.« (Ebenda, S. 17) Die Unterwerfung unter den Fürsten macht aus der Menge »einen einzigen Mann«, wenn »ein jeder, der auf die Durchsetzung seines Willens verzichtet, diesen überträgt und ihn mit demjenigen des Fürsten und der Beamtenschaft vereinigt« (ebenda, S. 18f.). Auf ihr beruhen die Gerechtigkeit und das soziale Band, da die »Unterwerfung der Mächte« den grenzenlosen Äußerungen des egoistischen Verlangens Einhalt gebietet. Aus diesem Grund muss man den Königen »stets Respekt entgegenbringen und ihnen immerdar dienen«, »ob sie nun gut oder böse sind« (ebenda, S. 196). Dieser Formulierung zufolge ist die »Unterordnung« nochmals graduell unterteilt, und dies abhängig von der hierarchischen Nähe zu Gott und zum Fürsten, der dessen Minister ist: »Gehorsam schuldet man jedem seinem Rang entsprechend, und man darf den Anordnungen des Gouverneurs den Gehorsam verweigern, wenn sie sich nachteilig auf diejenigen des Fürsten auswirken.« (Ebenda, S. 194)

Die Großen finden jedoch ihre Existenzberechtigung in ihrer Bestimmung, »den Kleinen Schutz zu gewähren« (ebenda, S. 72). Jeder Untertan gewinnt durch die »Regierung« an Stärke, da er »in der Person des Fürsten« »einen nicht zu bezwingenden Verteidiger hat«, der »sämtliche Kräfte der Nation in seiner Hand gebündelt hält«. Bossuet hebt mehrfach den engen Zusammenhang zwischen Größe und dem Schutz der Schwachen hervor: »Die ganze Macht ist auf den souveränen Beamten übertragen, ein jeder festigt sie auf Kosten der Seinen [...]. Dabei kann man nur gewinnen; man findet nämlich in der Person dieses höchsten Beamten mehr Kraft gebündelt, als man selbst an ihn abgegeben hat, weil wir in ihm alle Kraft der gesamten Nation haben, um uns zu schützen.« (Ebenda, S. 20) Der Vater-Fürst ist der Beschützer der Schwachen: »Die gesamte Heilige Schrift enthält für ihn den Auftrag, dem Armen, dem Schwachen, der Witwe, dem Waisenkind und dem Mündel Gerechtigkeit widerfahren zu lassen.« (Ebenda, S. 21) In diesem Gemeinwesen, in dem die Tauschbeziehungen die Form eines »Netz[es] zirkulierender Güter, [...] eine Folgeerscheinung der [...] Freigebigkeit« (Duby, Krieger und Bauern, S. 60) annimmt, ist die Aufgabenverteilung nach dem Modell der gegenseitigen Hilfe innerhalb der häuslichen Einheit konzipiert. Der Fürst als »ernährender Held« (Kaplan, Le pain, S. 22) und Steuerungsorgan der Tauschvorgänge muss für die »Bedürfnisse des Volkes aufkommen«. »Die Verpflichtung, Sorge für das Volk zu tragen, bildet die Grundlage aller Rechte der Herrscher über ihre Untertanen.« (Bossuet, Politique, S. 74f.) »Die hungrigen Völker bitten ihren König wie einen Hirten oder eher wie ihren Vater um Brot.« (Ebenda, S. 75)

Die Legitimität des Fürsten gründet nicht nur auf dem Schutz, welchen er den ihm anvertrauten Menschen bietet. Sie beruht ebenso unauflöslich auf seiner Selbstlosigkeit und dem Verzicht auf die Befriedigung eigener Wünsche. Augenfällig wird die Würde des Fürsten in seiner Selbstbeherrschung und in der Entschlossenheit, mit der er seine »Leidenschaften« im Zaum hält und sich zum Herrn über sein »Verlangen« macht (ebenda, S. 111). Er erliegt nicht den unvergleichlichen »Verlockungen« der »Macht« (ebenda, S. 435). Er kompensiert seine Privilegien durch das um der anderen willen dargebrachte Opfer. »Er ist nicht um seiner selbst willen geboren« und »denkt nicht an sich« (ebenda, S. 73). Er ist ein allen gleichermaßen verliehenes »öffentliches Gut« (ebenda, S. 89). Gerade dadurch unterscheidet er sich vom »Tyrannen«, dessen »wahrer Charakter [...] sich darin zeigt, dass er nur an sich selbst denkt« (ebenda, S. 77). Alle schulden ihm dafür »Dank« (ebenda, S. 79) und Liebe, welche »den Gehorsam angenehm macht« (ebenda, S. 88). Als öffentliches Gut, welches all die anderen in seiner Person vereint, denkt er für die Allgemeinheit: »Haltet ein, gewöhnliche Gedanken: Macht Platz den königlichen Gedanken! Königliche Gedanken sind solche, die das allgemeine Interesse im Auge haben.« (Ebenda, S. 181) Der Fürst »soll große Dinge denken« (ebenda, S. 180). Aufgrund seiner Größe »steht er über den kleinlichen Interessen« (ebenda, S. 96), »den kleinen Ansichten und den aufs Private gerichteten Gedanken« (ebenda, S. 181), über dem Privaten, den kleinlichen Reden, den »üblen Nachreden« (ebenda, S. 91), »über dem Gefühl des Grolls und groben Worten« (ebenda, S. 182), den Ränkespielen und nichtigen Streitereien (ebenda, S. 315), und er lässt sich nur herab, wenn die Gerechtigkeit es erfordert, dass er »herabsteigt«, um »zu sehen, was beim Volke vorgeht«: »Er muss herabsteigen von diesem erhabenen Gipfel der Größe, dem sich alle nur zitternd zu nähern wagen, um sich die Dinge aus der Nähe zu besehen und hie und da die verstreuten Spuren der Wahrheit einzuholen.« (Ebenda, S. 307) Der »Prunk«, der sich als eine Äußerung egoistischen Verhaftetseins an irdische Güter und die Macht deuten ließe, ist nichtsdestoweniger ein Zeichen des Opfers und der Selbstlosigkeit. Der Fürst verknüpft nämlich »große Ausgaben mit großen Vorhaben« (ebenda, S. 183). Er verleiht seiner Größe durch »großartige Gaben« Ausdruck (ebenda, S. 184). Zu den »notwendigen Ausgaben« kommen noch diejenigen für »Glanz und Würde« hinzu, die nicht weniger notwendig sind, um der Erhabenheit Geltung zu verschaffen.« (Ebenda, S. 379)

Als Verkörperung des Gemeinwohls ist der Fürst zugleich auch der »oberste Richter« (ebenda, S. 299). Er hört sich die an seine Person gerichteten Bitten der Privatleute an. Ein jeder kann »seine berechtigten Klagen auf den hierfür vorgesehenen Wegen unter Ehrerbietung vorbringen« (ebenda, S. 201). Er verbindet »Milde« mit »Entschiedenheit« (ebenda, S. 303), den »Gewaltausbrüchen der Fürsten« dürfen die Untertanen jedoch »respektvolle Vorhaltungen entgegensetzen« (ebenda, S. 201). Bei diesen Bittgesuchen wird kein Unterschied gemacht zwischen Beschuldigungen wegen privater Ausschweifungen und dem Anprangern öffentlicher Skandale. In einem häuslichen Gemeinwesen sorgt die »Personalisierung der Beziehung zwischen dem König und dem Volk« dafür, dass nicht zwischen »familiären Affären« und »Staatsaffären«, einem »Ehekonflikt« und der »öffentlichen Sache« (Farge/Foucault, Familiäre Konflikte) unterschieden wird. Im Rahmen eines Modells der Unterordnung, in dem der politische Körper in der »Person des Fürsten« aufgeht und wo die »Ungleichheit durch und durch persönlicher Natur« ist (Walzer, Regicide, S. 12), bleibt »politisches Handeln auf die unmittelbare physische Nachbarschaft zum Fürsten« beschränkt, so dass er in normalen Zeiten »die Glieder [der Nation] nicht außerhalb des Hofes in Bewegung bringt«, da die Mobilisierung die körperliche Anwesenheit des Königs erfordert (ebenda, S. 27). Wenn sie auch in der Theorie losgelöst voneinander existieren, vermischen sich die zwei Körper des Königs (Kantorowicz, Zwei Körper) tendenziell stets, da der »korporierte Körper der natürliche Körper« ist (Walzer, Regicide, S. 27). Auch wenn die »Person des Königs« zugleich ein »Privatmensch« ist, lässt sich jedoch das »Privatleben« des Königs nicht ohne weiteres von seinem »öffentlichen« Leben trennen (ebenda, S. 21–25). Genauso unterscheidet sich beim König wie auch generell bei den Großen das »private Geflüster« nicht von der »öffentlichen Rede«, das einzelne Gespräch nicht vom allgemeinen Diskurs, das »Intimste« nicht von »Themen von nationaler Bedeutung«, und »persönliches Belieben« nicht von »öffentlicher Einmütigkeit«. »Das Geplauder und das Erzählen von Klatschgeschichten am königlichen Hof«, schreibt Walzer, »ist die Entsprechung zum öffentlichen Reden in demokratischen Versammlungen«. Und er fügt noch hinzu, dass genau diese permanente Vermengung von Persönlichem und Politischem, von »Privatem« und »Öffentlichem« in der Revolution, also just in dem Augenblick, als diese Kategorien sich klar voneinander scheiden, als »konspirativ« empfunden wird. Der Hof wird zu dieser Zeit als die Heimstätte der Ungeheuerlichkeit »privater Intrigen mit öffentlicher Wirkung« angesehen (ebenda, S. 26ff.).

Die Legitimisten, insbesondere de Bonald, machen es sich in der ersten Hälfte des 19. Jahrhunderts zur Aufgabe, das Gemeinwesen des Hauses, dessen Wesenszüge wir in aller Kürze dargestellt haben, neu zu begründen. Doch der reaktionäre Charakter dieses Unternehmens verschafft ihm einen gesonderten Platz in der Geschichte der politischen Philosophie. Für die Legitimisten geht es nämlich darum, ein Gemeinwesen wiederherzustellen, dem die Französische Revolution und der aufkommende Liberalismus die Legitimität entzogen haben und die mit der Ausweitung, den der Gegensatz von »öffentlich« und »privat« durchgemacht hat, von der öffentlichen Sphäre in den Bereich der privaten Beziehungen abgedrängt worden ist. Im Kampf gegen die Ausgrenzung der häuslichen Rechtfertigungsordnung aus dem Bestand an legitimen politischen Konstruktionen versucht de Bonald mit wissenschaftlicher Strenge (er vergleicht sich selbst mit einem Geometer) die logische Möglichkeit aufzuzeigen, Staat und Gesellschaft auf dem Grundsatz der väterlichen Gewalt wiederaufzurichten. Für ihn beruht die politische Ordnung auf der Unterscheidung dreier Wesen: Vater, Mutter und Kind. Er legt besonderen Wert auf die Feststellung, dass diese drei Wesen »ähnlich sind, da sie alle der Menschheit angehören, dass sie aber nicht gleich sind, insoweit ihnen unterschiedliche Funktionen zukommen« (de Bonald, Démonstration philosophique, S. 449). Aufgrund des Spannungsverhältnisses, das er zwischen einem Prinzip gemeinsam geteilten Menschseins und einem Ordnungsprinzip feststellt, fällt seine Problematik unzweifelhaft in den Geltungsbereich der Axiomatik der Rechtfertigungsordnung, in die sämtliche der von uns in diesem Buch analysierten politischen Metaphysiken gehören. De Bonald löst diese drei Personen aus dem Rahmen der auf Blutsbanden beruhenden Kernfamilie, um sie in allgemeinem Sinne, das heißt als moralische Wesen zu konstruieren, denen die Rolle von Schauspielern in einem politischen Drama zukommt: »Ersetzen wir die individuellen physischen Bezeichnungen Vater, Mutter und Kind, die es selbst bei Tierfamilien gibt, durch die allgemeinen moralischen Ausdrücke Macht, Minister und Untertan, Begriffe, die mit Verstand begabte Wesen bezeichnen, sich auf die Gesellschaft und sogar jegliche Gesellschaft und nur auf sie anwenden lassen. [...] Wir können also gegenwärtig mit diesen allgemeinen Ausdrücken arbeiten, welche alle Personen in allen Gesellschaften repräsentieren, und sämtliche Probleme lösen, die sich ihnen stellen.« (Ebenda, S. 450f.)

Die anthropologische Literatur könnte zweifellos weitere Varianten dieser Bemühung um Verallgemeinerung des häuslichen Bandes liefern. Dieses Band scheint in den wenigen Beispielen, die uns zur Verfügung stehen, mit der Suche nach einem Kohäsionsprinzip einherzugehen, mit dem sich politische Einheiten, die zu umfangreich und unter kulturellen Gesichtspunkten zu heterogen sind, um direkt auf einer gemeinsamen mythischen Genealogie aufzubauen, stützen lassen. Wir denken vor allem an das Buch von Maurice Bloch über die Geschichte des Beschneidungsrituals im Königreich Merina von Madagaskar, das während der Regentschaft der Königin Andrianampoinimerina gegen Ende des 18. Jahrhunderts von einem unregelmäßig und in Abhängigkeit vom Geburtsrhythmus einer Familie vollzogenen, streng familiären Ritual zu einem Staatsritual erhoben wurde. Die Beschneidung aller Untertanen erfolgte nun alle sieben Jahre exakt zeitgleich mit den Beschneidungszeremonien der Königsfamilie (Bloch, From Blessing). Der häusliche Raum des Souveräns wurde während der mit der königlichen Beschneidung einhergehenden Festperiode auf das gesamte Königreich ausgedehnt. Die Beschneidungsriten boten die Gelegenheit für alle, die in der Teilhabe an der Totalität einer geordneten Welt versammelt waren, ihre Einheit als »ältere und jüngere Geschwister« (S. 119) zu demonstrieren. Maurice Blochs Untersuchung legt nahe, dass das Ritual hier die Rolle spielt, die der politischen Philosophie in den Beispielen zukommt, auf die sich unsere Untersuchungen stützen.

Das Gemeinwesen der Meinung

Während die Größe im häuslichen Gemeinwesen in einer hierarchischen Kette verwurzelt ist und sich als Fähigkeit, in »seiner Person« den »Willen« der Untergebenen »einzuschließen«, definieren lässt, hängt in einem auf Ansehen und Ruhm gründenden Modell der Ordnung Größe einzig von der Meinung der anderen ab. In einer ersten Annäherung an dieses Gemeinwesen werden wir diejenigen Passagen im Werk Hobbes' heranziehen, die der Definition der Ehre gewidmet sind. Das Hobbes'sche Ehrverständnis mag vielleicht im Vergleich zum Kern seiner politischen Theorie etwas randständig erscheinen, es stützt sich jedoch auf den gleichen Satz von Konzepten und beruht vor allem auf derselben Theorie konventioneller Zeichen. Im Gemeinwesen der Meinung ist die Konstruktion von Größe eng an die Beschaffenheit konventioneller

Zeichen gebunden. Als Verdichtung und Manifestation der durch die wechselseitige Wertschätzung der Menschen erzeugten Kraft ermöglichen diese Zeichen, eine Äquivalenz zwischen den Personen herzustellen und ihren jeweiligen Wert zu kalkulieren. »Die Zeichen, an denen wir unsere eigene Kraft oder Macht erkennen, sind jene Tätigkeiten, welche von dieser Kraft ausgehen, und die Zeichen, woran andere sie erkennen, sind solche Tätigkeiten und Gebarungen, die Mienen und die Sprache, worin jene Kraft sich gewöhnlich äußert. Die Anerkennung dieser Kraft aber nennen wir *Ehre*; und einem Mann Ehre erweisen (innere Ehre) ist, es erkennen oder anerkennen, daß er an Macht jenen überragt, der mit ihm wetteifert und sich mit ihm vergleicht. [...] und nach den Zeichen der Ehre und der Unehre bemessen und schätzen wir den Wert eines Menschen.« (Hobbes, Naturrecht, S. 164) Die in »Naturrecht und allgemeines Staatsrecht« entwickelte nominalistische Definition der Willkürlichkeit der Zeichen lässt sich nicht trennen von der Art, wie der Souverän zusammengesetzt ist, die in demselben Werk schon als Verbindung einer »Vielheit natürlicher Personen« (ebenda, S. 132) oder dem »Zusammenschluß vieler Willen zu einem« (ebenda, S. 91) skizziert, vor allem aber im »Leviathan« mit Formulierungen wie »Vertretung« (to personate), »künstliche Person« und »Autor« entwickelt wurde, wobei der Akzent auf der Willkür des Akteurs liegt, der seine Kraft nur aus der Autorisierung durch die Vertragspartner zieht.

Hobbes bedient sich häufig eines dem Warenhandel entlehnten Vokabulars, wenn er den Wert der Personen im bürgerlichen Leben behandelt. Wie so oft unter seiner Feder weicht die Bedeutung der von ihm verwendeten Begriffe von ihrem gewöhnlichen Gebrauch ab (vgl. unten, der Begriff der Vertretung[20]). Manche Autoren sehen in Hobbes den Begründer der Marktphilosophie und stützen sich dabei vor allem auf den wiederholt verwendeten Begriff des »Preises« von Personen (Macpherson, Political Theory). In unserer Analyse des Gemeinwesens des Marktes und desjenigen der Meinung haben wir uns dagegen bemüht, die zwischen diesen beiden Formen von Größe bestehenden Unterschiede herauszustreichen. Im Gemeinwesen der Meinung gibt es keine Güter, die den Personen äußerlich sind und die unter Bedingungen der Knappheit das Zusammentreffen der Begierden regeln müssen. Die Anerkennung der Reputation überträgt sich direkt auf die Personen, und ihre in

20 Im Englischen »to personate«, Anm. des Übers.

der jeweiligen Definition willkürlichen Eigenschaften sind die Zeichen ihres Ruhmes.[21]

Die Theorie der Person bildet das Bindeglied zwischen der Konstruktion der Größe der »natürlichen Personen«, die auf der Attribuierung von Ehrenzeichen basiert, und der Konstruktion der »fingierten Person« des Souveräns. Die Konstruktion der Person bei Hobbes setzt ein Arrangement voraus, in dem die von einem »Darsteller« zur Schau gestellten »Zeichen« (Worte oder Handlungen) einem »Autor« »zugerechnet« oder »attribuiert« werden, so wie man Wirkungen einer Ursache zurechnet. Dieses Arrangement, anhand dessen sich in der Theorie der Ehre die relative Größe der Personen untereinander bestimmen lässt (die Größeren sind dabei diejenigen, denen die meisten Ehrenzeichen beimessen), stellt auch ein zentrales Element im Rahmen der Theorie der »fingierten Person« des Souveräns dar. In der Theorie der fingierten Person ist nämlich die Vertretung oder Repräsentation des Volkes durch den Souverän oder des Autors durch den Darsteller notwendigerweise auch eine Projektion des Autors in den Darsteller. Der Souverän als »fingierte Person« ist der »Darsteller«, der die Menge der »Untertanen«, welche der Autor des Schauspiels ist, »personifiziert« (Person im etymologischen Sinn von Maske) und »vertritt«. Man kann durchaus der Meinung sein, dass diese Darstellung der fingierten Person einen Dritten voraussetzt, der urteilt und die Zeichen zumisst. Dieser Dritte unterscheidet sich nicht vom Autor, der sich durch diesen Mechanismus der Attribuierung selbst mit dem Souverän identifiziert (Jaume, La théorie).

Im *Gemeinwesen der Meinung*, in dem die Größe allein von der Anzahl der Personen abhängt, die einem Kredit gewähren, ist diese Größe aufgrund dieses Äquivalenzmodus unabhängig von jeglicher persönlichen Abhängigkeit. Wenn es nun mehr wert ist, von den Großen geschätzt zu werden, als die Wertschätzung der Kleinen zu genießen, so liegt das daran, dass die Großen ja sowieso schon die Anerkennung der anderen auf sich vereinigen: »Ehrenhaft« ist es, »von vielen geehrt, geliebt oder gefürchtet zu werden« (Hobbes, Leviathan, S. 70). Damit reduziert Hobbes »sämtliche Grundlagen der Ehre oder der Wertschät-

---

21 Wir gehen später noch darauf ein, wie der Markt durch Meinungen gestört wird (vgl. unten, »Die Auswirkungen der Spekulation«). Es sei hier trotzdem schon angemerkt, dass diese Verschiebung vom Marktwert auf das Renommee einen Gutteil der soziologischen Literatur beschäftigt, die sich auf Begriffe wie »Kredit« oder »Markt« hinsichtlich der Meinung der anderen stützt.

zung auf einen einzigen Begriff, nämlich Macht« (Goldschmidt, Anthropologie et politique, S. 723), deren Umfang von der Anzahl derer abhängt, die einem Anerkennung zollen und die damit zugleich auch Macht gewähren: »Die größte menschliche Macht ist diejenige, welche aus der Macht sehr vieler Menschen zusammengesetzt ist, die durch Übereinstimmung zu einer einzigen natürlichen oder bürgerlichen Person vereint sind [...]. Deshalb ist es Macht, Diener zu haben, Freunde zu haben ebenfalls, denn sie sind vereinte Kräfte.« (Hobbes, Leviathan, S. 66) »Denn die Natur der Macht ist [...] dem Gerücht ähnlich, das mit seiner Verbreitung zunimmt.« (Ebenda, S. 66) Vom Ansehen, der Meinung der anderen hängt der Wert oder die Größe einer Person ab: »Im Ruf von Macht stehen ist Macht.« (Ebenda, S. 66) Und: »Glücklicher Erfolg ist Macht, da er zu dem Ruf von Weisheit oder großem Glück führt.« (Ebenda, S. 67)

Ist die Größe einer Person erst anhand der Meinung der anderen ermittelt, dann ist sie unabhängig von der Wertschätzung, welche die Person von sich selbst hat: »Denn mag jemand, wie es die meisten Leute tun, sich selbst den höchsten Wert beimessen, so ist doch sein wahrer Wert nicht höher, als er von anderen geschätzt wird.« (Ebenda, S. 67) Die Größe einer Person oder, wie Hobbes sagt, seine »Bedeutung« hängt allein von der Meinung der anderen ab: »Die *Geltung* oder der *Wert* eines Menschen ist wie der aller anderen Dinge sein Preis. Das heißt, er richtet sich danach, wieviel man für die Benützung seiner Macht bezahlen würde und ist deshalb nicht absolut, sondern von dem Bedarf und der Einschätzung eines anderen abhängig.« (Ebenda, S. 67) Deshalb ist »ein fähiger Heerführer [...] zur Zeit eines herrschenden oder drohenden Krieges sehr teuer, im Frieden jedoch nicht. Ein gelehrter und unbestechlicher Richter ist in Friedenszeiten von hohem Wert, dagegen nicht im Krieg.« (Ebenda, S. 67) Ebenso ist die Größe der Menschen, deren Bedeutung nur von einer kleinen Zahl von Personen anerkannt wird, wie es bei den Gelehrten der Fall ist, gering, und sie besitzen nicht viel Macht: »Die Wissenschaften sind eine geringe Macht, da sie nicht auffallen und deshalb nicht von jedermann anerkannt werden. Überhaupt besitzen sie nur wenige Leute, und diese nur von wenigen Gegenständen. Denn es liegt in der Natur der Wissenschaft, daß sie nur von denjenigen verstanden werden kann, die schon ein gutes Stück in sie eingedrungen sind.« (Ebenda, S. 67) Als Produkt der Anerkennung bemisst sich die Größe nach dem Grad, in dem man dem Blick des anderen ausgesetzt ist, also der Sichtbarkeit: »Berühmt, das heißt wegen seines Vermögens, Amts, seiner großen Taten oder irgendeines herausragenden Vorzugs bekannt zu sein, ist ehrenhaft, denn dies ist ein Zeichen der Macht, wegen der er berühmt ist. Umgekehrt ist Unbekanntheit unehrenhaft.« (Ebenda, S. 70) Ehre lässt sich demnach auf Ansehen reduzieren. Was Hobbes »bürgerliche Ehre« nennt (ebenda, S. 69), hängt von der Achtung des Souveräns ab, allerdings nur insoweit der Souverän Anerkennung seitens der größten Zahl erfährt, wodurch er die Vollmacht erhält, die Meinung überhaupt zu verkörpern: »Das Kundtun des Werts, den wir uns gegenseitig beimessen, nennt man gewöhnlich ehren und entehren. Jemanden hoch einschätzen heißt ihn *ehren*, ihn niedrig einschätzen heißt ihn *entehren*.« (Ebenda, S. 67) »Einem anderen Beweise von Liebe oder Furcht geben« heißt, im einen wie im andern Fall ehren, »denn lieben wie fürchten bedeutet einen Wert beimessen« (ebenda, S. 68). Es ist also zwecklos, einen Unterschied zu machen zwischen echter Ehrerbietung und einem »Zeichen von Ehrerbietung«. »Einem anderen erweisen, was er für ein Zeichen von Ehrerbietung ansieht oder was Gesetz oder Gewohnheit dazu machen, heißt ehren, denn indem man die von anderen bezeugte Ehrerbietung billigt, anerkennt man die Macht, die andere anerkennen.« (Ebenda, S. 69) Ebenso sind die Eigenschaften, in denen Größe zum Ausdruck kommt, wie »Großmut«, »Freigebigkeit« oder »Mut«, nur insofern ehrenwert, als sie »aus dem Bewußtsein von Macht entstehen« (ebenda, S. 70). Die geringe Meinung, die sie von sich selbst haben und die daher rührt, dass die anderen kein Aufhebens um sie machen, ist die Ursache für die Gemeinheit der Kleinen, von »Kleinmütigkeit, Geiz, Furcht und Mißtrauen« (ebenda, S. 70).

Hobbes' Argumentation, in der Ehre mit Kredit gleichgesetzt wird, richtet sich auf ein Phänomen, das in der Geschichtswissenschaft und der Anthropologie unter der Rubrik der Ehre behandelt wird. Die Ehre in den mediterranen Gesellschaften erscheint in den Arbeiten der Anthropologen als instabiler Kompromiss zwischen der Größe des Hauses (Sicherstellung der vorteilhaftesten Positionen für eine Sippe; vgl. Favret, Relations de dépendance), der Größe des Ansehens (das Tribunal der öffentlichen Meinung) (Bourdieu, Entwurf), der Größe der Inspiriertheit (die etwa in dem Gegensatz zwischen der ungestümen und sich wenig um Verantwortung kümmernden Ehre der Jungen und der durch Weisheit und Ruhe charakterisierten Ehre der Alten zum Ausdruck kommt; vgl. Jamous, Honneur et baraka) und marktorientierten Werten: Auch wenn in den traditionellen Gesellschaften des Mittelmeerraumes keine als völlig legitim angesehene Größe des Marktes existiert, geht der Großteil der anderen Autoren davon aus, dass verborgene »Interessen« durchaus vorhanden sind (dieser Aspekt wird explizit nur in »Sozialer Sinn« [S. 205–221] von Pierre Bourdieu in Form einer Theorie des »symbolischen Kapitals« ausgeführt). In anderen Arbeiten findet sich Ehre als Eigenschaft definiert, welche die »Treue zum gegebenen Wort« sicherstellt und »sogar die Grundlage für das ›beeidigte Versprechen‹, also den Vertrag darstellte« (Farès, L'Honneur chez les Arabes avant l'Islam, zit. in M. P. di Bella, Implications). Hobbes selbst definiert die Ungerechtigkeit als den »absurden« Bruch eines Vertrages: »So gleicht also *Unrecht* oder *Ungerechtigkeit* in weltlichen Streitigkeiten in gewisser Beziehung dem, was in den Disputationen der Scholastiker *Absurdität* genannt wird. Denn wie man dort als Absurdität bezeichnet, dem zu widersprechen, was man anfangs behauptet hat, so bezeichnet man es auf weltlichem Gebiet als Ungerechtigkeit oder Unrecht, willentlich dem entgegenzuhandeln, was man anfangs willentlich getan hat.« (Hobbes, Leviathan, S. 101) Dessen ungeachtet unterscheidet sich in der Hobbes'schen Argumentation die Ehre von der »Gerechtigkeit« im oben beschriebenen Sinne. »Es spielt auch keine große Rolle, ob eine Handlung gerecht oder ungerecht ist, wenn sie nur groß und schwierig und folglich ein Zeichen von Macht ist. Denn Ehre besteht nur in der Meinung, daß Macht vorliegt.« (Ebenda, S. 71) Daher entfernt sich das für das Gemeinwesen der Meinung charakteristische *Gleichgewicht* von der vertraglich eingegangenen Verpflichtung. Zur Begründung dieses Gemeinwesens darf nichts in der Prüfanordnung die Modifikationen der Größe behindern, welche das Auf und Ab der Meinung widerspiegeln. Dieses freie Spiel ist gerade dann gefährdet, wenn die Größe der Personen von Verträgen oder der Treue gegenüber eingegangenen Verpflichtungen abhängt.

Im Gemeinwesen der Meinung kommt es zu Streitigkeiten, sobald sich eine Kluft bildet zwischen der Selbstachtung eines Individuums und der Wertschätzung seitens der anderen, welche die eigentliche Realität darstellt. Man kann daher einen anderen ehren oder entehren, ihn hoch einschätzen oder niedrig, die Zeichen der Achtung oder Verachtung sind jedoch immer relativ, da »hoch und niedrig [...] in diesem Falle aber als Vergleich mit dem Rang zu verstehen [ist], den jedermann sich selbst beilegt« (ebenda, S. 67f.). Da der »wahre Wert« einer Person einzig von der ihm von den anderen entgegengebrachten Achtung abhängt, beruhen die Proteste einer gekränkten Person und ihre Forderung nach Wiedergutmachung notwendigerweise auf einer verzerrten Wahrnehmung, Selbstüberschätzung oder Anmaßung. Die Streitigkeiten sind also kein Anlass für einen Konflikt zwischen der Meinung und dem Gewissen, welches, wie in der inspirierten Verdammung irdischen Ruhmes, als ein auf Eingebung beruhendes und im »Gewissen« vorhandenes Wissen um eine höhere Größe definiert ist, da in diesem Modell der Unterordnung, in der »die privaten Gewissen« den »privaten Meinungen« gleichgestellt sind (ebenda, S. 247), »das Gewissen [...] weiter nichts [sei] als subjektive Gesinnung, private Ansicht« (Koselleck, Kritik, S. 21).

»Ebenso wurde allgemein gelehrt«, schreibt Hobbes, »daß Glaube und Heiligkeit nicht durch Studium und Vernunft, sondern durch übernatürliche Eingebung oder Einflößung zu erlangen sind. Gibt man dies zu, so kann ich nicht recht einsehen, weshalb sich jemand von seinem Glauben vernünftige Rechenschaft geben oder jeder Christ nicht zugleich auch Prophet sein oder jedermann das Gesetz seines Staates vor seiner eigenen Eingebung zum Maßstab seiner Handlungen nehmen sollte.« (Hobbes, Leviathan, S. 247) Ein Verhalten in der Öffentlichkeit, das von einer inneren Stimme und dem Glauben an eine innere, der Meinung der Umwelt gegenüber blinde Wahrheit diktiert wird, kennzeichnet den Wahnsinn. Wahnsinn ist mit einer Verwirrung hinsichtlich der Größe vergleichbar, über deren Begrenztheit nicht mehr länger Klarheit herrscht: »Ein anderer und schwerwiegender Mangel des Geistes ist das, was die Menschen Wahnsinn nennen; es scheint nichts anderes zu sein, als daß irgendeine Vorstellung alle anderen so beherrscht, daß wir keinen Affekt aus einer anderen Quelle haben. Und diese Vorstellung ist nichts anderes als übermäßig eitler Stolz oder eitle Niedergeschlagenheit [...]. Zunächst haben wir das Beispiel eines Menschen, der in Cheapside von einem Wagen, anstatt von der Kanzel, predigte, daß er selbst Christus wäre, worin geistige Überhebung oder Wahnsinn lag. [...] Und wenn dies auch Beispiele für auf die Spitze getriebene Leidenschaften sind, so gibt es in allen viele Beispiele für viele Abstufungen, die man auch als Narrheiten ansprechen kann. Einen Grad der ersten Art von Wahnsinn besitzt der Mensch, der ohne sicheren Beweis inspiriert zu sein oder sonst eine andere Wirkung von Gottes Heiligem Geist, als andere gottesfürchtige Menschen, in sich zu verspüren glaubt.« (Hobbes, Naturrecht, S. 80f.) Der Wahnsinn, der unter dem Deckmantel der Eingebung daherkommt, wird inmitten der Menge offenkundig: »Obwohl die Auswirkungen der Verrücktheit solcher Leute, die von der Vorstellung besessen sind, Eingebungen zu haben, bei einer Einzelperson nicht immer an einer ausgefallenen, von dieser Leidenschaft herrührenden Handlung sichtbar wird, so ist doch, wenn viele von ihnen sich zusammenfinden, die Wut der gesamten Menge sichtbar genug. Denn kann es einen besseren Beweis von Verrücktheit geben als zu lärmen, zu schlagen und Steine auf die besten Freunde zu werfen? [...] Und gäbe es auch sonst nichts, was ihren Wahnsinn verriete, so wäre doch die Anmaßung solcher Eingebungen Beweis genug.« (Hobbes, Leviathan, S. 57)

Gerade durch die Weigerung, die politische Dimension der Inspiration anzuerkennen, die in die Sphäre des Subjektiven verbannt und damit als willkürlich abgetan wird, und durch die Absicht, die Macht der Leidenschaften und der gemeinen Begierden aufzudecken, die sich hinter der Berufung auf innere Gewissheit verbergen, wird es möglich, die Äquivalenz zwischen der Größe und dem Ruhm herzustellen, ohne die Enthüllung der Macht der öffentlichen Meinung in ein schiefes Licht zu rücken, wie dies bei den französischen Moralisten des 17. Jahrhunderts und später dann bei Rousseau (die »Achtung«[22]) der Fall sein wird. Die vom Jansenismus inspirierten Moralisten (La Rochefoucauld, Nicole, Pascal) entwickeln eine Auffassung von Ehre, bei der der Wert der Menschen und insbesondere derjenige der Großen als ein bloßes Produkt der Meinung der anderen gesehen werden. Allerdings wird dies stets im Ton kritischer Enthüllung geäußert: »Der Mensch ist nicht groß. Allein der Wunsch, groß zu werden, macht ihn nicht groß.« (Bénichou, Morales, S. 172) Die »Ehre des Gewissens« (die Ehre *»in foro interno«*, wie es bei Koselleck heißt [Koselleck, Kritik, S. 20], wird gegenüber der Ehre des Hofes, der falschen Größe, in Stellung gebracht. Diese in der stoischen und christlichen Tradition stehende Unterscheidung, in der in radikalisierter Form der irdische Ruhm angeprangert wird, enthüllt die verborgene Wahrheit der allein vom Blick der anderen abhängenden weltlichen Größe, um besser die Züge hervortreten zu lassen, an denen sich wahre Größe erkennen lässt: jene Größe, die sich nicht um die Meinung der Welt schert und einzig die Zeichen göttlicher Auserwähltheit anerkennt. Diese Thematik wurde schon von Augustinus in den »Bekennt-

22 Hobbes selbst spricht von »Einbildung« [vain glory], die, um nicht mit dem Ansehen gleichgesetzt zu werden, die subtile Unterscheidung von »Schmeichelei« und »Wertschätzung« voraussetzt: »*Freude* [joy], die von der Vorstellung eigener Macht und Fähigkeit herrührt, ist jenes Hochgefühl des Geistes, das man *Stolz* [glorying] nennt. Liegt ihm die Erfahrung früherer eigener Taten zugrunde, so ist er dasselbe wie *Selbstvertrauen* [confidence]. Gründet er sich dagegen auf die Schmeicheleien anderer oder legt man ihn sich einfach nur bei, weil man seine Folgen schätzt, so nennt man dies *Einbildung* [vain glory]. Dieser Name besteht zu Recht, denn ein wohlbegründetes *Selbstvertrauen* führt zur Tat, die bloße Annahme von Macht dagegen nicht und wird deshalb zu Recht *eingebildet* [vain] genannt.« (Hobbes, Leviathan, S. 44)

nissen« sowie in den Teilen von »Der Gottesstaat« entwickelt, die sich der Widerlegung der klassischen Auffassungen von Ruhm widmen und denen zufolge der Ruhm als irdisches Ziel verfolgt wird, um die Größe des Staates zu mehren (Lida De Malkiel, L'idée, S. 89–92). Von den Juristen wird sie nun in den Kämpfen zwischen Kirche und politischen Gesellschaften erneut aufgegriffen, um in erster Linie die spirituellen Ambitionen der Laien abzuwehren (de Lagarde, Naissance). Die italienische Renaissance entwickelt gegen die christliche Auffassung vom menschlichen Elend das ciceronische Konzept der »virtus«. Die *vir virtutis*, die eines der Bestandteile des Renaissanceideals des Edelmannes ist, setzt die Möglichkeit voraus, es in dieser Welt zu einer Form dramatischer und heroischer Exzellenz zu bringen, die der Vorstellung des »Elends des Menschen« und der im Namen der Vorsehung und der Gnade ausgesprochenen Verdammung des Ruhmes und heroischer Taten diametral entgegengesetzt ist (Skinner, Foundations. Bd. 1, S. 90–101). Bei den französischen Moralisten des 18. Jahrhunderts wie bei Hobbes werden Heldentaten, in denen Gewalt zum Einsatz kommt, dem Interesse und der Eigenliebe zugeschlagen (Hirschman, Leidenschaften, S. 17ff.). Doch unterliegen sie in beiden Fällen nicht der gleichen moralischen Behandlung. Hobbes beugt sich der Realität ihrer Größe, wenn diese Heldentaten von den anderen als groß angesehen werden, ohne sie im Namen eines anderen Gerechtigkeitsprinzips herabsetzen zu wollen. Die Strategie der Moralisten sieht anders aus. Sie greifen die bei Hofe geltenden Größen nicht frontal an, sondern relativieren sie, indem sie sie in eine Welt stoßen, die aus einer Vielfalt von hierarchisch geordneten oder sogar als inkommensurabel behandelten Größen besteht, wie im der Tyrannei gewidmeten Text von Pascal:

»Tyrannei besteht im allumfassenden Verlangen nach der Herrschaft außerhalb ihrer eigenen Ordnung. Verschiedene Räume mit Starken, mit Schönen, mit Geistreichen, mit Frommen, von denen jeder bei sich zu Hause herrscht, nicht anderswo. Und zuweilen treffen sie aufeinander, und der Starke und der Schöne streiten töricht miteinander, wer der Herr des anderen sein solle, denn ihre Herrschaft ist ja von unterschiedlicher Art. Sie können sich nicht verständigen. Und ihr Fehler ist, überall herrschen zu wollen. Nichts vermag das, nicht einmal die Gewalt: Sie bewirkt nichts im Reich des Gelehrten, sie ist nur Herrin über die äußerlichen Handlungen. – [...] Daher sind diese Reden falsch und tyrannisch: Ich bin schön, also muß man mich fürchten, ich bin stark, also muß man mich lieben, ich bin ... Tyrannei ist, etwas auf einem Wege haben zu wollen, was man nur auf einem anderen haben kann. Man teilt verschiedenen Verdiensten verschiedene Pflichten zu, die Pflicht zur Liebe der Anmut, die Pflicht zur Furcht der Gewalt, die Pflicht zur Glaubwürdigkeit der Wissenschaft. Man muß jene Pflichten erfüllen, man ist im Unrecht, wenn man sie verweigert, und ebenso im Unrecht, wenn man nach anderen verlangt. [...] Und ebenso ist es falsch und tyrannisch zu sagen: Er ist nicht stark, also werde ich ihn nicht achten, er ist nicht klug, also werde ich ihn nicht fürchten.« (Pascal, Gedanken, 58/332 und 58*a*/332, S. 57f.; leicht geändert durch den Übers.; Michael Walzer stützt sich bei der Ausarbeitung seiner Theorie autonomer Gerechtigkeitssphären auf diese Pensée [Walzer, Sphären, S. 46–50].)

In der jansenistischen Literatur finden sich weitere Spielarten, sich mit der Pluralität der Größen zu befassen, wobei hier die Größen nicht verschiedenen Personen, die an unterschiedlichen Plätzen (»Räume«) stehen, anhaften, sondern in ein und derselben Person zugleich versammelt sind. Sie kann also unterschiedlich bewertet werden, je nach dem Blickwinkel, aus dem sie betrachtet wird. Ein Beispiel hierfür ist das für die Unterrichtung eines »Kindes von hoher Abkunft« bestimmte Paradigma des Königs wider Willen, das Nicole in den »Essais de morale« Pascal zuschreibt (Pascal, Drei Vorträge, S. 128ff.): »Ein Mensch ist vom Sturm an eine unbekannte Insel verschlagen, deren Bewohner bemüht sind, ihren König, der verschwunden war, wiederzufinden; und da jener diesem König an Gesicht und Gestalt sehr ähnlich ist, hält man ihn für den König, und er wird in dieser Eigenschaft von dem ganzen Volk anerkannt. Anfänglich wußte er nicht, wie er sich verhalten sollte, aber schließlich beschloß er, sich seinem günstigen Geschick zu überlassen. Er nahm alle Ehrungen an, die man ihm erweisen wollte, und er ließ zu, daß man ihn als König behandelte. Aber da er seinen natürlich Stand nicht vergessen konnte, dachte er gleichzeitig, während man ihm diese Ehrungen erwies, daß er nicht der König sei, den dies Volk gesucht hatte, und daß ihm dies Königreich nicht gehöre. So hatte er einen doppelten Gedanken, einen, mit dem er als König handelte, einen andern, durch den er von seinem wahren Stand wußte und daß es nur der Zufall gewesen war, der ihn auf den Platz gestellt hatte, den er jetzt einnahm. Diesen letzten Gedanken hielt er verborgen, den andern zeigte er öffentlich. Mit dem ersten sprach er zu dem Volk, mit dem letzten sprach er zu sich selbst.«

»Es gibt« deshalb, so liest man im weiteren Verlauf dieser Abhandlung, »in der Welt zwei Arten von Größen«: die »Größen der Satzung« (grandeurs d'établissement) und »natürliche Größen«. Erstere »hängen von dem Willen der Menschen ab«; wir schulden ihnen »Ehrung der

Satzung, das heißt bestimmte äußere Förmlichkeiten« und keine Wertschätzung. Dagegen »sind natürliche Größen jene, die von der Laune der Menschen unabhängig sind, weil sie in wirklichen und tatsächlichen Eigenschaften der Seele oder des Leibes bestehen«; sie erfordern »eine Auszeichnung durch Wertschätzung«. Das Kind von hoher Geburt wird damit dem zum König gemachten Schiffbrüchigen vergleichbar: »Aber, worin Sie völlig gleich mit ihm sind, das ist, daß dies Recht, wodurch Sie ihn haben, ebensowenig wie das seine auf irgendeiner Eigenschaft und irgendeinem Verdienst, das Ihnen eigentümlich wäre und das Sie dessen würdig machte, begründet ist. Ihre Seele und Ihr Körper haben von sich aus mit dem Stand eines Schiffers oder dem eines Herzogs nichts zu tun, und es gibt kein natürliches Band, das sie mit dem einen Stand eher als mit einem andern verbindet.« (Ebenda)

Sind die Größen erst einmal in unterschiedliche Typen aufgeteilt, die nicht alle in gleichem Maße natürlich (oder real) sind, vermag sich das Individuum aufgrund des »doppelten Gedankens« von sich selbst zu distanzieren und seine eigene Situation zu bedenken: »Was folgt daraus? Daß Sie wie der Mensch, von dem wir gesprochen haben, einen doppelten Gedanken haben müssen, und daß, wenn Sie äußerlich mit den Menschen auf Grund Ihrer Stellung verhandeln, Sie durch einen verborgenen Gedanken, der der Wahrheit näherkommt, erkennen sollten, daß Sie von Natur nichts vor ihnen voraus haben. Wenn der offen gezeigte Gedanke Sie über die große Masse der Menschen erhebt, so soll Sie der andere erniedrigen und Sie in vollständiger Gleichheit mit allen Menschen halten: denn das ist Ihr natürlicher Stand.« (Ebenda) Das Individuum kann im Geiste in sich gehen oder aus sich heraustreten, und dies eröffnet ihm die Möglichkeit zur Kritik, etwa wenn es die Eitelkeit der Welt im Namen innerer Werte anprangert oder sein Herz öffnet und öffentlich preisgibt, dass es in mancherlei Hinsicht immer noch Sklave der Meinung der anderen ist.

Die Konstruktion eines Marktes der Wertschätzung und einer Größe des Ruhmes, die nicht zugleich den Verzicht auf die christliche Hoffnung auf eine im eigenen Innern angesiedelte Größe bedeutet, eröffnet wie bei Rousseau einen Raum für das freie Spiel mit den unterschiedlichen Bedeutungen des Begriffes *Achtung*: Die Selbstachtung, die Achtung der anderen für einen, die Achtung für die anderen, während man gleichzeitig den Blick der anderen auf einen selbst belauert. Dadurch bildet sich eine Tradition heraus (deren Spuren sich bis in bestimmte zeitgenössische Strömungen der Sozialpsychologie verfolgen lassen), in der das politische Band zuallererst eine Angelegenheit des Blickes ist.

Zugleich entwickelt sich eine Rhetorik des Pamphlets und eine Kasuistik des Verdachts, um hinter dem Kunstgriff des doppelten Gedankens zum einen die Position der jeweils anderen auf der Rangskala der Größe auszumachen und zum andern die Bemühungen, sich den Anschein natürlicher Größe zu geben, bei denen zu demaskieren, deren gehobene Stellung auf einer »Größe der Satzung« beruht; oder schließlich, um im Innern einer Person das tatsächliche Vorliegen einer Größe zu begründen, in der die anderen nur das Ergebnis äußerer Umstände sehen wollen (wie dies heute bei dem Inhaber eines Bildungstitels der Fall ist, der seinen eigenen Wert geltend machen will). Der Verdacht, der bei jedem auf das kleinste Anzeichen von Gemeinheit lauert und nur auf die Gelegenheit wartet, den Kleinlichkeiten der Seele den Schleier falscher Größe zu entreißen, kommt, wie das die Texte La Bruyères über die Größe der Menschen zeigen, im Spannungsverhältnis zwischen der Größe des Souveräns und der Niedertracht des Hofes zur vollen Entfaltung. Über den Souverän spricht La Bruyère wie Bossuet auch. Doch dem Verantwortungsgefühl des Königs stellt er die Armseligkeit des Höflings gegenüber, der klein ist, weil er ohne die Bindungen ist, welche die Größe des Hauses ausmachen: »Der Günstling hat kein Gefolge; er bindet sich an nichts und steht allein; er kann von Verwandten und Kreaturen umringt sein, aber er gehört nicht zu ihnen; er ist von allem gelöst und isoliert.« (La Bruyère, Charaktere, 2. Bd., Nr. 18, S. 42) Ungebundenheit ist (genauso wie auch für die Größe des Marktes) die Voraussetzung, um durch Ruhm zu Größe zu gelangen. Der Mann des Hofes, für den die Meinung der anderen »existenzbegründend« ist, wie Norbert Elias schreibt (Elias, Gesellschaft, S. 145), existiert nur durch den auf ihn gerichteten Blick: »Sich dem Hofe einen Augenblick zu entziehen, heißt: auf ihn verzichten; der Höfling, der ihn am Morgen besucht hat, besucht ihn am Abend, um ihn auch am nächsten Tage zu kennen oder selbst an ihm gekannt zu sein.« (La Bruyère, Charaktere, 1. Bd., Nr. 4, S. 299) Doch kann er dabei nur verlieren, da die Größe des Ruhmes sich als eine Illusion herausstellt: »Man ist klein am Hofe und bleibt es trotz aller Eitelkeit; aber das Übel ist allgemein, und selbst die Großen sind da nur klein.« (Ebenda, 1. Bd., Nr. 5, S. 300) Die Position der Großen ist deshalb voller Ambivalenzen und Ungewissheiten. Es lässt sich nicht übersehen, was sie an das Universum der häuslichen Größen bindet, und ihre Statur nimmt den gesamten Raum ein, auf den sich die Kritik richtet. Doch als Hofleute, und damit Objekt von Gunstbezeugungen oder von Ungnade, werden sie in Äquivalenz gesetzt zu denen, die sie bedienen. Damit ist ihre

Größe nicht mehr selbstverständlich: »Manche würden, wenn sie ihre Untergebenen und dann sich selbst erkennen könnten, Scham darüber empfinden, daß sie den Vorrang haben.« (Ebenda, 2. Bd., Nr. 21, S. 8) Die als solche verkannte Spannung zwischen der Größe des Hauses und der Größe der Meinung wohnt der moralischen Denunzierung des Hofes inne, erschüttert die Ordnung zwischen den Personen und öffnet einen Raum, in dem sich andere Größen, die staatsbürgerliche Größe und die Größe der Industrie, entfalten können: »Während die Großen es vernachlässigen, sich Kenntnisse anzueignen, [...] unterrichten sich Bürger draußen und drinnen im Königreich, studieren die Regierung, werden klug und politisch, kennen die starken und schwachen Seiten eines Staates, sinnen darauf, anzukommen, kommen an, bringen sich in die Höhe, werden mächtig, nehmen dem Fürsten einen Teil der öffentlichen Lasten ab.« (Ebenda, 2. Bd., Nr. 24, S. 9f.) Durch die Lösung der den Großen zukommenden Größe von der Größe des Fürsten wird die höfische Gesellschaft zu einem Hort der Unsicherheit, welche eine Frage aufwirft, die ihre Antwort in der Rückkehr zu der auf Inspiriertheit beruhenden Authentizität der Innerlichkeit oder, wie bei Hobbes, im Entwurf einer auf willkürlichen Zeichen basierenden Größe finden kann.

Das staatsbürgerliche Gemeinwesen

Zur Bezeichnung des von Rousseaus »Gesellschaftsvertrag« illustrierten Modells der Unterordnung, in dem man weder über eine nach dem Modell der Gnade gefasste Inspiriertheit Größe erlangt, noch über eine Position in einer Abfolge hierarchisch geordneter Abhängigkeiten und ebenso wenig über die Meinung der anderen, verwenden wir den Begriff des *staatsbürgerlichen Gemeinwesens.* Wie das häusliche Gemeinwesen nach Bossuet hängen im staatsbürgerlichen Gemeinwesen sozialer Frieden und Gemeinwohl von der Autorität eines majestätischen und unparteiisch über den Einzelinteressen stehenden Souveräns ab. Dieser Souverän ist allerdings nun körperlos. Sein politischer Körper gelangt zur Existenz, ohne die fleischliche Gestalt eines Fürsten annehmen zu müssen, der durch seine Abstammung legitimiert ist. Der Souverän des staatsbürgerlichen Gemeinwesens wird durch das Konvergieren der menschlichen Willen realisiert, was voraussetzt, dass die Bürger auf ihr Einzeldasein verzichten und um des Gemeinwohls willen ihren privaten Interessen entsagen.

Das im »Gesellschaftsvertrag« ausgearbeitete Modell der Unterordnung begründet die Souveränität, indem es den Problemen ausweicht, die sich für das Gemeinwesen des Hauses mit der Verkörperung des Gemeinwohls in einer Person ergeben. Durch die Entkörperlichung der Hoheitsgewalt und deren Übertragung vom Körper des Königs auf einen Gemeinwillen sowie die Verwandlung des Königs in einen ganz normalen Bürger, der wie alle anderen auch zu Tugenden und zu Lastern, zu Größe und zu Niedrigkeit fähig ist, löst es die von der Inkarnation des politischen Körpers in einem natürlichen Körper geschaffenen Spannungen. Augenfällig wird das etwa am Fall der »öffentlichen Hinrichtung des Königs« (die in scharfem Gegensatz zur heimlichen Ermordung durch einen Thronprätendenten steht). Michael Walzers Untersuchung zufolge (Walzer, Regicide) macht die öffentliche Hinrichtung des Königs die Spannung zwischen der häuslichen und der bürgerlichen Dimension des königlichen Körpers in besonders problematischer Weise offenbar. Als politischer Körper ist der König unverletzlich und darf nicht verurteilt werden, da in der bürgerlichen Gesellschaft kein Wesen existiert, das über ihm steht. Doch insbesondere die vom König begangenen Verbrechen sind durchaus imstande, den Staat zu zerstören. So wurde Maria Stuart »keinesfalls wegen Fragen, welche die Regierung betreffen«, vor Gericht gestellt, »sondern nur wegen Vatermords« (George Buchanan, zit. n. Walzer, Regicide, S. 50), so als ob der Vatermord, fügt Walzer hinzu, in einer Erbmonarchie nicht das »politische Verbrechen par excellence« wäre. Die politischen Eigentümlichkeiten königlicher Souveränität erklären die Schwierigkeit des Königsmords, rechtfertigen ihn aber zugleich. Weil der Körper des Königs und der politische Körper eins sind, kann das Ancien Régime »in der Person des Königs getötet werden«. Doch aus denselben Gründen sind das öffentliche Urteil und die Hinrichtung des Königs in seiner Eigenschaft als König unerhörte Akte, die sich auf keinerlei bestehende gesetzliche oder moralische Regel stützen können. »Der König wird abgeurteilt in Verletzung der einzigen Gesetze, die er anerkennt [derer des Ancien Régimes]; er wird verurteilt im Namen politischer und gesetzlicher Prinzipien, denen er niemals zugestimmt hat, und dies durch einen Gerichtshof, dem er jegliche Autorität abspricht.« (Ebenda, S. 70)

Die staatsbürgerliche Größe, die sich zu einem Prinzip legitimer Ordnung für das Gemeinwesen erheben lässt, bietet eine denkbare Alternative einerseits zur Anerkennung der auf Charisma beruhenden Autorität eines inspirierten Führers, andererseits zur Loyalität im Rahmen persönlicher Abhängigkeitsverhältnisse, die auf vorgeblich naturgegebenen Hierarchien basieren, schließlich auch zur Unterwerfung unter das Verdikt eines Marktes der Wertschätzung. Rousseau zufolge ist es nämlich nicht ausreichend, die Menschen aus der Abhängigkeit von höherstehenden Personen zu befreien, damit ihre wahre Größe zur Geltung kommt und in der Folge die Voraussetzungen für ein eigenes Urteil gegeben sind. Selbst wenn sie sich aus den Fesseln der Hierarchie befreien können, kann es immer noch geschehen, dass sie dem Einfluss der öffentlichen Meinung unterliegen. In ihrem Streben nach »Ruhm« und ihrem Hang zur »Eigenliebe« begeben sie sich in eine Form von Abhängigkeit, die vielleicht nicht mehr auf direktem physischen Zwang beruht, wie dies noch bei der persönlichen Abhängigkeit des Ancien Régimes der Fall war, sich jedoch nicht weniger tyrannisch auswirkt, weil sie einen der Meinung der anderen ausliefert und damit einen »Wert«[23] für die »öffentliche Achtung« festlegt (Rousseau, Ursprung, S. 205). Die Eigenliebe hat bei Rousseau nicht die paradoxen Vorzüge jener »falschen Ehre«, von der Montesquieu spricht (Montesquieu, Geist, Bd. 1, Buch III, Kapitel 7, S. 41), einer Leidenschaft, die, so ichbezogen und illusorisch sie auch immer sein mag, eigentlich auf die Befriedigung eines Eigeninteresses gerichtete Handlungen gleichwohl auf die Beförderung des »Gemeinwohls« umlenken kann (Pappas, Campagne) – ein Mechanismus, dessen Bedeutung für das politische und moralische Denken des 18. Jahrhunderts Albert Hirschman aufgezeigt hat (Hirschman, Leidenschaften).[24] Bei Rousseau dagegen dient der eitle Ruhm niemals dem »Gemeinwohl«. »Der Welt Ehre« steht wie bei den französischen Moralisten des 18. Jahrhunderts in schroffem Gegensatz zur »wahren Ehre« (Rousseau, Julie oder Die neue Heloise, S. 83), wie das unauthentisch Äußerliche zur authentischen Innerlichkeit des Gewis-

23 Im Original »prix«, also Preis; Anm. d. Übers.

24 »Die Ehre setzt alle Glieder des Staatskörpers in Bewegung, sie verbindet sie durch ihr Wirken, und schließlich ergibt sich, daß jeder zum Gemeinwohl beiträgt, auch wenn er glaubt, nur seine Sonderinteressen zu verfolgen. Philosophisch gesehen ist freilich diese Ehre, die alle Glieder des Staates lenkt, eine falsche Ehre; aber diese falsche Ehre erweist sich für die Allgemeinheit als ebenso nützlich, wie es die wahre Ehre für den einzelnen sein würde, wenn er sie erlangen könnte. Und bedeutet es nicht viel, die Menschen zu schwierigen und Kraftaufwand erfordernden Taten zu treiben ohne eine andere Belohnung als die, welche in dem Ruhm dieser Taten liegt?« (Montesquieu, Geist, Bd. 1, Buch III, Kapitel 7, S. 41f.; vgl. zu der Tradition, in der dieses Argument steht, Hirschman, Leidenschaften.)

sens (vgl. zum Beispiel Rousseau, Nouvelle Héloïse, S. 50: »Wir wollen die Menge vergessen und in uns selbst schauen«[25]).

In Rousseaus »Gesellschaftsvertrag« können sich legitime politische Beziehungen nie direkt auf der Grundlage konkreter Interaktionen zwischen Personen, die durch ihre Zugehörigkeiten und Interessen charakterisiert sind, entwickeln. Auf dieser ausschließlich von Kräfteverhältnissen bestimmten Ebene bleibt nämlich keinerlei Raum für Aushandlungs- und Schlichtungsprozesse. Damit sich gerechte Verhältnisse zwischen den Personen etablieren, müssen ihre Interaktionen durch Bezugnahme auf eine auf höherer Ebene angesiedelte Totalität vermittelt werden. Allein über diesen Umweg und die hierzu erforderlichen Opfer kann sozialer Friede gewahrt bleiben, ohne dass eine Partei die andere dominiert. Im »Gesellschaftsvertrag« geht es im Wesentlichen um die vernünftige Begründung dieser auf höherer Ebene angesiedelten Totalität. Rousseau kann allerdings nicht auf eine übernatürliche Transzendenz zurückgreifen, wie Bossuet in seinem eleganten Lösungsversuch, bei dem die väterliche oder, was auf dasselbe hinausläuft, die königliche Autorität in letzter Instanz auf göttlichem Willen beruht. Diese Totalität ist freilich auch nicht deckungsgleich mit der statistischen Aufsummierung der durch ihre gesamten Zugehörigkeiten und Interessen charakterisierten empirischen Subjekte, ebenso wenig mit der Summe all ihrer Interaktionen. Die Lösung wird das Modell für den Großteil der im 19. Jahrhundert entwickelten Theorien der Gesellschaft abgeben, insbesondere der Durkheim'schen Konstruktion, so dass sie auch eine der Grundlegungen der Soziologie als wissenschaftlicher Disziplin bilden wird. Bekanntlich besteht die Lösung darin, die Möglichkeit einer natürlichen Transzendenz zu behaupten, indem sie zweierlei Zustände definiert, in denen sich Personen befinden können, und damit zwei Varianten, die aus ihrer Vereinigung gebildete Gesamtheit zu fassen. Die Vereinigung der Personen im ersten dieser Zustände besteht aus einer Summe von Einzelpersonen, die sich durch ihre vielfältigen Zugehörigkeiten und Interessen auszeichnen und in antagonistischen Beziehungen zueinander stehen.

Die Personen können sich aus diesem egoistischen und elenden Zustand jedoch lösen und in einen zweiten Aggregatszustand übergehen, wenn sie nicht ihre eigenen Interessen, sondern das Interesse aller verfolgen. Von der faktischen Umsetzung genau dieser Fähigkeit, die zu

25 Hier nach dem französischen Original übersetzt; Anm. des Übers.

entwickeln oder schlummern zu lassen, ihnen überlassen bleibt, hängt es also ab, ob ein gerechter sozialer Friede möglich ist. Die Gesamtheit auf der zweiten Ebene ist genau die, in der sich der Gemeinwille bildet. Sie umfasst genau die gleichen menschlichen Wesen wie die Gesamtheit auf erster Ebene, allerdings in diesem anderen Zustand, in dem ein jeder die Sorgen und Interessen, die er als Einzelner hat, zugunsten des Gemeinwohls zurückstellt. Dieses theoretische Konstrukt ist, wie Patrick Riley gezeigt hat, in weiten Teilen aus der jansenistischen Theologie[26] abgeleitet (Riley, The General will, S. 184–189), von der Rousseau unter Weglassung der Prädestinationslehre, in der er ein inakzeptables »Privilegiensystem« sieht, die Referenz auf ein »Allgemeines« übernimmt, freilich nicht zur Bezeichnung der Gesamtheit der Menschen oder nur der Staatsbürger, sondern des *Zustands*, in den ein jeder gelangen kann, dem es zunächst gelingt, seine Singularität abzulegen und sein Eigeninteresse zu opfern, um dann das zu erkennen, was im Allgemeinen gut ist, und das Gemeinwohl anzustreben. Dieser Auffassung nach bilden die Idee des Gemeinwillens und der Individualismus keinen unversöhnlichen Gegensatz. Jedes Individuum kann in den allgemeinen Zustand gelangen und den Gemeinwillen erkennen, der sich zuerst in seinem Innern zeigt, sobald es aufhört, nur auf seinen eigenen Willen zu hören (ebenda, S. 249). In diesem Sinne kann Rousseau den »Gemeinwillen«

26 Das Verhältnis zwischen dem Gemeinwillen bei Rousseau und den Gnadenlehren bildet den Untersuchungsgegenstand von P. Rileys Ideengeschichte des »Gemeinwillens« (Riley, The General will). So zeigt Riley, wie sich die Idee des Gemeinwillens im 18. Jahrhundert aus den Diskussionen über die Gnadenwahl heraus entwickelt hat. Der Gemeinwille, der zunächst ein rein theologischer Begriff ist, bezeichnet einen Willen, der Gott zugeschrieben wird, der sich in seinen Entscheidungen darüber äußert, wem die für das Heil notwendige Gnade erwiesen werden soll. Die Frage stellt sich bei der Deutung der Behauptung des heiligen Paulus, der zufolge »es Gottes Wille ist, dass alle Menschen erlöst werden«. Die Jansenisten interpretierten diesen göttlichen Willen folgendermaßen: Die Referenz auf »alle« bezieht sich nicht auf »alle Menschen«, also jeden für sich genommen; sie bezeichnet einen Heilswillen, der sich auf jedwede Gattung von Menschen richtet, ungeachtet dessen, ob sie Juden, Heiden, Sklaven oder Freie sind. Der Begriff »Allgemein« ist demnach mit der Idee des seiner besonderen Eigenschaften entkleideten »Menschen im Allgemeinen« verknüpft, was eine Sinnverschiebung und die Übernahme des Begriffs in die politische Theorie nach sich zieht, wo er einen Staatsbürger im Allgemeinen (im Gegensatz zur Zugehörigkeit zu einer Körperschaft und zu hierarchischen Abhängigkeiten, welche die Menschen im häuslichen Gemeinwesen charakterisieren) bezeichnet (ebenda, S. 99f.).

und den »Willen aller« einander radikal entgegensetzen. Der Wille aller ist repressiv, da in ihm die Meinung der anderen als Einzelner zum Ausdruck kommt. Er »ist nur die Summe der Einzelinteressen« (Rousseau, Gesellschaftsvertrag, S. 88). Der Gemeinwille, der nur »das Gemeininteresse« im Auge hat, ist dagegen der Wille der Individuen, allerdings insofern sie sich im allgemeinen Zustand, also dem des Staatsbürgers befinden.[27]

In Rousseaus »Gesellschaftsvertrag« lässt sich der Gemeinwille nicht auf die Summe der einzelnen Willen reduzieren. Die Einzelnen verpflichten sich weder durch einen Pakt auf die Unterwerfung gegenüber denen, die sie als Führer wählen, noch durch eine Reihe gegenseitiger Abkommen wie bei Hobbes, sondern durch »eine gegenseitige Verpflichtung zwischen dem Gemeinwesen und den einzelnen«. »Dieselben Menschen« konstituieren, so Robert Derathé, »die beiden vertragsschließenden Teile, jedoch unter verschiedenen Gesichtspunkten: als Glieder eines Souveräns und als einzelne«, so dass es ganz so aussieht, »als ob ein jeder mit sich selbst einen Vertrag schlösse« (Rousseau, Du contrat social, S. 222–226). Durch diese auf zwei Ebenen angesiedelte ausgefeilte Konstruktion wird es Halbwachs möglich, Rousseaus Theorie ohne Verfälschungen in die Durkheim'sche Begriffswelt zu übertragen. So schreibt er im Kommentar zu seiner 1943, also kurz vor seinem Tod erschienenen Edition des »Gesellschaftsvertrags«: »Der Gemeinwille [...] ist nicht die Summe der individuellen Willen«, sondern »eine mit ihnen nicht vergleichbare Realität eigener Art«; der politische

27 In einem früheren, der Untersuchung des Willensbegriffs in den kontraktualistischen politischen Philosophien gewidmeten Buch betont Riley die Paradoxie in der Konzeption des Willens bei Rousseau. In Übereinstimmung mit der Tradition der Vertragstheorie macht Rousseau den Konsens zur Voraussetzung für die Legitimität einer politischen Ordnung. Dieser Voluntarismus ist jedoch manchmal getrübt durch den uneindeutigen Charakter des Gemeinwillens. Der Gemeinwille wird manchmal mit dem Willen gleichgesetzt, der dem politischen Körper als Gesamtheit entspringt, manchmal mit dem Willen eines Individuums, insofern dieses Individuum den eigenen Willen und damit zugleich die privaten Begierden zurückstellen will, um in das allgemeine Stadium zu gelangen. Riley erklärt diese Uneindeutigkeit durch Rousseaus Absicht, den kontraktualistischen Individualismus als Legitimitätsprinzip mit seinen nostalgischen Gefühlen für den unvermittelten Zusammenhalt und die Geschlossenheit der antiken Stadtstaaten (insbesondere Spartas und des Rom der republikanischen Ära), die als »nicht individualistische« oder »präindividualistische« Formen von Solidarität begriffen werden, in Einklang zu bringen (Riley, Political Legitimacy, S. 99f.).

Körper ist »mehr als die Summe aus diesen Einheiten. Er ist von anderer Art« (Halbwachs, Introduction, S. 95). Das Gesetz ist die Äußerung des Willens dieses körperlosen Souveräns. Es ist dem Einfluss der Partikularinteressen entzogen, da es doch von Menschen aufgestellt ist, die sich vom Einzelfall lösen und über ihre Einzelexistenz hinausgehen können, um sich ganz für die allgemeinen Dinge einzusetzen. Rousseau schreibt, dass »das Gesetz die Untertanen als Körper und die Handlungen als Begriffe ansieht, niemals einen Menschen als Individuum und eine Handlung als Einzelfall. So kann das Gesetz Privilegien beschließen, aber es kann sie niemandem namentlich gewähren. Das Gesetz kann mehrere Klassen von Bürgern schaffen und sogar die Eigenschaften bestimmen, die ein Anrecht auf diese Klassen gewähren, aber es kann nicht befinden, wer in eine dieser Klassen aufgenommen werden soll.« (Rousseau, Gesellschaftsvertrag, S. 97) Wie Robert Derathé im Kommentar zu seiner Ausgabe des »Gesellschaftsvertrags« betont, bietet diese den politischen Gesetzen gegebene natürliche Grundlage die Garantie für individuelle Freiheit, die als Loslösung aus der persönlichen Abhängigkeit von anderen verstanden wird (Rousseau, Du contrat social, S. 1449, Fn. 1).

Der durch den »Gesellschaftsvertrag« konstituierte politische Körper verdankt seine Stabilität einem harmonischen Prinzip, durch das ein Ausgleich zwischen den Gewinnen und Verlusten, die aus dem Zusammenschluss der Einzelnen resultieren, geschaffen wird. Für die Individuen hat der Urvertrag (Rousseau, Gesellschaftsvertrag, S. 102) zweierlei Konsequenzen, die nicht nur als einander widerstreitend dargestellt werden, sondern dadurch in einem inversen Verhältnis miteinander verbunden sind, was Rousseau als »Abwägen« der Gewinne und Verluste für die Menschen oder als »Vergleichen« der jeweils aus den beiden Zuständen (des Naturstatus und des Gesellschaftsstatus beziehungsweise der naturgegebenen Freiheit und der bürgerlichen Freiheit) resultierenden Vor- und Nachteile bezeichnet (ebenda, S. 79), also durch ein Opfer, das allen Vorteile bringt und ihre Größe ausmacht und rechtfertigt. Die »ganze Seele erhebt sich«, allerdings um den Preis des Verzichts auf die unmittelbare Befriedigung der Einzelinteressen, Wünsche und primitiven körperlichen Regungen: »Nun erst löst die Stimme der Pflicht den physischen Trieb und das Recht die Begierde ab. Der Mensch, der bisher nur an sich gedacht hatte, sieht sich gezwungen, nach anderen Grundsätzen zu handeln und seine Vernunft zu befragen, ehe er seinen Neigungen folgt.« (Rousseau, Gesellschaftsvertrag, S. 78) Daher stellt die Tugend jenes ausgleichende Prinzip des politischen Körpers dar, insofern durch sie allein die Reziprozität der Praktiken, oder um in der Sprache des »Gesellschaftsvertrags« zu bleiben, die »Gegenseitigkeit« gewährleistet werden kann. Wahre Größe kommt den Bürgern nicht aufgrund der »Auszeichnung der Talente« (Rousseau, Abhandlung, S. 47) zu, sondern aufgrund von Tugend, also ganz im Gegenteil durch den Eifer, mit dem sie all das opfern, was sie hinsichtlich der anderen Größen unterscheidet, die als etwas rein Persönliches bewertet werden. Im Unterschied zu den vom gesellschaftlichen Rang herrührenden und durch Titel markierten Distinktionen oder auch zu den vom Ansehen in der Öffentlichkeit bescherten Distinktionsgewinnen werden die um ihrer Verdienste um das Gemeinwesen willen erworbenen Distinktionen den Personen verliehen, wenn sie sich für Dinge einsetzen, die über sie hinausweisen. Die sich zwischen den Menschen einstellenden Verhältnisse sind verdienstvoll, wenn sie so angelegt sind, dass sie ihrer Einzigartigkeit enthoben werden.

Mit einer aus der Mathematik entlehnten Analogie lässt sich der Gemeinwille, der in einer Abstimmung Gestalt annehmen kann, als das Ergebnis aus der »Summe von kleinen Unterschieden« charakterisieren (ebenda, S. 89). Um jedoch Gehör zu finden, müssen noch besondere Voraussetzungen erfüllt sein: Damit sich ihr Gemeinwille in der Abstimmung manifestieren kann, müssen die Menschen ihrer Ketten und persönlichen Abhängigkeiten ledig, also wirkliche Individuen (Dumont, Individualismus) mit »keinerlei Verbindung untereinander« (ebenda, S. 88) sein, so dass »ein jeder Bürger [...] nur seiner eigenen Meinung folgend abstimmen« darf (ebenda, S. 89). Es ist beispielsweise bekannt, dass dieser Grundsatz der Unabhängigkeit während der Revolution ganz konkret angewendet wurde, um das Hausgesinde von der Stimmabgabe abzuhalten. Als von ihrem Herrn Abhängige sind sie nicht genügend autonom und daher nicht in der Verfassung, das Gemeinwohl anzustreben. Derselbe Grundsatz erklärt zumindest zum Teil auch die Widerstände gegenüber einer Zulassung der Frauen zum Wahlrecht, die als Töchter, Ehegattinnen und Mütter lange Zeit aufgrund einer Art natürlicher Bestimmung angeblich allzu sehr an das häusliche Gemeinwesen gebunden waren, als dass sie unabhängig zu einem eigenen Urteil gefunden hätten. In der Konsequenz wirft die Logik dieses Gedankenganges zwangsläufig eine Art Verdacht permanenter Verschwörung auf das gesamte Universum der häuslichen Beziehungen. Jede Beziehung zwischen Personen, die nicht durch die Beziehung zur Gesamtheit des politischen Körpers vermittelt ist, wird zu einem Hindernis für den Ausdruck des Gemeinwillens, beschädigt ihn, unterwirft ihn dem Einfluss des Privatinteresses und stellt dadurch ein unbedingt anzuprangerndes Komplott dar: »Wenn sich aber auf Kosten der Gemeinschaft Klüngel und Parteien bilden, dann wird aus dem Willen eines jeden dieser Verbände in bezug auf seine Mitglieder ein Gemeinwille und in bezug auf den Staat ein Sonderwille: Dann kann man sagen, daß es nicht mehr so viele Stimmberechtigte wie Menschen gibt, sondern nur mehr so viele wie Verbände. Die Unterschiede sind dann weniger zahlreich und führen zu einem weniger allgemeinen Ergebnis.« (Ebenda, S. 88f.)

Jedes Individuum ist daher in Hinsicht auf seine Teilhabe am Staatskörper ein mannigfaltiges Wesen, eine zusammengesetzte Person, die in unterschiedlichen Zuständen existieren kann. Die konkreten Menschen, diejenigen, denen man im Alltag begegnet, wo sie sich durch die Einzigartigkeit und Dauerhaftigkeit ihrer körperlichen Hülle identifizieren lassen, können, wie wir gesehen haben, bald als Einzelne, bald als Staatsbürger handeln: »Jeder kann als Mensch einen eigenen Willen haben, der mit oder gegen den Allgemeinwillen läuft, den er als Staatsbürger hat.« (Ebenda, S. 77) Als politische Wesen und Bewohner eines Gemeinwesens können die Menschen auch noch in einem dritten Zustand existieren, dem des »Amtsträgers«. Das Gemeinwesen muss ja auch regiert werden. Diesem dritten Zustand, dem des Amtsträgers, der im Rousseau'schen Gemeinwesen allen Bürgern offensteht, entspricht eine vom Gemeinwillen abweichende Willensform. Der »Körper der Regierung« besitzt nämlich als moralische Person eine spezifische Identität, ein »besonderes *Ich*«, und seine Glieder vereinigen sich aufgrund eines »Zusammengehörigkeitsgefühls«, das sie brauchen, um im Einklang miteinander wirken zu können: »Damit der Regierungskörper Dasein und wirkliches Leben erhält, das ihn vom Staatskörper unterscheidet, und seine Glieder einvernehmlich handeln und die ihnen gestellten Aufgaben erfüllen können, braucht er ein besonderes *Ich*, ein Zusammengehörigkeitsgefühl seiner Glieder, eine Kraft und einen eigenen Willen, der auf seine Erhaltung gerichtet ist.« (Ebenda, S. 90) Doch dieses auf Affinitäten beruhende »Zusammengehörigkeitsgefühl« ist zugleich auch jene unheilvolle Macht, die die Amtsträger dazu bringen kann, sich vom Gemeinwillen, dem des »Staatskörpers«, abzuwenden und sich gegen das Gemeinwohl zu verschwören. Jedes Glied des Gemeinwesens besitzt also »drei grundsätzlich verschiedene Willensrichtungen«: »1. der eigene Wille des Individuums, der nur auf seinen eigenen Vorteil gerichtet ist; 2. der gemeinsame Wille der Beamten, der sich allein auf den Vorteil der Regierungsführung (des Fürsten) bezieht«, und »3. der Volks- oder souveräne Wille« (ebenda, S. 124). Im Unterschied zum »souveränen Willen«, der »sowohl in bezug auf den Staat als Ganzes als auch in bezug auf die Regierung als Teil des Ganzen allgemein ist« (ebenda), ist dieser »gemeinsame Wille der Beamten«, »in bezug auf die Regierung allgemein und in bezug auf den Staat, von dem die Regierung ein Teil ist, individuell« (ebenda). Deshalb kann man hier von einem »Standeswillen« sprechen, der strukturell den Klüngeln und Parteiungen absolut vergleichbar ist, die sich »zum Nachteil der großen Gemeinschaft bilden«, so dass »aus dem Willen eines jeden dieser Verbände in bezug auf seine Mitglieder ein Gemeinwille und in bezug auf den Staat ein Sonderwille« wird (ebenda, S. 88). Die Regierung unterliegt daher von Natur aus einem ehernen Gesetz, das manchmal als historisches, manchmal als eine Art biologisches Gesetz beschrieben wird, und ihrer Entartung Vorschub leistet: In der Regierung ist deshalb »jedes Mitglied zuerst Individuum, dann Beamter und schließlich Bürger. Eine Stufenfolge, die der Folge, wie sie die Gesellschaftsordnung verlangt, genau entgegengesetzt ist.« (Ebenda, S. 124) Daraus folgt, dass »wie Individualwille ständig gegen den Gemeinwillen kämpft, [...] die Regierung ständig gegen die Souveränität [kämpft ...]. Das ist der innewohnende und unvermeidbare Mangel, der dem Staatskörper seit seinem Entstehen anhaftet und der ihn ständig zu zerstören droht, so wie das Alter und der Tod den Körper des Menschen zerstören.« (Ebenda, S. 148f.) Diese »Neigung zum Verfall« (ebenda, S. 148) mag vielleicht gehemmt werden, sie völlig auszuschalten ist jedoch unmöglich, da auf die unterschiedlichen Arten von Willen die verschiedensten Kräfte einwirken. Die Kraft des Willens ist in den individuellen wie kollektiven Körpern umso größer, umso weniger allgemein er ist. Die Vergegenwärtigung genau dieses Gesetzes führt Rousseau zur Ablehnung des »Gedankens der Repräsentation« (Furet, 1789, S. 221).

Die jeder Person verliehene Fähigkeit, drei verschiedene Zustände anzunehmen, ist das Grundproblem, das sich beim Abschluss von Prüfungen der Größe stellt, in deren Verlauf sie gemessen werden. In diesem Gemeinwesen sind die Personen nämlich groß oder klein, je nachdem, ob man sie als Einzelne oder als Staatsbürger und Glieder des Souveräns ansieht, also ob der sie antreibende Wille ein singulärer ist oder sich am Gemeininteresse orientiert. Folglich zeigt sich die Größe ebenso, wenn nicht sogar im selben Grade wie im Gemeinwesen der Inspiration zuerst in Form einer Eigenschaft des Gewissens, einer schwerlich objektivierbaren Authentizität der Innerlichkeit. Diese lässt sich ja leicht vortäuschen, insofern sie sich dem Urteil der Mitmenschen nicht unmittelbar durch äußerliche Anzeichen preisgibt. Nehmen wir einmal an, es geht darum, Entscheidungen zu bewerten, deren Wirkungen sich, wie so oft in der Politik, erst in der Zukunft überprüfen lassen. Wie soll man da wissen, ob diejenigen, die vorgeblich nur den Gemeinwillen umsetzen, nicht in Wirklichkeit sklavisch ihren Leidenschaften folgen und ihren privaten Begierden nachgehen, anstatt von der Tugend bewegt zu sein? Da es Personen möglich ist, ihre wahren Absichten und den aufs Private oder Allgemeine gerichteten Zustand, in dem sie sich in dem Augenblick ihres Handelns befinden, vor den anderen und manchmal gar vor sich selbst zu verbergen, kann ihre Vereinigung auch schlichtweg eine Täuschung sein, ein strategischer Schachzug, mittels dessen sich Schufte die Unterstützung tugendhafter, aber naiver Menschen sichern. Die Beziehungen zwischen den Menschen sind daher leicht von Argwohn getrübt. Denn bevor man seine Zustimmung zu dem, was die anderen von einem fordern, und insbesondere, was die Regierenden von den rechtschaffenen Bürgern verlangen, erteilt, sollte man nicht so sehr ihre Taten in ihrer offensichtlichen Faktizität einer Überprüfung unterziehen – dahinter kann ja ein strategisches Denken und eine Täuschungsabsicht stecken –, sondern vielmehr ihre Intentionen, also genau das, was sich tief in ihrem Bewusstsein oder gar in den verborgensten Winkeln ihres Gewissens abspielt. Die Wahrheitssuche kann sich unter diesen Umständen nur auf indirekte Anzeichen stützen, die winzig und unfreiwillig genug sind, um der Kontrolle der Strategen zu entschlüpfen. Diese Wachsamkeit, die jeglicher Spontaneität und Wärme, wie sie den zwischenmenschlichen Beziehungen doch eigen sein sollte, zuwiderläuft, ist freilich nötig, um hinter dem schönen Schein altruistischer Sonntagsreden die Allmacht egoistischer Interessen aufzudecken. Sie rechtfertigt sich durch die Risiken, die dem Staat aufgrund der Neigung der Individuen entstehen, um der Verfolgung parteiischer Interessen willen direkte persönliche Beziehungen zu knüpfen, anstatt den Umweg über die Beteiligung am politischen Körper in seiner Gesamtheit zu gehen. Politisches Handeln erfordert daher von denjenigen, deren Geschäft es ist, nicht nur Tugend, sondern auch Klarsicht. Sie müssen die nötigen intellektuellen Fähigkeiten besitzen, um die Anzeichen von Egoismus oder Korrumpiertheit zu erkennen und die sich unter dem Deckmäntelchen der Tugend verbergenden privaten Absichten zu entschleiern. »Wenn [...] das Gesellschaftsband in aller Herzen zerrissen ist und krasser Eigennutz sich schamlos mit dem heiligen Namen des Allgemeinwohls schmückt, dann verstummt der Gemeinwille, und die Leute, von geheimen Beweggründen geleitet, argumentieren nicht mehr als Bürger, sondern als ob der Staat niemals existiert hätte, und unter dem

Namen von Gesetzen treten gesetzlose Verordnungen in Kraft, die nur das Privatinteresse zum Ziel haben.« (Ebenda, S. 168) Mit den aus dem »Gesellschaftsvertrag« hervorgegangenen »neuen Grundsätzen«, die zu Rousseaus Lebzeiten zwar wenig gelesen wurden, während der Revolution aber enormen Widerhall fanden, lassen sich diese für die Politik am Hof charakteristischen »privaten Intrigen mit öffentlicher Wirkung«, wie Michael Walzer (Regicide, S. 28) schreibt, in die Logik der Konspiration übersetzen. Durch sie wurde aber auch die zweifache Eigenschaft, die das Privileg wie auch die Bürde der Fürsten darstellte, die bald als Menschen, bald als Verkörperung des Staates behandelt wurden, auf die Gesamtheit der dem politischen Körper zugehörigen Personen verallgemeinert. Von nun an muss jeder, der imstande ist, an der Ausübung der Souveränität mitzuwirken oder nur er selbst zu sein, damit rechnen, seine aufs Private oder Allgemeine gerichteten, egoistischen oder altruistischen Absichten und Handlungen öffentlich rechtfertigen zu müssen.

Damit ist gesagt, dass der »Gesellschaftsvertrag« nicht nur eine Politik, sondern ebenso sehr auch eine Anthropologie, ja gar Psychologie enthält. Beide lassen sich nicht voneinander trennen, und zweifelsohne ist für die innerhalb der Expertengemeinde etablierte Arbeitsteilung zwischen den Kommentatoren des politischen Rousseau und den Kommentatoren des Rousseau der persönlichen Schriften die mit der Trennung der universitären Disziplinen einhergehende Spezialisierung verantwortlich. Denn dem Problem der persönlichen Abhängigkeit kommt in den persönlichen Schriften und vor allem in den »Bekenntnissen« die gleiche Bedeutung zu wie im »Gesellschaftsvertrag«, wenn es auch jeweils unterschiedlich angegangen wird. Als Antwort auf die Darstellung der durch die Unmöglichkeit, unter der Herrschaft persönlicher Abhängigkeit oder der Tyrannei der öffentlichen Meinung authentische zwischenmenschliche Beziehungen aufbauen zu können, ausgelösten persönlichen Leiden bietet Rousseau eine auf allgemeiner Ebene angesiedelte Lösung an. Sie hat die Form einer politischen Philosophie, wie sie der »Gesellschaftsvertrag« bietet. So nehmen die Konflikte zwischen Größen und besonders die der Vorrangstellung einer häuslichen Größe innewohnenden Spannungen, die im »Gesellschaftsvertrag« mit den Mitteln der politischen Philosophie behandelt werden, in den »Bekenntnissen« breiten Raum ein, wo sie in der emotional gefärbten Sprache der Empfindsamkeit ausgedrückt werden. Im Verhältnis zwischen dem Schriftsteller und den Großen wird die aus einer Unsicherheit hinsichtlich der in der jeweiligen Situation geltenden Größe entstandene Verwirrung am deutlichsten, so etwa im Zehnten Buch, das die Beziehung zum Marschall und der Madame de Luxembourg behandelt (Berman, Politics, S. 89–102) und unterschiedliche Varianten eines typischen Verlaufs aufweist: Unterwürfigkeit, Herausforderung, Verführung, Vertrautheit, Fallenlassen der Distanzen, Argwohn, Enthüllung, Anprangerung. Das geschraubte Kompliment verrät die Kompliziertheit eines Gefühls, dessen Ambivalenz aus dem Konflikt zwischen den Größen herrührt, in dem es wurzelt: »Ah, Herr Marschall, ich habe die Großen gehaßt, ehe ich Sie kannte, und seit Sie mich nun so tief haben fühlen lassen, wie leicht sie es erreichen könnten, geliebt zu werden, hasse ich sie nur noch mehr.« (Rousseau, Bekenntnisse, S. 727) Das Spannungsverhältnis zwischen der inspirierten Größe des Genies, der Größe des Renommees, die sich der bekannte Schriftsteller zugute hält (der sich als Genie freilich keinerlei Illusionen über deren Scheinhaftigkeit hingibt), und der auf dem gesellschaftlichen Rang basierenden Größe wird provisorisch aufgelöst durch die Errichtung eines Arrangements, mit dem sich die Authentizität inspirierter Beziehungen in den Vordergrund rücken lässt: Die gemeinsam geteilte Liebe zum Schönen und die Einzigartigkeit einer dem Modell der Liebesbeziehung nachempfundenen Beziehung vermag den Streit über die relativen Größen des bekannten Schriftstellers und des Adeligen und Mäzens auszusetzen. In der inspirierten Beziehung, wie sie in den »Bekenntnissen« beschrieben wird, löst sich ein jeder von den Attributen, die ihm in dieser Welt zugeschrieben werden und die nun in die Kontingenz verwiesen werden. Übrig bleiben zwei menschliche Wesen *im Allgemeinen*, in dem oben definierten Sinne, dem zufolge die göttliche Gnade sich an Menschen richtet, die ihrer irdischen Eigenheiten entkleidet sind und sich in dem erfahren, was ihnen eigen und zugleich was ihnen am allgemeinsten ist. Dies zeigt sich etwa beim Besuch des Fürsten de Conti in Montmorency: »Dieser Fürst [...] empfand denn auch [...], daß nur einzig ich ihn als Mann behandelte, und ich habe allen Grund zu glauben, daß er es mir aufrichtig Dank gewußt hat.« (Ebenda, S. 748) Der Fürst de Conti, der ein Prinz ist, erweist dem Talent und dem Renommee des titel- und vermögenslosen Rousseau die Ehre, indem er ihn in seiner kleinen Wohnung mehrmals besucht. Es ist ja er, der sich zu Rousseau aufmacht, und dieser bringt, wie bei ihm üblich, etwas Spiel in die Äquivalenzbeziehungen, indem er dem, der ihn durch seinen Anwesenheit ehrt, die Ehre erweist, ihn so zu behandeln, als ob er keine Ehrerbietung fordern würde: Er verweigert ihm die »Größe der Satzung«, um umso mehr dessen »natürliche Größe« zur Geltung zu bringen. Sie spielen zusammen Schach,

Rousseau gewinnt und erweist nach demselben Schema dem Prinzen die ihm geschuldete Ehre, den er bei seinem Titel nennt, wobei er sich hinter der gegenüber dem gesellschaftlichen Rang indifferenten Wahrheit der Prüfung, der sich beide unterzogen haben, verschanzt: »Gnädigster Herr, ich ehre Eure Durchlaucht zu sehr, um sie im Schach immer gewinnen zu lassen.« (Ebenda, S. 758) Doch ohne eine solide, auf den Institutionen des Staates etablierte staatsbürgerliche Größe vermögen weder der bei beiden Personen vorhandene gute Wille noch ihre Tugend oder das Vertrauen und die Liebe, die sie einander entgegenbringen, das den immer wieder durchbrechenden und die Oberhand gewinnenden Formen persönlicher Abhängigkeit inhärente Unterordnungsverhältnis zu überwinden. Für Rousseau existierte das staatsbürgerliche Gemeinwesen nur als theoretische Möglichkeit und nicht als konkrete Wirklichkeit, da das auf der Vernunft basierende Ideal der *République des lettres* in der Tat nur eine Verschwörung von Schurken war. Außerhalb des staatsbürgerlichen Gemeinwesens lässt sich diese Abhängigkeit aber nicht abschütteln. Sie unterhöhlt jede andere Form der Äquivalenz und der Messung, auch wenn sie mittels eines Gerechtigkeitsdispositivs gewonnen ist, das wie das Schachspiel dem Rang gegenüber indifferent ist. Derjenige, der im Privaten dein Wohltäter ist, ist dein Feind, insofern er ein Feind des Menschengeschlechts ist (Berman, Politics, S. 96). Die Szene ist jedes Mal beinahe gleich: Der Große (oder die große Dame) macht ihm Hoffnung durch die Andeutung von Zuneigung, Vertraulichkeit und vor allem Vertrauen. Doch wer sein Herz ausschüttet, dem wird nur Höflichkeit zuteil. Der eine liefert sich aus, der andere bleibt reserviert; der eine gibt sich hin, der andere bleibt auf der Hut. Die Ungerechtigkeit zeigt sich dabei darin, dass an der Selbstaufgabe des einen durch die Zurückhaltung des Partners Verrat geübt wird; der ermutigt zwar die Intimität im vertraulichen Umgang zwischen Gleichen, will letztlich aber doch, dass die Distanzen gewahrt bleiben. Zur hierarchischen Abhängigkeit kommt so noch eine gefühlsmäßige Abhängigkeit ohne Gegenleistung hinzu: »Aber ich habe in allen meinen Beziehungen niemals eine Mitte einzuhalten und einfach meine gesellschaftlichen Pflichten zu erfüllen vermocht. Ich habe stets alles oder nichts sein wollen – und bald war ich alles, und da ich mich von Personen dieses Ranges gefeiert und verhätschelt sah, überschritt ich die Grenzen und empfand für sie eine Freundschaft, wie man sie nur seinesgleichen entgegenbringen darf, und legte alle Vertraulichkeit dieser Freundschaft in mein Benehmen gegen sie, während sie in dem ihren stets an der Höflichkeit festhielten, an die sie mich einmal gewöhnt hatten.« (Rousseau, Bekenntnisse, S. 721) Unter dem verschwommenen Äußeren bürgerlicher Gleichheit oder einer auf Inspiration basierenden Übereinstimmung, beide noch kaum unterscheidbar voneinander, verbirgt sich in Wahrheit ein häusliches Verhältnis. Die Beziehung zu den Großen behält stets etwas von einem Herr-Knecht-Verhältnis. Deshalb ist das von M. Berman (Politics, S. 102–104) untersuchte Verhältnis zu Madame de Vercellis – ein Beispiel unter vielen – nicht authentisch, da es auf einer Ungerechtigkeit in der Kommunikation beruht, die eine emotional schmerzhafte Eigenheit häuslicher Unterordnung darstellt: »Dennoch erinnere ich mich sehr wohl, daß sie mich mit einiger Neugier kennenzulernen wünschte. Sie fragte mich zuweilen aus und war es recht zufrieden, wenn ich ihr die Briefe zeigte, die ich an Frau von Warens schrieb, und ihr von meinen Empfindungen Rechenschaft ablegte. Sie stellte es aber sicherlich nicht recht an, sie alle kennenzulernen, indem sie mir niemals die ihren aufdeckte. Ich schüttete gern mein Herz aus, sobald ich nur fühlte, daß sich ihm ein anderes dabei öffnete [...]. Jedenfalls gibt es keinen schlechteren Weg, in den Herzen anderer zu lesen, als den Versuch, seines dabei verschlossen zu halten.« (Rousseau, Bekenntnisse, S. 137f.) Die Realisierung des staatsbürgerlichen Gemeinwesens, deren theoretische Möglichkeit im »Gesellschaftsvertrag« aufgezeigt wird, muss den Personen ein Mittel an die Hand geben, mit dem sich dieses bedauernswerte Hin und Her zwischen der inspirierten Größe, der häuslichen Größe und der des Renommees unterbrechen lässt. Sie muss ihnen einen soliden Unterbau bereitstellen, damit sie die besorgniserregende Ungewissheit hinsichtlich der Größe und der Identität überwinden können, von der so viele Seiten der »Bekenntnisse« beredt Zeugnis ablegen. Sie muss für die Menschen in ihrer Gesamtheit als politischer Körper das tun, was die Liebe in der Ordnung der Beziehungen zwischen Einzelnen niemals oder nur selten fertigbringt.

Das industrielle Gemeinwesen

Für die staatsbürgerliche Größe gilt, dass die ganze Rangordnung vom Souverän bis hinab zum Privatmenschen, vom Gemeinwillen bis zur Aufsplitterung des politischen Körpers in eine Menge von Einzelwillen in jedem Individuum vorhanden ist, da ja ein jedes von ihnen sowohl im Zustand des Einzelnen als auch dem des Allgemeinen auftreten kann. Wenn auch mit Rousseau die Ära des Verdachts (oder zumindest einer laizisierten und politischen Form des Verdachts) beginnt, so verbleibt der Raum der Enthüllung doch noch im Innern des Individuums selbst lokalisiert, egal ob es nun authentisch oder unauthentisch ist und sich hinter seinem nach außen hin scheinbar dem Gemeinwohl verpflichteten Engagement egoistische Motive verbergen mögen oder nicht. In dem von Rousseau vorgestellten Arrangement ist es die Verortung des Einzelnen und des Allgemeinen in denselben Individuen, was die Tragweite der organizistischen Vorstellung des politischen Körpers einschränkt. Bei der Größe des Marktes verlangt die Identifizierung äußerlicher Güter nach einer Loslösung von den anderen und von sich selbst, wenn diese Objekte als Stützen von Transaktionen dienen sollen. Die den Mitmenschen entgegengebrachte Sympathie und die Position des unbeteiligten Zuschauers tragen ebenfalls zur Bildung dieses Spannungsverhältnisses zwischen einer persönlichen Leidenschaft und einer für die Koordination notwendigen Distanzierung bei.

Bei Saint-Simon ist der Raum der Enthüllung nun vom Individuum gänzlich abgelöst: Hier geht es nicht mehr um eine Sondierung der Herzen, sondern darum, die Realität zu ergründen und die Gesellschaft zu befragen. Wie Pierre Ansart zeigt, führt Saint-Simon den Gegensatz zwischen »dem Realen und dem Nicht-Realen, dem Grundsätzlichen und dem Offensichtlichen [...] ein, eine Ebene des Realen als Ort der kausalen Determinationen und eine Ebene zweiter Ordnung beziehungsweise des Nicht-Essentiellen« (Ansart, Marx et l'anarchisme, S. 2). Dieser Gegensatz macht schließlich die auf »empirischer Beobachtung und positiver Wissenschaft« beruhende Politik der Enthüllung möglich, wie sie später von Marx und aus einer etwas anderen Perspektive auch von Durkheim entwickelt wird.[28]

Saint-Simon entwirft das industrielle Gemeinwesen anhand einer permanenten, wenn auch häufig implizit geäußerten Kritik an Rousseau. Das geschieht meist in der Form einer Verurteilung der »Metaphysiker und Legisten«, die bisweilen als »Intellektuelle« betitelt und durchge-

28 Der Einfluss Saint-Simons auf Marx, den Ansart in »Marx et l'anarchisme« (vor allem in dem »Eine saint-simonistische Kritik der Philosophie« benannten Kapitel; S. 329–358) untersucht hat, wird von Gurvitch in seiner Einführung zu den Ausgewählten Werken betont: »Gans, einer der wenigen Professoren, deren Vorlesungen Marx an der Universität Berlin besucht hat, war der erste Hegelianer, der sich darangemacht hat, Hegels ›Grundlinien der Philosophie des Rechts‹ mittels des saint-simonistischen Gedankens zu korrigieren, dem zufolge die bürgerlich genannte Gesellschaft und Ökonomie viel bedeutender seien als der Staat, dessen Funktionieren und Schicksal sie bestimmen.« (Saint-Simon, Physiologie sociale, S. 36)

hend den »Industriellen und Gelehrten« gegenübergestellt werden (Saint-Simon, Système, Bd. 1, S. 189). In »Du système industriel« geißelt der Autor diese »Phrasendrescher«, denen man zumindest eines zugute halten muss, nämlich dass sie die Ersten gewesen sind, die »die Laster der Feudalität« offengelegt und »einen Schutzwall gegen Adel und Klerus errichtet hätten, hinter dem die Industriellen ebenso wie die sich den beobachtenden Wissenschaften widmenden Gelehrten sicher arbeiten konnten«, die selbst jedoch nur eine »Halbwissenschaft«, eine »entartete und verworrene Lehre« ausgearbeitet hätten. Die »Theorie der Menschenrechte« sei nichts anderes als »eine Anwendung der hohen Metaphysik auf die hohe Jurisprudenz« (ebenda, Bd. 1, S. 37, 62, 83; Bd. 2, S. 92).

Die wahre Sozialwissenschaft, deren Ergebnisse nicht »von unserem Willen oder unseren Gewohnheiten, auch nicht von unseren Überzeugungen abhängen«, steht demnach im gleichen Gegensatz zu den Halbwissenschaften der Metaphysik und des Rechts, wie es mit dem »Übergang vom Spekulativen zum Positiven, von der Metaphysik zur Physik« bestellt ist (ebenda, Bd. 1, S. 6 und 137). Henri Gouhier zufolge (Gouhier, Jeunesse) hatte diese Gegenüberstellung, die Comte später in Gestalt des geschichtsphilosophischen Drei-Stadien-Gesetzes weiterentwickeln sollte, schon unter Turgots Feder systematischen Ausdruck gefunden. Bereits in seinem »Plan du second discours sur le progrès de l'esprit humain« skizzierte er die Entwicklung des menschlichen Geistes beginnend mit dem Stadium, wo »alles, was ohne Zutun des Menschen passierte, seinen Gott bekam«, über das Stadium, das der wirklichen Aufklärung über die Naturgeschichte vorausgeht und in dem die Philosophen die Fähigkeiten zur Erklärung einer jeden Wirkung vermehrt hätten, bis hin zu dem Stadium, in dem die Erklärung auf der »mechanischen Bewegung, die die Körper aufeinander ausüben«, gründet (Turgot, Grundriß, S. 211f.). Nichtsdestotrotz legt Saint-Simon eine Darstellung des Positiven vor, die von den Arbeiten zur Anatomie (Vicq-d'Azir) genauso profitiert wie von jenen zur Physiologie (Cabanis und Bichat), um das Fundament für eine »Sozialphysiologie« der »organisierten Körper« zu legen und die Verfehlungen der Philosophen des 18. Jahrhunderts auszubügeln. In der »Introduction aux travaux scientifiques du XIXe siècle« beklagt er, dass »Condillac und Condorcet weder Anatomie noch Physiologie [getrieben hätten]. Ihre Ignoranz gegenüber diesen wesentlichen Teilgebieten der Physik der organisierten Körper ist zu einer Ursache von kapitalen Irrtümern geworden, die der eine wie der andere beging.« (Saint-Simon, Physiologie sociale, S. 49)

Sein erster Gesellschaftsentwurf von 1803 wird in folgenden Worten gerechtfertigt: »Meine Freunde, wir sind organisierte Körper; unter der Annahme, dass unsere sozialen Beziehungen physiologische Phänomene darstellen, habe ich das Projekt konzipiert, welches ich euch im Folgenden vorstellen möchte.« (Lettres d'un habitant de Genève à ses contemporains, ebenda, S. 45)

Zehn Jahre später legt er in »De la physiologie sociale« eine Beschreibung der Gesellschaft als einer »organisierten Maschine« vor, deren Teile Organe sind und verschiedene »Funktionen« erfüllen. Organe und Funktionen stehen einer Definition von Gesellschaft entgegen, die auf der »Willkür individueller Willen« beruht. Sie ergeben zusammen ein »reales Wesen, dessen Existenz kräftiger oder labiler ist, je nachdem, ob seine Organe die ihnen anvertrauten Funktionen mehr oder weniger regulär erfüllen« (ebenda, S. 57). Wie bei allen anderen lebenden Organismen lassen sich auch die Pathologien der Gesellschaft behandeln. Die neue Gesellschaftswissenschaft ist daher auch therapeutisch tätig: »Die politische Ökonomie, die Gesetzgebung, die öffentliche Moral und alles, was die Verwaltung der allgemeinen Interessen der Gesellschaft ausmacht, sind nichts anderes als eine Sammlung von *Hygieneregeln.*« (Ebenda) Der »natürliche Lauf der Dinge ist der Garant einer ›soliden und dauerhaften Konstitution‹ im Sinne der guten Konstitution eines Lebewesens« (Système, Bd. 1, S. 68). Das Gemeinwesen der Industrie fußt daher auf der Objektivität von Dingen, die die Natur hervorbringt: »Es geht keineswegs darum, ein System sozialer Organisation zu schaffen, sondern darum, der neuartigen Verknüpfung von Ideen und Interessen, die sich herausgebildet hat, gewahr zu werden und sie aufzuzeigen. Das ist schon alles. Ein soziales System ist eine Tatsache oder es ist nichts.« (L'Organisateur, S. 179f.)

Aufgrund dieses Gedankens wird Durkheim Saint-Simon als den Erfinder der »sozialen Physiologie« und den Vorläufer Comtes in der Geschichte der Soziologie bezeichnen. In seinem 1915 für den Sammelband »Science française« geschriebenen Artikel mit dem Titel »La sociologie« schreibt Durkheim über Saint-Simon, er habe »als Erster erklärt, dass die menschlichen Gesellschaften Realitäten eigener Art und verschieden sind von denen, die man ansonsten in der Natur vorfindet, aber ansonsten demselben Determinismus unterliegen. Die sozialen Organismen müssen also der Gegenstand einer Wissenschaft werden, die derjenigen vergleichbar ist, die es mit individuellen Organismen zu tun hat. Aus diesem Grund schlägt er vor, sie *soziale Physiologie* zu nennen. [...] In einem Wort: Alle grundlegenden Gedanken der Comte'schen Soziologie finden sich schon bei Saint-Simon, und Comte hat sie seinem Lehrmeister entlehnt.« (Durkheim, La sociologie, S. 110)

In »L'Industrie« verquickt Saint-Simon den Ursprung der Moral mit dem der Gesellschaft und fordert den Übergang von der überirdischen Moral zur irdischen (Industrie, Bd. 2, S. 32ff.). Die Moral ist in seinen Augen ein System von Funktionsregeln, welche harmonische Beziehungen zwischen zwei Typen von Wesen, dem Individuum und der Gesellschaft, gewährleisten sollen, »damit beide glücklicher werden, als es sonst möglich wäre« (ebenda, S. 30). Die politischen Gesetze stehen zu den wahren Kräften der Gesellschaft wie die Form zum Inhalt, aber »die Rechtsgelehrten und Metaphysiker sind anfällig dafür, die Form für den Inhalt zu nehmen und die Wörter für die Dinge« (Système, Bd. 1, S. 13). Die Eigentumsfrage beispielsweise verweist direkt auf das Produktionsregime, und die Eigentumsverfassung sollte so gestaltet sein, »dass dem Besitzer ein Anreiz gegeben wird, [dieses Eigentum] so produktiv einzusetzen wie nur möglich« (Industrie, Bd. 2, S. 43). Das ist der »Inhalt«, den die »Spitzfindigkeiten« über die »Machtverteilung« und über die »Regierungsform« verschleiern: »Die parlamentarische Regierungsform ist gewiss allen anderen vorzuziehen, sie ist aber nur eine *Form*, und die Eigentumsverfassung ist der *Inhalt*; diese Verfassung gibt also das wahre Fundament des Gesellschaftsgebäudes ab.« (Ebenda, S. 81) Es ist daher nicht mehr notwendig, »nach dem Ziel zu suchen, an dem sich die Gesellschaft orientieren muss«; die Rechtsgelehrten sollten sich »schlicht und ergreifend darum kümmern, Gesetze zu machen, welche die Prosperität der Kultur, des Handels und der Fabrikation optimal gewährleisten« (Système, Bd. 1, S. 145). Als Verlängerung der Moral ist es die Aufgabe der Politik, die gesellschaftlichen Kräfte zu lenken: »Die Regierung ist der Geschäftsführer der Gesellschaft« und »schützt die Arbeitenden vor dem unproduktiven Tun der Nichtsnutze« (Industrie, Bd. 2, S. 36). »Die Staatsgeschäfte« müssen absolut »auf die gleiche Art und Weise geführt werden wie die Geschäfte eines Privatmannes«. »Eine nationale Vereinigung muss als ein Industrieunternehmen angesehen werden, dessen Aufgabe darin besteht, jedem Glied der Gesellschaft im Verhältnis zu dem, was es einbringt, den höchstmöglichen Wohlstand und das größtmögliche Glück zu verschaffen. Man kann den Scharfblick nur bewundern, den die gelehrten Ökonomen bei diesem Vorhaben an den Tag gelegt haben.« (Ebenda, Bd. 2, S. 153) »Es ist Aufgabe der Regierung, gegen den Müßiggang vorzugehen«, den Kampf gegen die »Schmarotzer«, die »Nichtsnutze« und »Diebe« aufzunehmen (ebenda, Bd. 1, S. 72). Das bedeutet, dass sie streng auf die

Verwaltung der Arbeit und der Produktion beschränkt bleiben muss; »sobald sie außerhalb dieses Feldes tätig wird, wird sie willkürlich, usurpatorisch und damit zwangsläufig zum Tyrannen und Feind der Industrie« (ebenda).

Während der Begriff »Nützlichkeit« für Rousseau das Konformgehen mit den Interessen des Staates bedeutet und damit ein Synonym für Tugend ohne jeden besonderen Bezug auf die Arbeit oder die Produktion materieller Güter ist, wird er im industriellen Gemeinwesen mit der Befriedigung von Bedürfnissen assoziiert und stellt als solche das übergeordnete Gut dar.

Wenn sich Rousseau in der »Abhandlung über die Frage: Hat der Wiederaufstieg der Wissenschaften und Künste zur Läuterung der Sitten beigetragen?« über die Bevorzugung der »angenehmen Talente vor den nützlichen« beklagt und eine Gesellschaft anprangert, in der wir »Physiker, Geometer, Chemiker, Astronomen, Poeten, Musiker, Maler [haben], aber [...] keine Bürger mehr« (Rousseau, Abhandlung, S. 47), proklamiert Saint-Simon in »Du système industriel«, dass die »einzig wahren Organe des Gemeinsinnes oder des allgemeinen Interesses die Industriellen sind«, wobei »die Physiker, Chemiker und Physiologen von ihnen nicht zu trennen sind« (Système, Bd. 1, S. 63, 46). Er empört sich über die Tatsache, dass sie »von den Fürsten und anderen Regierenden als Subalterne behandelt« (L'Organisateur, S. 24) und von »Legisten und Metaphysikern« verdrängt würden – allesamt »Phrasendrescher«, die mehr mit Prinzipien als mit Tatsachen befasst sind« (Système, Bd. 1, S. 35–37). Nicht diese Prinzipien sind es, sondern die den Dingen innewohnenden Kräfte, welche die Bauern, Kaufleute und Fabrikanten zwingen, das Gemeininteresse und das auf ihre Eigeninteressen bezogene Kalkül gleichzeitig zu verfolgen (ebenda, S. 63). Diese »hinsichtlich der erlangten Intelligenz als höherwertig anzusehenden« Untertanen, welche ihr Verwaltungsstudium am erfolgreichsten abgeschlossen haben«, können sich »in ihrem eigenen Interesse gar nicht organisieren«, ohne zugleich »dem Interesse der Mehrheit zu dienen«, denn im gegenwärtigen Stadium der Zivilisationsentwicklung ist die wichtigste politische Fähigkeit die Fähigkeit des Verwaltens« (ebenda, S. 46–48).

Die Größe der Menschen in dieser wie auch den anderen Gemeinwesen entspricht dem Niveau von Allgemeinheit, auf dem sie sich befinden. Der Mensch ist klein, »der wenig Intelligenz besitzt, ein Mensch, dessen Gedanken nicht über die häuslichen Angelegenheiten hinausreichen ...« (Industrie, Bd. 1, S. 73). Die Großen »arbeiten daran, die allgemeinen Tatsachen, die als Grundlage für sämtliche Kombinationen aus Kultur, Handel und Fabrikation dienen können, zu entdecken und zu koordinieren« (Système, Bd. 1, S. 46). »Die Arbeiten, mit denen sich die Industriellen befassen, haben jeweils unterschiedliche Grade von Allgemeinheit, und aus dieser grundlegenden Disposition ergibt sich eine Art Hierarchie zwischen den verschiedenen Klassen, aus denen sich diese enorme Masse von Bürgern, die an der Produktion beteiligt sind, zusammensetzt.« »Die Klasse der Kaufleute«, die selbst wiederum mit den Bankiers »gemeinsam agieren«, bildet das Verbindungsstück zwischen den Landwirten und den Handwerkern. Dabei sind die Bankiers als »die Generalbevollmächtigten der Industrie« anzusehen (ebenda, S. 36f.).

Wie jede Verwaltung von Gütern kann auch die Regierung Gegenstand einer Kostenkalkulation sein. »Im gegenwärtigen Stadium der Aufklärung hat es die Nation nicht nötig, regiert, sondern durch den bestmöglichen Markt administriert zu werden: Nun kann man aber nur in der Industrie kostengünstiges Administrieren lernen.« (Système, Bd. 1, S. 151) Saint-Simon schätzt sogar die Gesamtkosten für die »drei- oder vierhunderttausend Rechtsgelehrten, Rechtslehrlinge und Rechtsdiener, die es in Frankreich gibt – allesamt Menschen, die nichts produzieren und damit der Industrie zur Last fallen, die sie umsonst mit Nahrung, Wohnung und Kleidung versorgt ...« (Industrie, Bd. II, S. 115–116).

Das Grundgesetz des Staates im industriellen Gemeinwesen sind die Grundsätze der Buchführung, »denn das Geld ist für den Staatskörper wie das Blut für den menschlichen Körper. [...] Daher ist das Finanzgesetz zugleich das allgemeine Gesetz, es ist dasjenige, von dem alle anderen abgeleitet sind oder abgeleitet werden müssen.« (Industrie, Bd. 2, S. 93) In den »Maßnahmen zur Beendigung der Revolution« schlägt Saint-Simon die Schaffung eines »Rates von Industriellen« zur Abstimmung über Budgetfragen vor, »der den Titel ›Industriekammer‹ tragen soll, welche zuerst aus den vier Landwirten mit den bedeutendsten Anbauflächen bestehen soll; dann aus den zwei Geschäftsleuten mit dem meisten Umsatz; des Weiteren aus den zwei Fabrikanten, die die meisten Arbeiter beschäftigen; und schließlich aus den vier angesehensten Bankiers« (Système, Bd. 1, S. 107). In »L'Organisateur« (Bd. 4) schlägt Saint-Simon die Einberufung einer »Erfinderkammer« vor, die folgendermaßen zusammengesetzt ist: »Die erste Sektion setzt sich aus zweihundert Bauingenieuren zusammen; die zweite aus fünfzig Dichtern oder anderen Literaturerfindern; die dritte aus fünfundzwanzig Malern, fünfzehn Bildhauern oder Architekten und zehn Musikern.« (Ebenda,

S. 51) Diese Kammer wird »einen Entwurf für öffentliche Arbeiten zur Steigerung des Reichtums in Frankreich [vorlegen], ebenso zur Verbesserung der Lage der Einwohner unter Berücksichtigung dessen, was ihnen nutzt und Annehmlichkeiten verschafft; im Anschluss daran wird sie jedes Jahr ihre Ansichten hinsichtlich der Erweiterungen und notwendigen Verbesserungen des ursprünglichen Plans kundtun.« (Ebenda) Die Industriellen »sind als Einzige in der Lage, zwischen den Angehörigen der Gesellschaft das Ansehen und die von der Nation verliehenen Auszeichnungen angemessen zu verteilen, so dass einem jeden seinem Verdienst entsprechend Gerechtigkeit widerfährt« (Système, Bd. 1, S. 133). »Frankreich ist nämlich zu einer großen Manufaktur geworden und die französische Nation eine große Werkstätte. Diese Generalmanufaktur muss genauso verwaltet werden wie die einzelnen Fabriken.« (Ebenda, Bd. 3, S. 91)

Bei der Zuteilung der Zuständigkeitsbereiche dieser Kammern sieht Saint-Simon ausdrücklich vor, dass auf den Ausdruck des höheren Prinzips geachtet wird, was durch die Errichtung von öffentlichen Museen und die Abhaltung von Festen geschehen soll. »Unter den malerischsten Lagen sollen Grundstücke ausgewählt werden, um ein Museum der aus den umgebenden Landstrichen stammenden Natur- und Industrieprodukte [zu beherbergen]; sie werden auch Behausungen für die Künstler umfassen, die sich für eine Weile dort niederlassen wollen; daneben wird man stets einer Anzahl von Musikern Unterhalt gewähren, um bei den Bewohnern des Kantons die Leidenschaft zu entfachen, deren die Verhältnisse um des größten Wohlergehens der Nation willen bedürfen. Der gesamte französische Boden soll ein herrlicher englischer Garten werden und mit allem, was die schönen Künste den Schönheiten der Natur noch hinzufügen können, verschönert werden.« (L'Organisateur, S. 52) In Gestalt der »Feiern der Hoffnung« werden Zeremonien zum Ruhme der vorgesehenen Investitionsprojekte abgehalten werden: »Die Redner werden dem Volk die vom Parlament erlassenen Bauprojekte darlegen und die Bürger dazu anstacheln, sich mit Eifer an die Arbeit zu machen, indem sie ihnen vermitteln, wie sehr ihr Geschick sich bessert, sobald die Projekte ausgeführt sind.« (Ebenda, S. 53)

Als Richter über die industrielle Größe fungieren die Experten; die Politik ist die »Wissenschaft von der Produktion« und muss sich gegen die »herrschenden Ideen« und die »öffentliche Meinung« entscheiden (Lettre à un Américain, S. 78f.). Die repräsentative Industriellenversammlung setzt in einem System, wo die Gerechtigkeit ganz und gar auf der Aufteilung der Belohnungen zwischen den »Produzenten« und

»Konsumenten« basiert, die Kennziffern der Größe fest. Diese Rechtsprechung ruht auf der »positiven wissenschaftlichen Qualifikation«, die den Gelehrten vorbehalten ist. Saint-Simon, der sich gegen die Behauptung einer »eingeborenen Politikwissenschaft« (also implizit gegen den Rousseau'schen Einfluss) empört, beobachtet, dass »die Voraussetzungen für die Befähigung klar und bestimmt werden, wenn die Politik den Rang einer empirischen Wissenschaft einnimmt, wovon man allerdings noch weit entfernt ist, und die Ausübung der Politik ausschließlich einer besonderen Klasse von Gelehrten übertragen ist, die dem Geschwätz entsagt« (Système, Bd. 1, S. 17).

Die Sarkasmen, die Saint-Simon für den Glauben an den eingeborenen Charakter der Politikwissenschaft und die universelle Verbreitung der Befähigung zum Regieren übrig hat, lassen sich mit der Kritik vergleichen, die Sieyès an der »rohen Demokratie« übt, »und die so benannt ist in Analogie zu den Stoffen, die die Natur allerorten dem Menschen darbietet, die wiederum der Mensch allerorten seiner Industrie zur Verarbeitung zuführt«. Sieyès setzt ihm nämlich eine Form politischer Repräsentation entgegen, die durchaus eine Verbindung zur Arbeitsteilung aufweist, wenn er schreibt, dass »das Eigentümliche an den Menschen im gesellschaftlichen Zustand darin besteht, dass sie sich aufgrund einer Art allgemeinen Plans, der das Kollektivleben lenkt, wechselseitig auszudrücken vermögen, so wie bestimmte mathematische Größen andere Größen ausdrücken können« (Bastid, Sieyès, S. 369f.).

Die Ordnung der Befähigungen zur Politik weist die Form einer Hierarchie zwischen den einzelnen Größenzuständen auf, die sich am ungleichen Grad gesellschaftlichen Nutzens bemisst. So lassen sich »die Adeligen, die Tonsurierten, die Legisten und müßigen Eigentümer« von den »Fabrikanten, Kaufleuten, Gelehrten« und »positiven Intellektuellen« scheiden (Système, Bd. 1, S. 140–141, 190).

Dritter Teil
Die gemeinsamen Welten

V Die Prüfung des Urteils

Situatives Urteilen

Von den für die Rechtfertigung konstitutiven Elementen haben wir bisher all jene außen vor gelassen, die mit der Bewertung der beteiligten Personen zu tun haben. Der Rechtfertigungsimperativ verlangt nämlich, dass jede Person einer legitimen Bewertung unterzogen wird. Auf dem bisher zurückgelegten Weg haben wir uns mit dem klassischen Bemühen der politischen Philosophie befasst, Äquivalenzklassen sowie eine hierarchische Ordnung zu entwickeln, die auf alle Angehörigen einer Gesellschaft anzuwenden sind. Wir haben eine Kategorie solcher politischer Konstruktionen legitimer Ordnung näher unter die Lupe genommen, anhand deren die gewöhnlichen Menschen sich in ihrem alltäglichen Handeln wechselseitig bewerten können. Aus der Tatsache, dass die Menschen auf eine ganze Palette von Möglichkeiten, solche Äquivalenzen herzustellen, zurückgreifen können, ergibt sich die in den nachfolgenden Kapiteln zu behandelnde Frage, in welchem Verhältnis diese Möglichkeiten zueinander stehen und wie Menschen mit einer derartigen Komplexität zurechtkommen. Wir haben jedoch bereits das Argument vorgebracht, dass jede der Rechtfertigungsordnungen eine Reduktion von Komplexität möglich macht und dabei die jeweils anderen Formen der Allgemeinheit zu Besonderheiten degradiert.

Unser vorrangiges Interesse für den Vorgang des Messens von Personen und für die Möglichkeit, eine Ordnung der Merkmalszustände zu ermitteln, auf die sie sich verteilen, ergibt sich aus der Forschungstradition, in der wir stehen. Diese von der politischen Philosophie bis hin zu den modernen Sozialwissenschaften reichende Tradition trägt noch die Spuren eines Bruchs mit den vorausgegangenen Kosmologien, die eine Physik und eine Welt von geordneten Objekten beinhalteten. Nichtsdestoweniger hat die Entscheidung, diesem Interesse nachzugehen, unseren Forschungsgegenstand, wie wir ihn heute konstruieren wollen, etwas entstellt, insofern sie nämlich suggeriert, dass alle einer allgemeinen, mehr oder weniger säkularisierten theologischen Ordnung unterstehen, die ihre Handlungen anleitet und harmonisch aufeinander abstimmt. In diesem dritten Teil werden wir nun eine ganz andere Richtung einschlagen. Wir wollen uns nämlich darauf konzentrieren, wie

Beurteilungen und Rechtfertigungen einer Prüfung unterzogen werden; einer Prüfung, in der dann die Personen zusammen mit den in die Situationen eingebrachten Objekten die Bühne betreten.

Die politischen Philosophien verbleiben diesbezüglich auf der Ebene des Grundsätzlichen und sagen uns nichts über die Voraussetzungen einer tatsächlichen Einigung. Wie wir im vorangegangenen Teil gesehen haben, stützt sich das Modell der Rechtfertigungsordnung auf eine Ausdifferenzierung der Größenzustände und macht deren Legitimität deutlich. Es trifft keine Aussagen darüber, nach welchem Modus diese Zustände Einzelpersonen zugewiesen werden. Uns soll deshalb im Folgenden das Problem der Zuweisung auf diese Ränge beschäftigen, was jedoch erforderlich macht, dass wir zuvor noch die Voraussetzungen für die Anwendung von Gerechtigkeitsprinzipien klären müssen, nachdem wir auf ihre Notwendigkeit überhaupt eingegangen sind. Denn wie vollzieht sich der Übergang von legitimen Argumentationen zu faktisch koordinierten Handlungen, wie sie von den Gesellschaftswissenschaften untersucht werden? Wie lässt sich die an die jeweiligen Umstände angepasste praktische Umsetzung dieser Grundsätze erklären? Eine solche Neuausrichtung erfordert eine Erweiterung unseres bisherigen Forschungsgegenstandes, der dann neben den klassischen Lehren der Weltklugheit auch die Umsetzung von als technisch oder ästhetisch bezeichneten Prinzipien zusammen mit solchen, die gemeinhin als moralisch bezeichnet werden, umfasst. Ist diese Neuorientierung wirklich zum Scheitern verurteilt, wie es eine Denktradition behauptet, für die die Rechtfertigung im Sinne einer von Handlungszwängen entlasteten formalen Argumentation (welche die Handlung im Nachhinein rationalisiert) in schroffem Gegensatz zur Nichtreduzierbarkeit der äußeren Umstände, des »Drumherum« dieser Handlung steht?

Durkheim etwa sieht einen Gegensatz zwischen der »metaphysischen und idealistischen Abstraktion« der ökonomischen Theorie und den äußeren Umständen, der Wirklichkeit und der Natur, für die es soziologische Gesetze aufzustellen gilt: »[...] dieser verallgemeinerte Mensch, dieser grundsätzliche Egoist, von dem die ökonomische Theorie spricht, ist ein Wesen, das nur im Verstand existiert. Der wirkliche Mensch, der, den wir kennen und der wir selber sind, ist eben komplex: er entstammt einer Zeit und einem Land.« (Durkheim, Einführung, S. 32) Durkheim dient der Verweis auf die »äußeren Umstände« freilich dazu, »wirkliche Gesetze« aufzustellen und Kritik an dem abstrakten Konstrukt der Wirtschaftswissenschaften mittels einer Argumentation anzubringen, wie wir sie schon im ersten Kapitel untersucht haben, und deren symmetrischer Widerpart ebenso aus der Feder eines Ökonomen stammen könnte. Jedenfalls gestaltet das Auftauchen des Arguments der »Praxis« in sozialwissenschaftlichen Erklärungen die Rolle, die vormals der Weltklugheit zukam, um und führt häufig nur dazu, dass Sozialwissenschaftler sich auf die äußeren Umstände konzentrieren und die eigentliche Analyse vernachlässigen. Um solchen Vorwürfen entgegenzutreten, versuchen wir den vorangegangenen Gegensatz auszuhebeln und eine Theorie der Einigung und der Uneinigkeit auszuarbeiten, die sich nicht in einer Theorie des Aufeinandertreffens von Argumenten und Prinzipien erschöpft, sondern der Konfrontation mit den äußeren Umständen, mit einer je besonderen Wirklichkeit, also dem Einbezug von menschlichen Wesen und Objekten in eine Handlung gerecht wird.

Wir möchten also solche Momente ausblenden, die sich aufgrund einer Anhäufung von Unstimmigkeiten am Rande des Chaos bewegen, ebenso aber auch solche, die Anlass zu einem *Arrangement* geben. Zugeständnisse, die in einem Arrangement gemacht werden, zeichnen sich gerade dadurch aus, dass sie Gerechtigkeitsgrundsätze außer Acht lassen. Man arrangiert sich miteinander (also lokal), um einen Streit beizulegen, ohne ihn auszudiskutieren oder die Meinungsverschiedenheiten wirklich auszuräumen. Wir befassen uns also mit Fällen, in denen das Bemühen um eine Einigung die beteiligten Personen dazu führt, bei gleichzeitiger Berücksichtigung der äußeren Umstände die Kontingenzen hinter sich zu lassen und die Relevanz der beteiligten Wesen in Bezug auf ein und dasselbe allgemeine Äquivalenzprinzip herauszustreichen. Dann kann die Frage danach, was gerecht ist, die Frage nach der Gerechtigkeit oder Rechtmäßigkeit einer Situation gestellt werden. Manche Zuordnungen lassen sich so rechtfertigen, während andere als nicht zu rechtfertigen erachtet werden.

Stellen wir uns eine Situation vor, in der Jugendliche in einem Café Rabatz machen, indem sie sich gegenseitig Brotstückchen ins Gesicht werfen. Die äußeren Umstände sind ganz auf Spaß gepolt und nichts ist irgendwie von besonderem Belang, bis ein älterer Herr einschreitet und die Jugendlichen ermahnt, nicht mit Brot zu spielen, weil während des Krieges viele Menschen hätten hungern müssen. Der ältere Herr, der bis dahin etwas abseits sitzend unbeteiligt in seine Zeitung vertieft war, greift durch seine Äußerung in eine Situation ein, deren Angemessenheit geklärt werden muss. Er sagt, worauf es ankommt.

Der Schritt, mit dem man einen Standpunkt oberhalb der jeweiligen Umstände einnimmt und erkennt, worauf es ankommt und was für die Handlung eine Rolle spielt, lässt sich anhand Clausewitz' Untersuchung des Krieges verdeutlichen. Sein Ausgangspunkt ist der Gegensatz zwischen dem »absoluten« und dem »wirklichen Krieg«, dem philosophischen Prinzip des Krieges und dem Chaos auf dem Schlachtfeld, einem Ort der Kontingenz und der Ungewissheit. Methodisch vorgehend untersucht er die Waffenentscheidung, das *Gefecht*, also »das Mittel, dessen sich der kriegerische Akt bedient« (Clausewitz, Vom Kriege, S. 847). Dabei will er den »inneren Zusammenhang« aufzeigen, der der »Kunst«, »sich der gegebenen Mittel im Kampf zu bedienen«, zugrunde liegt, das heißt, der »Fertigkeit, aus einer unübersehbaren Menge von Gegenständen und Verhältnissen die wichtigsten und entscheidenden durch den Takt des Urteils herauszufinden« (ebenda, S. 89, 169, 859). Die Darstellung dieser *Klugheit* für das Schlachtfeld erfordert eine gründliche Überprüfung der äußeren Umstände, ein Vorhaben, dem Clausewitz in seinem Buch viel Platz einräumt. Das Prinzip von »Sieg oder Niederlage« stellt über diese Umstände hinweg eine Äquivalenz her, die einen Maßstab bereitstellt und »die Unsicherheit des rechten Maßes« verringert (ebenda). Das läuft freilich nicht darauf hinaus, sämtliche Umstände in ihrer kontingenten Singularität zu berücksichtigen, was ein unendliches Unterfangen wäre, sondern sie zu spezifizieren, indem man sie in die Überprüfung ihrer Rolle für die Situation einbezieht, die sie einnimmt und bestimmt. So ergibt sich die Relevanz eines Felsens dadurch, dass er Schutz bieten, aber auch eine wertvolle Stütze sein kann, so wie Sartres Felsblock ihm »im Lichte einer geplanten Besteigung erscheint« (Sartre, Das Sein und das Nichts, S. 568). Doch verwahrt sich Sartre im Gegensatz zu Clausewitz gegen jegliche Bezugnahme auf ein Begründungsprinzip, das bei der Bestimmung der Wesen behilflich wäre. Für ihn ist die Natürlichkeit einer Situation gänzlich das Produkt des Blickes, das ein anderer Blick zugunsten einer anderen Natur wieder zunichte machen kann. So definiert er die Situation durch das Verhältnis zwischen meinem Entwurf, für den der Fels »sich für die Besteigung eignet oder nicht«, und der Art und Weise, wie sich das »rohe Sein« des Felsens der Besteigung darbietet, während er für einen anderen Blick und einen anderen Entwurf sich »nur als schön oder hässlich« zeigt (ebenda).

Die Ausweitung der Rechtfertigungsordnung auf eine Welt

Die Bezugnahme auf die Wirklichkeit gehört mit zu der genannten Erweiterung unseres analytischen Rahmens, wie wir ihn in Grundzügen entworfen haben. Die *Bewertung* von Personen nach Maßgabe einer

Größe versteht sich nicht von selbst, da einer Person ja ein Zustand nicht dauerhaft aufgrund persönlicher Eigenschaften zugeschrieben werden kann: Die Anforderung der gemeinsamen Würde (a3) verbietet die feste Bindung einer Person an einen Zustand. Aus der Grundeigenschaft des Modells der Rechtfertigungsordnung, sämtlichen Angehörigen des Gemeinwesens in gleichem Maße den Zugang zu allen Zuständen zuzusichern, erwächst eine permanente Ungewissheit hinsichtlich der Messung der Größe. Dies wird somit zum Stein des Anstoßes, wenn es innerhalb eines Gemeinwesens zum Streit kommt. Ein einmal zugewiesener Zustand kann jederzeit wieder infrage gestellt werden. Die Verwirklichung des Gemeinwesens beruht auf *Prüfungen der Größe*, welche eine Zuweisung dieser Zustände möglich machen.

Die eine generelle Äquivalenz voraussetzende Zuweisung eines Zustands an eine einzelne Person ist ein Vorgang, der dem Paradoxon des Kodierens unterliegt. Wenn die Kategorie eine Form von Äquivalenz ist, die *per definitionem* über die besonderen Eigenschaften eines Wesens hinausgeht, wie lässt sich dann die Verbindung zwischen dieser Form und diesen Eigenheiten herstellen, was ja der Vorgang des Kodierens voraussetzt? Behauptet man, eine Kodierung auf der Basis von einem oder mehreren Kriterien vorzunehmen, was ja die formalen Darstellungen von Klassifikationen vorsehen, löst man damit das Problem noch lange nicht. Es wird stattdessen nur darauf verlagert, wie sich die Kriterien selbst aus vorgängigen Kodierungen ergeben. Die Feststellung der Größe einer Person kann nicht einfach aufgrund einer intrinsischen Eigenschaft dieser Person erfolgen, was ja erforderte, dass eine auf dieser Eigenschaft fußende Äquivalenzform schon vorher gebildet worden wäre. Sie muss sich auf Objekte stützen, die außerhalb der Personen liegen und die dann gewissermaßen als Instrumente oder Werkzeuge zur Beurteilung der Größe dienen. Wie bei der Beweisführung im Justizverfahren kommt es auf die Kohärenz eines Arrangements von Wesen an, die einander stützen, auf seine »Stimmigkeit«. Auch erfordert die Beweisführung, dass die Dinge, auf die man sich dabei stützt, relevant und überhaupt geeignet sind, als schlüssiger Beleg herangezogen zu werden. Die Bezugnahme auf *bewertete* Dinge führt also zu einer Erweiterung des Kohärenzrahmens, durch die die Gemeinwesen in *gemeinsamen Welten* zur Entfaltung kommen. Damit Personen untereinander Einigung erzielen können (wie schon gezeigt, erfolgt dies durch eine Bewertung der Menschen nach ihren Größenzuständen), muss die Eigenschaft der Dinge auf eine Weise bestimmt werden, die mit diesen Prinzipien der Größe in Einklang steht. Die verschiedenen Metaphysiken der Größe führen uns nun zu dem Punkt, wo wir uns Gedanken machen müssen, unter welchen Bedingungen aus Personen und Dingen bestehende Konstellationen als kohärent anzusehen sind. Die Frage nach der Einigung führt uns nun weg von der Gerechtigkeit und hin zu der nach der Angepasstheit.

Die Kohärenz, auf der die Beurteilung basiert, ergibt sich nicht allein aus der Sprache. Ebenso ist die Relevanz nicht nur eine Sache von Stilfiguren, wie es ein beschränktes Verständnis von Rhetorik glauben machen will. Zwei Personen können mit derselben Bestimmtheit aneinandergeraten und wie im folgenden Beispiel zwei einander widersprechende Argumente austauschen: »Es muss sich so damit verhalten, denn ich bin zutiefst davon überzeugt«; und: »Mir scheint, so etwas tut man einfach nicht.« Weder eine Überprüfung der Argumentation noch ihr unmittelbarer Kontext erlauben es, die vollkommene Gegensätzlichkeit des Urteils nachzuvollziehen. Man könnte zu dem Schluss kommen, dass hier nur Willkür oder eine absolute Subjektivität der Perspektiven am Werk sein kann. Die Entschlossenheit ist auf beiden Seiten so unerschütterlich, da jede der Aussagen sich zum Beweis auf eine andere *Welt* stützen kann, die erste auf die Welt der Inspiration, in der die Überzeugung dem tiefsten Innern entspringt, die zweite auf die Welt des Hauses, in der das persönliche Urteil hinter den guten Manieren verblasst.

Soll der Streit geschlichtet werden, sollen die Ungewissheit hinsichtlich der Merkmalszustände von Größe behoben und die Größenzustände überprüfbar gemacht werden, dann muss sich das Modell der Rechtfertigungsordnung auch auf Wesen ausdehnen lassen, die keine Personen sind. Personen und Dinge bieten sich wechselseitig ihre Unterstützung an. Halten sie zusammen, dann liefern sie den Beweis dafür, dass Einigungen zwischen Menschen gerecht sind. Dieser Gerechtigkeit (justice) entspricht eine Richtigkeit (justesse) der Abstimmungen mit den Sachen. Unter Zuhilfenahme der *Objekte*, die wir durch ihre Zugehörigkeit zu einer Natur definieren werden, wird es den Menschen möglich, Größenzustände festzustellen. Die Prüfung der Größe lässt sich dabei nicht auf eine theoretische Debatte reduzieren. Sie bezieht die Personen in ihrer Körperlichkeit in eine Welt von Dingen mit ein, die als Stützen dienen, ohne die die Auseinandersetzung keinerlei materielle Grundlage hätte, um überhaupt in eine Prüfung überführt zu werden.

Gemeinsame Grundsätze geben der Argumentation oder der Handlung nicht einfach eine Richtung vor, wie etwa ein »Wertsystem« (etwa in dem Sinne, in dem Raymond Aron in seinem Kommentar zu Max Weber von einer Ausrichtung durch »einen Wertbezug« spricht [Aron,

Hauptströmungen, S. 176–250]). Solche gemeinsam geteilten Grundsätze stützen sich vielmehr auf je unterschiedliche gemeinsame Welten. Was zu einer Welt gehört und in ihr existieren mag, ist in der anderen unbekannt: Die Welt der Inspiration kennt beispielsweise Dämonen oder Ungeheuer, während es in der Welt des Hauses Haustiere gibt, welche die Welt des Staatsbürgers ebenso wenig kennt wie kleine Kinder oder ältere Menschen, und so weiter. Objekte, die in einer Natur Instrumente darstellen, anhand deren die Größe der Menschen manifest wird, finden in einer anderen Welt überhaupt keine Berücksichtigung.

Die Einbeziehung der Objekte veranlasst die menschlichen Wesen, »auf der Höhe zu sein«, sich selbst zu objektivieren, indem sie die Objekte handhaben und *zur Geltung bringen*. Unter Berufung auf diese Objekte lässt sich die Situation, in der sie sich befinden, zu anderen Situationen in Beziehung setzen; dabei lässt sich der Rückbezug auf das übergeordnete gemeinsame Prinzip messbar machen. Objekte untermauern die Größe, verschärfen aber zugleich die Prüfung, indem sie einfordern, darin zur Geltung gebracht zu werden. Wenn dies nicht geschieht, wird man sagen: »Er hat Größe, aber weiß damit nichts anzufangen.« Die Prüfung erfolgt nicht nach Augenschein, noch ist sie ein reines Ritual oder eine Zeremonie, die man mit gutem Recht symbolisch nennen könnte, da sie auf abweichenden beziehungsweise künstlichen Objekten oder Beziehungen beruhte. Die Unterstützung, die sich die zeitgleich vorhandenen Wesen gegenseitig gewähren, konsolidiert eine Wirklichkeit und dient als Beleg. Diese wechselseitige Ergänzung zeigt sich in solchen Momenten besonders deutlich, in denen die Natur dank der Ausschaltung solcher Wesen, auf die sich der Bezug auf andere Welten stützen könnte, in größter Reinheit zur Entfaltung kommt. So kommt es zu vollkommen eindeutigen Situationen, deren Fülle daher rührt, dass ein jedes Wesen darin seinen ihm zukommenden Platz hat.

Objektivität setzt voraus, dass nachweisbare Verbindungen und akzeptable Formen der Evidenz definiert worden sind, die jeweils auf eine Welt und die der jeweiligen Größe entsprechende Ausstattung bezogen sind. Jedem der unterschiedlichen Verfahren zur Beurteilung der Größe entspricht ein Verfahren der Realitätsprüfung. Für die Durchführung einer der jeweiligen Welt entsprechenden Prüfung beruft man sich etwa auf das Zeugnis eines Großen, dessen Urteil maßgeblich ist; zeigt den Grad an Glaubwürdigkeit auf, die man bei einer großen Anzahl von Menschen genießt; führt den Gemeinwillen an; bezahlt man den Preis oder stützt sich schließlich auf eine kompetent durchgeführte Expertise.

Den unterschiedlichen Verfahren zur Bestimmung der Größe entsprechen jeweils unterschiedliche kognitive Modalitäten. Während sich industrielle Größe anhand einer Messung bestimmen lässt, erfordert die häusliche Größe ein Denken in Geschichten, bei dem das Generelle stets in körperlicher Form auftritt, etwa wie die Person des Königs zugleich im Körper des Königs und darüber hinaus auch auf allgemeinerer Ebene existiert (Turner, The Forest). Zur Bewertung einer häuslichen Größe nimmt man nicht, wie in der industriellen Welt, Bezug auf Kennziffern und Kriterien, sondern auf die denkwürdigen Taten der Großen und auf das Leben berühmter Menschen. Man setzt gleich, was sich nahe steht, wobei die Ähnlichkeiten und die Nähe für persönliche Beziehungen stehen, die in einem aus Adelshäusern, Gütern und Nachbarschaften bestehenden Raum konkret Gestalt annehmen. Diese Art, Identifikation vorzunehmen, schaffen Assoziationen ohne scharfe Abgrenzungen, die sich – wie die archetypischen Formen der Charakterisierung bei den in der kognitiven Psychologie untersuchten Kategorisierungsprozessen – um einen Kern herum bilden (Rosch/Lloyd, Cognition and Categorization).

Die Größe ist die Form, in der man die anderen zum Ausdruck bringt, sie verkörpert, umfasst oder auch repräsentiert (allesamt Modalitäten, die von der jeweils in Betracht stehenden Welt abhängen). Größe ist also geknüpft an eine Fähigkeit zum Ausdruck in allgemeinen Formen. Der Zusammenhang zwischen der Größe der Menschen und ihrer Beherrschung solcher allgemeinen Formen ist für jede Welt separat festgelegt, insbesondere ihrer Fähigkeit zur Formulierung von Aussagen, die als allgemein, authentisch, wahr und so weiter gelten. Bossuets Aussage zufolge »haben die Großen große Gedanken«, und nur jene, die wahre Größe besitzen, besitzen auch diese kognitive Fähigkeit zur Generalisierung. Die Überschreitung dieser Regeln führt zu als anormal beurteilten Verhaltensweisen, etwa wenn ein einfacher Müller sich die Fähigkeit zu theologischer Disputation anmaßt (Ginzburg, Käse).

Wir weisen darauf hin, dass uns die Frage nach der Existenz der Dinge im Universum nur insofern interessiert, als sie etwas mit der Rechtfertigung zu tun hat. Das ontologische Problem der Existenz von Wesen und ihren Daseinsweisen in der Welt beschäftigt uns nur in dem Maße, wie diese Wesen in die *rechtfertigbaren Handlungen mit eingebracht* werden können, auf die sich Personen einlassen. Von diesem Blickwinkel aus müssen wir die Kohärenz dieses Handelns in den jeweiligen Welten betrachten, die festlegen, welche Wesen als auch welche Beziehungen zwischen diesen als natürlich gelten und auf die beim Abgeben von Beurteilungen hinsichtlich der Größe Bezug genommen werden muss. Ihre Beschreibung kann nicht unabhängig von den Berichten erfolgen, welche die Personen darüber abgeben. Die Größen sind deshalb nicht grundsätzlich außer Reichweite und sie geraten auch nicht durcheinander in einer Kakophonie, die von verschiedenen subjektiven Standpunkten herrührte. Im Folgenden wollen wir nun die Faktoren aufzeigen, die diesen Relativismus verhindern, indem sie auf die von einer bestimmten Welt gegebenen Beschreibungen Einfluss nehmen, und sie mit den Zwängen in Verbindung bringen, denen die Bewertung der Personen im Rahmen eines Gemeinwesens unterliegt.

Die Prüfung

Dass kein fester Zusammenhang zwischen den einzelnen Stufen in der hierarchischen Ordnung der Größe und den Personen besteht, ist eine für das, was wir eine *Streitigkeit* nennen wollen, also eine Uneinigkeit bezüglich der wahren Größe von Personen und damit bezüglich der Frage, ob die Größe in einer bestimmten Situation mehr oder minder gerecht verteilt ist, durchaus günstige Voraussetzung. Zur Anfechtung dieser Verteilung kommt es im Verlauf eines Prozesses, in dem die tatsächliche Natur der Elemente, auf die man sich bei der Ermittlung der Größen berufen hat, auf dem Spiel steht. Eine stimmige Situation, in der die zu ein und derselben Welt gehörigen Wesen auf quasi natürliche Weise derart angeordnet sind, dass sie kompatibel mit ihrer jeweiligen Größe sind, ist ein natürlicher Beleg für ihre Richtigkeit. Die relative Größe der Wesen, die dabei zur Entfaltung kommen, fällt sofort ins Auge. Gäbe es in unser Sprache den Begriff, dann müssten wir hier von einer »Monstration« sprechen, um den aktiven Charakter der stimmigen Situation zu betonen, und den Begriff »De-Monstration« zur Bezeichnung der Reaktion verwenden, die eine Debatte darüber einleitet und sich auf einen zu überzeugenden Gesprächspartner richtet. Zu einer Streitigkeit kommt es also, wenn jemand Zweifel daran äußert, dass die Situation wirklich wohlgeordnet ist, und eine erneute Ermittlung der jeweiligen Größen verlangt. Beispielsweise ist eine Situation nicht harmonisch, wenn das Verhalten des qualifizierten Betriebspersonals nicht den Erfordernissen seiner Maschinen entspricht. Eine Neuanpassung des ganzen Arrangements ist dann dringend erforderlich.

Es sei angemerkt, dass dieser Streit über die ermittelten Größen sich von einer viel grundsätzlicheren Uneinigkeit hinsichtlich der Natur der

Wesen, die in einer Situation von Belang sind, unterscheidet, nämlich dem *Konflikt*, den wir in den nachfolgenden Kapiteln untersuchen werden. Die Tatsache, dass Wesen von Belang sind, darf nicht mit ihrer Größe verwechselt werden. Bei einer Größe, deren Abstufungen minutiös hierarchisch geordnet sind, ist gut ersichtlich, dass man durchaus von Bedeutung sein kann, ohne jedoch groß zu sein. In einer in den Bereich des Hauses gehörenden Situation kommt es auf die Kleinen ebenso an wie auf die Großen (beispielsweise auf die Diener und Herren im Rahmen der häuslichen Ordnung bei Tocqueville, »Demokratie«), während darin weder einer *öffentlichen Körperschaft* (Welt des Staatsbürgers), noch einem *Techniker* (industrielle Welt) ein bestimmter Rang zukommt. Allerdings ist die Größe der Wesen nicht gänzlich unabhängig von ihrer Bedeutung. Wir werden noch zeigen, dass der Einbezug der Wesen in die Situation umso weniger gewährleistet ist, je kleiner sie sind. Die dem Gemeinwohl fernerstehenden Kleinen werden weniger mit der Natur der Situation identifiziert als die Großen, da sie sich leichter aus ihr lösen können, um in eine andere Natur zu schlüpfen. Wie wir schon gesehen haben, hängt von der Größe des Opfers die Zugehörigkeit der Wesen zu einer Natur ab, in der sie umso solider verankert sind, je deutlicher sie aufgrund der Aufgabe ihrer Selbstgenügsamkeit gerechtfertigt sind.

Die Infragestellung einer Situation beginnt zunächst damit, dass Disharmonien zwischen den Größen der in der Situation beteiligten Personen und Objekte aufgezeigt und als *Schwächen* beziehungsweise *Defekte* hingestellt werden. Die Szenerie der Streitigkeit schließt sich an, wenn eine fehlerhafte Größe, also eine Ungerechtigkeit oder eine Unrichtigkeit in einem Arrangement aufgezeigt wird. Ein solcher Mangel bringt einen Missklang in die Situation. In der Welt der Industrie kann das etwa eine Panne oder Ausschuss sein, in der Welt des Hauses ein Streit oder ein sozialer Konflikt in der Welt des Staatsbürgers. Die Objekte können fehlen oder nicht an dem Platz sein, an dem sie sich in einer Situation eigentlich befinden müssten. Die Schwäche von Personen zeigt sich, wenn sie nicht ganz auf der Höhe sind, wenn sie die Objekte nicht so zur Geltung bringen, dass es ihren Größen zugute kommt, wenn sie also nicht das ihrer offenkundigen Größe entsprechende Opfer bringen: die Mutter, die das Drängen ihrer Kinder nicht mehr erträgt und beim Essen in Tränen ausbricht; der Arbeiter, der den Maschinentakt nicht mehr halten kann; der Lehrer, dem vor der Klasse plötzlich die Worte fehlen ... Wenn die Schwäche dem Betriebspersonal aus dem oben aufgeführten Beispiel angelastet wird, dann stellt das seine Größe, in diesem Fall seine Qualifikation infrage und unterzieht sie einer Modifikation. Es muss dann vielleicht nochmals geschult oder durch kompetentere Kollegen ersetzt werden.

Der Defekt kann aber auch der Maschine angelastet werden, wenn sich herausstellt, dass sie gar nicht die nach der Leistungsbeschreibung vorgesehene Ausstattung besitzt. Sie muss daher nachgerüstet oder ersetzt werden. Wird eine Unregelmäßigkeit oder mangelnde Kohärenz bei der Anordnung der beteiligten Wesen festgestellt, führt das im weiteren Verlauf normalerweise dazu, dass die Dinge infrage gestellt werden. Nicht nur lässt sich Zweifel an ihrer wahren Größe anbringen, auch ihren Status als Objekte, ihre Objektivität können sie verlieren, wenn sie im lärmenden Durcheinander des Chaos versinken. Im weiteren Verlauf kommt es also noch zu einem zweiten Schritt der Argumentation, die, abgesehen davon, dass sie in all den von uns untersuchten Welten ablaufen und dabei jeweils vollkommen verschiedene Formen annehmen kann, Ähnlichkeiten mit einer wissenschaftlichen Kontroverse aufweist. Die Kontroverse dreht sich dabei um die Unterscheidung zwischen den Fakten, die sich legitimerweise für die Prüfung heranziehen lassen, von den kontingenten äußeren Umständen, die für den Test unerheblich sind. Im vorangegangenen Beispiel würde sich die Kontroverse um jene Zufälligkeiten drehen, die gegebenenfalls die Prüfung durcheinandergebracht und sich mit der Leistungsfähigkeit des Maschinenbedieners (Krankheit) oder der Maschine (Witterungseinflüsse) überlagert haben könnten. Es käme zu einer Kontroverse um die Frage, ob die mit Mängeln behafteten Wesen laut Feststellung der Schäden eine mindere Größe haben, oder ob es der Schadensmeldung an Beweiskraft fehlt, so dass ihnen noch mal eine Chance zur Bewährung gegeben wird.

In einem dritten Argumentationsschritt wird die Behauptung angezweifelt, dass die angeführten Kontingenzen alle rein zufällig seien, und um die Kontingenz der Situation zu mindern, würde man aus dem Drumherum neue Objekte beziehen. Das läuft auf eine Prüfung hinaus, welche die Kontingenz absorbiert und in die Natur integriert. Die Unordnung im Drumherum wird durch eine Prüfung gemindert, die reiner ist als die mit Mängeln behaftete Situation. Der Zufall selbst wird zum Defekt. Gehen die Dinge von einer Natur zur nächsten über, kann sich die Verteilung der Wesen auf verschiedene Größenzustände verändern, allerdings immer in Übereinstimmung mit demselben Prinzip. Was von den anderen Naturen noch bleibt, geht im Rauschen der kontingenten äußeren Umstände unter.

Wir legen Wert auf die Feststellung, dass keine noch so reine Situation jemals die Kontingenzen auf Dauer völlig ausmerzen kann. Sie bleiben stets an den Rändern der Ordnung als Hintergrundrauschen vernehmbar. Aufgrund des Fortbestehens dieses lärmenden Durcheinanders bleiben die Größen immer etwas im Ungewissen. Die Situation läuft ständig Gefahr zu entgleisen und andauernd kann es zur Wiederaufnahme der Prüfung kommen, vergleichbar etwa dem Werfen des Würfels oder dem Ziehen einer Karte, durch die ein Spiel eine ungeahnte Wendung nehmen kann. Ohne das Hintergrundrauschen herrschte ein definitives Urteil, welches eine harmonische Verteilung rechtfertigte, die sich durch kein neu hinzugekommenes Element stören ließe. Der Lärm der Welt, den die Prüfung vorübergehend zum Verstummen bringt, ist daher das, was sie in Bewegung hält. Jede der Welten, in denen das Modell der Rechtfertigungsordnung Gestalt annimmt und die für sich genommen vollkommen und selbstgenügsam erscheinen, trägt die Spuren dieses Durcheinanders, birgt in sich die Möglichkeit anderer Welten. Ein auf eine einzige gemeinsame Welt beschränkter Kosmos wäre ein auf definitiven Größen beruhendes Universum, in dem es der stets positiv ausgehenden Prüfung (was sie ja im Grunde überflüssig machte) gelänge, das Durcheinander aufzufangen und zum Verstummen zu bringen. Die Voraussetzungen für die Aufrechterhaltung eines solchen paradiesischen Kosmos, in dem »nie etwas aus Zufall geschieht«, sind in der Zauberei gegeben, wo Kontingenzen völlig ausgeschaltet sind. Nur paranoide Persönlichkeiten versuchen allen Widrigkeiten zum Trotz, sich ein derart determiniertes Universum zu schaffen, indem sie immer mehr Zuordnungen anstrengen und immer wieder kontrollieren, ohne dabei jedoch auf ihre Naturen zu achten. Im Umkehrschluss wirft ihr Verhalten auch ein Licht auf das Verhältnis zwischen den Kontingenzen und der Pluralität der gemeinsamen Welten. Die Versuchung durch das Besondere und der daraus folgende Sündenfall, der die Möglichkeit eines mehrere gemeinsame Welten umfassenden Universums eröffnet, bilden die Bresche im Garten Eden, durch die das Tohuwabohu eindringen kann. In Teil IV dieses Buches werden wir noch darauf zu sprechen kommen, wie der Vorgang der Anprangerung die einer anderen Welt entstammende Größe zur Geltung zu bringen vermag, indem er sich auf die dem Kontingenten am nächsten stehenden minderwertigen Elemente stützt.

Unsere Beschreibung der Ausweitung einer Rechtfertigungsordnung auf eine Welt ergibt sich also nicht aus einer konventionellen Entscheidung hinsichtlich der Vorgehensweise bei der Darstellung unseres Analyserahmens. Sie folgt dem Schaffensprozess, durch den das gesamte, einer Welt zugehörige Repertoire an Objekten im Laufe der Durchführung von Prüfungen schrittweise erweitert wird. Dieser kontinuierliche Schöpfungsprozess ist allerdings nicht nur ein Effekt der Anwesenheit eines Betrachters. Selbst in der Welt der Inspiration, deren Objekte in besonders geringem Maße »objektiv« – im geläufigen Wortsinn – sind, geht dieser Schöpfungsprozess im Zuge der wiederholt durchgeführten Überprüfung der Gnade weiter und lädt dazu ein, die Handschrift Gottes etwa in der Form eines Kieselsteins zu lesen. In der industriellen Welt ist dieser Schaffensprozess mit dem Produktionsprozess im gängigen Wortsinn identisch. Im Gegensatz zu den politischen Philosophien, die das Prinzip der Rechtfertigungsordnung in der Natur vorfinden, schlagen wir die umgekehrte Richtung ein. Unser Vorgehen unterscheidet sich auch von der Kritik, bei der man die Welt, die man hinter sich gelassen hat, dadurch, dass man sich in eine andere Welt versetzt, völlig neu sieht, nämlich als künstlich und als das Produkt einer Illusion, einer »Naturalisierung«. Unsere Beschreibung einer jeden Welt aus der Innenperspektive erfordert vom Leser, dass er die aus der Vertrautheit mit mehreren Welten herrührende Kritik zurückstellt, um sich auf jede von ihnen wirklich einzulassen, so wie er es tun würde, wenn er sich in einer Situation befände, in der es die Vorbedingung für die Rechtfertigung seines Handelns wäre, aufrichtig zu deren Prinzipien zu stehen.

Eine Streitigkeit und der in ihr seinen Ausgang nehmende Argumentationsprozess münden also in eine Prüfung ein. Von ihr erwartet man, dass sie die Uneinigkeit beendet, indem sie wieder eine richtige Anordnung von Personen und Objekten vornimmt. Prüfungen, deren Ausgang stets ungewiss ist, sind nicht das Gleiche wie Demonstrationen, zu denen es kommt, wenn die Größen in einer stimmigen Situation zur Entfaltung kommen. Solche Szenen können sich hören lassen und sind gut auszuhalten; an ihnen ist nichts auszusetzen; es ist, als ob nichts geschehen wäre; es herrscht Einvernehmen zwischen allen. Die Vollkommenheit einer stimmigen Situation ist also nicht zu verwechseln mit der im Drumherum vorherrschenden stummen Selbstverständlichkeit. Eine stimmige Situation ist nämlich für eine Beurteilung präpariert, während das Drumherum für selbstverständlich genommen wird und nur so lange hält, wie ihm keinerlei Rechtfertigung abverlangt wird. Eine stimmige Situation ist also für die Prüfung gewappnet. Im Hinblick auf die Prüfung, nach der keiner verlangt hat und die keiner infrage stellt, werden die fremden Wesen, deren Anwesenheit störend ist, beiseitegedrängt oder gar deaktiviert, um eine Streitigkeit zu verhindern. Eine Situation ist bestens auf eine Prüfung vorbereitet, wenn sie Möglichkeiten für den Umgang mit Ungerechtigkeiten oder Unrichtigkeiten beziehungsweise mangelnder Anpassung vorhält.

Eine Unterrichtsstunde zu halten bedeutet also für einen Lehrer eine Demonstration seines Wissens, die auch schiefgehen kann und die in diesem Sinne jedes Mal zu einer Prüfung wird. Zweck einer Unterrichtsstunde ist es freilich nicht, dass der Lehrer sein Wissen unter Beweis stellt, sondern dass er es vermittelt. Eine Probestunde bei der Lehramtsprüfung ist im Unterschied dazu explizit so ausgerichtet, dass das Wissen des zukünftigen Lehrers einer Prüfung unterzogen wird und sich seine Größe relativ zu der der anderen Kandidaten bewerten lässt. Die Kontrolle des »sauberen« Ablaufs der Prüfung wird hier sehr streng gehandhabt, das Gleiche gilt für das Einspruchsverfahren. In einer Prüfung im Rahmen des staatsbürgerlichen Gemeinwesens – wie etwa bei einer administrativen Formalie oder einem universitären Examen – werden die aus der Welt des Marktes kommenden Wesen beziehungsweise die äußeren Zeichen von Reichtum ausgeschaltet. Sie passen nicht in die Situation, und wenn sie dann doch aufgrund ihrer Fülle ihre Präsenz mit Nachdruck geltend machen, dann läuft die Situation Gefahr zu entgleisen, wie wir im folgenden Teil sehen werden. Solche Situationen, insbesondere Examina, erfordern aus Gründen der Gerechtigkeit eine nüchterne Präsentation. Es dürfen dabei keine Größen eingeführt werden, die den Verlauf durcheinanderbringen könnten, wie es etwa der Fall ist, wenn eine Kandidatin allzu teuren Schmuck trägt oder ein Junge erbärmlich schlecht gekleidet ist. Solches Drumherum wirkt sich störend aus auf ein Arrangement, welches Einigkeit hinsichtlich der Grundsätze der Gerechtigkeit ohne »Ansehen der Person«, wie der heilige Thomas von Aquin sagt (Thomas von Aquin, Recht und Gerechtigkeit, S. 79ff.), erzeugen soll, da es den Prüfer der Versuchung aussetzen könnte, den Prüfling – beziehungsweise sich selbst mit ihm – an der Elle von Größen zu messen, die dem zeremoniellen Arrangement fremd sind.

Häufig sind es Situationen, in denen es derart durcheinandergeht, die zu Unsicherheiten hinsichtlich der Größe führen und zu ihrer Klärung eine Prüfung erforderlich machen. Die Situation wird dann »geklärt«, das heißt, zur Behebung des Streits wird nur auf die Ressourcen ein und derselben Welt Rückgriff genommen. Aufgrund der Aussage eines getreuen Dieners wird der Usurpator, ein jüngerer Bruder, der den Platz des erstgeborenen legitimen Erben unter Ausnutzung eines Schiffbruchs eingenommen hat, demaskiert (Welt des Hauses); mittels einer gewissenhaft durchgeführten Studie lässt sich die Effektivität eines Verfahrens testen (industrielle Welt), dessen Übernahme ohne vorausgehende Experimentalphase ansonsten nur von der Glaubwürdigkeit des Erfinders abhinge (Welt der Meinung und des Ruhmes); die Einberufung der Generalversammlung macht den zirkulierenden Gerüchten und der drohenden Spaltung durch einzelne Klüngel ein Ende (Welt des Staatsbürgers). In der echten Prüfung wird die Täuschung aufgedeckt: Die Erbse unter der Matratze zeigt, wer die wahre Prinzessin ist. Die Masken fallen, ein jeder kommt wieder an seinen Platz. Auf dem Höhepunkt wird wieder Ordnung hergestellt; die beteiligten Wesen werden richtig angeordnet, und ein jedes von ihnen wird dabei auf seine wahre Größe hin geprüft. Das Glück der Großen deckt sich mit dem Gemeinwohl, und diese sind in genau solchen Augenblicken besonders in ihrem Element. Ihre Größe findet dadurch Bestätigung.

Wenn ein Streit nach einer Prüfung verlangt, wird die Situation so gestaltet, dass sich eine Unsicherheit beheben und Uneinigkeit durch die Berufung auf ein übergeordnetes Wohl beenden lässt, um letztlich die relative Größe der Personen herauszufinden. Solche Augenblicke der Wahrheit sind Situationen bar jeder Zweideutigkeit, durch die sich alternative Größen einschleichen könnten. Die Situation erreicht den Zustand der Reinheit nur dann, wenn Maßnahmen ergriffen und Arrangements getroffen wurden, um ihn in einer gemeinsamen Welt herzustellen. Die in der Situation in Kohärenz befindlichen Wesen und Objekte werden ins Spiel gebracht, aktiviert und entsprechend arrangiert; die Personen werden darauf vorbereitet, den gewünschten Zustand zu erreichen. Um die Wesen, auf die es ankommt, erkennen und die bedeutungslosen Wesen auf Abstand halten zu können, muss man die besonderen Begleitumstände beiseiteschieben und ein Prinzip allgemeinen Charakters anstreben, mit dem sich Zuordnungen rechtfertigen und Wesen ohne Bedeutung in den Bereich der Kontingenz verdrängen lassen. Genau das tut man, wenn man beispielsweise eine Situation klärt, um Missverständnisse und Uneinigkeiten zu vermeiden. Die Allgemeingültigkeit des einer Zuordnung zugrunde liegenden Prinzips schafft Gewissheit darüber, dass eine Einigung erreichbar ist. Die Prüfung erfordert, dass man in einer einzigen Welt zu bleiben vermag und um jeden Preis alles vermeidet, was einen davon abbringen könnte. Das Risiko der Ablenkung wird in einer für eine Prüfung vorbereiteten Situation merklich gemindert, da der Rahmen der Prüfung selbst zeitliche und räumliche Begrenzungen erfordert.

Der Bericht über die Situation

Der Vergleich zwischen der *Prüfung* in dem Sinne, wie wir sie hier definieren, und einem sportlichen Wettkampf oder einem gerichtlichen Beweisverfahren dient dem besseren Verständnis dafür, wie ein übergeordnetes gemeinsames Prinzip, um Anwendung zu finden, sich der Form von Wesen anpassen muss. Zu diesen Wesen sind nicht nur Personen in ihrem jeweiligen Größenzustand zu rechnen, sondern auch Objekte.

Der Sport liefert uns gewissermaßen ein Gemeinwesen in reduzierter Form, das sich von einem ganz normalen Gemeinwesen nur durch die Grenzen unterscheidet, innerhalb deren die Ausübung des Sports verläuft. Der Sport könnte sich nur unter der Voraussetzung zu einem Gemeinwesen entwickeln, dass die bei seiner Ausübung für die Situation und die beteiligten Personen geltenden Beschränkungen aufgehoben würden. Wir hätten es dann andeutungsweise mit einem hygienischen Gemeinwesen zu tun, das zwar schon häufig entworfen, aber noch nie erfolgreich umgesetzt wurde. Auf eine bestimmte Sphäre von Aktivitäten und Personen zugeschnitten, lässt sich mit dem Sport dennoch ein Wert konstruieren, mit dem sich die Axiome des Modells der Rechtfertigungsordnung verifizieren lassen: das *gemeinsame Menschsein* (a1) (angesichts der Prüfung sind alle Menschen gleich; sie laufen keine Rennen gegen Hunde); die Unterscheidung von *hierarchisch nach der Größe geordneten* (a4) *Merkmalszuständen* (a2), die potentiell *allen offenstehen* (a3). Die dritte Hypothese drängt sich natürlich beim Sport weniger auf, da aufgrund der körperlichen Ungleichheit nicht jeder gleichermaßen Sport treiben kann. Wie dem auch sei, der Ausgang der Prüfung im Sport gleicht einer von einem übergeordneten Prinzip geordneten Welt, aus der jegliche Kontingenz verbannt wäre. Am Sport wird beispielhaft deutlich, wie eine Situation für die Prüfung präpariert wird, so dass sie Gültigkeit beanspruchen kann. Durch das Ausklammern jeglichen Drumherums, das man mit Fug und Recht als »äußerlich« bezeichnen wird, um klarzustellen, dass es nicht unter das hier geltende Prinzip der Richtigkeit fällt (etwa der Wind, der einem Konkurrenten Vorteile verschafft), wird die offizielle Anerkennung der Ergebnisse der Prüfung gewährleistet. Verläuft alles den Regeln gemäß, dann werden die äußeren Umstände nicht einmal mehr erwähnt, sei es, dass ihre Wirkung zu vernachlässigen ist, oder dass sie selbst Bestandteil der Prüfung werden. Das Vorhaben, einen neuen Wettkampfsport zu kreieren, besteht genau genommen darin, die Prüfung zu kodifizieren, die Ausstattung zu definieren und die passenden Objekte so zu bestimmen, dass der Einfluss des Drumherums abgeschwächt wird, in der Prüfung gebunden wird oder der Kontingenz anheimfällt.

Beim Beispiel des gerichtlichen Beweisverfahrens ist die Palette der relevanten Objekte noch viel breiter. Dennoch illustriert auch die gerichtliche Ermittlung ganz gut die Anforderungen, denen die Form der Dinge entsprechen muss, damit diese als Beweisstücke aufgenommen, bewertet und präsentiert werden können. So wie der Vergleich mit dem Justizwesen helfen kann, den Übergang von der Einigung über die Größe der Personen zur Einigung über die Dinge und die Art und Weise, wie sie sich vergleichen lassen, besser zu begreifen, lässt sich mit der Idee der Gerechtigkeit oder Justiz ganz gut die Idee der Rechtfertigung darstellen. Dieser Vergleich könnte jedoch das Verständnis unseres Vorhabens auch erschweren. Ausgehend von verschiedenen übergeordneten Prinzipien, haben wir dagegen Formen von Größe identifiziert, die dem Bereich der Justiz recht fernstehen (auch wenn sie darin Spuren hinterlassen können, wie etwa beim Verweis auf mildernde Umstände) und die man ökonomisch, technisch oder sogar ästhetisch nennen könnte. Ebenso entfernt uns das Erfordernis, Einigkeit bezüglich der Dinge zu erreichen, von der Bühne des Gerichts, um uns, je nach der jeweils betrachteten Welt, bald zur technizistischen Objektivität, bald zur übernatürlichen Gewissheit hinzuführen. Solange wir jedoch die von uns vorgeschlagenen Bedeutungserweiterungen für die Begriffe Gerechtigkeit und Urteil beziehungsweise Beurteilung im Hinterkopf behalten, lässt sich dennoch ein Gewinn aus solchen Vergleichen ziehen, besonders, wenn wir unser Augenmerk auf den Zusammenhang zwischen der Verfügbarkeit der Wesen, die sich in ein richtiges/gerechtes Handeln einbeziehen lassen, und ihrer Form richten, die sie in den Stand versetzt, als Beweis für etwas zu dienen.

Der Vergleich mit dem gerichtlichen Beweisverfahren macht vor allem den Zusammenhang deutlich zwischen der Möglichkeit, Sachverhalte, in die Personen einbezogen sind, zu ermitteln, und ihrer Beschreibung in einem kohärenten *Bericht.* Wie die Urteilsbegründung durch das Gericht werden auch die Überprüfungen der Größe stets in einem Bericht festgehalten, in dem die Wesen einer Bewertung unterzogen und ihre wechselseitigen Verbindungen festgestellt werden. Das gerichtliche Urteil zeigt also die zwei Seiten der Objekte und Tatsachen, die zusammen genommen als Beweis fungieren: Sie sind objektiv und zugleich lässt sich über sie im Rahmen einer Argumentation berichten. Die Dinge haben tatsächlich Einfluss auf das Urteil, sie lassen sich beiziehen, und man kann mit ihnen während des Prozesses hantieren; wie sie tatsächlich eingesetzt wurden, kann im Rahmen einer Rekonstruktion der Tatsachen überprüft werden. Wie die Wesen angeordnet sind, ist natürlich außerhalb des Berichts, in dem Bezug auf sie genommen wird, oder außerhalb eines Protokolls, das ihre Vorhandensein und ihre Verbindungen festhält, nicht definiert. So etwas wie »reine Situationen« ohne Bezugnahme auf einen Bericht sind schlicht nicht vorstellbar. Eine Maschine, deren Funktionieren objektiv auf der Hand liegt und absolut keiner Rechtfertigung bedarf, läuft nicht »ganz von allein«, selbst wenn niemand da ist, um sie zu bedienen oder zu überwachen, sondern nur, insoweit sie gemäß einer Bedienungsanleitung funktioniert. Ebenso erfordert die inspirierte Rechtfertigung einen Bericht. Wir sind bei der Beschreibung dieses Gemeinwesens ja schon auf die Rolle aufmerksam geworden, die ein in der Form eines Bekenntnisses verfasstes inspiriertes Transkript spielt.

Ein Raster zur Analyse der gemeinsamen Welten

Prüfungen unterliegen also bestimmten Anforderungen, welche die Verlängerung derjenigen Anforderungen auf der Ebene des Objektiven darstellen, die einer begründeten Argumentation zugrunde liegen und die wir im Vorangegangenen bereits zur Ordnung des Gemeinwohls in Bezug gesetzt haben. Aus den vorangegangenen Bemerkungen zum Bericht folgt, dass eine stimmige Anordnung der Wesen, die einer Prüfung standzuhalten vermag, bestimmten, einer Grammatik vergleichbaren Anforderungen unterliegt. Insoweit sie in Berichten festgehalten ist, lässt sich die natürliche Ordnung mit Hilfe von Kategorien beschreiben, welche die Subjekte (die *Liste der Subjekte*), die Objekte (die *Liste der Objekte und Arrangements*), die Attribute (*Rang*) und die durch Verben bezeichneten Beziehungen (die *natürlichen Beziehungen* zwischen den Wesen) definieren. Mittels der Bestimmung dieser Beziehungen lässt sich eine Unterscheidung vornehmen zwischen den Handlungen, die den äußeren Umständen geschuldet sind und in die diejenigen Wesen, die sich nur zufällig beieinander befinden, effektiv nicht eingebracht werden können, und den mit einem übergeordneten Prinzip in Einklang befindlichen Handlungen. Mittels dieser Kategorien lässt sich folgendes Analyseraster bilden, das uns im nächsten Kapitel dazu dienen wird, die verschiedenen Welten, in denen es zu Prüfungen kommt, darzustellen.

ÜBERGEORDNETES GEMEINSAMES PRINZIP. Dieses für die Rechtfertigungsordnung charakteristische Koordinationsprinzip ist eine Konvention, die die Äquivalenzverhältnisse zwischen den Wesen festlegt. Die Konvention stabilisiert und generalisiert eine Form der Zuordnung. Sie sorgt dafür, dass die Wesen *bewertet* werden, was die Voraussetzung dafür ist, die *Objekte* wie auch die *Subjekte* auszumessen sowie die Art und Weise zu bestimmen, in der sie objektiv von Belang sind und jenseits irgendwelcher Kontingenzen Geltung beanspruchen. Man könnte sagen, dass »›a‹ das Äquivalent zu ›b‹ ist, dies unter der Maßgabe von X (das übergeordnete gemeinsame Prinzip)«: Zum Beispiel »ist unter der Maßgabe ihrer Wirkung auf die öffentliche Meinung diese Person mehr von Bedeutung als jene andere«.

Die Personen kommen nur dann darauf zurück, dieses Prinzip explizit zu machen, wenn ihnen kein anderes Mittel mehr bleibt. Meistens reicht es, auf die Bewertung von *Größenzuständen* oder auf die *Subjekte* und *Objekte* Bezug zu nehmen. Das Prinzip lässt sich nicht immer mit einem einzigen Wort benennen.

WAS GROSS IST. Die Definition der unterschiedlichen Größen*zustände* geschieht in erster Linie auf der Basis einer Charakterisierung dessen, was groß ist. Was klein ist, wird entweder negativ über fehlende Größe definiert oder eher indirekt, indem man zeigt, dass die Kleinen nur auf den Genuss ihres privaten Glücks aus sind, und damit die Lächerlichkeit dieser Selbstgenügsamkeit stigmatisiert.

Aufgrund des Charakters der zwischen den Größenzuständen ermittelten Ordnung und ihrer Verknüpfung mit einer Form des Gemeinwohls entspricht jede auf der Größe beruhende Rangordnung zugleich auch einer Stufenleiter vom Allgemeinen zum Besonderen (und nicht nur vom Höheren zum Niedrigeren wie bei einer physikalischen Skala). Die großen Wesen sind zugleich die Garanten des *übergeordneten gemeinsamen Prinzips*. Sie sind die Elle, an der sich die Bedeutung misst. Aufgrund ihrer Allgemeinheit dienen sie den anderen als Orientierungsmarke und tragen zur Koordinierung ihrer Handlungen bei. Die Versuche der Kleinen, die Großen (durch ihre gebannte Aufmerksamkeit für deren Kleinkariertheiten) herabzusetzen und ihre Höherwertigkeit und Überlegenheit in Zweifel zu ziehen, bleiben daher von begrenzter Reichweite. Auf ihnen lastet die Ungewissheit darüber, dass das Prinzip, aus dem sie ihre Größe beziehen, und sei diese auch noch so gering, erschüttert und damit die Ordnung der Dinge insgesamt über den Haufen geworfen werden könnte.

Die Kohärenz zwischen den Eigenschaften der großen Objekte und denen der großen Subjekte zeigt sich in der Tatsache, dass die in den beiden Fällen verwendeten Attribute häufig die gleichen sind.

WÜRDE DER PERSONEN. Im Modell der von uns identifizierten legitimen Ordnungen haben alle Personen teil am gemeinsamen Menschsein, was sich in einer ihnen allen gegebenen Fähigkeit ausdrückt, sich um das Gemeinwohl verdient zu machen. Dass diese gemeinsame *Würde* in der Natur verankert ist, kommt in der Rede von einer »wahren« oder »unschuldigen Natur« zum Ausdruck. Die Unschuld zeigt sich darin, dass die Menschen sich dem paradiesischen Zustand einer natürlichen Situation überlassen und die Augen gegenüber den Einflüsterungen durch zweifelhafte Wesen verschließen.

Die Besonderheit der Würde eines jeden Gemeinwesens muss in der menschlichen Natur wurzeln und die Ordnung der Größe in einer besonderen Begabung der menschlichen Wesen verankern. Für jede von ihnen lässt sich daher die Bildung eines körperlichen Vermögens (Gefühl, Erinnerungsvermögen, Habitualisierung, Verlangen und so weiter) und deren Verwandlung in eine Fähigkeit zur Verständigung mit den Mitmenschen feststellen.

VERZEICHNIS DER SUBJEKTE. Es ist möglich, für jede der Welten ein *Verzeichnis von Subjekten* zu erstellen, die meist durch ihren jeweiligen Rang bezeichnet sind (*kleine Wesen* oder *große Wesen*). Um nur ein Beispiel zu nehmen, lässt sich die *juventus* in der mittelalterlichen Aristokratie nicht unter Bezugnahme auf ein bestimmtes Alter definieren, sondern dadurch, dass es ihnen aufgrund ihres Junggesellendaseins und ihrer Kinderlosigkeit nicht möglich ist, ein Geschlecht zu repräsentieren oder mit einem Gut ausgestattet zu werden (Duby, Jugend).

VERZEICHNIS DER OBJEKTE UND IHRER ARRANGEMENTS. Zwischen den Welten sind die *Verzeichnisse der Objekte und ihrer Arrangements* sehr ungleich entwickelt. Wenn die *Objekte* oder ihre Verbindung in Form komplexerer *Arrangements* mit Subjekten zu stimmigen Situationen verknüpft werden, lässt sich sagen, dass sie mit zur Objektivierung der Personen beitragen. Die Objekte, egal ob es sich dabei um Verordnungen, Diplome, Kennziffern, Werkzeuge, Gebäude oder Maschinen und so weiter handelt, lassen sich alle als Ausstattungen, äußere Aufmachung, Apparaturen, Mechanismen oder Vorrichtungen der Größe verstehen. In der Welt der Inspiration lassen sich diese

Apparaturen nur schwerlich von den Personen trennen, denen außer ihrem Körper praktisch keine weitere Ausstattung zur Verfügung steht. Die sich häufig hinter dem Gegensatz symbolisch/nicht symbolisch verbergende Unterscheidung zwischen dem materiellen oder nicht materiellen Charakter der Ausstattung macht hier keinen tiefergehenden Sinn. Ausstattungen sehr unterschiedlicher physischer Art können hier ebenfalls zur Herstellung von Äquivalenzen dienen, mittels deren sich berechenbare Größen errichten lassen. Es sei noch angemerkt, dass es die je nach Welt unterschiedlichen Voraussetzungen, Apparaturen der Größe einzusetzen, die Einschätzung der Größe von Personen mehr oder weniger erleichtert (die Größe der eigenen Person und die der anderen).

INVESTITIONSMODUS. Der *Investitionsmodus* bildet, wie wir bei der Vorstellung des Modells schon gesehen haben, eine Grundvoraussetzung für die Ausgewogenheit der Rechtfertigungsordnung, da sie, indem sie das Erreichen eines Zustands von Größe an ein Opfer knüpft, eine *Ökonomie der Größe* bewirkt, durch die ein »Ausgleich« zwischen den Vor- und Nachteilen stattfindet (Rousseau, Principes, S. 364).

Die Größe verschafft nicht nur der Person Vorteile, die diesen Zustand erreicht, sondern auch den Kleinsten, die auf diese Weise von den Großen eingeschlossen werden und in ihnen die Möglichkeit verkörpert finden, entsprechend ihrer Würde an Größe zu gewinnen. Größe setzt voraus, alles aufzugeben, was nur dem eigenen Vergnügen dient und mit dem Zustand des Kleinen verbunden wird.

GRÖSSENVERHÄLTNIS. Das *Größenverhältnis* spezifiziert, wie *Größenzustände* geordnet werden, indem es genauer ausführt, auf welche Weise im Zustand der Größe, weil dieser zum *Gemeinwohl* beiträgt, auch der Zustand des Kleinen enthalten ist. In sämtlichen kanonischen Darstellungen der Gemeinwesen wird explizit darauf eingegangen, wie die Großen die Kleinen in Begriffen zum Ausdruck bringen, die sich nicht mit der Bewertung der Größe verwechseln lassen (vgl. Sieyès, zit. in: Bastid, Sieyès).

NATÜRLICHE BEZIEHUNGEN ZWISCHEN DEN WESEN. Diese in den Berichten durch Verben (wie »staunen«, »ehren«, »werben«, »wählen«, »kaufen«, »bedienen«) ausgedrückten Beziehungen müssen sich in Einklang mit der Größe der *Subjekte* und *Objekte* befinden, welche sie gemäß bestimmter, durch die Rechtfertigungsordnung begründeter Ordnungs- und Äquivalenzverhältnisse verbinden (was nicht impliziert, dass sich alle Wesen im gleichen Zustand befinden). Manche erfordern Größen von gleicher Bedeutung, andere zeigen eine graduelle Verteilung an.

Obwohl diese bewerteten Beziehungen einen menschlichen Rechtfertigungsimperativ unterstellen, können sie Objektbestände miteinander verbinden. Die Welt der Industrie ist beispielsweise sehr objektiv, die Objekte arrangieren sich dabei ganz natürlich ohne Zutun der Personen. Ebenso rührt der Realismus der Welt des Marktes von der Stellung der Güter darin her. Die Liste dieser Güter nimmt natürlich ständig zu.

Allerdings erfordert die soziologische Problematik der »gesellschaftlichen Konstruktion von Wirklichkeit« im Gegenzug, die Meinungen und Vorstellungen der Personen über diese Wirklichkeit zu berücksichtigen, was freilich die Objektivität der Objekte untergräbt. Diese Problematik ist sehr ungleich an die verschiedenen Welten angepasst und stellt die Welt der Industrie durch ein Abgleiten in die Welt der Meinung infrage, die dazu auffordert, den symbolischen und konventionellen Charakter von Zeichen in den am stärksten objektivierten Wesen zu entdecken. Das Hin und Her der Soziologie zwischen Positivismus und Phänomenologie hat also etwas mit dem Abgleiten von einer Welt in eine andere zu tun.

HARMONISCHE GESTALT DER NATÜRLICHEN WELT. Die Äquivalenzbeziehung ist nur ersichtlich, wenn sie durch eine harmonische, das heißt mit dem Investitionsmodus übereinstimmende Verteilung der Größenzustände offensichtlich wird. Die harmonischen Gestalten der natürlichen Welt werden als *Realitäten* angesehen, die dem Grundsatz der Billigkeit entsprechen. Für jede Welt ist es möglich, zu verifizieren, dass die vorherrschende Gestalt des übergeordneten gemeinsamen Prinzips »die Realität selbst« darstellt. In der Welt des Ruhmes kann man beispielsweise fragen: Ist eine Meinung nicht *auch eine Realität*?«, und in der Welt des Marktes könnte man sagen: »*Die Fakten* erkennen, heißt gleichzeitig zu ahnen, was die Menschen wollen.« (MacCormack, Tout ce que vous n'apprendrez, S. 61)

MODELL DER PRÜFUNG. Die Musterprüfung oder der »große Augenblick« ist eine stimmige, für die Bewährungsprobe präparierte Situation, deren Ausgang ungewiss ist und in der ein besonders konsistentes, reines Arrangement vorliegt, welches aus lauter Wesen besteht, die einer einzigen Welt entstammen.

ÄUSSERUNGSMODUS DES URTEILS. In jeder Welt kann das Urteil, das die Bewährungsprobe ratifiziert, in unterschiedlicher Weise zum Ausdruck kommen. Dieser Äußerungsmodus charakterisiert die Form, in der das übergeordnete gemeinsame Prinzip in Erscheinung tritt.

FORM DER EVIDENZ. Die Form der Evidenz ist die Modalität des der jeweiligen Welt eigenen Wissens.

WAS KLEIN IST UND WIE EIN GEMEINWESEN VERFÄLLT. Die Bewertungen dessen, was klein ist und sich durch Selbstgefälligkeit auszeichnet, sind häufig weniger klar als im umgekehrten Fall von Größe (wenn sie nicht einfach deren Negation darstellen), sei es, weil die Identifizierung der Wesen am Rande des *Chaos* beinahe unmöglich ist, wenn sie kurz vor der *Denaturierung* stehen, oder weil in den Bezeichnungen für die Kleinheit anderen Naturen entstammende Größen anklingen, die Gegenstand einer Anprangerung gewesen sind.

Gemeinsinn: Moralischer Sinn und Sinn für das, was natürlich ist

Wenn sich eine erzielte Einigung rechtfertigen lassen soll, dann setzt dies nicht nur voraus, dass sich ein System von Einschränkungen rekonstruieren lässt, dem die Einigung unterliegt. Es ist auch vorauszusetzen, dass die Personen mit geeigneten Fähigkeiten ausgestattet sind, sich diesen Einschränkungen auch zu unterstellen. Unser Ansatz nimmt nämlich durchaus ernst, was Menschen über ihr Handeln wissen und was sie anführen, um dieses Handeln zu rechtfertigen. Wir respektieren daher eine für menschliche Wesen charakteristische Eigenschaft, nämlich Vernunft und Urteilskraft. Um gerechte beziehungsweise richtige Beurteilungen und Bewertungen vorzunehmen, muss man imstande sein, die Natur der jeweiligen Situation zu erkennen und sich dementsprechend anzupassen. Die Identifikation der Situation erfordert eine gewisse Kompetenz, da sie sich nicht auf eine Projektion einer Intentionalität außerhalb unserer selbst reduzieren lässt. Sie hängt nicht von der reinen Subjektivität ab, da sich der Sinn der jeweiligen Szene ja nicht durch den daraufgeworfenen Blick konstituiert. Wie könnten Personen die erforderliche Haltung einnehmen und ihren Blick im gewollten Sinne ausrichten, wie könnten sie obendrein eine Ordnung in die unendliche Mannigfaltigkeit möglicher Zuordnungen bringen, wenn sie nicht von Kohärenzprinzipien angeleitet würden, die in Form mentaler Schemata nicht nur in ihnen selbst vorhanden wären, sondern auch in der Anordnung der ihnen verfügbaren Wesen – der Objekte, Personen, vorgefertigten Arrangements und so weiter? All das sind Ressourcen, die gewöhnlich im normalen Gang der Dinge im allgemeinen Durcheinander untergehen und erst dann, wenn es zu einer Rechtfertigung kommt, als Belege *herangezogen* werden.

Ganz natürlich handeln können, bedeutet, dass man sich auf die Situation einlassen kann. Um sich dem Rechtfertigungsimperativ stellen zu können, darf man einer Situation nicht ausweichen, die – wie etwa eine Aufgabe oder eine Pflicht – danach verlangt, dass man sie bewältigt. Genauso wie wir davon ausgehen, dass alle Personen erkennen können, was begründet ist und was nicht, nehmen wir an, dass sie auch das entsprechende Rüstzeug besitzen, um sich auf Situationen in jeder der von uns identifizierten Welten einstellen zu können. Da die Gerechtigkeitsprinzipien und die Welten, in denen sie verwirklicht sind, nicht an Einzelpersonen oder Gruppen gebunden sind, gerät vielmehr ein jeder in seinem Alltag in Situationen, in denen unterschiedliche Gerechtigkeitsprinzipien gelten, so dass er sie, um sich ganz natürlich darin zu bewegen, erkennen und sich an sie anpassen können muss. Personen, bei denen diese Fähigkeit nicht vorhanden oder gestört ist, gelten als psychisch anormal.

Ebenso wie jede umfassend ausgearbeitete politische Philosophie den menschlichen Verstand oder die menschliche Psyche mit Charakteristika ausstattet, die mit ihrer jeweiligen Definition des Gemeinwohls in Einklang stehen, liegt auch dem Modell der Rechtfertigungsordnung eine Hypothese bezüglich der mentalen Ausstattung zugrunde, über die die Personen verfügen, um in einem Gemeinwesen Einvernehmen erzielen zu können. Dieselbe Kompetenz muss bei allen Menschen vorhanden sein. Diese Universalität impliziert natürlich nicht, dass man sich erst mit der politischen Philosophie beschäftigt haben muss, um das Modell zu kennen. Wir wollen uns hier auf die Beschreibung einer solchen Kompetenz, die den minimalen Anforderungen an eine Verständigung in einem Gemeinwesen entspricht, in Hypothesenform beschränken.

Im beschränkten Kontext der für ein *Gemeinwesen* charakteristischen Ordnung impliziert diese Kompetenz, die wir *Moralsinn* nennen wollen, den Einbezug zweier grundlegender Anforderungen an eine Rechtfertigungsordnung: das Erfordernis des gemeinsamen Menschseins, was die wechselseitige Anerkennung und das Bewusstsein einer gemeinsamen Identität aller menschlichen Wesen, die untereinander Einvernehmen erzielen wollen, einschließt; zum andern ein Ordnungserfordernis, was die allgemeine Geltung einer Größe für die Regelung der möglichen Zuordnungen impliziert. Um sich darauf zu einigen, was gerecht ist, müssen die Personen also mit einem Gemeinwohl vertraut und Metaphysiker sein. Diese Fähigkeit wird von den reduktionistischen Theorien nicht verlangt, egal ob sie biologistischer oder ökonomistischer Provenienz sind. Dasselbe gilt für behavioristische Theorien, für die das Verhalten von äußeren Kräften bestimmt wird oder einfach eine mechanische Reaktion auf äußere Stimuli darstellt. Aber auch kulturalistische Ansätze ignorieren sie, insofern sie davon ausgehen, dass die Personen mit einem identischen Programm ausgestattet sind, weshalb sie auf abgestimmte Art und Weise handeln, ohne dass es einer Abstimmung bedarf. So wahrt der Kulturalismus das Postulat eines Nicht-Bewusstseins, dessen Bedeutung für den Großteil der soziologischen und anthropologischen Theorien wir zu Beginn dieser Arbeit schon hervorgehoben haben. Unserer Auffassung nach ergibt sich Einigkeit nicht einfach aus einer Art permanentem Aushandlungsprozess zwischen Wesen, die nicht imstande sind, einen Standpunkt einzunehmen, der außerhalb ihrer selbst liegt und verallgemeinerbare Äquivalenzen zu bilden. Das ist nämlich in Affengesellschaften der Fall, wo die Ordnung der Größen andauernd zusammenbricht und wiederhergestellt werden muss, was Bruno Latour zu der Aussage verleitet, dass Affengesellschaften genau die Vorstellungen in die Tat umsetzen, welche die Ethnomethodologen von den menschlichen Gesellschaften haben.

Dennoch folgt aus der Ausweitung einer Rechtfertigungsordnung auf eine Welt, dass die erforderliche Kompetenz sich nicht auf diesen Moralsinn beschränkt. Um gerechte oder richtige Beurteilungen und Bewertungen vornehmen zu können, muss man auch imstande sein, die Natur der Situation zu erkennen und das ihr entsprechende Gerechtigkeitsprinzip ins Spiel zu bringen. Um sich in natürlichen Situationen zurechtzufinden, um die Objekte zu erkennen und sie ihrer Natur entsprechend einsetzen zu können, müssen die Personen auch einen Sinn für das, was natürlich ist, besitzen. Sie müssen also auch die Fähigkeit besitzen, sinnvolle Zuordnungen vorzunehmen, damit sie die aus den flüchtigen äußeren Umständen herausgelösten Wesen identifizieren und miteinander in Einklang bringen können. Eine sinnvolle Zuordnung setzt eine explizit in Worte fassbare Relation zu etwas Generellerem voraus, das den angenäherten Objekten gemeinsam ist. Sie unterscheidet sich freilich vom einfachen Nebeneinander aufgrund räumlicher oder zeitlicher Nähe. Wenn die Menschen zwar veranlasst sein können, ihre Zuordnungen explizit zu machen, dann sind sie nicht notwendigerweise gehalten, dies zu tun, und noch weniger sind sie verpflichtet, jede dieser Zuordnungen unter Bezugnahme auf ein Prinzip vorzunehmen, weshalb wir die Möglichkeit in Betracht ziehen müssen, dass es auch nicht begründete Zuordnungen wie in folgender Aussage gibt: »Diese Landschaft ist wirklich lieblich.« Einem jeden ist es unbenommen, bei dieser Feststellung zu bleiben. Wir untersuchen die Fähigkeit, Zuordnungen vorzunehmen, nicht um ihrer selbst willen, sondern versuchen zu klären, wie sich in der Praxis die Scheidung zwischen rechtfertigbaren und ungerechtfertigten Zuordnungen vollzieht.

Die Fähigkeit, sich von der unmittelbaren Umwelt zu lösen, sich dem Durcheinander all der vorhandenen Wesen zu entziehen, um sie je nach Relevanz zu ordnen, ist die Minimalbedingung, um sich in Situationen zurechtfinden zu können, ohne sich darin zu verlieren. Diese Fähigkeit muss erst einmal erworben werden, kann aber, wie etwa die von J.-P. Barret durchgeführten Beobachtungen aus einer Einrichtung für schizophrene Kinder zeigen, vollkommen durcheinandergeraten. Barret zufolge haben diese Kinder scheinbar die größten Schwierigkeiten damit, sich aus diesen chaotischen äußeren Umständen zu lösen, deren dichte Gedrängtheit für sie jeden Tag zu einer Folge von unvergleichlichen und unvorhersehbaren Augenblicken macht.

Personen, die sich natürlich zu verhalten wissen, begeben sich in eine Situation, die sie als einer bestimmten Welt zugehörig identifiziert haben, und nehmen eine Haltung ein, die der Natur dieser Situation entspricht. Sich auf die Situation einzulassen, bedeutet, dass man seinen Blick so ausrichtet, dass man das Vorhandensein von kontingenten belanglosen Wesen schon gar nicht mehr wahrnimmt und seine Aufmerksamkeit auf die Wesen konzentriert, auf die es wirklich ankommt. Das Einnehmen der von der Situation erforderten Haltung bedeutet auch, dass man zu einem Wesen der Welt wird, zu der die Situation gehört (wenn man etwa die einem Wahllokal entsprechende Haltung einnimmt, verhält man sich als Staatsbürger). Das ist der Grund dafür, dass die Größten durch die Objektivität ihres Auftretens irgendwie etwas Unmenschliches haben. Umgekehrt muss man die Menschen auch als einer bestimmten Welt zugehörig identifizieren, weil sie ja in allen Welten existieren (man stelle sich ein wissenschaftliches Kolloquium vor, auf dem ein Wissenschaftler vor einem Publikum, in dem sich auch sein Vater befindet, einen Vortrag hält, und auf dem auch der Vater einen Redebeitrag bringt, wobei er zu erkennen gibt, dass er seinen Vorredner als Konferenzteilnehmer identifiziert und nicht als seinen Sohn).

Sich auf eine natürliche Situation völlig einzulassen, bringt mit sich, dass man alles Mögliche unternimmt, um sich nicht von den einer anderen Welt zugehörigen Wesen ablenken zu lassen, wobei gerade Personen stets etwas Ablenkendes an sich haben, weil sie sich immer in allen Welten befinden, weil sie von wechselnder Gestalt sind. Welche Haltung die Personen einnehmen und auf was sie ihre Aufmerksamkeit richten, ist von Bedeutung dafür, dass die belanglosen Wesen in den Schatten gestellt werden; sie müssen deaktiviert werden, sich der Aufmerksamkeit entziehen, einfach da sein, ohne weiter aufzufallen (im Rahmen einer Prüfung kann das so weit gehen, dass sie ganz außer Acht bleiben oder dass man verhindert, dass sie sichtbar werden). Sollten sie dennoch auffallen, so bleibt dies ohne Folgen. Es kann einem beispielsweise auffallen, dass an der Wand des Schulzimmers Flecken sind, was sich aber nicht darauf auswirkt, ob die Situation richtig arrangiert ist oder nicht, oder dass dies in einem Bericht festgehalten wird. Die natürlichen Situationen erscheinen allen in ähnlicher Weise. Gerade deshalb haben sie etwas Verpflichtendes an sich. Niemand kann sich der Verpflichtung entziehen, ihre Natur zu berücksichtigen, ob man sie nun akzeptiert, anprangert oder einen Kompromiss mit einer anderen Welt zu schließen versucht. Sich auf eine Situation einzulassen, verlangt auch, dass man »bei der Stange bleibt«. Die Situation muss aber auch entsprechend präpariert werden. Wenn eine Person ihre Beteiligung an der Situation auf einen Blick beschränkte, dann wäre nicht ersichtlich, wie sie die Situation identifizieren und sich in die entsprechende Haltung versetzen, letztlich, wie sie sich auf die Situation einlassen könnte. Eine Fabrik ist keine Fabrik, weil die Menschen sie als eine solche angesehen haben, sondern weil eine in der Welt der Industrie vorgenommene Anordnung eine spezielle Haltung seitens der Beobachter verlangt: Sie müssen sie als Fabrik sehen und dabei das, worauf es ankommt, wahrnehmen.

Unsere Untersuchung von Prüfungssituationen hat gezeigt, dass sich das Kennenlernen einer gemeinsamen Welt – also das Erlernen der Elemente, die darin von Bedeutung sind – schrittweise vollzieht. Anhand der in den Prüfungen gemachten Erfahrungen lernen die Personen, sich natürlich zu verhalten. Die Prüfung macht das Äquivalenzprinzip sichtbar, das jeden nach seiner Größe ordnet und dabei in vollkommener Reinheit zur Entfaltung kommt. So spricht man etwa von einem »großen Tag für den Sport«, wenn keinerlei äußere Umstände den Wettbewerb stören und beide Seiten brillieren. In solchen Prüfungen gehen die Menschen völlig in der Situation auf. Absolut bei der Sache, widerstandslos und ohne irgendwelche kritischen Vorbehalte sind sie in der richtigen Stimmung, um das Prinzip, auf dem die jeweilige Größe fußt, zu erfassen und die Fähigkeit zu erlangen, es aktiv umzusetzen. Im Lichte des in völliger Reinheit entfalteten Prinzips kommt die Größe der Wesen, auf die es ankommt, erst richtig zum Vorschein. In der Welt der Meinung passiert genau das, wenn die Medien über eine Preisverleihung an einen Star berichten. Ebenso erfährt ein Konsument, der völlig aufgeregt zum ersten Mal ein Auto gekauft hat, die ganze Fülle der Welt des Marktes in einem Gefühl des Jubels, an das er sich zweifelsohne erinnern wird, wenn er wieder einmal an einem Ausverkauf, einer Aktionswoche oder einer Rabattaktion in einem großen Kaufhaus teilnimmt. Kurzum, er wird sich die Fähigkeit, sich in Situationen zu begeben, die auf dem Marktprinzip beruhen, nicht in der Bibliothek beim Lesen der Texte von Adam Smith aneignen, sondern indem er zum Autohändler oder in den Supermarkt geht.

Die Kunst, in verschiedenen Welten zu leben

Nachdem wir die unterschiedlichen Formen des Gemeinwohls ausgehend von den kanonischen Texten der politischen Philosophie ausführlich dargestellt haben, wollen wir sie nun in Situationen zu fassen bekommen, in denen sie sich uns in entfalteter Form präsentieren. Das Ergebnis wird in einer ersten Auflistung der zu diesen Welten gehörigen Wesen und Arrangements bestehen. Die Sammlung solcher Informationen und deren umfassende Inventarisierung ist der erste Schritt zur Bildung von Instrumenten für eine systematische Kodierung. Solcher Instrumente bedarf es, um Berichte und Situationen analysieren und die jeweiligen Größen herausarbeiten zu können. Die Prinzipien und die wichtigsten Formen des Gemeinwohls haben wir aus den Texten der politischen Philosophie herausziehen können, weil deren Autoren ja gerade die Absicht hatten, ein Fundament für diese Prinzipien zu legen. Aber woher lassen sich die Welten herausdestillieren, deren Existenz sich ja aus dem kohärenten Einbezug von Objekten in Handlungen ergibt? An welchen Orten lässt sich der Zusammenhang zwischen den Handlungsprinzipien und ihrer Umsetzung untersuchen?

Für die Erhebung dieser ersten Informationen haben wir Bücher und Broschüren herangezogen, in denen vermittelt wird, wie man sich normalerweise verhält und wie man sich in ganz bestimmten Situationen zu benehmen hat. In ihrer Ausrichtung auf die Vermittlung der Fähigkeit, Situationen zu erkennen und korrekt zu gestalten, stehen diese Texte in der Nachfolge jener Handlungsanleitungen, denen die rhetorische Tradition den Namen der *Weltklugheit* gegeben hat und zu denen etwa Baldassare Castigliones »Hofmann« oder Baltasar Graciáns »Handorakel und Kunst der Weltklugheit« gehören.[29] Während keiner der Autoren der hier untersuchten Praxishandbücher für sich in Anspruch nehmen würde, ein philosophisches Buch geschrieben zu haben, hilft uns die in den vorangegangenen Kapiteln vorgenommene Analyse philosophischer Werke dabei, diese Handbücher innerhalb der Tradition zu verorten. An diesem Punkt angekommen, ist es hilfreich, sich zunächst nochmals einige Aspekte dieser Tradition ins Gedächtnis zu rufen, die ein Licht auf unser Vorhaben werfen.

Der Aristotelische Begriff der *phronesis* geht über das Platonische Konzept der *phronesis* als Kontemplation hinaus. Er geht zurück auf die traditionelle Idee einer berechnenden Weisheit zweiten Ranges (Aubenque, La prudence, S. 25). Klugheit ist weder eine Kunst, da die Handlungskategorie eine andere ist als die der Herstellung, noch eine Wissenschaft (Aristoteles, Nikomachische Ethik, VI, 5, 1140b, S. 200), da sie ja, wie Jean Tricot zusammenfassend bemerkt, »über das Kontingente nachsinnt und somit das Gegenteil einer beweisenden Wissenschaft darstellt« (Jean Tricot in den Anmerkungen zu seiner Übersetzung des »Organon«, S. 285). »Auch hat die Klugheit nicht nur mit dem Allgemeinen zu tun, vielmehr muss sie auch das Allgemeine erkennen. Denn sie ist

---

29 Amelot de la Houssaye gibt in seiner französischen Übersetzung den Titel von Grácians »El oraculo Manual y arte de prudencia« als »L'Homme de cour« wieder, wobei er sich ganz offensichtlich von Castigliones »Il libro del cortgegiano« inspirieren lässt, wie A. Pons in der Einführung zu seiner eigenen Übersetzung Castigliones bemerkt (Castiglione, Der Hofmann). Amelot erklärt das damit, dass dieses Buch »eine Art Elementarbuch für den Hof und politischen Gesetzeskodex« darstelle (Grácian, L'homme de cour, Vorwort). Es sei darauf hingewiesen, dass sich die Klugheit in diesen Werken in erster Linie am Ansehen orientiert; die Bemessung der Größe erfolgt unter der Beobachtung durch die anderen. Groß sind demnach »die Ämter und Beschäftigungen, die dem allgemeinen Beifallsrufe offenstehen [...] und die allgemeine Gunst [erlangen], weil sie vor den Augen aller ausgeführt werden« (Grácian, Hand-Orakel, S. 41). Die erste Lektion des ganz eindeutig auf eine häusliche Hierarchie ausgerichteten französischen Anstandsbuchs Antoine de Courtins von 1671 besteht, wie Jacques Revel (Vom Nutzen der Höflichkeit, S. 202) anmerkt, dagegen darin, »seinen eigenen Platz in der Gesellschaft und den genauen Abstand zu den Mitmenschen aller anderen Ränge zu erkennen«.

handlungsbezogen (*praktikē*), und das Handeln betrifft das Einzelne.« (Aristoteles, Nikomachische Ethik, VI, 8, 1141b, S. 204) Während Platon, wie Aubenque bemerkt, nicht in Zweifel gezogen hat, dass »ein genügend transzendentes Wissen der Totalität der Einzelfälle Herr werden könne, versucht Aristoteles verzweifelt, das Besondere aus dem Allgemeinen abzuleiten« (Aubenque, La prudence, S. 43). Die Klugheit richtet sich auf diese Lücke und ist daher der Billigkeit vergleichbar, die insofern einen Gegensatz zum Gesetz darstellt, als »jedes Gesetz allgemein ist« (Aristoteles, Nikomachische Ethik, V, 14, 1137b, S. 188), so wie der rechte Winkel des Tischlers einen Gegensatz zu dem des Geometers darstellt (ebenda, I, 7, 1098a, S. 57f.), oder wie der bleierne Maßstab, der beim Hausbau auf Lesbos verwendet wird, sich der Gestalt des Steins anpasst und nicht starr ist (ebenda, V, 14, 1137b, S. 189).

Wenn Cicero die praktische Anwendung der *prudentia* beschreibt – so übersetzt er nämlich Aristoteles' *phronesis* –, womit er unsere Fähigkeit, uns gut den Umständen anpassen zu können und »gute Berechner der Pflicht zu sein vermögen«, meint, zeigen die von ihm angeführten Beispiele, dass sich die äußeren Umstände verschieden interpretieren lassen: »So werden die Stufen der Nahverhältnisse nicht dieselben sein wie die der Zeiten, und es gibt Pflichten, die den einen mehr als den anderen geschuldet werden, wie du beim Ernten der Frucht eher dem Nachbarn helfen würdest als dem Bruder oder dem Freunde, jedoch wenn ein Streit vor Gericht anhängig ist, du lieber den Verwandten und Freund als den Nachbarn verteidigen würdest. Dies also und solches muß man bei jeder Pflichterweisung beobachten [und Gewohnheit und Übung gewinnen], auf daß wir gute Berechner der Pflicht zu sein vermögen und im Hinzufügen und Abziehen sehen, was die Summe des Restes ausmacht, damit man erkennen kann, wie viel jedem geschuldet wird.« (Cicero, Handeln, I, XVIII, 59, S. 53)

Wir wollen schließlich noch darauf hinweisen, dass sich Thomas von Aquin, auch wenn er sich – insbesondere was ihr Verhältnis zu kontingenten Wirklichkeiten und zum Handeln im Gegensatz zur Herstellung anbelangt – auf die Aristotelische Definition der Klugheit stützt (Thomas von Aquin, Recht und Gerechtigkeit, Q. 47, Art. 6), dennoch davon absetzt, indem er nämlich die Klugheit stärker in der Unveränderbarkeit universeller Regeln verankert und der Synderesis, also dem höheren Bewusstsein, die führende Rolle zuspricht: »Das Ziel gehört nicht in dem Sinne zu den sittlichen Tugenden, als ob diese sich selbst ihr Ziel vorgäben, sondern, weil sie zu dem von der natürlichen Vernunft vorgegebenen Ziele hinstreben. Dabei werden sie durch die Klugheit unterstützt, die ihnen den Weg bereitet, indem sie über die Mittel zum Ziele verfügt. Daraus ergibt sich, daß die Klugheit edler ist als die sittlichen Tugenden und sie bewegt. Das Urgewissen [synderesis] wiederum bewegt die Klugheit, wie die Einsicht in die Grund-Sätze die Wissenschaft.« (Ebenda, Q. 47, Art. 6, Klugheit, S. 210; vgl. auch den Anhang II von T.-H. Denan der französischen Ausgabe; Somme théologique)

Ziel unseres Forschungsvorhabens war es, das Verhältnis zwischen dem Allgemeinen und dem Besonderen sowie die Frage der Billigkeit innerhalb ein und desselben theoretischen Rahmens zu behandeln. Vor diesem Hintergrund haben wir es unternommen, einen adäquaten Rahmen für die Erklärung des Aufeinandertreffens verschiedener Gerechtigkeitsprinzipien auszuarbeiten. An diesem Punkt angekommen, verfügen wir nun über ein Gerüst zum besseren Verständnis dessen, wie sich ein aus mehreren Welten bestehendes Universum auf die Grundstruktur aller Gemeinwesen, nämlich die Unterscheidung zwischen dem Allgemeinen und dem Besonderen, zurückführen lässt. Ein billiges Urteil ist darum bemüht, die der Vielfalt der Einigungsprinzipien inhärente Spannung zu befrieden, indem es ausgleichend wirkt und mildernde Umstände anführt. Das Kennzeichen eines klugen Menschen, nämlich gut überlegen zu können (Aristoteles, Nikomachische Ethik, VI, 5, 1140a, S. 199), findet daher seinen modernen Ausdruck im Rechtfertigungsimperativ, wie er in einem Universum, das mehrere gemeinsame Welten umfasst, an den Tag kommt.

Wir haben also die praktische Umsetzung der übergeordneten gemeinsamen Prinzipien und ihre Entfaltung in den jeweiligen Welten untersucht, wobei wir als Quelle eine bestimmte Art von Praxishandbüchern herangezogen haben. Für Personen ohne besondere Erfahrung oder für den pädagogischen Alltagsgebrauch verfasst, enthalten diese Handbücher eine Ansammlung von Beschreibungen typischer Situationen und Szenen, womit sie bedeutende Quellen für Aussagen darstellen, die aus diesen unterschiedlichen Welten hervorgehen. Sie schlagen elegante Lösungen für die in den angeführten Lehrbeispielen herrschenden Spannungen vor. Diese geben, oft in der etwas lapidaren Form einer Vorschrift, Regeln vor, die als Prämissen für die Erfindung von Alltagssituationen dienen, ohne dem Zwang zur Abstraktion und Systematisierung zu unterliegen, unter dem die politischen Philosophien stehen. Diese »Klugheitslehren« und »Benimmbücher« stellen also Sammlungen von praktischen Empfehlungen dar, in denen gelehrt wird, wie man sich normalerweise verhält. Für unsere Zwecke sind sie deshalb so geeignet, weil sie im Gegensatz zu irgendwelchen Handbüchern, die eine Fertigkeit oder eine Kunst lehren, auch die Rechtfertigung dieser Verhaltensweisen unter Bezugnahme auf ein Gemeinwohl im Auge haben. Das trifft auf so verschiedenartige Werke zu wie Ferdinand Loths Anleitung zum künstlerischen Schaffen, Handbücher für geistige Exerzitien, Lebensstilhandbücher, Staatsbürgerkundebroschüren und so weiter.

Dennoch birgt die Auswertung solcher Werke das Risiko, dass man auf den von uns für falsch erachteten Gedanken verfallen könnte, es gäbe so etwas wie voneinander unabhängige Geltungssphären, was bedeutete, dass die Menschen selbst spezialisiert wären, oder, wenn es sich um dieselben Personen handelte, die Frage offen ließe, wie sich denn der Übergang von der einen zur anderen Sphäre vollzieht. Statt aus Bequemlichkeit eine solche Lösung zu wählen, wollten wir uns der Frage stellen, wie sich denn das Verhältnis zwischen den Welten für die Menschen darstellt, die von der einen in die andere wechseln. Dafür wollten wir uns eben nicht etwa auf ein Handbuch stützen, in dem es ausschließlich darum geht, wie man in schicklicher Weise seinen Haushalt führt, und in dem man nur natürliche Anordnungen, aber nichts von den drohenden Zusammenstößen lesen könnte, zu denen es aufgrund des eventuellen Vorhandenseins von Wesen aus einer anderen Welt kommen könnte.

Zwei Bedingungen haben wir deshalb an die Auswahl der Ratgeber gestellt: Die erste lautet, dass jedes der untersuchten Bücher einer der im vorausgegangenen Kapitel dargestellten Gemeinwesen entspricht und diese möglichst exemplarisch und in reiner Form vorstellt. Die zweite lautet, dass die sechs Handbücher für dasselbe Anwendungsgebiet bestimmt sind. Wir haben nämlich die Hypothese aufgestellt, dass ein und dieselbe Person auf sämtliche Größen Bezug nehmen kann, was im Gegensatz zu der Hypothese steht, wonach die Angehörigen einer gegebenen sozialen Gruppe oder Institution fest an Wertsysteme oder Kulturen gebunden sind, die sie in Form ethischer Vorschriften oder Dispositionen verinnerlicht haben und denen jede einzelne Person in allen Lebensumständen Folge leisten könnte. Wenn sich unsere Hypothese nicht als falsch erweist, müssen sich für einen gegebenen Typus von Universum oder Institution und folglich auch für eine gegebene Gruppe von Personen Ratgeber ausfindig machen lassen, die einer jeden der von uns identifizierten Gemeinwesen entsprechen. Wir haben uns also nach »Handbüchern der Weltklugheit« umgesehen, die sich auf einen Raum beziehen, in dem die Personen stets diverse natürliche Ressourcen zur Verfügung haben, was ihnen ermöglicht, ihr Handeln unter Bezugnahme auf eine große Zahl von übergeordneten Prinzipien zu rechtfertigen. Wenn das Sich-Einlassen auf ein solches Umfeld in kohärenter Weise erfolgen können soll, müssen zwangsläufig jene Wesen beiseitegeschoben werden, die nur Ablenkung in die Situation bringen, da sie auf andere Formen von Gerechtigkeit Bezug nehmen und einen *Konflikt*, wie wir ihn im Folgenden noch untersuchen werden, heraufbeschwören.

Das Unternehmen ist heutzutage ein solcher Ort. Das gleichzeitige Vorhandensein von Ressourcen, die sich bezüglich ihrer Kohärenz und der zugrunde liegenden Gerechtigkeitsprinzipien als sehr heterogen erweisen, sorgt darin oft für Probleme. Zeitlich und räumlich nah beieinanderliegende Situationen lassen sich unter Bezugnahme auf unterschiedliche Prinzipien rechtfertigen. Für uns, die wir aufzeigen wollen, in welcher Vielfalt sich die Welten objektivieren, erweist sich das natürlich als äußerst günstig. Auch existiert für diesen Bereich eine Unmenge von Büchern, in denen gelehrt wird, wie man sich richtig verhält und mit welchen Methoden sich die verschiedensten Situationen meistern lassen. Wir haben daher Handbücher ausgewählt, die in demselben Theater, nämlich dem Unternehmen, spielen und sich an den gleichen Personenkreis richten, vom Einbezug unterschiedlicher Naturen leben und Handlungsklugheiten lehren, die mit unterschiedlichen Gerechtigkeitsprinzipien einhergehen.

Diese zeitgenössischen Ratgeber oder Handbücher richten sich an Führungskräfte in Unternehmen. Jedes Exemplar wurde ausgewählt, weil es sich bevorzugt auf eine dieser Welten richtet und vorschreibt, wie man möglichst natürliche und wenig von Spannungen belastete Situationen arrangiert: Wie kann man die Kreativität der Mitarbeiter fördern? Wie lassen sich dem Geist des Hauses entsprechende Beziehungen zwischen den Mitarbeitern kultivieren und wie kann man einen guten Eindruck bei seinem Chef, seinen Untergebenen, Kollegen, Besuchern oder Kunden hinterlassen? Wie kann man das Ansehen des Unternehmens, einer Person oder eines Produkts steigern und das Image in den Dienst der Öffentlichkeitsarbeit stellen? Wie lassen sich im Unternehmen Situationen herstellen, in denen die verschiedenen Personen in einem staatsbürgerlichen Verhältnis zueinander stehen (etwa bei der Wahl oder Ernennung von Betriebsräten)? Wie lässt sich eine Situation gestalten, die einzig unter Bezugnahme auf einen zu erobernden Markt definiert ist (kommerzielle Effektivität)? Wie lässt sich schließlich eine Situation arrangieren, die einzig auf den Nutzen der Arbeit ausgerichtet ist (Produktivität)? Diese Texte enthalten praktische Ratschläge und keine Systeme politischer Philosophie, wie die kanonischen Texte, aus denen wir die Gemeinwesen herausdestilliert haben und die den Autoren der Handbücher in den meisten Fällen unbekannt sind.

Wir möchten dennoch betonen, dass die verschiedenen Ratgeber – und sei es nur aufgrund ihrer methodischen Anlage – eine gewisse Verbindung zur industriellen Welt aufweisen. Das Vorherrschen einer am Nutzen orientierten Welt im Unternehmen gießt tendenziell die unterschiedlichen Formen des Allgemeinen in eine technische Ausdrucksweise und legt nahe, die so verschiedenartigen und mit den unterschiedlichen Welten verknüpften Formen von *Klugheit* anhand von didaktischen Methoden zu vermitteln, die in der Welt der Industrie normalerweise bei der Vermittlung von technischem Wissen Anwendung finden, und die selbst in einer technischen Sprache formuliert sind: die pädagogischen Techniken.

Wir wollen nur ein Beispiel anführen: Die Prämissen, die der Größe in der Welt der Inspiration zugrunde liegen und in den kanonischen Werken die Form von Anekdoten oder Rätseln annehmen, also in Begriffen der Einzigartigkeit zum Ausdruck kommen, nehmen in den hier untersuchten Texten die Form von nachvollziehbaren und wiederholbaren Arrangements an. Das bedeutet auch, dass die mit den verschiedenen Gemeinwesen korrespondierenden und zur Darstellung der jeweiligen Welten herangezogenen Ratgeber häufig unreine Formen aufweisen, zumindest im Verhältnis zu den kanonischen Modellen. Wie wir im Folgenden noch sehen werden, erscheinen einem die Aussagen, die zum Kern des jeweiligen Gemeinwesens führen, häufig ironisch gefärbt oder distanziert, also eher als Kritik und weniger als Vorschrift oder Regel formuliert, so als ob sich der Autor nicht ganz aus der Welt der Industrie hat lösen können, die hinter seiner Pädagogik steckt. Diese Eigenheiten können wir uns jedoch noch zunutze machen, wenn wir nach der ersten Inventarisierung der verschiedenen Welten, der das Ende dieses Abschnittes gewidmet ist, noch eine Aufstellung der am häufigsten vorkommenden Formen der *Kritik* und des *Kompromisses* zwischen den Welten vornehmen.

Unter Heranziehung einzig von Begriffen und Formulierungen aus den Ratgebern haben wir sechs für jede der Welten repräsentative Stichproben erhoben, in denen sich die weiter oben beschriebenen Gemeinwesen in entfalteter Form und entsprechend der ihnen zugrunde liegenden Prinzipien verwirklicht auffinden ließen. Wir haben diese Stichproben in das oben dargestellte Raster eingeordnet. Es gibt die verwendeten Kategorien vor (*übergeordnetes gemeinsames Prinzip*, *Würde der Personen*, *was groß ist* und so weiter) und erlaubt, einen Vergleich zwischen den Welten vorzunehmen, rasch von einer zur nächsten zu gehen, indem man einer bestimmten Kategorie nachgeht und die Tabellen gewissermaßen »linear« liest.

In jeder der Rubriken wird das Material der Tabelle sachlich und ohne kritische Distanzierung in groben Zügen dargestellt. Eine Distanzierung würde auf dem Verdacht beruhen, dass hinter der offensichtlichen noch eine verborgene Wahrheit steckt – eine Tiefenperspektive, wie sie in der sozialwissenschaftlichen Literatur gängig ist. Ein solcher Verdacht würde aber, wie das nächste Kapitel im Detail zeigen wird, nach den gleichen Mustern der Anprangerung einer Größe durch eine andere verfahren, wie jene, die wir in politischen Stellungnahmen, bei der Abwicklung von Geschäften oder im persönlichen Umgang untersuchen wollen. Die Einnahme einer solchen distanzierten Haltung gegenüber den betreffenden Welten hindert einen daran, ihre Realität zu sehen, die doch den Grammatikern ebenso bekannt war wie jeder anderen Person, die sich für eine Weile in einer im Einklang mit dieser Welt stehenden Situation befindet, und von der man, um ihr Verhalten zu erklären, nicht annehmen muss, dass sie ein »Spiel« spielt oder »Rollen« einnimmt. Der Verdacht bringt unser Vorhaben potentiell in Gefahr, indem er in parasitärer Weise eine fremde Größe einführt, die als Türöffner für das Eindringen der Kritik dient. All diese Beschreibungen verlangen also, dass man die Darstellung der Welten Spalte für Spalte vorurteilslos liest. Lässt man sich wirklich darauf ein, so stellt sich der Eindruck äußerster Selbstverständlichkeit, von Banalität, kurzum von *Natürlichkeit* ein, einer Natürlichkeit, die sich jeder Person aufdrängt, die sich in einer *stimmigen* Situation befindet. Und solche Situationen stellen ja den Kern unseres Untersuchungsgegenstands dar. Wie jede dieser Personen, so kann sich auch der Leser diesem topischen Verhaftetsein nur dadurch entziehen, dass er sich auf eine andere Welt stützt. Er kann sich von einer Tabelle nur lösen, indem er sich der nächsten zuwendet.

Die stichprobenartige Vorstellung der Welten zeigt also, dass diese verschiedenen Welten und das jeweils zu ihnen gehörende Gemeinwesen heutzutage in Situationen Gestalt annehmen können, die sich in ein und demselben Raum (dem Unternehmen) und mit denselben Personen (den Beschäftigten) abspielen. Abgesehen von dieser Demonstration, können die Stichproben dem Leser auch ganz praktisch dabei helfen, sich rasch in eine der Welten einzufinden oder zu entdecken, welche von ihnen in der Verschachteltheit einer komplexen Situation vorliegt. Wie Forschungen anhand von anderen Textbeständen zeigen konnten, insbesondere eine auf Beobachtungen und Interviews mit den Angestellten einer Bank basierende Studie, in der es um die Praxis der Vergabe von Krediten ging (Wissler, Cohésion), hat die Auswahl der Bücher keinen allzu großen Einfluss auf das erstellte Inventar. Sämtliche Texte, in denen Handlungsanleitungen für die Gestaltung von Situationen gegeben werden, die sich unter Bezugnahme auf ein und dasselbe Gemeinwesen definieren lassen, enthalten beinahe die gleichen Begriffe und nehmen Bezug auf die gleichen Objekte.

DER RATGEBER FÜR DIE WELT DER INSPIRATION. Für die Darstellung der *inspirierten Welt* haben wir das 1974 erschienene Buch »La Créativité en pratique« von Bernard Demory ausgewählt. »La Créativité en pratique« ist ein von einem Kreativitätsberater geschriebenes Handbuch für Unternehmen. Von all den Büchern, die wir herangezogen haben, um ihnen die für die verschiedenen Welten maßgeblichen Arrangements und Wesen zu entnehmen, mag dieser Ratgeber auf den ersten Blick als der am wenigsten geeignete erscheinen. Insofern das Gemeinwesen der Inspiration sich nur schlecht mit Instrumenten und Hilfsmitteln ausstatten lässt (weil sie das Bestehen einer direkten Beziehung zwischen der Person und dem übergeordneten Prinzip voraussetzt), bedeutet ein Handbuch zwangsläufig Verrat an ihr. Kreativitätsberater müssen lehren, was sich eigentlich gar nicht vermitteln lässt, und zeigen, wie man zur Inspiration gelangt, was sich den kanonischen Schriften zufolge durch aktives Bemühen niemals erreichen lässt. Das verwendete Kreativitätshandbuch ist wie alle Handbücher dieser Gattung in einer ambivalenten Lage. In der inspirierten Welt verortet, scheidet es die kreativen Situationen eindeutig von den gemäß anderer Welten konstruierten Situationen, insbesondere, indem es sie anprangert (was sich beispielsweise jedes Mal dann zeigt, wenn auf den Antagonismus zwischen der Kreativität und den schulischen Routinen des Bildungswesens, die der industriellen Welt zuzuordnen sind, eingegangen wird). Zugleich muss es sich aber auch aus dem Gemeinwesen herausbegeben oder die kanonischen Aussagen gar angreifen, um ein *Erlernen der Kreativität* durch methodische Übungen industrieller Art überhaupt möglich zu machen. Und nur das rechtfertigt die Existenz eines solchen Führers und überhaupt den *Beruf* dessen, der ihn verfasst hat. Die in praktisch allen Handbüchern anzutreffenden Kompromisse mit der industriellen Welt springen im Fall der inspirierten Größe besonders ins Auge.

DER RATGEBER FÜR DIE WELT DES HAUSES. Das 1970 erschienene Buch »Savoir-vivre et promotion« von Pierre Camusat haben wir der Darstellung der *Welt des Hauses* zugrunde gelegt. Wie in der Einleitung zu lesen ist, handelt es sich dabei um ein Buch, das explizit zu dem Zweck geschrieben wurde, Autodidakten, die eine Karriere innerhalb des Unternehmens durchlaufen haben, die Kunst harmonischer persönlicher Beziehungen zu vermitteln. Das Buch drängt sich einem daher geradezu auf, wenn man untersuchen möchte, wie sich eine Welt des Hauses am Arbeitsort entfalten kann. Eine ganze Menge von Themen, die eher der industriellen Welt zuzuordnen sind (einschließlich dessen, was man in der Managementlehre die »Human Relations« nennt), werden darin in die Sprache der Welt des Hauses übersetzt.

Das Buch konzentriert sich vorrangig auf das Unternehmen und die Beziehungen am Arbeitsplatz. Ein nicht geringer Teil ist jedoch der Familie und den innerfamiliären Beziehungen gewidmet, was der Autor erklärt, indem er den engen Zusammenhang zwischen beruflichem Erfolg und dem Familienleben betont: »So mancher wird sich wundern, dass ein Teil dieses Savoir-vivre neben dem beruflichen oder dem öffentlichen Leben auch dem Privatleben gewidmet ist. Das geht doch niemanden etwas an, könnte man sagen. Es liegt gewiss nicht in unserer Absicht, uns in das Privatleben wessen auch immer einzumischen. Wir möchten auf die familiären Angelegenheiten nur eingehen, wenn sie für den Geschäftserfolg von außergewöhnlicher Bedeutung sind.« (S. 49)

DER RATGEBER FÜR DIE WELT DER MEINUNG. Das 1970 erschienene Buch »Principes et techniques des relations publiques« von Christian Schneider führt uns in die *Welt der öffentlichen Meinung*. Es befasst sich mit der Kunst der Öffentlichkeitsarbeit beziehungsweise der *Public Relations*, die allerdings über diese Welt hinausweist. Wie der Begriff »Relations« zeigt, bewegen sich die *Public Relations* ständig auf der Grenze zur Welt des Hauses, wie dies am Beispiel des Verhältnisses zwischen dem Pressereferenten und den Journalisten deutlich wird, das im Buch behandelt wird. Doch zielt die Öffentlichkeitsarbeit eindeutig auf eine Größe des Renommees.

Andererseits kann sich Öffentlichkeitsarbeit auch auf die Welt des Marktes ausdehnen. Mehrfach wird in diesem Handbuch darauf hingewiesen, dass das Ziel der *Public Relations* nicht darin besteht, die Verkaufszahlen zu erhöhen, sondern das Renommee zu mehren. Eine ganze Reihe von Beispielen zeigt, dass man Öffentlichkeitsarbeit zur Vermehrung des Renommees von Dingen betreiben kann, die sich gar nicht verkaufen lassen (beispielsweise für eine Stadt, einen Politiker und so weiter). Doch ganz oft, insbesondere in Fällen, wo es um den guten Ruf eines Produktes geht, werden die Verkaufszahlen zugleich als Indikator und als einer der Zwecke der Mehrung des Renommees dargestellt. Dieses Spannungsverhältnis sticht in der an mehreren Stellen des Buches vorgenommenen Unterscheidung zwischen den *Public Relations* und der Werbung oder dem Marketing geradezu ins Auge. Werbung und Marketing richten sich an Personen in ihrer Eigenschaft als Konsumenten. Ihre Wirksamkeit wird durch eine Kaufhandlung bestätigt. Die *Public Relations* hingegen haben Menschen im Blick, insofern sie eine vorteilhafte oder schlechte Meinung von einem Produkt haben. In diesem Sinne bilden sie ein Publikum beziehungsweise eine Öffentlichkeit (eine öffentliche Meinung). Legt ein Unternehmen ein Engagement in Sachen *Public Relations* an den Tag, dann impliziert das notwendigerweise einen Kompromiss zwischen der Welt der Meinung und der des Marktes.

Schließlich schlagen die *Public Relations* eine Brücke zwischen der Welt der Meinung und der Welt der Industrie, da es in Meinungsumfragen zu vergleichbaren Kompromissen kommt. Deutlich wird das etwa an den Stellen des Handbuches, wo der Gegensatz zwischen *Public Relations*-Kampagnen und Gerüchten behandelt wird: Die *Public Relations* sollen Gerüchte unter Kontrolle bringen, die aufgrund eines Informationsmangels spontan entstehen und sich ausbreiten. Die *Public Relations* setzen die gleichen Instrumente ein wie die industrielle Welt. Ihre Produktivität kann gemessen werden, sie können einem Nutzenkriterium unterworfen werden und so weiter.

DER RATGEBER FÜR DIE STAATSBÜRGERLICHE WELT. Um zu untersuchen, wie Situationen der *staatsbürgerlichen Welt* im Unternehmen aussehen können, und um eine erste Aufstellung der Arrangements und Wesen vornehmen zu können, deren Vorhandensein den Personen in staatsbürgerlichen Situationen offenkundig wird, stützen wir uns auf zwei von der CFDT[30] herausgegebene Handbücher für Gewerkschaftsmitglieder, die zusammengenommen ein Ganzes bilden. Es handelt sich um die folgenden von Monthon Services herausgegebenen Broschüren der Reihe CFDT/gewerkschaftliche Praxis: a) CFDT, »Pour élire ou désigner les délégués«, 1983; b) CFDT, »La section syndicale«, 1981.

30 Confédération française démocratique du travail: französische Gewerkschaft, Anm. des Übers.

Formal beruhen in Frankreich die Organisationsformen der Belegschaft, genauer gesagt die gewerkschaftlichen Organisationsformen, auf einer gesetzlichen Grundlage, nämlich dem Sozialrecht. In ihren Bemühungen, einem übergeordneten staatsbürgerlichen Prinzip zur Durchsetzung zu verhelfen, sind sie aber direkt von den insbesondere nach der Französischen Revolution und im Laufe des 19. Jahrhunderts geschaffenen Instrumenten inspiriert. Wie schon die Rousseaus »Gesellschaftsvertrag« entnommenen topischen Formulierungen gezeigt haben, bietet sich dieses Prinzip nicht ohne weiteres für eine aufwendige Instrumentierung an, und in der Tat bleibt das Prinzip der Delegation selbst von Kritik nie ganz verschont. Die in den untersuchten CFDT-Handbüchern vorgestellte Ausstattung mit Objekten und Arrangements ist häufig anderen Welten, besonders der industriellen, entlehnt.

In der ersten der beiden Broschüren über die Wahl oder Ernennung von Betriebsräten findet sich das Prinzip in reinster Form wieder. Wie sich denken lässt, entsprechen die in diesem Büchlein dargestellten Wahlen genau den für die staatsbürgerliche Welt charakteristischen Prüfungen. Es handelt sich hier um berufsbezogene Wahlen (was einen Kompromiss mit der industriellen Welt voraussetzt), die eingesetzten Instrumente sowie die Sprache gehören jedoch eindeutig der staatsbürgerlichen Welt an. Die in diesem Buch beschriebenen staatsbürgerlichen Inszenierungen und Bestimmungen, die zahlreichen Bezugnahmen auf Statuten und Gesetze gehen einher mit einer expliziten oder unausgesprochenen Kritik an Situationen aus dem Unternehmensbereich, die einer anderen Welt entsprechend gestaltet sind. Dies betrifft insbesondere Situationen, die der Marktlogik unterliegen oder, wie im vorliegenden Fall, auf einem zum häuslichen Bereich gehörenden Band beruhen. Daher wird öfter daran erinnert, dass bei der Implementierung von Verfahren im Unternehmen, die der staatsbürgerlichen Welt angehören, die Gestaltung der Situation den Umweg über das Gemeinwohl und die Bezugnahme auf eine körperlose Souveränität erfordert. Dieser Umweg schließt den Bruch mit einer weiteren Form des sozialen Bandes ein, nämlich mit dem auf persönlichen Abhängigkeiten beruhenden und damit aus staatsbürgerlicher Sicht willkürlichen und ungerechten häuslichen Band.

DER RATGEBER FÜR DIE WELT DES MARKTES. Zur Darstellung der *Welt des Marktes* haben wir auf das Buch von Marc H. McCormack mit dem Titel »What they don't teach you at Harvard Business School«, (1984) zurückgegriffen. Uns ist nämlich kein zeitgenössisches französisches Buch bekannt, das die Kunst geschäftlichen Erfolgs in Form eines Handbuches darstellt. Vergleichbare französische Bücher, in denen es um Handel oder Verkauf geht, präsentieren alles andere als rein marktförmige Situationsgestaltungen, so allgegenwärtig ist die Welt der Industrie mit ihren Verkaufstechniken und -methoden (Merchandising), Plänen, Berechnungen und Grafiken. Obwohl die Prinzipien des Marktes mit den Instrumenten einer wissenschaftlichen Disziplin unterlegt sind und obwohl die Welt des Marktes häufig in Alltagssituationen enthalten ist, in denen die Menschen ihren Reichtum zur Geltung bringen, wird an dieser Lücke deutlich, dass der Markt in Frankreich bei weitem nicht die politische Reichweite besitzt, die ihm in den Vereinigten Staaten zukommt. Diese relative Schwäche muss man sicherlich in Verbindung bringen mit der Verwirklichung staatsbürgerlicher und industrieller Prinzipien, auf die sich die Kritik an der marktwirtschaftlichen Größe stützt. Dem sei hinzugefügt, dass der Autor des hier untersuchten Handbuches die Unvereinbarkeit der marktwirtschaftlichen und der industriellen Größen in zahlreichen Angriffen auf Letztere betont. Zudem macht er hinsichtlich des Titels seines Buches folgende Beobachtung: »Hätte dieses Produkt – also dieses Buch hier – etwa den Titel *Grundlagen des Managements in der Praxis*, dann fände es gewiss ein anderes und möglicherweise kleineres Publikum.«

Das amerikanische Buch, das wir – übrigens unter vielen anderen derartigen amerikanischen Büchern – ausgewählt haben, weil es ja übersetzt wurde, um es einem französischen Publikum zur Verfügung zu stellen, genügt unseren Ansprüchen dagegen bestens. Sein Vorzug besteht darin, dass es vor allem praktische Ratschläge zur Kunst des Geschäftemachens enthält, die der persönlichen Erfahrung des Autors entstammen (der Untertitel macht das ja bereits deutlich: »Anmerkungen eines Mannes der Praxis«) und sich mit »Waren« befasst, die kaum Nähe zur industriellen Produktion aufweisen. Es geht dabei nämlich um die Vermarktung von Personennamen (im gegebenen Fall von Sportlern) oder Namen von Institutionen (Nobel-Stiftung, Vatikan), bei denen die technischen Anforderungen an den Fabrikationsprozess ja gegen null gehen, während die Konsequenzen für das Marketing ungleich höher sind als für klassisch hergestellte Produkte. Die am stärksten entwickelten Kompromisse werden daher mit der Welt des Ruhmes eingegangen.

Wie wir an anderer Stelle schon gezeigt haben, kann uns die kleine Welt des Sports mit ihren Größen, ihren Prüfungen und Regeln, die der Autor bestens kennt, als reduziertes Modell einer Rechtfertigungsordnung dienen. An der Gestalt des Champions oder »Cracks« (»Seit langem schon fasziniert mich in beruflicher wie psychologischer Hinsicht, was aus einem Sportler einen Champion macht«, S. 235) lässt sich der Übergang von einem sportlichen Wert zu einer Größe des Renommees oder des Marktes nachvollziehen: »Ohne die vorausgegangene Gleichsetzung Arnold Palmers [ein Golfchampion] mit der Spitzenklasse wäre unser Kunde ihnen [den Firmen, die ihn als Werbeträger engagieren wollen] nicht so attraktiv erschienen.« (S. 120) Die Analogie zwischen der Welt des Marktes und der Sphäre des Sports wird noch untermauert durch die Tatsache, dass das übergeordnete Prinzip des Marktes, die Konkurrenz, eine Rivalität zwischen Personen beinhaltet, die stark an den Wettkampf unter Sportlern erinnert. Der Autor macht jedoch selbst den Unterschied deutlich, indem er betont, dass im Gemeinwesen des Marktes niemand einen solch uneinholbaren Vorsprung haben kann wie der Champion im Sport. »Im Geschäft miteinander zu rivalisieren, ist nicht das Gleiche, wie im Sport zu rivalisieren. In beiden Fällen geht es darum, zu gewinnen, einen anderen zu schlagen. Im Geschäftsleben jedoch hat das Spiel kein Ende. Es gibt keinen uneinholbaren Vorsprung. Hier sitzt Ihnen die Konkurrenz andauernd im Nacken.« (S. 190)

DER RATGEBER FÜR DIE WELT DER INDUSTRIE. Das aus dem Jahr 1980 stammende Buch »Productivité et conditions de travail; un guide diagnostic pour entrer dans l'action« von Maurice Pierrot diente uns als Datenbasis für die *Welt der Industrie*. Sein Titel weist schon darauf hin, dass dieses Handbuch im Unterschied zu den unzähligen technischen Leitfäden, in denen das Räderwerk und die Routinen des normalen Funktionierens eines Unternehmens beschrieben werden, über den von dieser Welt gesetzten Rahmen hinausgehen soll. Pierrots Ziel ist es, das Erfordernis der Produktivität, in dem das übergeordnete Prinzip der industriellen Welt perfekt zum Ausdruck kommt, mit der Verbesserung der Arbeitsbedingungen in Einklang zu bringen – ein Imperativ, der wie alle Bemühungen um die sozialen Aspekte des Unternehmens einen Kompromiss mit der staatsbürgerlichen Welt voraussetzt, einen Kompromiss, dem es um die Würde des arbeitenden Menschen geht. In diesem Buch findet man daher nicht nur die ganze für die industrielle Größe charakteristische Aufmachung (deren Inventar sich aufgrund der in dieser Welt besonders umfangreichen objektiven Apparaturen nur in Teilen erstellen lässt), sondern auch eine ganze Palette an Kompromissen mit der staatsbürgerlichen Welt, die dann im nachfolgenden Kapitel untersucht werden sollen.

Jedes dieser sechs Bücher wurde nach dem gleichen Muster bearbeitet. Unser Ziel bestand darin, die wesentlichen Elemente in leicht nachvollziehbarer Form herauszuziehen und zu kombinieren, die man benötigte, wenn man den ursprünglichen Text so getreu wie möglich wiederherstellen wollte, sollte die Originalversion einmal verlorengehen, oder wollte man neue Aussagen generieren, die sich in den Text integrieren ließen, ohne dass er inhaltlich entstellt würde. Zu diesem Zweck haben wir ein erstes Inventar erstellt, in dem die für die jeweilige Welt charakteristischen Wesen versammelt sind, wobei jeder Eintrag mit mindestens einem Beispiel versehen wurde. Anschließend haben wir dieses Inventar unter Zuhilfenahme des aus den elementaren Kategorien des Gemeinwohls gebildeten und in diesem Kapitel schon dargestellten Analyserasters weiter bearbeitet. Dieses Raster gibt einen Überblick über die natürliche Ordnung, die relevante Ausgestaltung von Situationen sowie die Berichte, die darüber abgegeben werden können. Die aus dem Inventar gezogene Liste der Wesen (Subjekte, Objekte, Beziehungen und so weiter) wird jeder Rubrik vorangestellt. Darauf folgt ein Text, der unter der Maßgabe erstellt wurde, eine möglichst große Zahl dieser natürlichen Wesen aufzuführen. Dieser Text, mittels dessen der Leser einen direkten Einblick in die Welt und ihre Bauart bekommen soll, verzichtet auf jede kritische Distanz und muss zwangsläufig den Eindruck völliger Selbstverständlichkeit und Redundanz hinterlassen. Ähnlich empfindet man wohl jene außergewöhnlichen Momente, in denen man völlig in einer natürlichen Situation aufgeht. Es geht darin um die Darstellung nackter Realität, einer flachen Welt ohne Jenseits, und damit ohne Ort, von dem aus eine Kritik am Bestehenden erfolgen könnte.

Es wurde also, um es mit Worten der Musik zu sagen, für jede Welt eine Stichprobe *komponiert*, die auf Objekten beruht, die sich in Einklang befinden. Wie wir im nächsten Kapitel sehen werden, lässt sich anhand des Missklangs, der entsteht, wenn nicht miteinander vereinbare Arten der Einigung zusammentreffen, die Künstlichkeit der konkurrierenden Welten entschleiern, ein wenig so, wie Adorno zufolge bei Berg »in sonst von der Tonalität losgelösten Zusammenhängen, der C-Dur-Dreiklang [erscheint], sooft von Geld die Rede ist«, wobei die Dreiklangsharmonien »den okkasionellen Ausdrücken der Sprache« zu vergleichen sind »und mehr noch dem Geld in der Wirtschaft«. »Die Wirkung ist die des pointiert Banalen« und vermag dadurch die Faktizität der marktförmigen Beziehungen anzuprangern: »Die kleine C-Dur-Münze wird als falsch *denunziert.*« (Adorno, Philosophie, S. 60, Fn. 13; Hervorhebung durch uns) Alles, was bei der Errichtung eines

Gemeinwesens Verwendung findet, kann wiederum benutzt werden, um Größen zu dekonstruieren, die unter Bezugnahme auf andere übergeordnete Prinzipien errichtet wurden, so dass dieselben Apparaturen zur topischen Konstruktion wie auch zur kritischen Enthüllung dienen können.

VI Präsentation der Welten

Die Welt der Inspiration

Die Welt der Inspiration, in der die Wesen stets mit Veränderungen ihres Ranges rechnen müssen, ist sehr instabil und weist eine nur geringfügige Ausstattung auf. All das, womit in anderen Welten Äquivalenzen hergestellt werden, Maße, Regeln, Geld, Hierarchie, Gesetze oder Ähnliches, fehlt hier. Aufgrund ihres schwachen Ausstattungsgrades toleriert diese Welt nur interne Prüfungen, die sich wenig oder gar nicht objektivieren lassen. Das schützt die inspirierte Größe zwar vor der Meinung der anderen – die Größe ist in dieser Welt indifferent gegenüber den Anzeichen von Verachtung –, macht aber auf der anderen Seite auch ihre Fragilität aus. Die inspirierte Welt steht also vor der paradoxen Situation, dass sie sich durch eine Größe auszeichnet, die sich jeglicher Messung entzieht, sowie durch eine Form von Äquivalenz, in der dem Einzigartigen Vorrang eingeräumt wird.

Das Sprudeln der Inspiration (übergeordnetes Prinzip) Inspiration.

In dieser Welt kommt den Personen mehr oder weniger Größe zu, insofern sie alle imstande sind, die Erfahrung der Inspiration zu machen und so zu Vollendung und Glück zu gelangen.

Unsagbar und ätherisch (was groß ist) Bizarr, wundersam, außergewöhnlich, wunderbar, unsagbar, beunruhigend, begeisternd, spontan, emotional.

In einer inspirierten Welt sind wahrer Größe die Attribute der *Inspiration** selbst eigen, etwa in Form der *Erleuchtung*, einer grundlos gewährten Gunst, die zwar von außen kommt, zugleich aber als innere Bewegtheit *erfahren* wird. Von ihr wird man beherrscht und *verwandelt*: Wahre Größe ist ein *spontaner* innerer Zustand der Gewissheit, der von außen über die Wesen kommt und deshalb nicht willentlich herbeiführbar ist. Er zeigt sich in Form von *Gefühlen* und *Leidenschaften* und wird als *verzehrend, furcht-*

* Die kursiv gesetzten Begriffe in den Kapiteln VI, VIII und IX sind dem aus den untersuchten Ratgebern bestehenden Textkorpus entnommen.

erregend, bereichernd, begeisternd, erhebend, faszinierend, beunruhigend und so weiter *erlebt.* Größe besitzt in dieser Welt das, was sich nicht beherrschen lässt und sich gegen eine Messung, vor allem in ihren industriellen Formen, sperrt. Größe wird häufig negativ bezeichnet, also durch Betonung auf das, was fehlt, um etwas begreifen, einschätzen oder festhalten zu können. Der Inspirierte scheut sich nicht, sich anhand solcher Begriffe zu definieren, die ihn einer anderen Logik entsprechend abwerten würden, etwa wenn er sich selbst als *irrational* bezeichnet. Im inspirierten Zustand der Größe entziehen sich die Wesen industriellen Messungen, dem vernünftigen Denken, der Determiniertheit, den *Gewissheiten* der *Technik.* Sie gehen auf Distanz zu den gewöhnlichen Dingen, »gebärden sich *bizarr*«. Ebenso wenig fügen sie sich den häuslichen Arrangements, verzichten auf den gesunden Menschenverstand, benehmen sich stattdessen *extravagant* und »machen das Vertraute *unvertraut*«. Sie verstehen sich darauf, das *Mysteriöse, Phantasievolle, Originelle, Unsagbare, Unnennbare, Ätherische oder Unsichtbare* zu erkennen und aufzunehmen und fühlen sich am wohlsten in *informellen* Situationen.

Kreative Unruhe (Würde)
Liebe, Leidenschaft, schöpferisch tätig sein.

Die Leidenschaft, von der sie getrieben werden, flößt ihnen den *Wunsch* ein, *kreativ zu sein* – ein Wunsch, den die Inspiration in ihnen *geweckt* hat –, zugleich aber auch den *Zweifel*, die *Liebe* zum verfolgten Gegenstand und zum Leiden.

Die Erleuchteten (Subjekte)
Geist, Schatten, Ungeheuer, Feen, Ich, Kind, Frau, Narr, Künstler.

Die Großen in der Welt der Inspiration werden häufig von der Welt verachtet, sind arm, bedürftig, unnütz. Gerade ihr elender Zustand erleichtert ihnen jedoch das Wissen um die wahrhaft harmonischen Gestalten der Welt (*Himmel, Imaginäres, Unbewusstes* und so weiter). Das ist der Fall beim »neugierigen, *erfinderischen*« und *begeisterten Kind*, den *Frauen*, *Naiven*, *Narren*, *Dichtern* und *Künstlern* (die von gleicher Art wie die *Frau* sind), den *Ungeheuern*, *»furchterregenden Phantasiegestalten«* und *Phänomenen.* In dieser Welt, in der die Wesen aufgrund ihrer *Einzigartigkeit* Wertschätzung erfahren und in der das Wesen, dem die höchste Allgemeinheit zukommt, zugleich auch das *Originellste* ist, sind die Großen ebenso einzigartig wie universell. Man gelangt übergangslos von der

Einzigartigkeit des *Ich* zur Allgemeinheit des *Menschen*. Daher kommt hier den *Künstlern*, die heutzutage oft die inspirierte Größe verkörpern, wahre Größe zu, weil sie die anderen in der Einzigartigkeit eines Eigennamens einschließen: *Baudelaire, Cocteau, Einstein, Galileo, Mozart, Shakespeare* und so weiter. Dieser Logik zufolge gibt es noch größere Wesen als es die Künstler sind, nämlich diejenigen der *magischen* Welten, (*Schatten, Feen, Zauberer*). Aber wenn sie erwähnt werden, geschieht das in dem hier verwendeten Handbuch auf profanierende Art und Weise.[31]

Der Tagtraum (Objekte)
Geist, Körper, Traum, Unbewusstes, Droge.

Armut verleiht durch Entblößung des Körpers Größe. In der inspirierten Welt sind nämlich die Objekte und Dispositive, mit denen die Größe ausgestattet ist, nicht von der Person ablösbar. Sie gehören unterschiedslos zum *Geist* wie zum *Körper* (eine *Gabe* zeigt sich in Gesten wie in Worten), die für den Empfang der Inspiration aufnahmefähig, das heißt, von allem abgeschnitten sind, was sie mit zu anderen Naturen gehörenden Arrangements verbindet. Sie befinden sich also in einem Zustand der Empfänglichkeit. Um sich zu *lösen*, muss man zu dem Ort *hinabtauchen*, wo sich die wahre Größe zeigen kann – also in *sich selbst*. Man muss »eine Art *geistiger Reise* tun«, »in gewisser Weise eine Reise ohne *Drogen*« ins *Unbewusste*, um dort die »eingeschlummerten Fähigkeiten« durch den *Traum* und den *Tagtraum* zu *wecken*. Man muss »den *Schlaf* zu nutzen wissen«, sich der *Träumerei* hingeben, »nicht ständig daran denken, nützlich, effizient, logisch und rational zu sein«. Die gleichen Ergebnisse lassen sich dadurch erzielen, dass man »Verfahren aus *fernöstlichen Religionen*, dem *Zen* und *psychoanalytischen* Ansätzen anwendet«.

---

31 (Anm. aus der engl. Übers.:) Profanierung ist eine Geste, mit der eine Kritik von innen geäußert wird, die sich auf die Unmenschlichkeit von Personen richtet, die zu weit gehen. Diese Kritik kann aber auch einen Weg nach draußen öffnen und einen Kompromiss anbahnen. Wir haben den Begriff gewählt, weil die Profanierung und die Blasphemie nur dann voll wirksam werden, wenn die Person, welche die Kritik vorbringt, den Wert der Wesen, die sie kritisiert, anerkennt. Diese Figur der Distanzierung vollzieht häufig eine Verschiebung vom Buchstäblichen zum Geist einer Sache, von der wörtlichen Bedeutung zum übertragenen Sinn.

Wenn man in der Welt der Inspiration Größe erlangen will, erfordert dies das Aufopfern der stabilisierenden Formen und all der Apparaturen, die in anderen Welten die persönliche Identität garantieren. Man muss »aus den Gewohnheiten und der Routine *ausbrechen*«, »*Risiken* eingehen«, »Gewohnheiten, Normen, sakrosankte Grundsätze aufgeben« und alles *infrage stellen*, indem man sich aus »der Trägheit des Wissens befreit«. Die Ausdrücke zur Bezeichnung des Verfahrens, durch das man (als illusorisch kritisierten) alternativen Welten aus dem Weg gehen kann, sind hier ganz eigentümlich: Sich der Größe zu öffnen, bedeutet, von seiner rationalen Haltung *abzulassen*, alles *aufzugeben*, um *sich* ganz seiner Berufung *zu widmen*, *in Bewegung zu bleiben*, sich des alten Menschen zu *entledigen*. Es ist jedoch nicht der Verzicht an sich, durch den man zu Größe kommt, was ja niemals vorhersehbar ist, sondern eine »Folge von *einzelnen Zufällen*«: »Kein *Maler*, kein *Musiker*, kein *Schriftsteller* oder *Wissenschaftler* kann erwarten, dass es ihm jedes Mal gelingt [...]. Er weiß ganz im Gegenteil, dass man *Rückschläge* einstecken muss, lange Zeit *nicht vom Fleck kommt*, wieder und wieder von Neuem beginnen muss, um endlich ans Ziel zu kommen.« »Die *Unwägbarkeiten* des Schaffensprozesses« (»mit allem, was er glücklicherweise an Unkontrollierbarem und Rätselhaften an sich hat«), all die *Umwege*, erfordern *Bescheidenheit*, mit der sich die »hochmütige Gewissheit des Experten überwinden lässt«.

Der Ausbruch aus den Gewohnheiten (Investition)
Infrage stellen, Risiko, Umweg.

Die inspirierten Großen beziehen die anderen Wesen mit ein, verwirklichen sie, und zwar nicht, indem sie darstellen, was ihnen alles gemein ist (wie beispielsweise bei den Wortführern in der Welt des Staatsbürgers), sondern indem sie gerade ihre Einzigartigkeit betonen. Durch das, was an ihnen am *originellsten* und *einzigartigsten* ist, ihr eigenes *Genie* also, geben sie sich den anderen hin und dienen zugleich dem Gemeinwohl. Ihre Aufgabe ist es, das Joch abzuschütteln, sich von der Herde fernzuhalten, nach *individueller Befreiung zu suchen*, und das nicht in egoistischer Absicht, sondern um durch das Herstellen authentischer Beziehungen zwischen den Wesen die menschliche Würde zu verwirklichen.

Der universelle Wert der Einzigartigkeit (Größenverhältnis)
Genie, unabhängig.

Die Alchemie unvorhergesehener Begegnungen (Beziehungen) Schöpfen, entdecken, Suche, Imagination, träumen, (zum) Explodieren (bringen).

In der inspirierten Welt sind die natürlichen Beziehungen kreative Beziehungen. Ein jedes Wesen erschafft sich und lässt sich durch andere erschaffen. Man muss sich also in einen Zustand der *Offenheit* versetzen, eine *aufnahmefähige Haltung* einnehmen, um die »geheimnisvolle *Alchemie des Schaffens*, die *Alchemie* der Dinge und die *Alchemie* des *Wortes*« in sich wirken zu lassen, die eine stets vage und sich wandelnde Welt bildet: »Wir ergehen uns in *unklaren Begriffen* von unerhörtem Reichtum, in einer unendlichen Bandbreite von Bedeutungen und gerade dadurch von äußerster Unbestimmtheit.« Der Inspirierte ist offen dafür, eine suchende Haltung einzunehmen, von *Affektivität geprägte Beziehungen* zu knüpfen, welche ein Verhältnis der *Wärme*, *Originalität* und *Kreativität* zwischen den Individuen vermitteln, offen auch dafür, zu *träumen*, *seine Einbildungskraft spielen zu lassen*, sich das, was nicht existiert, *vorstellen* zu können, *schöpferisch zu sein* (*Kunst, Kino, Literatur, Malerei, Theater*), Menschen *zusammenzubringen*, »*Fragen* aufkommen zu lassen«, *geistreiche Wortspiele* zu kreieren, die einen in andere Universen mitnehmen, *Verwandlungen* zu bewirken.

Die Realität des Imaginären (Konstellationen) Imaginäres, Unbewusstes.

Wahre Größe kann sich tatsächlich nur in Welten fernab der Wirklichkeit – fernab der »demoralisierenden Realität« und damit fernab von allem, was sich in anderen Welten, insbesondere in der industriellen Welt als solche ausgibt – entfalten: »Das, was man die Realität nennt, muss demnach zur Explosion gebracht werden.« Um der Wirklichkeit zu entkommen, muss man den *verrücktesten Phantasien* nachgehen, Individuen in Erforscher des Imaginären verwandeln, sie dazu bringen, dass sie »ins Unbewusste hinabsteigen«, denn »jeder *Schöpfungsakt greift auf das Unbewusste zurück*«.

Geistiges Vagabundieren (Prüfung) Abenteuer, Suche, geistige Reise, Wanderung, gelebte Erfahrung.

Das wahre *Abenteuer* ist ein *inneres Abenteuer*, und die wahre *Reise* ist eine *Reise im Geiste*, eine *Wanderung*, eine *Suche*. Dieser Modus der Fortbewegung bildet den Gegensatz zu allem, was in anderen Welten, und auch hier wieder besonders in der industriellen Welt, die Bewegung als vorhersehbaren und damit »langweiligen« Vollzug einer Determinierung, einer *Laufbahn* begreift. Der *Weg* zur Inspiration ist »ein zu *Begegnungen* führender, kaum vorherbestimmter Gang voller *Umwege* und Richtungswechsel, ein Weg zum *Streunen*, ein *Weg der Erfindung*, auf dem man jenseits der bestehenden Grenzen, dem *Abenteuer* und *»begeisternden Versprechungen«* ausgesetzt, einfach *vagabundiert*. Folgt man diesem *Pfad*, dann findet man seinen *eigenen Weg*.« Er führt zur Erfahrung besonderer Zustände, »in denen alle Hindernisse beseitigt sind«, zu körperlichen Zuständen und *Freuden des Geistes*, in denen sich die Inspiration in ihrer ganzen Fülle offenbart.

Der Geistesblitz (Urteil)
Erleuchtung, Intuition, sprudeln, erscheinen, Glück, brodeln, Revolution, Rausch, (über sich) hinauswachsen, Meisterwerk, Aura.

Während solcher Höhepunkte – etwa bei der *Schöpfung* eines *Meisterwerkes* – zeigt sich die Inspiriertheit *spontan*, *urplötzlich*, ohne Ordnung, packt den Schöpfer und lässt ihn »über sich selbst hinauswachsen«. Sie äußert sich in einem belebenden *Hauch*, der »die *Phantasie* aus ihrer Erschlaffung weckt« und ihr *Flügel* verleiht. Es liegt in der Natur der Inspiration, dass sie *plötzlich auftaucht*, *hervorsprudelt*, in einem *Geistesblitz*, einem *Funken* ans Licht kommt, der eine kommende Idee, eine *Erleuchtung* oder eine *verstörende außergewöhnliche Eingebung* hervorruft, die wiederum ein *»konfuses Brodeln«*, einen *»seltsamen Wirbel«* im Gefolge hat. In diesem Zustand wird die Welt von *Eindrücken* und *Gefühlen*, von der *Aura des Glücks*, von *Erschaudern* und *Zittern* ergriffen.

Die Gewissheit der Intuition (Evidenz)
Phantasma, Symbol, Zeichen, Analogie, Bilder, Mythen.

Die wahre Welt ist den Sinnen nicht direktzugänglich. Sie gibt sich über *Zeichen* zu erkennen, die ihre Existenz enthüllen und eine Idee von ihr vermitteln, ohne sie jedoch wirklich zu vergegenwärtigen. Diese aus einem *Wort* oder einem *Bild* bestehenden *Zeichen* können die Gestalt der *Koinzidenz*, der *Analogie* oder der *Metapher* annehmen. Sämtliche Koinzidenzen sind aussagekräftig, da »zwischen allen Elementen unseres Universums feinste, rein gedankliche Beziehungen existieren«. Folglich erfordert das Offenbarwerden des Wahrscheinlichen ein Arrangement, in dem diese Korrespondenzen zur Entfaltung kommen und Sinnverschiebungen sich ungehindert vollziehen können, so dass sich *ungewöhnliche Ideen* einstellen. Man muss eine »andere *Sprache*« lernen, jene der *Bilder*, der *Phantasmen*, der *Symbole*, der *Mythen* und *Legenden*, eine Sprache, die mit Assoziationen arbeitet und dem *Traum*, dem *Phantastischen* gegenüber offen ist; die reich ist an *Bildern*, *Erinne-*

rungen und *Mythen*, von deren Vorhandensein wir im Wachzustand keine Ahnung haben. Die Evidenz nimmt die Form eines affektiven Zustands, eines spontan und unwillkürlich sich einstellenden, flüchtigen inneren *Gefühls* an, dessen Gültigkeit weder der Zustimmung durch die anderen (wie in der Welt der Meinung) bedarf, noch, wie in der industriellen Welt, der Herstellung einer die Beziehungen zwischen den Objekten stabilisierenden Routine.

Die Versuchung, wieder festen Boden unter die Füße bekommen zu wollen (Niedergang) Erstarrt, Gewohnheit, äußerliche Zeichen, reproduzierend.

Der Rückzug aus der Traumwelt führt zum Absturz. Die kleinen Wesen sind unter Bezugnahme auf die Welt der Meinung definiert, insofern sie auf Wertschätzung aus sind und der »gesellschaftlichen Stellung« und den »äußerlichen Zeichen des Erfolgs« »Bedeutung« beimessen. Des Weiteren zeichnen sie sich durch Eigenschaften aus, die zugleich die Determiniertheit, die identische Reproduktion (im Gegensatz zum *Originellen*), Starrheit und Stabilität dessen zum Ausdruck bringen, was ohne Schwung nicht wachsen kann und was gehemmt, gebremst ist: Sie sind unentrinnbar in der Wiederholung und (industriellen) *Routine* oder der (häuslichen) *Gewohnheit erstarrt.* Genauso werden sie auch durch die ständige Wiederholung des schon Bekannten *blockiert.* Die während der *Erziehung* angeeigneten *Kenntnisse*, schulische Routinen oder familiäre Gewohnheiten behindern also das, was zur Größe führt, nämlich die Fähigkeit zur *Begeisterung* und zum *Enthusiasmus.* Das Gemeinwesen ist im Niedergang begriffen, sobald die Versuchung, wieder »festen Boden unter die Füße zu kommen«, die Oberhand gewinnt über den Wunsch, davonzufliegen.

Die häusliche Welt

Die häusliche Welt kommt nicht allein im Kreis der familiären Beziehungen zur Entfaltung, vor allem, wenn man das heutzutage in unserer Gesellschaft vorherrschende eingeschränkte und von jedem Bezug auf die politische Ordnung losgelöste Verständnis von Familie in Rechnung stellt. Jedes Mal wird aber deutlich, dass die Frage, was gerecht ist, auf die zwischenmenschlichen Beziehungen abhebt. Die Größe, die in dieser Welt abhängig von der in der Kette der persönlichen Abhängigkeiten eingenommenen Position ist, kann hier nur im relationalen Verständnis *des größer als ...* oder *kleiner als ...* begriffen werden. Aus denselben Gründen ist die Demonstration von Größe hier örtlichen und zeitlichen Einschränkungen unterworfen, die mit der Notwendigkeit eng zusammenhängen, dass man sich persönlich vor den anderen präsentiert, wenn man seine Bedeutung bekunden will. So erklärt sich das Interesse an allem, was mit dem Körper sowie seiner Bekleidung und Darstellung zu tun hat. Die häuslichen Arrangements sind nur schwach ausgestattet mit Instrumenten, mit denen man über Entfernungen hinweg handeln kann. Hingegen sind diese in der Welt des Staatsbürgers besonders gut entwickelt, wo die Objektivität der von den Personen unabhängigen Regeln und die Mechanismen der Repräsentation eine große Rolle spielen. In der Welt des Hauses ist der Eigenwert der Objekte nicht relevant, wie dies in der industriellen Welt der Fall ist, vielmehr kommt ihnen im Wesentlichen in dem Maße Wert zu, wie sich mit ihnen hierarchische Beziehungen zwischen Menschen etablieren lassen (was etwa an den Gegenständen offenkundig wird, die bei mondänen gesellschaftlichen Veranstaltungen zum Einsatz kommen) und sie die Markierung der Größe und damit die Identifizierung von Personen bei Begegnungen ermöglichen. In der Welt des Hauses, in der die Wesen unmittelbar entsprechend ihrer Größe eingeordnet werden, und zwar so, dass ihr Auftauchen automatisch auch eine Bestimmung ihrer hierarchischen Stellung nach sich zieht, wird das Festschreiben von Anzeichen der Größe in Form von Titeln, Wappen, Kleidung, körperlichen Kennzeichen und so weiter deshalb gesucht, um die Unsicherheit in Situationen persönlicher Interaktion zu vermindern und die Identifizierungskosten zu senken. Doch die Bedeutung, die dem Festschreibungsprozess zukommt, verquickt die Größe mit den Personen, wie man das bei unwiderruflichen und insbesondere den erblichen Titeln exemplarisch sehen kann. Dadurch wird der Kritik der Boden entzogen, da sie in vielen Fällen nicht zu ihrem eigentlichen Ziel, nämlich zur Wiederholung der Prüfung führen kann. Prüfungen nehmen hier häufig die *entartete* Form reiner Bestätigungen an, wie dies etwa an einer altertümlichen Erzählform der häuslichen Welt überdeutlich wird, nämlich den Märchen, die voller Geschichten sind, in denen ein in Lumpen gehüllter Großer sich einer Bewährungsprobe unterziehen muss, die letztlich seine wahre verborgene Größe offenbart (beispielsweise in »Die Prinzessin auf der Erbse«).

Auf der Tradition beruhende Erzeugung (übergeordnetes Prinzip) Abstammung, Hierarchie, Tradition.

Unter Berücksichtigung der *Abstammung*, der *Tradition* und der *Hierarchie* lässt sich eine Ordnung zwischen den Wesen der häuslichen Natur errichten. Diese drei Begriffe stehen selbst in einer Äquivalenzbeziehung zueinander, da das Band persönlicher Abhängigkeit, welches die Verbindung zwischen den kleineren Wesen und dem *übergeordneten Prinzip* herstellt – das stets dem *Vater*, der als fleischgewordene *Tradition* wahre Größe verkörpert, nachgebildet ist –, sich auf verschiedene Weise fassen lässt: Weil das Größte den Ursprung bildet, wird es entweder als Abstammungslinie oder als hierarchische Kette interpretiert.

Die hierarchische Überordnung (was groß ist) Wohlwollend, hohes Gut, besonnen, distinguiert, vornehm, unaufdringlich, zurückhaltend, Vertrauen (vertrauenswürdig), freimütig, treu.

In der Welt des Hauses kommt die Überlegenheit der großen Wesen auf dreierlei Weise zustande: Als Bestandteile einer *Hierarchie* kommt ihnen Größe zu aufgrund der Beziehung, die sie zu den Größten unterhalten, von denen sie *geschätzt* und *geachtet* werden und die sie an sich binden. Gerade darin besteht ihre Auszeichnung. Allerdings meint diese Eigenschaft hier nicht, wie in der Welt der Meinung, die Konkurrenz aller gegen alle auf einem Markt der Wertschätzung, sondern das einem *Höherstehenden* oder *Chef* zukommende *Urteil* sowie die Erwähltheit, die bewirkt, dass man *aus dem Mannschaftsstand heraus aufsteigt*. Groß sind sie auch, weil sie in der Tradition verwurzelt, das heißt *einwandfrei* sind (im Gegensatz etwa zu *legal* in der Welt des Staatsbürgers oder zu *exakt* in der industriellen Welt). Sie existieren in der *Kontinuität* (was in der Welt der Inspiration für die kleinen Wesen kennzeichnend ist) und besitzen alle Qualitäten, in denen *Beständigkeit* zum Ausdruck kommt, wie etwa Charakterstärke, Treue, Pünktlichkeit (»die *Pünktlichkeit* ist die *Höflichkeit* der *Könige*«). Diese Tugenden erkennt man an unterschiedlichen Verhaltensweisen, je nachdem, ob einerseits das Verhältnis zu den *engen Vertrauten* oder zu *Fremden*, andererseits das Verhältnis zu den *Höhergestellten* oder zu den *Untergebenen* in Betracht gezogen wird. Während er sich *aufmerksam* gegenüber den engen Vertrauten (etwa dem *Gatten*) verhält, denen gegenüber man *zuvorkommend*, *achtsam* und *einwandfrei* auftreten soll, zeigt sich der Große Besuchern gegenüber *liebenswürdig*: »Oft sind es die Besucher, die für den Ruf eines Hauses sorgen. Zudem zieht man stets Gewinn daraus, dass man zu ihnen sehr *liebenswürdig* ist, wie bedeutend auch immer sie sein mögen.« Höherstehenden gegenüber verhalten sich die schätzenswerten Wesen *respektvoll*, was »nicht *Farblosigkeit*, *Flachheit*, *Opportunismus* und *Schöntuerei* impliziert«. Sie sind *freimütig*, stellen »ihren Standpunkt *offenherzig* dar«, ohne jedoch »systematisch gegen etwas zu sein«, und sie unterhalten zu ihrem *Vorgesetzten* ein *Vertrauensverhältnis*. Diese Haltung »schafft ein auf Unaufdringlichkeit und Zurückhaltung beruhendes Klima gegenseitigen Verständnisses«: »das beste Mittel, um *wohlerzogen* zu erscheinen«. Nichtsdestotrotz »meiden sie – insbesondere vor *Dritten* – zu viel *Vertraulichkeit* mit dem *Vorgesetzten*, selbst wenn sie ihn *persönlich kennen*, und eine gleiche *Zurückhaltung* ist erforderlich, wenn der Vorgesetzte zur *Verwandtschaft* gehört«. Die *Vorgesetzten* oder *Höherstehenden* sind *gebildet* und *besonnen*, sie flößen *anderen Vertrauen* ein. In der Welt des Hauses, in der Größe persönliche Treue zu einem Großen und die Zugehörigkeit zum geschlossenen Universum eines Hauses zur Voraussetzung hat, sind Objekte umso *vertraulicher* (etwa ein *Brief*), je mehr sie die Großen betreffen. *Diskretion* bedeutet, »dass man nicht auf *Tratsch* hört und ihn vor allem nicht weiterträgt«. Den Kleinen gegenüber, für die er Verantwortung trägt, ist der Vorgesetzte verpflichtet, sie ihrem *Rang* entsprechend an seiner Größe teilhaben zu lassen. Wenn der Vorgesetzte allen gegenüber *wohlwollend* und *hilfsbereit* ist, »wird ein jeder ihm dafür verbunden sein«. Wahre Größe verlangt nämlich Unkompliziertheit (»völlig *unkompliziert* handeln«), *Taktgefühl* und *Zuvorkommenheit*: »Es gibt nichts Verachtenswerteres als einen *Aufsteiger*, der sich gegenüber seinen *Untergebenen* mit der Begründung unfreundlich verhält, dass er der *Chef* ist. Hier zahlt sich die Erziehung vollkommen aus […].« Ebenso wenig sollte man sich *distanziert*, *herrisch* oder *herablassend* verhalten. Ganz im Gegenteil. Selbst wenn manchmal Höflichkeit als *Schwäche* erscheinen mag, wird sie über kurz oder lang doch noch als Zeichen *guter Erziehung* anerkannt und in der Folge umso mehr geschätzt. »*Feingefühl* schließt *Entschiedenheit* allerdings nicht aus.« Die *gute Erziehung*, die *Kinderstube*, die den *wohlerzogenen* Menschen ausmacht, bei dem *Zurückhaltung* mit *Ungezwungenheit* gepaart ist, ist letztlich das verbindende Glied zwischen wahrer Größe und der *Abstammung* – ein Zusammenhang, der hier (wie so häufig, wenn eine Aussage über den Kern der natürlichen Ordnung getroffen wird) in profanierender Weise hergestellt wird (wir werden später noch auf diesen Begriff zurückkommen): »All jene, die in die Geheimnisse der guten *Erziehung* eingeweiht sind oder es zu sein meinen, behaupten, dass mindestens drei *Generationen* nötig sind, um einen *wohlerzogenen* Menschen zu formen.«

Ungezwungenheit und Gewohnheit (Würde) Gesunder Menschenverstand, Angewohnheit, natürlich, Natürlichkeit, Charakter.

Die Großen handeln *natürlich*, weil ihr Verhalten von *Gewohnheiten* motiviert ist. Dieses in den Körper eingeschriebene Dispositiv sorgt für Verhaltensstabilität, ohne dass Gehorsam erforderlich wäre, wie es die industriellen *Routinen* verlangen. Es ist daher »notwendig«, dem »Kind« vom zartesten Alter an gute *Angewohnheiten* beizubringen: frühzeitig angenommene *Gewohnheiten* werden niemals als Zwang empfunden und rasch zu einem *natürlichen* Verhalten. »Nur die *Gewohnheit* verleiht *Ungezwungenheit*«, da sie die *Konventionen* zu etwas *Natürlichem* macht (»eine *natürliche Höflichkeit*«). Diese Dispositionen sind auch dann *natürlich*, wenn sie auf dem *gesunden Menschenverstand* (»auf dem *gesunden Menschenverstand* beruhende *Grundsätze*«) oder auf einer *festen Meinung* beruhen (»um sich sofort eine günstige *feste Meinung* zuzulegen«) und sich in natürlicher *Harmonie* mit der sich entfaltenden Welt befindet. Die *Natürlichkeit* (»Jagen Sie hinter der *Natürlichkeit* her, sie kommt im Galopp!«) bezeichnet schließlich auch den *Charakter* beziehungsweise das *Naturell* dessen, der sich in seinem Verhalten *anderen* gegenüber offenbart und sich in der *persönlichen Selbstdarstellung* wie im *Benehmen* »widerspiegelt«.

In dieser Welt entspringt das Benehmen dem Innern des Menschen, da sich in ihm der *Charakter* offenbart, der eine »Mensch gewordene« *Gewohnheit* ist (»das *persönliche Benehmen* spiegelt das Individuum wider«).

Die Höherstehenden und die Untergebenen (Subjekte) Große Wesen: Vater, König, Vorfahren, Eltern, Familie, hochstehende Persönlichkeit, Vorgesetzter, Chef. Kleine Wesen: Ich, Junggeselle, Fremder, Frau, Kind, Hund und Katze. Andere: Besucher, Umgebung, Nachbar, (ein) Dritter.

In einer Welt des Hauses zeichnen sich die Wesen unmittelbar durch das Verhältnis aus, das sie mit ihresgleichen unterhalten. Dies ist ein Ordnungsverhältnis, wenn die Wesen demselben *Haus* angehören. Der jeweilige Begriff, mit dem sie bezeichnet werden, bringt in diesem Falle ihre Bedeutung zum Ausdruck und definiert sie als groß oder klein, was in dieser Welt im Sinne von *größer als* ... und *kleiner als* ... gemeint ist. Dafür nimmt er Bezug auf die Wesen, die sie umfassen oder von denen sie wiederum umfasst werden, das heißt, auf diejenigen, von denen sie herkommen, oder auf diejenigen, die von ihnen wiederum herkommen. Wenn die Abstammung die Grundlage des Über- und Unterordnungsverhältnisses bildet und die Beziehung zu den Ursprüngen sich über die Reproduktion herstellt, gehen die größten Wesen in der Generationenfolge voraus, die kleineren Wesen kommen nach: die *Ahnen, die Vorfahren, Großvater und Großmutter, Schwiegervater und Schwiegermutter, Onkel und Tanten, die Verwandten* sind daher größer, die *Kinder* oder die *jungen Mädchen* kleiner. Das Abstammungsprinzip ist jedoch nicht auf die Nachkommenschaft beschränkt, denn in ein und demselben *Haus* sind die großen Wesen auch die *prima causa* der Kleinen, die nicht durch Blutsbande mit ihnen verbunden sind: So macht der *Ehegatte* (größer) durch die *Heirat* eine Frau zu seiner *Ehefrau* (kleiner); dem *Hausherrn* oder der *Hausherrin* unterstehen die Wesen, die zum *Haus* gehören, zu dem sie wiederum selbst gehören: *Unverheiratete*, *Kinder*, *Bedienstete* (die hier mit dem Begriff *Hauspersonal* als Kompromiss mit der Welt der Industrie bezeichnet werden), Haustiere (*»verwöhnte Hunde und Katzen«*). In einer Welt des Hauses, in der sich die Wesen nach ihrer Größe ordnen lassen, sind die *Kleineren* stets als solche bezeichnet und präsent, da sie das Material abgeben, aus dem die Größe der *Größeren* besteht, zu denen sie gehören. Hinzu kommt noch, dass die Personen, so klein sie auch sein mögen, in ihrer Unterordnung noch eine gewisse Würde besitzen und nur dann wirklich elend dran sind, wenn sie von den Einheiten, von denen sie abhängen, aufgrund räumlicher Entfernung (*Ausland*) getrennt sind, oder auch aufgrund von *Egoismus*: »Im Allgemeinen sollte man stets von lauten Nebengesprächen und *ichbezogenen* Äußerungen im Befehlston absehen und stattdessen vom *Vater* geleitete *Gespräche* von *allgemeinem Interesse* vorziehen; das *gemeinsame Essen* zählt in der Tat zu den wenigen Gelegenheiten, in denen die gesamte *Familie vereint* ist.« Als Prinzip des Zusammenhalts der Familie und als Verkörperung der Verbindung zu den Ursprüngen ist der Vater wie auch der *Chef* oder früher der *König* derjenige, der die Wesen durch die Abhängigkeit, in der er sie hält, erhöht, und sie so auch ihrem Rang entsprechend Anteil an der Größe nehmen lässt. Da die Wesen stets durch eine auf Unterordnung basierende Beziehung definiert und sämtliche Unterordnungsverhältnisse dem *Vater-Kind*-Verhältnis äquivalent sind, sind auch die *Großen*, die *älteren Menschen* und die *bedeutenden Personen* gleichwertig. Genauso bilden die kleinen Wesen Äquivalente zueinander, ohne dass eine kindliche Eigenheit existierte, durch die sich die kleinen *Kinder* von all den anderen untergeordneten Wesen (*Junggesellen*, *Dienstpersonal* und so weiter) unterscheiden ließen, die ebenfalls der Verantwortung der Großen unterstehen. Wenn schließlich die Wesen nicht direkt aufgrund ihrer Zugehörigkeit zu einer hierarchisch geordneten Einheit (*Haus*, Zunft oder Ähnliches) eingestuft werden, dann spezifiziert die sie eigentlich definierende Beziehung nicht ihre Größe, die stattdessen von der Größe der Person abhängt, mit der sie in *Beziehung* stehen: Ein *Freund*, ein *Vertrauter*, eine *Bekanntschaft*, jemand aus der engeren *Umgebung*, ein *Gast*, eine *freundschaftliche Beziehung* und so weiter können groß oder klein sein, je nachdem, wie groß das andere Glied ist. Den Gegensatz zum Umgang mit den Großen, der einen emporhebt, bildet der *schlechte Umgang*, der einen erniedrigt.

Die Regeln des Benimm (Objekte) Gute Manieren, Anstand, Rang, Titel, Wohnsitz, Vorstellung, Signatur, Familienanzeige, Geschenke, Blumen.

Die vorrangige Bestimmung der Objekte in der Welt des Hauses besteht darin, das hierarchische Verhältnis zwischen den Personen aufzuzeigen und zu stützen. »Kleine *Geschenke* erhalten die *Freundschaft*« und verbinden, da sie nach einem Gegengeschenk verlangen: »Man bedankt sich für alle Zusendungen: *Blumen*, *Geschenke*, Süßigkeiten, Bücher und so weiter.« Und: »ein hochheiliger Grundsatz lautet: Jeder *Brief* muss *beantwortet* werden«. Die »*Neujahrswünsche*« knüpfen »*Familienbande* und schaffen Umgangsformen *der Höflichkeit*, wie sie sich für *wohlerzogene Kinder* gehören«. Genauso verhält es sich mit den hohen Anlässen, den *Glückwünschen* und *Beileidsbezeugungen* oder auch mit der Institution der *Empfehlung*, welche die Gelegenheit zum Austausch von *Vertrauensbekundungen* von Mensch zu Mensch bietet: »Wenn man einer Person einen *Brief* anvertraut, den sie in unserem Namen einer anderen Person übermitteln soll (*Empfehlungsschreiben* und so weiter), muss man ihn ihr zuvor in geöffnetem Zustand zeigen. Damit bezeugt man, dass man *Vertrauen* zum Überbringer hat. Die Korrektheit verlangt wiederum von Letzterem, dass er den Brief unter den Augen des Absenders selbst verschließt.« Die *Regeln des Savoir-vivre*, die *Anstandsregeln* oder die *guten Manieren* – die alle zur äußeren Aufmachung der Größe in der Welt des Hauses gehören – können verbindend, aber auch trennend wirken, indem sie *Türen* öffnen oder schließen: »Die *guten Manieren*, die unseren Vorfahren noch so teuer waren, vermochten einstmals *Türen* zu öffnen.« Umgekehrt »kann dieser oder jener Verstoß gegen die *Anstandsregeln* auch *Türen* verschließen. Die kleinste *Taktlosigkeit* kann Konsequenzen für die Situation haben.« (Situation« bezieht sich hier auf die berufliche Position, insofern sie auf der innerhalb der Kette von Abhängigkeiten eingenommenen Stellung und der bei den *Vorgesetzten* genossenen *Gunst* beruht.) Die zirkulierenden Objekte, all die *Blumen* und *Geschenke*, bis hin zur kleinsten *Höflichkeitsbekundung*, signalisieren anhand der Richtung, in die sie gehen, die relative Größe der Personen, zwischen denen sie ausgetauscht werden. So stellt man bei Vorstellungen »stets der Person, der der meiste *Respekt* geschuldet wird, die jeweils andere Person vor«, so dass »man in der Praxis als Erste die am wenigsten bedeutende Person nennt«. Die Höflichkeitsfloskeln variieren je nachdem, ob sie »an Untergebene«, »ein wenig an jeden, dem gegenüber man keine besonderen Verpflichtungen hat«, »an Personen, zu denen man gelegentlich in Beziehung *auf gleicher Höhe* steht, an Personen, zu denen man häufig in Beziehung *auf gleicher Höhe* steht, an Personen, zu denen man Beziehungen *auf gleicher Höhe* mit einer Nuance von *Respekt* unterhält, an einen *Vorgesetzten*, einen Kunden, einen *älteren Menschen*, eine *bedeutende Person*, eine *Dame*, an Personen, zu denen man in *einem freundschaftlichen oder intimen Verhältnis* steht, gerichtet sind«, also in Abhängigkeit von der jeweiligen Stellung der anwesenden Personen, je nach hierarchischem Rang, Geschlecht, Alter oder Grad der *Vertrautheit*. Das Händeschütteln ist ebenfalls ein Instrument der Größe, ein mit dem Körper hergestelltes Werkzeug, das einen je nach der Ordnung der Gesten herabmindern oder erhöhen kann: »Es steht dem *Chef* zu, Ihnen *die Hand zu geben*, und nicht Ihnen.« Die Objekte und Dispositive sind daher das, woran die Wesen einander erkennen (im Gegensatz zu verkennen), das heißt ihre Größe erkennen; das, woran sie die relative Größe der Personen, die zugegen sind, erkennen und womit sie auch sich zu erkennen geben. Die Verteilung der *Abstufungen* und *Ränge* stellt sicher, dass man sich in die *Hierarchien* einfindet und sich gegenseitig *Achtung* und *Respekt* erweist, indem man »sich zu jedem Zeitpunkt *korrekt* verhält«. »*Grundsätzlich* gilt: Wenn es eine Hierarchie gibt, dann gibt es auch Stufen, und der Chef hat normalerweise Gründe, über Ihnen zu stehen. [...] Folglich kommt ihm eine gewisse *Achtung* zu.« Bestimmte Dispositive geben die Identität der Personen zu erkennen, sie *kündigen die Person an*: »Man sollte immer etwas zu früh eintreffen und *sich ankündigen*.« Die *Visitenkarte* (»bristolweiß, in *klassischem* Format und Schrifttyp«), der *Briefkopf*, auf dem »der *Titel* angegeben ist«, die *Signatur*, die die Anonymität – Eigenschaft der armseligen und bindungslosen Wesen (»das ziemlich abstoßende *anonyme* Aussehen unleserlicher *Signaturen*«) – aufhebt, der *von Hand geschriebene Brief*, mit dem man identifiziert werden kann, da er die Kennzeichen einer einzigartigen Schrift trägt (im Gegensatz zur Maschinenschrift industrieller Natur, die sich für einen »persönlichen Brief« nicht schickt), die *Familienanzeige*, mit der »man die Geburt eines Kindes *anzeigt*«, all das sind

»*Formen der Selbstdarstellung* [...], die dem Gesprächspartner die Frage ersparen, wer Sie sind«. Diese Frage ist *verletzend*, da sie den Vorwurf enthält, man habe den anderen in Unkenntnis dessen gelassen, was er wissen sollte. Die Identifikationsdispositive offenbaren die Person, indem sie eine Verbindung zwischen ihr und einem *Haus*, einer *Familie*, einem *Milieu*, einer *Gesellschaft* (im Sinne der *guten Gesellschaft*) herstellen. »Die persönliche Erscheinung spiegelt [nämlich] das Temperament und den *Charakter* des Individuums wider«, ähnlich wie die »Behausung« (als materialisierte Form der Größe eines *Hauses* und einer *Familie*) »das Abbild seiner Bewohner ist«.

Der Verzicht auf den Egoismus (Investition) Hilfsbereitschaft, Dienstbarkeit, Pflicht (und Schuld), Harmonie.

In der Welt des Hauses haben die wahrhaft Großen *Pflichten* (»mehr noch als *Rechte*«) gegenüber ihrer *Umgebung* und insbesondere gegenüber jenen, die zu ihnen gehören und für die sie folglich *Verantwortung tragen*. Diese *Pflichten* verlangen den »Verzicht auf jeglichen *Egoismus*«: »Im *Gesellschaftsleben* kommt dann Missstimmung auf, wenn man sich ichbezogen verhält und nicht auf die anderen achtet.« Die Pflichten kommen etwa in »der *Höflichkeit* und *»Dienstbarkeit«* zum Ausdruck, die »den Umgang zwischen Menschen leichter machen«, ebenso in der *Wertschätzung* gegenüber anderen, die das *Leben in Gesellschaft* angenehmer macht«, oder schließlich im *hilfsbereiten Verhalten* dessen, der die *Schwächen* nicht *ausnutzt*. Diesen *Pflichten* nachzukommen macht den *Reiz* des »gemeinsamen Lebens« aus, »macht das Leben angenehm« und gestaltet die *individuellen Beziehungen harmonisch*.

Respekt und Verantwortungsgefühl (Größenverhältnis) Autorität, Unterordnung, Achtbarkeit, Ehre, Scham.

In der Welt des Hauses schließen die Größeren auch die Kleineren ein, gerade so, als ob sie sie geschaffen hätten. In der Abfolge der *Generationen* und damit auch in der *Hierarchie* stehen sie weiter oben. Dieser Vorrang ist die Quelle ihrer *Autorität*. So »fällt der mittleren Generation eine undankbare Rolle zu, insofern sie zugleich ihre *Autorität* gegenüber den *Kindern* an den Tag legen, als auch den *Großeltern* gegenüber *ehrerbietig* sein muss«. Die Größeren verkörpern das Wesen der Kleineren. Die *Vorgesetzten* machen die Größe der *Untergebenen* aus und bestimmen damit deren Identität. Die *Chefs* sind daher die *Ehre* der *Untergebenen*. Umgekehrt sind die Kleinen, die aufgrund ihrer persönlichen Abhängigkeit an der Größe derer teilhaben, denen sie *unterstehen*, ein Teil der Größeren, sie gehören zu ihnen, und für sie wird *Verantwortung* getragen. Sie sind nicht unabhängig von ihnen, sondern wie Fleisch von ihrem Fleische. Die Zugehörigkeit der Wesen kommt im *Stolz*, im *Respekt* und im *Schamgefühl* zum Ausdruck. Die Kleineren sind *stolz* auf die Größeren; die *Untergebenen* bringen den *Höhergestellten*, von denen sie wiederum geschätzt werden, *Respekt* entgegen: »Ein *Untergebener* zeigt sich stets sehr empfänglich für die *Wertschätzung* und das *Vertrauen*, die man ihm entgegenbringt. Er wird alles tun, dass sie gerechtfertigt sind, und dieses *vertrauensvolle* Klima macht ihr Verhältnis *angenehmer.*« Genauso sind auch die Größeren *stolz* auf die Kleineren, die ein Teil ihrer selbst sind: »Lassen Sie niemals ein *Kind* aus dem *Haus* gehen, ohne dass Sie sich kurz versichern, dass alles in Ordnung ist und man *stolz* auf es sein kann.« Ein jeder besteht aus den anderen, je nach der *Achtbarkeit*, die ihm der *Grad* an *Unterordnung*, in der er sich befindet, verleiht. Man darf beispielsweise niemals »einen *Untergebenen* übergehen, indem man dem eigentlich ihm unterstehenden Personal Anweisungen gibt«. Wer wirklich eine Person von *Respekt* ist, weiß dagegen bestens, wie man sich *Respekt verschafft*. Gekränkte Eltern können auch Schuld tragen: »Sie haben ihre *Kinder schlecht erzogen*, weil sie es nicht verstanden haben, *sich Respekt zu verschaffen.*« Die *Niedrigerstehenden* sind imstande, die Stellung der ihnen *Übergeordneten* zu verringern, da sich ihr Handeln ja auf sie auswirkt. Das passiert etwa, wenn sie ihre Ehre antasten, was einen Kompromiss mit der Welt der Meinung voraussetzt: »Was soll man von der *Ehegattin* sagen, die durch ihren Fehltritt die Ehre oder den Ruf ihres *Mannes* kompromittiert?« Das geschieht aber auch durch das *Verschleudern* der *Erbschaft* (was eine Größe des Marktes mit ins Spiel bringt), wenn etwa »das *Kind* [...], frisch-fröhlich die Früchte der Arbeit seines *Vaters durchbringt*«. Wirkliche *Höherwertigkeit* kommt demjenigen zu, dem die Fähigkeit eigen ist, sich *Respekt* zu verschaffen. »Es gibt nur eine einzige Form der *Überlegenheit*, und das ist nicht die, die einem wegen *guter Manieren* und deren Einsatz rein aus utilitaristischem Kalkül oder um der Konventionen willen zukommt, sondern die Höherwertigkeit des ›honnête homme‹, die dem Leben durch den Verzicht auf jeglichen *Egoismus* und die *Achtung* des *Nächsten* Sinn verleiht. Es geht also nicht darum, um der Konventionen willen einen schönen Schein zu wahren, sondern ein Mann mit Wertgefühl zu sein, der neben seinen innersten Qualitäten noch das gewisse Etwas mitbringt, das ihm dabei hilft, besser zu leben und mit seiner Umgebung besser zurechtzukommen.« »Wahre *Höherwertigkeit* kommt deshalb von selbst zur Geltung. Sie ist zudem nur dann wirklich, wenn sie von niemandem infrage gestellt wird.«

Der Umgang unter guterzogenen Menschen (Beziehungen) Reproduzieren, Kinder bekommen, erziehen, einladen, geben, empfangen, zurückgeben, empfehlen, sich bedanken, respektieren.

Höherwertigkeit erlangt man durch gute Erziehung. In einer Welt des Hauses, in der die Wesen für den *Fortbestand* und die *Kontinuität* einer *Tradition* Sorge tragen müssen, sind die Beziehungen in erster Linie eine Sache der *Erziehung*. »Man wird über Ihre *Erziehung* anhand derjenigen Ihrer *Kinder* urteilen.« Natürlichkeit wird durch die Erziehung weitergegeben. Um sich *gut benehmen* und auf *natürliche Weise korrekt* verhalten zu können, muss man *gut erzogen* sein: »Jagen Sie der *Natürlichkeit* hinterher, sie kommt im Galopp zurück. [...] Man tue alles, damit eine *gute Erziehung* ein ebensolches *Naturell* zur Folge hat.« In einer wohlgeordneten Welt sind die Kinder *gut erzogen*, man hat ihnen *gute Manieren* beigebracht. Die *Eltern* haben die Pflicht, ihnen *andauernd* und mit Nachdruck *Anstand* und *Lebensart beizubringen*, damit sie ihrerseits zu *wohlerzogenen* Personen werden: »*Gute Erziehung* genossen zu haben, bedeutet, dass man weiß, wie man sich in allen Lebenslagen *korrekt* benimmt. Gut erzogen zu sein, heißt auch, dass man sich *ungezwungen* verhält, ohne zu *schockieren*, die *anderen gegen sich aufzubringen* oder zu *stören*. *Gutes Benehmen* ist in der Tat vor allem eine *Gewohnheit*.« Und diese *Bildung* der *Gewohnheit*, einer »zweiten Natur«, welche die *natürliche Ungezwungenheit* (im Gegensatz zur linkisch, gekünstelt und bemüht erscheinenden Absichtlichkeit) ausmacht, vollzieht sich über *Nachahmung* und *Vorbild*: »Das Klima, in dem die *Kinder* vom frühesten Alter an eingetaucht sind, [...] ist von entscheidendem Einfluss«, da »das *Kind* gerne *nachahmt*«.

»*Die Großen* zu spielen«, ist unter Kindern ein »beliebter Zeitvertreib«. »Es wird also alles, was es sieht oder hört, aufs Genaueste *nachahmen.*« In einer Welt des Hauses ist das Kind, das als solches keine besonderen Eigenschaften aufweist, nur ein kleiner Erwachsener, der von den anderen kleinen Wesen des *Heims* (*Unverheiratete, Hund und Katzen, Hausbedienstete*) und ganz allgemein von den *Niedrigstehenden* nicht klar geschieden ist. Diese wiederum haben aufgrund ihres *untergeordneten* Standes immer etwas von einem *Kind* an sich. Die *Erziehung* ist also »vor allem eine *Familien*angelegenheit«, da in der Familie die *Gewohnheiten* als Ergebnis einer *permanenten* und *dauerhaften*, den *Charakter* bildenden *Gewöhnung* eingeprägt werden. In dieser Welt sind die Beziehungen zwischen den Menschen rein *persönliche Beziehungen.* Man *empfängt* und man *wird empfangen.* Sie entfalten sich nur im Zusammentreffen mit oder in der Gegenwart von *anderen.* Man kennt sich *persönlich.* Beispielsweise kann sich die Rede, die in der Welt der Meinung oder des Staatsbürgers nur vor einem Publikum oder einer Versammlung ergriffen wird, hier nur an ein bestimmtes Wesen, das einem persönlich bekannt ist oder dem man *vorgestellt* wurde, richten: »Zunächst ein *Grundsatz*: Man spricht Menschen, die man nicht kennt, nicht an.« Denn nur im *Kontakt zwischen Einzelpersonen* bildet sich die *Meinung* (in der Bedeutung »eine *gute Meinung* von jemandem haben«, die sich aufgrund ihres persönlichen Charakters von der Meinung im Sinne des Ansehens oder der öffentlichen Meinung im staatsbürgerlichen Sinne unterscheidet). Im *Verkehr miteinander* bildet sich das *Urteil* über die Person, die bei der *Vorstellung* einen guten oder schlechten *Eindruck* hinterlassen hat, je nachdem, ob sie es versteht, sich *»angenehm im Umgang«* zu erweisen. Die Kunst, eine in Harmonie befindliche Welt zu arrangieren, ist hier also zunächst identisch mit der Kunst, Personen zu bedeutenden Anlässen wie etwa den *Mahlzeiten zusammenzubringen* und unter Berücksichtigung der jeweiligen Größe zu wissen, wer mit wem zusammenpasst und wer nicht. Das ist auch die Kunst zu wissen, wen man *zulässt* und wen man *ausschließt*: »Entweder man respektiert die Regeln und ist *zugelassen,* oder man trickst und wird *ausgeschlossen.*« Die Welt, die sich aus Banden persönlicher Abhängigkeit (*Häuser*, *Milieus* und so weiter) zusammensetzt, wird durch die Opposition von innen und *außen* strukturiert, zwischen denen Übergänge möglich oder unmöglich gemacht werden. Nach innen *empfängt* man, man *bittet um Mitarbeit*, und man *lädt ein* »aus *Achtung* vor den Gesetzen der *Gastfreundschaft*«. Den *anderen* gegenüber *schüttet man sein Herz aus* (»was stets deplatziert ist«), man *gewährt*, man *gibt zurück* (»Hilfst du mir, so helf' ich dir«), man *spricht Empfehlungen aus*, man macht *Geschenke*, die wiederum *verpflichten*: »Ein kostbares Geschenk zu machen, ist eine delikate Angelegenheit. Entweder der Empfänger fühlt sich *peinlich berührt*, wenn er weiß, dass die Mittel des Schenkenden bescheiden sind, oder man läuft Gefahr, den anderen zu *verpflichten.*« Man stattet *Dank* ab, man *revanchiert sich* für eine Einladung, man bringt *Respekt entgegen*: »Man schuldet denjenigen, mit denen man zusammenlebt, *Respekt*« und muss ihnen gegenüber *Rücksicht* nehmen. Ebenso muss man bei vielen Personen *vorbeischauen*, um in der Hierarchie aufzusteigen, oder *Besuche abstatten*, um auf *korrekte* Art und Weise eine *Nachfolge* anzutreten: »Im beruflichen Rahmen kommt es häufig vor, dass der *Vorgänger* selbst seinen *Nachfolger* vorstellt. Dieser *Gang* stellt zugleich einen Abschieds*besuch* dar.«

Die Seele des Hauses (Konstellationen) Haus, Familie, Milieu, Grundsätze, Brauch, Konventionen.

In Anbetracht der großen Bedeutung der *Hierarchie* zeigt sich die natürliche Harmonie der Welt, wie sie in den *Konventionen*, *Bräuchen* und *Grundsätzen* zum Ausdruck kommt, besonders in Konstellationen, die eine geordnete Abfolge von Wesen verschiedener Größe aufweisen. Das gilt für die *Aufeinanderfolge der Generationen* (»in den *Kindern* finden sich die *Eltern* wieder«), die *Gesellschaft*, in dem Sinne, in dem man vom *Leben in Gesellschaft* (etwa: »der *Reiz* der kleinen *Gesellschaft*, welche die Arbeitswelt darstellt«) oder dem *Milieu* spricht (»in einem bestimmten *Milieu zugelassen* sein«). Am besten eignen sich jedoch die mit der *Familie* zusammenhängenden und je nach *Haus* unterschiedlich geregelten Vorkehrungen zur Bekundung der *Harmonie*. Das Berufsleben kann insofern auch nicht völlig losgelöst vom *Familienleben* gesehen werden: »Es herrscht eine so enge Verflechtung zwischen Berufs- und Familienleben, dass sich Probleme, die bei der Arbeit auftreten, unweigerlich auch *zu Hause* bemerkbar machen und umgekehrt.« Das Unternehmen ist einem Haus vergleichbar (»Handelshaus«), denn genauso, wie das *Heim* eine »Seele« hat, besitzt es einen »Geist«: »Man sollte nicht vergessen, dass in der Praxis der *Geist* eines Unternehmens oder einer Abteilung vom *Chef* abhängt. Folglich wird das Arbeiten unter seiner Führung durch ihn *angenehm* oder eben nicht.« Umgekehrt ist das schlagende Beispiel für den Niedergang in der häuslichen Sphäre im Verfall der *Familie* zu sehen, die sich aufgrund der Einführung von der staatsbürgerlichen Welt entstammenden Formen (»Vereinigungen«) in einem Auflösungsprozess befindet (»uns stehen Vereine bevor, in denen die Angehörigen in einer *Familie* einander *fremd* sind«). »Auch wenn Ihnen manchmal danach ist, über Ihr eigenes Unternehmen schlecht zu reden, sollten Sie an folgendes chinesische Sprichwort denken: ›Wenn du keine Lobgesänge auf dein *Haus* singst, wird dir alsbald das Dach auf den Kopf fallen‹.«

Die Familienzeremonie (Prüfung) Feiertag, Geburt, Tod, Heirat, mondänes Leben, Konversation, Auszeichnung, Ernennung.

Imfamiliären Rahmen finden auch die typischen Bewährungsproben statt. Hier sind das vor allem *mondäne* Situationen wie *Empfänge* »anlässlich eines *Feiertags*, *Geburtstags*, einer *Taufe*, *Kommunion*, *Weihnacht* oder *Neujahr*« oder auch »anlässlich einer *Verehelichung*, *Geburt*, *Auszeichnung* oder *Ernennung*«. Diese Feierlichkeiten können eine Neuverteilung der Rangordnung markieren, in der es oft aufgrund eines Ereignisses, das etwas mit dem Fortbestand der Familie, einer familiären Verbindung oder dem Tod zu tun hat, zu Veränderungen kommt: *Tod*, *Geburt* oder *Hochzeit*. Sie bieten den Anlass, im *Gespräch* die Kleinen und Großen zusammenzubringen, deren Rangfolge auf diese Weise bestätigt werden kann: »In einer *Konversation* zu mehreren sollte man sich niemals nur einer Person zuwenden. Das sähe so aus, als wollte man mit den anderen nichts zu tun haben.«

Sein Vertrauen zu schenken verstehen (Urteil) Schätzen, beglückwünschen, Zurechtweisungen, berichten.

Das übergeordnete Prinzip kommt in den Äußerungen eines *Höhergestellten* zum Ausdruck, der im direkten Gespräch persönlich sein *Vertrauen* und seine *Wertschätzung ausspricht*, *beglückwünscht*, *urteilt*, Zeichen der *Verach-*

tung und kritische Bemerkungen äußert, jemandem *Vorhaltungen* macht oder eine *Standpauke verabreicht.* In einer hierarchischen Ordnung steht das Urteil dem Ranghöchsten zu, dem man folglich nichts vorenthalten darf, damit er bestens unterrichtet sein Urteil fällen kann: »Enthalten Sie ihm [dem Chef] keine Probleme vor, über die er normalerweise *unterrichtet* sein sollte [...]. Bitten Sie ihn um einen Termin, wobei Sie sich an die Vorschriften halten sollten (entsprechend den internen Regeln, auf dem *Dienstweg*).«

Die beispielhafte Anekdote (Evidenz)
(als) Beispiel (anführen), Vorurteil.

Zu den Formen der Evidenz, auf die sich das Urteil stützen kann, zählen das *Beispiel*, der Einzelfall und insbesondere die Anekdote, in der das vorbildliche Verhalten einer allgemein *geschätzten* Person festgehalten und herausgestellt wird. Die Ordnung der Welt lässt sich in ihrer völligen Allgemeinheit in der Entfaltung des Singulären erfassen. Zu den Formen, in denen in der Welt des Hauses die Natur inventarisiert ist, gehören Sammlungen von Erzählungen, kuriosen und lehrreichen Geschichten, Apologien oder auch Sammlungen von persönlichen Gegenständen und Reliquien, die deshalb bewahrenswert sind, weil sie von einem Großen gebraucht wurden. Die Formen des Allgemeinen sind daher in dieser Welt identisch mit den Formen des Partikularen in der Welt der Industrie oder der Welt des Bürgers.

Die mangelnde Selbstbeherrschung des Schamlosen (Niedergang)
Unhöflich, Dummheiten, tuscheln, grell, klatschsüchtig, Geschichten, indiskret, Wirrkopf, vulgär, neidisch, Schmeichler, Verräter.

Unbeständigkeit und Labilität sind die Kennzeichnen der beklagenswertesten Wesen. Die Wesen sind, wenn sie klein sind, ständig in Bewegung. Ihr *Charakter* treibt sie dazu, *großtuerisch zu handeln*, *Aufmerksamkeit zu erregen*, *laut zu sprechen*, das heißt lauter zu sprechen, als es ihrer Größe entspräche, *bemerkt werden* zu wollen, sich *schamlos*, *unhöflich*, *zudringlich*, *übertrieben* zu verhalten: »Junge Mädchen und Frauen sollten *übertriebene* Schminke, *kitschigen* Schmuck und *schreiende* Farben vermeiden.« Sie leben nicht ihrem Rang entsprechend, sind unruhige Geister. Sie haben keine Wurzeln. Folglich kann sie schon der geringste Anlass in alle Welt zerstreuen. Sie haben die »verabscheuungswürdige Eigenheit«, zu *widersprechen* und *freche Antworten zu geben*, und machen unaufhörlich *Geschichten*: Der *Chef* »wird Ihnen stets zu

Dank verbunden sein, wenn Sie ihm das Leben leichter machen, statt es ihm durch unangebrachte Forderungen, Konflikte mit Ihren Kollegen oder *Untergebenen* zu erschweren und bei jedem Anlass *Geschichten* zu machen«. Da sie nicht wissen, wer sie sind (Für wen halten Sie sich denn?), können die bedauernswerten Wesen der Welt des Hauses nicht bei dem bleiben, was sie gerade machen, lassen sich dauernd ablenken und stiften ähnlich wie Kinder, von denen sie im Grunde nichts unterscheidet, Verwirrung in den Situationen, in denen sie sich gerade befinden: Als *Wirrköpfe »lassen sie sich ständig gehen«*. Sie sind *nachlässig*, *unordentlich*, *linkisch* und *schwatzhaft*. Sie machen *Dummheiten*, *Schnitzer* und *tuscheln* ständig, was für *Verärgerung* sorgt und sie für die Großen *unausstehlich* macht. Die gleiche Veranlagung, stets fehl am Platz zu sein, bewirkt, dass sie *neidisch* werden, was sie wiederum zu *Lästermäulern* macht: »Wer würde wohl ohne zu zögern einen leichtfertigen Schwätzer oder ein *Lästermaul* einstellen?« In einer häuslichen Welt ist das Vertrauen unmittelbar an der *Hierarchie* ausgerichtet: »Nehmen Sie sich in acht vor zu viel *Zwanglosigkeit* und *Vertraulichkeit*. Denken Sie daran, dass jemand, dem gegenüber Sie sich so und so verhalten haben, Ihnen morgen schon *unterstellt* oder gar Ihr *Vorgesetzter* sein kann. Sie werden es dann bitter bereuen, dass Sie sich haben gehenlassen.« Die Neigung der Kleinen zu Klatsch und zu Indiskretion (»*Indiskretionen*, die den *Tratsch* befördern«) rührt wie der *Neid* aus der Beziehung zu denen, von denen sie abhängig sind, und damit zu dem, was die Größe ausmacht, von der sie selbst durchdrungen sind: Die Vorgesetzten gehen ihnen gar nicht aus dem Kopf, sie beschäftigen sich gedanklich permanent mit ihnen, weil diese untrennbar das sind, was erniedrigt und was erhöht; die Ursache der Würde und der Würdelosigkeit zugleich. Die Größeren sind in der Tat das, wodurch die Personen in ihrem Wert gemindert werden, weil sie in der mit den Ursprüngen verbindenden Kette besser platziert sind, wodurch sie die ihnen zugehörigen Wesen, deren Erfüllung sie darstellen, zugleich überflüssig machen. Sie sind aber auch die alleinige Quelle von Würde und Größe, da sich eine Teilhabe an dem, was die Höherwertigkeit ausmacht, einzig durch ihre Vermittlung möglich ist. Die *Indiskretion*, dieses leidenschaftliche Angezogensein von allem Verborgenen, richtet sich in einer Welt des Hauses von den Kleinen auf die Größeren. Sie zielt unermüdlich auf die Kleinheiten der Großen (etwa auf ihren *schlechten Umgang*). In dieser Faszination mischt sich zum einen die Befriedigung darüber, die Großen auch einmal bei Verfehlungen ertappen und ihnen aufgrund ihrer Erniedrigung nahe kommen zu können; zum andern aber auch die Enttäuschung darüber, dass die wahre Größe zugleich in immer weitere Ferne rückt, wenn sie nicht einmal mehr bei ihren natürlichen Sachwaltern wirklich vorliegt und nicht mehr über die Abhängigkeit zugänglich ist. Doch dieser über Flüsterpropaganda (*böse Zungen*) weitergetragene *Klatsch* erniedrigt nur die Kleinen, die sich daran beteiligen. Durch das Verbreiten von *Gerüchten*, wozu sich die Großen nicht hergeben, üben sie *Verrat* an ihnen: »Wenn Sie mit Ihrem *Vorgesetzten* nicht *einverstanden* sind und er auf seiner Position beharrt, dann kritisieren Sie ihn nicht nach *außen* [...]. Das wäre ein *Verrat* an seinem *Vertrauen.*« Der *Verrat* ist der Gipfel des Elends, da er zersetzend wirkt: Er bildet den Schlusspunkt hinter dem Entfremdungsprozess dessen, der, indem er *nach außen hin* seine Unabhängigkeit betont, die Einheit des *Hauses* unterminiert und es somit anfällig macht. Durch den *Ausschluss* aus der Hausgemeinschaft wird er zu einem Taugenichts.

Die Welt der Meinung

Im Gegensatz zur Welt des Hauses, darin aber mit der Welt des Marktes verwandt, misst die Welt der Meinung dem Gedächtnis wenig Wert zu. Anders als die Welt des Marktes kennt sie aber nicht einmal jene Form der Erinnerung an vergangene Bewährungsproben, wie sie dort der Fortbestand des Geldes über den Augenblick der Prüfung hinaus, im Zuge derer es übergeben wurde, darstellt. *Bekannte Menschen* können von heute auf morgen dem *Vergessen* anheimfallen. Auf diese Eigentümlichkeit bezieht sich der bekannte Ausspruch Andy Warhols, der eine Welt ankündigt, in der »jeder fünf Minuten lang berühmt ist«. In dieser Welt finden sich auch keine Dinge, mit denen sich das Verhältnis zwischen der nur von der Meinung der anderen abhängenden Größe und dem Träger dieser Größe, der hier keine festen Wesensmerkmale aufweisen muss, konsolidieren und stabilisieren ließe. Gerade der nicht essentialistische und rein relationale Charakter der Größe des Ruhmes hat dazu geführt, dass ihn besonders diejenigen sozialwissenschaftlichen Strömungen aufgegriffen haben, die den strukturalen und relativistischen Eigenschaften der Sozialwelt besonderes Gewicht beimessen. Das macht jedoch diese Größe auch fragil und leicht angreifbar. Es ist bemerkenswert, dass sie in ihr gegenüber kritischen Texten schon entworfen worden war, noch ehe sie überhaupt in positiver Weise formuliert wurde, und offensichtlich vermag sie den zahlreichen Angriffen auch heute noch wenig entgegenzusetzen.

Die Wirklichkeit der Meinung (übergeordnetes Prinzip) (die) andere(n), (großes) Publikum.

In der Welt der Meinung können die Menschen allein unter Berufung auf die *Meinung* der anderen eine Rangordnung zwischen den Wesen aufstellen und in einer gerechten Welt miteinander übereinkommen. Die *Meinung* stellt hier die Äquivalenz her. Größe hängt von der *Meinung* der anderen ab: Die Reaktionen »der öffentlichen Meinung entscheiden weitgehend über den *Erfolg*«. Die Personen spielen insofern eine Rolle, als sie ein *Publikum* bilden, dessen »*Meinung* ausschlaggebend ist«, das »die *Meinung* macht« und aufgrund dieser Tatsache die einzig »wahre« *Wirklichkeit* darstellt: »Ist eine *Meinung* nicht auch eine *Wirklichkeit*?«

Die Berühmtheit (was groß ist) Ruf, anerkannt, sichtbar, Erfolg (haben), (sich) abheben, (sich) unterscheiden, überzeugend, zugkräftig.

Berühmtheit bedeutet Größe. Die zur Welt der Meinung gehörenden Wesen besitzen Größe, wenn sie *sich abheben*, *sichtbar*, *berühmt* sowie *anerkannt* sind und *geschätzt* werden (»außeralltäglich«). Diese Sichtbarkeit hängt damit zusammen, dass sie mehr oder weniger *zugkräftig* oder *überzeugend* wirken. Es sei angemerkt, dass in dieser Welt die Bezeichnungen für Größe sowohl für die Personen wie für andere Wesen gelten, selbst wenn, wie in den anderen Welten, nur Personen den höchsten Merkmalzustand erreichen können.

Der Wunsch nach Anerkennung (Würde) Eigenliebe, (Wunsch nach) Wertschätzung.

Potentiell sind alle Personen imstande, diesen Zustand zu erreichen, weil ihnen allen gemeinsam ist, dass sie von

Eigenliebe angetrieben werden. Diese Eigenliebe macht ihre Würde als menschliche Wesen aus. Sie haben nur eine Leidenschaft und einen *Wunsch*, nämlich *anerkannt* und *geschätzt* zu sein. Beispielsweise »erinnert das Personal [...] aus Gründen der *Eigenliebe* gerne an die *Rolle*, die es spielt«. Ebenso »will der Mitarbeiter, wenn er von jemandem befragt wird, der nicht dem Unternehmen angehört, erklären können, was seine *Rolle* ist. Er will überall geschätzt werden, er möchte, dass ein Teil der *Bekanntheit* der Firma, für die er arbeitet, auf ihn *zurückfällt.*«

Die Stars und ihre Verehrer (Subjekte) Persönlichkeit (eine berühmte), Meinungsführer, Wortführer, Staffel, Journalist, Pressereferent.

Weil die Größe nur auf der Meinung beruht, finden andere Eigenschaften wie etwa der Beruf keinerlei Berücksichtigung beim Vorgang der Äquivalentsetzung, durch den es möglich wird, *Persönlichkeiten* oder *Stars* zu identifizieren. So lassen sich unter dem Gesichtspunkt ihres Renommees ein *Chirurg* und ein *Forschungsreisender* als äquivalent ansehen. »Eine Firma, die *Kosmonauten*, einen *bekannten Chirurgen*, dem eine Herztransplantation gelungen ist, oder einen *berühmten Forschungsreisenden* empfängt, kann mit Sicherheit die *Aufmerksamkeit* der *Öffentlichkeit* auf sich ziehen.« In solche Arrangements können dennoch auch Personen einbezogen werden, die weder bekannte Persönlichkeiten sind noch deren *Anhänger*, sondern denen als Richtern die Aufgabe obliegt, die Aufmerksamkeit auf die Größe des Ruhmes zu fokussieren. Dies gilt etwa für *Opinion Leader*, »deren *Meinung* etwas gilt und die die *Meinung* machen«, für *Journalisten*, die sich ein Urteil darüber bilden, ob die *öffentliche Meinung* wirklich *»aufnahmefähig«* ist, schließlich für *Pressereferenten*, *Hostessen*, *Wortführer* oder *Propagandisten.*

Namen in den Medien (Objekte) Marke, Nachricht, Sender, Empfänger, Kampagne, Public Relations, Presse, Interview, Meldung, Werbeträger, Broschüre, Mailing, Anstecker, audiovisuelle Medien, Atmosphäre, Dekor.

Die potentiell für jedes Wesen bestehende Möglichkeit, von heute auf morgen berühmt zu werden, lässt sich, wie mittellos es auch sei, ebenfalls durch ein bestimmtes Arrangement von Objekten befördern. Um seinen Bekanntheitsgrad zu erhöhen, wird empfohlen, dass man sich einen *Namen* oder, für Produkte, eine *Marke* zulegt, der beziehungsweise die auf einem *Werbeträger* – das kann ein *Etikett* oder eine *Ansstecknadel* sein – zu lesen ist. Das *Kommunizieren* einer *Meinung* an eine größtmögliche Anzahl von Menschen geschieht im Rahmen eines Arrangements, das einen »*Sender*, einen *Empfänger* und ein *Medium* umfasst, welches die Botschaft dem *Zielpublikum* vermitteln soll«. Es bewirkt über einen Ansteckungseffekt die Steigerung des Bekanntheitsgrades. Das inmitten der Welt der Meinung (und nicht in der Welt der Industrie oder des Marktes) angesiedelte Unternehmen lässt sich somit als ein *Sender* begreifen, der sich an einen *Empfänger* richtet: »Das Unternehmen ist der *Sender* und das Publikum ist der *Empfänger.*« Ein wirkungsvolles Dispositiv, nämlich eine gut organisierte *Kampagne*, mit der sich ein *Image aufbauen* lässt, erfordert also »einen geeigneten *Träger*, mit dem sich eine bestimmte *Message* möglichst gut vermitteln lässt«. Zu den Instrumenten, auf die sich die Größe des Ansehens stützen kann, gehören die *Broschüre*, das *Faltblatt*, die *Drucksache*, das *PR-Magazin*, die *Unternehmenszeitung*, *Bücher*, die *audiovisuellen Medien*, *Einladungen* und *Briefe*, das *Mailing*, die *Presse*, die *Pressemitteilungen*, *Interviews*. Man sollte daher »die [Unternehmens-]Vorstände *interviewen* lassen, wenn sie *bekannt* sind; es ist ja völlig klar, dass über die Erklärung oder die Stellungnahme von Herrn X., einer *bekannten Persönlichkeit*, das Unternehmen, dessen Vorstand Herr X. ist, *groß herauskommt*«. Um die Größe des Ansehens messbar zu machen, kann man auch Objekte verwenden, die einen Kompromiss mit den Welten der Industrie und des Staatsbürgers darstellen, etwa die *Meinungsumfrage*, die mittels einer industriellen Apparatur die »Messung einer *Meinung*« oder den *Verbreitungsgrad* einer *Message*, also »den als Prozentsatz ausgedrückten Anteil der von einem *Medium erfassten* Population« liefert. In der Logik der öffentlichen Meinung stellt diese Messung jedoch keinerlei Selbstzweck dar, sondern dient auch zur Unterstützung der Nachrichtenverbreitung: »Der zunehmend verbreitete Einsatz von *Meinungsumfragen* hat folgende Tatsache ans Licht gebracht: Die Veröffentlichung der Ergebnisse, in denen zum Ausdruck kommt, dass die Mehrzahl der Personen diese oder jene *Meinung* hat, verstärkt die Auffassung dieser Personen, verbürgt sie gewissermaßen und *beeinflusst* die *Meinung* der anderen.« Die regelmäßige Publikation von Umfragen sorgt also mit dafür, dass die Transparenz hinsichtlich des Größenzustands der angesehenen Wesen gewahrt bleibt, die das Auf und Ab ihres aktuellen *Kurswertes* nicht *verheimlichen* können.

Der Verzicht auf das Geheimnis (Investition) Offenlegen.

Der Verzicht auf das *Geheimnis* ist in dieser Welt ganz allgemein der Preis, den man zahlen muss, um zu Größe zu kommen. Um *bekannt* zu werden, muss man bereit sein, seinem Publikum alles *offenzulegen*, ohne irgendetwas zu *verbergen*: »In der *Öffentlichkeit* existiert eine echte Allergie gegen *Geheimnistuerei.*« Stars verzichten daher nicht nur auf ihr Privatleben, sondern auch auf eine introvertierte Haltung, was ihnen in diesem Kontext als Extravaganz oder Launenhaftigkeit angekreidet würde und in der *breiten Öffentlichkeit* Missfallen erregen könnte. Ebenso wenig sollte man sich »esoterisch« (eine in der Welt der Inspiration in höchstem Maße geschätzte Ausdrucksform) geben, was als Verachtung der *breiten Masse* aufgefasst würde: »Wenn eine *Message*, eine *Information* zu esoterisch daherkommt, dann lässt sich damit nur die avancierteste Fraktion der breiten Öffentlichkeit erreichen, während der Rest, also die große Mehrheit, nichts wahrgenommen, geschweige denn verstanden oder gar im Gedächtnis behalten hat.« Folglich sollte sich jede Beeinflussung der *öffentlichen Meinung* an dem am wenigsten gebildeten Bevölkerungsteil ausrichten, was mit sich bringt, dass dieselbe *Information* auch dem gebildetsten Teil geliefert wird.

Bekannt sein und sich identifizieren (Größenverhältnis) Identifikation, Kraft.

In der Welt der Meinung ist das Größenverhältnis zugleich eine *Identifikations*beziehung. Die Großen umfassen die anderen mit, weil Letztere sich mit ihnen *identifizieren* wie der *Fan* mit dem *Star*. Die Personen können sich aber auch mit *erfolgreichen* Objekten *identifizieren* und über sie wiederum mit den *Prominenten*, die sie tragen. »Jeder zufriedene Autofahrer identifiziert sich mit seinem Auto und ›verteidigt‹ es gegen die Kommentare anderer.« Die Wesen zu umfassen heißt, von den *anderen anerkannt zu* werden, *ihre Aufmerksamkeit zu erregen*, sie zu *überzeugen*, von ihnen *geschätzt* zu werden und sie als *Anhänger* zu *gewinnen*. Ein berühmtes Wesen schafft sich das Publikum, konstituiert es als solches, genauso wie es von ihm geschaffen wird. Wem es gelingt, die Aufmerksamkeit des Publikums zu *gewinnen*, verwirklicht das Wesen derer, die durch die *Anerkennung*, die sie ihm zollen, auch für seine *Bekannt-*

heit sorgen. Er »macht sich das *Kräfte*potential seines *Publikums* zunutze« und verleiht dieser *Kraft* Ausdruck, indem er sie auf sich konzentriert. Der Ausdruck *Kraft* wird, auch wenn er etwas doppeldeutig ist, sowohl in dem hier herangezogenen Ratgeber verwendet als auch in den klassischen Texten Hobbes', vor allem dort, wo es darum geht, wie das angesehene Wesen sein *Publikum* in sich einschließt und im selben Maße an Größe gewinnt wie seine *Anhängerschaft* zunimmt.

Überzeugung (Beziehungen) Beeinflussen, überzeugen, sensibilisieren, anziehen, verführen, fesseln, gewinnen, lancieren, senden, zirkulieren (lassen), propagieren, bewerben, steuern, ausbreiten, sprechen über, zitieren.

Die auf dem Ansehen beruhende Beziehung zwischen den Großen und ihrem Publikum lässt sich mit dem Begriff *Einfluss* bezeichnen. Eine auf Einfluss basierende Beziehung baut man auf, indem man *fesselt*, *anzieht*, *Zustimmung erzielt* oder einen *Meinungsumschwung* bewirkt, *mitreißt*, *überzeugt*, *anrührt*, *sensibilisiert*, das Interesse *weckt*, *informiert* und *verführt*. Solchen *Einflüssen* ausgesetzt, setzt die *Meinung* den *Trend*, *zirkuliert* wie ein *Gerücht* und *wertet* so die Wesen dieser Natur *auf*, deren *Bekanntheit* vom einen auf den anderen *abstrahlt*: »Es reicht beispielsweise aus, wenn es einem Unternehmen gelingt, *Persönlichkeiten* [...], *Stars* einzuladen, dass die gesamte *Bekanntheit* dieser *Persönlichkeiten* auf das Unternehmen *zurückfällt*.« Kennen bedeutet so viel wie *von jemand* oder *etwas reden hören*: »Hört das *Publikum* von etwas reden, dann hat es gleich den Eindruck, dass es darüber *Bescheid weiß*, selbst wenn es das Produkt gar nicht konsumiert.« Von etwas *reden*, etwas *erwähnen*, einen *Namen zitieren*, »ein *Buch* oder eine *Broschüre veröffentlichen*«: All das sind Varianten, eine »*Message* zu *bringen*«, eine *Information auszusenden*, zu *verbreiten*. In dieser Welt, in der alles, was Wert hat, unmittelbar *bekannt* und *sichtbar* ist, stellen die Personen permanent *Vergleiche* an. So macht es etwa »die *Presse* in all ihren Formen den Mitarbeitern eines Unternehmens [möglich], ihr Unternehmen, ihre Arbeitsbedingungen und Gehälter mit dem zu *vergleichen*, was in anderen Unternehmen des gleichen Sektors und sogar in anderen Sektoren üblich ist«. Diese kreuz und quer laufenden wechselseitigen Vergleiche spinnen ein dichtes *Netz*. *Empfängliche* Personen, *Empfänger* der Nachricht, werden ihrerseits wieder zu *Sendern*. Die Public Relations stimulieren diesen Vorgang, indem sie »ein *Netzwerk* von ehrenamtlichen *Propagandisten*« aufbauen. Denn diejenigen, die von etwas *gehört haben*, *tragen es weiter*, sorgen für *Resonanz*, *transportieren die Information*, »pflegen das *Image*«, indem sie die *Message* wie ein »Resonanzkörper« *vervielfältigen* und *verstärken*. So »ist die *Sensibilisierung* des Lehrpersonals aufgrund der *Verstärkerfunktion*, die es darstellt, äußerst interessant«. Ebenso vermag eine gute *Öffentlichkeitsarbeit* dank guter Kontakte zur *Presse* die »richtigen *Informationen*« zu *verstärken*. »Ein *Publikum*« spielt deshalb »eine Doppelrolle als *Zuschauer* und *Akteur* zugleich. Es ist *Zuschauer*, wenn es eine *Information* erhält, die eine *zustimmende*, *ablehnende* oder *indifferente* Reaktion auslöst. Dann ist es auch noch *Akteur*, weil es in den meisten Fällen anderen Gruppen gegenüber ebenfalls über diese *Information sprechen* wird und seine *Meinung mitteilt*«. Man kann auf dieses *Kommunikations*system *Einfluss ausüben*, um ein *Image* zu *verbreiten*, ein Produkt zu *lancieren* oder zu *bewerben*: »*Informationen* aus der *Presse*, von *Persönlichkeiten* oder *Meinungsführern*« »*erscheinen in den Augen* der *Öffentlichkeit*« und *positionieren* das Produkt, indem sie das der *Öffentlichkeit vermittelte Image steuern* und *beeinflussen*.

Die natürliche Ordnung verteilt *Image*werte, die sich nach einem in *Zielgruppen* aufgeteilten *Publikum richten*.

Das Image in der Öffentlichkeit (Konstellationen) Hörer, Zuschauer, Ziel, Positionierung.

In der Welt der Meinung sind große Momente solche, in deren Verlauf ein Image richtig ins Auge springt, etwa bei einer *Präsentation*, die sie den *Blicken* der *anderen* aussetzt. Die Wesen gelangen nur dann zu Größe, wenn die Präsentation in einem transparenten Raum *sichtbar* gemacht wird, in dem sie *betrachtet* und *verglichen* werden kann. Die *Präsentation* »*vor den Augen* der Öffentlichkeit«, in der einem Wesen etwa in Form eines »Tags der *offenen Tür*« *Sichtbarkeit* verliehen werden soll, ist Gegenstand einer Inszenierung, die auf die *Stimmung*, das *Klima*, die *Atmosphäre* und das *Ambiente Einfluss nehmen* soll. Das *Ambiente* sollte bei einer Veranstaltung »nicht nur die Funktion der Ausstattung eines Raumes oder Ateliers übernehmen, sondern eine *Atmosphäre* schaffen, die mit der

Die Darstellung des Ereignisses (Prüfung) Veranstaltung, Pressekonferenz, Eröffnung, Einweihung, Tag der offenen Tür (Veranstaltung).

Botschaft, die das Unternehmen *verbreiten* will, in Einklang steht«. In einer profanierenden Formulierung spricht der Autor des Handbuches davon, zu *provozieren,* »ein *Ereignis* völlig aus dem Nichts zu schaffen«. Die *Präsentation* kann auch die Form einer Pressekonferenz annehmen, im Verlauf derer den anwesenden Journalisten eine *wichtige Information vermittelt* wird. Ebenso kann sie in Gestalt einer *Eröffnung* oder *Einweihung* durchgeführt werden, zu der »Persönlichkeiten des öffentlichen Lebens, ein *erlesenes* und aus *bedeutenden* Persönlichkeiten *bestehendes Publikum* sowie *Journalisten* eingeladen sind«, und die dadurch, dass sie maximales Aufsehen erregt, [...] die Besucher zum Kommen animiert«. »Eine *Veranstaltung* dient als *Medium* oder *Vehikel* für eine offensichtliche oder implizite *Botschaft*, mit der das angestrebte Ziel erreicht werden soll. Folglich kann die *Message* in Form einer regelrechten *Botschaft*, der *Übermittlung* einer *Information* daherkommen oder sich einfach auf eine künstlich geschaffene Stimmung oder Atmosphäre beschränken, die quasi unbewusst auf das *anwesende Publikum* wirkt.«

Das Urteil der Meinung (Urteil) Gerücht, Mode, Kursnotierung, Widerhall, Wirkung, (auf) das rechte Maß (zurechtstutzen), (die Zuhörerschaft) messen.

Die *Marke* ermöglicht es, einen *Publikumstrend* in ein *Markenimage* zu gießen. Die Instrumentalisierung der Presse sorgt für die Objektivierung dieser Veranstaltung über den *Widerhall* und die *Wirkung*, die sich daran ablesen lassen: »Die *Presse* ist normalerweise schnell dabei, *Gerüchte weiterzutragen.*« In der Welt der Meinung wird das Urteil darin sichtbar, dass sich *Meinungen* verdichten und *Gerüchte* ins Rollen bringen. Dies zeigt sich in offenkundiger Weise, wenn diese Verdichtung in Form eines *Menschenauflaufs sichtbar* wird, und kann sich so aus sich selbst heraus noch *verstärken* wie eine *Mode*: »Es ist nur allzu bekannt, dass *Andrang noch mehr Andrang erzeugt* und dass eine solche Jahrmarktsatmosphäre (im positiven Wortsinn) ein Garant für Erfolg ist.« Liegt gar kein Urteil vor, dann bedeutet das in dieser Welt, dass man sich Illusionen über seinen eigenen Wert gemacht hat. Nur wenn die öffentliche Meinung ein Urteil fällt, kann diese Spannung zwischen der Größe, die man sich selbst zumisst (ideal), und der Größe, die einem von den anderen zugemessen wird (real), verringert werden: »Vor der Durchführung einer

Aktion zur Aufbesserung des *Markenimages* sollte man über das *aktuelle Image* einigermaßen Bescheid wissen (beziehungsweise sich im Klaren darüber sein, dass man gar kein aktuelles Image hat); hierauf sollte man das *ideale Image*, das man befördern möchte, präzise definieren.« Um ein *Gerücht* oder eine *Information* auf das *rechte Maß* zurechtstutzen zu können, muss man auf die »*Reaktionen* der *öffentlichen Meinung* achten«. Wie wir oben schon gesehen haben, kann man die Beurteilung durch Techniken der Meinungsforschung unterstützen, mit denen sich eine Messung durchführen oder ein *Kurswert* bestimmen lässt, wodurch den *Prominenten* jene Größe zweifelsfrei bestätigt wird, die ihnen aufgrund der Anerkennung, die man ihnen zollt, zusteht.

Die Offenkundigkeit des Erfolgs (Evidenz)
Bekannt.

In der Welt der Meinung ist das offenkundig, was bekannt ist, und im Umkehrschluss ist das angreifbar, was bei der großen Masse nicht bekannt (*esoterisch*) ist, sich also nicht abhebt oder irgendwie hervorsticht.

Die Indifferenz und die Alltäglichkeit (Niedergang)
Verkannt, versteckt, (auf) Gleichgültigkeit (stoßen), banal, alltäglich, vergessen, unklares heruntergekommenes, verblasstes, verlorenes Image.

Der Logik der öffentlichen Meinung nach wertlos zu sein, bedeutet, alltäglich oder banal zu sein, »überhaupt kein *Image* zu besitzen, was normalerweise gleichzusetzen ist mit einer völligen Unbekanntheit des Produkts«, oder ein *unklares, heruntergekommenes, verblasstes Image* zu haben; *vergessen worden zu sein*, auf *Gleichgültigkeit* oder *Ablehnung* zu stoßen, in einem Wort, zu *verschwinden*: »Manche Unternehmen kämpfen darum [...], [ihr Image] nicht zu *verlieren*, um nicht zu *verschwinden.*« »Es reicht aus, einen Monat lang die *Presse* aufmerksam zu *verfolgen*, um sich von Folgendem *überzeugen* zu können: *Events*, die die *öffentliche Meinung* eines Landes für mehrere Tage in Atem halten, sind von heute auf morgen vollkommen *vergessen*, weil sie aus den *Zeitungen verschwunden* sind. Wenn der *Journalist* ein Thema nicht wieder aufgreift, dann geht er davon aus, dass die *öffentliche Meinung* dafür nicht mehr *empfänglich* ist, nichts mehr davon wissen will, und dass andere *Nachrichten* wichtiger sind.«

Die staatsbürgerliche Welt

Die staatsbürgerliche Welt unterscheidet sich dadurch von den anderen Welten, dass solchen Wesen höchste Bedeutung zukommt, die keine Personen sind. In dieser Welt gelangen nämlich nicht Menschen zu wahrer Größe, sondern Kollektivpersonen, die durch deren Vereinigung gebildet werden. Insofern sie diesen Kollektiven angehören oder sie repräsentieren, kommt der Wert der menschlichen Wesen in Betracht. Die Existenz dieser körperlosen Kollektivwesen lässt sich allerdings leicht infrage stellen: »Es gibt nur Individuen.« Die in dieser Welt vorkommenden Dinge und Dispositive sind dazu da, die Kollektivpersonen zu stabilisieren und zusammenhalten, sie zu *objektivieren*, so dass sie einen Körper, Dauerhaftigkeit und Präsenz bekommen.

Der Vorrang der Kollektive (übergeordnetes Prinzip) Kollektiv, alle, (Gemein-)Wille.

Man kann ein Äquivalenzverhältnis zwischen den Wesen herstellen, insofern sie *alle* einem *Kollektiv* angehören, das sie einschließt und sie transzendiert. Die Kollektivwesen gehören ihrerseits anderen Kollektiven höherer Ordnung an, sind selbst wiederum eingebettet in Gesamtheiten, deren oberste die Menschheit ist. Die Personen sind alle demselben Gerechtigkeitsprinzip unterworfen, da sie ein Bewusstsein und Gewissen haben, welches ein Abbild des *Kollektiv*bewusstseins ist; wenn sie auf die Stimme ihres Bewusstseins hören, sind sie darüber hinaus imstande, ihren eigenen Willen dem *Gemeinwillen* unterzuordnen. Dieser Akt der Bewusstwerdung gibt ihnen »den *Willen* ein, sich zu organisieren«, also die Singularität zu überwinden, die sie *spaltet*, um so eine *alle* umfassende *Einheit* zu bilden. Eine »*kollektive Organisation* der Arbeitnehmer« steht »*allen* Arbeitnehmern offen, ungeachtet ihrer politischen oder philosophischen Grundhaltung, ihrer Staatsangehörigkeit, ihres Alters oder Geschlechts«. Die Handlungen der Menschen sind relevant, wenn sie sich als Mitwirkende an einer sozialen Bewegung am *kollektiven Handeln* beteiligen, welches dem Verhalten der Individuen einen Sinn und eine Rechtfertigung verleiht: »Diese Aktion [...] erfolgt nicht durch eine reine Aneinanderreihung von *individuellen Positionen* oder *Initiativen*, sondern durch *kollektives Handeln.*«

Satzungen und Repräsentanten (was groß ist)
Einheitlich, legal, satzungsgemäß, offiziell, repräsentativ, autorisiert, Amtsträger, frei.

In der Welt des Staatsbürgers sind die großen Wesen die *Massen* sowie die sie organisierenden und sammelnden *Kollektive.* Ihre Größe bestimmt sich in erster Linie durch ihren Umfang auf Bundes- (»*Bundeskongress*«), *nationaler* oder *internationaler* Ebene und durch ihre Zugehörigkeit zum »öffentlichen« Raum im Gegensatz zur Welt des »Privaten«, etwa in dem Sinne, in dem man von »*öffentlichen* Einrichtungen« spricht. Die Einzelpersonen oder Kollektive gewinnen an Größe hinzu, wenn sie an der Einigung arbeiten, wenn sie sich dafür einsetzen, »die *Vereinzelung* der Menschen zu *überwinden*«, die »*kollektive* Kraft der abhängig Beschäftigten, die sich zur Verfolgung gemeinsamer Ziele vereinigt haben«, zu konzentrieren, und wenn es ihnen gelingt, in einem »*einheitlichen* Konzept« die »*allen gemeinsamen* Probleme« *zum Ausdruck zu bringen.* Diese Tätigkeit ist *befreiend*, da sie die Unterdrückung der Menschen durch egoistische Interessen beendet. Die »Gewerkschaftsbewegung«, die für die »*Einheit* der Arbeitnehmer« kämpft, zeichnet sich durch ihre »befreiende Mission« aus. Ein Wesen kann auch als groß bezeichnet werden, wenn es als *repräsentativ anerkannt* ist, ein Begriff, der in der Welt des Staatsbürgers die Art und Weise, wie man die anderen in sich einschließt, sowie das Größenverhältnis zwischen den Wesen zum Ausdruck bringt. Repräsentativ zu sein verleiht *Autorität* in der *Organisation* sowie die *Fähigkeit, Macht* auszuüben. Der Repräsentant ist *befugt*, »einen *Auftrag* auszuführen«, der ihm *übertragen* wurde. »Die Gewerkschaften [...] sind als Einzige *befugt*, mit der Unternehmensleitung zu verhandeln.« Den Repräsentanten wurde *ordnungsgemäß* ein Mandat übertragen. So stellt das Gesetz »die Personal*vertretung* auf eine *gesetzliche* Grundlage«. Die *Legalität* ist eine in dieser Welt besonders geschätzte Form von Größe. Sie ist Texten eigen, wenn sie *satzungsmäßig* oder *legislativ* sind, den *Repräsentanten*, wenn sie offiziell sind, den *Mitgliedern*, wenn sie ein Amt innehaben, den *Delegierten*, wenn sie *rechtmäßig ernannt* sind: »Die *Rechtmäßigkeit* der *Bestellung* des *Delegierten* ist an die vorherige *Konstituierung* der *Betriebsgruppe* geknüpft.« Ebenso muss man sich von der Ordnungsmäßigkeit der *Kandidaten* überzeugen. Diese müssen, um *gewählt* werden zu können, *frei* sein, also nicht in persönlichen Abhängigkeiten befangen sein, wie sie für die Größe der Menschen in der häuslichen Welt charakteristisch sind: »Um *wählbar* zu sein, [...] darf man kein Verwandter oder Gatte des Arbeitgebers sein.« Diese Ungebundenheit ist der Garant ihrer Unabhängigkeit und »Rede*freiheit*«: »Die in einer solchen Situation nötige Unabhängigkeit des Urteils muss gewahrt bleiben«; »der Mangel an *Unabhängigkeit* gegenüber dem Arbeitgeberlager ist schon ausreichend, dass eine Gewerkschaft als nicht *repräsentativ* gilt«. Die *Freiheit* ist die Voraussetzung der *Würde*, da sie das Streben der Bürger nach *Vereinigung* respektiert.

Das Streben nach bürgerlichen Rechten (Würde) Bürgerliche Rechte, politische Bestrebungen, Teilhabe.

Die Wesen können dem Chaos, das heißt der *Spaltung*, entgehen und folglich zu Größe gelangen, da sie von Natur aus *politisch* sind. Sie bergen in sich ein *Streben* nach dem, was allen *gemein* ist, was eint und sie zur *Aufgabe ihrer Isoliertheit* ermuntert. Genau das macht sie zu Staatsbürgern, die mit *bürgerlichen Rechten* versehen sind: »Die Beschäftigten des Unternehmens *genießen* ihre *bürgerlichen Rechte*.«

Die Kollektivpersonen und ihre Repräsentanten (Subjekte) Gebietskörperschaften, Partei, Bund, Betriebsgruppe, Vorstand, Ausschuss, gewählter Vertreter, Repräsentant, Delegierter, Sekretär, Anhänger, Mitglied.

Das allen Personen gemeinsame Streben nach Vereinigung macht ihre Würde aus. In der staatsbürgerlichen Welt sind die Wesen Personen, wenn sie Rechte und Pflichten haben, das heißt, wenn sie durch einen *Akt geschaffen* oder *autorisiert* worden sind, in dem der *Wille aller* zum Ausdruck kommt. Die Personen besitzen Größe oder auch nicht, je nach der Ebene, auf der sie sich befinden: als Privatpersonen stehen sie nur für *sich selbst*, sind »einzelne *Individuen*«, Sklaven ihrer Eigeninteressen und zur Ohnmacht verdammt; auf der Ebene der Allgemeinheit machen sie sich zum *Ausdruck* eines *Gemeinwillens* und zur Verkörperung eines *allgemeinen Interesses* – darin besteht ihre Größe. Die *Betriebsgruppe* stellt eine *Kollektiv*person dar, da sie mehrere Personen in einer anerkannten und auf *gesetzlicher Grundlage* beruhenden Form vereint, was ihr bestimmte *Rechte* einräumt: »Eine *Betriebsgruppe* in Gang zu setzen [...] kann nicht die *Sache* eines Einzelnen sein.« Ihre jeweilige Größe hängt davon ab, ob es ihr durch die *Mobilisierung* ihrer *Mitglieder* auf ein *gemeinsames Interesse* hin gelingt, sie auf den Zustand der Allgemeinheit zu heben: »Die *Betriebsgruppe* muss den Augenblick abpassen, in dem die Arbeitnehmerinnen und Arbeitnehmer sich ihrer Ausbeutung und der Notwendigkeit des Kampfes bewusst werden, um sie dann in *Mitglieder* und *aktive Anhänger* zu *verwandeln.*« So kann sie ihrem *Auftrag* gerecht werden, der darin besteht, sich um die Gesamtheit der *Interessen* der Beschäftigten zu *kümmern.* In diesem Zustand, in dem sie Größe besitzen, weil sie miteinander *solidarisch* sind, sind die *Individuen Mitglieder, aktive Gewerkschafter, Repräsentanten, gewählte Vertreter, Kassierer, Kassenwart, Sekretäre, Betriebsräte.* Doch die *Betriebsgruppe* kann ihre Größe wie die anderen Kollektivpersonen der staatsbürgerlichen Welt (*Vorstände, Ausschüsse, Bünde, Parteien, Kommissionen*) oder die das *Kollektivinteresse vertretenden* Wesen auch wieder verlieren, wenn sie infolge von *Unregelmäßigkeiten* auf den Zustand des Partikularen zurückfällt und damit aufhört, »*auf demokratischer Grundlage* zu funktionieren«: »Die gewerkschaftliche *Betriebsgruppe* ist gegen *Unregelmäßigkeiten* nicht gefeit.« Man sollte »die *Delegierten* kontrollieren« und stets *wachsam* sein. Werden diese »fundamentalen *Grundsätze*« nicht beachtet, gerät das Kollektivwesen in Zersetzung, *löst sich auf* und ist dann nichts mehr weiter als eine Summe von Individuen, die von ihrem individuellen Interesse angetrieben werden: »Wenn die *Beiträge* (auf der *Versammlung*) zahlreich und *kontrovers* sind, kann die endgültige Entscheidung nur bei den *Delegierten* liegen. Deshalb muss die gewerkschaftliche *Betriebsgruppe* in solchen Fällen ihrer Aufgabe durch das Einbringen von *Initiativanträgen* [...] gerecht werden. Es ist nämlich undenkbar, dass sie just in den Augenblicken, wo es wirklich auf sie ankommt, ihrer *Verantwortung* nicht nachkommt, *sich auflöst* oder verschwindet.«

Um der Neigung zum Privaten widerstehen zu können, benötigen die immateriellen Wesen der Welt des Staatsbürgers gewisse formale Instrumentarien zu ihrer Stabilisierung. Der kollektive Wille, dem sie entspringen – und dem umso mehr Größe zukommt, je mehr er auf das Allgemeine hin orientiert ist –, muss selbst wiederum mit einem Instrumentarium versehen sein, um sich ausdrücken zu

Gesetzliche Formen (Objekte)
Rechte, Gesetzgebung, Erlass, Verordnung, Maßnahme, Gerichte, Formsache, Verfahren, Protokoll, Entschließungsprotokoll, Verstoß, Wählbarkeit, Gesetzbuch, Kriterium, Wahlkreis, Wahlliste, Programm, inhaltliche Ziele, Erklärung, Plakat, Broschüre, Berichte, Flugblatt, Slogan, Sitz, Geschäftsstelle, Sitzungsraum, Siegel, Mitgliedsausweis.

können. Um sich Gehör zu verschaffen, benötigt er *»zu besetzende Sitze«*, *Wahlbüros*, *Wahlkabinen*, *Stimmzettel*, »*Anordnungen* bezüglich des ordnungsgemäßen Verlaufs der *Wahlprozedur*« und schließlich *Wahllisten*. Die Kollektivpersonen müssen sodann ihre *Existenz* unter Beweis stellen und *Dauerhaftigkeit* gewinnen; sie müssen sich materialisieren und dadurch *konkreter* und in Objekten greifbar werden. Die Behauptung, dass eine »*Rechtsfähigkeit* genießende« Kollektivperson durchaus eine eigene *Persönlichkeit* besitzt und tatsächlich eine Person ist, macht in dieser Welt durchaus Sinn. Diese Tatsache wird allerdings von den anderen Welten bestritten. Sie leugnen die Realität von Kollektivpersonen und erkennen einzig die Mannigfaltigkeit der individuellen Personen, aus denen jene bestehen, an. Zur *Konkretisierung* »der *Existenz* und der *aktiven* Rolle« der Kollektivpersonen setzt man *materielle* Mittel ein, die diese *Existenz* sinnlich fassbar machen. So sollte die *Betriebsgruppe* über »Räumlichkeiten in den bedeutenden Unternehmen verfügen«. Eine *Geschäftsstelle* ist in der Tat eines der Mittel, mit denen eine Kollektivperson ihre Existenz objektivieren kann (vgl. Boltanski, Die Führungskräfte). Wie jede andere Kollektivperson muss auch die *Betriebsgruppe* um der Sichtbarkeit willen mit »*Material* zur Herstellung von *Flugblättern*, *Schreibmaschine*, *Kopierer*« ausgestattet sein und über die Möglichkeit verfügen, solch »nützliche und unersetzliche *Mittel* zur Verteidigung der Arbeitnehmer*interessen*« einzusetzen wie etwa »gut sichtbare *Plakate*«, Informations*bretter*, *Berichte* und *Broschüren*. Die hier verwendete Referenzbroschüre soll, wie in der Einführung steht, »für die *aktiven Gewerkschaftsmitglieder*, die am Leben einer *Betriebsgruppe mitwirken*, das grundlegende Handwerkszeug bieten«. Damit ihre materielle Existenz ins Auge springt, müssen die Kollektivpersonen auch räumlich durch *Grenzen* gekennzeichnet sein und in *Sektoren* oder *Kreise* (»*Wahlkreis*«) eingeteilt sein. Ihre *Aufgabe* sollte andererseits in einer *Definition* festgehalten sein, welche die Ziele der Vereinigung präzisiert und sie dadurch gesetzlich absichert (»das *Gesetz* selbst gibt keinerlei Definition der ...«). Diese Definition liefert zugleich

Kriterien – beispielsweise »*Kriterien* der *Repräsentativität* – und *Kodes*, anhand deren sich die unterschiedlichen Kollektivpersonen *identifizieren* lassen. Die *Individuen*, deren *Identität* sich ihrerseits durch ihre Zugehörigkeit zu den Kollektiven definieren lässt, können durch diese Kodes den Kollektivpersonen zugeordnet werden. Sie verleiht ihnen allgemeine Anerkennung, *Wählbarkeit* und bestimmte *Rechte*, für die ein *Mitgliedsausweis*, eine *Beitragszahlung*, eine *Beitragsliste* als Beleg gelten: »die *Beitragsliste*, auf der der *Kassenwart* die erhaltenen Summen einträgt«. Zum Nachweis ihrer Existenz müssen die Kollektivpersonen noch mit Symbolen, Emblemen und *Siegeln* versehen sein, anhand deren man sie erkennen kann: »Das *Siegel* [...] sollte immer gut sichtbar sein.« Da er weder Körper noch Sinnesorgane besitzt, muss der Wille, um deutlich werden zu können, mit festen Formeln in Verbindung gebracht werden, mit denen eine vielstimmige Wiederholung ohne Veränderungen oder *Abweichungen* möglich wird, so etwa mit *Slogans* (»die häufig zu wiederholen sind«), *Resolutionen* (»die auf dem 28. Kongress angenommene *Resolution* über die demokratische Arbeitsweise«), *Zielen* (»die zur Verfolgung *gemeinsamer Ziele* gebildete *Vereinigung* der Arbeitnehmer«), *Positionen* (»die *Positionen* seiner Gewerkschaft wiedergeben«), *Programmen* (»das Programm, das der *Nationalkongress* der Résistance erarbeitet hatte«), *inhaltlichen Zielen* (»unsere Praxis an einer Reihe von gemeinsam erarbeiteten *inhaltlichen Zielen* orientieren«) oder auch *Leitlinien* (»*Leitlinien* zur *Orientierung*«). Der Wille dieser Kollektivpersonen hat mit weniger Vorbehalten zu kämpfen, wenn er in offizieller Form als *Erlass* (»aufgrund eines *Erlasses gegründete* Einrichtung«), *Bestimmung* (»Durchführungs*bestimmung*«), Verordnung (»der Basistext der Verordnung vom 22. Februar 1945«), speziell für bestimmte Berufsgruppen geltende *Vorschrift*, Urteilsspruch (»von den *Gerichten* gefällte *Urteile*«) oder auch *Proklamation* (»die *Proklamation der gewählten Vertreter*«), *Vorlage* (»*Gesetzesvorlage*«) und Protokoll (»das *Vereinbarungsprotokoll*«) erklärt worden ist. *Ausnahmen* entbehren in dieser Welt jeglicher Größe, da sie von Natur aus etwas Singuläres sind. Eine Aufwertung können sie freilich dann erfahren, wenn sie Rechtsform aufweisen (»*Ausnahmen* von der Voraussetzung der Betriebszugehörigkeit«). Wenn Aktionen in *gesetzlichen* Formen durchgeführt werden, sind sie Anlass für *Verfahren* wie das *Protokoll* (»das *Wahlprotokoll*«), für *Maßnahmen* (»die Durchführung von *Maßnahmen*«) oder *Formalitäten*. Die *Bekanntgabe* der *Wahl* eines *Betriebsrats* gegenüber dem Unternehmen »per *Einschreibebrief* mit *Empfangsbestätigung*« ist eine »wichtige *Formalität*«, weil »das Eingangsdatum dieses Briefes prinzipiell den Beginn des Kündigungsschutzes des Betriebsrates bestimmt«.

Der Verzicht auf das Partikularinteresse (Investition) Solidarität, (die Spaltungen) überwinden, (auf das unmittelbare Interesse) verzichten, Kampf.

In der staatsbürgerlichen Welt gelangt man zu Größe, indem man die partikularen und unmittelbaren Interessen aufgibt, *über sich* selbst hinauswächst und die »*eigenen Interessenlagen den kollektiven* hintanstellt«. Gewerkschafter *verzichten* daher auf »Aktionsformen, in denen es nur um die *unmittelbaren* und manchmal auch *privaten* Interessen der Arbeitnehmer geht«. Durch den Verzicht auf die Befriedigung von Partikularinteressen lassen sich *Spaltungen* überwinden, die *kollektivem* Handeln entgegenstehen. Dieser Verzicht ist die Voraussetzung von Solidarität. Die Menschen hängen jedoch so sehr an ihren Privatinteressen, ihr Egoismus und ihr *Individualismus* sind so stark, dass der Aufbau und die Aufrechterhaltung von Kollektiven einen unablässigen *Kampf* erfordern: »Eine *Betriebsgruppe* lässt sich nicht von heute auf morgen gründen. Der Aufbau dieses Instruments erfordert einen andauernden Kampf gegen die Arbeitgeber, die ihre Existenz mit Argwohn betrachten; einen Kampf, den man manchmal auch gegen *sich selbst* führen muss.« Die Kollektivpersonen sind mit einem speziellen Problem konfrontiert: Sie müssen sich nämlich zum Beweis ihrer Existenz in Form von *Erklärungen ausdrücken* können (»das *Recht* der Gewerkschaftsorganisation auf direktes *Handeln* und direkten *Ausdruck*«). Um das *Wort ergreifen* zu können, müssen sie sich jedoch auf die Stimme eines Repräsentanten oder eines Verantwortungsträgers stützen, der als *Privatperson* versucht sein könnte, die eigentlich *allen* zustehenden *Wortbeiträge* zu *monopolisieren*. Die »*gewählten Vertreter* müssen daher stets *der Aufsicht unterliegen*«. Man kann den Prozess der *Auflösung* von Kollektivpersonen aufzuhalten suchen, indem man sie *kodifiziert*, sie einer *rechtlichen Verpflichtung unterzieht*, schließlich indem man sie durch die Bezugnahme auf einen *gesetzlichen Rahmen sanktioniert*. So soll ein *Betriebsrat* etwa mit *Befugnissen* und »präzise benannten Funktionen *ausgestattet*« werden, die in *Texten* (wie etwa *Tarifverträgen*) *niedergelegt* sind, die seinen *Status* sowie die in seinen *Kompetenzbereich* fallenden Amtshandlungen definieren: »Das *Betriebsratsmandat* ist mit der Zugehörigkeit zum Unternehmensvorstand *nicht vereinbar*.« Wenn diese *Verpflichtung* nicht eingehalten wird, berechtigt der *gesetzliche Rahmen* dazu, »sämtliche sachdienlichen *Schritte* zu unternehmen«, eine Berufungs*instanz anzurufen* (»den *Amtsrichter* damit *befassen*«) oder einen *Ausschluss* vorzunehmen, was in der staatsbürgerlichen Welt eine Versetzung in den niedrigen Zustand bedeutet.

Beziehungen der Delegation (Größenverhältnis) Mitgliedschaft, Repräsentation, Delegierung, (die Wünsche) zum Ausdruck bringen.

Die staatsbürgerliche Größe beruht in erster Linie auf der *Mitgliedschaft*. Wer *Mitglied* ist, gewinnt an Größe, weil er seine *Vereinzelung* beendet. »Die massenhafte Mitgliedschaft der Arbeitnehmer« macht ihre Größe aus. Doch ist der Mechanismus der *Repräsentation* eine für diese Welt eigene Weise, dieses Größenverhältnis zum Ausdruck zu bringen. Die einem *Mandats*träger verliehene *Vertretungsgewalt* autorisiert ihn, für die anderen zu stehen, in ihrem Namen zu sprechen, ihr *Wortführer* zu sein. Den *Repräsentanten* und *Delegierten* kommt mehr Größe zu, weil sie den *Auftrag* haben, die *Wünsche* der *Massen zum Ausdruck zu bringen*. Sie sind zur *Interessenvertretung bevollmächtigt*, also dazu, die Interessen jedes Einzelnen in ein *kollektives Interesse* zu verwandeln: »Das Gefühl der Unzufriedenheit, das Gefühl, dass etwas nicht geht, stellt sich spontan ein. Man muss herausbekommen, was nicht geht, was man ändern muss, und das muss dann die Form einer Forderung annehmen.« Damit es legitim ist, muss das Größenverhältnis in der Welt des Staatsbürgers in *auf Gesetzesgrundlage beruhenden Formen* ausgeübt werden, welche die *Repräsentativität* je nach Bereich (Politik, Gewerkschaft und so weiter), Raum (*Sektor*, *Bezirk* und so weiter) und Zeit

(Dauer des *Mandats*) festlegen und beschränken. Der *legitime Vertreter* muss der *Basis* gegenüber *Rechenschaft ablegen*, also genau denjenigen gegenüber, deren *Vereinigung* das Kollektiv konstituiert.

Versammeln für eine kollektive Aktion (Relationen) Vereinigen, mobilisieren, sammeln, ausschließen, Mitglied werden, (sich) anschließen, aufrufen (zu), (demokratisch) debattieren, das Wort ergreifen, informieren, kodifizieren, legalisieren, die Befugnis erteilen, (die Gerichte) befassen.

Die wichtigste Beziehungsform in dieser Welt ist die Vereinigung, durch die aus einer Menge von *Individuen* eine Person werden kann. Für die Bildung eines *Kollektivs* muss man *sammeln*, *Gruppen bilden*, vereinigen, *vereinen*. Die *Fähigkeit zu kollektivem Handeln* zeigt sich beim *Rekrutieren*, beim *Aufgreifen* oder *Anstoßen* von *Initiativen*: »Das kann für eine von einigen wenigen Arbeitnehmern getragene *Initiative* gelten, die zwar *in der Minderheit* sind, aber dennoch eine Aktion anstoßen wollen.« Diese Welt, die stets dazu neigt, sich im Partikularen aufzulösen, benötigt zu ihrer Erhaltung eine *bewusst* durchgeführte, *aktive Mobilisierung*. Die Personen darin müssen darauf Acht geben, dass sie nicht *auseinanderfallen* und den Charakter eines Kollektivs wahren. Die *Vertreter* müssen »*auf Tuchfühlung* mit den Beschäftigten sein«; die *Mitglieder* wiederum müssen »*in permanentem Kontakt* mit der *Organisation* [...] und ihren *inhaltlichen Zielen* stehen«. Sie müssen *sich absprechen* und *organisieren*«, *Aufrufe* verfassen, demokratisch debattieren, eine *Diskussionskultur* entwickeln, *Richtlinien* verbreiten, informieren und um *sich Gehör zu verschaffen* »die *Erklärungen* so häufig wie möglich *vervielfachen*«.

Die demokratische Republik (Konstellationen) Republik, Staat, Demokratie, Basis, Wählerschaft, repräsentative Institutionen, Parlament.

Die Welt des Staatsbürgers, die sich nicht außerhalb eines *Staates* entwickeln kann, findet ihre perfekte Verwirklichung in der *Republik* und der *Demokratie*, die die *Vertretung* der im *Wahlvolk* vereinigten Staatsbürger (*Wählerschaft*, *Wähler eines Wahlkreises*, *repräsentative Institutionen*, *parlamentarische Demokratie*) gewährleisten. Diese Institutionen machen es möglich, dass der *Gemeinwille* tatsächlich von der *Basis* ausgeht: »Im Lauf ihrer Tätigkeit lernen die Gewerkschaftsmitglieder, wo den Arbeitnehmern der Schuh drückt. Sie wissen, welche *Anliegen* und Wünsche einem am Arbeitsplatz kommen. Sollte die Aktivität der *Betriebsgruppe* einmal einzuschlafen drohen, können sie ihr wieder Leben einhauchen, *Debatten* anstoßen und so weiter. Die *Mitglieder* sind im wahrsten

Sinne des Wortes die *Basis* der gewerkschaftlichen *Betriebsgruppe.*«

Der Einsatz für eine gerechte Sache (Prüfung)
Versammlung, Kongress, Rat, Sitzung, Bewegung, (seine) Präsenz (manifestieren), Streit, Berufung, Recht (einfordern).

Die Demokratie ist die geeignetste Staatsform für die Manifestation des Gemeinwillens. Sie gibt das Modell ab für die Prüfungen in der Welt des Staatsbürgers. Die großen Momente dieser Welt sind also jene Augenblicke der *Einheit*, der *Vereinigung* und der *Mitgliedschaft* (»die *Anhängerschaft zusammenbringen*«), in denen die Wirklichkeit der Kollektivperson durch die physische Anwesenheit der Mitglieder untermauert wird: Das geschieht etwa bei *Demonstrationen*, Bewegungen, *Versammlungen*, *Sitzungen*, *Kongressen.* Die Entfaltung der kollektiven Größe wird von solchen Versammlungen insbesondere dann befördert, wenn sie zur Regelung eines *Konflikts* unter Berufung auf das *Gesetz Gerechtigkeit fordern*, oder besser noch, wenn alle dazu aufgerufen werden, ihr Urteil über *Behörden* und *Amtspersonen* zu fällen, die man bezichtigt, das *Gesetz* zugunsten der Privatinteressen einiger weniger zu *monopolisieren* und zu beugen.

Das Verdikt durch die Abstimmung (Urteil)
Stimmabgabe, Wahl, Befragung, Mobilisierung, (sich einer) Sache (anschließen), Bewusstsein, Bewusstwerdung.

Das Urteil ist der Ausdruck des Gemeinwillens, der auf verschiedene Weise in Erscheinung treten kann: durch *Bewusstwerdung* (»im Unternehmen *wird* den Beschäftigten allmählich *bewusst*, dass sie *gemeinsame Interessen* haben«) bei den Einzelnen; durch *kollektive Reflexion* oder in Form einer Mobilisierung für eine gerechte *Sache*; schließlich im Instrumentarium der Demokratie: *Stimmabgabe*, *Wahlen*, *Bestellung* von *Vertretern.*

Der Gesetzestext (Evidenz)
Gesetz (das), rechtliche Regeln, Statuten.

Die Form der Evidenz ist das *Gesetz*, in dem sich der Gemeinwille niedergelegt findet. Die Wirklichkeit ist klarer, wenn sie *Texten* anvertraut ist, auf die man sich berufen kann, oder anzuwendenden rechtlichen Regeln: »Neu gewählte Betriebsräte [...] werden hier nützliche Informationen zu den in derartigen Fällen anzuwendenden rechtlichen Regelungen finden.«

Das Gemeinwesen ist dem Niedergang geweiht, wenn es sich dem *Partikularinteresse* ergibt. Klein ist alles, was sich *auflöst*, *spaltet* oder *begrenzt* ist: »Was würde aus der *Betriebsgruppe*, wenn sie sich nur noch auf eine *begrenzte* Anzahl von *Mitgliedern* stützen könnte?« Daher wird ständig an den häuslichen Banden des *Korporatismus* Kritik ge-

Die Spaltung (Niedergang) Gespalten, in der Minderheit befindlich, privat, isoliert, (von der Basis) abgeschnitten, Individualismus, Abweichung, kategorial, Unregelmäßigkeit, willkürlich, annulliert, abgesetzt.

übt, da sie eine *Spaltung* der *Beschäftigten* bewirken: »*Korporatistische* Forderungen, welche die Beschäftigten der unterschiedlichen *Kategorien* nur noch mehr *spalten.*« Zur Beendigung solcher Zustände muss die »die Arbeiterklasse *spaltende* Berufsstruktur zerschlagen werden«. Wenn die Wesen nicht über feste Bande der *Solidarität* miteinander verbunden sind, können sie leicht vom rechten Weg abkommen oder *Abweichungen* nachgeben. Sie lösen sich in *Subgruppen* auf oder verfallen, was noch schlimmer wäre, in selbstsüchtigen *Individualismus.* »*Demokratie* lässt sich in dieser von *Individualismus* geprägten Welt nicht improvisieren.« Wenn die Menschen *sich selbst* überlassen bleiben und vom Verlangen nach *persönlicher Macht* besessen sind, *monopolisieren sie die Rede* und »lenken als erfahrene *Versammlungsleiter* die Entscheidungen in eine Richtung, die mit dem *Interesse aller* anderen wenig konform ist«. Befinden sie sich in der *Minderheit*, dann bilden sie einen *exklusiven Zirkel*: »Das Risiko ist groß, dass es zu einer Hierarchie unter den *aktiven Gewerkschaftsmitgliedern* und damit zur Bildung eines *exklusiven Zirkels* kommt, der die bestehenden Möglichkeiten nicht wirklich zu nutzen vermag.« Am Ende sind sie völlig *isoliert* und von der *Basis abgeschnitten.* Dieser Mangel an Verankerung in der Allgemeinheit verleiht ihnen einen *willkürlichen* und regelwidrigen Charakter (*Unregelmäßigkeiten*), was *Absetzungen* und *Annullierungen* zur Folge hat (Eigenschaften, die in dieser Welt für das größte anzunehmende Elend stehen): »Beschäftigte, die ihr gewerkschaftliches Mandat entzogen bekommen«; »*Unregelmäßigkeiten*, die die *Annullierung* der *Wahlen* nach sich ziehen könnten«.

Die Welt des Marktes

Die Welt des Marktes darf nicht mit einer Sphäre ökonomischer Beziehungen verwechselt werden. Im Gegenteil haben wir zu zeigen versucht, dass wirtschaftliches Handeln auf mindestens zwei Grundformen der Koordination beruht, nämlich der des Marktes und der einer industriellen Ordnung, und dass jede von ihnen eine eigene Prüfung vorsieht. Diese analytische Unterscheidung konnte durch empirische Beobachtungen von Situationen, die auf die Durchführung der einen oder anderen dieser Prüfungen hinausliefen, bestätigt werden. Sie wirft ein Licht auf so manche Probleme der ökonomischen Theorie, die sich aus der Konfrontation dieser beiden Ordnungen ergeben und vor allem dann offen zutage treten, wenn die Zeit als Faktor in die von Natur aus atemporalen Marktbeziehungen eingeführt wird. Die vergleichende Übersicht über die *Welt des Marktes* und die *Welt der Industrie* dient als Vorbereitung auf die im folgenden Kapitel durchgeführte Analyse des kritischen Verhältnisses zwischen den Vorteilen, die mit einer Koordination durch Marktgüter in Verbindung gebracht werden, und denjenigen, die dem Einsatz effizienter Techniken entspringen. Die Kluft zwischen den beiden Welten lässt sich weder durch Hinzufügen einer neuen, nämlich zeitlichen Dimension überbrücken, noch als Unterschied zwischen einem statischen und einem dynamischen Gleichgewicht interpretieren. Von Thomas von Aquin – der seiner Kritik am Geldverleih gegen Zins die Feststellung hinzufügte, dass die Zeit als öffentliches Gut nicht verkäuflich sei – bis zu Keynes – der auf den Vermögenswerten inhärenten Widerspruch aufmerksam machte, zwischen einer von den Gewinnschwankungen abhängigen Bewertung und einem Urteil über die Solidität von Investitionen gefangen zu sein – erscheint der Zinssatz durchgehend als ambivalentes Objekt, das trotz aller Versuche, daraus einen Preis wie jeden anderen zu machen, den kritischen Spannungen zwischen diesen beiden Welten ausgesetzt ist.

Durch ein symmetrisches Herangehen an beide Welten lässt sich eine weitere verkürzte Sicht auf ihr Verhältnis vermeiden, welche die eine mit subjektiven, in der Konsumnachfrage zum Ausdruck kommenden Neigungen in Verbindung bringt, die andere mit objektiven, der Produktionsfunktion innewohnenden Zwängen. Ungeachtet ihres beeindruckenden Arsenals an technischen Objekten ist die industrielle Welt der Effizienz nicht weniger politisch als alle anderen, und eine Prüfung ist hier genauso abhängig von einem gemeinsam geteilten Urteil. Die Welt des Marktes ihrerseits geht keineswegs in dem sich zwischen Käufer und Verkäufer abspielenden Geschäft auf. Diese Welt ist auch von Objekten bevölkert, die allgegenwärtig sind und deren Rolle für die Koordination von Handlungen der Ökonom nur dann ausblenden kann, wenn er sie als mit einer Natur ausgestattet auffasst, die von den Interventionen der anderen unabhängig ist. Dabei nimmt er die Einstellung einer in dieser Welt normal handelnden Person an. Um bei einem Geschäft mit jemandem einig werden zu können, muss sie sich auf die Objektivität der Güter und ihrer Unabhängigkeit von den verschiedenen am Markt agierenden Personen verlassen können.

Es genügt allerdings schon, die beiden Welten gegeneinander auszuspielen – und Onkel Andrés knotigen Spazierstock auf den Markt zu bringen –, um in der daraufhin entstehenden Aufregung alles, was das Handelsobjekt von Objekten unterscheidet, die in anderen Welten von Wert sind, an die Oberfläche zu befördern. Der Hinweis auf die Qualitäten marktförmiger Objekte und ihre Rolle für die Koordination soll uns auf den Umgang mit komplexen Situationen vorbereiten, in denen mehrdeutige Objekte – etwa eine Kritzelei von Picasso auf dem Rand eines Tisches, eine verbeulte Tonne, die nicht mehr den Normen entspricht, ein Gebrauchtwagen – diese Koordination durcheinanderbringen.

Mit der Ausweisung einer eigenen Marktordnung bieten wir jenen Kritikern eine offene Flanke, die auf den mangelnden Realismus des Theoriekonstrukts eines wettbewerbsbasierten Marktgleichgewichts abheben. Unser Vorschlag will den Markt keineswegs nochmals als Gesellschaftsmodell rehabilitieren, sondern aufzeigen, dass diese Ordnung unter anderem tatsächlich lokale Transaktionen koordinieren kann, die auf eine gewisse Form von Allgemeinheit abzielen. Dass sich damit ein der Theorie entsprechenden allgemeines Gleichgewicht einstellt, ist damit jedoch keineswegs gewährleistet. Zum einen lassen sich komplexe Gesellschaften in keine der von uns identifizierten Welten zwängen; zum andern führen sogar innerhalb der Welt des Marktes Prüfungen nur zu einer allmählichen Anpassung der Größenzustände, und das ohne Rückgriff auf eine zentralisierte Institution wie jene des postulierten Marktschreiers bei Walras, der notwendig war, um den Markt zu einem gegebenen Zeitpunkt zu räumen (Walras, Éléments, S. 70). Die theoriegeleitete Kritik, die hinter den scheinbar reinen Marktbeziehungen aufdeckt, welche Rolle Vertrauen, Glaubensvorstellungen und Ähnliches *tatsächlich* spielen, weist in vielerlei Hinsicht Berührungspunkte mit der alltäglichen Kritik auf, die wir systematisch in Kapitel VIII untersuchen wollen.

Noch ein weiteres Hindernis steht der Untersuchung der Welt des Marktes entgegen. Selbst wenn man sich darauf einlässt, die für diese Welt konstitutiven Objekte zu unterscheiden, lassen sich dennoch gewisse Vorbehalte dagegen äußern, den Markt nach demselben Modell zu denken wie die Konstruktionen des Gemeinwohls, die auf dem Allgemeinwillen beruhen. Können wir uns wirklich auf dieses Unterfangen einlassen und uns damit gegen die beinahe schon sakrosankte Unterscheidung zwischen Individuum und Kollektiv, Egoismus und Altruismus oder dem Spiel der freien Wahl und dem Gewicht der sozialen Normen stellen? Können wir wirklich ein vaterlands- und zukunftsloses Individuum (»[...] er denkt von sich und will über sich gedacht haben, was Napoleon einmal in seiner classischen Art und Weise ausgesprochen hat: ›ich habe das Recht, auf Alles, worüber man gegen mich Klage führt, durch ein ewiges ›Das-bin-ich‹ zu antworten. Ich bin abseits von aller Welt, ich nehme von niemandem Bedingungen an‹«; Nietzsche, Die fröhliche Wissenschaft, § 23, S. 71 f.) als ein Wesen ansehen, das an einer Form von Gemeinwohl zu partizipieren vermag? In diesem Abschnitt wollen wir die in der Analyse des marktförmigen Gemeinwesens unternommene Beweisführung wiederaufnehmen und zeigen, dass die Welt des Marktes nach demselben Modell von Größe funktioniert und welche Besonderheiten die relevanten Wesen und Beziehungen darin aufweisen.

Die Konkurrenz (übergeordnetes Prinzip) Rivalität, Wettbewerb.

In der Welt des Marktes ist das Handeln der Individuen durch deren *Wünsche* motiviert. Sie sind dafür verantwortlich, dass die Individuen in den *Besitz* der gleichen Objekte, nämlich *knapper*, veräußerlicher *Güter* kommen wollen. Die Charakterisierung dieser Welt durch die Würde der

Personen, die alle gleichermaßen von den Wünschen motiviert sind, sowie den ganzen Apparat an entsprechenden Objekten, enthält in sich schon das Koordinationsprinzip, die *Konkurrenz*, das in den im Verlauf einer Prüfung vorgebrachten Rechtfertigungen explizit werden kann.

Von außen betrachtet, spielt die grundlegende Konvention, die Konkurrenz, dieselbe Rolle wie die übergeordneten Prinzipien der anderen Welten. Das theoretische Konstrukt des Marktes ist nicht mehr und nicht weniger eine Metaphysik wie die Ordnungsvorstellungen, die auf dem Vertrauen und der Tradition oder auf dem Gemeinwillen beruhen. Jede von ihnen setzt die Existenz von mindestens zwei Ebenen voraus, nämlich die der unbestimmten Einzelpersonen, die beinahe der Konvention entgehen, und jene der Personen von Qualität, die am Gemeinwohl teilhaben.

Erstrebenswert (was groß ist) (von) Wert, verkäuflich, Millionär, Gewinner.

Die *Konkurrenz* zwischen *rivalisierenden* Wesen regelt ihre Uneinigkeit durch eine Ermittlung des Marktwerts, also des *Preises*, welcher die Stärke der konvergierenden Wünsche ausdrückt. Objekte, die Größe besitzen, sind *verkäufliche* Güter, die eine *starke Position* auf einem *Markt* einnehmen. Personen, die Größe besitzen, sind reich oder gar *Millionäre* und *leben auf großem Fuß*. Ihr Reichtum ermöglicht ihnen, all das zu *besitzen*, was andere sich *wünschen*, etwa *Luxus- und Wertgegenstände der gehobenen Preisklasse*. Er entspricht ihrem eigenen *Wert*, den sie auch zu *verkaufen* wissen und der in ihrem *Erfolg* zum Ausdruck kommt. Erfolg wird besonders unter Benutzung des Vokabulars des Wettkampfes beschrieben: sich vom Feld lösen, an sich selbst Herausforderungen stellen, *Punkte machen*, ein *Gewinner*, ein *Crack* sein.

Die Größe des Marktes entfaltet sich in einem entfernungs- und grenzenlosen Raum, in dem die Güter und Personen *frei* zirkulieren können. Geschäftsleute haben einen *weiten Blickwinkel*, beobachten die *globalen* Märkte, machen *international* oder auf der ganzen Welt Geschäfte.

Die Größe des Marktes steht in keinem Verhältnis zur Zeit. Wahre Größe hat keinerlei Erinnerung an Vergangenes, macht keine Entwürfe für die Zukunft. In den Geschäften macht man einen *Sprung* an die Spitze, genauso kann man unvermutet wieder in Konkurs gehen. Die mangelnde Stabilität ist kein Mangel wie in der Welt der Industrie. Der Zufall kann durchaus ein Unglück sein, doch kann man von der *Unsicherheit* auch profitieren. Das *Schicksal* kann man normalerweise zu seinen Gunsten wenden; es verwandelt sich in *Glück*, wenn die Personen es verstehen, die sich ihnen bietenden *Gelegenheiten* zu *nutzen* und aufgrund ihres *Opportunismus* einen *Vorteil* daraus zu ziehen.

Nicht erwünscht (was klein ist).

Was klein ist, zeichnet sich dadurch aus, dass die Personen *scheitern, verkommen oder verlieren* und die Güter, anstatt begehrt zu sein, auf *Ablehnung, Zurückweisung* oder gar *Abscheu* stoßen.

Der völlig mittellose Arme fällt praktisch aus der Konvention des Gemeinwohls heraus und verliert damit jegliche Würde, wie sie den Menschen auf dieser Erde eigen ist.

Das Interesse (Würde) Liebe (zu den Dingen), Wunsch, Egoismus.

Die menschliche Natur, wie sie in der Welt des Marktes zu wahrer Blüte kommt, zeichnet sich durch ein Begehren aus, das wie jede Würde unschuldig ist. »Streben Sie nach Profit. Samuel Johnson hat gesagt: ›Es gibt wenige Dinge, denen ein Mann in aller Unschuld mehr zugetan sein kann als dem Geldverdienen.‹« Ein jeder ist von Geburt an mit dieser Fähigkeit begabt: »Ich glaube, dass die meisten Menschen geborene *Verkäufer* sind.« Sie ist sogar vorbewusst: »Die Kunst des Verkaufens ist das bewusste Tun einer Menge von Dingen, die wir schon *unbewusst* ahnen ... und die wir möglicherweise die meiste Zeit unseres Lebens praktiziert haben.«

Dadurch, dass sie ihre Würde zum Ausdruck bringen, kommen die Personen der Wahrheit am nächsten. Das Interesse ist ihre *wahre Motivation*, das ihrem *Ego* Entsprechende, das, wodurch sie *sie selbst* werden, wenn sie ihre *Wünsche* zu *befriedigen* suchen. Der *Erfolg* basiert auf der Stärke dieses *Wunsches*, darauf, dass man *begehrt*. Das *wahre* Leben ist das, was die Menschen dazu bringt, alles nur Erdenkliche *haben zu wollen*.

In dem von uns herangezogenen Handbuch erzählt der Autor eine Szene, in der die Beteiligten mit der Grenze des Menschseins spielen und die nicht menschlichen Wesen mit dieser im Verlangen bestehenden Würde, der Fähigkeit *zu lieben* oder *zu hassen*, ausstatten. Der Generaldirektor einer Fabrik für Hundefutter zieht folgende Bilanz: »›Seit einigen Tagen hören wir unseren Abteilungsleitern zu, wie sie ihre wunderbaren Projekte für das nächste Jahr vorstellen. Mir kommt da nur eine einzige Frage: Wenn wir doch die beste Werbung, das beste Marketing und die besten Verkäufer haben, wie kommt es, dass wir dieses verdammte Hundefutter nicht losbekommen?‹ Im Saal herrscht totale Stille. Nach einem kurzen Moment, der allen wie eine halbe Ewigkeit vorkommt, ertönt eine leise Stimme aus dem Hintergrund: ›Weil die Hunde es einfach *hassen*!‹«

Da wir als Würde die Fähigkeit bezeichnen, am Gemeinwohl teilzuhaben, ist die Tatsache, dass sie in dieser Welt tatsächlich die Gestalt eines egoistischen Wunsches annimmt, fast schon paradox. Indem sie einer Person, die ganz der Befriedigung ihrer egoistischen Neigungen ergeben ist, eine Würde zuerkannte, hat die utilitaristische Philosophie ihr Teil dazu beigetragen, die moderne Figur des aus den Ketten der Abhängigkeit befreiten und von drückenden Hierarchien entlasteten Individuums zu verankern. Dennoch hing der Erfolg der Figur des Individuums weitgehend vom Nachweis der Tatsache ab, dass es durchaus seinen Platz in einer Ordnung finden kann, die seine Handlungen mit den Handlungen anderer koordiniert. Die Vertreter der politischen Philosophie konnten die Segnungen der Konkurrenz nur durch die Feststellung demonstrieren, dass eine solche Koordination möglich sei, was uns heute wiederum erlaubt, auf ein Gemeinwesen des Marktes Bezug zu nehmen.

Begriffe wie Individuum oder Freiheit boten sich nur dadurch für semantische Verschiebungen an, aufgrund deren der Markt dann als einziger Garant menschlicher Freiheit und Autonomie daherkam, dass die Konvention, die zwischen den Einzelpersonen als *Individuen* Bande knüpft und im Wunsch nach denselben Objekten zum Ausdruck kommt, aus dem Blick geriet, ebenso wie man vergaß, wie denn überhaupt diese auf Konkurrenz basierende Konvention ihr eigenes *freies* Spiel regelt.

Die Konkurrenten (Subjekte) (Geschäfts-)Mann, Verkäufer, Kunde, Käufer, Selbständig (Arbeitender).

Die Welt des Marktes wird von *Individuen* bevölkert, die ihre Wünsche zu befriedigen suchen. Sie sind abwechselnd *Kunden*, *Konkurrenten*, *Käufer* oder *Verkäufer* und stehen in *geschäftlichen* Beziehungen zueinander.

Reichtum (*Objekte*)
(Luxus-)Gegenstand.

Dass die Aufbietung von Objekten für die marktförmige Koordination notwendig ist, lässt sich am gegensätzlichen Fall aufzeigen, wenn nämlich die marktförmige Identität der Objekte nicht gegeben ist. Ein marktkonformes Objekt ist eine Sache, auf die sich die konkurrierenden Besitzwünsche richten, also etwas *Erstrebenswertes*, *Verkäufliches* und *Vermarktbares*. Im Gegensatz zu den Objekten der industriellen Welt zeichnet es sich nicht durch seinen Nutzen und seine Funktionalität aus. Da es sich von der Normierung des Industrieproduktes, die dessen Leistungsfähigkeit ausmacht, unterscheidet, macht die gemeinsam vorgenommene Identifizierung des marktförmiges Gutes dieses zu einem veräußerbaren Eigentum, zum gemeinsamen Objekt verschiedener Begierden.

Es sei angemerkt, dass die Ökonomie unter den Sozialwissenschaften diejenige Wissenschaft ist, die den Objekten den breitesten Raum zumisst, ohne dass sie freilich den Status dieser Objekte in der Theorie jemals geklärt hätte. Die industriellen Werkzeuge bleiben weitgehend außerhalb ihres Interesses, entwickeln sich in Abhängigkeit vom technischen Fortschritt und haben aktiv Anteil an der Produktion von Waren. Die marktförmigen Güter sind allzu natürlich, als dass ihre Rolle Gegenstand von Erörterungen wäre, abgesehen vielleicht von den Überlegungen zu den kollektiven oder öffentlichen Gütern. Die jüngsten Theorieentwicklungen zur Qualität von Gütern rütteln an der zentralen Annahme einer gemeinsam vorgenommenen Identifikation der Objekte, doch werden die dabei aufgeworfenen Fragen mit dem Verweis auf die Problematik asymmetrischer Information abgetan. Der Wert des Gutes wird im Verlauf einer Prüfung auf dem Markt ermittelt, und Probleme, die als Betrügereien über die wahre Qualität behandelt werden, werden durch eine implizite Bezugnahme auf eine andere Form von Wert, häufig einen Wert industrieller Natur hervorgerufen (Eymard-Duvernay, Conventions de qualité, S. 127). Mit den Implikationen, die die Verschiebung der theoretischen Perspektive von einem Gütermarkt zu einem Markt von Verträgen mit sich bringt, verhält es sich genauso. Sie werden nicht klar gesehen, weil man versäumt hat, die Annahme der Objektivität eines

Opportunismus (Investition) Freiheit, Offenheit, Aufmerksamkeit für die anderen, Sympathie, Gleichgültigkeit, (emotionale) Distanz, (auf) Abstand (gehen).

Mediums für den Ausdruck miteinander konkurrierender Wünsche in Betracht zu ziehen.

Die gemeinsame Identifizierung der marktmäßigen Objekte ist aufs Engste verzahnt mit dem Erfordernis, an Größe zu gewinnen, also mit dem Investitionsmodus, dem zufolge ein Opfer die Teilhabe am Gemeinwohl ermöglicht. Wenn sich aus ihrem Zusammenwirken eine Ordnung bilden soll, muss der den Subjekten der Marktwelt eigene Egoismus mit einem scharfen Blick für die Grenzen der Egos – der Kehrseite der gemeinsam geteilten Identifikation äußerlicher Güter – gepaart sein. Dieses häufig vom methodologischen wie auch vom politischen Individualismus nicht bedachte Erfordernis definiert das *Individuum* als ein gesellschaftliches Wesen, das durch die konvergierenden Wünsche nach äußerlichen Gütern sozialisiert wird.

In der Welt des Marktes stehen sich die Menschen einander so *ungebunden* (insbesondere was die durch das Haus geschaffenen Bande anbelangt) und *befreit* gegenüber, dass sie jede Gelegenheit zu einer *Transaktion* bereitwillig ergreifen. Kurzum, die Subjekte sind auf dem *Markt* ebenso *verfügbar* wie die Waren. In diesem Punkt ermöglicht die Einnahme einer alternativen Perspektive auf die Welt des Marktes einmal mehr, einige Missverständnisse über die Freiheit des Liberalismus auszuräumen. Statt einem Ausspruch gemäß der Ansicht zu sein, dass die Freiheit des Einzelnen vor der Freiheit des Anderen haltmacht – was eine topographische Vorstellung des Problems vermittelt –, sollte man vielleicht besser anerkennen, dass die Freiheit des Liberalismus nur als Ausdruck der Wahlmöglichkeit zwischen äußerlichen Gütern Sinn macht. Diese Äußerlichkeit lässt sich allerdings nur auf der Grundlage von Gleichgültigkeit erreichen, die voraussetzt, dass man die anderen sieht, wie man sich selbst sieht.

Der *innere Abstand*, die *emotionale Distanz* zwischen der Situation und einem selbst, die Kontrolle über seine eigenen Gefühle (die, wie wir gesehen haben, in der Welt der Inspiration wahre Größe zum Ausdruck bringen) sind die Belastung, die diese Größe mit sich bringt. Der *Opportunismus*, der für die Großen in dieser Welt des Marktes, also diejenigen, die stets den *größten Nutzen aus allem zu ziehen* wissen, charakteristisch ist, geht – und das ist keine Paradoxie – einher mit einer gewissen *Aufmerksamkeit für die anderen*, die zur Voraussetzung hat, dass man »*wirklich zuhört* und *versteht*, was die *anderen* sagen« (insoweit die anderen auch zu sich selbst auf Distanz gehende Individuen sind und nicht insoweit sie eine Meinung bilden, vor der man auf der Hut zu sein hat, wie dies für die »anderen« in der Welt der Meinung der Fall ist). Diese Aufmerksamkeit vermag den Egoismus nicht zu mäßigen; sie ist aber wie er auch ein wesentlicher Bestandteil der Marktordnung.

Genauso wie das Werk Adam Smiths, dem wir die kanonische Darstellung der Größe des Marktes entnommen haben, eine Theorie des Reichtums der Nationen, in der das Prinzip der Konkurrenz eine zentrale Rolle spielt, mit einer auf der Position des unparteiischen Beobachters und der Sympathie fußenden Theorie der ethischen Gefühle verbindet, zeigt das untersuchte Handbuch den Zusammenhang zwischen dem guten Gang der *Geschäfte* und einer durch *Distanz* zu sich selbst (einer Distanz, die einen an die »gleiche Distanz [...] zu beiden« in der Konzeption des unparteiischen Beobachters bei Smith denken lässt) und *Aufmerksamkeit für die anderen* (die *Sympathie* bei Smith) charakterisierten Haltung der Personen auf. Der Verfasser des Handbuches macht in vielsagender Weise die Komplementarität zwischen dem Wert des »monetären Instruments« des Marktes und den anderen entgegengebrachten Gefühlen deutlich, indem er sie im Rahmen der Widmung an seine Eltern jeweils seiner Mutter und seinem Vater zuschreibt: »Meiner Mutter Grace Wolfe McCormack, die mir mit einem schelmischen Augenzwinkern den relativen Wert des Geldes beibrachte«; »Meinem Vater Ned Hume McCormack, der mir mehr als jede andere Person bewies, wie wichtig es ist, unter allen Umständen auf die Gefühle anderer zu achten.«

Besitzen (Größenverhältnis).

Selbst wenn man die Welt des Marktes nicht auf eine Ansammlung von Atomen ohne Verbindungen untereinander reduziert, wird man durchaus einen Gegensatz zwischen sich netzförmig ausbreitenden Marktbeziehungen und ineinandergreifenden hierarchischen Beziehungen sehen. Dennoch fügt sich auch die Ordnung des Marktes in diese Ordnung des Allgemeinen und Besonderen, welche dieses Ineinandergreifen mit sich bringt. Die Größe des Marktes unterscheidet sich da nicht allzu sehr von den Größen, die beispielhaft für den Begriff Hierarchie, häusliche Ordnung der Autorität oder industrielle Ordnung der Kompetenz stehen. Insofern sich die Wünsche der anderen auf die Objekte des Marktes richten, impliziert ihr Besitz eine hierarchische Beziehung im gewöhnlichen Wortsinn. Was groß ist, schließt, was klein ist, über ein *Besitz*verhältnis in sich ein. Der *Preis* ist der Beleg für den Wunsch der anderen nach dem Gut, das man besitzt. Da ja nicht alle ihre Begehrlichkeiten gleichermaßen durch den Besitz knapp bemessener Güter befriedigen können, bringen die Reichsten die anderen zur Erfüllung, indem sie den *Wunsch* der weniger Reichen *besitzen*, die nicht in den Besitz dieser Güter gelangen können. Millionäre zeichnen sich durch den Besitz dessen aus, was alle Welt sich wünscht.

Interesse wecken (Relationen) Kaufen, (sich) verschaffen, verkaufen, Geschäfte (in geschäftlichen Beziehungen mit jemandem stehen), aushandeln, Nutzen (aus etwas ziehen), zu Geld machen, bezahlen, wetteifern.

Wenn sie an einer Situation beteiligt sind, dann stehen die Wesen der Welt des Marktes *in Geschäftsbeziehungen*. Ein *Geschäft* besteht mindestens aus zwei *Individuen* sowie einem Objekt, dessen *Kauf* und *Verkauf* sie *aushandeln*. Das Objekt, das ein *Gut* oder auch eine *Dienstleistung* sein kann, knüpft ein Band zwischen den Menschen, indem es *Anziehung ausübt* und *Interesse weckt*. Die *Transaktion* setzt voraus, dass die Menschen genügend inneren *Abstand* haben und dass das Objekt ausreichend losgelöst ist, damit sich das *Spiel der Konkurrenz* mit den anderen entfalten kann. Die lokale Transaktion ist also mehr als eine Übereinkunft und wird zum Markt, der über die Preise, die *ausgehandelt* und *bezahlt* werden, sämtliche Wünsche der anderen wiedergibt. Diese *Distanz* muss gleichgültig machen gegenüber all denjenigen Eigenschaften der am *Handel* beteiligten Personen, die nichts mit dem Kauf beziehungsweise Verkauf zu tun haben und für anderen Welten zugehörige Größen stehen (»Ich lege wenig Wert auf allen äußerlichen Klimbim, ob es sich nun um Bekanntheit, soziale Position oder Aussehen handelt«).

Anordnungen sind kohärent, wenn alle Wesen die gleiche Größe haben und wenn das *Produkt* in Bezug auf Käufer und Verkäufer gut *positioniert* ist. Dieser Vorgang trägt der *Realität* des *Käuferwunsches* nach dem Objekt Rechnung. Zum Abschluss dieses harmonischen Zusammenspiels finden die in Geschäftsbeziehungen stehenden Personen auf natürliche Weise in Entsprechung zu dem gehandelten Objekt zu ihrer Größe. Ein in sich stimmiges *Geschäft* verlangt Personen, die sich meist *persönlich* treffen, um von anderen ungestört *unter vier Augen miteinander zu verhandeln*; Personen, die sich richtig einzuschätzen wissen und »niemals die *Konkurrenz unterschätzen*«, mit der sie im *Wettbewerb* stehen.

Markt (Konstellationen).

Die Harmonie der natürlichen Ordnung rührt von der Art und Weise her, wie die Güter auf einem Markt, der die Verteilung der Größenzustände bestimmt, zu ihrem Preis kommen.

Geschäft (Prüfung) Abgeschlossenes Geschäft, unter Dach und Fach, abgemacht!

Die Prüfung ist der Moment mit ungewissem Ausgang, in dem man die Größen des Marktes neu bewertet, wo ein Geschäft *abgemacht* und *abgeschlossen*, *unter Dach und Fach* gebracht wird. Das Urteil der Prüfung kommt im *Vertrags*abschluss zum Ausdruck. Die Prüfung bietet zugleich Gelegenheit, dem Chaos neue Objekte zu entlocken, neue Dinge zu entdecken, die *Interesse* bei einem Kunden *wecken*, zu einer Transaktion führen und damit die Welt des Marktes weiter ausdehnen könnten.

Preis (Urteil) (gerechtfertigter, vernünftiger, wahrer) Wert.

Die gemeinsam vorgenommene Identifizierung der Güter und die Allgemeingültigkeit der als *Preis* bezeichneten Größe machen das direkte, persönliche Aushandeln eines Geschäfts mit anderen Transaktionen vergleichbar, die sich an anderen Orten mit anderen Individuen abspielen und die sich so in Äquivalenz zueinander bringen lassen. Der Preis, der die Prüfung sanktioniert, indem er die Verteilung der Größen modifiziert, trägt der Aushandlung der beiden beteiligten Personen Rechnung. Doch bildet er sich vor dem Horizont eines allgemeinen Preises, eine Notwendigkeit, die in der Tatsache zum Ausdruck kommt, dass der Preis *vernünftig* sein und »dem *wahren Wert*« entsprechen sollte.

Geld (Evidenz) Gewinn, Ergebnis, Vergütung.

Die Allgemeingültigkeit des Preises wird durch den Geldmaßstab gewährleistet. Das *Geld* ist der Maßstab aller Dinge und konstituiert daher die Evidenzform. Der Profit, der Gewinn, die Vergütung, das Ergebnis der Transaktion kommen daher in der *Barzahlung*, in *Provisionen*, *Gagen* oder *Honoraren* zum Ausdruck. Die dem Geld bei der Prüfung in der Welt des Marktes zukommende Bedeutung vermag sicher nicht die geldtheoretischen Debatten zu klären, legt jedoch nahe, dass das Geld in seiner Funktion als Reserve für eine Zukunftsprojektion ein ambivalentes Wesen ist, das den Übergang zu anderen Welten möglich macht.

Die Knechtschaft des Geldes (Niedergang)

Die Kritik an den unmenschlichen Aspekten der Welt des Marktes bildet eine lange Tradition, in der die Nichtigkeit des Besitzes von Reichtümern angeprangert und eine weise Gleichgültigkeit ihnen gegenüber hoch geschätzt wird. Durch die Unterscheidung zwischen Gütern und den anderen Eigenschaften einer Person verneint Seneca im Gegensatz zu Hume und Smith, dass die Ersteren die Letzteren in irgendeiner Weise ausdrücken könnten und dass sie zur Rechtfertigung irgendeiner Art von Größe dienen könnten: »Den Reichtum besitze ich, dich besitzt dein Reichtum. [...] Ich werde mir nichts einbilden auf dergleichen, was, wenn es auch bei mir ist, dennoch außerhalb von mir bleibt.« (Seneca, Vom glücklichen Leben, XXII 5, S. 206 und XXV 1, S. 209) Genauso wie Autorität im äußersten Fall zu Knechtschaft mutieren kann, die den Diener als Teil des Vermögens unter die Gewalt des Herrn zwingt, kann der Reichtum in einem Durcheinander von Personen und Gütern dazu führen, dass jemand eine andere Person direkt besitzt und nicht die Güter, die er begehrt. Für die schottischen Moralphilosophen macht erst die Theoriekonstruktion einer Sphäre interessegeleiteter Beziehungen die Existenz von interesselosen Beziehungen, etwa die Freundschaft, möglich (Silver, Friendship and Trust).

Die industrielle Welt

Die *industrielle* Welt ist diejenige Welt, in der die technischen und wissenschaftlichen Objekte ihren angestammten Platz haben. Die verwendete Begrifflichkeit darf allerdings nicht zu der Annahme verleiten, diese Welt wäre vollständig innerhalb der Grenzen des Unternehmens verankert. Umgekehrt lässt sich das Funktionieren eines Unternehmens nicht nur unter Rückgriff auf Ressourcen verstehen, die allein aus dieser Welt stammen, selbst wenn das Ziel einer effizienten Produktion, die auf funktionalen Investitionen basiert, ihre Rechtfertigung aus der industriellen Ordnung bezieht.

Wenn sich, wie wir noch sehen werden, die Realitätsprüfung der industriellen Welt analog der vorschriftsmäßig durchgeführten Beurteilung der Qualität einer wissenschaftlichen Tatsache verstehen lässt, bedeutet das nicht, dass die Entwicklung und Verbreitung einer Entdeckung nur der hier untersuchten Prüfung unterstehen. Dieser Prozess reicht weit über den Rahmen der industriellen Welt hinaus. Zahlreiche von Wissenschafts- und Technikhistorikern und -soziologen durchgeführte Untersuchungen haben zeigen können, dass in einem Innovationsprozess die unterschiedlichsten Ressourcen und Tätigkeiten eine Rolle spielen, was durch aktuelle wirtschaftswissenschaftliche Untersuchungen zum technischen Wandel noch bestätigt wird. Manche dieser Aktivitäten sind Teil einer *industriellen* Prüfung, in der es dann zur Durchführung eines wissenschaftlichen Beweisverfahrens kommt; andere wiederum sind Teil einer Innovation, des großen Augenblicks, in dem etwas Einzigartiges entsteht und der Bruch mit der Tradition sich auf eine *inspirierte* Rechtfertigung stützt; wieder andere stützen sich auf das Renommee, eine Größe, die eine auf distinktiven Zeichen und Marken beruhende Konzentration von Ansehen in der öffentlichen Meinung impliziert; oder auf seit jeher bestehende *häusliche* Bande, die eine solide Reputation garantieren; schließlich auf *marktförmige* Arrangements, etwa für eine rasche Befriedigung von Kundenwünschen.

Genauso wie die Anerkennung der Marktordnung durch die Unkenntnis der Konventionen getrübt wird, die mit der Bestätigung des Individuums einhergehen, wird das Verständnis der industriellen Ordnung durch einen Umgang mit technischen Objekten behindert, der ihnen ein instrumentelles Verhältnis zur Natur unterstellt und die Konventionen im Dunkeln lässt, auf denen das Einvernehmen über eine wissenschaftliche Tatsache beruht. Wenn wir nach den Bedingungen fragen, unter denen die industriellen Objekte zum Einsatz kommen, dann zeigt sich, dass sie sich für die gleiche Art von Prüfung eignen wie diejenige, die wir schon in anderen Universen vorgefunden haben. Das Prüfen dieser Wesen und die Behauptung ihrer Objektivität machen den Umweg über eine Form des Kollektiven, ein übergeordnetes Gemeinsames, nötig, welches regelt, wie sie eingeordnet werden. Dadurch dass wir auf diese industrielle Prüfung so intensiv eingehen, setzen wir uns von einer Auffassung ab, der zufolge Wissenschaft und Technik Zugänge zu einer äußeren Welt eröffnen, und zugleich von einem radikalen Relativismus, der in Tatsachen nur willkürliche Überzeugungen sieht, die an Gemeinschaften gebunden sind.

Die Wirksamkeit/Effizienz (übergeordnetes Prinzip) Leistung, Zukunft.

Die Ordnung der industriellen Welt beruht auf der *Effizienz* der Wesen, ihrer *Leistung* und *Produktivität*, ihrer *Fähigkeit*, ein *normales Funktionieren* zu gewährleisten und *Bedürfnisse* in nützlicher Weise zu befriedigen.

Diese *Funktionalität* kommt in einer *Organisation* zum Ausdruck und impliziert sowohl eine synchrone Gruppierung mit anderen Wesen wie auch deren zeitliche Verknüpfung. Effizienz beruht auf einer regelmäßigen Verbindung zwischen Ursache und Wirkung. Das einwandfreie *Funktionieren* der Wesen verlängert die Gegenwart in die *Zukunft* hinein und eröffnet so die Möglichkeit einer Vorhersage. Die Form industrieller Koordination stützt eine Äquivalenz zwischen gegenwärtigen und *zukünftigen* Situationen und konstituiert eine Zeitlichkeit. *Morgen* ist das, worauf es ankommt: die »*Maschinen* von *morgen*«, der »*Arbeiter* von *morgen*«, die »*Organisation* von *morgen*«.

Leistungsfähig (was groß ist) Funktional, zuverlässig, einsatzfähig.

Die Eigenschaft großer Wesen, die *funktional*, *einsatzfähig* oder *professionell* (im Falle von menschlichen Wesen) sind, zeigt also, dass sie imstande sind, sich in die *Räderwerke* und *Getriebe* einer Organisation *einzufügen*, ebenso wie ihre *Vorhersehbarkeit* und ihre *Zuverlässigkeit* sie als Garanten für *realistische Entwürfe* in die Zukunft auszeichnen.

Unwirksamkeit (was klein ist) Unproduktiv, suboptimal, nicht erwerbstätig, nicht anpassungsfähig, Panne, vom Zufall abhängig.

Die Personen sind klein, wenn sie nichts Nützliches produzieren, *unproduktiv* sind und aufgrund ihrer *Abwesenheit* oder ihres *Turn-overs* wenig *Arbeit* leisten, wenn sie *nicht erwerbstätig*, *arbeitslos* oder *behindert* sind oder Arbeitsleistungen von schlechter Qualität abliefern, schließlich wenn sie *ineffizient*, unmotiviert, *unqualifiziert* und *nicht anpassungsfähig* sind. Die Dinge sind klein, wenn sie *subjektiv* sind. Dasselbe gilt, wenn sie, anstatt in die *Zukunft* zu weisen, die Zeichen der Vergangenheit tragen, wenig *entwickelt*, *statisch*, rigide, *unangepasst* sind. *Verschwendung* (insbesondere von »Human*kapazitäten*« ist eine Folge »*unqualifizierter* Arbeit, die [...] nicht den *wirklichen Fähigkeiten* entspricht). Vergeudung, Ausschuss, Beeinträchtigungen, Beschädigungen sind negative Anzeichen von Größe. Sie stehen für die *mangelhafte Beherrschung* und das schlechte *Funktionieren* eines *gestörten Systems* (»die *Qualität* des *Rohmaterials schwankt*, was die *Produktion störungsanfällig* macht«) und haben ihre Ursache in *Zufälligkeiten*, *Zwischenfällen* und *Risiken*.

Die industrielle Ordnung wird durch *suboptimale* Situationen infrage gestellt, etwa wenn man »*feststellt*, dass die *Produktionsplanung* die *Kosten* nicht *optimiert*«. Eine solche strittige Situation kann eine *Funktionsstörung*, ein *Problem*, eine *Panne*, ein *Unfall* sein: »Mit der Reduzierung von Ausschuss, Störfällen und Ausfallzeiten verringert sich zugleich auch die physische Belastung und Verschwendung menschlicher Energie.«

Die Arbeit (Würde) Energie.

Die Würde der Personen, also jene Eigenschaft der menschlichen Natur, auf der diese industrielle Ordnung beruht, ist hier als ein *Aktivitätspotential* zu verstehen. Diese Fähigkeit kommt in Form von *Arbeit*, der eingesetzten Energie von *Tatmenschen* zum Ausdruck. »Eine Investition in die menschlichen *Fähigkeiten* und *Energien* ist das beste *Mittel* zur Steigerung wirtschaftlicher *Effizienz*.« Folglich ist es als eine schwerwiegende Verletzung der menschlichen Würde anzusehen, wenn man das verfügbare Human*potential* nicht *nutzt*.

Professionelle (Subjekte) Experte, Spezialist, Verantwortlicher, Betriebspersonal.

Die Menschen haben in der industriellen Welt eine *berufliche Qualifikation*, die mit ihren Fähigkeiten und ihrer Tätigkeit zusammenhängt (der Begriff *Professioneller* wird übrigens im Englischen auch als Substantiv zu ihrer Bezeichnung verwendet: »professional«). Auf dieser Qualifikationsskala beruht eine Hierarchie von Größenzuständen, die durch Kompetenzen und Verantwortlichkeiten (Führungskader, Leitungspersonal, Entscheidungsträger, Verantwortliche, Praktiker, Betriebspersonal und so weiter) markiert wird.

In den Arbeitsbeziehungen und Entlohnungssystemen sperren sich die formalen Qualifikationen, in denen die industrielle Größe zum Ausdruck kommt, gegenüber einer marktförmigen Bewertung, die sich direkt aus dem Vollzug einer Dienstleistung ergäbe, ebenso aber auch gegenüber einem häuslichen Urteil, das die Autorität einer Person bewertet.

Die Mittel (Objekte) Werkzeug, Ressource, Methode, Aufgabe, Raum, Umwelt, Achse, Richtung, Dimension, Kriterium, Definition, Liste, Grafik, Schema, Terminkalender, Plan, Ziel, Menge, Variable, Serie, Durchschnitt, Wahrscheinlichkeit, Norm, Faktor, Ursache.

Die Objekte der industriellen Welt sind Instrumente oder *Mittel*, die zum Vollziehen einer Handlung *eingesetzt* werden, die sich als *Produktionsaufgabe* darstellt. Diese instrumentelle Auffassung des Handelns impliziert einen räumlichen wie zeitlichen Umweg über Objekte, welche die Funktion von Relais übernehmen. In der hier eingenommenen Perspektive ist sie das Charakteristikum der industriellen Welt und damit keine Eigenheit von höherem Allgemeinheitsgrad, welche die Handlungen von vernunftbegabten menschlichen Wesen auszeichnen würde.

Die Produktionsaktivitäten sind nicht in derselben Welt organisiert wie das im Vorangegangenen untersuchte marktförmige Handeln, was im Widerspruch zum Verständnis der Produktionsfunktion in der ökonomischen Theorie des allgemeinen Gleichgewichts steht. Die Produktion vollzieht sich durch ein Aufgebot von Objekten industrieller Art, das von Werkzeugen bis zu Verfahren reicht. Bei der Fertigung von *Produkten* wird Gebrauch von *Rohstoffen*, *Energie*, *Maschinen* und *Methoden* gemacht: »Es sollte ein ganzes Arsenal von *Werkzeugen*, *Organisationsformen*, *Methoden*, *Methodologien* verfügbar sein, so dass man jederzeit die optimale technische Ausrüstung einsetzen kann. Man soll sie jedoch wieder abstoßen, sobald sie nicht mehr *angemessen* ist.«

Der Leib ist das erste Werkzeug, das mit physischem *Kraftaufwand* arbeitet. Die Objekte der industriellen Natur sind Instrumente, welche die Leistung der körperlichen Arbeit ausweiten. Die ökonomische Theorie des Kapitals trifft sich hier mit der Technik- und Wissenschaftssoziologie, wenn sie dem militärischen Bereich entlehnte Metaphern verwendet, um zu beschreiben, wie man die »mächtigen Kräfte für unser Produktionswerk zu Bundesgenossen« macht, wobei »jeder Umweg [...] die Anwerbung einer Hilfskraft, die stärker und geschickter ist als die Menschenhand«, bedeutet (Böhm-Bawerk, Kapital und Kapitalzins, 2. Abteilung, Bd. 1, S. 15). Die kohärente Anordnung dieser Objekte unterstützt eine in einer Zeitlichkeit verankerte Kausalität: Ist die Anlage erst einmal eingerichtet, reicht eine kleine Geste aus, um eine Serie beeindruckender Effekte auszulösen (ebenda).

Die Objekte industrieller Natur tragen mit zur Bildung eines *Raumes* bei, in dem die Wirkungen durch Mechanismen ausgelöst werden. Der Raum ist so organisiert, dass entsprechend einer dem Haus entlehnten Topographie solche Zonen, die als entfernt oder als nicht zu der jeweiligen Aktion gehörig anzusehen sind, als *Umwelt* angesehen werden, sobald funktionale Verbindungen hergestellt worden sind. Die verschiedenen Handlungsschritte sind in einen *homogenen*, nach *Achsen*, *Leitlinien*, *Dimensionen*, *Graden* und *Niveaus* strukturierten Plan erfasst. Die Objekte sind in diesem Raum unter Zuhilfenahme von nach *Posten* erstellten *Listen* und *Inventaren* miteinander verknüpft. Der messbare Raum lässt sich auf ein Blatt Papier projizieren, auf dem sich mittels *Rastern*, *Verzeichnissen*, *Grafiken*, *Schemata*, *Organigrammen*, *Flussdiagrammen* und *Indikatoren* ein Teil der Prüfung abspielt. Die räumliche Verknüpfung der Objekte setzt ein mit *Messinstrumenten* versehenes *Definitions*vermögen voraus. Die hinzugezogenen *Mess*instrumente sind eigentlich Maschinen, die im Raum aufgestellt werden müssen. Sie *standardisieren*, indem sie unter Zuhilfenahme von *Definitionen* und *Datenerhebungen* Objekte vorschriftsmäßig produzieren, deren Funktionieren sich anhand von *Kriterien* oder *technischen Daten* feststellen lässt. Sogar der Körper selbst kann in diese Messungen und die Ergonomie der zu erledigenden *Aufgabe* einbezogen werden: »Die *Ergonomie* hilft uns dabei, die körperliche *Belastung* eines *Arbeitsplatzes* zu *erfassen* und sie in Kilokalorien pro Tag *auszudrücken*. [...] Die *Arbeitsplätze* wurden den *Durchschnittswerten* einzelner *Beschäftigtenkategorien* entsprechend *modifiziert* (Höhe, Verteilung, Sitze).«

Funktion ist ein Begriff, der als räumlicher Zusammenhang und zeitliche Verknüpfung verstanden werden muss, wie es an mechanischen Geräten ersichtlich wird. Die durch die industrielle Größe bewirkte zeitliche Äquivalenz wird besonders deutlich bei solchen Objekten, die sich wie etwa *Programme*, *Pläne* oder *Budgets* dazu eignen, die Zukunft zu managen: »Durch *Anpassung* an die Vorgaben der *Zeitplanung* integriert man das *Programm* in den *Plan* sowie die *Arbeits-* und *Investitionsbudgets.*« Die Zeitmessgeräte nutzen das regelmäßige Funktionieren industrieller Objekte und vermitteln der Welt der Industrie eine Vorstellung von der Zeit, die durchaus an die Topographie dieser Welt erinnert und in der man sich reibungslos nach vorne oder retrospektiv nach hinten versetzen kann.

Mit *Programmplanungen* und *Zeitplänen* wird es möglich, periodische *Zwischenberichte* zu erstellen sowie einzelne *Etappen*, *Phasen* und einen *Abschluss* vorzuzeichnen. Umgekehrt stellt die Durchgestaltung der Zeit dem Handeln Orientierungsmarken in Form von *Zielvorgaben* und *Aufgaben* zur Verfügung.

Die Untersuchung der Objekte der industriellen Welt macht die Möglichkeit eines *Kalküls* verständlich, was allerdings voraussetzt, dass man die gewöhnlich eingenommene Perspektive umdreht, wonach dieses Kalkül nur die Ausübung einer mentalen Fähigkeit von vernunftbegabten Wesen darstellt. Die Definitions- und Messinstrumente fassen die Handlungssituation als ein *Problem*, das zur Formulierung von *Hypothesen* führt und nach einer *Lösung* verlangt. Die Verbindung von *Elementen* und *Segmenten*, die durch *Zerlegung* der *Komplexität* des *Universums* gewonnen werden, lässt sich mittels mathematischer Verknüpfungen herstellen, da die Berechnung auf *quantifizierbaren Variablen* beruht: »Das *Inventar* der *Probleme* und alternativen *Problemlösungen* wird einer *methodisch* durchgeführten *Wirtschaftlichkeitsprüfung* unterzogen, anhand deren Ergebnissen sich die verschiedenen *Annahmen* über Verbesserungsmöglichkeiten *beziffern* lassen.«

Fortschritt (Investition) Investition, Dynamik.

Der *Fortschritt* stellt den für die Welt der Industrie typischen Investitionsmodus dar. Er ist mit der Durchführung einer Investition (im klassischen Wortsinn) assoziiert, die den »an Zeit und Geld bemessen hohen [...] Preis der *Aufwendungen*« und die von ihnen *garantierte »mittelfristige Rentabilität«* gegeneinander abwägt: »*Investitionen* machen den Weg frei für neue *Entwicklungen.*« Die industrielle Größe verlangt diese *Dynamik*, damit man nicht überholt wird und um vermeiden zu können, dass »die gegenwärtige *Organisation* in *Zukunft* nicht mehr *angemessen* wäre«. Die zeitliche Ausrichtung ergibt sich unter Bezugnahme auf die Zukunft (wie es an den Investitionsentscheidungen und Optimierungsüberlegungen mittels *»backward induction«* deutlich wird), was in deutlichem Gegensatz zu der in der häuslichen Ordnung vorherrschenden zeitlichen Orientierung an der Vergangenheit steht.

Es sei angemerkt, dass die Rentabilitätsrechnungen von Investitionen, wenn sie noch der Zinsentwicklung Rechnung tragen, die Zwänge des Finanzmarktes mit einbeziehen, der nicht der industriellen Ordnung angehört.

Beherrschen (Größenverhältnis)

Technische Beherrschung kennzeichnet das Größenverhältnis, in dem, was groß ist, einschließt, was klein ist. Das Wort *Verantwortung* ist hier nicht ganz eindeutig, da sich damit auch das in der häuslichen Ordnung anzutreffende Verhältnis bezeichnen lässt. Die industrielle Verantwortlichkeit der Großen impliziert jedoch nicht, dass die Kleinen seiner Macht unterstehen und ihm Respekt schulden. Die ausgeübte Kontrolle besteht nur darin, für sie weniger komplexe Aktionen vorzusehen und sie in einen umfassenderen Gesamtplan einzubinden. Der Große steht mit dem Kleinen insbesondere dadurch im Verhältnis, dass ihm aufgrund seiner *Kontrolle* über die *Zukunft* eine »*Verantwortlichkeit* für die Produktion zukommt«: »Die *Zukunft* exakt zu *bestimmen*, um sie *beherrschen* zu können, ist für die *Geschäftsführung* der *Fabrik* eine *unerlässliche Aufgabe.*«

Funktionieren (Relationen)
In Betrieb nehmen, Getriebe, abhängig (von etwas sein), Räderwerk, interagieren, benötigen, bedingen, notwendig(e) (Beziehung), integrieren, organisieren, kontrollieren, stabilisieren, anordnen, vorsehen, ansiedeln, anpassen, ausfindig machen, analysieren, Rechnung (tragen), bestimmen, herausstellen, messen, formalisieren, standardisieren, optimieren, lösen, behandeln.

Natürliche Beziehungen sind hier jene, die das geregelte *Funktionieren* der Wesen in der industriellen Natur bewerkstelligen. Sie sind damit also von den Eigenschaften der schon identifizierten Objekte abhängig.

Sie setzen in erster Linie *Produktionsfaktoren in Gang*, die als *Strukturen* oder *Systeme* organisiert sind, die aus *aufeinander abgestimmten Räderwerken*, *Getrieben* oder *Interaktionen* bestehen. Die funktionalen Verbindungen werden entsprechend dessen, was nötig und erforderlich ist, hergestellt. Die ebenso *unerlässlichen* wie *unerbittlichen* Erfordernisse werden zu *Zwängen*, die die Handlung *bedingen* und denen man daher *Rechnung tragen* muss. Die Personen selbst werden *in Abhängigkeit* der von ihnen *ausgeübten*, mehr oder weniger *komplexen Kompetenzen integriert*: »Jede *Hierarchieebene* übernimmt selbst, was nicht an eine *niedrigere Ebene delegiert* werden kann; sie verfügt dagegen über *effiziente Kontrollinstrumente.*«

Die funktionalen Beziehungen der industriellen Welt weisen eine zeitliche *Stabilität* auf, die sich für das Erstellen von *Prognosen* als günstig erweist: »Die *Produktionseinheit* als Ganzes gilt als ein ziemlich *stabiles* und gut *beherrschbares* Universum.« Die Anordnung der in einer industriellen Anlage installierten Wesen geht Hand in Hand mit der Planung ihres Betriebs, mit Verfahren zur Stabilisierung, die in der Produktion besonders auf Lagerhaltung beruhen.

Die Ansiedlung einer Industrieanlage setzt eine *Gestaltung* der Umwelt, *Anpassungen* und *Neudefinitionen* voraus: »Das allgemeine Programm ist auf jedes besondere *Feld ausgerichtet*, all seine *Umsetzungsphasen* werden den diesem *Feld* eigenen *Merkmalen angepasst*, wobei der *allgemeine* Rahmen beibehalten bleibt.« *Industrielles* Handeln erfordert eine *korrekte* Sicht des Raumes, in dem das Problem sitzt. Dies geschieht, indem die relevanten Elemente *ausfindig gemacht*, *entdeckt*, *identifiziert*, *gemessen*, *analysiert* oder *zerlegt* werden. Ebenso werden die Ergebnisse des Handelns anhand der *Spuren*, die sie in diesem Raum hinterlassen, festgehalten. Vom Raum zur *Klasse* bahnt der Kode den Weg. Mit Hilfe von *Standardisierungs-* und *Formalisierungsverfahren* kann die Welt anhand von *numerischen* Daten betrachtet werden, die sich *aufbereiten*, kumulieren und *addieren* lassen.

Die Beschreibung der für die industrielle Welt konstitutiven Dimensionen der Zeit und des Raumes verdeutlicht, dass sich eine *Optimierung* nur in der Umgebung von Wesen derselben Natur erreichen lässt. Die rationale Optimierung bildet keine Fortsetzung der unmittelbaren Befriedigung eines Wunsches in Ausweitung einer marktförmigen

Koordinierung. Tatsächlich stößt die zeitliche Ausdehnung des Optimierungskriteriums, die der ökonomischen Theorie zufolge über eine Optimierung der Erwartung des antizipierten Nutzens verläuft, auf handfeste Schwierigkeiten. Diese resultieren aus der Einführung von Irreversibilitäten, die der Investitionsentscheidung inhärent sind (Favereau, Valeur d'option).

Die Harmonie der industriellen Ordnung zeigt sich in der *Organisation* eines *Systems* beziehungsweise einer *Struktur*, in der jedes Wesen eine bestimmte Funktion hat, kurzum in »einem durch Einsatz von Technik vorhersehbaren Universum«: »Es kommt zu keinerlei groben *Funktionsstörungen*, alle *Räder* der *Organisation greifen* reibungslos *ineinander.*« Das Gleichgewicht ist freilich nicht statisch (was dann rasch einen *überholten* Zustand bewirken würde), sondern dynamisch; es ist *Wachstum*, *Expansion*.

Organisation (Konstellationen) System.

Will man diese Organisation einer Prüfung unterziehen, muss zunächst *kontrolliert* werden, ob die Dinge wie vorgesehen funktionieren, ob die Lösung des Problems *realistisch* ist. Sobald die *Entscheidung* getroffen, die Anlage *installiert*, das Projekt *lanciert* und der Mechanismus *in Gang gesetzt* ist, wird man aufgrund einer *Leistungs*bewertung anhand der erzielten *Wirkungen* ein Urteil über den Gang der Dinge fällen. Man sieht, ob alles *korrekt funktioniert* und *betriebsbereit* ist, ob »es gut läuft«. Funktioniert alles, dann kann das zu einer Neuausrichtung der *Hierarchie* der *Funktionen* führen: »Das *Qualifikationsniveau* für die *Aufgaben entwickelt sich* entgegen der ursprünglichen *Hierarchie* der *Funktionen*. Die Vorbereitung erfährt aufgrund der *Automatisierung* eine zunehmende *Dequalifizierung*.«

Test (Prüfung) Lancierung, Einführung, Ingangsetzung, Durchführung, Verwirklichung.

Die Prüfung ist zugleich Anlass für die Entdeckung neuer Objekte. Die bereits erwähnten Messvorrichtungen tragen ihren Teil dazu bei, indem sie zeitliche und räumliche Äquivalenzen festlegen und die Umstellung auf *Serien* bewirken. Sie erlauben es, ausgehend von *Häufigkeiten* Gesetzmäßigkeiten aufzustellen sowie *Unwägbarkeiten* dadurch einzudämmen, dass *wahrscheinliche* Beziehungen auf der Basis von *Durchschnittswerten* bestimmt werden.

Effizient (Urteil) Korrekt, betriebsbereit, funktionsfähig.

Die Prüfung beruht auf einer zeitlichen Regelmäßigkeit, auf der Wiederholung von methodisch durchgeführten

Messung (Evidenz)

Messungen. Neue *Ursachen*, neue *Faktoren*, die *Auswirkungen* haben könnten, werden im Verlauf der Prüfungen identifiziert.

Das instrumentelle Handeln (Niedergang) Die Menschen wie Dinge behandeln.

Die für das Menschsein charakteristische Würde gerät in der Welt der Industrie in Gefahr, wenn die Menschen wie Dinge behandelt werden. Die Größe der Objekte und der hergestellten Arrangements kann mit dieser Würde so sehr durcheinandergeraten, dass die Grenzen des Menschseins verschwimmen. Wenn sie keinen Prüfungen mehr ausgesetzt und vor dem Risiko der Kontingenzen geschützt ist, die die Ordnung der Kompetenzen infrage stellen und neue Objekte entstehen lassen könnten, kann die industrielle Größe zu jener monumentalen Ordnung erstarren, welche die Technikkritik gewöhnlich in den schwärzesten Farben ausmalt.

Vierter Teil
Die Kritik

VII Der Konflikt zwischen den Welten und die Infragestellung des Urteils

Enthüllung

Indem wir nachvollzogen haben, wie Objektbestände in eine kohärente Welt Einzug halten, die bis dahin nur aus der Perspektive formaler Theorien der politischen Philosophie als Gemeinwesen begriffen wurden, konnten wir sehen, wie die verschiedenen Beurteilungen in den Prüfungen zur Deckung kommen und dadurch einen empirischen Bezug gewinnen. Allerdings waren an den bisher untersuchten Prüfungen nur Wesen beteiligt, die zu ein und derselben Welt gehören. Was passiert nun, wenn Personen und Wesen aus verschiedenen Welten gemeinsam zu einer Prüfung antreten? Und wie gestaltet sich ganz allgemein das Verhältnis zwischen verschiedenen Welten? Auf der Suche nach einer Antwort darauf haben wir die Situation natürlichen Einvernehmens hinter uns gelassen und uns neuartigen Konstellationen zugewandt. Zunächst untersuchen wir im Rahmen von Situationen der Uneinigkeit die verschiedenen Figuren der Kritik, im darauffolgenden Teil dann die besondere Form der Rückkehr zur Einigkeit, die wir Kompromiss nennen wollen.

Die Probleme, die sich durch das Aufeinanderstoßen verschiedener Welten ergeben, lassen sich nicht einfach beiseiteschieben, indem man die verschiedenen Welten und die in ihnen geltenden Größen mit verschiedenen Personen, Kulturen oder Milieus in Verbindung bringt. Nach diesem Muster hat die klassische Soziologie das Verhältnis von Werten und Gruppen behandelt. Die Zuordnung von Personen zu Welten liefe darauf hinaus, sie fix mit einer bestimmten Form von Größe zu verbinden, was den Gerechtigkeitsprinzipien widerspräche, die dem Modell der Rechtfertigungsordnung zugrunde liegen. Eine der Grundannahmen unseres Vorgehens besteht dagegen darin, dass menschliche Wesen sich im Gegensatz zu den Objekten in unterschiedlichen Welten verwirklichen können. Wir möchten hier also der Möglichkeit nachgehen, dass sie trotz der Vielfalt an verfügbaren Einigungsprinzipien durchaus legitime Einigungen erzielen können. Dabei wollen wir allerdings keinem Werterelativismus das Wort reden oder diese Prinzipien bestimmten Personen oder Personengruppen zuschreiben, was ja durchaus ein gangbarer Weg wäre, um den dabei auftretenden Schwierigkeiten aus dem Weg gehen. Diese letztere Möglichkeit ließe zudem die Frage nach dem Zustandekommen von Einigungen ohne Antwort. Gehörten die verschiedenen Personen verschiedenen Welten an oder entsprächen den verschiedenen Welten unterschiedliche Gruppen, dann würden sich die Menschen einander gegenüber indifferent zeigen (wie im Naturzustand in seiner Rousseau'schen Version) und kein Gemeinwesen bilden können. Es würde ihnen nie und nimmer gelingen, sich auf ein übergeordnetes Prinzip zu einigen, dem die jeweilige Situation unterliegt. Jede Prüfung würde sogleich in einen endlosen Streit ausarten.

Welten dürfen also nicht mit Gruppen in Verbindung gebracht werden, sondern nur mit Arrangements von Objekten. Diese Arrangements charakterisieren die verschiedenen Situationen, in denen Personen handeln und dabei diese Objekte ins Spiel bringen. In einer differenzierten Gesellschaft trifft eine Person zwangsläufig jeden Tag auf Situationen, die zu ganz klar voneinander geschiedenen Welten gehören. Sie muss sie erkennen und sich darauf einstellen können. Jede differenzierte Gesellschaft kann in dem Sinne als »komplex« bezeichnet werden, als ihre Mitglieder die nötige Kompetenz besitzen müssen, die Natur einer Situation identifizieren und sich durch Situationen bewegen zu können, die unterschiedlichen Welten angehören. Da die Gerechtigkeitsprinzipien nicht unmittelbar miteinander kompatibel sind, führt ihr Zusammentreffen in ein und demselben Raum unweigerlich zu Spannungen, die nach einer Auflösung verlangen. Ansonsten könnte keine Handlung normal weiterlaufen. Ein noch so inspirierter Künstler kann sich nicht in jeder Situation von der Inspiration des Augenblicks leiten lassen; wenn er nicht für verrückt erklärt werden will, muss er sich beim Postamt wie ein normaler Kunde benehmen. Genauso wenig sind Akteure, deren berufliches Universum ganz in der Welt der Industrie – mit ihren Werkshallen, Konstruktionsbüros oder Baustellen – aufgeht, nicht ein für alle Mal an die Natur der Industrie gefesselt. Ganz im Gegenteil müssen sie damit klarkommen, dass sie sogar während der Arbeit in Situationen geraten, in denen Objekte und Größen einer anderen Welt zur Entfaltung kommen, etwa der Welt der Inspiration, um nur ein Beispiel zu nehmen, das mit der industriellen Ordnung besonders wenig kompatibel zu sein scheint. Manche Widerstandsformen der Arbeiterschaft (Sabel, Work and Politics; Lüdtke, Lohn, Pausen, Neckereien), die mit den Anforderungen an industrielle Größe eigentlich gar nicht zu vereinbaren sind und die Form physischer Glanzleistungen oder körperlicher Gewalt annehmen können, sind genauso wie die für die klassische Askesebewegung typischen Übungen der Selbstkasteiung allesamt Versuche, Größe zu erlangen, die der Inspiration entspringen.

Unser Untersuchungsrahmen unterscheidet sich hierin von solchen Paradigmen, die eine Steuerung durch ein zuvor im Innern der Einzelpersonen verankertes Programm annehmen. Woher auch immer dieses Programm kommen und wie auch immer seine Verankerung in der Person vonstatten gehen mag, seine Funktion besteht jedenfalls darin, die Identität des Subjekts aufrechtzuerhalten. Das geschieht diesen Paradigmen zufolge über eine Art Automatismus, der die Wiederholung von Verhaltensweisen sicherstellt, die sich unabhängig von der jeweiligen Situation irgendwie in Harmonie miteinander befinden. Unser Ansatz zielt dagegen darauf, im Hinblick auf das Handeln der Personen ein Moment von Unsicherheit zu bewahren, dem unserer Auffassung nach unbedingt ein Platz in einem Modell zukommen sollte, das menschliches Verhalten erklären will. Auch wenn die Spielräume aufgrund des Arrangements der jeweiligen Situation recht beschränkt bleiben, lässt ein Modell, das mehrere Welten vorsieht, den Akteuren doch die Option, sich einer Prüfung zu entziehen. Unter Berufung auf ein äußeres Prinzip können sie ihre Gültigkeit bestreiten oder gar durch das Heranziehen einer in einer anderen Welt gültigen Prüfung die Situation auf den Kopf stellen. Es schließt damit die Möglichkeit der Kritik ein, die in deterministischen Theoriekonstruktionen keine Berücksichtigung findet.

Bei der Untersuchung der Kompetenz, die für eine Gesellschaft, in der es eine Vielfalt von Einigungsprinzipien gibt, notwendig ist, wollen wir zunächst mit Situationen beginnen, in denen Wesen vorkommen, die für unterschiedliche Welten relevant sein können. Unter diesen hybriden Situationen interessiert uns in erster Linie ein ganz bestimmter Typ von Meinungsverschiedenheiten, nämlich jene, in denen, im Unterschied zu den im vorangegangenen Kapitel untersuchten Streitigkeiten, Personen, die das Ergebnis einer Prüfung anfechten, sich nicht damit begnügen, die Wirkung widriger Umstände anzuführen, um ihre Annullierung und nochmalige Durchführung zu fordern. Um ihren Einspruch zu untermauern, bringen sie Wesen in die für sie nachteilige Situation ein, die nicht zu der Welt gehören, in der die Prüfung eigentlich angesiedelt sein müsste, um Gültigkeit beanspruchen zu können. Sie versuchen also, Wesen einer anderen Natur zur Geltung zu bringen, deren Einmischung fremde Größen in die Prüfung einführt. Dadurch verliert sie aber ihre Gültigkeit. Dieser Vorgang der *Enthüllung* erweitert das Spektrum an möglichen Unstimmigkeiten, das in einem Modell, das nur eine Welt vorsieht, aufgrund der Unmöglichkeit, Argumente zu erzeugen, denen andere Prinzipien zugrunde liegen als diejenigen, welche die vorliegende Situation regeln, beschränkt ist.

Zur Durchführung dieser Enthüllung müssen aus dem Drumherum der Prüfung diejenigen Wesen herausgegriffen werden, die nicht der vorliegenden Natur angehören. Wird die Gültigkeit der Prüfung nicht bestritten, dann gehen diese Wesen in der Kontingenz unter. Sie sind zwar da, allerdings nur schemenhaft, ohne Gegenstand einer eindeutigen Identifizierung zu sein, etwa so wie belangloses *Zeugs*, das nur rein zufällig vorhanden ist. Sie beeinträchtigen also in keinerlei Weise die Ordnung der Größen zwischen den vorhandenen Wesen. Das Familienfoto auf dem Schreibtisch eines Unternehmers ist ohne Belang für die Situation, in der er vor einem Angestellten sitzt, den er entlassen wird. Es kann weiterhin kontingent bleiben und keinerlei Einfluss haben auf das, was gerade verhandelt wird, etwa ein in Ausübung des Berufs begangenen Fehler. Es kann aber auch so ins Spiel gebracht werden, dass eine andere Welt und ein häusliches Prinzip in der Situation auftaucht, dessen Berücksichtigung die Härte des Verdikts etwas abmildern könnte: »Ich hab' doch auch Kinder!« Dieser Appell an das billigende Ermessen wäre schwieriger vorzubringen, wenn sich keinerlei Objekt in Reichweite befände, das ihn stützte. Die Enthüllung liegt also vor, wenn jemand aus den Umständen unbestimmte Dinge herausgreift und damit der Kontingenz entreißt (»Es ist doch kein Zufall, dass ...«), indem er geltend macht, dass es in der Prüfung sehr wohl eine Rolle spielt. Es ist also von Belang, insofern es aus einer anderen Natur stammt und eine andere Welt zum Auftauchen bringt: Der Situation geht dadurch ihre Natürlichkeit verloren.

Die Personen können sich dem Zugriff einer Situation entziehen und die Gültigkeit der Prüfung infrage stellen, weil sie sich, insofern sie potentiell jeder Welt angehören, *ablenken* lassen können. Wären sie wie die Dinge an eine einzige Welt gebunden, könnten sie unbestimmte Dinge gar nicht wiedererkennen und dem umliegenden Chaos entreißen. Diese fremden Wesen können darüber hinaus auch mehr oder weniger *ablenkend* sein, und je mehr Lärm sie machen und dadurch in der gegenwärtigen Situation Unruhe stiften, umso leichter kann man sich ihrer bemächtigen und sie in die Prüfung hineinziehen.

Selbst wenn gerade kein Objekt aus einer anderen Natur greifbar ist, kann die Prüfung von den Personen zum Entgleisen gebracht werden. Sie müssen dazu an sich selbst die nötigen Veränderungen vornehmen, um den Erfordernissen einer fremden Welt zu entsprechen. Der Bürgermeister, der seine Schärpe angelegt hat (staatsbürgerliche Person), der

Unternehmer, der mit Bauträgern über Geschäfte spricht (industrielle Person) und der aus einer in der Region heimischen guten Familie stammende älteste Sohn, der mit Freunden oder Verwandten zu Mittag isst (häusliche Person) – alle teilen sie denselben Körper und weisen Identifizierungsmerkmale auf, anhand deren die drei Personen sich zu einer einzigen zusammenfassen lassen. Nun könnte sich jemand von der vom Bürgermeister abgehaltenen staatsbürgerlichen Zeremonie distanzieren und die »von dessen Freunden arrangierte« Wahl als Betrug enthüllen; er könnte behaupten, dass das alles nur inszeniert wurde, »um private Interessen zu bedienen«, und auf die Anwesenheit eines Honoratioren im Gewande der Amtsperson hinweisen. Dieser Klarblick setzte jedoch voraus, dass der Denunziant selbst seinen Zustand geändert hat: Wäre er nur in seiner Eigenschaft als staatsbürgerliches Wesen (etwa als Gemeinderat) anwesend, dann würde er nicht die Zeichen heimlichen Einverständnisses wahrnehmen, die der Bürgermeister gegenüber den städtischen Honoratioren äußert. Um ihre Relevanz erfassen und sie zur Geltung bringen zu können, muss er sich von der staatsbürgerlichen Prüfung, an der er teilnimmt, lösen und in die häusliche Natur versetzen, beispielsweise weil er der Person des Bürgermeisters persönlich untersteht und aufgrund seiner Situation Wind von einigen Geschichten aus dessen Privatbereich bekommen hat (die als solche von der staatsbürgerlichen Welt aus als schäbig, kleinlich, unpassend oder gar illegal und skandalös angesehen werden). Indem er sich auf seinen eigenen Körper stützt, der sich an einer in der Situation nicht anwesenden Welt orientiert, kann er sich ohne Hilfe von irgendjemandem oder irgendetwas der gerade laufenden Prüfung entziehen, um sie von außen zu betrachten und zu beurteilen.

Wir wollen nun einige typische Fälle untersuchen, bei denen das Wissen um die Existenz anderer Welten dazu führt, dass es zu mangelndem Einverständnis auch bezüglich der Prüfung selbst kommen kann. Zuerst wollen wir solche Fälle analysieren, in denen auf andere Welten nicht Bezug genommen wird, um die Richtigkeit der Prüfung oder das Prinzip, auf dem sie beruht, infrage zu stellen. Gerade deren Gültigkeit soll dadurch bestätigt werden, dass die Voraussetzungen ihrer Durchführung, die allein infrage gestellt werden, nochmals geklärt werden.

Danach stellen wir noch radikalere Situationen vor, in denen das Vorhandensein von Wesen einer anderen Natur genutzt wird, um das Prinzip der Prüfung grundsätzlich in Zweifel zu ziehen und die Situation auf den Kopf zu stellen. Das geschieht, indem anstelle der laufenden Prüfung eine in einer anderen Welt geltende Prüfung durchgeführt wird. Allein in diesem letzteren Fall wird der Akt der Enthüllung bis zum Ende durchgezogen. Mit Hilfe dieser Konstellation lassen sich zwei Schritte dieses Vorgangs in Zusammenhang bringen: Der erste besteht darin, die einer anderen Natur zugehörigen Wesen ausfindig zu machen, deren geheime Anwesenheit die Prüfung verdirbt. In diesem Zuge werden Ansprüche der Gemeinnützigkeit auseinandergenommen und des Eigennutzes überführt (Enthüllen im Sinne einer Demaskierung des falschen Scheins); auf diesen folgt dann ein zweiter Schritt, der darin besteht, das Gemeinwohl eines anderen Gemeinwesens zur Geltung zu bringen (Enthüllen in dem Sinne, dass die wahre Größe zur Geltung gebracht wird). Diese Kehrtwende wird durch den Gebrauch einer Konjunktion kenntlich gemacht, welche die Enthüllung der Wirklichkeit an das Zutagefördern einer Entschlossenheit koppelt, die bis dahin verborgen geblieben ist: »Tatsächlich«, »in Wirklichkeit«, »um ehrlich zu sein«, »was man ... nennt«, »was man als ... bezeichnet« (»was man als Wirklichkeit bezeichnet«), »ist nur«, »liegt zugrunde«, »unter dem Vorwand von« und so weiter.

Die Ursachen von Meinungsverschiedenheiten und die Übertragung von Größen

Da sie ja mit mehreren Welten vertraut sind, können die Personen die Gültigkeit von Prüfungen infrage stellen, denen sie sich zu unterziehen haben. Dabei sind sie aber nicht auf eine Kritik an der Verteilung der Größen beschränkt. Aufgrund der Vertrautheit mit diesen Welten kann jemand die Gültigkeit der Prüfung überhaupt bestreiten, indem er aufzeigt, dass sie durch das Vorhandensein von Wesen einer anderen Natur beeinträchtigt wird oder dass Objekte der Welt, zu der sie gehört, gar nicht vorhanden sind. Für eine gültige Durchführung der Prüfung muss daher eine neue, bereinigte Situation arrangiert werden, aus der die fremden Wesen entfernt worden sind, so dass schließlich ein reibungsloser Ablauf der Prüfung gewährleistet ist. Diese Reinigung verlangt, dass Wesen zum Einsatz kommen, die eindeutiger zu der Welt gehören, auf der die Prüfung beruht, und zudem mehr Größe aufweisen. Das ist etwa der Fall, wenn jemand in eine Prüfung staatsbürgerlicher Art eine Amtsperson hinzuzieht. Stellen wir uns folgendes Szenario vor: Zwei Reisende streiten sich um einen Sitzplatz im Zug, den sie beide reserviert zu haben behaupten. Die Situation ist mit einigem Aufwand ausgestattet: Es gibt nummerierte Plätze, Fahrkarten, einen Aushang der

Beförderungsbedingungen. Um nicht handgreiflich zu werden, begeben sie sich weiter in die staatsbürgerliche Natur hinein und zeigen dem Schaffner ihre Fahrkarten, ihre Platzreservierungen, ihre Ausweise, die vielleicht noch einen privilegierten Status (etwa als Rentner, Kriegsbeschädigter) anzeigen, und so weiter.

Das Infragestellen der Gültigkeit der Prüfung stützt sich stets auf die Aufdeckung mangelnder Übereinstimmung zwischen dem Zustand, in dem sich die in der Prüfungssituation stehenden Personen befinden, und der Natur der Objekte, deren Relevanz für die Situation sie deutlich machen müssen. Dieses Infragestellen kann nun auf zweierlei Weise vonstattengehen: Jemand kann zeigen, dass eine Prüfung ungerecht ist, weil die zu ihrer Durchführung nötigen Objekte fehlen. Vom Grundsatz her wird die Prüfung zwar als gültig angesehen, an der Umsetzung hapert es jedoch. In diesem Fall könnte man sagen, dass es sich um eine Scheinprüfung handelt. Wir sprechen dann von einer Annullierung wegen fehlender Objekte. Jemand könnte aber auch behaupten, dass eine Prüfung ungerecht ist, weil sie Objekte berücksichtigt, die einer anderen Natur angehören. Auch hier wieder wird die Prüfung dem Grundsatz nach als gültig angesehen, aber ihre Durchführung muss strenger kontrolliert werden, etwa durch die Entfernung der für Verwirrung sorgenden fremden Wesen. In diesem letzteren Beispiel tauchen nun zwei neue Möglichkeiten auf. Jemand kann zum einen Kritik üben an der Art und Weise, wie die Größe der Personen beurteilt wurde, indem er nachweist, dass in dieses Urteil auch die Fähigkeit der Personen eingeht, Objekte zur Geltung zu bringen, die gar nicht der Welt angehören, in der die Prüfung sich abspielt. Entweder haben sie diese Objekte mit sich geführt oder den Umständen entnommen (Bezichtigung der *Übertragung einer Größe*). Über eine Person, deren Größe zu Unrecht überbewertet wurde, lässt sich dann behaupten, sie sei in den Genuss von »Privilegien« gekommen. Umgekehrt lässt sich möglicherweise nachweisen, dass die Unzulänglichkeit in einer anderen Welt einer Person wider Willen in die Prüfung gefolgt ist und ihre Leistung beeinträchtigt hat. In diesem Fall wird man sagen, dass die Ausgangsbedingungen für die Prüfung der Person nicht gerecht gewesen sind, weil sie an einer »Behinderung« leidet. Man wird deshalb diese Konstellation umgekehrt als *Übertragung einer Unzulänglichkeit* anprangern.

Untersuchen wir einmal etwas genauer den ersten Typ von Anschuldigung: Man zieht die Gültigkeit der Prüfung in Zweifel, da die Objekte, auf die es bei der Überprüfung der Größe ankäme, nicht intakt oder schlicht gar nicht vorhanden sind. Die Welt, auf der die Prüfung beruht, war in der betreffenden Situation nicht gänzlich entfaltet, die Personen hatten nicht die Möglichkeit, zum Beweis anzutreten und zu zeigen, wozu sie wirklich imstande sind. Diese verfälschte Prüfung mindert ihre Größe im Verhältnis zu anderen Personen, bei denen die Ausgangsbedingungen für die Prüfung gegeben waren. Folglich wäre es ungerecht, sie für ihr Versagen verantwortlich zu machen. Um überzeugend zu sein, muss die Prüfung unter annehmbaren Bedingungen wiederholt werden, was bedeutet, dass die vorhandenen Objekte auch adäquat sind. Genau diese Art von Argument wird vorgebracht, wenn etwa eine niedrige Wahlbeteiligung nicht auf das mangelnde demokratische Bewusstsein der Bürger zurückgeführt wird, sondern auf eine ungenügende Entfaltung der staatsbürgerlichen Natur, die für den demokratischen Ausdruck der Souveränität des Volkes hinderlich gewesen ist (beispielsweise, wenn das Aufsuchen der Wahllokale behindert wird, ein körperliches Risiko darstellt oder die Anonymität bei der Stimmabgabe nicht gewährleistet ist); des Weiteren, wenn man zeigt, dass die von aus Dritte-Welt-Staaten stammenden Führungskräften und Ingenieuren erzielten schlechten Resultate nicht einem Mangel an rationalem Handlungsvermögen zuzuschreiben sind, sondern daher rühren, dass sie vor Situationen industrieller Prüfung gestellt wurden, in denen es ihnen mangels geeigneter Objekte (Rohmaterial von schlechter Qualität, Informationsdefizite und so weiter) schlichtweg nicht möglich war, die industrielle Welt zur Entfaltung zu bringen.

Untersuchen wir nun den zweiten Typ von Anschuldigungen näher: Hierfür sollten wir ein wenig genauer als bisher auf die Fähigkeiten eingehen, die den Menschen in einem Modell, das mehrere Welten umfasst, zugeschrieben werden. Wir sollten uns daran erinnern, dass die Menschen alternativ in jeder von diesen Welten sein können und dass sie ausgehend von einer Welt andere Welten erkennen können (was die Möglichkeit für eine Enthüllung eröffnet). Diese zweite Eigenheit folgt nicht direkt aus der ersten. Es wäre auch ein Universum vorstellbar, in dem die Menschen sukzessive in zu verschiedenen Welten gehörende Situationen geführt würden, ohne dass sie zugleich Kenntnis aller anderen Welten hätten und folglich auch kein Bewusstsein von dieser Vielfalt besäßen (was beispielsweise auf Hysteriker zutrifft). Doch ein derartiges Universum böte, abgesehen davon, dass es der Alltagserfahrung der normalen Menschen völlig widerspricht, keinerlei Ansatzpunkt für eine Beschreibung. Wenn die Gültigkeit der Prüfung infrage gestellt wird, beschuldigt man die Personen, sich auf eine laufende Prüfung eingelassen zu haben, ohne sich zuvor aus einer Prüfung in einer anderen Natur gelöst zu haben. Die Prüfung ist nicht gerecht, weil die Personen sich dabei nicht alle in angemessenem Zustand beteiligt haben. Manche von ihnen tragen nämlich noch eine anderweitig erworbene Größe mit sich. Die Verteilung der Größe auf die Personen entspricht folglich nicht der Schwere des Opfers, zu dem sie sich bereit erklärt haben. Man kann dann den Vorwurf äußern, dass ihnen ein Privileg »unter Ansehen der Person« eingeräumt wurde. Die Enthüllung läuft darauf hinaus, das Vorhandensein dieser fremden Welt offenzulegen, ohne allerdings die Sachdienlichkeit der Prüfung an sich in Zweifel zu ziehen. Vielmehr geht es ihr darum, deren Irregularitäten offenzulegen und zu fordern, dass die Situation geklärt werde, um die Prüfung dann in gültiger Form zu wiederholen. Diese Figur wollen wir als *Voreingenommenheit* bezeichnen: Man wirft den Personen vor, sie kümmerten sich noch um Objekte, die in einer anderen Welt Gültigkeit haben, anstatt in der gegenwärtigen Welt wirklich ganz bei der Sache zu sein. Während sie sich noch um andere Größen sorgen, sind sie noch nicht in dem für die Prüfung erforderlichen Zustand. Sie schleppen diejenigen Wesen mit ein, von denen sie eingenommen sind, und diese können nun wieder von anderen Personen aufgegriffen werden, die mit ihnen diese Voreingenommenheit teilen. Voreingenommenheit ist daher der allgemeinste Ausdruck für die Übertragung einer Welt in eine andere. Die Übertragung einer Größe und die Übertragung einer Unzulänglichkeit werden als ungerecht empfunden, weil sie darauf beruhen, dass die Größe der Person anhaftet, so als ob sie dem Wesen nach eins wären.

Es sei angemerkt, dass diese Figur der Voreingenommenheit stets kontrovers ist. Sie stützt sich nämlich auf eine Interpretation des Zustands der Personen, die Anlass zu Protest geben kann. Im Verlauf einer Meinungsverschiedenheit könnte die für voreingenommen gehaltene Person diese Beschuldigung von sich weisen und behaupten, sie entbehre jeglicher Grundlage: Gewiss ist der Student, der eine Prüfung ablegt, reich, aber weder hat er noch der Prüfer auf seinen Reichtum Bezug genommen. Allein seine Kenntnisse wurden beurteilt. Die Beschuldigung muss, um nicht völlig unhaltbar zu sein, auf das Vorhandensein von dem Markt zugehörigen Objekten, Zeichen des Reichtums (also Dinge, die mit der Prüfung nichts zu tun haben) abheben und belegen, dass der Student darauf Bezug genommen hat, um gut anzukommen. Sie muss ebenfalls zeigen, dass der Prüfer durchaus Augen für diese Übertragung von Größe hatte (wäre das nicht so, hätte es keinerlei Einfluss auf die Beurteilung gehabt) und sich durch die Zeichen von Reichtum hat ablenken lassen. Das wiederum legt nahe, dass er nicht weniger als der Prüfungskandidat voreingenommen ist vom Vorhandensein von Objekten, die Personen in der Welt des Marktes Größe verleihen. Wäre er in der Prüfung voll bei der Sache gewesen, dann hätte er gegenüber den teuren Kleidern (Größe des Marktes) und den tadellosen Manieren (Größe des Hauses) des Prüflings die Augen verschlossen und sie während der Prüfung als bedeutungslose Nebensächlichkeiten abgetan. Er hätte den Wert des Prüflings genau ermessen, indem er nur dessen Qualitäten in der industriellen Welt, der Arbeit, der Regelmäßigkeit, der Kompetenz und so weiter Berücksichtigung geschenkt hätte. Die Möglichkeit, dass die Gültigkeit der Prüfung infrage gestellt wird, hat daher zur Folge, dass die Rechtfertigung anspruchsvoller wird und das Opfer, das man zu bringen bereit ist, explizit gemacht wird, was ohne den Stachel der Kritik stillschweigend vorausgesetzt gewesen wäre. Die Kritik trägt insofern dazu bei, dass die Großen um ihre eigene Größe wissen. Sie müssen sie beständig rechtfertigen, um gegenüber den Anschuldigungen gewappnet zu sein, die darauf abzielen, die Prüfungen, in denen sie sich ausgezeichnet haben, infrage zu stellen.

Man kann ebenso aber auch gegen das Verdikt einer Prüfung angehen. Dazu betont man nicht etwa die Vorzüge, welche die Übertragung einer Größe für die (privilegierten) Großen nach sich zieht, sondern die Nachteile, unter denen die Kleinen zu leiden haben. In diesem Fall wird man behaupten, dass die Prüfung nicht korrekt sei, insofern sie von der Unzulänglichkeit derer beeinträchtigt wird, denen es in einer anderen Welt an Größe fehlt, und dass diese *Übertragung von Unzulänglichkeit* dazu führt, ihren Wert auch in der gegenwärtigen Welt herabzumindern (Behinderung). Eine solche Konstellation liegt in dem Fall vor, dass jemand mildernde Umstände geltend machen will und eine Beurteilung als angemessen erklärt, welche diese Behinderung berücksichtigt: Eine Arbeiterin kommt zu spät zur Arbeit. Die gegen sie verhängte Sanktion wird aufgehoben, als man erfährt, dass sie alleinerziehend ist und derzeit ein krankes Kind zu versorgen hat. Die Kolleginnen werden sagen, dass ihr Vorgesetzter sich gerecht beziehungsweise »human« verhalten hat, als er die mildernden Umstände hat gelten lassen. Doch im Verlauf der Meinungsverschiedenheit kann diese Beurteilung natürlich auch in Zweifel gezogen werden. Die Nachsicht des gerechten Chefs kann von jemandem als »falsche Nachsicht« »Schwäche«, »Schlaffheit« oder »Günstlingswirtschaft« bezeichnet, also ihrerseits als ungerechter Ausdruck der Privatinteressen des Chefs gegenüber der Arbeiterin entlarvt werden (da sie ja die Ergebnisse der Prüfung in Mitleidenschaft zieht). Diese Kritik müsste, um glaubwürdig zu sein, das Vorhandensein von

Objekten der häuslichen Natur wie verwandtschaftliche oder nachbarschaftliche Beziehungen geltend machen. Bei der Übertragung einer Unzulänglichkeit werden die aus einer anderen Natur stammenden Dinge, die die Geltung von Objekten in der gegenwärtigen Welt verhindern, als eine auf den Personen lastende Bürde behandelt. Ein billigendes Urteil berücksichtigt diese Belastung bei der Bewertung des gebrachten Opfers. Man wird diese Belastung also über einen Ausgleich zu neutralisieren suchen, der dem Maß der Behinderung Rechnung trägt. Zur Wiedergutmachung einer Ungerechtigkeit und um den »Benachteiligten« noch eine Chance zu geben, könnte jemand den Vorschlag machen, die Belastung durch eine Korrekturmaßnahme (Umverteilung, ein zusätzliches Bildungsangebot und so weiter) zu mildern. Wie bei der Übertragung einer Größe lässt sich in diesem Fall die Meinungsverschiedenheit ausräumen und eine Einigung erzielen, indem man eine verfeinerte Prüfung durchführt, die dann auch für gerechter gehalten wird. Die Bestimmtheit gegenüber den Großen und die den Kleinen gegenüber geübte Nachsicht werfen den Maßstab für Größe über den Haufen und lassen nur noch den geringstmöglichen Abstand zwischen Großen und Kleinen übrig. Dass die Urteile übereinkommen, worin dieser als natürlich angesehene Mindestabstand besteht, beruht auf Billigkeit.

Der Konflikt und die Anprangerung

In den bisher untersuchten Fällen herrschte eine Meinungsverschiedenheit hinsichtlich der Frage, ob eine Prüfung rein beziehungsweise korrekt ist, und folglich, ob eine Notwendigkeit zur Klärung besteht oder nicht. Doch die Welt, die in der jeweiligen Situation zur Entfaltung kam, stand in keinem der Fälle infrage. Damit kann es sich aber auch ganz anders verhalten. Ist eine Einigung über die Art und Weise, wie eine gültige Prüfung aussehen soll, nicht möglich, führt dies zu einer Konfrontation zwischen zwei Welten. Das wiederum eröffnet die Möglichkeit, die Klärung der Prüfung in der einen oder anderen dieser beiden Welten vorzunehmen. Gesetzt den Fall, die Wiederherstellung von Einigkeit setzt die Durchführung einer als gültig anerkannten nochmaligen Prüfung voraus, dann trägt alles, was der erneuten Durchführung der Prüfung entgegensteht (etwa wenn das Verdikt der Prüfung der Person anhaftet) oder ihre Bereinigung behindert, dazu bei, den Zwist hinauszuziehen. Die Partei, die sich benachteiligt fühlt, kann in legitimer Weise Protest anmelden, wenn sie den Beweis erbringen kann, dass sich die Ungerechtigkeit durch die Durchführung einer neuen Prüfung wiedergutmachen ließe. Das Fortbestehen der Uneinigkeit markiert dann den Beginn einer weiteren Etappe, in deren Verlauf die der Legitimität der Prüfung zugrunde liegende Realität des Gemeinwohls selbst bestritten wird. Das mangelnde Einverständnis bezieht sich dann nicht nur auf das Ergebnis der Prüfung und die Verteilung der Größenzustände, sondern auch auf das Prinzip, das ihre Durchführung regeln soll, sowie die Welt, in der sie durchgeführt werden soll.

Bei dem dann ausbrechenden *Konflikt* herrscht nicht mehr nur Uneinigkeit über den Zusammenhang zwischen der Schwere des Opfers und der Verteilung der Größen. Die Kritik am Verhältnis zwischen dem von der Person gebrachten Opfer und dem ihr zukommenden Rang (die Großen haben den von ihnen eingenommenen Platz nicht verdient, da sie in den Genuss von Privilegien gekommen sind; in Wirklichkeit haben sie gar nicht das Opfer gebracht, das sie zur Begründung ihres Ranges anführen) beinhaltet zugleich auch die völlige Infragestellung des als reine Selbstzufriedenheit angeprangerten Gemeinwohls, die im Gegensatz zu anderen Rechtfertigungsprinzipien steht: Die vermeintlich Großen verfolgen gar nicht das Gemeinwohl, sondern ihren eigenen Vorteil; ihr Reichtum ist nicht die Voraussetzung für das Wohl aller, er dient nur ihrem eigenen Wohlergehen; die von ihnen verrichtete Arbeit dient nicht dem Gemeinwohl, sondern nur ihrer Eitelkeit oder ihren persönlichen Ambitionen, und so weiter. Beim Konflikt herrscht Uneinigkeit also nicht mehr nur hinsichtlich der Größe der vorhandenen Wesen, sondern auch hinsichtlich der Identifizierung der relevanten wie der bedeutungslosen Wesen, und damit hinsichtlich der wahren Natur der Situation, der *Wirklichkeit* und des Gemeinwohls, auf die sich im Bemühen um Einigung Bezug nehmen lässt. Ziel ist also nicht die Wiederholung der Prüfung durch die Abschaffung der Privilegien und Behinderungen in reinerer und gerechterer Form, sondern die Entmystifizierung der Prüfung als solcher. Dahinter steht die Absicht, die Angelegenheit auf ihr eigentliches Gebiet zu verlagern und eine andere Prüfung einzurichten, die in der alternativen Welt als gültig angesehen wird.

Zu diesem Umschlagen einer Meinungsverschiedenheit in einen grundsätzlichen Konflikt über die Natur des Gemeinwohls kommt es, wenn die Beteiligten zu Verfahren greifen, mit denen sich die Reinheit der Prüfung bestreiten lässt. Um die Gültigkeit der Prüfung anfechten und zeigen zu können, dass sie durch das Vorhandensein von Wesen, die ihrer wahren Natur fremd sind, in Mitleidenschaft gezogen wird, müssen diese nachgewiesen werden. Es ist herauszustellen, dass diese Nebensächlichkeiten durchaus von Bedeutung sind und darum anzuprangern, ans Tageslicht zu bringen und dort genau zu bestimmen sind, um schließlich deren Beseitigung zu verlangen. Doch sobald eine der anwesenden Parteien die Nebensächlichkeiten durch Zuordnung zu einer anderen Form von Gemeinwohl identifiziert hat, können sie nicht mehr einfach so links liegengelassen werden. Sie müssen dann entweder der gegenwärtigen Welt zugewiesen werden, wo sie klein sind, indem es mit Hilfe von Begriffen charakterisiert wird, mit denen man normalerweise die bedauernswertesten Wesen bezeichnet, oder man trägt ihrer Größe Rechnung, wodurch die gesamte Situation auf den Kopf gestellt wird. Diesen Vorgang – die sogenannten Großen sind nur die Kleinen der gegenwärtigen Welt –, der sich zunächst noch mit der Enthüllung deckt (hinter der falschen Größe verbirgt sich nur Unzulänglichkeit), nennen wir *Kritik*. Die Kritik wird durch Operatoren wie »eigentlich«, »in Wirklichkeit«, »sind doch nur« und so weiter verknüpft. Der Konflikt, im Verlauf dessen mehrere unvereinbare Gerechtigkeitsprinzipien miteinander in Konkurrenz treten, schließt daher auch die Möglichkeit mehrerer verschiedener Prüfungen ein. Der Streit um die »Wettbewerbsfähigkeit der öffentlichen Dienste« kann beispielsweise auf zwei verschiedene Prüfungen hinauslaufen, von denen die eine *staatsbürgerlicher* Natur ist, die andere der Welt des *Marktes* angehört. Zwischen den Beteiligten herrscht also Uneinigkeit hinsichtlich der Welt, in der die Prüfung stattfinden soll, damit sie legitim ist. Der Konflikt stellt daher einen notwendigerweise instabilen Moment im Verlauf der Meinungsverschiedenheit dar. An der Supermarktkasse würde das Anführen eines für alle geltenden Rechts auf Zugang zu sämtlichen Gütern die marktförmige Prüfung durch Diebstahl ad absurdum führen; am Schalter eines Postamts würde eine Bezugnahme auf die Kaufkraft des Nutzers dem Gerechtigkeitsanspruch des öffentlichen Dienstes schaden. Um den Konflikt zu entwirren, darf man in der Tat nur auf eine einzige Prüfung zurückgreifen, sei es, dass man die Situation auf den Kopf stellt und damit einen Wechsel der Natur vollzieht – darauf zielt ja die Kritik ab (das vermeintlich »öffentliche« Interesse ist in Wirklichkeit nur die Ansammlung von Kunden, die ihre eigenen Interessen verfolgen; umgekehrt ist der sogenannte »Kunde« in Wirklichkeit ein Bürger, der einen Anspruch auf die Leistungen eines allen offenstehenden öffentlichen Dienstes hat) – oder dass man die nebensächlichen Dinge, auf die die Enthüllung Bezug nahm, entfernt, um eine erneute Prüfung in ihrer ursprünglichen Welt anzustreben. Die Enthüllung kann in der Tat auch dazu dienen, die für Verwirrung sorgenden Objekte der fremden Natur auszuschalten und die Voraussetzungen für eine Prüfung wiederherzustellen, hinsichtlich deren eine Übereinstimmung der Urteile möglich ist.

Ob die Kritik mehr oder weniger explizit geäußert wird, hängt von der Heftigkeit des Disputs ab. Solange er in Grenzen bleibt, lässt sich die Kritik nicht gänzlich unter Bezugnahme auf ein Prinzip klären. Formen der Distanzierung, wie Ironie, Hyperbel oder Litotes, die durch übertriebene Sinnumkehrung, Erhöhung oder Verminderung der Größen das der Situation zugrunde liegende Bewertungsprinzip in Misskredit bringen, machen den Weg frei für die Bezugnahme auf alternative Größen. Genauso verhält es sich mit den »Äußerungen der Demut« (ein grotesker Kompromiss zwischen der Inspiration und der öffentlichen Meinung, auf den praktisch nur in kritischer Absicht Bezug genommen wird, etwa wenn man von »ostentativer Demut« spricht) oder der Selbstverunglimpfung. Diese Figuren sind erste Andeutungen von Kritik. Die Selbstverunglimpfung besteht darin, sich mit Attributen zu versehen, die unter Bezugnahme auf alternative Formen der Ermittlung der Größe das bezeichnen, was wertlos und unzulänglich ist. Das läuft darauf hinaus, dass man sogar Größen anprangert, die man erklärtermaßen nicht hat, hier also im Wesentlichen das Renommee und den Reichtum.[32] In einer natürlichen Situation rühmt sich freilich niemand damit, klein zu sein. Niemand kann sich auf seine Mängel, die ihn in der ge-

32 Rousseau greift auf diese Denkfigur in zahlreichen Passagen seiner »Bekenntnisse« zurück, um den Ruhm und den Reichtum zu geißeln. Das ist beispielsweise in der Erzählung der »Erleuchtung von Vincennes« der Fall, die in den Bereich der Inspiration gehört. Davon zeugen nicht nur der jähe Gefühlsausbruch, welcher der Abfassung des »Second discours« vorangeht, sondern auch die Beschreibung der Art und Weise, wie er zustande kam: »Ich arbeitete an meiner Abhandlung in einer recht eigentümlichen Weise, die ich jedoch bei der Abfassung all meiner anderen Werke fast immer beibehalten habe. Ich widmete ihr nämlich die schlaflosen Stunden meiner Nächte. Ich sann mit geschlossenen Augen in meinem Bette nach, drehte und wandte die Sätze in meinem Kopfe unter unglaublichen Qualen um und um, und wenn sie dann endlich Gestalt angenommen hatten, die mich befriedigte, legte ich sie gewissermaßen, bis ich sie zu Papier bringen konnte, in meinem Gedächtnis nieder; während ich mich jedoch erhob und ankleidete, verflog alles, und wenn ich dann vor einem Papier saß, fiel mir fast nichts mehr von alledem ein, was ich kurz vorher geformt hatte.« Um diese außerordentlich inspirierte Szene bildlich einzurahmen, schiebt Rousseau die alternativen Größen beiseite, indem er stolz seine Einsamkeit und Armut geltend macht: Er marschiert zu Fuß bei »ungewöhnlicher Hitze«, da er »nicht in der Lage [ist], einen Wagen zu nehmen« (Rousseau, Bekenntnisse, S. 493–495).

genwärtigen Welt herabsetzen, etwas zugute halten, ohne seine Würde zu verlieren. Sich eines Mangels zu rühmen, setzt notwendigerweise einen externen Bezugspunkt voraus. Wenn diese »Umkehrung des werthesetzenden Blicks« (Nietzsche, Genealogie der Moral, S. 271) implizit bleibt, dann liegt das vor, was Nietzsche als »Ressentiment« angeprangert hat. Die einfache Tatsache, dass man sich nicht wie selbstverständlich auf eine Situation einlässt, dass man sie neutral von außen betrachtet, nicht mit den anderen dabei mittun will und doch als Unbeteiligter irgendwie dabei ist, ist faktisch eine Kritik (eine Kategorie, zu der die inspirierten Gesten gehören), die durch das Bloßlegen der Faktizität der Situation Verwirrung und Scham erzeugt. Eine Feier unter Kollegen, ein Umtrunk anlässlich des Ausscheidens eines Kollegen erfordern von den Beteiligten einen Wechsel des Zustands. Sie sollen für den Moment die industriellen Größen sein lassen und sich den häuslichen Größen zuwenden, was manchmal sehr schwer zu bewerkstelligen ist, wenn das am Arbeitsort geschehen soll. Manche werden nicht mittrinken, Späße machen oder tanzen wollen. Stattdessen verdrücken sie sich in eine Ecke, reden von der Arbeit oder betrachten die Szene mit dem abwesenden Blick von inspirierten Idioten.

Die Monstrosität von hybriden Settings

Da die Kritik am Vorhandensein von Wesen aus einer anderen Welt ansetzt, hängt die Möglichkeit des Rückgriffs auf diese Welt davon ab, wie die »Ausstattung« der Situation beschaffen ist. Insbesondere eignen sich hierfür *Situationen, in denen es drunter und drüber geht*, deren hybrides Setting den Personen Dinge zur Verfügung stellt, die verschiedenen Welten angehören und sich in eine Prüfung einbringen lassen. Die Unbestimmtheit solcher Konglomerate löst bei den Beteiligten das Gefühl von Betretenheit und Unruhe aus, wenn sie sich in einer Prüfung befinden. Sie haben aus dem Angebot an disparaten Ressourcen Objekte auszuwählen und sie zusammenzufügen, um eine Kohärenz zu erreichen und zu verhindern, dass die Situation in die Brüche geht. Die Koexistenz von Objekten unterschiedlicher Herkunft lässt jedoch verschiedene Ausgestaltungsmöglichkeiten offen und führt zu Ungewissheit hinsichtlich der Natur der gerade laufenden Prüfung und insbesondere hinsichtlich des Zustandes, in dem sich die beteiligten Personen befinden. Sämtliche Beteiligte sind zunächst einmal von fragwürdigem Charakter. Sie alle haben etwas Verstörendes an sich und an ihrer Beteiligung an mehreren Naturen zugleich lässt sich jederzeit Kritik üben. Stellen wir uns beispielsweise eine offizielle Kommission vor, die über Projekte entscheiden soll. Nur eine kleine Anzahl davon soll ausgewählt werden. Die Anordnung weist staatsbürgerliche Elemente (die Szene spielt sich in einem Ministerium ab) sowie Messinstrumente industrieller (Machbarkeit und Nutzen des Vorhabens) und marktmäßiger (Projektkosten) Natur auf. In die Zusammenkünfte dieser Kommission, deren Mitglieder sich persönlich kennen, sich duzen, über dieses und jenes miteinander plaudern, wodurch die Situation tendenziell zu einer häuslichen Prüfung gerät, schleichen sich jedoch ständig auch die Größen des Renommees (sind die anwesenden Personen bekannt?) und der Inspiration (haben sie gewisse Gaben und verfügen sie über Vorstellungskraft?) mit ein.

Um deutlich zu machen, wie verquer diese Zusammenstellungen von Wesen sind, die verschiedenen Welten angehören, kann man sie direkt beobachten oder auch den Berichten entnehmen, die Menschen von solchen Situationen abliefern, in denen sie sich nicht ganz wohl fühlten. Die in Form von eingängigen typischen Geschichten gesammelten peinlichen Szenen lassen sich gut erzählen. Ihre Wirkung und das von ihnen ausgelöste Interesse verdanken sich nicht allein den damit zusammenhängenden Emotionen, sondern auch dem Umstand, dass sie sich in stilisierter Form mit den Spannungen zwischen den Welten befassen, die sich in den von den verschiedenen Personen erzählten Versionen einander gegenüberstellen lassen. Derart wird es den Personen möglich, ihre Erfahrungen miteinander zu teilen. Man kann solche Szenen aber auch durch die Kombination von aus verschiedenen Welten stammenden Personen, Objekten und Beziehungsformen künstlich erzeugen. Solche Kunstgebilde können besser noch als markante Anekdoten aus dem Alltagsleben den alltäglichen Gerechtigkeitssinn offenlegen. Das einfache Vertauschen von zu zwei unterschiedlichen Welten gehörigen Beziehungsformen und Objekten genügt beispielsweise schon, um wahre Ungetüme zu erzeugen: den Beschäftigten ein Flugblatt (staatsbürgerlich) (wie ein Geschenk) überreichen (häuslich); seinen Großeltern (häuslich) Blumensträuße (häuslich) aushändigen (staatsbürgerlich). Das Austauschen erzeugt einen Missklang zwischen den Größen: Der Gewerkschaftsangehörige, der Flugblätter verteilt, als ob es sich dabei um persönliche Gegenstände handelt, repräsentiert nicht mehr das Allgemeininteresse; das Kind, das Blumensträuße austeilt, als ob es anonyme Gegenstände wären, lässt es an Achtung gegenüber den Großeltern fehlen. Zur künstlichen Erzeugung von solchen Chimären, wie die Biologen zu im Labor geschaffenen Zwitterwesen sagen, ziehen wir die zur Beschreibung der Welten erstellten Inventarlisten heran. Wir können damit Berichte über hybride Szenen rekonstruieren und ermessen, wie sehr uns solche verwirrenden Sätze von dem Gefühl selbstverständlicher Fülle entfernen, das wir bei der Betrachtung der Gemälde empfunden haben, die uns ins Herz einer jeden dieser Welten geführt hatte.

Betrachten wir etwa folgende Situationen, die, wie wohl jeder intuitiv zugestehen wird, alle etwas Schräges oder Verstörendes an sich haben:
– um die Aufmerksamkeit seiner Kinder auf sich zu ziehen, präsentiert der Vater zu Hause ein gutes Bild seiner Fähigkeit, Ziele zu erreichen;
– der Sekretär des Büros der Gewerkschaftssektion erscheint plötzlich auf dem Kongresspodium, wo er mit Leidenschaft das Wort ergreift, dabei seiner Phantasie freien Lauf lässt, ungewöhnliche Wortspiele macht, um schließlich alles wieder infrage zu stellen;
– ein Betriebsmitarbeiter überreicht dem Experten ein Geschenk, der in die Werkshalle gekommen ist, um die Produktionsleistung der seiner Verantwortung unterstehenden Maschine zu messen, und bittet ihn um ein Empfehlungsschreiben für seinen Sohn, der ein sehr gut erzogener, aber arbeitsloser Informatiker ist.

Alle drei Szenen, Collagen von Elementen aus unserer Beschreibung der Welten, stellen eine für ihre Akteure verwirrende und verstörende Situation dar, in der sie sich nicht wohl fühlen können. Die erste von ihnen kombiniert Elemente aus der häuslichen Welt (ein Vater und seine Kinder), der Welt der Meinung (die Aufmerksamkeit auf sich ziehen, ein gutes Image verbreiten) und der industriellen Welt (Fähigkeit ein Ziel zu erreichen). Warum empfindet man sie als so verstörend? Die Aufmerksamkeit auf sich zu ziehen oder ein Markenimage zu wahren, gehört nicht zu der Art von Beziehung, die ein Vater mit seinen Kindern pflegen sollte. Gegenüber seinen Kindern sollte ein Vater vielmehr seine (häusliche) Autorität und Aufmerksamkeit unter Beweis stellen, statt sich ihnen gegenüber wie ein Schauspieler zu seinem Publikum zu verhalten. Aufmerksamkeit zu erregen ist eine Verhaltensweise, die in der Welt des Hauses die minderwertigen Wesen kennzeichnet: schlecht erzogene Kinder tun das beispielsweise. Andererseits spricht ein Vater daheim bei seiner Familie nicht von der Arbeit und seinen beruflichen Fähigkeiten. Er wird keine Begriffe benutzen, die so direkt zur industriellen Welt gehören, um sich in den Augen seiner Angehörigen größer zu machen (wenn er meint, sich durch eine so verquere Übertragung von Größe aufwerten zu müssen, legt das nahe, dass er bezüglich der häuslichen Größe eigentlich minderwertig ist). Diese alles andere als eindeutige Prüfung entspricht keiner der Welten, zu denen die in der Szene vorkommenden Wesen gehören.

Die zweite Szene ist nicht weniger verstörend, entspricht jedoch schon eher den Szenen, wie sie in Romanen vorkommen könnten. Sie kombiniert Elemente aus der staatsbürgerlichen Welt (Sekretär, Büro, Podium, Kongress, das Wort ergreifen) und der Welt der Inspiration (erscheinen, Leidenschaft, Phantasie, Wortspiele, ungewöhnlich, alles infrage stellen). Der Repräsentant der Kollektivperson exponiert sich in der Öffentlichkeit mit dem, was an ihm einzigartig ist. Ein solches Verhalten, das in der Natur des Hauses schon unschicklich wäre, ist hier gleich ganz und gar skandalös. Wie es häufig der Fall ist, wenn ein solches gemischtes Setting zahlreiche Elemente aus der inspirierten Natur beinhaltet, vermittelt diese Szene eine Vorstellung davon, was man »einen Moment des Wahnsinns« nennt.

In der dritten Szene sind Elemente der häuslichen Welt (ein Geschenk machen, um ein Empfehlungsschreiben bitten, Sohn, gut erzogen) in eine industrielle Situation (Betriebspersonal, Werkshalle, Experte, Fertigungskapazität, Maschine, Informatiker, Arbeitslosigkeit) eingefügt, wobei die Verantwortung in die eine wie die andere Welt gehören könnte.

Für jede dieser Szenen, die für verschiedene Prüfungen offenstehen, sind unterschiedliche Lösungen denkbar, die auf eine Klärung in einer einzigen Welt hinauslaufen. Die Kinder aus der ersten Geschichte versuchen ihrerseits die väterliche Aufmerksamkeit zu erheischen, indem sie lauter als er reden und sich damit brüsten, Musikstars zu kennen (Klärung in der Welt der Meinung); oder sie äußern, peinlich berührt durch sein seltsames Verhalten, respektvoll ihre Missbilligung und ihre Traurigkeit, indem sie schlicht Schweigen wahren (Klärung in der Welt des Hauses). Der wunderliche Gewerkschaftssekretär könnte vom Podium entfernt und wegen seines absonderlichen und regelwidrigen Verhaltens seines Amtes enthoben und aus der Organisation ausgeschlossen werden. Daraufhin könnte der Kongress in gewohnter Weise fortfahren (Klärung in der staatsbürgerlichen Welt). Er könnte aber auch die Zustimmung der spontan in Begeisterung ausbrechenden Versammlung bekommen, was dazu führte, dass jeder seine persönliche Erfahrung vor der gesamten Öffentlichkeit zum Besten gäbe (inspirierte Klärung). Der Experte schließlich könnte die Annahme des Geschenks verweigern und sich stattdessen nur um das Funktionieren der Maschine kümmern (industrielle Klärung). Er könnte jedoch auch seine Messungen abbrechen, um sich den Sorgen seines Freundes zu widmen, und dabei seine gesamte Aufmerksamkeit auf die Probleme des Sohnes richten, dessen ausgezeichnete Bildung ihm bekannt ist. Die Szene würde dann im Café oder zu Hause enden (häusliche Klärung).

Das Arrangieren von stimmigen Situationen

Das Entstehen von Konflikten lässt sich möglicherweise dadurch vermeiden, dass man Situationen *arrangiert*, die *in sich stimmig* sind. Die auf eine Prüfung hin vorbereitete Szene muss im Rahmen einer einzigen Welt kohärent sein. Um die Stimmigkeit der Situationen sicherzustellen, kann man sich nicht völlig auf die beteiligten Personen verlassen, da sie ja durchaus ihre Natur ändern und unterschiedlichen Welten angehören können. Man muss daher ein Arrangement aus natürlichen Objekten vornehmen, mit dem sich die Personen stabilisieren lassen, indem sie mit der in der jeweiligen Situation entfaltete Welt verbunden werden. Diese vorbereitenden Maßnahmen, mit denen das Drumherum durch die Entfernung jener Wesen unter Kontrolle gehalten wird, die sich potentiell störend auf die Situation auswirken könnten, sind für den Forscher in bestimmten Situationen besonders gut fassbar. Das sind Situationen, die explizit auf eine Beurteilung hinauslaufen, nämlich Examen, Gerichtsverhandlungen, Anhörungen und so weiter. Sie zeigen sich aber auch in unterschiedlichem Grad in solchen Engagements, deren Konsequenzen als besonders gewichtig angesehen werden und deren Legitimität daher einwandfrei sein soll.

Dennoch lassen sich selbst aus optimal präparierten Situationen nicht alle fremden Wesen fernhalten. Für den guten Verlauf der Situation ist immer noch das aktive Eingreifen seitens der Beteiligten nötig, so dass sie sich selbst in der jeweils passenden mentalen Einstellung befinden müssen. Die Kohärenz der Prüfung ist nämlich auch von dieser Einstellung abhängig, die von den in der Situation verfügbaren Ressourcen bei den Menschen hervorgerufen wird. Sie müssen diese Einstellung haben, damit sie die in den Geltungsbereich verschiedener Welten gehörenden Wesen richtig einordnen (wie etwa die »Reputation«, die in unterschiedlichen Bedeutungen in häuslichen Zusammenhängen auftreten oder zur Natur der Meinung gehören kann) und sich in die Welt versetzen können, die am ehesten der Situation entspricht. Eine Möglichkeit, zu einer anderen Welt gehörende Wesen, die sich nicht ausschalten lassen, auf die sich aber eine Enthüllung stützen könnte, dennoch ihrer Wirkung zu berauben, besteht darin, sie in die der Situation entsprechende Welt einzubeziehen. Das geschieht freilich um den Preis einer Übersetzung, die sie als klein identifiziert: Lehrer, die den Tag der Inspektion ankündigen, sind faul und unfähig. Das Arrangieren einer Situation im Rahmen einer einzigen Welt geht daher häufig mit der Kritik an den Wesen einher, die in anderen Welten Größe besitzen könnten. In den Ratgebern etwa, die wir im vorangegangenen Kapitel herangezogen haben, um ein Porträt der verschiedenen Welten zu zeichnen, und die nicht nur Hinweise geben, wie man sich in jeder dieser Welten verhält, sondern auch wie man sie stützt und nach außen hin verteidigt, kommt der Kritik die Funktion zu, Äquivalenzen zwischen den Größen anderer Welten und dem Minderwertigen in der gegenwärtigen Welt herzustellen: Das sprudelnde, aufschäumende Wesen der inspirierten Welt ist nur Abschaum in der Welt des Hauses.[33]

---

33 Solche Übersetzungen, in denen ein Vergleich zwischen dem Gemeinwohl der einen Rechtfertigungsordnung und dem, was in einer anderen Welt nur als Sonderwohl ohne jeden Anspruch auf Allgemeinheit und Größe identifiziert wird, vorgenommen wird, lassen sich leichter bewerkstelligen, wenn sich über eine sprachliche Assoziation eine Verbindung ziehen lässt. Bemühen wir nochmals das vorangegangene Beispiel: Unter Bezugnahme auf ein Wortspiel, mit dem sich einmal das Sprudeln der inspirierten Größe (Aufschäumen), ein andermal familiäres Durcheinander (Abschaum) ausdrücken lässt, unter Bezugnahme auf das, was schäumt, was sich durch Einwirkung einer äußeren Ursache dauernd mischt und in Bewegung gehalten wird und was, in Assoziation dazu, mitreißt und durcheinanderbringt, lässt sich eine Umkehrung der Größen vornehmen, die sich nicht so einfach erreichen ließe, wenn man beispielsweise eine Verbindung von »Abschaum« zu »nützlich« oder zu »einsatzbereit« ziehen müsste. Nichts könnte im letzteren Fall der Kritik eine Richtung vorgeben, die dagegen im vorangegangenen Beispiel einer schon in den Worten angelegten assoziativen Verbindung folgen kann: »Was Sie als Abschaum bezeichnen, um es in den Schmutz zu ziehen, ist in Wirklichkeit das Aufschäumen des Genies.«
Was man die Alltagssprache nennt, trägt schon in dem ihr eigentlichen Grundstoff, dem Spiel der Homonyme und Synonyme, Spuren der natürlichen Beziehungen und damit auch der Anprangerungen oder Kompromisse zwischen Naturen. Synonyme und insbesondere abwertende oder anprangernde Wortpaare lassen es oftmals notwendig erscheinen, was in einer Natur eine Eigenschaft von Großen ist, zu reformulieren und auf diese Weise derart abzuqualifizieren, dass es minderwertigen Wesen in einer anderen Natur anhaften kann. Solche Transformationen lassen sich jedoch leichter bewerkstelligen, wenn sie sich auf eine gemeinsame Wurzel, auf eine Homonymie oder eine falsche Etymologie stützen können, also auf das, was man als »häusliche Beziehungen« zwischen den Wörtern bezeichnen könnte. Wenn sich das abwertende Element an eine gemeinsame Wurzel anlehnt, dann fällt eine ganze Wortfamilie in Ungnade oder gerät unter Verdacht. Diese semantischen Beziehungen sind für sich ge-

Selbst die reinsten Situationen sind niemals völlig sicher vor Kritik. Oft bleibt noch ein Durcheinander von fremden Objekten übrig, ein aufdringlicher Radau, der sich durchaus nutzen lässt, wenn man sich der momentan vorliegenden Natur entziehen möchte. Hat man keine zu einer anderen Natur gehörenden Objekte zur Hand, kann man sich stets noch aus eigenen Kräften der gegenwärtigen Welt entziehen. Da Menschen an allen Naturen teilhaben, können sie einer Situation ihre Natürlichkeit nehmen, ohne dabei auf äußere Objekte zurückgreifen zu müssen: Dazu müssen sie sich in diese Situation schlicht als Wesen einbringen, die zu einer anderen Natur gehören. Solche in Personen verkörperte Anprangerungen, die ohne äußere Ressourcen auskommen, erfolgen oft dadurch, dass man in einen zur inspirierten Natur gehörigen Zustand verfällt. Sie springen um so mehr ins Auge, je ausgefallener sie sind, das heißt, je weniger das dabei gewählte Vorgehen der Natur der laufenden Prüfung entspricht: So kann beispielsweise jemand die Arbeiten eines Ausschusses unterbrechen, um unerhörte Ideen zur Rettung der Nation aus der Krise vorzubringen, oder an den Präsidenten der Republik zu schreiben, um sich über die Unterschlagungen eines Nachbarn zu beklagen. Für die Personen, die sie vorbringen, sind sie aber auch besonders riskant, da sie, wenn sie sich auf eine solche Situation total und ohne Rückzugsmöglichkeit einlassen, leicht für verrückt gehalten werden. Sie können sich auch total in die Situation verrennen, falls diese durch ihr Eingreifen infrage gestellte Situation in sich zusammenfällt. Sind keine Objekte vorhanden, auf die er sich stützen könnte, muss derjenige, der die Situation ganz allein auf den Kopf stellen will, in

---

nommen freilich nicht ausreichend, eine Anprangerung zu untermauern, da ihnen keinerlei Begründung zugrunde liegt. Zu sagen, dass jemand »Abschaum« sei, ist schlicht eine Beleidigung, solange man keine Verbindung zwischen dieser Aussage und einer der Situation zugrunde liegenden Hierarchie der Größen herstellen kann – beispielsweise nimmt die betreffende Person an einer demokratischen Debatte teil, in der leidenschaftsloses Reden die Regel ist. Diese semantischen Verbindungen können aber dazu beitragen, den Impuls zur Rechtfertigung bei seiner Suche nach einem begründenden Prinzip zu unterstützen oder zu orientieren. Eine Ausnahme bildet allerdings die inspirierte Natur, in der das Spiel der Homonyme und Synonyme und die sprachlichen Assoziationen, die sich als die Handschrift des Schöpfers tragende Offenbarungen oder als Ausdruck einer im tiefsten Unbewussten wurzelnden Authentizität lesen lassen, das Prinzip der Prüfung selbst darstellen. Sie sind die Belege *par excellence*, da die unendliche Zahl möglicher Sinnbezüge, welche die Sprache birgt, der unerschöpfliche Quell, aus dessen Reichtum Poesie und Mystik schöpfen, hier die höchste Form von Allgemeinheit bildet.

seiner Person die Natur zusammenbringen, in die er die Prüfung übergehen lassen will, und durch diesen Akt das übergeordnete Prinzip gegenwärtig machen. Er stürzt sich *blindlings* in ein Vorhaben, dessen Authentizität durch das körperliche Risiko verbürgt wird, wie wir das schon am Beispiel der Märtyrer sehen konnten. Die Größe, auf die Bezug genommen wird, verschmilzt mit der Größe der Person, die sich für das Maß aller Dinge hält. Womöglich stellt dieser »Größenwahn« vielleicht die allerletzte Möglichkeit dar, eine stimmige und konsistente Situation zu erschüttern.

Während eines von einem bekannten Orchesterchef, der aus einem Land kommt, in dem die Menschenrechte mit Füßen getreten werden, in Paris gegebenen Konzerts springt ein Besucher auf die Bühne und unterbricht die Aufführung des Werkes, um die Befreiung eines politischen Gefangenen zu fordern. Er stürzt sich als Person, als Bürger, der für eine Angelegenheit von kollektiver Bedeutung eintritt, in ein Manöver der Klärung (»in Wirklichkeit«). Dadurch will er das, was wirklich von Belang ist – nämlich das Leiden des Häftlings –, enthüllen und die musikalische Darbietung in die Kontingenz verweisen: Dieses Konzert darf nicht mehr unter künstlerischen Gesichtspunkten beurteilt werden; die Zuhörer decken »in Wirklichkeit« ein politisches Propagandamanöver, das sich den schönen Schein einer künstlerischen Darbietung gibt. Die Denunziation zielt darauf ab, dem Publikum den »wahren« Sinn seiner Teilnahme an dem Spektakel bewusst zu machen, es *umzukehren*, das heißt, eine Zuhörerschaft, die in der Natur der Meinung (es wurde durch die Berühmtheit des Orchesterleiters an diesen Ort gelockt) existiert, in eine der staatsbürgerlichen Natur zugehörige öffentliche Meinung zu verwandeln, die in dieser Eigenschaft als ein solidarisches Kollektiv in Erscheinung tritt. Derjenige, der allein und nur auf die Kraft seines Wortes, seiner Stimme, seines Körpers und seiner Überzeugung gestützt diese Umkehrung in Angriff nimmt, hat keinerlei Garantie für das Gelingen seines Vorhabens; es könnte sich als deplatziert, ja gar als anormal abtun lassen. Völlig anders würde es sich verhalten, wenn die Situation Wesen enthielte, denen man eine staatsbürgerliche Natur unterstellen würde, also die Teilnahme von Persönlichkeiten des öffentlichen Lebens oder die Erwähnung der Feier anlässlich eines Jahrestags oder eines Kulturabkommens auf dem Programm. Der von jemandem allein vollzogene Akt der Klärung erfordert den Einsatz der gesamten Person mit ihrer Überzeugung und ihrer leidenschaftlichen Wahrheitsliebe. Daher hat er stets auch etwas Inspiriertes an sich. Der Akt ist hoffnungslos, wenn er nicht unmittelbar von anderen mitgetragen wird, die in derselben Absicht gekommen sind, vor allem aber von einer »Ausstattung«, die aufdringlich genug ist, um beim verblüfften Publikum einen Wandel des Zustands auszulösen: Zuschauer (Meinung), die sich als politische Aktivisten (staatsbürgerlich) entpuppen, schwingen Transparente, rufen von den Rängen aus im Chor Parolen und so weiter. Dass es überhaupt gelingt, die anwesenden Personen vom Konzert abzulenken und der Situation eine Wendung zu geben, um sie dem Erfordernis kollektiver Solidarität zu unterwerfen, hängt auch von dem Zustand ab, in dem sie sich befinden. Je stärker die Personen noch im Nachklang einer vorausgegangenen Situation gefangen sind, die zu einer anderen Natur gehört, die sie aber noch nicht ganz losgelassen hat, desto höher ist auch die Wahrscheinlichkeit, dass es gelingt. Voreingenommene Personen, die nicht ganz bei der Sache sind und nur darauf warten, dass sich eine andere Natur einstellt, lassen sich leicht dadurch ablenken, dass die Situation in die Natur überführt wird, auf die sich ihre Voreingenommenheit richtet.[34] Deshalb werden im Falle des Konzerts die Störer der Situation leichter eine Wendung geben können, wenn sich die Anwesenden nicht völlig dem Musikgenuss hingeben, nicht ganz bei der Sache sind und innerlich von einem Zustand eingenommen bleiben, der mit einem anderen Engagement zusammenhängt, wie dies etwa der Fall wäre, wenn in einer Zeit politischer Wirren die Straßen voll von Demonstranten sind.

---

34 Während des Mai 68 war es möglich, das Publikum eines Theaters abzulenken und es von künstlerischem Ruhm auf Staatsbürgerlichkeit umschwenken zu lassen, da die Menschen von den Ereignissen völlig eingenommen waren und nicht von ihren Sorgen als Staatsbürger lassen konnten, die durch den von den Straßen hereindringenden Lärm der Masse permanent in ihnen wachgerufen wurden. Ein solches Arrangement findet häufig in Theaterstücken Verwendung, um eine Dichte zu erreichen, mit der sich die Aktivität, der sich die Schauspieler auf der Bühne hingeben, als von der »Realität« abgehoben und künstlich anprangern lässt. In »Le Balcon« von Genet wirkt der Lärm der Menge hinter den Fensterläden wie eine Anklage auf das geschlossene Universum, die wohlige Verdorbenheit des Bordells, in dem die Großen ihre Größe aufführen, und legt so die Nichtigkeit der Sketche bloß, die von der Realität der von außen hereindringenden Schreie gestört werden.

Das Humane an einem auf Billigkeit beruhenden Urteil

Die Möglichkeit, sich dem Zugriff der Situation zu entziehen, kann zu einem billigen Urteil führen, welches das Intervenieren fremder Größen in die Natur der Prüfung entlarvt, ebenso aber auch (mittels der Übertragung von Größen) zu einer Ungerechtigkeit, einer Unbilligkeit. Ein Urteil gilt als billig, wenn es die Existenz von Welten berücksichtigt, die der Natur der Prüfung eigentlich äußerlich sind. Nur ein auf Personen gerichtetes Urteil kann als billig bezeichnet werden. Den Gegensatz zu »unmenschlichen« Verdikten, die der strikten Anwendung eines Gerechtigkeitsprinzips entspringen, bilden »humane« Urteile, die von der *Klugheit* inspiriert sind. Letztere tragen den Eigenschaften Rechnung, durch die sich die menschlichen Personen im Modell der Rechtfertigungsordnung auszeichnen, nämlich dass sie alle vor der Prüfung potentiell gleiche Zugangsmöglichkeiten zu allen Größenzuständen haben und an allen Welten teilhaben können. Indem sie diese Möglichkeit ins Spiel bringen, verleihen die Menschen ihrer Würde Ausdruck. Dies wird etwa am Beispiel der minderwertigen Wesen deutlich. Für den Fall, dass die Prüfung für sie ständig ungünstig ausgeht (was einem Modell nahe kommt, in dem die Größenzustände den Personen anhaften), können sie dadurch der Verzweiflung entgehen, dass sie unter Protest die Gültigkeit der Prüfung bestreiten und sich durch Unaufmerksamkeit, Ironie, Radau oder Spektakel, lauter Dinge, die die Bedeutung der Großen lächerlich machen, dem Zugriff der Situation entziehen. Dass diese Möglichkeit gegeben ist, ist freilich keine Selbstverständlichkeit. Selbst wenn ihr Engagement ungewisser ist als das der Großen, können sich die Kleinen nicht ohne dass ihnen dabei etwas entgeht den privilegierten Augenblicken entziehen. In diesen Augenblicken profitieren sie nämlich von ihrer Zugehörigkeit zu einem Gemeinwesen und ihrer Teilhabe am allgemeinen Glück. Als an einer natürlichen Situation Beteiligte können sie andererseits auch nicht kühl kalkulierend ihr gegenwärtiges Elend und die Vorteile, die ihnen eine Wendung der Situation bringen könnte, gegeneinander abwägen. Es existiert nämlich kein äußerer und über allen Welten stehender archimedischer Punkt, von dem aus sich die Vielfalt an Gerechtigkeiten wie eine Palette von gleichermaßen offenen Wahlmöglichkeiten quasi von oben herab betrachten ließe.

Die Fähigkeit, sich dem Einfluss der Situation zu entziehen, ist für die Großen in nicht geringerem Maße notwendig. Um nicht als unmenschlich zu gelten, müssen sie offenbleiben und den Panzer sprengen können, der sie an die Prüfungen bindet, in denen sich ihre Größe zeigt. Wer

Größe hat, muss stets ganz bei der Sache sein, ohne sich vom Drumherum ablenken zu lassen. Er tut das, was er machen soll, beispielsweise eine Aufgabe erledigen oder eine Rede halten, und er ist der Letzte, der den von draußen hereindringenden Lärm hört, aus dem Fenster sieht und sich über den Radau beunruhigt. Dagegen kann man über jemanden, der sich nach einem Todesfall sorglos und in größter Ruhe völlig seiner augenblicklichen Aufgabe widmet, sagen, dass er ganz Herr seiner selbst ist; genauso gut aber auch, dass diese Selbstbeherrschung schon etwas Unmenschliches an sich hat. So wie eine Mechanik wieder in Gang kommt, wird er reaktiviert und fühlt sich unmittelbar wohl in der Welt, die der Situation entspricht. Die ewige Flucht in alternative Welten, die den Versuch unterminiert, durch permanente Kritik die Last eines immerwährenden Elends aufzuheben, hat ihr Pendant im Versteinern in einer starren Größe, der unbedingten Identifikation mit den Objekten der gegenwärtigen Welt.

Der freie Wille: imstande sein, die Augen zu schließen oder offen zu halten

Zur Vervollständigung des Modells der Kompetenzen muss noch der Fähigkeit, sich von einer Situation zu lösen und sich einer Prüfung zu entziehen, Rechnung getragen werden. Diese Fähigkeit kann in einem Modell, das mehrere Welten vorsieht, als eine *Weltklugheit* bezeichnet werden. Die Berücksichtigung der Vielfalt möglicher Welten ist der Punkt, in dem sich diese Weltklugheit von den in den politischen Philosophien enthaltenen Gerechtigkeitslehren unterscheidet, von denen ausgehend wir eine erste Analyse der unterschiedlichen Äquivalenzprinzipien vorgenommen haben. In einer einzigen Welt, in der die Menschen ohne äußere Bezugspunkte eins wären mit dem, worauf sie sich eingelassen haben, ohne sich davon distanzieren zu können, wäre eine solche Klugheit sinnlos. »Wenn es uns, sobald wir von diesem Leben scheiden, vergönnt wäre, auf den Inseln der Seligen ein unsterbliches, immerwährendes Leben zu verbringen, wie die Legenden erzählen«, sagt der heilige Augustinus, Ciceros »Hortensius« zitierend, »wozu bräuchte man da die [...] Klugheit?« »Einzig durch die Erkenntnis der Natur also wären wir selig und durch die Wissenschaft, um derentwillen allein auch das Leben der Götter zu preisen ist.« (Augustinus, De trinitate, 14.9.12, S. 211) Eine Gerechtigkeit für mehrere Welten setzt also den freien Willen von Personen voraus, die imstande sind, zugleich *die Augen schließen* (um in den

Situationen, in die sie geraten, ganz bei der Sache sein, der Ablenkung widerstehen und sich den Prüfungen unterziehen zu können, die ihnen dabei abverlangt werden) und *die Augen offen zu halten* (um die Gültigkeit der Prüfung bestreiten und die zu anderen Welten gehörenden Wesen erkennen zu können, indem sie sich dem Einfluss der Situation entziehen).

Die Personen, die nicht imstande sind, vollkommen in die Fülle einer Situation einzutauchen, können weder an ihrem Platz bleiben noch sich wirklich engagieren. Ihnen drängt sich permanent belangloses Zeugs auf, ohne dass diejenigen Objekte besonders hervortreten, auf die es bei der Prüfung wirklich ankommt. Sie sind unfähig, von dem, was unwesentlich ist, zu abstrahieren. Sie sind in permanenter Alarmbereitschaft, ständig auf der Hut. Sie können nicht einfach so da sein, ohne ständig Kritik an dem zu üben, was um sie herum vorgeht. Sie sind außerstande, sich zu verwirklichen. Dazu müssten sie einfach in den besonderen Momenten aufgehen, in denen jede dieser Welten ihre eigene Größe entfaltet und der Erfahrung all jener zugänglich wird, die sich nicht ablenken lassen, sondern sich ganz darauf einlassen und völlig bei der Sache sind. Eine solche Wachsamkeit stellt sich vor allem dann ein, wenn die Personen nicht von einer Welt loskommen, in der sie ganz in ihrem Element sind, und die in jeder erdenklichen Situation aufscheint, um darin für Verwirrung zu sorgen. Solche »Charaktere«, die oft als »zu eigensinnig« bezeichnet werden und für die sich nichts aus Zufall ereignet, nehmen keinerlei Notiz von den Umständen und enthüllen in jeder erdenklichen Situation das unterschwellige Wirken genau derselben Ursachen. Ihre Voreingenommenheit von ein und derselben Natur absorbiert sie völlig und bewirkt, dass sie vollkommen dem Menschenbild entsprechen, das eindimensionale Persönlichkeitstheorien entwerfen.

Dennoch macht die Fähigkeit, mittels einer Überprüfung der Authentizität reiner Situationen all das zu erkennen, worauf es ankommt, nicht das ganze Wissen aus. Wollen sie die Gültigkeit einer Prüfung infrage stellen und sie als ungerecht bezichtigen, dann müssen Personen auch in der Lage sein, sich dem Zugriff der Situation zu entziehen, um über ein kritisches Urteil zu Erkenntnissen zu gelangen. Sie müssen also die Augen offen halten für andere Welten und für die Wesen, die deren Präsenz ausmachen. Durch diese Wachsamkeit, durch die einem erst so richtig aufgeht, auf was man bisher gar nicht geachtet hatte, können sich die weltklugen Personen zu Richtern machen über das, worauf es wirklich ankommt und was die Wirklichkeit der Situation ausmacht. Indem sie sich ihrer Fähigkeit bedienen, die Augen zu offen zu halten oder zu verschließen, üben die Personen ihren freien Willen aus. Diese Erfahrung lässt sich in solch außergewöhnlichen Momenten machen, in denen jede dieser Welten, etwa in Zeremonien, in ungewohnt reiner Form zur Entfaltung kommt. Das kann so weit gehen, dass man so etwas wie einen Schwindel und einen Drang zu einem Herausfallen aus der Fülle des Augenblicks, zu einem Versprecher, Schnitzer oder irrem Lachen verspürt.

Die Fähigkeit, die Augen offen zu halten oder zu verschließen, sich von der Natur der Situation ergreifen zu lassen oder sich ihr zu entziehen, wird nicht nur in der Kritik greifbar. Sie ist jedes Mal auch dann am Werk, wenn die Personen den Übergang zwischen Situationen, die zu unterschiedlichen Welten gehören, bewerkstelligen müssen. Und das macht sie in einer komplexen Gesellschaft, die vielfältigste Arrangements vorhält, unerlässlich für den normalen Ablauf des Alltagslebens. Der Übergang von einem natürlichen Zustand in einen anderen lässt sich nicht als eine einfache, quasi mechanische Wirkung der Situation begreifen. Er ist durch die Situation nicht völlig vorherbestimmt und erfordert von den Personen gewisse Vorkehrungen, um die Spuren dessen, was in der vorangegangenen Situation erfahren wurde, aus dem Gedächtnis und dem Körper, den Gedanken und Empfindungen auszuschalten. Um jemanden zu entschuldigen, dem dieser Übergang nicht ganz gelungen ist, beispielsweise nach einer schweren Prüfung, sagt man, dass er noch nicht wieder auf dem Boden, immer noch aufgeregt ist, dass man ihm etwas Zeit lassen muss, bis er sich wieder fängt. Die Kunst, den Übergang zwischen zwei Situationen zu bewältigen, zeigt sich etwa in antizipierenden Verhaltensweisen, die von einer Sensibilität für die Vorzeichen einer Veränderung der Ressourcenausstattung über das Erahnen der vorhersehbaren Winkelzüge der anderen bis hin zu solchen Manövern gehen, die durch die Einführung neuer Ressourcen bei den beteiligten Personen einen Stimmungswandel bewirken wollen. Man kann beispielsweise die Ressourcen der Welt des Hauses im Verlauf einer in einer staatsbürgerlichen Welt gestalteten Versammlung aktivieren, indem man etwa die Hand des Vorsitzenden schüttelt, die persönlichen Bindungen zu den übrigen Anwesenden durch Zeichen des Einverständnisses, ein Lächeln oder ein Kopfnicken erneuert. Ohne reifliche Überlegung ausgeführt, lassen sich diese Zeichen freundschaftlicher Sympathie von den anderen Beteiligten, die es ablehnen, bei solchen Manövern mitzuspielen oder darauf zu reagieren, auch als Symptome von Bizarrerie oder gar von Verrücktheit deuten. Der Aufwand, den der Übergang von einer Situation in eine andere erfordert, wird besonders deutlich, wenn Prüfungssituationen in verschiedenen Welten zeitlich nah beieinanderliegen, so dass die Personen, bei denen in einer neuen Situation die Nachwirkungen der vorangegangenen noch nicht aus dem Gedächtnis getilgt sind, sich ihrem Verhältnis zu den unterschiedlichen Wirklichkeiten und ihrem sukzessiven Verhaftetsein an Wahrheiten, deren Unvereinbarkeit nicht zu ignorieren ist, bewusst stellen müssen. Die Kohärenz zwischen Verhaltensweisen in unterschiedlichen Welten, die sich nicht mit dem gleichen Nachdruck aufdrängt, wenn die Situationen sich klar voneinander abheben, muss von der jeweiligen Person bewerkstelligt werden. Diese könnte gar so weit gehen, ihre früheren Machenschaften zu beklagen oder zumindest zu relativieren, indem sie sie als Theater, Komödie oder reine Spielerei (»Ich musste halt dieses Spiel spielen«) abtut, als eine Rolle, die man für die anderen gespielt hat, anstatt sich, wie es dem Augenblick angemessen gewesen wäre, authentisch zu verhalten. Das eigene frühere Verhalten, hinter dem man doch vorbehaltlos stand, wird einem mit dem Übergang in eine andere Welt selbst fremd; man distanziert sich davon in einer *zynischen* Haltung. Dies wird beispielsweise deutlich, wenn man den Übergang von einer staatsbürgerlichen Situation zu einer häuslichen Situation bewältigen muss, deren Spannungsverhältnis sich mit dem Begriffsgegensatz zwischen der Künstlichkeit des »Offiziellen« und der Realität des »Offiziösen« oder, in den Worten Pascals, zwischen den »Größen der Satzung« und den »realen Größen« zum Ausdruck bringen lässt. Die Umkehrungen der Wirklichkeit wirken sich besonders dann störend aus, wenn mehrere Teilnehmer gleichzeitig zwischen Situationen in verschiedenen Welten hin und her wechseln müssen und sich alle in der Phase des Übergangs im Unklaren sind über den Status der Natur, in dem sich die anderen gerade befinden. Dies ist beispielsweise der Fall, wenn Führungskräfte zusammen von der Geschäftsbesprechung, bei der sie im Namen des Unternehmens sprechen, zur Gewerkschaftsversammlung hinübergehen, an der sie in ihrer Eigenschaft als ausgebeutete Arbeitnehmer teilnehmen. Das extrem ritualisierte Verhalten, das sich in solch delikaten Situationen beobachten lässt, soll einen Statuswechsel bewirken. Hierfür ist eine äußerst schwer zu bewerkstelligende Koordination erforderlich, die dafür sorgt, dass der Wechsel von allen gleichzeitig vollzogen werden kann (wie man das an den Sitzungen sehen kann, die gar nicht mehr aufhören anzufangen, weil ein Teil der Anwesenden nicht bei der Sache ist, herumalbert und immer noch in der vorangegangenen Situation gefangen ist). Es reicht nämlich, dass ein einziger Teilnehmer anderswo ist, sich abwesend zeigt oder durch sein Verhalten zum Ausdruck bringt, dass er sich nicht auf die Situation einlässt, dass diese nicht mehr stimmig ist.

Durch die Berücksichtigung mehrerer Welten in unserem Modell lässt sich der Rechtfertigungsimperativ präzisieren. Die beteiligten Personen würden ihm nicht unterliegen, wenn sie nicht mit Kritik konfrontiert wären. Die Möglichkeit, aus der gegenwärtigen Situation »auszusteigen« und sie unter Bezug auf ein ihr äußerliches Prinzip anzuprangern, und infolgedessen die Vielfalt möglicher Welten, bilden die Voraussetzung für ein gerechtfertigtes Handeln. Aus denselben Gründen können jedoch die Handlungen der Personen unter einem sehr ungleichen Rechtfertigungsdruck stehen, je nachdem, wie offen der Wechsel in die verschiedenen Welten für alle ist. In einem Universum, in dem Sklaven in einem Zustand gehalten würden, der ihnen die Möglichkeit, Kritik zu äußern, verwehrte oder aufs Äußerste einschränkte und in dem ihnen gewaltsam eine Welt zugewiesen wäre, in der sie zu reinen Objekten degradiert wären, könnten sich die Herren für Götter halten und ihren Willen durchsetzen, ohne dass sie sich dafür zu rechtfertigen hätten. Doch mit der Zerschlagung des Gemeinwesens durch die Verschiebung der Grenzen des Menschseins und die Einführung eines radikalen Unterschieds zwischen den Herrschenden und den Beherrschten würden sie auch den Rahmen abschaffen, innerhalb dessen ihre Höherwertigkeit sichtbar wird, und damit ginge ihnen dann auch der Sinn für ihre eigene Größe verloren.[35] Die theoretische Konstruktion eines Universums, in dem ein Zwang zur Rechtfertigung besteht und in dem die Rationalität von Handlungen sich auf dem Prüfstand der Kritik bewähren muss, hat die Möglichkeit der Entfaltung unterschiedlicher Welten zur Voraussetzung. Die darin vorhandenen Objekte stehen allen zur Verfügung und ermöglichen die Geltendmachung und damit natürlich auch die praktische Beherrschung der in Prinzipien begründeten Formen von Gerechtigkeit.

---

35 Unter Bedingungen extremer Knechtschaft, wie sie etwa in den Konzentrationslagern der Nationalsozialisten bestanden (Pollak, La gestion; ders., Grenzen; ders., L'expérience), praktizieren die Herren gegenüber den Häftlingen sadistische Verhaltensweisen, die ungehörig wären, wenn sie gegenüber Dingen oder Tieren zur Ausübung kämen, was ein Beleg dafür ist, dass sie das Menschsein ihrer Opfer anerkennen. In den Zeugnissen deportierter Juden stößt man häufig auf die Erzählung von als äußerst verstörend empfundenen Momenten, in denen die Peiniger vergaßen, das Menschsein der Untermenschen zu verleugnen. (Im Lager Auschwitz betritt ein deutscher Arzt einen Raum, in dem sich eine dem Krankenrevier zugeteilte Deportierte gerade auszieht, weicht hastig zurück und stammelt: »Entschuldigung.«) Diese Erinnerungen sind mit der Scham über eine Kompromittierung behaftet, insofern das Opfer dieser Anerkennung selbst wiederum Anerkennung gezollt (etwa durch einen zurückgeworfenen Blick) und einen Vorteil daraus gezogen oder gar sein Leben gerettet hat.

VIII Die Matrix der Kritiken

Kritik, die von der Welt der Inspiration ausgeht*

An der Welt des Hauses. In der inspirierten Welt haben die Personen keinen Einfluss auf die Mächte, die, wenn sie über sie kommen, sie zur Größe erheben oder, wenn sie sie verlassen, auch wieder zu Fall bringen können. Sie können sich aber dem Wirken dieser Mächte mehr oder weniger öffnen oder verweigern. Voraussetzung für Größe ist, dass man für den Fall, dass diese Mächte sich zeigen, für sie empfänglich ist. Für die Umsetzung dieses Vorsatzes bei aller Ungewissheit (da ja das Erfüllen dieser Vorbedingungen mitnichten ihr das Wirken dieser für die Größe ganz unerlässlichen Mächte erzwingen kann und für sich genommen noch keine Quelle von Größe darstellt) muss man alles opfern, was der Inspiration im Wege stehen könnte, wenn sie sich denn ankündigt.

Der Hemmschuh der Gewohnheit

Aus diesem Grund richtet sich die von der Welt der Inspiration ausgehende Kritik zuallererst gegen das, was in den anderen Welten für die Einrichtung der Personen in der Dauer sorgt. Was stabil und *starr* ist, erfährt eine Abwertung, beispielsweise *sakrosankte Grundsätze*[h] und *Normen*[u], die allesamt Hemmschuhe für die *Kreativität*[i] darstellen. Diese Zwänge bürden dem Handeln der Menschen die ganze Last der von anderen in der Vergangenheit eingegangenen Verpflichtungen auf, was etwa für die *Tradition*[h] gilt, oder der von ihnen eingegangenen Selbstverpflichtun-

* Die kursiv gesetzten Begriffe sind dem Textkorpus entnommen und gehören zu einer gemeinsam geteilten Welt. Die hochgestellten Buchstaben zeigen die betreffende Welt an: [i] steht für inspiriert, [h] für häuslich, [o] für Meinung, [s] für staatsbürgerlich, [m] für Markt und [u] für industriell. Die Anzeige [m/h] steht für eine an die Welt der Meinung gerichtete *Kritik*, die von der Welt des Hauses ausgeht. Die Anzeige [h-u] stellt einen Kompromiss dar, der von der häuslichen Welt aus mit der industriellen Welt geschlossen wird.

gen für die Zukunft, wie *Versprechen*[h]. In der Welt der Industrie trifft das auf *Prognosen*[u] und *Pläne*[u] zu, die verpflichtenden Charakter haben. Diese Zwänge beschränken nämlich die Verfügbarkeit, die andauernd gegeben sein muss, damit man die Inspiration in dem unvorhersehbaren Augenblick, wo sie sich zeigt, erkennen und zulassen kann. Ebenso wird alles der Kritik unterzogen, was in anderen Welten die Größenzustände verfestigt, etwa *Hierarchien*[h], *Titel*[h-s-u], häusliche *Gewohnheiten*[h] oder industrielle *Routinen*[u]. Dadurch, dass sie für Konstanz sorgen, schränken sie die Empfänglichkeit der Personen ein, die Fähigkeit, sich von der plötzlich *auftauchenden*[i] Inspiration packen zu lassen: »Für ihn [den Kreativen] sind die Begriffe *hierarchische* Position[h], etablierte Ordnung, der *Stellung*[h] oder der *sozialen Position*[h-m] *geschuldete Achtung* vollkommen nichtssagend.« Ebenso werden Anredeformen, Zeichen der Ehrerbietung, *Höflichkeitsfloskeln*[h], die »verbalen Rücksichtnahmen« der häuslichen Welt als umständliche und falsche Formalismen kritisiert, die in scharfem Gegensatz zu »informellem« Austausch und authentischen zwischenmenschlichen Beziehungen stehen: »Hinter den unzähligen gesellschaftlichen Fassaden[o] sieht der schöpferisch Tätige nur den Menschen[i].« Der Betonung instabiler Gefühlszustände, die mit dem plötzlichen Auftauchen der Inspiration assoziiert werden, entspricht die Kritik an der Kontrolle, dem Messen und der Institutionalisierung von Größen. Die *Gewohnheit*[h], die *überkommenen*[h] *Regeln*[u] der *universitären Kultur*[h-u] stehen im Widerspruch zur *Originalität*[i], dem wahren, also inspirierten Denken, der mit dem Schöpferischen einhergehenden *Begeisterung*[i]. Die *universitäre Kultur*[h-u] wird als *traditionell* kritisiert. Diejenigen *Kenntnisse*, die sich vorwiegend in der Welt der Industrie als dienlich erweisen, werden ständig für ihre Stabilität und Objektivität schlechtgemacht. Die großen Persönlichkeiten der industriellen Welt, der *Experte*[u], das *hohe Tier*, der *Mandarin*[h-u], werden hier als »grauenhafte Persönlichkeiten« bezeichnet: »Mit dem gesamten Gewicht, das ihnen ihr Titel verleiht, setzten sie Richtlinien durch und sprechen ihren Bann über alle, die *von den ausgetretenen Pfaden abweichen*[i] [...]. Es steht gar nicht zur Debatte, ihre

Äußerungen in *Zweifel zu ziehen*[i]: Sofort führen sie *Referenzen*[h], *Daten*[u] und *Zahlen*[u] an.«

Alles stehen und liegen lassen

Die inspirierte Aufforderung, »alles stehen und liegen zu lassen«, um *seinen eigenen Weg zu gehen*[i], sich vollkommen *aufzuopfern*, geht nahtlos zur Kritik an der Schwerkraft der persönlichen Beziehungen und häuslichen Größen über. Um *Unabhängigkeit*[i] zu erlangen, um »ihre schwerfällig machende alte Haut abzulegen«, müssen die Kreativen auch die *Herren* und *Meister*[h] *infrage stellen* können[i]. Allerdings lässt die inspirierte Welt deren Existenz häufig im Rahmen eines Kompromisses mit der häuslichen Welt zu. Die Forderung, *alles stehen und liegen zu lassen*, schließt ebenfalls die Kritik an der industriellen Welt mit ein, wenn das *Verlassen der ausgetretenen Pfade*[i], wie es die Inspiration fordert, der *Laufbahn*[u] als einem vorhersehbaren und kalkulierbaren Verlauf entgegengesetzt wird.

An der Welt der Meinung. Wer das Mysterium der Inspiration kennt, ist demütig[i]. Eigenliebe, Streben nach *Anerkennung*, der eitle Ruhm, die »*äußerlichen Zeichen*[o] von Erfolg« sind in Einklang mit dem klassischen Modell des inspirierten Gemeinwesens dauernder Kritik ausgesetzt.

Die Eitelkeit äußeren Scheins

Der *Meinung*[h-o] (die hier als Kompromiss zwischen der Welt des Hauses und der des Ruhmes verstanden wird) Bedeutung zuzumessen, führt zu Zwietracht und *persönlichen Ränkespielen*[h-o], welche die *Phantasie*[i] zum Verstummen bringen. Theodoret führt uns in den von ihm verfassten Heiligenviten in der Person des heiligen Marcianus ein schlagendes Beispiel für die dem Ruhm entgegengebrachte Verachtung vor. Nicht zufrieden damit, wie andere Väter die Wunder und überhaupt die ihm gegebene Wunderkraft geheim zu halten, geht er gar so weit, einem Bittsteller die Hilfe zu verwehren, um die »eitlen Gedanken« zu vertreiben, die ihm dabei kommen könnten. Das Wunder geschieht dann nichtsdestoweniger, ohne dass er es weiß oder will (Arnauld d'Andilly, Les vies des saints, Bd. 2, S. 369–372). Die inspirierte Kritik an den weltlichen Größen behauptet also (wie wir das an dem Porträt sehen konnten, das die Moralisten vom Höfling zeichnen), dass es eine authentische Wirklichkeit gibt, von der aus sich das *Welttheater* entschleiern lässt: Die Welt ist, insoweit sie das Verhältnis zu den anderen als *mondänen*[o] *Umgang*[h] auffasst, nur eine *Bühne*, auf der inauthentische Personen ihre *Rollen*[o] spielen. In den Sozialwissenschaften entspricht diese Kritik der Strömung innerhalb der Sozialpsychologie – als wissenschaftlicher Erkenntnisform, die mit der Natur der Meinung in Einklang steht –, die dafür eintritt, die reine *Messung*[u] von *Einflüssen*[o] *hinter sich zu lassen*[i]. Stattdessen soll sie auf die Welt einen kritischen Blick werfen und die von den *Akteuren gespielte Komödie* aufdecken. Allerdings verlangt die Aufdeckung der verborgenen Wirklichkeit, dass man auf der staatsbürgerlichen Welt entstammende Deutungsprinzipien wie *Kollektive*[s] oder *soziale Strukturen*[s-u] zurückgreift.

Der unmenschliche Zustand

An der staatsbürgerlichen Welt. Die staatsbürgerliche Größe, die in der *Revolution*[i-s] mit der Inspiration einen Kompromiss eingehen kann, wird in ihren allzu institutionalisierten, mit aufwendigen Apparaten versehenen und von den Personen losgelösten Formen kritisiert, also wenn sie von einem Blickwinkel aus betrachtet wird, der schon in die Kritik an der industriellen Welt übergeht. Kritisiert wird etwa »die Kälte von *ökonomisierten* und *verrechtlichten*[s-u] Verhältnissen, die uns zu ersticken drohen«. Ihr wird »die längst vergessene *Wärme* von *Gefühls*beziehungen[i]« entgegengestellt.

Die interessegeleiteten Menschen

An der Welt des Marktes. Das Geld[m] übt eine Knechtschaft aus (die Knechtschaft der käuflichen Personen), von der man sich befreien muss, damit man sich in den Zustand versetzen kann, in dem einen die Inspiration überkommt: Ebenso wie das *Ansehen*, welches die Meinung und die Wertschätzung der anderen zum Ausdruck bringt, wird es für »wenig bedeutungsvoll« erklärt. Die Knechtschaft des Geldes wird manchmal dafür kritisiert, dass sie eine Abhängigkeit von den Wünschen voraussetzt, die auf die Befriedigung persönlicher Begierden ausgerichtet sind, bald aber auch dafür, dass die Gewinnsucht den Menschen, der Geschäfte machen will, in die Abhängigkeit von anderen treibt. Damit sich die Welt der Inspiration voll entfalten kann, muss die Welt des Marktes, deren Wesen scharf kritisiert werden, ausgeschaltet werden. Kompromisse zwischen diesen beiden Welten werden auf jeden Fall angeprangert, ob sie sich nun auf Akte in der religiösen Sphäre, auf dem Kunstmarkt oder auf ein Vorhaben beziehen, bei dem eine in ein »Konzept« oder eine »Innovation« umgesetzte Idee vermarktet werden soll. Die Kreativität selbst »ist kein *marktgängiges* Produkt« und die »*Verkäufer*[m] von *Kreativität*[i]« tun alles Mögliche, um [die Naivlinge] zu verführen«. *Alles Mögliche tun* ist eine Ausdrucksweise, die hier die Umtriebe von opportunistischen Geschäftemachern brandmarkt und einen Kompromiss mit der inspirierten Größe sucht.

Die Rigidität von Routinen

AN DER INDUSTRIELLEN WELT. Wie unangemessen stabile Formen für die inspirierte Welt sind und welche Auswirkungen sie haben, haben wir ja schon gesehen, als es um die häuslichen Gewohnheiten[h] ging. Noch deutlicher wird das in der Kritik an den industriellen *Routinen*[u]. Der Unterschied zwischen der *Gewohnheit*[h] und der *Routine*[u] liegt in der Art und Weise, wie die Wiederholung geschieht. Bei der *Gewohnheit* ist die Wiederholung eine Sache des Körpers, der nicht von Emotionen geleitet wird wie der inspirierte Körper, sondern von der Erinnerung an vorausgegangene Gesten. Bei der *Routine* dagegen stützt sich die Wiederholung auf dauerhafte und unpersönliche Verlängerungen des menschlichen Körpers. Die daraus resultierende Stabilität bewahrt vor Störungen, die das Auftauchen einer Gewohnheit oder der unkontrollierte Ausbruch von Äußerungen der Inspiration auslösen könnten. Sicherheitsmaßnahmen nehmen häufig die Form von Routinen an, die das Explizitmachen von »Sicherheitsvorschriften« durchaus mit einschließen, etwa wenn der Flugkapitän bei jedem Start wieder anordnet, dass die Stewardessen die Türen verriegeln, anstatt sich auf ihre Gewohnheit zu verlassen. Trotzdem richtet sich die Kritik oft auf die *Gewohnheit*[h] und die *Routine*[u] zugleich, die aufgrund ihrer Verankerung in der Zeit das Sprudeln der Inspiration ersticken. So sagt man über die starren Methoden und Regeln des Savoir-faire, dass sie der schöpferischen Spontaneität im Wege stehen. Ebenso kritisiert man die Schule für ihre *traditionellen Routinen*: »Das Bildungswesen [...] hat alles unternommen, um in uns diese *Phantasie*[i] – ›*la folle du logis*‹ [die »Verrückte aus dem Oberstübchen«], wie *Pascal*[i] sie nennt« – abzutöten; »der *kreative*[i] Schüler [...] gilt beim *Lehrer*[h] als ein Störenfried.«

Die Tyrannei der Vernunft

Die von der Inspiration ausgehende Kritik richtet sich nicht nur auf die zeitliche Stabilität, sondern auch auf die Unterdrückung durch eine auf der *Autorität*[h] oder der *Kompetenz*[u] gründende Hierarchie, welche der inspirierten Größe Zügel anlegt. Die im Namen dieser Größe geäußerte Kritik eröffnet die Möglichkeit einer radikalen Umkehrung dieser Hierarchien, wodurch die *Autorität* der *Dienstältesten* durch den naiven Blick zunichte gemacht wird, den der Neuling oder derJugendliche auf sie werfen.

Die Kritik an den für die industrielle Welt charakteristischen funktionalen *Objekten*[u] vermittelt uns ein Bild der Inspiration, dem zufolge sie sich maßlos gegen die in der industriellen Produktion angewandten beschränkten Bewertungsmaßstäbe empört: »Ich hoffe, dass ich ihm [dem Leser] klarmachen konnte, dass die *Kreativität*[i] nicht nur ein *perfektes Mittel*[u] zum Konzipieren neuer Produkte und zur Verbesserung der Unternehmens*rentabilität* ist.« Ihr Ansatzpunkt ist die fundamentale Antinomie von *Vernunft* und *Logik*[u] einerseits und allem, was in den Bereich des Traums[i], der Phantasie[i], des Unausgesprochenen[i]« und der »faszinierenden Welt des Irrationalen« gehört, andererseits. Die Kritik an der *Technik*[u] oder der Methode[u] erregt Argwohn hinsichtlich der Fakten, auf die sich die Wissenschaft stützt, so wie es in jener Parole zum Ausdruck kommt, wonach man »das zum Explodieren bringen soll, was Realität genannt wird«.

Kritik, die von der Welt des Hauses ausgeht

An der Welt der Inspiration. Das häusliche Band bildet einen Gegensatz zur Inspiration, die sich aufgrund ihres labilen Charakters und ihrer Verachtung der in Rängen geordneten Größenzustände störend auf die hierarchischen und gewohnheitsmäßigen Arrangements auswirkt und in ihnen *Verwirrung* stiftet.

Sich gehenlassen

In dem Ratgeber, den wir zur Untersuchung der Welt des Hauses herangezogen haben, findet sich keine direkte Bezugnahme auf die Inspiration. Doch lassen sich die vielen den kleinen Wesen zugeschriebenen Eigenschaften im Umkehrschluss als Attribute der Größe in der Welt der Inspiration deuten. Die Inspiration wird von der Warte des Hauses aus meist in abschätziger Weise für ihre Unzulänglichkeiten kritisiert. Das gilt etwa für den *Gefühlsausbruch*, einen negativ besetzten Begriff, der auf Verhaltensweisen angewandt wird, in denen die Welt der Inspiration den Ausdruck dessen sieht, was mit die Würde des Personen ausmacht, nämlich *Emotionalität*[i] oder die Fähigkeit zur *Ergriffenheit*[i]. Das Gleiche lässt sich hinsichtlich der in der Welt des Hauses häufig vorkommenden und in abschätziger Weise gebrauchten Attribute sagen, die auf dem Gegensatz zwischen Stabilität und Instabilität, Spontaneität und Kontrolle oder Vorhersehbarkeit versus mangelnde Vorhersehbarkeit von Verhaltensweisen beruhen. So werden etwa sämtliche Verhaltensweisen kritisiert, die von mangelnder Selbstkontrolle zeugen – oder, wie Norbert Elias bezüglich der höfischen Gesellschaft schreibt, von »mangelnder Affektkontrolle« (Elias, Gesellschaft, S. 168–177) –, beispielsweise, wenn jemand in ein Büro oder in eine Sitzung *hineinplatzt* (»ohne Umschweife« *hineinplatzen*), den Leuten *ins Wort fällt*, etwas *in den Raum ruft* oder anfängt, »über Gott und die Welt zu reden«, über etwas ein Urteil fällt, wobei er sich auf seine Überzeugung beruft oder sich darauf etwas einbildet, dass er so »frei von der Leber weg redet«; oder wenn *Kinder* »jemandem auf den Schoß klettern«, »jemandem plötzlich an den Kleidern zerren«, »jemanden in die Handtasche gucken«, »jeden duzen«, »anderen ins Wort fallen« oder *widersprechen*. Die Kritik an allen *wirren* und *ungezwungenen* Verhaltensweisen, die *Nachlässigkeit* oder Mangel an *Beherrschung* verraten, zielt letztlich auf mangelnde Kontrolle, insbesondere Kontrolle über die Gefühle und den Körper, die mit dem spontanen Charakter inspirierter Zustände assoziiert werden.

Die guten Manieren des Höflings

An der Welt der Meinung. Der Benimm[h] soll einen Wert an sich darstellen und nicht *interessegeleitet*[o] praktiziert werden, etwa um in der Öffentlichkeit gut anzukommen oder Beziehungen zu knüpfen. Genauso steht *wirkliche Überlegenheit* in schroffem Gegensatz zum bloßen *Schein*[o] in der Welt[o] oder zum *Strebertum.* In der häuslichen Welt, in der (dem Sinnspruch gemäß, wonach »Lärm nichts Gutes bewirkt und was gut ist, keinen Lärm macht«) Wert auf Diskretion gelegt wird, sind direkt auf ein Publikum ausgerichtete Verhaltensweisen ebenfalls verpönt.

Sich nicht zur Schau stellen

Angesichts der unklaren Grenzziehung zwischen dem »Öffentlichen« und dem »Privaten« ist es manchmal schwierig, im Rahmen häuslicher Arrangements die Kritiken, die sich gegen die Welt der Meinung richten, von denen zu unterscheiden, die sich gegen die staatsbürgerliche Welt richten. So kann sich beispielsweise die für den Bereich des Hauses geltende Vorschrift, der zufolge »man sich in der Öffentlichkeit nicht streitet«, sowohl an die staatsbürgerliche Welt richten wie an die Welt der Meinung, ohne dass der Unterschied zwischen diesen beiden Arten und Weisen, mit dem häuslichen Gegensatz von Drinnen und Draußen, zwischen dem in separate Territorien, »Domänen« oder *Häuser*[h] (*»Handelshäuser«*) einerseits und eine homogene Ausdehnung andererseits eingeteilten Raum zu brechen, klar würde. Im ersten Fall bezieht sich die Bezeichnung *öffentlich*[s] auf den Staat (etwa wenn man einen als »privat«, »familiär« oder »intern« definierten Streit dadurch regelt, dass man die Justiz einschaltet und einen Rechtsstreit vom Zaun bricht, in dessen Verlauf die Auseinandersetzung öffentlich wird). Im zweiten Fall verweist das Wort *öffentlich*[o] eher auf Zuschauer, und man wird Kritik daran üben, dass jemand *auffallen will* (»Alles, was Sie tun müssen, ist, *nicht aufzufallen*«) – ein Zeichen, dass man sich nicht in Griff hat – oder dass jemand *ein Spektakel aufführt* (beispielsweise wenn *Ehegatten*[h] sich in aller Öffentlichkeit streiten und aus ihrer Meinungsverschiedenheit ein Spektakel machen), wobei hier die Analogie mit dem Theater stärker betont wird, wie dies häufig der Fall bei der Kritik an der Welt der Meinung ist.

Die Diskretion von Vertrauenspersonen

In einem in *Häuser*, Territorien, Domänen eingeteilten und durch den Gegensatz zwischen Drinnen und Draußen strukturierten Raum läuft jemand, der *ein Spektakel aufführt*, stets Gefahr, den Seinen dadurch zu schaden, dass er *Geheimnisse*[h] preisgibt. Die von *bedeutenden Persönlichkeiten* geübte *Vorsicht* macht sie *misstrauisch*[h]. Dagegen neigen die weniger *Verantwortung* tragenden minderwertigen Wesen (*Frauen*, *Kinder*, *Untergebene*) dazu, *auffallen* zu wollen, *großspurig* und *laut daherzureden*, um *Aufmerksamkeit zu erregen*[o], ohne misstrauisch gegenüber den *Nachbarn*[h] zu sein, was (besonders bei *Geschäftsessen*[h-u]) zum *Verrat* von *Geheimnissen* führen kann. *Diskretion* und *Zurückhaltung*[h], beides Zeichen von Größe in der häuslichen Welt, die sich mit der Angeberei des *Strebers*[o/h] so gar nicht vertragen, werden selbst wiederum von Seiten der Welt der Meinung als Zeichen für einen *Mangel an Ambition* kritisiert. Sie kennzeichnen *unscheinbare, blasse* Persönlichkeiten, die *im Schatten stehen* müssen.

An der staatsbürgerlichen Welt. Die Welt des Hauses, die einzig die Größe persönlicher Bindungen gelten lässt, lehnt jegliche Anonymität ab, wobei sich diese Kritik jedoch bald gegen das »man« der Welt der Meinung, bald gegen das »Kollektiv« der staatsbürgerlichen Welt richtet.

Das mangelnde Verantwortungsbewusstsein des Herrn Jedermann

Diese beiden Formen des Unpersönlichen finden sich vermengt, wenn beispielsweise auf die Anonymität öffentlicher Orte Bezug genommen wird: »Die Heuchelei unserer Zeit [...] besteht darin, dass man sich unter dem Deckmantel der *Anonymität* jeglichen Zwangs entledigen kann. [...] am Steuer seines Wagens sitzt nicht mehr *Herr Sowieso*, sondern Herr Jedermann[o-s] [...]. Man hat den Eindruck, dass jeder unbewusst zu sich sagt: ›Hier *kennt man mich*[h], also *verhalte ich mich tadellos*[h]. Dort kennt mich niemand, also kann ich mir alles erlauben.‹« Aufgrund der gleichen Uneindeutigkeit kann die Kritik an den medialen Instrumenten des Ruhmes ohne weiteres auch an den verrechtlichten Beziehungen staatsbürgerlicher Art geübt werden, wie im folgenden Beispiel, wo die Kritik am *Fernsehen*, einem technischen[u], medialen[o], standardisierten[u] unpersönlichen[o] und öffentlichen[s] Objekt, dem die persönliche

Verantwortung des *Vaters*[h] gegenübergestellt wird, zur Anprangerung der Umwandlung des *familiären*[h] Bandes in ein *vereinsförmiges*[s] und damit der staatsbürgerlichen Natur zugehöriges Band führt: »*Das Fernsehen*[o] steht in schroffem Gegensatz zum *Familiengeist*[h]. Der Dreh- und Angelpunkt ist nicht mehr der Vater mit seiner *Autorität*, seiner *Erfahrung* und seiner *erzieherischen Absicht*, sondern ein Bilder (obendrein für alle dieselben[o-s]) ausstrahlendes Möbelstück[u] ohne Wärme oder Seele[h]. Diese ›*Vereinigungen von Fremden*[s], die derselben *Familie*[h] angehören‹, welche unsere Zukunft sein soll, haben nichts allzu Verlockendes an sich.«

An der Welt des Marktes. Die dem Markt zugehörigen Arrangements und Wesen werden in dem Handbuch, das wir zur Untersuchung der Welt des Hauses herangezogen haben, praktisch gar nicht erwähnt, was, wie wir uns erinnern, umso bemerkenswerter ist, als es sich um einen für Unternehmen bestimmten Ratgeber handelt. Wenn die Welt des Marktes aber doch einmal vorkommt, dann geschieht dies nicht in kritischer Absicht: Die Dinge sind, wie sie sind, das Geld ist eine Notwendigkeit; man braucht es halt. Doch dieser ohne wirkliche Überzeugung eingegangene Kompromiss mit der Welt des Marktes wird dann wieder durch die Kritik an der Ausdehnung des Marktes dementiert, die sich zersetzend auf die häuslichen Beziehungen und Größen auswirkt.

Nicht alles lässt sich kaufen

Der Autor macht sich also daran, die Grenzen marktförmiger Beziehungen deutlich zu machen. Das *Geld*[m] muss in einer Welt, in der *sich nicht alles kaufen lässt*, dem *Verdienst*[h] untergeordnet bleiben: »Sie [die Kinder] benötigen Taschengeld[h-u], man darf sie freilich nicht an die *Bequemlichkeit*[m] gewöhnen[h]. Wenn man es so einrichtet, dass sie es sich *verdienen*[h-u] müssen, dann wird ihnen eher bewusst, was es bedeutet, wenn man selbst etwas dafür tun muss [...]. Auf jeden Fall darf man ihnen nicht vermitteln, dass *sich alles kaufen ließe*[m].« Das Geld schadet auch den Beziehungen zwischen sich nahestehenden Personen. Über Geld spricht man nicht in der Familie, und der *Verkauf*[m] von Erbgütern (*Häuser*, *Schmuck*, *Haustiere*[h] und so weiter), deren Wesen ja gerade darin liegt, als Teile des Familienvermögens über Erbschaften oder Schenkungen weitergegeben zu werden (Mauss, Die Gabe, S. 80f.), ist *unschicklich*[h].

Das häusliche Vermögen, das Teil eines weit in die Vergangenheit zurückreichenden Erbes ist, bildet den Gegensatz zu einem ohne Einschränkung auf einem Markt veräußerbaren Eigentum. An diesem Gegensatz setzt eine große Zahl von Kritiken an, in denen darüber Klage geführt wird, dass sich Interessen verderblich auf Vertrauensverhältnisse, aber auch auf familiäre und freundschaftliche Bande oder eine *gute Arbeitsatmosphäre*[h] auswirken.

In der Chrematistik unterscheidet Aristoteles zwei Formen der Erwerbskunst. Die »naturgemäße Erwerbskunst« zeigt sich im Herbeischaffen von Gütern zum Zwecke der »Hausverwaltung« in der Form, dass der Lebensunterhalt der häuslichen Einheit in Gestalt von Vorrat gewährleistet wird, wobei es die Sache der Natur ist, »dem, was sie erzeugt hat, auch den Unterhalt zu geben« (Aristoteles, Politik, 1258a, S. 28). Dagegen ist die im »Handelsgeschäft« bestehende »Kunst des Gelderwerbs« »keine naturgemäße«. Sie führt zu Unruhen und bedroht das Gemeinwesen (ebenda, Kap. I, 8–9, S. 20–27). Das Maß eines Besitzes, der nach der ersten Art erworben wurde, »geht nicht ins Unendliche«, sondern verbleibt in den Grenzen der »häuslichen Gemeinschaft«, wohingegen das Verlangen nach den anderen Gütern »bis ins Endlose geht« (ebenda, 1256b, 30–38, S. 22f. und 1258a, S. 261). Wenn Aristoteles das Verleihen gegen Zinsen als die »widernatürlichste« Art von Erwerbskunst bezeichnet, so liegt das daran, dass die Beziehungen zwischen dem Geld – das »nur zur Erleichterung des Tausches« aufkam und daher zur zweiten Art der Erwerbskunst gehört – und dem Zins analog zum Verhältnis zwischen den Eltern und den von ihnen nach ihrem eigenen Bild erzeugten Wesen (*tokos* bedeutet zugleich Junges, klein und Wucher) gedacht wird (ebenda, 1258b, S. 28). Bentham wird sich später über diese Position lustig machen, wenn er bemerkt, dass es Aristoteles all seiner Bemühungen zum Trotz nicht gelungen ist, in einem Geldstück Organe zur Zeugung von anderen Münzen zu finden.

Auch heute noch unterliegt die Einrichtung des Darlehens trotz der großen Verbreitung von Krediten immer noch dem Spannungsverhältnis zwischen dem häuslichen und dem am Markt handelbaren Eigentum. Das ist beispielsweise der Fall, wenn bei einer regionalen Bank ein Antrag auf einen Geschäftskredit gestellt wird, in deren »Kreditausschuss« sowohl Bankangestellte wie auch gewählte Vertreter der Kundschaft sitzen (Wissler, Prudence bancaire). Der Ursprung dieser Spannung kommt deutlich zum Vorschein, wenn man näher betrachtet, wie die Kreditvergabe in den zwei Welten gerechtfertigt wird. Im häuslichen Kontext bezieht sich die Rechtfertigung beispielsweise auf den Erhalt eines ererbten örtlichen Unternehmens, für das von der Verwandtschaft eine Bürgschaft unterschrieben wird. Im Kontext des Marktes ist die Rechtfertigung der Kreditvergabe profitorientiert und eröffnet flexible Kreditbedingungen im Moment des Kaufs, die das Ausgabenvolumen über die vom Budget vorgegebenen Beschränkungen hinaus ausweiten.

An der industriellen Welt. In der Welt des Hauses *bringen* die großen Subjekte und die großen Objekte Wohltaten *hervor.* Die Kritik an der Reichweite industrieller Arrangements setzt an dem Gegensatz zwischen einer *Erzeugung*, in der das Vertrauen wurzelt, und einer *funktionalen Effizienz* an. Ein häusliches Wesen »gibt entsprechend dem, was man ihm gibt«.

Die mangelhafte Qualität von standardisierten Produkten

Die zum Haus gehörigen Objekte stellen das Familiengut dar und damit »Vorräte« für die zukünftig erzeugten Wesen. Aristoteles führt in der »Politik« das Beispiel der Haustiere und der Milch an: »Sache [der Natur] ist es, dem, was sie erzeugt hat, auch den Unterhalt zu geben, wie denn für ein jedes neugeborenes Wesen der Überrest seines Bildungsstoffes zur Nahrung dient.« (Aristoteles, Politik, 1258a, S. 28) Im patrimonialen Modell des Umganges mit der Natur wird diese als etwas aus der Vergangenheit Ererbtes behandelt, das vor marktorientierten opportunistischen Machenschaften geschützt werden muss (Godard, Jeux).

Der Einsatz produktivistischer Techniken zur Kontrolle der häuslichen Erzeugung in einer *Produktionsfunktion*[u] wirkt sich zwangsläufig auf diese Erzeugung als Garant von Qualität aus (Darré, Fonction). Durch das »Hochfahren« des Absatzes oder des Ertrags (Dodier, Le travail, S. 291) wird verhindert, dass die häuslichen Beziehungen die Qualität dessen garantieren können, was aus den Ressourcen dieser Natur hervorgeht.

Die handwerklichen Defizite der diplomierten Fachleute

In dem von uns herangezogenen Handbuch findet sich keinerlei Kritik an der mangelnden Kompetenz von *diplomierten* Fachleuten im Gegensatz zur *Erfahrung* derer, die eine praktische Ausbildung genossen haben. Das Loblied auf den Handwerker wird nur am Beispiel der Figur des *guten Arbeiters* gesungen. Frühere Forschungen (Boltanski, Die Führungskräfte) haben jedoch die Virulenz dieser Kritik gerade in solchen Unternehmen aufzeigen können, in denen in *Gewohnheiten*[h] wurzelnde Ressourcen der häuslichen Natur besondere Wertschätzung genießen.

Die auf formalen Kriterien und standardisierten Abläufen beruhende Messung einer beruflichen Fertigkeit, vor allem in Gestalt des Diploms, hat angesichts einer auf praktischem beruflichem Können beruhenden Autorität wenig Gewicht. Die Formen der Beurteilung gehen ebenso auseinander, wie dies bei der Einstellung (Delamourd, »Monsieur le Président ...«) oder im Augenblick einer Bewertung ersichtlich wird: »Wenn alle Bewerber wüssten, wie sehr man bei ihrer Beurteilung schon vom ersten Kontakt an darauf achtet, wie sie sich präsentieren, würden sie mehr auf ihr Auftreten Wert legen.«

Unangebrachter Formalismus

Der sklavisch an seinen formalen Methoden festhaltende Techniker, der Experte, der gefesselt ist von Tabellen, der von schriftlichen Instruktionen besessene Manager, sie alle werden infrage gestellt aufgrund der Art, wie sie sind, welche der häuslichen Größe ihre Natürlichkeit nimmt. Die in Formularen registrierte Information, die auf statistischer Häufung beruht und eine Prüfung industrieller Art darstellt, eignet sich kaum zur Stützung eines häuslichen Urteils. Ein solches beruht nämlich auf einer in *Beispielen* oder *Fällen* gespeicherten Erfahrung. Bedeutungslosen Zahlen wird man das Zeugnis entgegengehalten, das durch die Erinnerung an beispielhafte Fälle untermauert wird. Die Gegenseite übt hingegen Kritik an der mangelnden Verlässlichkeit häuslicher Information, um dann zu behaupten, dass »die Zahlen für sich selbst sprechen« (Wissler, Les jugements, S. 100). Diese Spannung wird oft auf die Anwendung einer Regel verkürzt; die Kluft, die sie von den äußeren Umständen trennt, wird durch Verbindungen überbrückt, die von den Ethnomethodologen als Ad-hoc-Verbindungen angesehen werden, während die Spannung eigentlich aus der Konfrontation zweier grundsätzlich verschiedener Formen der Verallgemeinerung resultiert (Dodier, Le travail, S. 298, 304). Die radikale Verschiedenheit, wie in beiden Fällen Informationen gesammelt, aufgenommen und gespeichert werden, je nachdem, ob eine häusliche oder eine industrielle Beurteilung vorgenommen werden soll, deckt sich mit dem für die Geschichte der Wahrscheinlichkeitstheorie prägenden Dualismus zwischen auf Autorität und auf Häufigkeiten beruhenden Wahrscheinlichkeiten (Hacking, Emergence). Damit lassen sich auch die in den Sozialwissenschaften seit Le Play und Cheysson ständig wiederkehrenden Debatten über die jeweiligen Vorteile von sogenannten »qualitativen« und »quantitativen« Methoden, von Monographie und Statistik erklären.

Kritik, die von der Welt der Meinung ausgeht

An der inspirierten Welt. Die Größe des Ruhmes, die ganz entscheidend von der Meinung der anderen abhängt, verträgt sich nicht mit der inspirierten Größe, die wiederum auf der Gewissheit einer persönlichen Überzeugung beruht. In der Welt der Inspiration ist die Versuchung durch den Ruhm eine der Hauptursachen für den Niedergang. In der Welt der Meinung gilt Inspiration dagegen als eine Verrücktheit, da sie, wie wir schon bei Hobbes sahen, einer gegenüber der Meinung der anderen blinden Einzelmeinung gleichgesetzt wird.

Falscher Tiefgang

In dem Handbuch, das die Kunst der *Public Relations* vermitteln will und das wir zur Untersuchung der Welt der Meinung herangezogen haben, findet sich eine Kritik an der *Esoterik*[i], der zufolge diese sich nicht um den *Publikums*geschmack[o] schert und keine Botschaft an eine *mög-*

lichst große Zahl° von Empfängern richtet: »Wenn eine *Botschaft*° beziehungsweise eine *Information*° allzu *esoterisch*[i] ist, erreicht sie nur die gebildetste Fraktion der *breiten Öffentlichkeit*°, während sie vom Rest, also der *großen Mehrheit*°, kaum wahrgenommen und schon gar nicht verstanden wird, geschweige denn im Gedächtnis haftenbleibt.« Eine Kritik an der Inspiration findet sich auch dort, wo vor den Grenzen dessen, was man von *Public-Relations-Spezialisten* (einer Bezeichnung, die einen Kompromiss mit der Welt der Industrie voraussetzt) erwarten darf, gewarnt wird und der Primat der Meinung (das übergeordnete gemeinsame Prinzip) als einer nicht zu unterschätzenden *Realität* in Erinnerung gerufen wird: »Man soll nicht glauben [...], dass ein *Public-Relations°-Spezialist*[u] ein *Zauberer*[i] ist, der der *öffentlichen Meinung* einfach irgendeine *Message*° *vermitteln*° könnte. Erfolg hat er nur, insofern die *Botschaft*° und ihr *Träger*[u] *vom Publikum abgeleitet*° sind und nicht umgekehrt.« Die an der Inspiration geäußerte Kritik, sie komme ohne das Einverständnis des anderen aus, bietet zugleich Gelegenheit, nochmals das ökonomische Prinzip hervorzuheben, das der Welt der Meinung zugrunde liegt. Das Opfer, zu dem die Großen bereit sein müssen, um bei den anderen auf Anerkennung zu stoßen, besteht hier im Verzicht auf Heimlichkeit, Zurückgezogenheit oder, wie man es häufig in Bezug auf *Stars* hört, auf Privatleben. Dadurch unterscheidet sich auch die *Botschaft* in der Welt der Meinung, wo man davon spricht, »eine *Message* zu bringen«, von der inspirierten *Botschaft* (etwa der prophetischen Weissagung), deren Ausdruck einer eigenen Notwendigkeit gehorcht, die sich nicht darin erschöpft, das Augenmerk auf einen bestimmten Adressatenkreis zu richten.

Stars ohne Privatleben

Seine geheimsten Gedanken, die Eigenheiten der Rede oder der Schrift, die Besonderheit der *Nachricht* aufzuopfern, das ist der Preis, den der *Erfolg* verlangt: »Das Privatleben eines Stars muss öffentlich sein.« (Morin, Les stars, S. 55) Der *Star* gehört sich nicht selbst; er muss sich den anderen ausliefern, damit sie sich mit ihm *identifizieren*° können. Die Enthüllungen aus dem Privatleben der *Stars* durch die Medien (die *Klatschseiten*°, der Klatsch, eine Art von

Tratsch, der allerdings nicht mehr von Mund zu Mund zirkuliert, sondern von *Journalisten*[o] über die *Medien* weiterverbreitet wird) sind deshalb so aufregend, weil sie persönliche oder vertrauliche Objekte (Zigarettenanzünder, Kleider, Wohnungen, Haustiere und so weiter), die eigentlich dem häuslichen Bereich angehören, in die Welt der Meinung projizieren. Sie öffnen die Türen ins *Intimleben*[h] *berühmter*[o] Menschen, die einem aufgrund ihrer medialen Ausstrahlung so *vertraut* werden, als hätte man mit ihnen persönlichen *Verkehr*[h]. Der umgekehrte Effekt ist allerdings nicht weniger bestürzend; der *Star*, der einem in einer häuslichen Welt begegnet (beispielsweise in einem Kaufhaus oder als Nachbar) und von dem man sagt, dass er »ja so natürlich« sei, bringt in einer Situation zwei sich wechselseitig ausschließende Naturen zusammen. Als *Berühmtheit*[o], also als Teil der Welt der Meinung, ist der Star anerkannt. Doch während er als Teil der Welt des Ruhmes unnahbar und unberührbar ist, was seine Ausstrahlung bewirkt, so wie die Unnahbarkeit von hinter den Museumsvitrinen verbannten Kunstwerke deren Aura erst erzeugt (Benjamin, Kunstwerk, S. 438–440), macht ihn seine Präsenz im vertrauten Rahmen zugänglich. Diese Präsenz unterwirft ihn jedoch nicht der natürlichen Ordnung der Welt des Hauses, wo er seine auf dem Renommee basierende eigene Größe hintransferiert, so dass es den Anschein hat, er sei erreichbar und zugleich doch so weit weg.

Diese Verwirrung wird in systematischer Form beim Größenwahn auf die Spitze getrieben, in dem verschiedene Arten des »Kennens« in verschiedenen Welten durcheinandergeraten. Wie Jacques Lacan in seinen klinischen Beobachtungen des Falles Aimée berichtet hat (Lacan, Paranoische Psychose, S. 155–301), macht Aimée keinerlei Unterschied zwischen ihrer *Verantwortung* für ihren Sohn[h] und der *Verantwortung* von Staatschefs[s] angesichts eines drohenden Kriegs, von dem sie in der *Zeitung*[o] gelesen hat. Sie schickt auch vertraulich gehaltene Briefe[h], ja gar *Liebesgedichte*[i] an bekannte[o] Persönlichkeiten, deren Leben sie aus der Presse kennt, wobei sie so tut, als ob sie ihr persönlich bekannt seien (sie schreibt etwa an den Prinzen von Wales wie eine Dienerin an ihren Herrn). Da sie in die Welt der Meinung die den häuslichen Beziehungen eigene Reziprozität überträgt, scheint sie zu glauben, dass sie, weil sie sie ja kennt, ihnen ebenfalls bekannt ist.

An der Welt des Hauses. Die Kritik an der *Reputation* im Sinne der Welt des Hauses ist nötig, um der *Bekanntheit* im Sinne der Welt der Meinung Geltung zu verschaffen. Just weil beide Dispositive einige Gemeinsamkeiten aufweisen, muss man sie strikt auseinanderhalten. Man unterscheidet etwa die in der *face to face*-Situation geselligen Umgangs[h] ausgetauschten Worte (*Tratsch*, *Glückwünsche*, *vertrauliche Mitteilungen*, *Ermahnungen* und *Zurechtweisungen*, *Beispiele* oder *Anekdoten*[h]) von der *Information*[o], die in der Welt des Ruhmes in der Öffentlichkeit *verbreitet*[o] wird. Ihre *Aussendung*[o] zielt nicht auf ein einzelnes Gegenüber, sondern auf die gesamte *Öffentlichkeit*[o], die *große Masse* ab.

Der Verzicht auf Diskretion

Die Undurchsichtigkeit persönlicher Beziehungen, die sich ja auch von der Warte der staatsbürgerlichen Welt aus als *Paternalismus* kritisieren lassen, steht in schroffem Gegensatz zur Transparenz der Informationen, welche von den *Public Relations* in Umlauf gebracht werden: »Das Hauptziel, das man mit einem Empfang zu erreichen sucht, ist frei von jeglichem *Paternalismus*« (ein Begriff, welcher den *Public Relations*[o] vollkommen fremd ist). Das häusliche Geheimnis, das, was *verborgen* gehalten wird, wird mit derselben Begründung kritisiert wie die *Esoterik*. Es findet sich beispielsweise die Aussage, dass »ein Mitarbeiter, der nicht richtig *informiert* wird[o], ständig den Eindruck hat, man wolle etwas vor ihm *verbergen*[h], von dem er direkt betroffen, ja dessen Opfer er gar ist«. In ähnlicher Weise wird Kritik an allem geübt, was *»von oben*[h]*«* kommt und dadurch den unpersönlichen Charakter verliert, der für den *Realitätsgehalt* der übermittelten *Information*[o] bürgt: »Die Menschen haben Angst vor Demagogie und damit einhergehend ein Misstrauen gegenüber jeglicher *Information*[o], die *von oben*[h] kommt.«

An der Welt des Marktes. Trotz eines aufwendig ausgestalteten Kompromisses mit der Größe des Marktes (vgl. oben: das *Markenimage*) wird Letztere dafür kritisiert, dass *Werbung*[m] die Meinungsbildung kompromittieren könnte.

Interessegeleitete Werbung

In der *Öffentlichkeitsarbeit*[o] sollten »mehr oder weniger reklameartig oder *kommerziell*[m] daherkommende Argumente verboten sein«. In einer *Public-Relations*-Veranstaltung sollte man vermeiden, »dass die Eingeladenen den Eindruck bekommen, sie würden einer *Werbeaktion*[m] beiwohnen«. Der Autor des Handbuchs verdeutlicht die Prüfung in der Welt der Meinung, indem er »das Ziel der Werbung und der *Promotion*, nämlich zu *verkaufen*[m]«, dem Ziel der Öffentlichkeitsarbeit gegenüberstellt, das darin besteht, den Konsumenten »zu *informieren*[o]« und seine *Aufmerksamkeit zu erregen*[o]. Durch die Einmischung von Wesen, die der Natur des Marktes zugehörig sind, ihrer Natürlichkeit beraubt, wird die Prüfung der Meinung »die *Presse*[o] nicht allzu lange täuschen können. Diese wird sehr schnell und dann vielleicht für lange Zeit jegliche, von diesem Unternehmen kommende *Information*[o] ablehnen.« Die *Public Relations* werden ebenfalls klar vom *Marketing*[m] unterschieden: »Beim *Marketing*[m] geht es darum, das *Produkt dem Markt*[m], also den *Wünschen* und bewussten oder unbewussten Bedürfnissen der *Konsumenten*[m] anzupassen. Bei den *Public Relations*[o] hingegen geht es darum, ein Netz von guten *Beziehungen*[o] zu knüpfen.«

Die Esoterik des Expertentums

An der industriellen Welt. In dem aus den 1970er Jahren stammenden Handbuch der Öffentlichkeitsarbeit ist die Technikkritik oder die Kritik an den von der Masse der Informationssuchenden abgeschotteten Experten weniger stark entwickelt als heute. Aufgrund der Entwicklung von Einrichtungen, in denen die Größe der Meinung Gestalt annimmt (Verlagswesen, Presse, audiovisuelle Medien) und die es möglich machen, die Messung der öffentlichen Meinung zu objektivieren, hat das Thema des in seinem Elfenbeinturm eingeschlossenen Gelehrten in den letzten Jahren deutlich an Bedeutung zugenommen. Man ist nicht mehr einfach nur um Popularisierung der Forschungsergebnisse bemüht. Diese können sogar einer Bewährungsprobe etwa in Form einer Pressekonferenz unterzogen werden. Die Anerkennung der Legitimität einer wissenschaftlichen Bewährungsprobe, die zumindest teilweise in die Welt des Ruhmes gehört, geht Hand in Hand mit einer Kritik an der Abgeschlossenheit und Esoterik des Spezialisten, dessen Arbeiten keinerlei Widerhall in der öffentlichen Meinung erfahren.

Kritik, die von der staatsbürgerlichen Welt ausgeht

An der inspirierten Welt. In der staatsbürgerlichen Welt wird die Inspiration als *Spontaneismus*[i/s] (»eine verantwortungslose und *spontaneistische* Haltung«) und *Individualismus* kritisiert: »Die Herstellung dieser *Mitgliederzeitung*[s] darf nicht das Ergebnis der *spontanen Eingebung*[i] eines Aktivisten oder einiger Mitglieder sein.«

Das spontaneistische Treiben der aufgeklärten Avantgarden

Spontaneismus führt zu Improvisation. »*Gewerkschaftliche Aktivitäten*[s] schließen aber *Improvisation*[i/s] aus.« Individualismus ist für die *in der Minderheit befindlichen* und *von der Basis abgeschnittenen*[s] *Avantgardisten*[s] kennzeichnend. Er ist eine Verlockung für Menschen, die die »aufgeklärte *Avantgarde* spielen« wollen. Inspiration wird also zur Quelle von *Abweichungen*[s], die sich für die Größe der Kollektivwesen zersetzend auswirken und sie ins Partikulare abdriften lassen. Ebenso wie das *Aufwallen*[i] in der Welt der Inspiration ein Attribut der Größe bedeutet und, wenn es zusammen mit der Revolution auftritt, Gegenstand eines staatsbürgerlichen Kompromisses ist, wird er als Hindernis für die *Einheit* (*Koordination*) der Kollektivpersonen gesehen: »Ein allgemeines *Aufwallen*[i] ist nicht ausreichend. Es bedarf eines stetigen Informationsflusses von unten nach oben, eines *kollektiven* Nachdenkens[s], einer *Koordinierung*[s].«

Den Paternalismus bezwingen

An der Welt des Hauses. In der staatsbürgerlichen Welt wird meist in kritischer Absicht auf die häuslichen Beziehungen Bezug genommen, was ja nicht allzu erstaunlich ist, definiert sich das staatsbürgerliche Band ja gerade als Befreiung von persönlichen Abhängigkeiten. An häuslichen Banden im Industrieunternehmen wird Kritik geübt, weil sie ihren Teil dazu beitragen, die »aktiven Gewerkschafter zu isolieren« und »von den Beschäftigten abzukapseln«. Sie werden als »duckmäuserisch« und »kleingeistig« abqualifiziert. Die Kritik richtet sich dagegen, dass der »*Geist des Hauses*[h]« hochgehalten wird, der doch nur eine »hinterlistige« Methode ist, den Aktivitäten der *Arbeitnehmervertreter* Steine in den Weg zu räumen. Die Kritik richtet sich aber auch auf alle sonstigen Äußerungen von *Paternalismus*[h/s], wie am folgenden Beispiel deutlich wird, einer Szene, in der Beschäftigte eine *Ermahnung*[h] bekommen, eine Form, in der bekanntlich das Urteil in der häuslichen Welt zum Ausdruck kommt: »Manchmal kommt es im Büro des Direktors zu einer *paternalistischen* Moralpredigt folgender Art [um Druck auf den oder die Arbeitnehmervertreter auszuüben]: ›Glauben Sie, dass Ihre *Eltern*[h] begeistert sind, wenn sie das erfahren: Ich habe Sie eingestellt, um ihnen *einen Gefallen zu tun*[h].‹« Am *Paternalismus* wird häufig Kritik geübt, wenn eine Auseinandersetzung sich darum dreht, ob ein Konflikt eher *kollektiver* oder *persönlicher* Natur ist. Das ist ein entscheidender Knackpunkt, da der »kollektive Konflikt« in den Kompetenzbereich der Gewerkschaften fällt und mit Instrumenten staatsbürgerlicher Art angegangen werden kann, während ein »persönlicher Konflikt« wie in der Welt des Hauses üblich »auf gütlichem Wege« beigelegt werden soll. Die Bedeutung der Einordnung einer Streitsache als »kollektiv« oder »persönlich« entgeht den dabei beteiligten Personen keineswegs. Die Natur des Konfliktes stellt daher einen zentralen Streitpunkt dar, um den die beteiligten Personen ringen. Je nachdem, welche Position sie in dem Konflikt einnehmen, betonen sie entweder den *kollektiven* Charakter der Angelegenheit, oder sie suchen sie in der Sphäre der persönlichen Beziehungen zu verorten. Im ersten Fall heißt es häufig, man »enthüllt die wahre Dimension« einer Angelegenheit, im zweiten Fall, man »stutzt sie auf ihr rechtes Maß zurecht«. Umgekehrt lässt sich dem entgegenhalten, diese »Verallgemeinerung« sei »völlig übertrieben«; es handle sich um einen »Sonderfall«, um eine »aufgeblasene Geschichte«, oder, im Gegenteil, die »Personalisierung«

des Konflikts sei »trügerisch«; der ganzen Sache komme »exemplarischer« Charakter zu; sie hätte »allgemeine Bedeutung«, was die Gegenseite »ja nur unter den Tisch kehren« wolle. In dieser Argumentationslinie werden die häuslichen Bande als singuläre Bande eingestuft, die keineswegs Allgemeinheit beanspruchen können. Wenn man sie von der Warte der staatsbürgerlichen Welt aus betrachtet, die mit den gegenwärtig existierenden staatlichen Formen im Einklang steht, welche wiederum nicht mehr wie im Ancien Régime der häuslichen Natur angehören, erscheinen die Wesen der häuslichen Welt heutzutage als partikulare oder private Entitäten. Im Rahmen der Arbeitsbeziehungen werfen die Gewerkschaftsvertreter häufig der Arbeitgeberseite vor, Konflikte »personalisieren« zu wollen, um ihre kollektive Dimension zu verschleiern, und das mit dem Hintergedanken, eine *Mobilisierung* zu verhindern, also diejenigen zu *spalten*, die um des Gemeinwohls willen von Natur aus zur *Vereinigung* tendieren. Doch bei anderen Gelegenheiten wollen sich die Menschen lieber als simple Individuen ohne besondere Verbindungen mit anderen Personen darstellen, beispielsweise um sich des Vorwurfs der Verschwörung oder des abgekarteten Spiels zu erwehren. Das ist etwa der Fall, wenn die Arbeitgeber *echte menschliche Beziehungen herstellen möchten*[s/h] und dabei die an den Haaren herbeigezogenen Antagonismen und das *missbräuchliche*[h] Treiben der Gewerkschaft mit harscher Kritik überziehen, welches unnötig *Zwietracht* unter den Mitarbeitern des Unternehmens säe. Auch innerhalb der Gewerkschaft sind *hierarchische* Beziehungen häuslicher Art der Kritik ausgesetzt, da sie den Zusammenhalt der Kollektivpersonen gefährden: »Von Anfang an sollte vermieden werden, dass zwischen den *aktiven Gewerkschaftsmitgliedern*[s] ein ungleicher *Informations-*[s] und *Bewusstseins*stand[i-s] entsteht. Ansonsten steigt das Risiko, dass es zur Bildung einer *Hierarchie*[h] unter den *Aktiven* und zur Schaffung eines *eingeschränkten*[h/s] Kerns von Kollegen kommt, mit dem sich die gegebenenfalls bestehenden Möglichkeiten nicht wirklich ausschöpfen lassen.«

Sich vom Autoritarismus befreien

Die als *Autoritarismus*[h/s] angeprangerte häusliche *Autorität*[h] stößt ebenso auf Ablehnung, weil sie das Geschick *aller* den Entscheidungen eines Einzelnen unterwirft: »Die *demokratische*[s] Gesellschaft von morgen lässt sich nicht erkämpfen, indem man heute autoritäre[h] Verhältnisse einführt.«

Das zwischen der staatsbürgerlichen und der häuslichen Welt bestehende Spannungsverhältnis zeigt sich besonders deutlich bei Wahlen, weil dabei eine vollkommene Unabhängigkeit der Personen gegeben sein sollte, die bar jeder Unterordnung unter *andere*[h] sein und vor *Einflussnahme*[o] geschützt sein müssen.

Der Korruption vorbeugen

Zur Konstituierung des *Kollektiv*wesens einer *Wählerschaft* muss »die unter solchen Umständen erforderliche *Unabhängigkeit des Urteils*[s] gewahrt« und den rechtlichen Vorgaben Genüge getan werden, welche die Unparteilichkeit der gewählten Vertreter garantieren: »Für das *passive Wahlrecht*[s] darf man [...] mit dem *Arbeitgeber*[s-u] weder *verwandt*[h] noch *verschwägert*[h] sein.« »Mangelnde *Unabhängigkeit* gegenüber dem *Arbeitgeber*[s-u] reicht schon aus, dass eine *Gewerkschaft*[s-u] als *nicht repräsentativ*[s] angesehen werden kann.« Über diesen Grundsatz setzen sich die *Arbeitgeber* hinweg, wenn sie »an der Unterdrückung mitwirken, indem sie den *Geschäftsführer*[u], ihre *Verwandten*[h] und die *Hausangestellte der Familie*[h-u] unter die auf der *Wählerliste*[s] *eingeschriebenen* Personen eintragen lassen.« Dabei handelt es sich um die Anwendung einer allgemeineren Regel auf Unternehmen, die beispielsweise auch bei Kommunalwahlen gültig ist und mit der sich staatsbürgerliche Bindungen von häuslichen Bindungen und in zweiter Linie auch von auf dem Markt basierenden Bindungen scheiden lassen sollen. Bekanntlich können nach dem Wahlgesetz »in Kommunen mit mehr als 500 Einwohnern Verwandte in auf- und absteigender Linie sowie Geschwister nicht gleichzeitig Mitglieder des Gemeinderats sein«. Ebenso sieht der Gesetzgeber bei der Aufzählung von Kriterien der Unvereinbarkeit vor, dass Geschäftsführer von kommunalen Betrieben und Gemeindeangestellte, die mit den örtlichen Beamten aufgrund persönlicher Abhängigkeit oder geschäftlicher Beziehungen verbunden sein könnten, nicht für den Gemeinderat kandidieren dürfen.

Gegen Kumpanei vorgehen

Sich persönlich kennen kann nämlich schon bedeuten, dass man in einem Bündnis befangen ist, das nicht mehr dem Gemeinwohl verpflichtet ist, was dann zu Abweichungen führen kann. Deutlich wird dies an dem Beispiel der »Kandidatensuche«, das in der Broschüre der CFDT, die wir zur Darstellung der staatsbürgerlichen Welt herangezogen haben, diskutiert wird: »Die Lösung ›Man nimmt dieselben und fängt wieder von vorn an‹ ist häufig eine Bequemlichkeitslösung. Es ist ›schnell gesagt‹, dass keine neuen Personen da sind, die sich für eine *Kandidatur*[s] bereit erklärt haben. Manchmal mag es durchaus beruhigend sein, wenn sich wieder *das gleiche Trüppchen*[h] von *Arbeitnehmervertretern*[s] zusammenfindet, die sich kennen und *gewohnt*[h] sind, miteinander zu arbeiten. Solchen Tendenzen muss man jedoch einen Riegel vorschieben. Die *gesamte*[s] *Betriebsgruppe*[s] muss durch *Vollversammlungen*[s] oder die *Mitgliederzeitung*[s] in Alarmbereitschaft versetzt werden, wenn es darum geht, *Kandidaten*[s] zu finden.« Das Spannungsverhältnis zwischen Prinzipien, welche für die Reinheit der *Massenwesen* sorgen, die für eine gemeinsame *Sache* eintreten, und den singulären Beziehungen von Person zu Person ist in solchen Organisationen, Gewerkschaften oder politischen Parteien besonders virulent, in denen sich Dispositive staatsbürgerlicher Art (*Stimme*, *Mandat*, *Repräsentation* und so weiter) mit lokalen Strukturen sowie einer Form der Rekrutierung und des Zusammenhalts, die weitgehend auf persönlicher Nähe (aufgrund der Zugehörigkeit zur selben Werkshalle, nachbarschaftlicher oder häuslicher Beziehungen und so weiter) beruht, verbinden. So ging es in den meisten, die Aufmerksamkeit der Medien erregenden *Affären* innerhalb der Kommunistischen Partei in den 1970er und 1980er Jahren um die Aufdeckung persönlicher Abhängigkeiten (Cliquenwirtschaft), welche heimlich im Interesse einer Splittergruppe Aktivisten zusammenbrachten, von denen man glaubte, sie ständen mit ihrer ganzen Person hinter der gemeinsamen Sache. Doch die gleichen uneindeutigen Situationen (etwa die »Feiern anlässlich der jährlichen Wiederannahme der Parteiausweise«), die zwischen der Einhaltung des Reglements und der vertraulichsten Lockerheit hin und her pendeln, können von den Beteiligten als *vertrauensvoll*, *brüderlich* oder *gemütlich*[h] geschildert werden, von den davon *Ausgeschlos-*

senen[h-s] dagegen als Verschwörungen gegen das Gemeinwohl.

Diese Feststellungen gelten generell auch für das Anprangern eines Skandals, der in der Aufdeckung eines häuslichen Bandes hinter einer staatsbürgerlichen Beziehung besteht. Dabei wird die Existenz eines auf familiären, freundschaftlichen, emotionalen oder gar sexuellen Verbindungen beruhenden Geheimbündnisses zwischen Personen aufgedeckt, welche eigentlich nur ihr *Einsatz* für eine gemeinsame *Sache* und die Einhaltung des *Gesetzes*[s] zusammenbringen dürfte.

Das Anprangern von Skandalen

Eine Affäre wird dann zu einem Skandal, wenn dabei Verbindungen zwischen Personen offengelegt werden und in aller Öffentlichkeit »die schmutzige Wäsche« von Familien »gewaschen« wird. Die *Affärenform* (Boltanski, La dénonciation) entwickelt sich im Spannungsfeld zwischen der häuslichen und der staatsbürgerlichen Welt. Im französischen Kontext ist sie daher eng mit der im Verlauf der Französischen Revolution vollzogenen Trennung des staatsbürgerlichen vom häuslichen Gemeinwesen verbunden, die nun zwei vollkommen unvereinbare Welten darstellen: auf der einen Seite die »kleinen«, unbedeutenden Geschichten der Menschen, ihre »Bettgeheimnisse«, die Details ihrer Intrigen, auf der anderen die »politische« oder »ökonomische«, die »große Geschichte« der Nation. Diese Trennung hat die Aufdeckung privater Verbindungen zwischen Personen, die einzig das öffentliche Wohl zusammenbringen dürfte, zum Skandal gemacht; desgleichen hat sie bewirkt, dass der Rückgriff auf staatsbürgerliche Institutionen zur Austragung häuslicher Konflikte, von denen man sagt, dass sie eigentlich auf gütlichem Wege und ohne dass man daraus eine Staatsaffäre macht, bereinigt werden sollten, zu etwas Dubiosem, Gemeinem und Ungehörigem wird. In solchen uneindeutigen Situationen wird einmal der Umstand kritisiert, dass etwas öffentlich enthüllt, ein andermal, dass etwas geheim gehalten wird. Während die staatsbürgerliche Welt in einem homogenen und transparenten Raum zur Entfaltung kommt, ist der auf das *Haus* herum zentrierte Raum nach dem Gegensatz von innen und außen strukturiert. *Verrat* bedeutet hier, dass etwas nach außen hin *öffentlich* gemacht wird, was nur intern bekannt sein dürfte.

Auf die Kritik an der häuslichen Diskretion als einer »Verschwörung des Schweigens«, aufgrund deren Familiengeheimnisse das Haus nicht verlassen, antwortet daher die Kritik an der öffentlichen Zeugenaussage als eines Verrats, der den »Clan« schwächt und vor Fremden entehrt. Das Anprangern eines Skandals vollzieht sich durch das Aufzeigen der wahren Natur der Beziehungen zwischen Personen, die sich zwar so darstellen, als seien sie öffentlich und dem Gemeinwohl verpflichtet, faktisch jedoch private Interessen bedienen. Hinter einer staatsbürgerlichen Staffage (etwa einem Gemeinderat oder einem Gericht) werden der häuslichen Natur zugehörige Verbindungen zwischen Personen aufgedeckt. Hierfür muss man sich auf Ressourcen stützen, die in staatsbürgerlichen Situationen nicht vorkommen, etwa Verwandtschaftsverhältnisse oder Klüngelbeziehungen, Verbindungen, auf die man zu seiner Verblüffung stößt, diskrete Zeichen heimlichen Einverständnisses, die man zu deuten wissen muss, Klatsch und so weiter. Mittels solcher Belege lässt sich die Situation in einer anderen Welt neu arrangieren, und genau dieser Widerspruch zwischen dem scheinbar vorliegenden Dispositiv und der dahinter verborgenen Welt wird zum Gegenstand des Skandals: Unter dem Deckmäntelchen der Staatsbürgerlichkeit verschleiert die Situation eine andere Wirklichkeit, die häuslicher Natur ist. Diese Wirklichkeit hat aber etwas Verwerfliches und muss ihrerseits entlarvt werden, damit die Situation völlig ungetrübt wiederhergestellt werden kann: Der Prozess ist eine Farce, weil der Beschuldigte persönliche Beziehungen zu den Geschworenen unterhält, und die haben sich schon vor der Anhörung in der Herberge geeinigt (Claverie, De la difficulté); oder auch, weil der Richter sich privat gut mit dem Angeklagten versteht und dabei gesehen wurde, wie er mit ihm in einem Restaurant zu Abend gegessen hat. Das gemeinsame Essen macht den Skandal noch schlimmer, weil dadurch körperlichen Begierden mit ins Spiel kommen. Es gibt keine privateren Interessen als diejenigen, die nur den eigenen körperlichen Genüssen dienen, da sie sich von Natur aus nicht teilen lassen.

Körperliche Begierden vertragen sich besonders schlecht mit der staatsbürgerlichen Größe, die sie aufgrund ihrer Abhängigkeit vom *kollektiven* Charakter der Personen nur als ewig hungrige oder lüsterne Wesen wahrnimmt. Ein Beamter hat eigentlich keinen Körper. Aus diesem Grund schwelgt die Denunziation von Skandalen im flammenden Pamphletstil (Angenot, La parole pamphlétaire), dessen Besonderheit gerade im Zusammenbringen des Hohen und des Niedrigen, der Emphase und des Ordinären sowie in der Äußerung sittlicher Entrüstung mit Ausdrücken aus dem Anal- und Genitalbereich liegt. Mit solchen stilistischen Disharmonien lässt sich das sich hinter wohlfeilen Erklärungen zum Allgemeinwohl verbergende Eigeninteresse in aller Öffentlichkeit aufdecken. Diese Enthüllung gelingt niemals überzeugender, als wenn sie die Genusssucht mit der moralisch sauberen Einhaltung der Regel konfrontieren kann, oder die Befriedigung körperlicher Begierden, die das soziale Band dem Vergnügen unterordnet, das ein jeder individuell aus seinem Umgang mit anderen zieht, mit der Gruppensolidarität.

Die auf persönlicher Bekanntschaft beruhenden lokalen Bindungen gehören in den Bereich des Hauses und stehen daher ständig im Verdacht, der Opazität eines *Milieus*[h] und der durch persönliche Zuneigung geförderten Günstlingswirtschaft auf Kosten der Transparenz und zum Nachteil des für die staatsbürgerlichen Beziehungen charakteristischen Gleichheitsgrundsatzes Vorschub zu leisten.

Sich über die lokalen Streitigkeiten erheben

Die Ortschaft, das Lokale, das *Verwurzeltsein* in einer von Besonderheiten, Gebräuchen und *Gewohnheiten*[h] geprägten *Gegend*[h] bildet den Gegensatz zum *Lokalen* in der staatsbürgerlichen Welt (*Parteilokal*, *Gewerkschaftsbüro*, der *Vereinssitz*, das *Bürgerbüro*, das *Rathaus* und so weiter), das nichts mit der jeweiligen Besonderheit seiner Umgebung zu tun hat. Das Parteibüro, das Gewerkschaftsbüro und das Vereins*lokal* der staatsbürgerlichen Natur sorgen an einem bestimmten Punkt des als homogene Ausdehnung verstandenen Raumes für die Präsenz der Kollektivperson (»die Präsenz des Staates, der Partei, der Gewerkschaft und so weiter gewährleisten«). Es markiert sie durch Embleme, Abzeichen, *Anstecker*, Abkürzungen, *Plakate*[s] und so weiter, die überall identisch sind und Distanzen verleugnen (etwa ein Plakat gegen das südafrikanische Apartheidsystem in einem Parteibüro der Pariser Banlieue). Das *Lokal* oder *Büro*, das nichts mit den Besonderheiten der darin auf Zeit und ihrem *Mandat* entsprechend tätigen Personen zu tun hat, lässt sich von der häuslichen Welt aus als *anonym*[s/h] und *abweisend* kritisieren.

Das Spannungsverhältnis zwischen den lokal verankerten Größen (die »örtlichen Würdenträger«) und der Größe der Nation ist in Frankreich in den Formeln der Verfassung niedergelegt, in denen die staatsbürgerliche Welt zum Ausdruck kommt: Bekanntlich ist der Abgeordnete nicht der »natürliche Mandatsträger« einer Körperschaft, ebenso wenig der Interessenvertreter einer Ortschaft oder einer *Gegend*[h], die sich mit einem *Wahlbezirk* deckt, für den er *gewählt*[s] worden ist und dem gegenüber er durch ein »imperatives Mandat« verpflichtet wäre. Er verkörpert den »Gemeinwillen« des gesamten Volkes und das Allgemeininteresse der Nation (Furet, 1789, S. 200). Von der Warte der staatsbürgerlichen Welt aus gesehen ist das Lokale, die Ortschaft, daher der Ort des Privaten, wo mit Akzent (»der regionale Akzent«) oder im Dialekt gesprochen wird, welcher sich durch seine »Nähe« oder »Ferne« von der »Nationalsprache« auszeichnet (de Certeau/Revel, Une politique, S. 53–60). Es ist auch der Ort der *vorgefassten Meinungen*, deren Ausmerzung sich die Schule zur Aufgabe gemacht hat (Bourdieu, Was heißt Sprechen?).

Die öffentliche Schule ist für die zahllosen während der Revolutionszeit debattierten Gesetzesentwürfe, welche »sämtliche Staatsbürger in Gleichklang mit der aufgeklärten, beratschlagenden Nation bringen« wollen (Julia, Les trois couleurs, S. 195), »das Instrument zur Ausmerzung der Vorurteile und zugleich der Ort, wo das Erlernen der Freiheit« (Furet/Ozouf, Lire et écrire, S. 114), verstanden als der Lösung aus den Banden persönlicher, familiärer und lokaler Abhängigkeiten, vonstatten geht. In der häuslichen Welt besitzt das Kind keinerlei Eigentümlichkeiten, es ist einfach ein kleiner Erwachsener, der je nach der Position, die er genauso wie die »richtigen« Erwachsenen in der dem Bild der Familie nachempfundenen politischen Körperschaft einnimmt, mehr oder weniger Größe besitzt. Für die staatsbürgerliche Welt ist das Kind dagegen ein Zwitterwesen, das noch von einer Sippe und einem Hausverband abhängig ist, das sich, um zu einem Staatsbürger werden zu können, von seinen Zugehörigkeiten und seinem *ererbten*[h] Schicksal befreien muss und sich durch das Erlernen nützlichen Wissens »zum Zustand eines Menschen [gelangen soll], den so wenige ausfüllen können« (Rousseau, Emile, S. 192). Der Beherrschung eines Handwerks hat es Rousseaus Émile zu verdanken, dass er ungeachtet der äußeren Verhältnisse seine Unabhängigkeit von anderen wahrt und ein Staatsbürger bleibt.

Diesem sich auf den Gegensatz des Lokalen und des Nationalen, des Privaten und des Öffentlichen stützenden Typus von Kritik lassen sich auch solche Affären zuordnen, in deren Verlauf Personen, die noch in familiären Bindungen befangen sind, sich daraus durch den Rückgriff auf staatsbürgerliche Wesen zu lösen vermögen und so das häusliche Arrangement umwandeln können. Das geschieht etwa in Scheidungsfällen, in denen die staatsbürgerliche Instrumentierung der Angelegenheit über die klassischen juristischen Prozeduren hinausgehen kann, etwa wenn man sich wie beim Sorgerecht für geschiedene Väter auf universelle Interessen beruft (Chateauraynaud, Formes de justice, S. 201–240).

Die Überwindung von korporatistischen Spaltungen

Genauso werden berufsständische Partikularismen angegriffen, da sie die Arbeitnehmer *spalten*[s], so wie etwa lokale Zwistigkeiten eine Spaltung der Bürger bewirken. Sie werden mit dem *Korporatismus*[h] gleichgesetzt, was, durch die Bezugnahme auf die Institutionen des Ancien Régime und, zeitlich etwas näher, auf die Institutionen der faschistischen Staaten, ihren *traditionalen*[h] Charakter in den Vordergrund rückt, der mit den häuslichen Arrangements und mit dem *Paternalismus* ausgezeichnet harmoniert. Die staatsbürgerliche Kritik richtet sich etwa auf den *»engstirnigen Korporatismus*[h]*«* derjenigen, die eine »berufsständische Gewerkschaftsarbeit« praktizieren, oder auf die »Berufsstruktur, welche die Arbeiterklasse in einzelne unabhängige Segmente *zerstückelt*[s]«, und die *korporatistischen*[h] *Forderungen*[s], welche die Arbeitnehmer der verschiedenen Kategorien nur noch mehr *spalten*[s].

An der Welt der Meinung. Die *Meinung* in der Welt des Renommees und der staatsbürgerlichen Welt unterscheiden sich grundlegend voneinander. In der staatsbürgerlichen Welt bringen die Meinungen von unabhängigen Individuen den dem Kollektiv als solchen eigenen Allgemeinwillen zum Ausdruck; darin unterscheiden sie sich von der Welt des Ruhmes, wo sich die Meinung daraus ergibt, dass die Zustimmung für etwas oder jemanden bei Personen, die den Einflüssen anderer ausgesetzt sind, konvergiert.

Das Verbot von Meinungsumfragen in Zeiten des Wahlkampfs

Auf diese Doppeldeutigkeit richtet sich in Zeiten des Wahlkampfs die Kritik an den Meinungsumfragen und insbesondere ihrer Veröffentlichung. Umfragen, in denen die von Privatinteressen abhängenden persönlichen Meinungsäußerungen einfach aufsummiert werden, stören die kollektive Wahl. Der gleichen Logik zufolge kommt in der staatsbürgerlichen Welt eine Bezugnahme auf ein solches Aufsummieren häufig einer Kritik an der Welt der Meinung gleich: »Gewerkschaftliche Aktivität [...] ist nicht einfach die *Summe* aus den *individuellen*° *Positionen* oder *Initiativen*, sondern *kollektives*ˢ Handeln.« Entsprechend lassen sich mittels der Kritik – die sich in einem staatsbürgerlichen Kontext als fast schon profanierend erweist – an politischer Propaganda und Kampagnen zur Mitgliederwerbung (»Es gibt einen bestimmten Typus von sehr politisierten Menschen, die so erfahren sind, dass sie ganze *Versammlungen*ˢ *herumkriegen*°«) die Objekte staatsbürgerlicher Art klar von den Arrangements, die nur dem Renommee dienen, scheiden.

Der Egoismus der Besitzenden

An der Welt des Marktes. In der Broschüre, die wir zur Illustration der staatsbürgerlichen Ordnung herangezogen haben, wird auf die Welt des Marktes nur in kritischer Absicht eingegangen. Diese Weigerung, einen Kompromiss einzugehen (die in diesem Fall zumindest teilweise auch mit der gewerkschaftlichen Herkunft des benutzten Dokuments zusammenhängt), sollte nicht überraschen, wenn man sich die Schwierigkeiten bewusst macht, welche die französische Gesellschaft damit hatte, einen Kompromiss zwischen der staatsbürgerlichen Koordinierungsform, die vom Allgemeinwillen unterstützt wird, und der marktförmigen Koordinierung zu schließen. Als Beispiel für den unauflöslichen Gegensatz zwischen öffentlichem Wohl und privaten Interessen erinnere man sich etwa an die Debatten zum Verhältnis von Staatsbürgerschaft und Güterbesitz und vor allem Condorcets Position in dieser Auseinandersetzung (Baker, Condorcet, S. 253). In seinem »Essai sur la constitution et les fonctions des assemblées provinciales« von 1788 schließt er sich Turgot an, insofern er »Teilbürger« von »Vollbürgern« unterscheidet, die »ein zum Leben ausreichendes Einkommen aus Grundeigentum besitzen« (Condorcet, Essai, S. 284). Er rückt jedoch von diesem ab, um »die Meinung derer zu widerlegen, welche die Anzahl der Stimmen proportional zum Wert des Eigentums vergeben wollten« (ebenda, S. 288).

Staatsbürgerliche Kritik an der Größe des Marktes, in die damals so viele Bemühungen eingeflossen sind, kann heutzutage in der lapidaren Form von *Slogans* und *Parolen*[s], etwa gegen den *Kapitalismus* oder den Gegensatzes von *Besitzenden*[m] (*der Egoismus der Besitzenden*) und *Arbeitern*[s-u], geäußert werden.

Der Marktindividualismus

Der schroffe Gegensatz zur Welt des Marktes kommt schließlich auch in der Kritik am *Individualismus* zum Ausdruck: »Die *Demokratie* lässt sich in dieser von Individualismus geprägten Welt nicht improvisieren.« Diese Kritik taucht ebenfalls in Äußerungen auf, in denen darauf hingewiesen wird, dass Kollektivpersonen auch vom Kurs abkommen können, wenn das Privatinteresse gegenüber dem Streben nach Gemeinwohl überwiegt, wie das bei den gewerkschaftlichen Mitgliedsbeiträgen der Fall ist: »Es handelt sich dabei nicht um eine Art ›Versicherungsprämie‹[m], sondern um ein Mittel, um am *kollektiven Engagement*[s] *teilnehmen* zu können. [...] Die Gewerkschaft ist nicht eine Art Versicherung, sondern ein offensives *Kollektiv*[s].«

Der öffentliche Dienst definiert sich durch den Gegensatz zu marktförmigen Dienstleistungen. Die Kompromisse, auf denen etwa die Verstaatlichung von Stromversorgungsunternehmen basiert, stehen andauernd im Spannungsfeld zwischen einer Verpflichtung den *Bürgern*[s] gegenüber, welche die gleichen Nutzungsrechte haben, und der Orientierung am *Kunden*[m], wie das in den Kontroversen um die

Festsetzung der Anschlusstarife deutlich wird (Akrich, De la position, S. 184).

Die Bürokratisierung vermeiden

AN DER WELT DER INDUSTRIE. Die Arrangements, die den Kompromiss zwischen der staatsbürgerlichen Welt und der industriellen Welt stabilisieren, sind auch der Kritik ausgesetzt, insbesondere in der (in den untersuchten Handbüchern nicht vorkommenden) beinahe schon klassisch zu nennenden Form der Kritik am *Technokratentum*[u-s]. Diese Kritik macht ihrerseits Kompromisse mit der inspirierten Welt möglich, wie dies am Thema Ausbildung deutlich wird. Sobald die *Ausbildung*[u], also die Aneignung einer Kompetenz oder Fertigkeit, von der industriellen Welt abgelöst und in die staatsbürgerliche Welt verlagert wird, stellt sich meist die Kritik am »lebensfernen Wissen« und am »Spezialistentum« ein. Sie ähnelt darin der inspirierten Kritik an der schulischen Routine: »Die *Ausbildung*[s-u] durch einen *Gewerkschafter*[s] hat wenig mit der gewöhnlichen *schulischen*[u] Praxis zu tun, bei der man ein Wissen eingetrichtert bekommt, das bewusst lebensfern gehalten ist und sich nur an Einzelne richtet, die allein ihr individuelles Fortkommen im Auge haben. Im Gegensatz dazu hat gewerkschaftliche Bildungsarbeit [...] nur dann Sinn, wenn sie als eine *kollektive*[s] *Bereicherung*[i] verstanden wird.«

Kritiken, die sich auf Kompromisse zwischen der staatsbürgerlichen und der industriellen Welt richten, nehmen typischerweise die Form einer Warnung vor den Risiken der *Bürokratisierung* an: »Die *Durchstrukturierung*[u] der *Betriebsgruppe*[s] ist unerlässlich. Eine rasche Beschreibung, wie wir sie gerade geliefert haben, könnte einen glauben lassen, dass das Risiko der *Bürokratisierung*[s-u/s] bestünde. Das wollen wir gar nicht verleugnen. Nur insofern die *Betriebsgruppe kollektiv*[s] funktioniert [...], bekommt diese Pyramide von *Verantwortlichkeiten*[u] wirklichen Sinn, der nämlich darin besteht, eine *demokratische*[s] Funktionsweise zu gewährleisten.«

Kritik, die von der Welt des Marktes ausgeht

An der inspirierten Welt. Wiewohl sie durch Begierden ihren Anstoß erhalten, die Leidenschaften durchaus ähneln, sind die durch den Markt koordinierten Aktivitäten auf äußere Güter angewiesen und erfordern zwischen den an einem Geschäft beteiligten Parteien eine gewisse Distanz. Wie die anderen Größen auch, reguliert die Marktgröße daher ein Spannungsverhältnis zwischen einem Status der Partikularität und einem der Koordination förderlichen Status. Der dieser Welt zugrunde liegende Investitionsmodus stellt einen Ausgleich her zwischen den mit dem Zugang zum Markt assoziierten Reichtümern und den Opfern, welche die Loslösung von sich selbst und die Aufmerksamkeit gegenüber den anderen (der »unparteiische Beobachter« und die »Sympathie« bei Smith) erforderlich macht. Die *emotionale Distanz*[m], die *Kontrolle über die Gefühle*[m] bilden die Voraussetzung dafür, die *günstigen Gelegenheiten*[m] beim Schopf ergreifen und *Geschäfte tätigen*[m] zu können, ohne sich von seinen »impulsiven« Gefühlen hinreißen zu lassen und »irgend etwas zu machen« – ein Ausdruck, mit dem das Treiben des Geschäftsmannes gebrandmarkt wird, der sich der momentanen Inspiration hingibt.

Selbstbeherrschung bei den Geschäften

Die Notwendigkeit, bei Geschäften einen kühlen Kopf zu bewahren, schließt Gefühlsausbrüche aus, in denen die *Authentizität*[i] der Inspiration zum Ausdruck kommt. Von seinen eigenen Gesten überwältigt zu werden, mag zwar den Leib zu einem überzeugenden Objekt in der Welt der inspirierten Größe zu machen, wird aber zu einem Hemmschuh für Transaktionen am Markt, wo man Gefühlsausbrüche vermeiden und kühl bleiben sollte: »Halten Sie Ihre Gefühle unter Kontrolle [...]. Sich abschotten bedeutet vor allem, dass man freiwillig eine gefühlsmäßige Distanz zwischen sich selbst und der Situation errichtet.«

Die Herstellung dieser für das vom Markt geknüpften Band nötigen Distanz führt dazu, dass man wie in der häuslichen Welt (*mangelnde Selbstkontrolle*) Kritik an jeder für *Unruhe*[i] sorgenden Exzentrik beim Äußern von Emotionen und in der Art sich zu kleiden übt: »Kleiden Sie sich als Geschäftsmann [...]. Wenn Sie mit nackten Füßen in Mokassins, das Hemd zur Hälfte aufgeknöpft und ein Goldkettchen am Hals oder am Arm zu einer geschäftlichen Sitzung kommen, kann das bei den anderen Beteiligten zu besorgniserregenden Ansichten bezüglich Ihrer Persönlichkeit führen.«

An der Welt des Hauses. Da die Welt des Marktes ohne Fundierung in Raum und Zeit auskommen muss, besteht hier aller Anlass zur Kritik an den Elementen der häuslichen Welt, in der diese beiden Begriffe fest etabliert sind. Besondere Eigenheiten und persönliche wie lokale Bindungen stellen Partikularismen dar, deren man sich entledigen muss, um Zugang zu einem anonymen und grenzenlosen Markt zu bekommen. Traditionen, vorgefasste Meinungen und Routinen sind Hemmschuhe für das Anbahnen auf den eigenen Vorteil bedachter Marktbeziehungen.

Sich aus persönlichen Beziehungen befreien

Die in den Beziehungen zwischen den Wesen der Marktwelt verwirklichte *Distanz*[m] setzt (neben der Kritik an der inspirierten Größe) voraus, dass man seine Emotionen unter Kontrolle hat und *frei*[m] von persönlicher Abhängigkeit oder Einflüssen ist (all das sind indirekt Kritiken an der häuslichen Ordnung): »Abseits jeglicher *Beeinflussung durch andere*[h] schlossen wir die *Verhandlungen*[m] über einen Vertrag ab, der seither ohne Unterbrechung in Kraft ist«; »ich kann gar nicht genug darauf hinweisen, wie gefährlich *Vertraulichkeiten*[h] für *Geschäfte*[m] sein können«. Beziehungen zu einflussreichen Personen werfen ebenso wie Vertrauensverhältnisse – was ja in der Welt des Hauses völlig natürlich wäre – einen lästigen Schatten auf den freien Vertrag. Unternehmen treffen beispielsweise in Form von Personalrotation entsprechende Vorkehrungen gegen die Gefahren, die von persönlichen oder lokalen Bindungen ausgehen. Diese könnten nämlich zu Quellen von vorgefassten Meinungen werden, die sich hemmend auf Marktanpassung auswirken.

Diese auch in alltäglichen Situationen ständig wiederkehrende Kritik bildet ein Echo auf die früher an der traditionalen politischen Ordnung geübte Kritik, die sich auf die

Fundamente einer marktwirtschaftlichen Ordnung gestützt hat. So ist für Ludwig von Mises die Bürokratie quasi gleichbedeutend mit einer Ordnung, die aus »Intrigen am ›Hof‹ derjenigen [besteht], die an der Macht sind. Es gab ziemlich viel Schmeichelei, Speichelleckerei, Unterwürfigkeit und Kriecherei an den Höfen aller despotischer Herrscher.« (von Mises, Die Bürokratie, S. 110) Diese Kritik verewigt die für das Verständnis des Begriffes Liberalismus folgenreiche Sinnverschiebung von der Freiheit oder der Autonomie hin zu den Erfordernissen des Freihandels. Sie findet auch ihren Widerhall in den sozialwissenschaftlichen Debatten, in denen sich Anthropologen und Ökonomen über die Natur von Tauschbeziehungen und die Grenzen des Marktes in traditionalen Gesellschaften auseinandersetzten (Mauss, Die Gabe). Der Wert, der einem Objekt als einer Gabe darin zukommt, ergibt sich ganz und gar aus der Verbindung zwischen ihr und der Person des Schenkenden. Umgekehrt besteht die grundlegende Eigentümlichkeit eines auf dem Markt zirkulierenden Tauschobjektes darin, dass es von der Person des Käufers und des Verkäufers unabhängig ist. Persönliche Bindungen sehen sich daher der Kritik ausgesetzt, den freien Zugang des Individuums zum Markt zu behindern. In dieser Hinsicht erinnert diese zur *Befreiung aus den persönlichen Beziehungen* auffordernde kritische Denkfigur durchaus an die inspirierte Kritik an den häuslichen Banden (*Alles stehen und liegen lassen*), ebenso aber auch an die staatsbürgerliche Kritik an diesen Bindungen (*Überwindung des Paternalismus*; man vergleiche auch die Voraussetzungen, die Rousseau zufolge gegeben sein müssen, damit der Allgemeinwille zum Ausdruck kommen kann: »die Summe von kleinen Unterschieden«). Persönliche Vertrauensverhältnisse, die in einer staatsbürgerlichen Welt als Verschwörung gegen das Allgemeininteresse gelten, werden hier als eine die Konkurrenz hemmende Absprache kritisiert.

Die Aufmerksamkeit des Kunden für besondere (häusliche) Eigenschaften der Waren und die Art der damit einhergehenden Nachforschung sind nicht mit der von den Personen unabhängigen rein marktwirtschaftlichen Natur der Güter vereinbar. Daher ist die »intensive« Suche nach dem besonderen Bezug einer Gebrauchtware zu ihren Vorbesitzern etwas völlig anderes als der Preisvergleich (»*survey form*«) auf einem offiziellen Markt (Geertz, Bazaar Economy).

Einer ähnlichen Logik zufolge sind die häuslichen Eigenschaften der Personen, wie sie im Alter oder der Betriebszugehörigkeit zum Ausdruck kommen, für die Welt des Marktes völlig irrelevant, wo der Wert sich nicht erst mit der Anzahl der Jahre ergibt: »Mich stört es nicht, wenn sehr junge Leute, die für mich arbeiten, schon ordentlich Geld verdienen.«

Örtliche Bindungen abbrechen

Die Welt des Marktes kennt weder zeitliche und räumliche Grenzen noch Distanzen, worin sie sich ganz klar von der häuslichen Welt unterscheidet, deren nach Polen strukturierte Topographie um bevorzugte Bereiche herum ausgerichtet ist. Örtliche Bindungen, die Verwurzelung in regionalen Lebensräumen, Provinzialismus sind schlichtweg Hemmschuhe für die globale Ausdehnung des Marktes: »Ich hatte auch den Eindruck, dass die *regionale Verwurzelung*[h] der Spieler von Mannschaftssportarten ihre *Vermarktungschancen*[m] ernsthaft einschränkte. Golfspieler sind in Tokio oder Kalamazoo praktisch besser *verkäuflich*[m] als in *ihrem Heimatland*[h].«

Die an die Region anknüpfenden Privilegien der Zünfte sind von der marktwirtschaftlichen Perspektive aus, wonach räumliche Begrenzungen von Transaktionen immer weiter eingeschränkt werden müssen, unweigerlich der Kritik ausgesetzt (Kaplan, Les ventres). In der ökonomischen Literatur werden die einer häuslichen Ordnung entstammenden Elemente wie etwa die ein Gebiet oder einen Bereich begrenzenden »Schranken« als Hemmschuhe für die freie Warenzirkulation kritisiert: »Einfuhrbarrieren«, »Mobilitätsbarriere«.

Selbst diejenigen Autoren, die das Vorhandensein von nicht marktkonformen Beziehungen, besonders auf den »Arbeitsmärkten«, aufzeigen wollen, gebrauchen dieses abwertende Vokabular. So wird das freie Spiel der Marktkräfte beispielsweise durch »nicht konkurrierende Gruppen« behindert (»non-competing industrial groups«: Cairnes, Some Leading Principles, S. 68), es bleibt im Rahmen der von der Personalabteilung eines Unternehmens vorgegebenen Grenzen (Reynolds, The Structure, S. 42), wird »balkanisiert« (Kerr, The Balkanisation) oder bleibt im Geflecht der lokalen Gewohnheiten der »internen Märkte« verfangen (Doeringer/Piore, Internal Labor Markets).

Sich über vorgefasste Meinungen hinwegsetzen

Die durch das Vorhandensein von häuslichen Wesen in der Welt des Marktes ausgelöste Kritik an der Unordnung macht auch das jeweils unterschiedliche Verhältnis deutlich, das die beiden Größen zur zeitlichen Dimension unterhalten. Die Welt des Marktes kann mit der Dauerhaftigkeit, die in der Welt des Hauses Wertschätzung genießt, nichts anfangen. »Vorgefasste Meinungen« und »Volksweisheiten«, die ihren Wert aus der Tradition herleiten, behindern die Entfaltung der Marktordnung, der zufolge man sich über *vorgefasste Meinungen hinwegsetzen* muss. Die Zwangsjacke, aus der man sich befreien muss, sind hemmende Routinen, die mit dem marktwirtschaftlichen Opportunismus ebenso unvereinbar sind wie mit der Spontaneität der Inspiration (vgl. *Der Hemmschuh der Gewohnheit*). An der durch die Bekanntheit einer Marke bewirkten Konsumentenbindung ist durchaus Kritik angebracht, weil sie dazu führt, dass dem Kunden dadurch günstigere Angebote entgehen und er »für die Marke unverhältnismäßig mehr bezahlen muss« (Eymard-Duvernay, Coopération, S. 126).

An der Welt der Meinung. Die Welt des Marktes unterscheidet sich fundamental von der Welt der Meinung aufgrund der Existenz von äußerlichen Gütern, die die Konkurrenz zwischen den Begehrlichkeiten regeln und die Bemessung der Größen bestimmen. Wenn begehrte Güter nicht mehr länger erhältlich sind, degenerieren die rivalisierenden Besitz*strebungen*[m] zur herdentriebartigen *Anhängerschaft*[o] von Menschen, die sich mit ein und demselben Zeichen identifizieren, wie etwa die Fans mit einem Star oder diejenigen, die lieber einer Mode als ihren wahren Wünschen nachlaufen. Wenn sie in dieser Identifikation aufgehen, verhalten sich die Menschen gleich oder, wie es in der Kritik an dieser Welt heißt, sie imitieren sich gegenseitig.

Als *Snobismus* gilt vom Standpunkt der Marktkritik aus das Streben nach Gütern, das Kompromisse mit der Welt des Ruhmes eingeht, indem es Personen zu imitieren sucht, die aufgrund ihres Ruhmes Größe besitzen, und sich sklavisch mit einer Mode identifiziert. Der »Snob« kann als Kunde einem *Gut*[m] den Rücken zukehren, das ihm nicht mehr genügend *distinguierend*[o] erscheint. Wie in der soziologischen Literatur, welche die der Welt des Ruhmes eigenen Mechanismen der Kreditakkumulation aufzudecken sucht, fungieren hier Güter nur als distinktive Zeichen. Der erweiterte Gebrauch des Begriffs Markt deckt sich dann nicht mehr mit der auf der Konkurrenz um knappe Güter beruhenden Koordinationsform.

Die schlimmen Auswirkungen der Spekulation

Wenn der Markt nicht mehr als das übergeordnete gemeinsame Prinzip angesehen werden kann, da sich die Güter nicht mehr länger in konsistenter Weise identifizieren lassen, wird der gleitende Übergang in die Welt der Meinung in einem Verfall der Preise offenkundig, worin sich die *schlimmen Auswirkungen der Spekulation* enthüllen. In den spekulativen Manövern der öffentlichen Meinung, die ein künstliches Auf und Ab der Preise nach sich ziehen, indem sie die Antizipationen der Individuen beeinflussen, verschwindet die Vermittlung des Produktes, die eigentlich die Realität des Tauschs ausmacht und die Voraussetzung für das Funktionieren des Knappheitsmechanismus bildet. Stattdessen kommt das zur Geltung, was man als das Begehren der anderen bezeichnen kann (Aglietta/Orléan, La violence), dies in Fortführung der Untersuchungen René Girards, der eine Rivalität aufdeckt, die »nicht die Frucht einer zufälligen Übereinstimmung der beiden Wünsche [ist], die auf das gleiche Objekt zielen«; »der Wunsch ist [stattdessen] wesenhaft *mimetisch*« (Girard, Das Heilige, S. 214f.).

Der geringe Wert der Bekanntheit

Angesichts eines Kompromisses mit der Größe des Renommees (*Markenimage*) kritisiert der Autor des Handbuches Äußerlichkeiten und die *Bekanntheit*[o], die für ihn von *geringem Wert*[m] sind: »Ich bin schließlich zur Ansicht gekommen, [...] dass äußerer Glanz für mich keinen großen Wert mehr besitzt, ob es sich nun um Bekanntheit, soziale Stellung oder sonstige Äußerlichkeiten handelt.«

Die Blockade durch kollektives Handeln

An der staatsbürgerlichen Welt. Handeln ist in der Welt des Marktes reine Privatangelegenheit. Der im Gegensatz zum »öffentlichen« Raum verstandene Begriff »privat« lässt allerdings das Verhältnis zu den anderen im Dunkeln, das mittels begehrter Güter geknüpft wird und aus der marktwirtschaftlichen Ordnung eine ebenso »kollektive« Ordnung wie die anderen Ordnungen auch macht, allerdings nur, insofern man sich nicht auf eine der staatsbürgerlichen Welt entlehnte Definition des Begriffs »kollektiv« beschränkt.

Die *Geschäfte*[m] werden von *Angesicht zu Angesicht*[m] ausgehandelt, Verhandeln in *Gruppen*[s] wird kritisiert: »Ein einziger Gesprächspartner. Ich hasse geschäftliche Verhandlungen, die in Gegenwart einer ganzen Gruppe von Personen durchgeführt werden, und wenn ich kann, dann meide ich solche Situationen. Für mich fängt eine große Gruppe schon bei zwei Personen an.« Selbst für Aktivitäten, die sich bis in die Welt der Industrie erstrecken und auf eine Entscheidung über ein *Projekt*[u] hinauslaufen, wird jeder kollektive Vorgang kritisiert: »Wenn Zusammenkünfte für den Prozess der Entscheidungsfindung auch notwendig sind, so sind sie doch kein gutes Forum, um eine Entscheidung zu treffen; und wenn dann noch vier oder fünf Teilnehmer mitwirken, wird es fast schon unmöglich, überhaupt eine Entscheidung zu treffen.«

Die Kosten der Gerechtigkeit

Wenn die einzige Gerechtigkeit diejenige der Marktordnung ist, kommt der juristischen Tätigkeit keine herausragende Bedeutung mehr zu; sie ist nur ein mehr oder weniger gutes Geschäft wie jedes andere auch. Ihre Einmischung in die vom Markt regulierten Beziehungen steht in der Kritik, sobald sie vom Vertragsabschluss ablenkt, der von Angesicht zu Angesicht erfolgt.

Obwohl er eine juristische Ausbildung hat, kritisiert der Autor ein juristisches Intervenieren in marktförmige Beziehungen: »Die im Namen ihrer Klienten geführten Streitigkeiten zwischen Anwälten sind für diese Firmen oft nur ein Mittel, ihren Zeitaufwand in Rechnung zu stellen und einfach Geld zu verdienen. Ich bin sicher, dass sich alles klären ließe, wenn man die zwei Parteien in einen Raum nähme und sie ihre Sache ausdiskutieren ließe – selbst wenn der

Rechtsstreit schon zwei Jahre liefe –, und das bestimmt zu geringeren Kosten und womöglich noch viel angemessener.« Die Japaner, große Subjekte aus der Sicht dieses Handbuchs, insofern sie Geschäfte auf der ganzen Welt machen, werden als Vorbild angeführt, weil »es dort drüben nur sehr wenige Anwaltskanzleien gibt«.

Der Gegensatz zwischen der juristischen Vertragskonstruktion und der Form des vom Markt geknüpften Bandes ist in gemischten Arrangements, in denen das Eigentumsrecht der Marktordnung zu Hilfe kommt, häufig abgemildert. Das wird im folgenden Zitat deutlich, in dem der Autor die rechtliche Regelung einer Transaktion kritisiert. Selbst die Gültigkeit einer rechtlichen Verpflichtung wird vom Blickwinkel einer Art von Realismus infrage gestellt, dem zufolge man sich zu jedem Zeitpunkt bei beiderseitigem Entgegenkommen arrangieren kann, ohne sich in die Zwangsjacke rechtlicher Verpflichtungen zu begeben: »Als Jurist fiele es mir leicht, eine Zusage als eine Zusage und ein Geschäft als Geschäft zu behandeln. Doch oft bin ich darauf gestoßen, dass ich auf lange Sicht, wenn ich ›mildernde Umstände‹ habe gelten lassen und nicht auf jemandes Verpflichtungen gepocht habe, für mich und meine Firma damit besser gefahren bin.«

An der industriellen Welt. Die industrielle Welt wird aufgrund der zeitlichen Festlegung, die eine Investition in technische Objekte mit sich bringt, für ihre Rigiditäten kritisiert. Dazu kommt noch, dass der in dieser Welt natürliche anonyme und formale Ausdruck der Größe infrage gestellt wird, weil er keinen Platz für die Interaktion von subjektiven Wünschen lässt: Die industriellen Kapazitäten (die der Maschinen wie auch die der Experten) sind nur ein Hemmnis für den Abschluss von Geschäften.

Die Rigidität der Werkzeuge und Methoden

Die Kritik *an der Rigidität der Werkzeuge und Methoden* richtet sich auf die *Strukturen*[u] (»lassen Sie die Strukturen nicht die Oberhand gewinnen«), *Organigramme*[u] (»Unternehmen funktionieren niemals nach ihrem Organigramm«), *Systeme*[u] (»Systeme [...] scheren sich um gar nichts, insbesondere nicht um den gesunden Menschenverstand«) und schließlich die *Organisationen*[u] (»zuerst der

Gewinn[m], dann die *Organisation*[u]«). All diese Objekte bringen die Welt des Marktes in Unordnung und die Gefahr mit sich, dass das am Markt beteiligte Subjekt seine Würde vergisst, also sein Interesse daran, sich zu bereichern: »Je bedeutender ein Unternehmen ist, desto leichter schweift man von dem ab, worum es bei dem Geschäft eigentlich geht: nämlich darum, Gewinne einzufahren.«

Aufgrund seiner zeitlichen Ausrichtung und seiner Neigung, die Zukunft zu entwerfen, meidet man den *Plan*[u]; sein »mangelnder Realismus« läuft dem am Markt praktizierten Opportunismus zuwider, dem zufolge man zu jedem Zeitpunkt sein Glück suchen soll: »Planprognosen im Gegensatz zum wirklichen Leben. Ich wäre glücklich, wenn ich mir nie mehr wieder eine Planprognose ansehen müsste.«

Die an der Zwangsjacke bürokratischer Regelungen und insbesondere an der staatlichen Wirtschaftsplanung geübte Kritik wird besonders explizit bei den sogenannten liberalen Ökonomen wie von Mises oder Hayek formuliert. Von Mises betont, dass der Gewinn an die grundlegende Instabilität im Rahmen der marktwirtschaftlichen Ordnung gebunden ist und sich in einer stationären Welt Gewinne und Verluste aufheben würden: »[...] die Summe, die ein Hersteller für die benötigten Produktionsfaktoren ausgeben muß, [wäre] gleich dem Preis, den er für sein Produkt erhält.« (von Mises, Die Bürokratie, S. 43) Von Mises und Hayek haben zudem beide Saint-Simon im Visier, wenn sie die systematische Herleitung der Größe, die sie kritisieren, infrage zu stellen suchen (von Mises, ebenda, S. 107 und Hayek, Mißbrauch, S. 101 f.). Hayek zitiert in seiner Kritik an den Autoren, die das Loblied auf eine Gesellschaft singen, welche genauso funktionieren sollte wie eine Fabrik, Saint-Simon: »Alle Menschen werden arbeiten; sie werden sich als Arbeiter betrachten, die einer Werkstätte angehören und deren Bemühungen darauf ausgerichtet sein werden, die menschliche Intelligenz nach meiner göttlichen Voraussicht zu lenken.« (Ebenda, S. 130) Hayek übt auch Kritik am »technischen Denktyp« (ebenda, S. 7), und tatsächlich richteten sich die ersten Anstrengungen der Gründer der saint-simonistischen Schule auf die École Polytechnique, in der ihre Propaganda am ehesten auf fruchtbaren

Boden fiel. »Die École Polytechnique soll«, so Enfantin, »zu dem Kanal werden, durch den sich unsere Ideen in die Gesellschaft hinein ausbreiten [...]. Dort haben wir die positive Sprache und die Methoden der Forschung und Beweisführung erlernt, die heute die politischen Wissenschaften antreiben.« (Charlety, Histoire, S. 45) Hayek betont die Unvereinbarkeit zwischen einem Handlungsprinzip, das er diesem Denktyp zuordnet und auch hinter dem Treiben der »Ingenieure und Planwirtschaftler« am Werke wähnt, und dem Prinzip, das die Handelsaktivitäten regelt: »Der Kaufmann wird [...] ständig mit den Idealen des Ingenieurs in Konflikt kommen, dessen Pläne er durchkreuzt und bei dem er sich daher mißliebig macht.« (Hayek, Mißbrauch, S. 102)

Die Geschäftsuntüchtigkeit des Technokraten

Die Figur des mit Werkzeugen hantierenden und rigide Methoden handhabenden Technokraten wird in den von der Welt des Marktes aus geäußerten Kritiken als Schreckgespenst aufgerichtet. Wie der Titel des zur Illustration der Welt des Marktes herangezogenen Handbuchs zeigt (»Was Sie niemals in Harvard lernen werden«) und wie auch auf dem Umschlag zu lesen ist (»Verkaufen, das ist es, was man Ihnen in Harvard nicht beibringt«), befasst sich dieses Buch an erster Stelle mit der Kritik an der falschen industriellen Größe im Namen der wahren marktwirtschaftlichen Größe: »Die echten Probleme, welche sich beim *Verkauf*[m] stellen, haben recht wenig mit *Kompetenz*[u] zu tun. [...] Wenn man glaubt, dass die *betriebswirtschaftlichen*[u] *Fähigkeiten*[u] den Mangel an *verkäuferischen*[m] *Fähigkeiten*[u] aufwiegen könnten, sitzt man einem gefährlichen Irrtum auf.«

Häufig richtet sich die Kritik an der industriellen Fähigkeit auf die schulische Ausbildung, welche sie ja vermitteln soll. Manchmal wird ihr auch die »Intelligenz« hinzugesellt, ein illegitimer Wert, der in Form eines industriellen Kompromisses, den seine *Messung*[u] in Form des Intelligenzquotienten bewerkstelligt, eine Anpassung erfährt: »Sie kennen die Geschichte von den zwei Freunden, die sich auf der Straße begegnen, nachdem sie sich fünfundzwanzig Jahre lang aus dem Blick verloren hatten. Der eine, ehemals der Jahrgangsbeste, war nun stellvertretender Direktor einer Bankfiliale. Der andere, dessen Intelligenz nie jemanden vom Hocker gehauen hatte, besaß seine eigene Firma und war mehrfacher Millionär.« »Zu glauben, wie ich selbst es getan hatte, dass ein Hochschulabschluss oder ein hoher IQ automatisch mit ›geschäftlichem Geschick‹ gleichzusetzen sei, hat sich in den meisten Fällen als kostspieliges und gravierendes Fehlurteil erwiesen.«

Kritik, die von der industriellen Welt ausgeht

Die Unwirtschaftlichkeit des Improvisierens

An der inspirierten Welt. Die industrielle Größe wird als Stütze einer auf die Zukunft ausgerichteten Koordination durch die äußerst ungewisse Qualität der aus der inspirierten Welt kommenden Wesen in Unordnung gebracht. Sie stehen in der Kritik aufgrund der *Unwirtschaftlichkeit des Improvisierens*, die der mangelnden Vorhersehbarkeit einer »sprudelnden« Aktivität zugeschrieben wird, was sich am besten mit dem unberechenbaren Verhalten des »Visionärs« illustrieren lässt. Das Eintreten von unvorhergesehenen Ereignissen, welches die inspirierte Geste des Erfinders impliziert, ist für das Funktionieren der industriellen Ordnung riskant und steht wegen der von ihr verursachten Funktionsstörungen ständig in der Kritik.

Das Althergebrachte ist überholt

An der Welt des Hauses. Im Vergleich zur industriellen Ordnung der *Effizienz*[u] und des *Fortschritts*[u] ist *das von alters her Überkommene überholt*, das *Traditionelle*[h] gilt als *unterentwickelt*[u], ja sogar als »mittelalterlich«. Ältere Personen[h], die im Gemeinwesen des Hauses noch als große Subjekte galten, werden auf den ihnen zukommenden Platz verwiesen, das heißt, sie werden entsprechend der industriellen Größe nach dem *Grad*[u] ihrer *Aktivität*[u] eingeordnet: »Wenn das Durchschnittsalter steigt, muss das Unternehmen Vorkehrungen gegen die Entwicklung eines mit ›Handicaps‹ behafteten Personals treffen.« Wie die Personen, so werden auch die Dinge, die eine Vergangenheit haben, als *unangepasst* kritisiert, etwa jenes »baufällige« Gebäude, das nicht mehr »funktional« ist.

Die mangelnde Effizienz von Partikularismen

Der wesensmäßige Unterschied zwischen dem häuslichen Raum und dem industriellen Raum wird in den kritischen Äußerungen deutlich, in denen auf Funktionsstörungen, die durch häusliche Bindungen verursacht sind, hingewiesen wird. Diese Kritik richtet sich auf die Störungen, die durch persönliche Beziehungen bei der Verrichtung einer Aufgabe verursacht sind, die eigentlich verlangt, dass man sich von ihnen löst: »Vermischen Sie niemals Ihr Privatleben mit Ihrem Berufsleben [...]. Es ist besser, wenn man im Büro keine freundschaftlichen Beziehungen knüpft.« Häusliche Bindungen im Rahmen eines Familienkapitalismus führen unweigerlich zu schweren Spannungen, wenn sie aus dem Blickwinkel der industriellen Unternehmensführung beurteilt werden. Der Verwaltungsrat ist eine Einrichtung, die leicht durch das Aufeinandertreffen von häuslichen und industriellen Eigenschaften gestört werden kann, etwa wenn der »Papa« zugleich auch ein »geschätzter Vorsitzender« ist oder eine familiäre Auseinandersetzung in die Gesellschaft hineingetragen wird (Chateauraynaud, Les affaires).

Gewohnheiten, informelle Praktiken, häusliche Territorien, Schonräume und lokale Privilegien stoßen vom Blickwinkel industrieller Effizienz aus betrachtet generell auf Ablehnung. Die methodische Nutzung von Wesen, die sich kaum für eine produktive Funktion eignen, etwa natürliche Ressourcen, verlangt nach Forminvestitionen (Thévenot, Les investissements), welche mit den Partikularismen aufräumen sollen. Eine systematische Aufzucht von Muscheln kann etwa mit der Errichtung eines beeindruckenden industriellen Arrangements verbunden sein, das von der Ausgabe von Fischereischeinen bis zur Luftüberwachung mittels Helikoptern reicht, um die Aktivitäten quantitativ erfassen zu können (Callon/Law, La proto-histoire, S. 20).

An dem um ein »Handwerk« herum erarbeiteten Kompromiss mit der häuslichen Größe wird ebenfalls Kritik geübt. Die ihn stützenden Arrangements, etwa das »Über-den-Daumen-Peilen«, werden des »Pfuschs« bezichtigt, da in ihnen eine Praxis ungerechtfertigterweise zur Methode erhoben wird.

Die Inkompetenz der kleinen Chefs

Auch wenn die industrielle und die häusliche Größe sich über hierarchische Skalen von großer Spannweite erstrecken, beruhen sie nicht auf dem gleichen Ordnungsprinzip.

Mit den Ausdrücken *Inkompetenz der kleinen Chefs* oder »Chef von Gottes Gnaden« wird die häusliche Hierarchie im Namen der industriellen Ordnung stigmatisiert.

Die mangelnde Effizienz von Verwaltungsverfahren

An der staatsbürgerlichen Welt. Das Handbuch, das wir als Quelle für die aus der Perspektive der industriellen Welt geäußerte Kritik herangezogen haben, ist zu stark auf einen Kompromiss mit der staatsbürgerlichen Welt ausgerichtet (vgl. oben), als dass es den möglichen Kritiken an dieser Größe freien Lauf ließe. Eine gängige Form dieser Kritik besteht darin, auf die *mangelnde Effizienz von Verwaltungsverfahren* hinzuweisen. Eine komplexere (vgl. oben), jedoch nicht weniger häufig anzutreffende Argumentationsfigur stellt den im Sozialrecht bestehenden Kompromiss zwischen der industriellen und der staatsbürgerlichen Größe im Namen von mehr marktwirtschaftlicher Flexibilität oder auch häuslicher Autorität infrage. Die stellvertretenden Chefs hindern beispielsweise eine Arbeitsinspektorin unter Einsatz körperlicher Gewalt am Eintritt in ein Unternehmen. Die Inspektorin muss die Polizei zu Hilfe rufen. Zu ihrer früheren Größe kann sie erst wieder zurückfinden, indem sie ein staatsbürgerliches Arrangement errichtet und der Situation entsprechende Wesen mit einbezieht.

Die Kosten einer sozialpolitischen Maßnahme

Kritiken können an den Kompromissen zwischen industriellen und staatsbürgerlichen Größen geäußert werden, die im Sozialrecht Gestalt angenommen haben, aber auch an den »sozialen Errungenschaften« (»diese Gewohnheiten haben etwas von sozialen Errungenschaften an sich«), oder die Kosten einer sozialpolitischen Maßnahme anführen (»ein Unternehmen, das eine kostspielige sozialpolitische Maßnahme einführt, die sich nicht über Produktivitätsfortschritte selbst finanziert, wäre dem Untergang geweiht, womit die soziale Zielsetzung der Maßnahme wohl völlig verfehlt würde«).

Unnütze Luxusprodukte

An der Welt des Marktes. Die Infragestellung der Mehrdeutigkeit des Produktes lässt sich in der Kritik am ostentativen Konsum von *teuren*[m], aber wenig nützlichen »Luxusprodukten«, die keinerlei echte *Bedürfnisse*[m] befriedigen, illustrieren.

Der ungerechtfertigte Preis

Die Doppeldeutigkeit des Produkts, auf deren Grundlage sich ein Kompromiss zwischen der industriellen Welt und der Welt des Marktes anbahnen lässt, steht im Zentrum der in der ökonomischen Fachliteratur geführten Auseinandersetzungen um die Bildung des Wertes und seine jeweiligen Ausdrucksformen auf der Basis von Wünschen oder Arbeitskosten.

Das Spannungsverhältnis zwischen der industriellen Größe und der Größe des Marktes tritt häufig in den marktwirtschaftlichen Bewährungsproben zutage, wenn *ein Geschäft abgeschlossen*[m] werden und man sich auf einen *angemessenen Preis*[m] einigen soll. Streitigkeiten, zu denen es im Verlauf der dem Verkauf vorausgehenden *Verhandlungen*[m] kommt, arten häufig in Konflikte aus, wenn der Preis im Namen einer anderen Größe angezweifelt wird, also wenn ein geringer Nutzen oder die mangelnde *Effizienz*[u] eines Marktwesens – eines Produkts oder einer Person – im Verhältnis zu seinem *Preis*[m] angeführt wird: »Eines Tages sagte der Direktor einer großen Sportbekleidungsfirma zu mir, dass er für einen Sportler nicht mehr bezahlen würde, als er selbst verdiene. Von diesem Blickwinkel aus erschien die siebenstellige Summe, die wir von ihm verlangten, als exorbitant.«

Ein interessanter, jedoch noch komplexerer Fall, da er zusätzlich noch die Welten der Meinung und der Inspiration ins Spiel bringt, wird ebenfalls von unserem Autor berichtet. Es handelt sich um die bekannte Anekdote über die Frau, die Picasso ins Restaurant einlud und ihn bat, irgendetwas auf eine Serviette zu kritzeln. Sie behauptete, dass sie ihm zahlen wolle, was auch immer er verlange. Picasso entschuldigte sich und sagte: »Also, das macht zehntausend Dollar.« »Aber Sie haben dafür nur dreißig Sekunden gebraucht!«, antwortete die verblüffte Frau. »Nein«, sagte Picasso, »ich habe vierzig Jahre gebraucht, um so weit zu kommen.« Die Situation ist von vornherein komplex und umfasst ein renommiertes Wesen, den berühmten Picasso; eine inspirierte Geste, das Gekritzel, das die Spuren des Genies trägt und nicht ganz verschmilzt mit dem Autogramm des Stars, das nur sein Name ist; ein Marktwesen, nämlich die Summe Geld, welche die Frau ihm bietet. Nach der

Ausführung des Meisters kritisiert die Kundin den von ihm verlangten exorbitanten Preis, wobei sie sich auf Argumente industrieller Art stützt und geltend macht, dass er nur wenig Zeit für die Ausführung des Werks gebraucht hat. Sie führt also den geringen industriellen Wert des so fabrizierten Produktes an. Picasso bleibt in der Situation gefangen, die nun entsprechend dieser Welt bereinigt ist und eine Kehrtwendung in Richtung einer industriellen Auseinandersetzung über die im Produkt verkörperte Arbeitsmenge nimmt: Er rechtfertigt den Preis mit der Arbeitszeit, die er zur Vorbereitung gebraucht hat (gewissermaßen seiner Ausbildung) und die für die Aneignung der für die Umsetzung des Produkts erforderlichen Kompetenz nötig war. Ein anderes, von diesem heterogenen Arrangement seinen Ausgang nehmendes Szenario hätte darin bestehen können, die Situation im Rahmen der inspirierten Welt zu bereinigen (was eine erneute Kritik von Seiten des Künstlers erfordert hätte) und den spontanen, unmittelbaren, absolut einzigartigen und nicht in Geld aufzuwiegenden Charakter des schöpferischen Genies hervorzuheben.

Die Launen des Marktes

Das Spannungsverhältnis zwischen der Größe des Marktes und der Welt der Industrie wird an der mangelnden Vorhersehbarkeit, der *Zufallsbedingtheit* der Wesen des Marktes deutlich. Die mit diesen beiden Welten verbundenen Größen unterscheiden sich nämlich bezüglich ihrer Stabilität wie Tag und Nacht. Das gilt etwa für den Fall »dass von einem Augenblick zum nächsten die Nachfrage eines ›mächtigen‹ Kunden« variiert, [...] den man um jeden Preis bedienen muss«. Die Marktmacht des Kunden bringt die industriellen Arrangements, für die Vorausplanung und Programmierung eine absolute Notwendigkeit darstellen, ins Wanken und führt zu Qualitätsmängeln (Chateauraynaud, La faute, S. 267). In der von Ford gepredigten industriellen Organisation führt der auf *Standardisierung*[u] und *Nützlichkeit*[u] gelegte Akzent dazu, an der Unfähigkeit zu Investitionen und der Unbeständigkeit des Marktes (»jedes Jahr ein neues Modell vorzustellen, ist die Vorstellung, der sich die Frauen bezüglich ihrer Kleidung und ihrer Frisur unterwerfen«, Eymard-Duvernay, Coopération, S. 128) Kritik zu üben.

Das genannte Spannungsverhältnis steht im Zentrum der ökonomischen Theorie. Legt sie nur eine Bewertung mittels des Preises und eine marktförmige Koordinierung zugrunde, ist sie trotz der Erweiterung des Nutzenbegriffs auf die Nutzenerwartung unzureichend dafür gewappnet, die zeitliche Orientierung von Entscheidungen und die von der Investition herrührenden Irreversibilitäten angemessen erklären zu können (Favereau, Valeur d'option).

Fünfter Teil
Die Beschwichtigung der Kritik

IX Die um des Gemeinwohls willen geschlossenen Kompromisse

Das Umgehen der Prüfung im Kompromiss

Ein Streit löst gemischte Settings, die aus Personen und Dingen bestehen, die sich als verschiedenen Welten zugehörig identifizieren lassen, nicht zwangsläufig auf. Die Berichte darüber führen nicht in jedem Fall zu der Art von Befremdung, wie sie sich etwa beim Lesen der Beispiele einstellt, die wir uns bei der Analyse der verschiedenen Formen von Kritik angesehen haben. Das lässt sich durch die häufige Bezugnahme auf die sogenannten »Arbeitnehmerrechte« illustrieren, in der ein aus der staatsbürgerlichen Welt stammendes Objekt (Recht) mit Wesen aus der industriellen Welt (Arbeitnehmer) in Verbindung gebracht wird. Diese für die Gewerkschaftsbewegung – und im weiteren Sinne für alle Arrangements, die sich mit der Eigenschaft »sozial« in Verbindung bringen lassen (Sozialarbeit, Sozialrecht und so weiter) – charakteristische Anordnung erscheint unserem Alltagsverständnis durchaus als akzeptabel; wir haben nicht das Gefühl, dass sie dem Streben nach einem Gemeinwohl irgendwie fremd ist. Etwas Derartiges wollen wir als *Kompromiss*formel bezeichnen.

In einem Kompromiss einigt man sich auf gütlichem Wege, das heißt, man verständigt sich darauf, die Auseinandersetzung auszusetzen, ohne dass sie sich durch die Durchführung einer Prüfung in einer einzigen Welt auf einvernehmliche Art und Weise wirklich hat beseitigen lassen. Die Kompromisssituation bleibt hybrid, aber der Streit ließ sich vermeiden. Wesen, die in verschiedenen Welten Relevanz haben, können durchaus noch präsent sein, ohne dass sie zu Meinungsverschiedenheiten Anlass geben, sollte man ihrer gewahr werden. Um eine Kompromisssituation zu erkennen, reicht es freilich nicht aus, die Präsenz disparater Objekte festzustellen. Man muss sich zudem noch vergewissern, dass ihre Bedeutung den Beteiligten aufgegangen ist und dass sie von ihnen nicht als belanglose Nebensächlichkeiten abgetan werden, die nur dem Beobachter auffallen. Eine persönliche Beziehung zwischen dem Filialleiter einer regionalen Sparkasse und einem Kunden, der ihn um einen Kredit gebeten hat (Wissler, Prudence bancaire), kann potentiell als Ressource für die Anbahnung eines Kompromisses dienen. Der

Kompromiss kann jedoch nur dann wirklich abgeschlossen werden, wenn die Vertrautheit zwischen den beiden Geschäftspartnern hervorgehoben wird (etwa durch den Gebrauch des Du, aufgrund der Erinnerung an gemeinsame Erlebnisse oder der Erwähnung von nahen Verwandten), genauer gesagt, wenn der häuslichen Welt zuzuordnende Argumente mit solchen, die in der Welt des Marktes gültig sind, als gleichwertig angesehen werden: Ein treuer Freund ist auch ein kreditwürdiger Kunde. Diese Äquivalenz gilt als selbstverständlich, ohne dass sie explizit gemacht werden müsste. In einem Kompromiss verzichten die Beteiligten darauf, die Grundlage ihres Einverständnisses explizit zu machen. Sie beschränken sich darauf, eine für das Gemeinwohl förderliche intentionale Haltung einzunehmen. Dieses Ziel wird durch die Verfolgung des Allgemeininteresses erreicht, welches also nicht nur das Interesse der beteiligten Parteien ist, sondern auch derer, die nicht direkt von der Übereinkunft betroffen sind. Dem Rechtfertigungsimperativ ist in dem Sinne also nicht Genüge getan, er ist jedoch deshalb nicht ganz aus dem Blick geraten, wie dies bei einer rein privaten Übereinkunft der Fall wäre oder in einer Situation, in der die Beteiligten auf die Relativierung verzichten – allesamt Konstellationen, die wir im weiteren Verlauf des Buches noch näher untersuchen werden. Der Kompromiss legt nahe, dass es möglicherweise ein Prinzip gibt, das Urteile miteinander vereinbar macht, die sich auf unterschiedlichen Welten angehörende Objekte stützen. Er ist an einem Gemeinwohl orientiert, welches über die beiden miteinander konfrontierten Formen von Größe hinausgeht und sie dadurch in sich einschließt. »Kreativitätstechniken« zu fördern, setzt die Bezugnahme auf ein nicht näher spezifiziertes Prinzip voraus, dem zufolge sowohl die industrielle Routine als auch das Sprudeln der Inspiration ein und demselben Gemeinwohl dienen.

Die Fragilität von Kompromissen

Das vom Kompromiss anvisierte Prinzip bleibt so lange brüchig, wie es nicht zu einer für ein Gemeinwesen konstitutiven Form von Gemeinwohl in Beziehung gesetzt werden kann. Einen Kompromiss zu bewerkstelligen verhindert, dass die Personen einer relevanten Größe entsprechend angeordnet werden können. So bleibt es im Falle des staatsbürgerlich-industriellen Kompromisses schwierig, eine Prüfung der Personen zu konzipieren, zu benennen und zu rechtfertigen, die ihrer Größe als Staatsbürger und zugleich als Arbeitnehmer gerecht würde. Obwohl der

Kompromiss ein Allgemeininteresse im Auge hat, bleibt er ein Amalgam. Oft lässt sich von einem Kompromiss behaupten, dass er sich eigentlich nur schwer rechtfertigen lässt, auch wenn er immer noch jeder anderen Lösung vorzuziehen ist. Die versammelten Wesen bleiben weiterhin ihrer ursprünglichen Welt zugehörig. Es bleibt also immer noch möglich, den Konflikt wiederaufzunehmen und erneut die Kontroverse um die Natur derjenigen Objekte zu führen, die man für die Durchführung einer gültigen Prüfung eigentlich berücksichtigen müsste. Stützt sich einer der Beteiligten auf eine der infrage kommenden Welten, dann kann er sich über die Störungen und Ablenkungen beklagen, deren Ursache im Vorhandensein der andersartigen Wesen liegt, und sich an die Klärung der Prüfung machen. Dazu muss er allerdings den Kompromiss als Kompromittierung entlarven.

Wenn man den Kompromiss robuster machen will, kann man die Objekte, die sich aus unterschiedlichen Welten angehörenden Elementen zusammensetzen, in den Dienst des Gemeinwohls stellen und sie mit einer eigenen Identität ausstatten. Dies hat zur Folge, dass die Form dieser Welten nicht mehr ohne weiteres wiederzuerkennen wäre, würde man ihnen das eine oder andere der disparaten Elemente, aus denen sie bestehen, entnehmen. Derart umgestaltet wäre der Kompromiss um einiges robuster gegenüber der Kritik, da er sich nun auf eine Reihe nicht auseinander dividierbarer Objekte stützen würde. In der oben erwähnten hybriden Situation eines »wettbewerbsorientierten öffentlichen Dienstes« lässt sich der Kompromiss zwischen den beiden übergeordneten gemeinsamen Prinzipien, dem staatsbürgerlichen (öffentlicher Dienst) und dem marktwirtschaftlichen (wettbewerbsorientiert), solider machen. Die Bezugnahme auf Kompromisswesen und -objekte zeigt Wege auf, wie sich der Gegensatz zwischen diesen beiden Prinzipien überwinden ließe: Die Identität eines »Nutzers« umfasst den Widerspruch zwischen dem »Bürger« und dem »Kunden«; die Einrichtung der »Vorschlagsbox«, die sich an den Nutzer richtet, hebt das Spannungsverhältnis zwischen einem »Forderungskatalog« und dem »Reklamationsbuch« auf. Die zahlenmäßige Zunahme und die Stabilisierung solcher Objekte bilden die Vorstufe einer neuen Welt. Eine Institution wie der französische *Conseil économique et social*[36], der ein

36 (Anm. aus der engl. Übers.:) Der nach dem Krieg gegründete *Conseil économique et social* ist ein Arrangement, das die Errichtung einer Repräsentation beruflicher Interessen beim französischen Staat möglich macht. Eine solche Repräsentation war in dem während der Revolution eingeführten Modell poli-

Gemeinwohl verfolgt, indem er industriepolitische Belange mit einer staatsbürgerlichen Form verknüpft, sorgt für die Verankerung des Kompromisses in der Welt der Dinge. Die Personen können sich auf diesen mit einem politischen System verbundenen und aufgrund seiner Aufnahme ins öffentliche Recht mit Gesetzeskraft versehenen Staatskompromiss berufen, wenn sie ähnliche Kompromisse vorschlagen oder verteidigen wollen. Im Vortrag eines Unternehmers macht sich ein staatsbürgerlich-industrieller Kompromiss (»Der Produktivitätsanstieg ist der Zement für die Solidarität zwischen allen«) besser als ein häuslich-industrieller (»In unserer großen Familie hat es Tradition, die Produktivität zu erhöhen«) oder ein inspiriert-industrieller Kompromiss (»Ich habe geträumt, der Geist kam über euch, und die Produktivität nahm zu«).

Die zahlenmäßige Zunahme sich gegenseitig verstärkender hybrider Objekte und ihre Identifikation mit einer gemeinsamen Form helfen bei der *Anbahnung* und Stabilisierung von Kompromissen. Ist ein Kompromiss bereits angebahnt, lassen sich die Wesen, die er zusammenbringt, nur noch schwer wieder herauslösen. Die bei dem schon erwähnten Beispiel der »Arbeitnehmerrechte« auftauchende Schwierigkeit, das, was zur staatsbürgerlichen Größe und was zur industriellen Größe gehört, auseinanderzuhalten, wird in den Diskussionen über die »Rechte der ausländischen Arbeitnehmer« überdeutlich, sobald jemand den ihretwegen schon häufiger bewerkstelligten Kompromiss (als gute Arbeitnehmer sind sie der Nation nützlich) aufdröseln will, um auf die berufliche Identität dieser Arbeitnehmer ohne Bezugnahme auf ihre Staatsbürgerschaft eingehen zu können. Ein solches Vorhaben lässt sich umso schwerer in die Tat umzusetzen, je mehr Situationen bereits bestehen, in denen die Annäherung dieser beiden Formen von Größe schon recht weit gediehen ist (beispielsweise in Form von Wahlen zur Vertretung der Arbeitnehmer in verschiedenen betrieblichen Gremien). Im Falle eines angebahnten Kompromisses gleicht manchmal die Prüfung beinahe schon einer Streitigkeit in einer einzigen Welt. Denn ohne dass es dabei zur Infragestellung der Gültigkeit des Kompromisses kommt

---

tischer Repräsentation vollkommen ausgeschlossen. Das Bedürfnis nach Repräsentation beruflicher Interessen bildete den Hintergrund einer ganzen Reihe sozialer Konflikte von der zweiten Hälfte des 19. bis in die erste Hälfte des 20. Jahrhunderts hinein. Der Rat debattiert über sozial- und wirtschaftspolitische Maßnahmen als Reaktion auf technische Entwicklungen und arbeitet Vorschläge dazu aus.

und damit auch die Frage nach seiner Kohärenz nicht im Raum steht, wird man Kritik an dem Treiben gewisser Personen äußern, denen vorgehalten wird, sie verhielten sich nicht so, dass der Zusammenhalt zwischen den im Kompromiss befindlichen Wesen gewahrt bleibt, sie seien dem Kompromiss nicht gewachsen und würden damit an seiner Auflösung mitwirken.

Die Anbahnung von Kompromissen geht leichter vonstatten, wenn man *mehrdeutige* Wesen oder Eigenschaften in sie integriert, und zwar in dem Sinne, dass sie, je nach Auffassung, unterschiedlichen Welten angehören können. Das trifft beispielsweise auf »Autorität« und »Verantwortlichkeit« zu, womit sich das besondere (häusliche) Verhältnis des Vaters zu seinen Kindern oder (in der Welt der Industrie) das Verhältnis des Vorgesetzten zu seinen Untergebenen bezeichnen lässt. Das gilt auch für die »Wertschätzung«, die in einer häuslichen Welt das von einer Person einer anderen entgegengebrachte Vertrauen bezeichnet (»empfänglich für die Wertschätzung und das Vertrauen, das man ihm entgegenbringt«), in der Welt der Meinung aber die Bedeutung annimmt, die ihr Rousseau gibt, wenn er das Streben nach Wertschätzung als Unterwerfung unter die Launenhaftigkeit der Welt anprangert. Von einer staatsbürgerlichen Welt aus lassen sich auch folgende Brücken schlagen: zur häuslichen Welt über »Prinzipien« durch die Bedeutungsverschiebung von »Grundprinzipien« (staatsbürgerlich) zu »Prinzipien haben« (häuslich); über »öffentlich« zur Welt der Meinung, die öffentliche Meinung, Kampagnen und Demonstrationen; schließlich zur inspirierten Welt, wenn auf die »Bewusstwerdung« des übergeordneten Gemeinwesens und die Überzeugung, die etwas »wieder infrage stellt« (»permanent imstande sein, sich selbst infrage stellen zu können«), Bezug genommen wird. Die industrielle Welt kann mit der häuslichen Welt vermittelt durch die »Qualität« einen Kompromiss eingehen; mit der Welt des Marktes vermittelt über das »Produkt« als ein technisches Objekt oder begehrtes Gut. Die Figuren des Gemeinwohls eignen sich ebenfalls für Kompromisse: So kann man sich auf »die Gesellschaft« beziehen, ohne dass die Mehrdeutigkeit aufgehoben würde zwischen der guten Gesellschaft (häuslich), der bürgerlichen Gesellschaft als politischer Körperschaft oder auch der Gesellschaft, wie sie von den Sozialwissenschaften beschrieben wird und die aufgrund der ihr eigenen Regelmäßigkeiten und Gesetzlichkeiten eine stark industrielle Komponente aufweist.

Fehlt es an einem mehrdeutigen Objekt, lässt sich ein Kompromiss auch anbahnen, indem man gerade das kritisiert, was das Größte in der

Welt ist, von der aus man die Hand nach einer fremden Natur ausstreckt. Durch eine solche *Profanierung* (die häufig durch Anführungszeichen gekennzeichnet wird, mit denen der Autor eine Distanzierung andeutet) entgeht man der Verbindlichkeit einer einzigen und in sich geschlossenen Welt; man setzt damit auf eine Offenheit für Annäherungen zwischen eigentlich unvereinbaren Prinzipien. In den Ratgebern, die wir zur Illustration der verschiedenen Welten herangezogen haben und die sich alle – daran sei nochmals erinnert – an Unternehmen richten, taucht diese Figur vor allem dann auf, wenn Kompromisse mit der industriellen Welt angebahnt werden sollen, die oft schwer zu bewerkstelligen sind. Der für die Erstellung des Inventars der häuslichen Welt benutzte Ratgeber, der sich vor allem an die Autodidakten unter den Führungskräften richtet, macht an der Stelle profanierende Bemerkungen über die häuslichen Größen, wo ein Kompromiss zwischen der Kompetenz und der Effizienz, denen die Autodidakten ihre Karriere verdanken, geschlossen werden soll. Der Autor klagt über das gesellschaftliche Leben (die »guten Manieren« sollten nicht nur für das »Leben in der sogenannten ›guten Gesellschaft‹« gelten, sondern »für die alltäglichen Beziehungen der gesamten Bevölkerung«) und die Antiquiertheit der Etikette und der Konventionen (»die Konventionen abschaffen«). Und sogar die Fortpflanzung oder die Geburt werden in diesem für Autodidakten bestimmten Buch profaniert, um den Kompromiss zwischen der (industriellen) Kompetenz und den (häuslichen) Qualitäten des »gut erzogenen« Mannes zu verankern, ohne dabei auf die Erziehung in der Familie Bezug zu nehmen. Ebenso lässt sich von der Welt der Meinung aus ein Kompromiss mit der Industrie durch das Anprangern von Gerüchten anbahnen (»Wenn es um das Unternehmensimage geht, sollte man die Verbreitung von Gerüchten vermeiden«) und ein staatsbürgerlicher Kompromiss durch eine abschätzige Beurteilung von Slogans (»Slogans sollte man verbieten«); oder schließlich von der Welt des Marktes aus ein Kompromiss mit der Welt des Hauses durch das Anprangern des Geldes und des interessegeleiteten Verhaltens, die beide im Gegensatz zur Authentizität emotionaler Bindungen stehen (Führungskräfte, die »über erhaltene und geleistete Gefälligkeiten Buch führen«). Doch vor allem in dem Handbuch, das wir zur Illustration der inspirierten Welt herangezogen haben – die sich aufgrund der bei ihr nicht vorhandenen Ausstattung, Messmöglichkeiten und der mangelnden Stabilität einem industriellen Kompromiss gegenüber besonders sperrt –, ist die Figur der Profanierung besonders häufig anzutreffen, etwa in der Kritik an den Magiern (»ein solches Bild [...] – der Poet ist ein Magier, der mit dem Himmel in direkter Verbindung steht – vermittelt eine vollkommen falsche Sichtweise des Kreativen«), den Scharlatanen (»Geben wir doch zu, dass es unter den Kreativen Erleuchtete und Scharlatane gibt«), dem Wunder (»nicht wenige Unternehmen sind ständig auf der Suche nach einem Wundermittel«), der Aura (»es war also unvermeidlich, dass die Kreativität, diese ›Wissenschaft‹ von der Entdeckung, sich mit einer Aura umgab, um die Massen in ihren Bann zu ziehen«), dem Genie (man sollte »die Kreativität [nicht] für eine perfekte Waffe halten, die man nur in eine Gruppe einführen müsste, damit diese wie durch ein Wunder mit einem Schlag genial wird«) und an der Inspiration selbst (»schöpferisch Tätige, die privilegiert sind, insofern sie von Geburt an begabt sind und bei denen sich die Inspiration, wenn sie gefragt ist, auch einstellt«), die im Gegensatz zu einer systematischen Vermittlung der Kreativität durch eine Ausbildung steht.

Zum Identifizieren der Kompromissobjekte muss man nach spezifischen Formulierungen und Bezeichnungen suchen, die in ein und derselben Äußerung auf die Welten, aus denen sie stammen, Bezug nehmen. Der für die Anbahnung des Kompromisses erforderliche Aufwand besteht also größtenteils darin, sich auf einen passenden Begriff zu verständigen, eine für alle annehmbare und sich gerecht anhörende Formulierung, und über diese auch Einvernehmen zu erzielen. Wenn nun jemand diesen Kompromiss später angreifen will, wird er die Bemühungen zur Überwindung der zwischen den gegensätzlichen Begriffen bestehenden Spannung durch die Suche nach einer akzeptablen Bezeichnung als Versuch hinstellen, die Wahrheit schön zu verpacken, um sie anderen schmackhaft zu machen: Die Kritik stellt bloß, dass der Neologismus »in Wirklichkeit« doch nur ein Euphemismus ist, und dass man die im Kompromiss zusammengebrachten Objekte nur wieder bei ihrem ursprünglichen Namen nennen muss, damit man ihre wahre Bedeutung erkennt. Was jemand »eine Hausangestellte« nennt (eine Formulierung, die einen Kompromiss mit der industriellen Welt voraussetzt und einen staatsbürgerlichen Kompromiss anbahnt, etwa wenn man von den »Rechten der Hausangestellten« spricht), ist in Wirklichkeit nichts anderes als ein Dienstmädchen (ein kleines Wesen in der Welt des Hauses). Wenn jemand den ersten Begriff als reinen Euphemismus für den zweiten anprangert, versucht er das Fortbestehen des Dienstbotendaseins unter einer irreführenden Bezeichnung aufzudecken, die doch nur suggerieren will, dass ein Dienstmädchen eigentlich eine Arbeitnehmerin »wie jede andere« sei.

Ein Beispiel für eine komplexe Konstellation: die sich auf einen Kompromiss stützende Anprangerung

Sobald sich ein Kompromiss anbahnt, kann er selbst wieder als Anknüpfungspunkt für eine Kritik dienen. Wir haben dann eine komplexere Konstellation vor uns, da hier ja mehr als zwei Welten im Spiel sind und sich die Kritik unter Bezugnahme auf eine Formel entwickelt, die selbst das Resultat des Zusammenbringens zweier einander fremder Naturen ist. In diesem Fall lässt sich die Kritik aber nie vollständig beschwichtigen, da die Berufung auf ein übergeordnetes gemeinsames Prinzip nicht möglich ist.

So präsentiert sich das Thema des »verkannten Genies« (das in dem zur Untersuchung der inspirierten Welt herangezogenen Handbuch behandelt wird) auf den ersten Blick als eine von der Welt der Inspiration ausgehende und an die Welt der Meinung adressierte Kritik: Das Genie, ein großes inspiriertes Wesen, wird zu Unrecht als ein kleines Wesen in der Welt der Meinung behandelt (in der es ein Elend bedeutet, verkannt zu sein). Diese Kritik ist allerdings nicht konsequent: Wenn der Ruhm für die inspirierte Welt ohne Wert ist und wenn eine der Eigenheiten des authentischen Genies gerade in seiner Indifferenz gegenüber dem »eitlen Ruhm« besteht, dann kann es sich doch eigentlich nur selbst beglückwünschen, so unscheinbar zu sein. Um diese Konstellation in unseren Analyserahmen integrieren zu können, müssen wir sie als Beispiel für eine komplexere Konstellation ansehen, in der sich die Kritik auf einen schon zwischen der Inspiration und dem Renommee angebahnten Kompromiss stützt. Dieser Kompromiss bewirkt, dass die Inspiration und das Renommee ein und demselben Gemeinwohl unterstehen. Die beiden Größen werden als äquivalent angesehen, da sich die Tatsache, dass Genies nicht erkannt werden, oder dass bekannte Personen gar keine Genies sind (das Thema des unverdienten Ruhmes), unterschiedslos anprangern lässt. Dennoch gestattet es die Unbestimmtheit dieses Gemeinwohls nicht, die Kontroverse allzu weit zu treiben. Wenn es sich zu sehr darauf versteift, die zu Unrecht berühmten Scharlatane zu demaskieren und sich vor der öffentlichen Meinung und in den Medien über den großen Publikumserfolg mittelmäßiger Künstler zu beklagen, riskiert das widerwillig vom Scheinwerferlicht erfasste, aber verkannte Genie, seinerseits den Vorwurf, doch nur auf Ruhm aus zu sein (oder verbittert, weil er ihm nicht zuteil geworden ist). Und das diskreditiert wiederum die Authentizität seiner Leidenschaft und mindert seine Größe in der inspirierten Welt.

Dieses Beispiel lässt sich neben das »Paradox des Pamphletisten« stellen, auf das Jean Starobinski im Zusammenhang mit Rousseau zu sprechen kommt: »Wer, um die Lüge der Gesellschaft anzuklagen, Schriftsteller wird, bringt sich in eine paradoxe Situation. Indem er sich zum Autor macht, und zumal wenn er seine Karriere mit einem Akademiepreis beginnt, tritt er in den gesellschaftlichen Kreislauf von Meinung, Erfolg und Mode ein. Er setzt sich von Anfang an dem Verdacht aus, ein doppeltes Spiel zu spielen und ist von der Sünde, die er angreift, selber angesteckt [...]. Die einzig mögliche Sühne besteht darin, öffentlich die Trennung zu vollziehen: er muß sich losreißen, und diese ständige Ablösung wird den Charakter einer Rechtfertigung annehmen [...]. Die Entschuldigung selbst bleibt, solange sie öffentlich ist, im Bunde mit der Welt der Meinung und löscht die Verfehlung nicht aus.« (Starobinski, Rousseau, S. 60f.) Wenn er es ablehnt, Émile zu einem »Büchermacher« zu machen, dann kommt Rousseau dem schon erwarteten Einwand: »Aber Sie sind es ja auch«, in einer besonders reinen Variante des Paradoxons des Pamphletisten zuvor: »Ich bin es, ich gebe es zu. Und meine Irrtümer, für die ich nach meinem Ermessen genug gebüßt habe, sind für andere kein Grund, ähnliche zu begehen. Ich schreibe nicht, um meine Fehler zu entschuldigen, sondern um meine Leser daran zu hindern, sie nachzuahmen.« (Rousseau, Emile, Buch III, S. 196)

Diese Formulierung findet sich übrigens immer wieder in Pamphleten, denen das »paradoxe Mandat« aufgegeben ist, andere »von etwas zu überzeugen, was eigentlich offensichtlich ist«, indem sie die »Heuchelei« der öffentlichen Meinung im Namen einer »inneren Wahrheit«, die allen mitgeteilt werden muss, öffentlich anprangern (Angenot, La parole, S. 85–92).

Die Herstellung von Kompromissen und die Entstehung von Gemeinwesen

Das Modell der Rechtfertigungsordnung lässt sich potentiell auf neue Prinzipien ausweiten, wenn man die Ressourcen mobilisiert, die durch die Anbahnung von Kompromissen bereitgestellt worden sind. Die Unbestimmtheit des vom Kompromiss anvisierten Gemeinwohls wird zunehmend problematischer, wenn sich mit der raschen Zunahme von gemischten Objekten eine neue Welt herauskristallisiert und im selben Zug auch die Zahl der Prüfungen zunimmt, denen die Objekte unterzogen werden. Die Fragilität solcher Kompromisse, die Leichtigkeit, mit der sie in die Kritik geraten können, führt zu einer rascheren Abfolge von Prüfungen, weil sie nicht überzeugend genug sind, um der Kontroverse Einhalt gebieten zu können. Die durch diese Prüfungen ausgelösten Konflikte erweisen sich als äußerst nützlich für das Bemühen um Explikation, das zur Einführung neuer Äquivalenzprinzipien und zur Klärung des angestrebten Gemeinwohls führen kann. Im Verlauf dieses Generalisierungsprozesses werden Charakterisierungen, die zu besonderen Zwecken angeordnet wurden, Schritt für Schritt ausgeweitet, um damit Wesen näher bestimmen zu können, deren Gemeinsamkeiten hervorgehoben werden.

Beispielsweise richten sich Polemiken, die den Entstehungsprozess der höfischen Gesellschaft mit ihrer raschen Zunahme an Prüfungen und den sich daraus ergebenden neuartigen Konflikten (insbesondere zwischen der Größe des Adels und der königlichen Gunst) begleiten, speziell auf die Größe der Meinung. Dieser Spezifizierungsprozess vollzieht sich einmal in der Form der Anprangerung (beispielsweise durch die Entlarvung des »eitlen« Ruhmes durch die französischen Moralisten des 17. Jahrhunderts oder in Gestalt der Unterscheidung zwischen der Größe der Satzung und der natürlichen Größe bei Pascal), ein andermal in Gestalt einer Art von Aufklärung, die aus der Inspiration heraus, die Wirklichkeit frei von Werturteilen zu beschreiben, der Legitimation der bestehenden Zustände Vorschub leistet. Das trifft insbesondere auf jene Passagen aus Hobbes' »Leviathan« zu, die wir zitiert haben, um einen ersten Eindruck vom Gemeinwesen der Meinung zu vermitteln. Wird die Gültigkeit der Prüfung bestritten, hat das zur Folge, dass man das sie rechtfertigende Prinzip explizit macht. Wenn etwa La Bruyère im Aphorismus 21 des »Von den Großen« titulierten Kapitels schreibt, dass »manche [Große], wenn sie ihre Untergebenen und dann sich selbst erkennen könnten, Scham darüber empfinden, daß sie den Vorrang haben«[37] (La Bruyère, Charaktere, Bd. 2, S. 8), deutet er zugleich eine Umkehrung der Größen an, ohne jedoch fremde Wesen in die häusliche Welt eingreifen zu lassen. In den meisten Aphorismen des den »Großen« gewidmeten Kapitels konstatiert er einen Zustand der Dekadenz:

---

37 Diese Passage lässt sich dem Aphorismus 3 zur Seite stellen: »Der Vorteil, den die Großen den anderen Menschen gegenüber haben, ist in einem Punkte ungeheuer: ich lasse ihnen ihr gutes Leben, ihre reichen Einrichtungen, ihre Hunde, Pferde, Affen, ihre Zwerge, Narren und Schmeichler; aber ich neide ihnen das Glück, daß sie in ihrem Dienst Leute haben, die durch Herz und Geist ihresgleichen sind und sie manchmal übertreffen.« (La Bruyère, Charaktere, Bd. 2, S. 2)

Die Großen sind ihrer eigenen Größe nicht gewachsen. Doch um die Umkehrung zu erklären (»inwiefern sollten sie Scham empfinden, daß sie den Vorrang haben?«), müsste man Eigenschaften ohne besondere Relevanz in diese Welt einführen und ihnen allgemeine Gültigkeit zumessen, wodurch es möglich würde, die Personen nach anderen Größen anzuordnen. Das könnte beispielsweise anhand ihrer Nützlichkeit, dem Prinzip der industriellen Größe, geschehen, dessen Vereinbarkeit mit den Anforderungen eines Gemeinwesens dann nachgewiesen werden müsste.[38] In ähnlicher Weise trugen die Abwanderung der Handwerksgesellen, die sich im Laufe des 18. Jahrhunderts mehr und mehr dem Einfluss der Zunftmeister entzogen und sich auf eigene Rechnung im Faubourg St. Antoine (einem Viertel außerhalb der Mauern von Paris, in dem kein Zunftzwang herrschte) niederließen, und ganz allgemein die mit den Turgot'schen Reformen einhergehenden Debatten über den Zunftzwang (Kaplan, Le pain) zur Bestimmung neuartiger Formen der Rechtfertigung bei. Dabei bezog man sich auf den Markt oder auf die Tüchtigkeit, die ihrerseits wieder Kompromisse mit der staatsbürgerlichen Größe des Kollektivs eingingen, als die Einführung von Prozeduren zur Ermittlung des Allgemeinwillens mittels Wahlen eine politische Debatte über die Definition der Staatsbürgerschaft anstieß.

Die politische Philosophie gab diesen Debatten eine systematische Form und unterzog sie den Kriterien inhaltlicher Kohärenz und der Kompatibilität mit sonstigen geltenden Konventionen. Beide Anforderungen müssen nämlich erfüllt sein, damit einem Gerechtigkeitsprinzip universelle Gültigkeit und damit Legitimität zukommt. Die philosophische Arbeit spielt also eine elementare Rolle in diesem Verallgemeinerungsprozess, der die Universalisierung der Werte vollendet, indem er

---

38 La Bruyère entwirft die Antwort darauf in mehreren Passagen der »Charaktere«, die auf andere Größen hinauslaufen, wobei er aber die Tüchtigkeit und die Kompetenz besonders hervorhebt. Man vergleiche etwa den Aphorismus 19 desselben Kapitels: »Die Großen glauben, allein vollkommen zu sein, verstehen sich kaum dazu, bei den Menschen richtigen Verstand, Geschicklichkeit, Feinheit zu sehen, und bemächtigen sich aller dieser Talente als Dinge, die ihnen um ihrer Geburt willen gehören. Es ist jedoch ein grober Irrtum von ihnen, sich von so falschen Vorurteilen zu nähren: das Beste, was gedacht, gesagt, geschrieben worden ist, und vielleicht auch die Vorbilder einer untadelhaften Aufführung sind uns nicht immer von ihnen gekommen.« (La Bruyère, Charaktere, Bd. 2, S. 7) Zur Krise der Legitimität, insbesondere zu den Schriften Pascals über die Lage der Großen, vgl. Marin, Le portrait du roi, und darin vor allem das letzte Kapitel »L'usurpateur légitime ou le naufragé roi« (S. 263–290).

dem Gemeinwohl Eigenschaften beimisst, die bisher partikularen Zwecken zugeordnet waren. Der Fortbestand des Modells der Rechtfertigungsordnung in neuen Formen von Größe ist gewährleistet, ohne dass eine vollständige theoretische Beherrschung der Struktur des Modells zwingend erforderlich ist, insofern die Eigenschaften, die durch das Auftauchen neuer Kompromissobjekte offengelegt wurden, einer logischen Kontrolle und einer systematischen Konfrontation mit den Gerechtigkeitsvorstellungen des Common Sense unterzogen werden. Dass diese Arbeit an der Form sehr gewissenhaft erfolgt, erklärt teilweise den Umstand, dass gewöhnliche Personen die notwendige Kompetenz besitzen, intuitiv die Gültigkeit eines Arguments zu erkennen, ohne deshalb selbst neue Rechtfertigungsprinzipien hervorbringen zu können. Ohne eine Natur, in der sie zu Entfaltung kommen könnten, blieben diese ohnehin reine Utopie.

Die Ausarbeitung eines Staatskompromisses: Auf dem Weg zu einem staatsbürgerlich-industriellen Gemeinwesen

Zur Illustration der vorangegangenen Analysen wollen wir ein Beispiel heranziehen, dass denjenigen, die mit der Geschichte der Sozialwissenschaften vertraut sind, durchaus bekannt ist, nämlich das der Durkheim'schen Moralphilosophie. Es lässt sich daran präzise aufzeigen, wie die politische Philosophie – eine solche stellt die Durkheim'sche »Moralwissenschaft« ja dar – das Schließen eines Kompromisses vorantreibt und durch eine Klärung des Gemeinwohls, auf das legitime Zuordnungen dann Bezug nehmen können, zugleich neuartige Größen hervorbringt. Um die von Durkheim angebahnten Kompromisse herausarbeiten zu können, müssen wir zunächst noch seine Moralphilosophie in Bezug auf schon bestehende Prinzipien einordnen. Diese stecken nämlich das Feld ab, auf das er Bezug nimmt: das staatsbürgerliche Prinzip, dem der Begriff des Kollektivs entspricht; das industrielle Prinzip, das die Grundlage für die Arbeitsteilung und die Orientierung an der Wissenschaft bildet; schließlich das häusliche Prinzip, das vor allen Dingen in seinen Bezugnahmen auf die Berufsgruppen präsent ist. Der Kompromiss zwischen dem kollektiven Altruismus und der industriellen Effizienz lässt dem Marktprinzip keinerlei Entfaltungsmöglichkeit. Durkheim bestreitet dessen Fähigkeit, die Grundlage für ein harmonisch funktionierendes und gerechtes Gemeinwesen zu bilden, ebenso wie er auch den dazu gehörigen Utilitarismus und den Egoismus ohne Unterlass anprangert.

Die Moralwissenschaft Durkheims kennt durchaus die Prinzipien des Nutzens und der Arbeitsteilung, auf denen das industrielle Gemeinwesen basiert und deren Modell wir unter Rückgriff auf das Werk Saint-Simons rekonstruiert haben. Im Unterschied zur politischen Ökonomie, deren Grundlage sie ebenfalls bilden, löst Durkheim sie jedoch vom Marktprinzip ab und verknüpft sie mit einem dritten, nämlich einem *kollektiven* Gerechtigkeitserfordernis, das auf der Solidarität beruht. Um diesen Wechsel der Allianzen vollziehen zu können, der die *Teilung der gesellschaftlichen Arbeit* an die Stelle der Arbeitsteilung setzt, stützt sich Durkheim auf die Theoriekonstruktion Rousseaus, die als utopisch hingestellt werden musste, damit es zur Errichtung der industriellen Größe hat kommen können.

Die Errichtung der kollektiven Größe und die Kritik an den auf der politischen Ökonomie basierenden Werten hängen aufs Engste zusammen. In polemischer Absicht und als Reaktion auf den gegen seine Lehre vorgebrachten Vorwurf der »Metaphysik« insistiert Durkheim auf der Realität der »Gesellschaft«, des »Kollektivwesens« als einer Ganzheit, eines »wirklichen Wesens«, das sich nicht auf eine »Ansammlung von Individuen« reduzieren lässt. Manchmal identifiziert er es mit der »Nation« oder dem »Staat«, wodurch er eine Verbindung zur Thematik der politischen Philosophie und der gleitenden Übergänge zwischen dem politischen Körper und dem sozialen Körper herstellt. Das »Gesellschaftswesen« ist nicht mit »diesem oder jenem Individuum« identisch, ebenso wenig mit der »Mehrheit der Bürger«, sondern mit der »gesamten Nation«. Da sie nur auf dem »Egoismus« und dem Eigeninteresse im Gegensatz zu den »interesselosen Gefühlen« der gesellschaftlichen Moral beruht, kann die politische Ökonomie nicht für sich beanspruchen, ein Gemeinwesen zu begründen: Sie »trennt sich damit radikal von der Moral, soweit überhaupt noch ein moralisches Ideal übrig bleibt, hat man das soziale Band einmal aufgelöst« (Durkheim, Moralwissenschaft, S. 91).[39] Das Interesse, in dem Sinne, wie es Durk-

39 So ist in diesem größtenteils der Kritik des Utilitarismus gewidmeten Artikel zu lesen: »Für die Manchesterschule besteht die Volkswirtschaft in der Befriedigung vor allem der materiellen Bedürfnisse des Individuums. Das Individuum stellt damit in dieser Konzeption den alleinigen Zweck der Wirtschaftsbeziehungen dar. Alles geschieht durch dieses und für dieses. Die Gesellschaft aber ist eine Schöpfung der Vernunft, eine metaphysische Entität, die der Gelehrte vernachlässigen kann und muß. Was man mit diesem Ausdruck bezeichnet, ist nichts anderes als ein In-Beziehung-Treten aller individuellen Tätigkeiten. Sie ist ein Kompositum, in dem nicht mehr steckt als in der Summe seiner Teile.«

heim hier versteht, hängt mit der Singularität der ihre Wünsche verfolgenden Personen zusammen. Es kann folglich nicht die Rolle eines Äquivalenzprinzips spielen, was durchaus in Einklang mit seiner Absicht steht, die Unmöglichkeit, ein harmonisches und gerechtes Gemeinwesen auf der Grundlage des marktwirtschaftlichen Bandes zu errichten, nachzuweisen.

Das Gemeinwesen des Marktes lässt sich also nur negativ begreifen. Konkurrenzbeziehungen werden zum Beispiel als kontingente und zufällige Zusammentreffen betrachtet, die, weil sie im Einzugsbereich des Individuellen stattfinden, nicht der zügelnden Wirkung einer Regel unterstehen.[40] Die Ausweitung marktförmiger Beziehungen bringt eine Welt ohne Regeln, Moral und Gerechtigkeit hervor, in der sich das Gemeinwesen auflöst. Mit »Anomie« bezeichnet Durkheim daher im Vorwort zur zweiten Auflage von »De la division du travail social« den Verlust des Gemeinwohls und den Absturz in einen Zustand des Chaos, in »Unordnung«, »Willkür« und Zwietracht, in dem der »Erfolg« über die »Moral« dominiert, die »Gewalt« über die »Gerechtigkeit« und das »Gesetz des Stärkeren« quasi zu einem Naturgesetz

---

(Durkheim, Die positive Wissenschaft, S. 90) »Die Gesellschaft«, sagt Durkheim in demselben Text, »ist [...] ein reales Wesen [...], dem [...] eine eigene Natur und eine Persönlichkeit zukommt. Begriffe der Umgangssprache wie soziales Gewissen, Gemeinsinn oder Volkskörper sind nicht nur Worthülsen, sondern drücken eine höchst konkrete Wirklichkeit aus. Es ist falsch zu behaupten, ein Ganzes sei nur die Summe seiner Teile.« Es ist »etwas, das über besondere Eigenschaften verfügt und unter bestimmten Bedingungen Selbstbewußtsein entwickeln kann. Die Gesellschaft ist also nicht auf eine konfuse Masse von Mitbürgern zu reduzieren« (ebenda, S. 91 f.), ebenso wenig wie der soziale Organismus auf eine »Ansammlung von Individuen« (ebenda, S. 94). Mit der Ganzheit, auf die sich Durkheim hier bezieht, wenn er von »Gesellschaft« spricht, ist eine »Nation« oder ein »Staat« gemeint: »Mit anderen Worten, die großen ökonomischen Gesetze wären exakt die gleichen, selbst wenn es niemals auf der Welt weder Nationen noch Staaten gegeben hätte. Sie setzen nichts anderes voraus als Individuen, die ihre Produkte austauschen.« (Ebenda, S. 90 f.)

40 »Zweifellos stehen die Individuen, die den gleichen Beruf haben, auf Grund ihrer ähnlichen Tätigkeiten untereinander in Verbindung. Selbst ihre Konkurrenz bringt sie in Berührung. Aber diese Beziehungen sind *nicht regelmäßig*; sie *hängen vom Zufall ab* und haben meist einen rein *individuellen* Charakter. Einzelne Gewerbetätige stehen miteinander in Verbindung; es handelt sich aber nicht um den Gewerbeverband dieses oder jenes Industriezweigs, der sich vereint, um gemeinsam zu handeln.« (Durkheim, Arbeitsteilung, S. 46; Hervorhebungen von uns)

wird und damit einen schroffen Gegensatz zu den »sozialen Gesetzen« bildet.[41]

Ein erster Schritt hin zur Begründung der Kompromissgröße, auf die Durkheim abzielt, besteht in der Ersetzung der individuellen Interessen durch das Kollektivinteresse. In einer Untersuchung zum Sozialismus und insbesondere zum Werk von Saint-Simon (Durkheim, Le socialisme) versucht Durkheim, die Größe der Industrie und das Wohl aller miteinander zu vereinen. Im Gegensatz zum »Kommunismus«, der »von moralischen und zeitlosen Ursachen beseelt ist« (ebenda, S. 68), ist der Sozialismus, »dessen Auftauchen wir zu einem bestimmten Moment der Geschichte feststellen«, durch »ökonomische Erwägungen« motiviert.[42] Für »Sozialisten« wie für »Ökonomen« lassen sich »soziale

---

41 »Mehrere Male weisen wir in diesem Buch auf die juridische und moralische *Anomie* hin, in der sich das ökonomische Leben augenblicklich befindet. [...] Die tadelnswertesten Handlungen werden so oft wegen ihres *Erfolgs* geduldet, daß die Grenze zwischen dem, was erlaubt, und dem, was verboten ist, was *Recht* ist und was nicht Recht ist, nicht mehr festliegt, sondern scheinbar fast willkürlich von den Individuen verschoben werden kann. [...] Diesem Zustand der *Anomie* müssen – wie wir noch zeigen werden – die ständig auflebenden *Konflikte* und die verschiedenartigsten Formen der *Unordnung* zugeschrieben werden, deren trauriges Schauspiel uns die ökonomische Welt bietet. Da nichts die vorhandenen *Kräfte* zurückhält und nichts ihnen Grenzen setzt, die sie zu respektieren hätten, haben sie die Tendenz, sich maßlos zu entwickeln und miteinander zu kollidieren, wobei sie sich gegenseitig zurückdrängen und schwächen. Natürlich vernichten die stärksten die weniger starken oder unterwerfen sie sich. Aber wenn der Besiegte auch eine Zeitlang eine erzwungene Unterwerfung erduldet, so stimmt er ihr doch nicht zu, und diese Unterwerfung kann folglich kein stabiles Gleichgewicht bilden. [...] Daß eine solche *Anarchie* ein krankhaftes Phänomen ist, ist offenkundig, denn sie richtet sich gegen das vornehmlichste Ziel einer jeden Gesellschaft, nämlich den Krieg zwischen den Menschen zu unterdrücken oder zum wenigsten zu mildern, indem man das *physische Recht des Stärkeren* einem höheren Recht unterordnet.« (Ebenda, S. 42f.; Hervorhebungen von uns)

42 Durkheim macht einen Unterschied zwischen der »sozialen Frage« und der Arbeiterfrage, dem Problem der »sozialen Gerechtigkeit« und jenem der Abschaffung des Pauperismus. Diese Unterscheidungen werden in den Passagen deutlich, in denen Durkheim den durch die Vorrangstellung, die er den »ökonomischen Funktionen« beimisst (Durkheim, Le socialisme, S. 92), gekennzeichneten Sozialismus dem Kommunismus gegenüberstellt (dem er Rousseau zuordnet; ebenda, S. 222), welcher nur deren negative Effekte neutralisieren will. Was der Kommunismus »in Frage stellt, sind die moralischen Folgen des Privateigentums im allgemeinen und nicht wie beim Sozialismus die Zweckmäßigkeit einer bestimmten Wirtschaftsverfassung« (ebenda, S. 66).

Beziehungen auf Interessenbeziehungen reduzieren« (ebenda, S. 220). Doch während die Letzteren behaupten, dass es im Grunde nichts wirklich Kollektives gibt und dass jede Gesellschaft nur die »Summe von Individuen ist und die sozialen Interessen eine Summe von Einzelinteressen« sind (ebenda, S. 222f.), gehen die Ersteren, allen voran Saint-Simon, davon aus, dass die »wirtschaftlichen Interessen [...], die der einzige Stoff sind, aus dem das Gemeinschaftsleben besteht, gesellschaftlich organisiert werden müssen« (ebenda).

Die von Saint-Simon gewünschte Unterordnung der Industrie unter das Gemeinwohl geht jedoch nicht weit genug und bleibt utopisch, weil sie der Macht der menschlichen Begierden nicht gerecht wird.[43] In der sicherlich zum Teil von Schopenhauer inspirierten Durkheim'schen Anthropologie (Chamboredon, Durkheim), was gewisse Entsprechungen mit der politischen Philosophie Freuds erklärt (Nisbet, La tradition, S. 110), sind die menschlichen Wesen von ungezügelten Begierden getrieben (Besnard, Durkheim), die im Unterschied zu den tierischen Trieben nicht auf natürliche Weise von einem Instinkt gehemmt werden: »Es gibt im Innern des Individuums nichts, was seine Triebe in Schranken hält.« (Durkheim, Le socialisme, S. 225) Um nicht »unersättlich« zu werden, müssen sie daher »von einer dem Individuum äußerlichen Kraft in Schranken gehalten werden« (ebenda). Diese Kraft sind die kollektiven Repräsentationen und im vorliegenden Fall die moralischen Repräsentationen, die von der Gesellschaft, dem gesellschaftlichen Wesen, der Gruppe als überindividuellen Instanzen der praktischen Vernunft ausgehen. Einzig die Kollektive als Orte der Entstehung von Moral besitzen die nötige Autorität, um die individuellen Begierden in

43 »[Für Saint-Simon:] Das Mittel zur Herstellung sozialen Friedens liegt zum einen in der Entfesselung der wirtschaftlichen Begierden, zum andern darin, dass man sie befriedigt. Nun ist ein solches Unterfangen widersprüchlich, da sie sich nur zufriedenstellen lassen, wenn sie eingeschränkt sind (um teilweise zufriedengestellt zu werden), und sie können nur durch etwas eingeschränkt werden, was außerhalb ihrer liegt.« Woraus er folgert, dass »sie nicht als der einzige Zweck der Gesellschaft angesehen werden können, da sie einem Zweck untergeordnet werden müssen, der über sie hinausweist, und nur unter dieser Bedingung können sie wirklich befriedigt werden. Stellen Sie sich die produktivste Wirtschaftsverfassung vor und eine Verteilung des Reichtums, die den einfachsten Menschen ein hohes Niveau an Wohlstand gewährt, vielleicht würde eine solche Verwandlung schon in dem Moment, wo sie sich vollzöge, ein sofortiges Nachlassen bewirken. Dieses Nachlassen würde jedoch stets nur vorläufig sein. Denn die Wünsche würden, nachdem sie für einen Moment ruhiggestellt wären, ganz schnell wieder neue Ansprüche stellen.« (Ebenda, S. 225f.)

Schranken zu halten, deren ungehemmter Ausdruck die Gesellschaft in einen dem Naturzustand[44] nahestehenden Zustand der Auflösung und des Konflikts versetzte, und um jeder Person das notwendige »Opfer« abzuverlangen, damit der »private Nutzen« dem »gemeinsamen Nutzen« untergeordnet werde. Für Durkheim, ebenso aber auch für die anderen politischen Philosophen, auf deren Theoriekonstruktionen wir uns bei der Ausarbeitung des Modells der Rechtfertigungsordnung gestützt haben, bildet dieses Opfer die Grundlage für das Einvernehmen zwischen den Menschen in einer Gesellschaft.[45]

---

44 »Damit soziale Ordnung herrscht, ist es nötig, dass die Menschen im Allgemeinen sich in ihr Schicksal fügen; was aber nötig ist, damit sie sich zufriedengeben, ist nicht, dass sie mehr oder weniger haben, sondern davon überzeugt sind, dass sie nicht das Recht haben, mehr zu besitzen. Und dafür ist unbedingt eine Autorität erforderlich, deren Überlegenheit von ihnen anerkannt wird und die Recht spricht. Denn niemals würde ein allein dem Drängen seiner Bedürfnisse ausgesetztes Individuum zulassen, dass es an der äußersten Grenze seiner Rechte angekommen ist. Wenn es über ihm keine Kraft gibt, die ihm Einhalt gebietet und die ihm mit Nachdruck zu verstehen gibt, dass die ihm geschuldete Belohnung ausgeschöpft ist, wird es unweigerlich verlangen, dass ihm all das zusteht, was seine Bedürfnisse verlangen. Und da der Annahme nach diese Bedürfnisse ungezügelt sind, sind auch ihre Ansprüche notwendigerweise grenzenlos. Damit dem nicht so ist, ist eine moralische Macht nötig, deren Überlegenheit es anerkennt und die ihm einbläut: ›Du darfst nicht weiter gehen‹.« (Ebenda, S. 226f.)

45 »Nun hat aber die Unterordnung des privaten Nutzens unter den gemeinsamen Nutzen, wie er auch beschaffen sei, immer einen moralischen Charakter, denn er beinhaltet notwendigerweise einen gewissen Geist der Opferbereitschaft und der Selbstverleugnung. [...] Nun ist aber diese Bindung an etwas, was das Individuum überschreitet, diese Unterordnung der Einzelinteressen unter ein Gesamtinteresse, die eigentliche Quelle jeder moralischen Tätigkeit. [...] Das gemeinsame Leben ist anziehend und besitzt zu gleicher Zeit einen Zwangscharakter. [...] Wenn sich also Individuen in Kenntnisnahme gemeinsamer Interessen vereinigen, so geschieht das nicht nur, um diese Interessen zu verteidigen, sondern um sich zu assoziieren, um sich nicht länger inmitten von Gegnern verloren zu fühlen, um das Vergnügen zu haben, zu kommunizieren, um eins zu sein mit anderen, d.h. definitiv nichts anderes, als um gemeinsam ein und dasselbe moralische Leben zu führen.« (Durkheim, Arbeitsteilung, S. 54ff.) Es sei auf die Ähnlichkeit zwischen diesem letzteren Argument, das auf die staatsbürgerliche Größe anspielt, und dem von Albert Hirschman entwickelten Argument (Hirschman, Engagement, S. 85–99) in seiner Kritik an der Trittbrettfahrerhypothese Mancur Olsons (Olson, Logik) hingewiesen, dem zufolge kollektives Handeln als solches angestrebt wird, so dass »der individuelle Nutzen, den man aus kollektivem Handeln zieht, nicht die *Differenz* zwischen dem erhofften Ergebnis und den auf seine Erlangung verwendeten Anstrengungen, sondern die *Summe* beider Größen [ist]!«.

In dem Durkheim'schen Entwurf einer von den Individuen unabhängigen und über ihnen stehenden kollektiven Größe, die als Einzige überhaupt dazu imstande ist, ihnen Solidarität abzuverlangen, kann man durchaus eine Weiterentwicklung der staatsbürgerlichen Größe sehen, deren Modell wir anhand des Werkes von Rousseau entwickelt haben. Mit dieser Modifikation versucht Durkheim, einem industriellen Kompromiss den Weg zu bahnen. In der Rousseau gewidmeten Vorlesung (Durkheim, Montesquieu) greift Durkheim wie später auch Halbwachs in seiner Ausgabe des »Contrat social« (Halbwachs, Introduction) aus dessen Werk jene Elemente auf, die sich als Beleg für die Realität und als Begründung der Größe des Kollektivwesens heranziehen lassen. An manchen Stellen übt er Kritik am mangelnden Interesse Rousseaus für das Wirtschaftsleben und seinem rein moralischen und damit utopischen Verständnis von »Kommunismus«. Andernorts kritisiert er in der Nachfolge Saint-Simons, dass sich hinter dem Grundgedanken des »Contrat« ein Individualismus und ein Voluntarismus verbergen.[46] Tatsächlich stellt er »der vitalistischen und substantialistischen Auffassung vom Leben und der Gesellschaft«, die er dem Werk Rousseaus zuschreibt, ein »organisches« Verständnis gegenüber, dem zufolge »eine Ganzheit aus unterschiedlichen Teilen besteht, die miteinander solidarisch sind, und dies gerade weil sie verschieden sind« (Durkheim, Montesquieu, S. 169f.). Das macht den Weg frei für die Bildung eines auf

46 Die zahlreichen Passagen, in denen Durkheim die Künstlichkeit, den Voluntarismus und Individualismus der Theorien des »Contrat« kritisiert, einer Kritik, die er ansonsten auch an den politischen Schriften Rousseaus übt (beispielsweise in der der »staatsbürgerlichen Moral« gewidmeten vierten Vorlesung der »Leçons de sociologie« [Durkheim, Physik, S. 64–81], in der Einleitung der Untersuchung über Montesquieu [Durkheim, Montesquieu, S. 30] oder auch in der Eröffnungsvorlesung in Bordeaux [»Cours d'ouverture du Cours de sciences sociales de la Faculté de Bordeaux«, der 1888 in den *Annales de la Faculté des lettres de Bordeaux* veröffentlicht wurde; deutsche Übersetzung in: Durkheim, Einführung]), neigen dazu, die Ähnlichkeiten zwischen den Theorien der Totalität bei Rousseau und Durkheim unter den Tisch zu kehren (vgl. Lacroix, Durkheim, S. 73, oder Boudon und Bourricaud, Stichworte, S. 91ff.). Ebenso hat die Kritik an der politischen Philosophie, auf die sich Durkheim häufig verlegt, um das Besondere und Neue an der Sozialwissenschaft hervorzuheben, diejenigen Aspekte seines Werkes in den Hintergrund gerückt, in denen er klassische Fragen der politischen Philosophie aufgreift. Diese Fragen stehen in den Texten dann wieder an erster Stelle, in denen Durkheim eine Bestimmung der Institutionen vornimmt, die am ehesten für Glück und Gerechtigkeit in der Gesellschaft sorgen könnten.

einem Kompromiss basierenden und teilweise von Saint-Simon inspirierten Gemeinwesen, in dem die kollektive Solidarität auf der Arbeitsteilung und der Komplementarität des gesellschaftlichen Nutzens der einzelnen Teile beruht. Er bezieht sich nichtsdestoweniger auf all die Passagen bei Rousseau, in denen der »politische Körper« als ein über den Einzelnen stehendes »Kollektivwesen«, ein nicht auf die Summe seiner Teile reduzierbares »moralisches Wesen *sui generis*« beschrieben wird, und würdigt sie eingehend in einem Kommentar. Das trifft etwa auf diejenige Passage des *Genfer Manuskripts* zu, in der Rousseau Gesellschaften mit »chemischen Verbindungen« vergleicht, deren »Eigenschaften [...] von keinem der Bestandteile herrühren, aus denen sie zusammengesetzt sind«.[47] »Diese bemerkenswerte Passage«, so Durkheim, belege, »dass Rousseau ein sehr feines Gespür für die Besonderheit des Sozialen besaß; er verstand es unmissverständlich als eine Ordnung verschiedenartiger Tatbestände im Vergleich zu den rein individuellen Tatbeständen. [...] Für ihn«, fügt Durkheim hinzu, »ist die Gesellschaft nichts, wenn sie nicht einen einheitlichen und genau abgegrenzten, von seinen Bestandteilen geschiedenen [...], organisierten, lebendigen und dem des Menschen ähnlichen Körper« darstellt (ebenda, S. 136f.). Wie Steven Lukes festgestellt hat (Lukes, Durkheim, S. 282ff.), übersetzt Durkheim die Sprache des »Allgemeinwillens« in die des »Kollektivbewusstseins«, etwa wenn er vom »Kollektivwillen« spricht (Durkheim, Montesquieu, S. 164), oder auch wenn er aus dem »sozialistischen Prinzip« bei Rousseau die »Grundlage für seine organische Auffassung der Gesellschaft« (ebenda, S. 141) und eines überindividuellen Ursprungs der Moral macht: »Diese Theorie bringt zum Ausdruck, dass die moralische Ordnung über das Individuum hinausgeht und dass sie in der physischen oder psychischen Natur nicht existieren kann.« (Ebenda, S. 160f.) Im Gegensatz zu dem, was man häufig liest, wenn unter Bezugnahme auf

47 Eine Gesellschaft ist »ein moralisches Wesen mit eigenen Qualitäten, die sich von jenen der Einzelwesen, aus denen sie besteht, unterscheiden, etwa wie chemische Verbindungen Eigenschaften aufweisen, die von keinem der Bestandteile herrühren, aus denen sie zusammengesetzt sind [...]. Es existiert darin eine Art gemeinsames Sensorium, das die Verbindung zwischen allen Teilen herstellt; das öffentliche Gut oder Laster ist nicht einfach die Summe aus den Gütern und Lastern der Einzelwesen wie bei einem einfachen Aggregat, sondern besteht in der Verbindung, die sie vereint; es ist größer als diese Summe, und das öffentliche Wohlergehen ergibt sich keineswegs aus dem Glück der Einzelnen, sondern das Erstere ist die Quelle des Letzteren.« (Rousseau, Du contrat social, 1ère version, S. 284)

Rousseau am Individualismus und über diesen Umweg wiederum an der marktwirtschaftlichen Größe Kritik geübt wird, wird aus dieser Deutung ein industrieller Kompromiss abgeleitet. Durkheim versucht einen Übergang von dem aus dem Gesellschaftsvertrag hervorgegangenen »politischen Körper« zur »Gesellschaft« als einem »objektiven« Wesen zu bewerkstelligen. Von den Einzelwillen unabhängig und einem inneren Gesetz unterworfen, weist sie ihre eigenen Regelmäßigkeiten auf, die sich genauso wie bei den natürlichen Körpern messen lassen. Durkheim hebt diejenigen Aussagen in Rousseaus Werk hervor, die seiner Ansicht nach dem sozialen Milieu »diese auch für die natürliche Ordnung charakteristische Unveränderlichkeit und innere Notwendigkeit« einzuräumen scheinen (ebenda, S. 151), die »geschriebenen Gesetze« auf den »Sitten« und »den diffusen Gebräuchen« (ebenda, S. 181) basieren lassen und ihnen »eine Kraft [übertragen], die aufgrund ihrer Unpersönlichkeit mit den Naturkräften mehr oder weniger identisch sind« (ebenda, S. 150). Durkheim macht sich die Rousseau'schen Gegensatzpaare von »Aggregat« und »Assoziation«, von »Summe« und »Kompositum« zu eigen, um die Transzendenz des gesellschaftlichen Wesens zu illustrieren. In dem schon zitierten Artikel schreibt er, dass »die Gesellschaft etwas anderes ist als die arithmetische Summe ihrer Bürger« (Durkheim, Positive Wissenschaft, S. 93).

Schließlich erklärt die Art und Weise, wie Rousseau das in jedem Menschen wirkende Spannungsverhältnis von Allgemeinem und Besonderem begreift, die Durkheim'sche Auffassung des Verhältnisses der individuellen Wesen und des Gesellschaftswesens zueinander. Wenn es die Errichtung eines gerechten Gemeinwesens erforderlich macht, »das Individuelle dem Sozialen zu opfern«, dann vollzieht sich dieses notwendige Opfer »wie bei Abraham nicht ohne Widerstand, Zaudern und Zugeständnisse«, schreibt Georges Davy in seiner Einführung zu den »Leçons de sociologie« (Davy, Introduction, S. 20). Durkheim ist also durchaus bewusst, dass er auch individuelles Handeln erklären können muss. Wenn auch die Kollektive die wirklichen Wesen sind, kann einem nicht entgehen, dass diese Kollektive »Individuen« enthalten: Wenn »die Gesellschaft [...] ein reales Wesen« ist, dann besteht dieses Wesen »nicht jenseits der Individuen [...], die es ausmachen« (Durkheim, Positive Wissenschaft«, S. 91). Als Orte, aus denen die kollektiven Vorstellungen hervorgehen, sind die Gesellschaft oder die Gruppe normative Instanzen. Das entspricht ganz der Rousseau'schen Ethik, der zufolge die Tugend auf dem Gehorsam gegenüber dem Allgemeinwillen, aus dem das Gesetz hervorgeht, beruht. Doch der schon bei Rousseau angelegte Gedanke, wonach die praktische Vernunft unabhängig vom Denken der Individuen ist und dadurch ihr Ursprung in eine den Personen äußerliche Instanz verlegt wird, ist von Durkheim zu Ende gedacht worden.[48] Der Mensch ist bei Durkheim nicht weniger zweigeteilt als der Mensch bei Rousseau. Bei Durkheim nimmt die im Inneren eines jeden Menschen bestehende Spannung zwischen dem Einzelinteresse und dem Allgemeininteresse die Form eines Spannungsverhältnisses zwischen dem egoistischen Begehren des Individuums, das im marktförmigen Tausch ungehemmt ausgelebt wird, und den altruistischen Bestrebungen, die von seiner Zugehörigkeit zu einem Kollektiv herrühren, an. In der Rousseau'schen Anthropologie tendiert das Privatinteresse in jedem Menschen stets dazu, sich gegen die Unterordnung unter das Allgemeinwohl durchzusetzen, da das Erstere den natürlichen Trieben direkt untersteht, während das Letztere, wird es nicht von Institutionen gestützt, allein vom Willen und der Tugend abhängig ist. Für Durkheim dagegen besitzt die Gesellschaft die gleiche Stabilität und Objektivität, die auch Dinge auszeichnet, weshalb er sich ganz der Frage widmen kann, wie die soziale Natur es fertigbringt, sich zum Herrn über die menschliche Natur zu machen, indem sie bei den Individuen Respekt gegenüber den überindividuellen Regeln durchsetzt. Folglich untersucht er die Voraussetzungen für die Umsetzung gesellschaftlichen Zwangs. Damit die Autorität des Kollektivkörpers durchgesetzt wird, muss jedes Individuum sie in sich selbst, genauer gesagt am eigenen Leib verspüren. Es müssen zwei Bedingungen erfüllt sein, damit sich Solidarität einstellen kann: Die Verlagerung der dem Urteil zugrunde liegenden Regeln von den Personen auf das Kollektiv muss umgekehrt mit einer Verankerung der kollektiven moralischen Vorstellungen in den Herzen aller einhergehen. Damit die Gesellschaft der zerstörerischen Anarchie der Leidenschaften Widerstand entgegensetzen kann, muss die Entäußerlichung der prakti-

48 Diese entkörperlichte Vernunft findet ihre Vollendung bei Durkheim in der Wissenschaft (»ein in höchstem Grade unpersönlicher, sozialer Gegenstand«) als der erhabensten Form des Kollektivbewusstseins: »Im moralischen Bereich, wie in anderen Bereichen der Natur, hat die Vernunft des *Individuums* keine Privilegien in ihrer Eigenschaft als Vernunft des *Individuums*. Hier wie anderswo können Sie legitimerweise nur für *eine* Vernunft das Recht fordern, einzugreifen und sich über die historische moralische Wirklichkeit zu erheben, um sie zu reformieren, und das ist weder meine noch Ihre Vernunft, sondern die menschliche, unpersönliche Vernunft, die allein in der Wissenschaft sich wirklich realisiert.« (Durkheim, Soziologie und Philosophie, S. 121f.; Hervorhebungen im Orig.)

schen Vernunft mit einer Verinnerlichung einhergehen. Selbst wenn man sie einzeln im isolierten Zustand betrachtet, können die Individuen konform mit der Moral agieren, da sie die kollektiven Vorstellungen internalisiert haben. Dieser doppelte Prozess von Entäußerlichung und Verinnerlichung sorgt für die Koordination der individuellen Handlungen und ihre Ausrichtung auf die für das Gemeinwesen nötige Solidarität.[49]

Dieser Prozess vollzieht sich allerdings nicht zwangsläufig. Damit die vom Kollektiv ausgeübte Autorität spürbar wird und es zur Verinnerlichung kommt, darf der Abstand zwischen der Kollektivinstanz und den Einzelwesen nicht zu groß sein. Das Kollektiv muss sein Vorhandensein in Form von »Institutionen« geltend machen, um die zu den anderen bestehende Beziehung erfahrbar zu machen. Das Rousseau'sche Schema, welches keine derartigen Institutionen vorsieht und um seiner Kohärenz willen einer inspirierten Komponente bedarf, wird in diesem Punkt also abgewandelt. Rousseau zufolge sind intermediäre Körperschaften nur als »Klüngel« denkbar, welche dem Ausdruck des Allgemeinwillens den Widerstand der Einzelinteressen entgegensetzen. Durch diese Abwandlung wird auch die Verbindung zwischen der staatsbürgerlichen Größe und der Arbeitsteilung möglich: Zwischen dem nationalen Kollektiv und den Einzelpersonen ist noch Raum für Gruppen, die sich ihrerseits als Ganzheiten auffassen lassen und den verschiedenen Berufsgruppen entsprechen.[50] Diese Gruppen sind durch-

---

49 Die Bedeutung, die Durkheim der Verinnerlichung der überindividuellen Regeln beimisst, zeigt sich vor allem an seinem Interesse für den Sozialisationsprozess. Seine Beschäftigung mit der Pädagogik führt ihn später nochmals zu Rousseau. Davon zeugt das 1919 in der *Revue de métaphysique et de morale* veröffentlichte Konzept zu einer Vorlesung über die Pädagogik Rousseaus (wiederveröffentlicht in: Durkheim, Textes, Bd. 3, S. 371–401). Wie Philippe Besnard betont, zeigt dieser Text besonders deutlich die Entsprechungen zwischen der Rousseau'schen und der Durkheim'schen Anthropologie: »Durkheim liest im ›Émile‹, dass ›der Weg zum wahren Glück‹ über die ›Eindämmung des Überschusses an Begierden gegenüber den Fähigkeiten‹« führt (Besnard, L'anomie, S. 28f.).

50 »Damit die Anomie ihr Ende findet, muß also eine Gruppe existieren oder sich bilden, in der sich das Regelsystem herausbilden kann, das augenblicklich fehlt. Weder die politische Gesellschaft in ihrer Gesamtheit noch der Staat können diese Funktion erfüllen. Weil das ökonomische Leben sehr spezialisiert ist und sich jeden Tag weiter spezialisiert, entgleitet es ihrer Kompetenz und ihrem Zugriff. Die Tätigkeit einer Berufsgruppe kann nur durch eine Gruppe wirkungsvoll geregelt werden, die selber diesem Beruf so nahesteht, daß sie ihre Arbeitsweise gut kennt, alle ihre Bedürfnisse fühlt und allen ihren Veränderungen folgen kann.« (Durkheim, Arbeitsteilung, S. 45f.)

aus notwendig, denn sie gewährleisten den Zusammenhalt des Gesellschaftskörpers, der ohne sie in eine Ansammlung egoistischer Individuen zerfiele. Durkheim stellt damit der doch sehr abstrakt gehaltenen Republik Rousseaus, in der sich nichts zwischen das Individuum und den Staat schieben darf und die aufgrund dessen der Anarchie der marktförmigen Beziehungen keinerlei Zügel anzulegen vermag, die Realität einer Gesellschaft gegenüber, in der es durchaus intermediäre Körperschaften gibt.[51]

Die sich auf eine Untersuchung der römischen Korporationen und der mittelalterlichen Zünfte stützende Bezugnahme auf die »Berufsgruppen«[52] fügt dem staatsbürgerlich-industriellen Kompromiss, aus dem sich der Entwurf dessen ableitet, was man ein kollektives Gemeinwesen nennen könnte, eine »häusliche« Komponente hinzu: »Ein gemeinsamer Kult, gemeinsames Essen, gemeinsame Feste, eine gemeinsame Begräbnisstätte, ist das alles zusammen nicht das Hauptkennzeichen der häuslichen Organisation der Römer? So konnte man sagen, daß die römische Korporation ›eine große Familie‹ war. [...] Die Gemeinschaft der Interessen ersetzte die Blutsbande. [...] Nun ähnelte die Berufsgruppe der Familiengruppe nicht derart, wenn es zwischen ihnen nicht irgendeine Verbindung gäbe. In der Tat war die Korporation in einem bestimmten Sinn die Erbin der Familie. [...] Sie trat an die Stelle der Familie in der Ausübung einer Funktion, die zuerst eine häusliche war, die aber diesen Charakter nicht länger bewahren konnte.« (Durkheim, Arbeitsteilung, S. 52f. und 59) Die Bezugnahme auf das Gemeinwesen

---

51 »Eine Gesellschaft, die aus einer Unmasse von unorganisierten Individuen zusammengesetzt ist und die sich ein Überstaat bemüht, zusammenzuhalten, ist ein wahres soziologisches Monstrum. [...] Eine Nation kann sich nur dann erhalten, wenn sich zwischen dem Staat und den Bürgern eine ganze Reihe von sekundären Gruppen schiebt.« (Ebenda, S. 71)

52 »Die einzige [Gruppierung], die diese Bedingungen erfüllt, ist die Gruppe, die aus allen Trägern eines gleichen Gewerbes besteht und die in einem einzigen Verband vereinigt und organisiert ist, das heißt in einer Korporation oder einer Berufsgruppe. [...] Seitdem man im letzten Jahrhundert, und zwar *nicht ohne Grund*, die alten Korporationen aufgelöst hat, hat man nur fragmentarische und unvollständige Versuche gemacht, um sie auf neuen Grundlagen wieder zu erstellen. [...] Damit sich eine Berufsmoral und ein Professionsrecht in den verschiedenen ökonomischen Wirtschaftszweigen entwickeln kann, muß die Korporation, statt ein wirres und uneinheitliches Aggregat zu sein, eine abgegrenzte und organisierte Gruppe werden oder vielmehr wieder werden, mit einem Wort, eine öffentliche Einrichtung.« (Ebenda, S. 46f.; Hervorhebung im Orig.)

des Hauses soll die Regulierungsinstanzen näher an die mit den produktiven Tätigkeiten befassten Personen heranrücken und den Rückgang des vormals durch die »häuslichen« und »lokalen Gruppen« ausgeübten Zwanges kompensieren. Sie verlagert die Funktionen der Moralisierung und der Repression, welche diese Gruppen früher im Gesamtgefüge der persönlichen Abhängigkeit ausgeübt hatten, auf die Wirtschaftsaktivitäten. Durkheim geht es jedoch keineswegs nur darum, den Rückgang familiärer Abhängigkeiten durch eine Zunahme beruflicher Zwänge auszugleichen. Tatsächlich ist er darum bemüht, die Institution Familie unabhängig von der Blutsverwandtschaft zu definieren; er begreift sie dafür stärker als ein politisches Band, so dass es gar nicht abwegig ist, in diesem Fall von einem Rückgriff auf das übergeordnete Prinzip eines häuslichen Gemeinwesens zu sprechen.[53]

Die Korporationen dürfen jedoch nicht nur Institutionen »häuslichen« Charakters sein. Um sich an dem Kompromiss mit dem kollektiven Gemeinwesen beteiligen zu können, müssen sie der industriellen und staatsbürgerlichen Größe Rechnung tragen. Durkheim zählt daher in der der »Berufsmoral« gewidmeten dritten Vorlesung der »Leçons de sociologie« (Durkheim, Physik der Sitten, S. 46–63), wo er ausführlich auf die Details der »praktischen Probleme« eingeht, all die Veränderungen auf, denen man die überkommene Institution der Korporationen unterziehen müsste, um sie der modernen Industrie und dem modernen Staat anzupassen: Entörtlichung (an die Stelle einer »lokale[n], eine[r] kommunale[n] Organisation [...] eine allgemeine, nationale, vereinheitlichte, aber dennoch komplexe Organisation« setzen [ebenda, S. 58f.]); Einrichtung von unabhängigen Wahlkollegien für die Arbeitgeber und Arbeitnehmer, »zumindest soweit ihre Interessen offenkundig im Gegensatz zueinander stehen« (ebenda, S. 61); Angliederung der Berufsgruppen an den Staat (ebenda), der die mit dem Wirtschaftsleben in Zu-

53 »[...] man bildet sich ein, in der Blutsverwandtschaft eine außergewöhnlich mächtige Ursache moralischer Beziehungen zu finden. Aber wir haben schon oft die Gelegenheit gehabt zu zeigen, daß die Blutsverwandtschaft keineswegs diese außerordentliche Wirksamkeit hat, die man ihr zuschreibt. Der Beweis dafür ist, daß in einer Vielzahl von Gesellschaften Nichtblutsverwandte in großer Zahl im Schoß der Familie leben [...]. Umgekehrt kommt es häufig vor, daß sehr nahe Verwandte einander moralisch und rechtlich fremd sind [...]. Die Familie verdankt also ihre Tugenden nicht der Einheit der Abstammung: Es handelt sich einfach um eine Gruppe von Individuen, die einander innerhalb einer politischen Gesellschaft durch eine besonders enge Verbindung von Ideen, Gefühlen und Interessen nähergerückt sind.« (Ebenda, S. 57)

sammenhang stehende und nach Industriezweigen gesonderte »legislative Aufgabe« an die Berufsgruppe abgeben sollte (ebenda), ebenso die »Rentenkassen« und »Krankenkassen« (ebenda) und die »Schlichtung von Arbeitskonflikten [...] durch die Einrichtung von speziellen Gerichten« (ebenda).

Der Rückgriff auf die Berufsgruppen zur Ausgestaltung der Beziehungen zwischen den Individuen und den Kollektiven stellt daher eine der im 19. Jahrhundert erdachten Möglichkeiten zur »Repräsentation beruflicher Interessen« dar (Parrot, La représentation). In diesen Begrifflichkeiten wird nämlich geschichtlich gesehen die Frage nach dem Verhältnis der staatsbürgerlichen, der industriellen und der häuslichen Größe gestellt. Sie war besonders brennend geworden durch die Industrialisierung und vor allem die infolge des nach Le Chapelier benannten Gesetzes und der Abschaffung der Korporationen durch die Französische Revolution vollzogenen Scheidung der beruflichen Lage von der politischen Staatsbürgerschaft, die ganz im Geiste des Jakobinertums als ein Zustand konzipiert wurde, dessen die Individuen teilhaftig werden, wenn sie »jede konkrete Besonderheit [...] aufgeben« und ihre Zugehörigkeit zur Nation durch die Abgabe ihrer Stimme besiegeln (Furet, 1789, S. 192). Diese Frage ließ auch eine Menge anderer Antwortmöglichkeiten zu, beispielsweise die (in den Syndikalismus mündenden) Arbeitervereinigungen, deren Entstehung in die Jahre zwischen 1830 und 1848 fällt und die Frucht eines zwischen der häuslichen und der staatsbürgerlichen Größe geschlossenen Kompromisses darstellt, mit dessen Hilfe die Arbeiter, wie William Sewell gezeigt hat, »ihre zünftische Begrifflichkeit beruflicher Solidarität mit den revolutionären Begrifflichkeiten der Volkssouveränität kombinieren konnten« (Sewell, Work and Revolution, S. 12). Sie steht auch im Blickpunkt jener Theorien, bei denen das Spannungsverhältnis zwischen dem gesellschaftlichen Nutzen, der sich an den Fähigkeiten oder Kapazitäten bemisst, und der Teilhabe an der Ausübung der nationalen Souveränität im Mittelpunkt steht, wie dies an der Geschichte der Debatten deutlich wird, in denen es darum ging, wie sich die von Sieyès skizzierte Spaltung in »aktive« und »passive Bürger« begründen und sich die berufliche Leistungsfähigkeit mit dem Wahlrecht in einem Kompromiss zwischen der industriellen und der staatsbürgerlichen Größe verknüpfen ließe, durch den man (beispielsweise mit der Unterscheidung von »Überlegenheit« und »Privileg«, »Überlegenheit der Ämter und nicht der Personen«) die häusliche Größe ausschalten könnte (Rosanvallon, Le moment Guizot, S. 95–132).

Anders als eine durchaus stattliche Anzahl von Kommentatoren, die es einer flüchtigen und oberflächlichen Ideologiekritik unterziehen, lässt sich das Durkheim'sche Theoriegebäude daher nicht losgelöst von den übrigen Versuchen betrachten, die alten Korporationen wiederaufleben zu lassen. Das wurde vor allem in den Werken der politischen Philosophie unternommen, aus denen sowohl die legitimistischen Strömungen als auch der Sozialkatholizismus mit seinen traditionalistischen und antiliberalen Tendenzen ihre Anregungen schöpften. Diese Bestrebungen führten in den 1930er Jahren zu einem Wiederaufleben des korporatistischen Denkens und zur Bildung korporatistischer Institutionen während des Vichy-Regimes in der Absicht, einen Kompromiss mit der industriellen Größe zu bilden. Die Aufgabe dieses ersten »dritten Weges« zwischen »Kollektivismus« und »Liberalismus« führte dann zur Entwicklung des staatsbürgerlich-industriellen Kompromisses (beispielsweise mit der Einführung der staatlichen Wirtschaftsplanung).[54] Dieser zweite »dritte Weg« beruhte auf der Kritik am »Kollektivismus« und am »Traditionalismus« (in der Form des »Malthusianismus«, des »Paternalismus« und so weiter) und war darauf ausgerichtet, industrielle Effizienz und soziale Gerechtigkeit (Systeme der sozialen Sicherung, Umverteilung der Gewinne aus den Produktivitätszuwächsen und so weiter) mit Blick auf ein und dasselbe Gemeinwohl zu verknüpfen. Voraussetzung dafür war die Einführung neuartiger Formen der Repräsentation der beruflichen Lage der Beschäftigten (Tarifverträge, mit den Gewerkschaften ausgehandelte Berufsklassifikationen und so weiter), die langfristig die mit der Staatsbürgerlichkeit verknüpften Eigenschaften veränderten (Boltanski, Führungskräfte, S. 53–159 und 187–197). Wie aufwendig auch immer dieser Kompromiss mit Instrumenten be-

---

54 (Anm. aus der engl. Übers.:) Jahrzehntelang war das *Commissariat Général du Plan* der Ort, an dem sozial- und wirtschaftspolitische Maßnahmen ausgearbeitet und organisiert wurden. Der französische Plan, der von einer ganzen Reihe politischer Interessengruppen während der Wirtschaftskrise der dreißiger Jahre gefordert und von de Gaulle nach der Befreiung 1945 schließlich umgesetzt wurde, lässt sich in mancherlei Hinsicht mit dem New Deal vergleichen. In einem Land wie Frankreich, wo die Demokratie als nicht vereinbar mit der politischen Interessenvertretung, insbesondere von wirtschaftlichen und beruflichen Interessen angesehen wurde, ging die Einrichtung eines Systems der Wirtschaftsplanung Hand in Hand mit der Erkenntnis, dass es einer Repräsentation der sozioprofessionellen Gruppen bedarf, deren Existenz über die Gewerkschaften, Tarifverträge und die Arbeitsgesetzgebung quasi institutionalisiert wurde.

stückt ist, es bleibt dabei, dass ein neues Gemeinwesen fehlt, das über einen Kompromiss und die darin verknüpften Größen hinausgeht. So erklärt sich, dass der Beruf, den die Menschen in vielen Situationen für eine fundamentale Eigenschaft einer Person halten, ein Umschlagplatz für verschiedene Größen und ein spannungsgeladenes Objekt bleibt, bei dessen Einschätzung es häufig zu Konflikten kommt, da er sich auf nur schwer miteinander zu vereinbarende Äquivalenzprinzipien beruft. Das belegt, wie die im vorangegangenen Kapitel aufgeführten Beispiele gezeigt haben, die große Zahl von Kritiken, die sich alle um den Beruf drehen (wie etwa die inspirierte Kritik an der vermeintlichen Größe der Experten, die industrielle Kritik an der traditionellen beruflichen Lehre oder schließlich die staatsbürgerliche Kritik an der familiären Weitergabe von beruflichen Positionen).

X Kompromissfiguren

Kompromisse zwischen der Welt der Inspiration

UND DER WELT DES HAUSES. Die Inspiration, die ihrer Idee nach nur als reine Erfahrung vorkommt, kann in einem Gemeinwesen nicht verankert werden und zum Träger eines universellen Gerechtigkeitsprinzips werden, wenn sie sich nicht übertragen und damit – im gleichen Moment – kompromittieren lässt. Doch dadurch kompromittiert sie sich ja schon wieder. Wir sind auf dieses Paradox schon gestoßen, als wir der Frage nachgingen, mit welchen Argumenten Augustinus die Niederschrift und Veröffentlichung einer Bekenntnisschrift rechtfertigt. Gott gegenüber ist sie ja vollkommen nutzlos, da ihm schon immer alles bekannt ist, den Menschen gegenüber ist sie nur dann zu entschuldigen, wenn sie zu deren Erbauung beiträgt. Die Erfahrung seelischer Regungen unter dem Einfluss der Gnade und die dadurch bewirkten körperlichen Zustände sind von Natur aus nicht kommunizierbar, es sei denn in metaphorischer Form und auch das nur annäherungsweise, wie in der Mystik und halbwegs noch in der Dichtung und der Psychologie. Ihre Mitteilung macht daher einen Kompromiss erforderlich, der, wie beim Initiationsverhältnis zwischen Meister und Schüler, meist mit der Welt des Hauses eingegangen wird.

Das Initiationsverhältnis zwischen Meister und Schüler

Leibliche Nähe, permanenter Kontakt, völlige Selbstaufgabe, gemeinsam geteilte Gefühle und Empfindungen, Monotonie des Gesangs, gemeinsames Rezitieren und Psalmodieren, die Wiederholung, welche die Bildung inkorporierter Gewohnheiten bewirkt – all das macht die Mitteilung und Verinnerlichung eines in schriftlicher Form kaum, in gesprochener Form schon eher transportierbaren Wissens möglich. Bei dieser Art des Lernens, die selten ganz ohne das Studium von Texten oder die Predigt auskommt, wird das schriftlich oder mündlich erworbene Wissen ständig überprüft und in anderer Form – im praktischen Umgang mit dem Meister, den Mitmenschen, der natürlichen Umwelt oder übernatürlichen Kräften – nochmals angeeignet. Bei dieser Form der Wissensaneignung, in der der Glaube dem Verstehen vorangeht, überhaupt dessen Voraussetzung ist, und sich beide in einem Kreislauf kontinuierlich wechselseitig verstärken, verschmilzt die Lernerfahrung mit der Erfahrung eines sich permanent vertiefenden Verständnisses, einer permanenten Neuausrichtung des Verhältnisses zur Welt. Die Welt selbst wird als Text mit schier unerschöpflichem Bedeutungsschatz aufgefasst.

Insofern er für Unternehmen bestimmt ist, enthält der von uns analysierte Text zwangsläufig eine stark ausgeprägte industrielle Komponente. Der Kompromiss ist darin nicht konsequent zu Ende geführt. Der Autor betont jedoch an mehreren Stellen den Verrat, den die Übersetzung des Wissens in die Form einer standardisierten Botschaft bedeutet, die sich in uniformer Weise mitteilen lässt. Wie wir schon gesehen haben, geht die inspirierte Kritik am *Expertenwissen*[u] und am Wissen des *Mandarins*[u] in dieselbe Richtung. Der Autor behauptet aber, dass der Wissende aufgrund der eigenen Erfahrung dessen, was er nun zu vermitteln versucht, zum *Meister*[i-h] werden muss, damit er seinen gesamten Erfahrungsschatz einem anderen, den er sich zum Schüler erkoren und dem er sich durch seine Überzeugung, sein Engagement, sein Beispiel, durch seine Gesten oder auch das Timbre seiner Stimme einprägt, in einem persönlichen und körperlichen *Autoritäts*verhältnis[h] weitergeben kann. Der Meister *erweckt*[i] den Schüler. »Ich versuche«, schreibt unser Autor, »zu einem Erwecker zu werden, wie es einmal ein Kursteilnehmer gesagt hat.« Doch die Übertragung der Inspiration muss notwendigerweise Kompromisse mit anderen Welten eingehen, wenn sie sich nicht, wie es ihr eigentlich entspricht, zwischen Personen aufgrund einer spontanen Eingebung, sondern willentlich vollziehen soll. Solche Kompromisse können unterschiedliche Formen annehmen, je nachdem, ob es sich wie im oben angeführten Fall um eine pädagogische Situation handelt, wo man eine Person, die man als Schüler *angenommen*[h] hat, zu neuem Leben verhilft (häuslicher Kompromiss), oder um eine politische, wenn man in prophetischem Elan einen *Aufruf*[i] an das *Volk* richtet, um es zu mobilisieren[o] (staatsbürgerlicher Kompromiss), oder auch eine mediale, wenn der *inspirierte*[i] Akt als ein *Spektakel*[o] für die Massen aufgeführt wird, um sie zu *verführen* und ihre *Loyalität* zu erlangen. Dieser letztgenannte Modellfall bringt einen Kompromiss zwischen der Inspiration und der öffentlichen Meinung ins Spiel, für den sich ein weiteres Beispiel in bestimmten Formen der *Identifikation*[o] finden lässt, die *spektakuläre*[o] *Gefühls*äußerungen[i] auslösen.

Die Hysterie der Fans

UND DER WELT DER MEINUNG. Erinnern wir uns daran, dass die *Identifikation* in der Welt der Meinung das Größenverhältnis zwischen den Wesen definiert. Auf diesen Mechanismus wird in dem für dieses Gemeinwesen grundlegenden Text, dem »Leviathan«, hingewiesen. Die Großen sind darin »Darsteller«, die die Kleinen einschließen, indem sie sie durch »Zeichen« »personifizieren«, ihre »Rolle« spielen, ihnen eine »äußere Erscheinung« verleihen, ihre »Worte« und »Handlungen« auf einer »Bühne« »darstellen«, ihre »Person« verkörpern und in ihrem Namen »handeln« (Hobbes, Leviathan, S. 123). Daher *identifizieren* sich in der Welt der Meinung die kleinen Wesen mit den Großen, die *Unbekannten* mit den *Bekannten*, diejenigen, die *im Schatten stehen*, mit denen, die *brillieren*, den *Stars* und *Sternchen*: Sie stehen unter dem *Einfluss* derer und *imitieren* all jene, mit denen sie sich *identifizieren*. Die vor allem in den 1960er Jahren zahlreich erschienenen Schriften über das *Star-System* und die *Mediengesellschaft* werfen einen eher kritischen Blick auf diesen *Identifikations*prozess. Sie verwenden entweder Formulierungen, die diese Phänomene in der Welt des Marktes verorten, wenn die Zeichen des Ruhmes Produkten angeheftet werden (»der Reklamestar ermuntert uns, dass wir uns zum Teil mit ihm identifizieren«; Morin, Les stars, S. 124), oder Ausdrücke, welche auf die Welt der Inspiration anspielen: »Der *Starkult enthüllt* seine *tiefste Bedeutung* in bestimmten Augenblicken kollektiver Hysterie.« (Ebenda, S. 87)

Wie wir bei unserer Hobbes-Lektüre gesehen haben (Hobbes, Leviathan, S. 57), kann sich die Inspiration in einer Welt der Meinung auch als Quelle der Verrücktheit entpuppen. Zur Mischung der beiden Größen kommt es in einer Menge, die in Raserei verfallen ist. Die Personen verlieren dabei ihre Individualität, die in der Welt der Meinung für die Vergabe oder den Erhalt von Kredit nötig ist. Sie werden eins mit dem Darsteller, der sie personifiziert, identifizieren sich mit ihm und sind von seiner Anwesenheit wie von einer von außen kommenden Kraft völlig besessen. Die »götzendienerische Masse der Fans« versinkt in einen solchen Zustand inspirierter Verschmelzung mit dem *Star* (Morin, Les stars, S. 65). Wenn die Identifikation einen *politischen*[s] *Führer*[o] zum Vorbild erhebt, setzt sie sich damit natürlich der staatsbürgerlichen Kritik aus. In diesem Fall wird der Vorgang der Identifikation gewöhnlich nicht mehr länger in den kanonischen Begriffen für die Größe der öffentlichen Meinung formuliert. Sie wird stattdessen deutlicher als im Fall der *Stars*[o] kritisch dargestellt, nämlich als eine von einem Führer beeinflusste Masse (Le Bon, Psychologie).

In dem von uns verwendeten Handbuch der Öffentlichkeitsarbeit wird die Identifikation mit einem *politischen Führer* in profanierender Weise dargestellt, etwa in Gestalt von Überlegungen zum »mentalen Alter« der »Gruppe« (»kommt eine Gruppe zusammen, dann ist ihr mentales Alter um so niedriger, je höher die Anzahl der Teilnehmer ist«) oder einer Kritik an der *Propaganda*. Propaganda ist nämlich eine illegitime Form, von der sich die Öffentlichkeitsarbeit eines Unternehmens klar abgrenzen muss, will sie sich an einem gültigen Kompromiss beteiligen. Die mangelnde Legitimität der Propaganda hat nichts mit der Verbindung von öffentlicher Meinung und Bürgersinn zu tun, aus der sich, wie wir später noch sehen werden, durchaus akzeptable Kompromisse ergeben können. Vielmehr liegt dabei eine zu stark ausgeprägte industrielle Komponente vor, die, wenn sie zur Täuschung des kritischen Urteilsvermögens der Personen angewandt wird – und im Extremfall auch, um ihr Menschsein anzugreifen (»*Gehirnwäsche*«) –, den Grundsätzen des gemeinsamen Menschseins und der gemeinsamen Würde zuwiderläuft.

UND DER STAATSBÜRGERLICHEN WELT. Der der inspirierten und der staatsbürgerlichen Welt gemeinsame Anspruch, *alles infrage zu stellen*, fördert Übergänge und Kompromisse zwischen diesen beiden Welten. Je nach Art des Arrangements kann die *Infragestellung* in einer rein inspirierten und für das Erreichen der *Loslösung*[i] notwendigen Äußerung oder Geste bestehen oder stärker zur staatsbürgerlichen Welt hin tendieren, wenn sie um des *öffentlichen*[s] *Wohls*[i] willen vollzogen wird. In diesem Fall sprechen wir von »einer allgemeineren *Infragestellung*«. Wenn sie sich im Rahmen eines staatsbürgerlich-inspirierten Kompromisses vollzieht, nimmt diese Infragestellung zunächst die Form einer *spontanen*[i] *Revolte* an, die aber im Unterschied zu anarchisch ablaufenden Rebellionen in eine *organisierte*[u] revolutionäre *Bewegung*[s] kanalisiert wird. Bei der Bewegung erfolgt die Herstellung des staatsbürgerlichen Bandes mittels »*effizienter Methoden*[u] zur *Mobilisierung*[s]«, politischer Protest stützt sich hier auf eine *wissenschaftliche*[u] Theorie der *politischen*[s] Geschichte. Revolutionäres Handeln kann nur schwer auf jeglichen Kompromiss mit der Inspiration verzichten, weil seine Legitimität letztendlich auf der *gelebten Erfahrung* der *arbeitenden Menschen* sowie auf ihrer *Bewusstwerdung* beruht. In dem Maße, wie sie den »Arbeitnehmern« nahestehen, die sich im Unternehmen »langsam ihrer *gemeinsamen Interessen bewusst werden*« und die »aus der *gelebten Erfahrung* der Aktivisten [...] Lehren ziehen«, können die Verantwortlichen zu wahren Architekten der *Vereinigung aller* werden. Eine Bewegung, die sich gegenüber der Erfahrung der Arbeitenden abschottet, läuft Gefahr, zu reiner *Bürokratie* zu degenerieren. Die »Bewusstseinsbildung« kann sich jedoch nur dann zu einer revolutionären Kraft entwickeln, wenn sie im Programm eines kollektiven Apparats verankert ist. Sie schwelt im Stillen und Verborgenen bei den Einzelnen als ein Unbehagen vor sich hin, wenn sie nicht von Wortführern in die Hand genommen wird, die genau wissen, wie man sie *weckt*[i] und für ein kollektives Handeln mobilisiert: »Im Rahmen ihrer Tätigkeit erfahren die Gewerkschafter, wo den Arbeitnehmern der Schuh drückt. Sie wissen, welche Anliegen und *Wünsche* einem am Arbeitsplatz kommen.

Wenn die Aktivitäten der Betriebsgruppe einzuschlafen drohen, können sie ihr wieder *Leben einhauchen*, *Debatten* anstoßen und so weiter. Die Mitglieder sind im wahrsten Sinne des Wortes die *Basis* der gewerkschaftlichen *Betriebsgruppe.*« Bewusstseinsbildung allein ist nicht ausreichend, um die Kollektivpersonen ins Leben zu rufen und zu stabilisieren. Um das Kollektiv zu stärken und es mit einem einheitlichen Willen auszustatten, müssen die *Wünsche* der *Arbeitnehmer* noch *übersetzt werden.* Dieser Übersetzung bedarf es, um die *Revolte*, eine *individuelle* Bekundung, die ja als *individualistisch* kritisiert werden könnte, in eine *Forderung* zu verwandeln, das heißt in den Ausdruck eines kollektiven Interesses: »Die *Betriebsgruppe* muss aufmerksam sein gegenüber tausend alltäglichen Dingen, den tausend Fragen, die sich – oft auch *unbewusst*[i] – die Arbeiter stellen, wenn sie deren *Revolte*[i] in *Forderungen*[s] verwandeln und aufzeigen will, dass es immer irgendeinen Ausweg gibt, dass Resignation einfach keine Lösung ist.« Die Erkenntnis, dass die *gelebte Erfahrung* eine eigene Größe besitzt, macht es möglich, dass man, wie bei Kompromissen mit der inspirierten Welt häufig der Fall, den Gegensatz zwischen dem Geschlossenen und dem *Offenen*, zwischen dem, was zur *Organisation* (dem Übergang zur industriellen Welt) gehört und was von der *Phantasie* kommt (»das Wesentliche ist im Rahmen der Gewerkschaftsarbeit [...] auch eine Sache der *Phantasie*«), zwischen dem Stabilen und dem Instabilen, dem Festgefahrenen und dem *Lebendigen* ausnutzt: »Die gewerkschaftliche Praxis ist etwas *Lebendiges*, sie entwickelt sich ständig weiter dank der Lehren, die wir aus den *Erfahrungen* ziehen [...], die unsere aktiven Mitglieder bei ihrer täglichen Arbeit sammeln.«

Der Austausch zwischen der inspirierten und der staatsbürgerlichen Welt wird durch die Ungewissheiten gefördert, die auf den Ausdrucksformen des Allgemeinwillens lasten, zumindest in der kanonischen Version des in Frankreich lange Zeit vorherrschenden staatsbürgerlichen Gemeinwesen rousseauscher Prägung. Die während der Französischen Revolution ausgearbeitete Definition der Souveränität bildet bekanntlich den Knackpunkt des Konflikts zwischen einer »reinen Demokratie«, in der die Delegation der Macht verpönt ist, und einem »Modell der repräsentativen Demokratie«, das sich auf das Wahlrecht oder auf die Kompetenz stützt (Furet, 1789, S. 196f.; Rosanvallon, Guizot, S. 95–104). Dieses Spannungsverhältnis zwischen der Volkssouveränität und dem ganzen Apparat der Repräsentation des nationalen Willens im Staat erscheint in dem für die Analyse der staatsbürgerlichen Welt herangezogenen Ratgeber immer an den Stellen, wo es um das Thema »*Gerechtigkeit*« geht. Die Bezugnahme auf die »Gerechtigkeit« (»justice«) erfolgt darin meist in profanierender Form, was nicht zuletzt der systematische Gebrauch von Anführungszeichen belegt, wenn mit dem Begriff »justice« die Justiz als Institution gemeint ist. Die Autoren versuchen den staatlichen Justizapparat und die von Richtern gefällten Entscheidungen in Misskredit zu bringen, indem sie aufzeigen, dass sie nicht der wahren Gerechtigkeit entsprechen, deren Legitimität nicht auf der Institution, sondern auf dem souveränen Volk beruht. Äußerungen von Empörung und Wut angesichts der Ungerechtigkeit, insbesondere der Ungerechtigkeit richterlicher Entscheidungen, lassen sich als spontaner Ausdruck des der Bevölkerung eigenen Gerechtigkeitsgefühls auffassen. Dieser Gegensatz schlägt sich auch in der allgemeineren Unterscheidung zwischen dem Verfahrensrecht, das wie eine Technik behandelt wird, die sich instrumentalisieren lässt (prozesskundig sein), und der Gerechtigkeit als einer Ausdehnung des moralischen Empfindens nieder.

Die Geste des Protests

Das dem staatsbürgerlichen Gemeinwesen innewohnende Spannungsverhältnis zwischen der Volkssouveränität und dem Staatsapparat findet häufig eine Lösung in Kompromissen mit der Welt der Inspiration. Derselbe Ausweg wird häufig von denjenigen eingeschlagen, die – manchmal sogar explizit auf die Erklärung der Menschen- und Bürgerrechte Bezug nehmend, dabei allerdings der darauf folgenden Verfassung zuwiderlaufend – das Recht einfordern, dem souveränen Volk Angelegenheiten direkt zur Entscheidung vorzulegen, die ihnen am Herzen liegen und in denen sie häufig als Opfer interessierte Partei sind. Das Vorbringen ihres Anliegens und das Aufdecken der Ungerechtigkeiten, gegen die sie kämpfen, gehen häufig Hand in Hand mit der Denunziation des gesamten Justizapparats und der mit der Sache befassten Behörden, denen sie den Vorwurf machen, ihre Amtspflichten zugunsten der Mächtigen zu verraten.

Ohne legitime politische Ressourcen, mit denen sich eine Brücke zwischen den Einzelpersonen als Bürgern und dem Volk als Souverän schlagen ließe (wie beispielsweise ein Petitionsrecht oder ein Rederecht vor der Versammlung der Volksvertreter), können die Verfechter einer gerechten Sache nur dann Zugang zum souveränen Volk erhalten, wenn sie den Weg über die *Medien*[o] nutzen. Sie können die Ungerechtigkeiten, um derentwillen sie Vergeltung fordern, nur vor das Tribunal des Volkes bringen, indem sie an die *Zeitungen*[o], ans Radio oder an das Fernsehen schreiben. Der Zugang zu den Medien stellt das einzige Mittel dar, um die *öffentliche Meinung*[s] zu erreichen. Nun kann dieses Gebilde durchaus verschieden aufgefasst werden, je nachdem, ob es eher der staatsbürgerlichen Welt zuneigt oder der Welt der Meinung. Die Bildung eines inspiriert-staatsbürgerlichen Kompromisses führt notwendigerweise auch dazu, sich mit der Welt der Meinung arrangieren zu müssen. Diese Form des inspiriert-staatsbürgerlichen Kompromisses ist jedoch schwer aufrechtzuerhalten. Das belegt die Tatsache, dass sich die Denunzierenden vor den Augen der Welt und insbesondere der Journalisten häufig aufgrund von befremdlichen Eigenheiten selbst diskreditieren. Wenn es sich um einen geschriebenen Text, eine Schmähschrift, einen offenen Brief, einen Leserbrief oder Ähnliches handelt, müssen stilistische oder orthographische Auffälligkeiten (Anzüglichkeiten, Unterstreichungen, Verunglimpfungen und so weiter) mit den Formen der Prüfung in der inspirierten Welt in Verbindung gebracht werden. Sie heben die Stärke der inneren Überzeugung, die Heftigkeit der Entrüstung, die Echtheit der Empörung hervor, die durch emotionale Ausbrüche, zu denen sich die Klageführenden beinahe ungewollt hinreißen lassen, und das dabei eingegangene Risiko, das den nicht instrumentellen und interesselosen Charakter ihres Vorgehens belegt, noch offenkundiger werden. Sich auf die Welt der Inspiration zu stützen, um die Legitimität eines öffentlichen Protests zu begründen, kann sich jedoch als durchaus zweischneidiges Schwert erweisen. Denn just das gleichzeitige Erscheinen von zu unterschiedlichen Naturen gehörenden Wesen – das heißt in erster Linie (aber nicht ausschließlich) zur inspirierten und zur staatsbürgerlichen Welt – in ein und demselben Kontext wird von den anderen als Anzeichen von Anomalie oder gar Verrücktheit interpretiert (Boltanski, L'amour).

Die aus der Inspiration heraus erfolgende *Infragestellung* der staatsbürgerlichen Größen muss nicht unbedingt in schriftlicher Form erfolgen. Sie kann auch durch *Gesten* des Protests geäußert werden. Man verwendet oft den Begriff *Geste* zur Bezeichnung eines Opfers, das zwar in einer inspirierten Welt gültig ist, jedoch zur Verfolgung von Zielen, die in der staatsbürgerlichen Welt Größe ausmachen, dargebracht wird. Der Vorgang, dass jemand von einem Amt zurücktritt, die Annahme eines Preises oder einer Auszeichnung verweigert und dies die Öffentlichkeit wissen lässt, bezeichnet man als *Geste*. Der Verzicht auf staatsbürgerliche Auszeichnungen ist in diesem Fall nicht als eine Äußerung der inspirierten Größe zu verstehen, die für die Ehrenbezeugungen der Welt sowieso nur Geringschätzung übrig hätte. Wäre das der Fall, dann wäre der um die Geste veranstaltete Rummel unangebracht. Dieses Opfer bekommt seine volle Bedeutung erst im Rahmen eines inspiriert-staatsbürgerlichen Kompromisses, der die Aufdeckung von Unreinheiten unterstützen soll, die die staatsbürgerlichen Prüfungen gefährden könnten. Man kann beispielsweise eine Auszeichnung ablehnen, um die passive Bestechung anzuprangern, die sich hinter der Vergabe der Auszeichnung verbirgt. Wer eine Geste des Protests vollzieht, zieht die Aufmerksamkeit seiner Mitmenschen durch einen außergewöhnlichen Akt auf sich, der interpretationsbedürftig ist. Solche *spektakulären*[o] *Gesten*[i], die die Instrumente der Meinungsbildung für *kollektive Anliegen*[s] in Dienst nehmen, setzen also die Anwesenheit der anderen voraus, ohne sich jedoch explizit an sie zu richten. In ihrer natürlichen Reinheit vollzöge sich die inspirierte *Geste* nämlich im Verborgenen. In diesem Fall könnte sie jedoch keinerlei direkte Wirkung auf andere ausüben. Um zu einem wirkungsvollen Mobilisierungswerkzeug zu werden, muss die Geste sichtbar sein und ins Auge stechen. Sie läuft dann freilich Gefahr, aus der inspirierten Welt in die Welt der öffentlichen Meinung abzugleiten, was zum Verlust jeglicher demonstrativer Wirkung führte. Die *Geste* kann nämlich – und darin besteht das Paradox – nur dann eine Mobilisierung bewirken, wenn sie von den anderen als solche erkannt wird. Man darf ihr jedoch nicht vorwerfen können, dass sie in der Absicht, andere zu beeinflussen, vollzogen wurde. Ist dies der Fall, dann lässt sie sich nämlich als »interessegeleitet« entlarven. Man bezeichnet so etwas beispielsweise als »kalkulierte Geste«, die von jemandem vollzogen wird, der sich *spektakulär inszenieren*[o], *sich interessant machen*, *in gutem Licht erscheinen* oder sich *beim Publikum beliebt machen* will. Durch ein körperliches Opfer lässt sich die inspirierte Dimension der staatsbürgerlichen *Geste* besser wahren, weil die Hürde für Kritiken, die sie als unecht, strategisch, vorgetäuscht, interessegeleitet oder spektakulär verunglimpfen wollen, dadurch höher gelegt wird. Deutlich wird das etwa am Beispiel von Selbstverstümmelungen, mit denen der inhumane Strafvollzug angeprangert werden soll, oder an dem des Hungerstreiks. Der von einer *einzigartigen*[i] Person, jedoch um eines *kollektiven Anliegens*[s] willen durchgeführte Hungerstreik ist ein Kompromissobjekt, das hinsichtlich des Hungers das ganz persönliche Mitgefühl mit dem leidenden Körper anspricht und hinsichtlich des staatsbürgerlichen Aspekts die öffentliche Verantwortung der Behörden.

Doch obwohl diese Form des Protests von denjenigen, die sie praktizieren, ein relativ hohes Engagement verlangt, kann sie gegebenenfalls auch der Unaufrichtigkeit oder der Verstellung bezichtigt werden, da sich das Opfer und damit auch die Drohung gegen die anderen stufenweise erhöhen lässt. Nur wenn die *Geste* im Aufopfern des eigenen Lebens besteht, wird dem Vorwurf mangelnder Authentizität endgültig die Grundlage entzogen. Dieses Opfer, das nichts als die Verfügung über den eigenen Körper voraussetzt, ist gerade aus diesem Grund einer der Wege, auf dem unbekannte Personen, die keinerlei Autorität oder Reichtum besitzen, zu einer Form der Größe gelangen können: »›Wenn die Sache nicht passiert wäre‹, erklärte Bartolomeo Vanzetti am Tag nach seiner Verurteilung, ›hätte ich mein ganzes Leben damit zugebracht, an irgendwelchen Straßenecken andere Menschen anzusprechen, die nur Verachtung für mich übrig haben. Ich hätte unbekannt und unbeachtet, als Versager, einfach sterben können. Jetzt sind wir keine Versager mehr. Das ist unsere Karriere, unser Triumph. Nie in unserem Leben hätten wir darauf hoffen können, für die Toleranz, die Gerechtigkeit, für das gegenseitige Verständnis zwischen den Menschen das zu tun, was wir nun durch Zufall haben tun können. Unsere Worte, unser Leben, unser Leiden sind nichts wert! Aber dass man uns das Leben nimmt, das Leben eines guten Schusters und eines armen Fischverkäufers, ist dagegen alles! Der letzte Augenblick gehört uns. Im Sterben liegt unser Triumph.‹« (Erklärung im Anschluss an die Verurteilung, 9. April 1927; Sacco und Vanzetti, The Letters, S. V)

Das kollektive Genie

Die *Kreativität*, die ein Attribut des unter dem Einfluss der Inspiration stehenden *Genies*[i] ist, kann einen Kompromiss mit der staatsbürgerlichen Natur eingehen, wenn sie einer ganzen *Gruppe*[s] eigen ist. Der geistige Überschwang eines Volkes, das heißt seine Fähigkeit als Kollektiv, seinem Genius entsprechende literarische, künstlerische und politische Formen hervorzubringen, ist eine der klassischen Erscheinungsformen dieses Kompromisses. Er ist in dem Kreativitätshandbuch, auf das wir uns gestützt haben, in etwas wenig ambitionierter Form vorhanden, und zwar in der Behauptung, dass sich »eine Gruppe genauso wie ein einzelnes Genie Kreativität aneignen kann«. Dieser über die Annäherung an die industrielle Welt hergestellte Kompromiss (*erlernen*) hat direkt mit der Person des Autors zu tun, der seine Tätigkeit als »Kreativitätsberater« bei Gruppenseminaren ausübt. *Kreativität in der Gruppe*[i-s] kann natürlich über diesen Rahmen noch hinausgehen, wie der Verweis auf die kollektive *Aufwallung* des *Mai 68* bezeugt, die vielen »die Macht der Phantasie bewusst gemacht hat«. Der Autor erwähnt auch die *Herzlichkeit* der ungezwungenen *Begegnungen*, die im Gegensatz zur hierarchischen Strenge der »blockierten Gesellschaft« die Inspiration zum Sprießen brachten.

UND DER WELT DES MARKTES. In der Welt des Marktes wie in der Welt der Inspiration erfolgt die Koordination von Handlungen nicht durch zeitliche Kontinuität, was ganz im Gegenteil sogar auf Ablehnung stößt, da es sich hemmend auf den *schöpferischen*[i] Elan des *Begehrens*[m] auswirkte.

Der kreative Markt

Die mangelnde Stabilität der Größen des Marktes und der Inspiration kann dazu dienen, die durch Unsicherheit und Unruhe gekennzeichneten Augenblicke der *Ungewissheit*[i] mit der *Gelegenheit*[m] vereinbar zu machen, aus der sich *Vorteile* ziehen lassen, wenn man *sein Glück beim Schopf ergreift* und sein Schicksal in eine Neigung verwandelt. So schreibt von Mises: »Wer Gewinne machen will, sucht immer eine Gelegenheit. [...] Wer Gewinne machen möchte, muß immer nach neuen Gelegenheiten Ausschau halten.« (von Mises, Bürokratie, S. 43f.)

Die Entdeckung neuer Güter, die im Verlauf der Prüfung durch den Markt Gestalt annehmen, verwandelt eine unbedeutende Sache in ein klar identifizierbares, wertvolles Gut. Das jähe und unvorhergesehene Auftauchen dieses neuen Gegenstandes bietet eine Gelegenheit, die für die Kompromissfigur eines *kreativen Marktes* günstig ist.

Jedenfalls sind Kompromisse, die sich aus dem Ausnützen des Zufalls ergeben, leicht angreifbar. Dazu muss nur jemand die Welt genauer angeben, zu der die Wesen gehören, über die man durch einen Glücksfall nun verfügt. Man könnte dann eine Unterscheidung treffen zwischen dem inspirierten Zufall, der ein Wesen trifft, um es in den Zustand der Erwähltheit zu heben (der Kreative wird die Gnade eines Zusammentreffens, das man für eine Frucht des Zufalls halten könnte, betonen), und einer sich am Markt bietenden Gelegenheit, in der jemand die Möglichkeit des Konvergierens der Wünsche auf ebendieses Objekt beim Schopf packt.

Etwas Verrücktes tun

Wenn sich das unerwartete Auftauchen eines neuen Gutes auf dem Markt mit dem plötzlichen Bruch, den eine schöpferische Geste vollzieht, vergleichen lässt, dann lässt sich das Auftreten eines nicht zu unterdrückenden Besitzwunsches ebenfalls mit der unwiderstehlichen Leidenschaft vergleichen, der sich die inspirierte Person hingibt. Dasselbe gilt für die Leidenschaft, die einen auf den Markt treibt, um »sich etwas Verrücktes zu leisten«, für die Unternehmungswut und die Macht des »brennenden Wunsches«, die für *geschäftlichen Erfolg*[m] sorgt.

Das Erhabene hat keinen Preis

Wenn man sagt, dass Schönheit keinen Preis habe, ist das eine Form der Anbahnung eines Kompromisses zwischen der Welt des Marktes und der Welt der Inspiration. Denn man misst einem Wesen der Inspiration im Gegensatz zur eigentlichen Aussage des Satzes durchaus einen (sicherlich sehr hohen) Preis bei. In dem zur Illustration der Welt des Marktes verwendeten Ratgeber finden sich zwei schlagende Beispiele eines solchen Kompromisses. Im ersten spricht der Autor einen Slogan aus, der vom Standpunkt beider Naturen aus gesehen, zu denen die beteiligten Wesen gehören können, in jedem Fall verwirrend ist: »*Profitieren* Sie von einem *Sonnenuntergang*«. Der Verfasser erzählt von einer Vertragsverhandlung, in der solch *erhabene*[i] Wesen an einem *Geschäft*[m] beteiligt waren und ein Vertrag auch tatsächlich abgeschlossen wurde. Ein anderes zitiertes und im Übrigen recht bekanntes Beispiel ist die Geschichte der Frau, die Picasso in einem Restaurant ansprach und ihn darum bat, irgendetwas auf eine Serviette zu kritzeln. Sie behauptete, dass sie ihm zahlen wolle, was auch immer er verlange. Picasso entschuldigte sich und sagte: »Also, das macht zehntausend Dollar.« (Vgl. für den weiteren Fortgang der Geschichte in den Kritiken an der Welt des Marktes, ausgehend von der industriellen Welt, den Abschnitt *Der ungerechtfertigte Preis*, S. 362)

Die Leidenschaft für gewissenhaftes Arbeiten

UND DER INDUSTRIELLEN WELT. Die Energie, die das Spezifikum der menschlichen Würde in der industriellen Welt ist, das *Aktivitätspotential*, welches die menschliche *Maschine* bei ihrer *Arbeit*[u] am Laufen hält, kann einen Kompromiss mit der inspirierten *Leidenschaft*[i] eingehen, wenn der körperliche *Aufwand*[u] an einen *Gefühls*ausdruck[i] gebunden ist. Der so erzielte Kompromiss ist eine »Befähigung zur Kreativität«: »Der Mensch ist *intuitiv*[i] und *gefühlsbetont*[i] [...], und die *Effizienz*[u] der *Organisation* ist abhängig von diesem Menschen.« Ein solcher Kompromiss wird in der Gestalt des »*Verantwortlichen*« sichtbar, »der seine *Effizienz* unter Beweis stellt, sich zugleich für seine *Tätigkeit*[u] *begeistert*[i]« und »aus dem erstaunlichen Ansporn der Kreativität« eine »Garantie für die größtmögliche Beteiligung des Personals« zieht.

Kreativitätstechniken

Um *Effizienz* mit *Leidenschaft* vereinbar zu machen, kann man auf das ganze Repertoire an Kompromissen zurückgreifen, die schon in den von der Psychologie, der Wissenschaft von den Gefühlen, bereitgestellten Dispositiven konsolidiert worden sind. So nimmt das untersuchte Handbuch Bezug auf eine »Zufriedenheit erzeugende psychologische Atmosphäre«, welche »die Mobilisierung *kreativer*[i] und *produktiver*[u] Energie fördert«, wobei »Mangel an *Produktivität*« einem »Mangel an *Anregung*« zugerechnet wird. Mit *Atmosphäre* ist in dieser industriellen Welt die *Umgebung* gemeint, die als Reservoir an *Faktoren*, die sich auf die *Tätigkeit auswirken* können, angesehen wird. Je nachdem, ob sie »thermisch«, »hierarchisch« oder »psychologisch« ist, ist die Atmosphäre in einem kohärenten Arrangement oder in einen Kompromiss verankert.

Im Vergleich zu den *Kreativitätstechniken*, die »einem das Träumen beibringen« und Methoden vermitteln, »wie man nicht ständig daran denkt, nützlich, effizient, logisch und rational sein zu müssen«, gehen die Techniken der Gruppenanimation komplexere Kompromisse mit anderen Welten ein. Man muss ihnen ja nicht gleich magische Kräfte zusprechen oder hinter ihnen nur ideologische Diskurse wittern. Zu ihrem besseren Verständnis sollte man die von ihnen geschlossenen Kompromisse jedoch einmal näher untersuchen. Das *spontane Sprudeln*[i] der *freien Äußerung* in den *»Brain-Storming«*-Seminaren findet seine Fortsetzung in einem *kollektiven Gruppendialog*[s], der von jedem Teilnehmer die Fähigkeit zu aufmerksamem *Zuhören* verlangt, eine *gemeinsame*[s], *gelebte Erfahrung*[i] darstellt und zu einer *Infragestellung*[i-s] führt, die später eventuell durch eine Wahl[s] bestätigt wird: »Der Seminarleiter vermittelt jedem die Fähigkeit, sich *ausdrücken*, einen *Dialog* führen, etwas infrage stellen zu können. Das vermittelt ihm ein besseres Verständnis der *Realität*, deren *Wandel* er herbeiführen soll. Im Verlauf dieses Prozesses wird eine *gemeinsame Erfahrung* geschmiedet.« In den »Qualitätszirkeln«

werden all die dabei zutage geförderten originellen Ideen diskutiert, was die Herausbildung eines Allgemeinwillens befördern soll. Daraufhin werden sie nach *Ursache- und Wirkungsdiagrammen*[u] organisiert, um anschließend oft noch unter Rückgriff auf statistische Methoden getestet zu werden.

Der Erfinder

Das Szenario der »Entdeckung«, für das die Verwandlung einer *ungewöhnlichen Intuition*[i] in eine *effiziente Erfindung*[u] erforderlich ist, enthält einen solchen Kompromiss. Die geistige Aufgeschlossenheit, die eine Quelle von *schöpferischen*[i] Akten ist, verschmilzt so in der Gestalt des Erfinders mit dem für die *Dynamik* der industriellen Welt charakteristischen *Innovationsprozess*[u]. Dennoch riskiert der durch die inspirierte Geste bewirkte radikale Bruch, den Kompromiss mit der Versicherung einer vorhersehbaren Zukunft zunichte zu machen: »Es besteht keinerlei Anlass, einen abrupten Wandel zu provozieren, aber man sollte unbedingt heute schon die Hauptachsen der Organisation von morgen skizzieren.«

Kompromisse zwischen der Welt des Hauses

Gute Kontakte unterhalten

UND DER WELT DER MEINUNG. Zu Kompromissen zwischen der Welt des Hauses und der Welt der Meinung kommt es, wenn Arrangements, welche die Blicke des Publikums anziehen sollen, mit solchen, die den persönlichen Beziehungen zwischen Menschen förderlich sein sollen, verknüpft werden sollen. So tendiert beispielsweise der *Empfang*[h], der eine rein häusliche Angelegenheit ist, wenn es darum geht, Bande der Freundschaft mit den ihm Nahestehenden zu pflegen, in die Welt der Meinung, sobald es um *Beziehungen* und *Bekanntschaften* geht. Dieser Kompromiss zeichnet sich ab, wenn der *Empfang* gegeben wird, um Beziehungen[o] mit bedeutenden Persönlichkeiten anzubahnen: »Der Vorteil von Steh*empfängen* im Gegensatz zu Sitz*empfängen* besteht darin, dass man mit viel mehr Menschen als nur die Tisch*nachbarn*[h] in Kontakt kommt.« Das Umkippen in die Welt der Meinung vollzieht sich leichter im Fall von Empfängen als bei Festessen, die in der Welt des

Hauses stärker verankert sind. Die Möglichkeit, dass sich die Gäste nach Belieben bewegen können, fördert den gleitenden Übergang in die Welt der Meinung. Die Teilnehmer können nach und nach miteinander persönlich Kontakt aufnehmen, wobei ein jeder unter den Augen der Anwesenden beiseitegenommen werden kann und zu jedem Zeitpunkt in Erfahrung bringen kann, wer Zeichen der Anerkennung vergibt und wer welche empfängt.

Dieser instabile Kompromiss neigt jedoch der Meinung zu, was die ihm gewidmeten Passagen des von uns zur Ermittlung der Objekte dieser Natur herangezogenen Handbuchs der Öffentlichkeitsarbeit zeigen. So wird beispielsweise der anlässlich einer feierlichen *Einweihung*[s] gegebene Empfang in diesem Buch einzig als ein Mittel beschrieben, mit dem *bekannte*[o] Persönlichkeiten, ein ausgewähltes *Publikum*[o] von einflussreichen Leuten und *Journalisten*[o] zusammengebracht werden sollen, um der Veranstaltung so größtmögliche Resonanz zu verleihen. Dagegen stellt das Festessen ein für die Bildung eines Kompromisses zwischen der Welt der Meinung und der des Hauses förderlicheres Arrangement dar. Menschen für ein *gemeinsames* Essen um einen Tisch *zusammenzubringen*, um gemeinsam eine bestimmten Anlass zu begehen, sorgt für die Präsenz der staatsbürgerlichen Welt; die nach *hierarchischen*[h] Gesichtspunkten vorgenommene Verteilung der Personen um den Tisch (Ehrenplätze, unteres Ende einer Tafel und so weiter) und die Rangordnung bei der Verteilung der Speisen begünstigt dagegen die Reaktivierung der häuslichen Größen. Dieses Kompromissarrangement ist beliebt bei Festessen etwa von ehemaligen Schulklassen, die das Fortbestehen der vor langer Zeit geknüpften Bande feiern, oder bei jenen von Antoine Prost minutiös beschriebenen Banketten, zu denen in der Zwischenkriegszeit in jeder Gemeinde die ehemaligen Kriegsteilnehmer eingeladen wurden (Prost, Les anciens combattants).

Die Bezugnahme auf die *Meinung* kann ebenfalls einen Übergang von der Welt der öffentlichen Meinung in die Welt des Hauses bewirken, in der die Meinung in eine Kette persönlicher Beziehungen eingeschrieben ist. Ein Vorgesetzter hat beispielsweise eine »gute Meinung« von einem

Untergebenen. Daher zeichnen sich Kompromisse mit den Wesen der häuslichen Welt ab, sobald die *Meinung*[o] an eine *persönliche*[h] *Beziehung* geknüpft ist, an einen *gepflegten Kontakt*, ein »Beziehungsnetz«: »Für die Öffentlichkeitsarbeit muss man ein Netz von guten Beziehungen knüpfen.« »Die beste Technik ist die, etwa vierzehn Tage vor dem vorgesehenen Termin die Presseleute anzurufen, die man einladen will und die der Pressebeauftragte – wenn er ein wirklich guter Pressebeauftragter ist – fast alle persönlich kennen muss.« Die Größe des Renommees wird durch Kompromisse dieser Art stabilisiert, in denen das »gute *Image*[o]« am *Vertrauen*[h] hängt. Ebenso können das *Ansehen* oder der *Ruf*, je nach Art des Arrangements, in dem sie vorkommen, und insbesondere in Abhängigkeit von der *Anzahl*[o] oder der hierarchischen Position derer, die dafür verantwortlich sind, von einer Ökonomie der Meinung in eine häusliche Natur umschwenken. Das ist etwa im folgenden Beispiel der Fall: »Besonders die Frauen sind gewissermaßen die Botschafterinnen des Haushalts. Aus der Art, wie sie sich beim Fleischer, auf dem Postamt oder beim Friseur verhalten, wird man gewisse Rückschlüsse ziehen, die sich auf den Ruf des Hauses auswirken. ›Ich habe diesen Morgen Frau Sowieso beim Lebensmittelhändler getroffen. Es ist verrückt, wie angenehm sie im Umgang ist ...‹; [...] und genau das reicht schon aus, um den Ruf auf der Basis eines Verhaltens zu begründen, das in der Tat sehr oft der Spiegel der Wirklichkeit ist.«

Korrektes Benehmen gegenüber Beamten

UND DER STAATSBÜRGERLICHEN WELT. Zwischen der Welt des Hauses und der staatsbürgerlichen Welt lässt sich ein Kompromiss initiieren, indem man auf das gesamte Register der persönlichen Beziehungen, das der *guten Manieren* und des *Anstands* zurückgreift, um sich in Situationen bewegen zu können, in denen Bürger in öffentlichen Gebäuden in direktem Kontakt mit Vertretern des Staates stehen. Man sollte sich gegenüber den *Ordnungshütern*[s], die nur das *Regelwerk*[s] anwenden, für dessen Zustandekommen sie nicht selbst *verantwortlich*[h] sind, »*korrekt*[h] benehmen«. Ebenso schließt das Warten bei Behördengängen, das der häuslichen Höflichkeit eigentlich zuwiderläuft

(»Pünktlichkeit ist die *Höflichkeit*[h] der *Könige*[h]«), nicht unbedingt einen gewissen *Anstand* aus: »Auf der Präfektur oder dem Rathaus, bei der Post, der Familienkasse oder der Rentenversicherung kann es durchaus vorkommen, dass man einmal warten muss. [...] davon abgesehen ist hier Anstand empfohlen, wie anderswo auch.« Auf diesen Kompromiss wird von der staatsbürgerlichen Welt aus Bezug genommen, wenn es darum geht, den »öffentlichen Dienst bürgerfreundlicher zu machen« (etwa indem man an der Bürotüre der Beamten, die im Publikumsverkehr stehen, ein kleines Schildchen mit ihrem Namen anbringt).

Der gesunde Menschenverstand bei der Anwendung des Regelwerks

Das Erfordernis, sich »human« zu verhalten (anstatt »streng« und »penibel« wie eine »Maschine« vorzugehen) wird ebenfalls oft angeführt, um den Kompromiss zwischen der Welt des Hauses und der staatsbürgerlichen Welt zu stützen, der darin besteht, *gesunden Menschenverstand*[h] bei der Anwendung von *Regeln*[s] an den Tag zu legen (Corcuff/Lafaye, Relecture). Bei den Stadtwerken einer mittelgroßen Stadt verlangt ein Stadtrat vom Leiter des Straßenverkehrsamtes und vom Leiter des Grünflächenamtes, *gesunden Menschenverstand* zu beweisen, um (im Interesse aller Einwohner) bei der Pflege der Randflächen, die normalerweise nicht in ihren Zuständigkeitsbereich fallen, zusammenzuarbeiten (Lafaye, La cohérence des services municipaux). Solche Kompromisse zwischen Menschen, die »flexibel« genug sind, um die Regeln nicht wortwörtlich anwenden zu müssen, und die genug *Vertrauen*[h] zueinander haben, um Blockaden überwinden zu können, erscheinen dann als *Skandale*[h/s], als nicht mit dem *Gesetz*[s] zu vereinbarende Privatabsprachen, wenn sie in der staatsbürgerlichen Welt angezeigt werden. Man appelliert häufig auch an den *gesunden Menschenverstand*, wenn man das Recht anwenden und die Einhaltung der Regel durchsetzen will, ohne die *guten Beziehungen*[h] zwischen den Menschen in Mitleidenschaft zu ziehen. Das Spannungsverhältnis zwischen häuslichen Urteilsformen und staatsbürgerlichen Arrangements der Konfliktbewältigung kann daher durch Kompromissformeln gelöst werden, etwa indem man dazu auffordert, durch einen Vermittler eine Schlichtung herbeiführen zu lassen. Solche Kompromisse kann man bei Institutionen beobachten, die mit der Klärung von in Ausübung des Berufs begangenen Fehlern oder Streitigkeiten bei der Arbeit befasst sind, etwa die Schiedsgerichte für Arbeitsstreitigkeiten (»Conseils des prud'hommes«), die zu schlichten versuchen und sich dafür auch öfter dem Vorwurf des *Paternalismus*[h/s] aussetzen[55] (Cam, Les prud'hommes). Die Schlichter, Persönlichkeiten, deren *Autorität* allgemein *anerkannt*[h] ist, sind um ein billiges Urteil bemüht. Sie wenden das *Recht*[s] *flexibel* an, um unter Berücksichtigung des konkreten Einzelfalls und der Persönlichkeit der Beteiligten eine Einigung zu erzielen. Ein ähnlicher Kompromiss kommt zustande, wenn in einer Schule das Disziplinargremium einberufen wird, um über undisziplinierte Schüler ein Urteil zu fällen. Menschen, die sich kennen, Eltern und Lehrer, müssen ein Gericht bilden, um über ihre Kinder oder Schüler zu urteilen. Sie müssen also für einen Tag zu Richterinnen und Richtern werden. Der häufig nicht ganz und gar durchgehaltene Rollenwechsel macht längere Vorbereitungen erforderlich. In ihnen soll die Bedeutung der häuslichen Bande dadurch abgeschwächt werden, dass man zum Beispiel juristische Texte, die die Legitimität des Gremiums begründen, gemeinsam durchgeht, oder sich an bestimmten Aspekten des Rechts festbeißt. Diese häuslichen Bande müssen trotz allem in den Köpfen präsent bleiben, damit man zu einer humanen und von allen akzeptierten Lösung kommt (Derouet, Pour une sociologie).

Ein ähnliches Bemühen um die Ausschaltung der häuslichen Bande, welche die Möglichkeit des Rückgriffs auf

55 Die dem Arbeitsleben näher als gewöhnliche Gerichte stehenden französischen »Conseils des prud'hommes« sind für Vertragsstreitigkeiten zwischen Arbeitnehmern oder Lehrlingen und Arbeitgebern zuständig. Die von diesen Schiedsgerichten geführten Verfahren bemühen sich zunächst um eine Schlichtung des Konflikts. Scheitert dieser erste Versuch einer gütlichen Einigung, wird ein an der Billigkeit orientiertes Urteil gefällt, das den äußeren Umständen möglichst gerecht werden soll. Diese Schiedsgerichte unterscheiden sich grundlegend von den anderen Zweigen des französischen Justizsystems, insofern sie nach Branchen organisiert sind und die Sitze der Laienrichter von gewählten Arbeitnehmer- und Arbeitgebervertretern paritätisch besetzt werden.

eine staatsbürgerliche Form eröffnen, lässt sich bei Konflikten im Unternehmen beobachten, die zumindest zu Beginn auf Meinungsverschiedenheiten zwischen Personen, beispielsweise Büroangestellten und ihrem Vorgesetzten, beruhen. Dieses Bemühen liegt auch dem Aufgreifen des Konfliktes durch die Gewerkschaften zugrunde. Sie müssen nämlich jegliche Spur persönlicher Verbindungen ausschalten, um Streitigkeiten, die sich im Rahmen der häuslichen Welt beschreiben lassen, in *kollektive*[s] Konflikte zu verwandeln, deren Austragung durch die Gewerkschaften angemessen ist. Hierfür muss die Benennung der betroffenen Personen geändert werden. Genauer gesagt muss die Auflistung der relevanten Wesen einer Transformation unterzogen werden. Die Protagonisten werden nicht mehr mit ihrem Vornamen bezeichnet (was etwa geschieht, wenn der Streitfall in den Unterhaltungen unter Kollegen oder als Gerücht von Mund zu Mund weitergetragen wird), ebenso wenig mit ihrem Familiennamen (wie beispielsweise in den Berichten der Justiz) und nicht einmal mit ihrem Titel (etwa »Personalchef«), wie es der Fall wäre, wenn es in die Sprache des Unternehmensmanagements übersetzt würde, sondern als Kräfte, deren »Agenten« sie sind (der Kapitalismus, der Arbeitgeberstaat etc.) Die einzelne Auseinandersetzung zwischen Paul und Jakob (nehmen wir einmal an, dass sie sich duzen), Herrn X und Herrn Y, dem Referenten des Abteilungsleiters, wird umgedeutet unter Bezugnahme auf einen viel umfassenderen Kampf zwischen den Arbeitnehmern und den Arbeitgebern, für den er nur ein Beispiel unter vielen darstellt. Jede der betroffenen Personen wird also als Repräsentant einer Kategorie behandelt, so dass man jeden der Akteure durch irgendein anderes Mitglied der Kategorie ersetzen könnte, ohne dass dies etwas an dem auf seine *Grundstruktur*[s-u] heruntergebrochenen Konfliktverhältnis ändern würde.

Solche Transformationsbemühungen lassen sich bei Konflikten beobachten, die zunächst örtlich begrenzt (zum Beispiel in einem Büro, einer Werkshalle) als persönliche Streitigkeiten begonnen haben, sich dann langsam auf das gesamte Unternehmen und darüber hinaus ausweiten und dabei konventionelle Formen annehmen (Thévenot, Les investissements), welche die Produktionseinheiten mit den anderen Unternehmen derselben Region oder Branche in Verbindung bringen, was die Streitigkeiten auf die Ebene von *Arbeitskonflikten*[s-u] hebt. Die Arbeit der Gewerkschaft und speziell der Arbeitnehmervertretung besteht nämlich vorwiegend darin, aus den vielen täglichen Konflikten diejenigen aufzugreifen, die Gegenstand einer staatsbürgerlichen Auseinandersetzung sein könnten und sich damit in die Sprache einer *kollektiven Forderung*[s] übersetzen ließen. Dieser Klärungsprozess transformiert die Situation der persönlichen Streitigkeit, auf die sich die Menschen einlassen und miteinander diskutieren, in einen Konflikt zwischen ganzen Kategorien. Diese Klärung in der staatsbürgerlichen Welt ist erforderlich, damit der Unmut öffentlich formuliert werden kann, ohne irgendwie peinlich oder gar anormal im Sinne einer Verrücktheit zu erscheinen. Das wäre hingegen der Fall, wenn die öffentliche Anprangerung die Form einer »persönlichen Abrechnung«, eines »Angriffs *ad hominem*« oder des »Waschens schmutziger Wäsche« – wie man das Öffentlichmachen von häuslichen Streitigkeit nennt – annähme. Verglichen mit *kollektiven* Konflikten, die in jenem Sinne »rein« sind, insofern sie private Interessen nicht direkt mit ins Spiel bringen, hat Zwietracht zwischen einzelnen Personen etwas Unreines oder Schmutziges an sich. Man bezeichnet sie häufig als schäbig, womit gemeint ist, dass sich dahinter nicht eingestandene Motive verbergen. Man kann darüber nur durch die Blume sprechen. Sie sind Gegenstand von *Gerüchten*[h] und von *Gerede auf den Gängen*. Es gehört sich nicht, in Situationen darauf einzugehen, in denen sich die Beteiligten als Zugehörige eines Kollektivs und als Vertreter von Interessen der Allgemeinheit präsentieren, wie etwa bei *Vollversammlungen*[s], *paritätischen Kommissionen*, *Betriebsratssitzungen* und so weiter. Entsprechend müssen Konflikte, in denen es um *Anliegen von großer Bedeutung*[s] für die Allgemeinheit geht, von den Einzelpersonen abstrahieren. Ihr Fluchtpunkt ist das Interesse der Allgemeinheit, jede der Parteien darf nur das Gemeinwohl im Auge haben. Menschen, die darin nicht persönlich involviert sind, keine vertraulichen Beziehungen miteinander unterhalten und sich auch noch nie begegnet sind, geraten nur insofern in Konfrontation zueinander, als sie die »Personifizierung« von *objektiven*[u] *gesellschaftlichen*[s] *Kräften*[u] sind, die jenen in der industriellen Welt ähneln. Das öffentliche Äußern einer Meinungsverschiedenheit muss, um als normal (und nicht als pathologischer Ausdruck eines psychischen Ungleichgewichts) eingestuft zu werden, von einer im *öffentlichen Interesse*[s] stehenden Instanz mit *kollektiven Zielen*[s] übernommen werden, etwa einer Gewerkschaft, einem Verein oder Ähnlichem. Diese muss dem Verhältnis zwischen den verschiedenen beteiligten Parteien den Charakter des *Singulären* nehmen können, indem sie den Konflikt unter Einsatz von Ressourcen, die der staatsbürgerlichen Welt entstammen (rechtliche Formen, Tarifverträge und Ähnliches), managt. Zudem muss sie das Zerwürfnis in Begriffen formulieren können, die in der staatsbürgerlichen Welt Allgemeingültigkeit beanspruchen und es dadurch für die Öffentlichkeit akzeptabel machen (Boltanski, L'amour).

Die Ausweitung der bürgerlichen Rechte

Die Erstellung eines rechtlichen Instrumentariums und die Bildung von Kollektivpersonen, durch die Auseinandersetzungen, die bisher als der Privatsphäre zugehörig angesehen wurden, öffentlich ausgetragen werden können, kann man als *Ausweitung der bürgerlichen Rechte* bezeichnen. Wir sehen diesen Vorgang dort am Werk, wo neuartige, an das Geschlecht, an familiäre Konstellationen oder an das Alter – allesamt soziale *Lagen*[s-u] (wie zum Beispiel die Lage der Frau, die Lage der Väter, die Kindesrechte, die Lage der Älteren) – anknüpfende *kollektive Anliegen* auftauchen, für die Verbände der Interessenvertretung (Liga zur Verteidigung der Rechte der Frau, Väterverbände und so weiter), Statuten und Rechtsansprüche existieren. So war die Institutionalisierung einer *Lage der Frau* erforderlich, damit endlich Übergriffe gegen Frauen, besonders sexuelle Belästigung am Arbeitsplatz, zum Gegenstand öffentlicher Erörterungen und rechtlicher Verfolgung werden konnten. Nur als *Bürgerinnen* oder *Arbeitnehmerinnen*[u-s] erkennt die staatsbürgerliche Welt die Frauen an, die in Situationen, die nach einem staatsbürgerlichen Prinzip arrangiert sind, die ausschließliche Bezugnahme auf ihre Weiblichkeit zurückstellen oder ihr die Form einer an ein *Anliegen* anknüpfenden kollektiven Identität geben müssen.

Die schulische Gemeinschaft

Wenn das Schulwesen in Form einer konkreten schulischen Einrichtung in den Blick genommen wird (Derouet, L'établissement scolaire), wird es häufig Gegenstand von Berichten, in denen ein Kompromiss eingegangen wird, durch den das Spannungsverhältnis zwischen zwei einander widerstreitenden pädagogischen Modellen aufgehoben wird. Das erste ist das Modell staatsbürgerlicher Erziehung, wie es in der Französischen Revolution formuliert und in der Dritten Republik zur Entfaltung gebracht wurde. Es beruht auf dem Grundsatz der Bildungsgleichheit und institutionalisiert Beziehungen zwischen den Lehrern, zwischen den Schülern und vor allem zwischen Lehrern und Schülern, die nichts Singuläres mehr an sich haben. Verstößt man gegen diesen Imperativ, zieht man unweigerlich den Vorwurf der Günstlingswirtschaft auf sich. Dieser Grundsatz legt das Schwergewicht auf die unpersönlichen Formen der Wissensvermittlung und -bewertung, auf Zeugnisse, für die ganze Nation geltende Einstufungen und Grade und auf einen auf universellen Werten beruhenden Unterricht. In diesem Modell wird auch jede pädagogische Einheit, die keine eigene Identität besitzen muss, als Realisierung des nationalen Modells behandelt. Das zweite Erziehungsmodell, das noch während des Ancien Régime vorherrschend war, dessen Auswirkungen aber bis in unsere Tage insbesondere im Privatschulwesen zu spüren sind, betont die Kontinuität zwischen der Kindeserziehung in der Familie und der schulischen Erziehung. Es bezieht seine Rechtfertigung nicht aus seiner Konformität mit dem Gleichheitsprinzip, sondern aus seinem Streben nach »Zusammenhalt« und »Glück« in einer »überschaubaren, Wärme vermittelnden und in ihren Eigentümlichkeiten verwurzelten Gemeinschaft«. In den Formulierungen dieses Kompromisses erscheint die Schule als eine Gemeinschaft, deren Wert in den Qualitäten der darin tätigen Personen und der zwischen ihnen herrschenden Beziehungen liegt. Untrennbar damit verbunden wird sie auch als ein öffentlicher Dienst dargestellt, der seine Rechtfertigung aus der Anwendung von landesweit geltenden Regeln bezieht.

UND DER WELT DES MARKTES. Die Frage nach einer möglichen Verbindung zwischen einer Koordination durch den Markt und einer Koordination mittels Vertrauen bildete eines der zentralen Themen der politischen Ökonomie, bevor es dann breiten Raum in der anthropologischen Literatur zum Tausch einnahm. Wir haben schon die jansenistischen Schriften erwähnt, in denen behauptet wurde, dass der Markt die Wirkungen einer nur noch unzureichend funktionierenden Mildtätigkeit nachahmen könne. Dagegen sehen in der Tradition Lockes stehende Philosophen eher im Vertrauen eine notwendige Voraussetzung vertraglicher Transaktionen und bilden damit ein Hierarchieverhältnis zwischen dem Gemeinwesen des Hauses und dem des Marktes. Wir haben jedoch schon festgestellt, dass sich die Sympathie, durch die sich bei Smith eine dem Tausch zuneigende menschliche Natur auszeichnet, vom Wohlwollen klar unterscheidet. Die Frage nach der relativen Bedeutung dieses Wohlwollens im Rahmen der Marktordnung, nach ihrer Notwendigkeit, ihrer komplementären Rolle, die die Härten des Laisser-faire oder die dadurch verursachten Störungen abmildert, taucht immer wieder in den Debatten über den Liberalismus auf. Die in der anthropologischen Forschung darüber geführten Debatten, ob der Markt »substantialistisch« oder »formal« definiert werden soll, sind sehr aufschlussreich für das kritische Verhältnis zwischen der Welt des Marktes und der des Hauses und die Möglichkeiten eines Kompromisses zwischen ihnen.

Die Rolle des Vertrauens bei Geschäften

Nachdem sie von der ökonomischen Theorie des allgemeinen Gleichgewichts lange unbeachtet geblieben war, gerät die häusliche Ordnung des Vertrauens gegenwärtig wieder ins Zentrum der Debatten über die nicht marktförmigen Modalitäten von Verträgen und Transaktionen, deren Bedeutung für Situationen, die sich durch besondere Güter, dauerhafte Beziehungen oder asymmetrische Informationen auszeichnen, heute unbestritten ist. Die Bezugnahme auf den *Ruf*[h] oder die weniger expliziten Bezugnahmen auf die Wirkungen des *Gedächtnisses*[h] in den mit der Spieltheorie arbeitenden Forschungsansätzen setzen die Möglichkeit eines solchen Kompromisses voraus.

Die häuslichen Beziehungen stecken manchmal in Gestalt von Kompromissfiguren im Zentrum einer marktförmigen Situation. So wird etwa die »nette Geste« gepriesen: »Im Geschäftsleben ist eine nette Geste ein Akt, den man für eine Person oder auf ihre Aufforderung hin ausführt, *um sich diese Person zu verpflichten.*« Diese Bedeutungsverschiebung kann sogar dazu führen, Kritik an einem marktwirtschaftlichen Kalkül zu äußern, das der Geste ihre Interesselosigkeit raubt: »Ich habe mit Führungskräften zu tun gehabt, die scheinbar über die erhaltenen und gegebenen Gefälligkeiten Buch geführt haben.«

Die »Personalisierung« von Kundenbeziehungen, der Verkauf von »maßgeschneiderten« Gütern oder Dienstleistungen beruhen auf einem solchen Kompromiss, ebenso die in der ökonomischen Fachliteratur als Infragestellung des klassischen Marketings beschriebenen »gezähmten« oder »konzertierten Märkte«. Kommerzielle Aktivitäten von Unternehmen implizieren – zusätzlich zu den bei den Verkaufsmethoden vorgenommenen Kompromissen mit der industriellen Welt – Maßnahmen zur »Kundenbindung«. Vor allem aber setzt das »Vertrauen«, mit dem der Faktor Zeit in die Marktbeziehungen Einzug hält, ebenso wie die Garantie für Versprechungen ein Arrangement mit dem zur häuslichen Welt gehörenden guten Ruf voraus.

Keynes' »Allgemeiner Theorie« zufolge (Buch IV, Kapitel 12) stützen sich Geschäftsleute auch auf einen »State of confidence«, um ein marktförmiges Arrangement einzurichten und ihm durch die Konvergenz der Erwartungen eine gewisse Stabilität zu verleihen.

Die Transformation des homogenen Marktraums globaler Ausdehnung in einen häuslichen Raum, der die Physiognomie eines Territoriums hat, stellt einen ähnlichen Kompromiss mit der häuslichen Welt dar: »Selbst wenn Sie ein winziges Büro haben, ist es immer noch besser, wenn das Treffen auf Ihrem eigenen Terrain stattfindet.« Es sei angemerkt, dass in der neoklassischen Literatur mit der Bezeichnung »spezifisch« (»spezifische Investition«, spezifische Information«; Eymard-Duvernay, La qualification) ein solcher Kompromiss bewerkstelligt wird, mit dem ein Raum behandelt werden kann, der nicht dieselbe Homogenität aufweist wie der industrielle Raum oder der Raum des Marktes. Auf dem Konzept des »internen Arbeitsmarkts« beruhende Forschungen (Doeringer/Piore, Labor Markets) haben die Rolle von Gewohnheiten und Autoritätsbeziehungen, ebenso aber auch einer industriellen Ausstattung für die Arbeitsbeziehungen herausgearbeitet, die damit erheblich von einer reinen Markttransaktion abweichen. Das kann so weit gehen, dass sie ganz an die Stelle von Marktbeziehungen treten (Favereau, Le niveau; ders., La formalisation). Der »Transaktionskostenansatz« misst den dauerhaften Beziehungen ebenfalls große Bedeutung zu, indem er ihre Abstimmung auf örtliche Besonderheiten nachweist (Williamson, The Economic Institutions).

Die Dienstleistung nach Maß

Etwas als »Dienstleistung« zu bezeichnen – dies im weiteren Sinne als ein der Welt des Marktes angehörendes Gut –, zieht sowieso schon einen Kompromiss mit der häuslichen Welt nach sich, da eine Dienstleistung ja eigentlich auf einer persönlichen Beziehung beruht, die sich nur schwer von den spezifischen und dauerhaften Bindungen unterscheiden lässt. Besonders deutlich wird das, wenn eine Dienstleistung als »maßgeschneidert« bezeichnet wird.

Das veräußerliche Eigentum

Trotz des bereits erwähnten, in der Welt des Marktes geltenden Erfordernisses, sich aus *allen persönlichen Bindungen zu lösen* und zum *Familienerbe*[h] gehörige Objekte zugunsten von *Markt*objekten[m] abzustoßen, läuft die Aneignung von Gütern darauf hinaus, einen Kompromiss zwischen den beiden Welten zu schließen. Mit dem Begriff des *Eigentums* wie auch dem des Gutes selbst lässt sich eine Bedeutungsverschiebung vom Resultat einer problemlos aufkündbaren Transaktion am Markt, die weder eine Vorgeschichte noch ein Nachspiel hat, zu einer dauerhaften, in Verantwortungs- und Vertrauensverhältnissen eingebetteten Verbindung vollziehen.

UND DER WELT DER INDUSTRIE. Dadurch, dass in der industriellen wie der häuslichen Welt Bewegungen in Raum und Zeit möglich sind, lassen sich auch Kompromisse schließen, mit denen man sich über die die Topographie und Zeitlichkeit dieser beiden Welten trennenden Unterschiede hinwegzusetzen bemüht. Andererseits wird die Bewertung der beiden korrespondierenden Größen jeweils anhand von hochgradig ausdifferenzierten Messskalen vorgenommen, so dass nach weiteren Kompromissmöglichkeiten durch die Annäherung dieser Skalen gesucht werden kann.

Der Geist des Hauses und das praktische Know-how

Die zwischen einem Industrie*unternehmen* und einem *Haus* geschlossenen Kompromisse sollen die Unterschiede in der Bestimmung des Raums und die der Beziehungen zwischen Personen überwinden, in denen sich die Unvereinbarkeit zwischen den beiden Naturen zeigt. In der industriellen Welt ist der Raum *homogen* und nach *Achsen* und *Dimensionen gegliedert*; der Raum in der Welt des Hauses ist dagegen nach *Bereichen* eingeteilt, die ein *Außen* sowie Distanzen und Nachbarschaften markieren. Es finden sich auch zahlreiche Formulierungen, die Objekten aus der industriellen Welt häusliche Eigenschaften beimessen und so den Übergang von der einen Natur zur anderen ermöglichen, etwa *gemütliche*[h] *Büros*[u] und *blumengeschmückte*[h] *Fabriken*[u], welche für »harmonische Beziehungen« sorgen sollen. Sobald das Unternehmen als ein *Territorium*[h] behandelt wird – und nicht als eine *formale Einheit*[u] –, lassen sich Kompromisse mit der häuslichen Welt in die Wege leiten, beispielsweise indem man sich auf den »Geist des Hauses«, auf den »Ruf des Hauses« oder den »Unternehmensgeist« beruft. Auf diese Weise geht die Einteilung des Unternehmens in unabhängige Produktionseinheiten mit einem Kompromiss mit der Welt des Hauses einher: »Jede ›unabhängige‹ Produktionseinheit soll ihren eigenen Raum belegen und mit allen erforderlichen menschlichen und materiellen Mitteln ausgestattet sein.«

Arrangements hinsichtlich der Natur des Raumes gehen einher mit Anstandsregeln für die zwischenmenschlichen Beziehungen: »Die Arbeitswelt ist eine Art von Gesellschaft, in der rüdes Auftreten nicht geduldet wird.« – »Es herrscht eine so innige Verflechtung zwischen dem Berufs- und dem Familienleben, dass Probleme, die bei der Arbeit auftreten, unweigerlich auch daheim Auswirkungen nach sich ziehen und umgekehrt.« Das zeigt sich, wenn ein *Vorgesetzter* eine *Führungskraft*[u] *zum Essen einlädt*[h], um sein Verhalten zu beurteilen. Der Kompromiss ist fragil, da der Vorgesetzte, der von einer »*vertraulichen* [h] Atmosphäre« profitiert, die »Situation auch ausnutzen« kann. Die Mitarbeit einer »vertrauenswürdigen Person« kann sich unter besonderen Umständen als überaus wertvoll erweisen, etwa in dringlichen Fällen, in denen man »sich richtig ins Zeug legen muss«. Ein ähnlicher Kompromiss wird angestrebt, wenn etwa eine gelungene Präsentation bei der Arbeit gelobt wird oder wenn man in Auswahlverfahren neben den formalen Kriterien auch noch solche mit einbezieht, die aus der Welt des Hauses stammen (zum Beispiel Herzlichkeit, Gebaren, Erscheinung). Diese Kompromissformel zwischen der häuslichen und der industriellen Welt schert sich wenig um formalrechtlich geregelte Verhältnisse und behandelt berufliche Beziehungen so, als ob es persönliche wären. In der staatsbürgerlichen Welt wird ein solcher Kompromiss des *Paternalismus* bezichtigt.

Diesem Kompromiss lässt sich noch der Wert, den man auf das »Lokale« legt, hinzufügen. Das zeigt sich beispielsweise, wenn der Leitung eines Unternehmens daran gelegen ist, sich in einem »traditionellen Gefüge« niederzulassen, und wenn sie eventuell auf ein Gemeinwohl Bezug nimmt, welches die Entwicklung einer Region oder eines Ortes voraussetzt (Pharo, Le civisme, S. 144f.).

Der Nutzen guter Angewohnheiten

Um einen ähnlichen Kompromiss handelt es sich, wo man darum bemüht ist, Unterschiede zwischen dem Fortbestehen fest verwurzelter Gewohnheiten und dem einwandfreien Funktionieren eines Werkzeugs zu überwinden, indem man den Nutzen guter Angewohnheiten betont. Die Beschäftigung mit häuslichen Formen der Koordination war lange Zeit eine Domäne der Arbeits- oder Techniksoziologie. Dabei versuchte man zu belegen, dass industrielle Arrangements komplexer sind und sich nicht einfach auf Produktionstätigkeiten reduzieren lassen. Dieser Forschungsansatz berief sich sogar auf »lokale Praktiken« und praktisches »Know-how«, um das Trugbild rein »formaler Vorgänge« infrage zu stellen.

Heutzutage zeigt sich selbst die ökonomische Literatur über den technischen Wandel aufgeschlossen gegenüber solchen Objekten und Beziehungen, deren Kohärenz mit der häuslichen Welt wir zu rekonstruieren versuchen. Der evolutionistische Ansatz versucht, die Vorstellung von der Figur des »Chefingenieurs« zu überwinden, die einer *technischen Fertigkeit* entspricht, wie sie sich in Handbüchern und Anleitungen (»blueprints«; Nelson/Winter, An Evolutionary Theory) *formalisieren* lässt. Angeregt durch die Untersuchungen Michael Polanyis zum »impliziten Wissen« (Polanyi, Knowledge), legt dieser Ansatz Wert auf den spezifischen Charakter des Savoir-faire. Er weist besonders auf die Verwurzelung dieser Form des Wissens hin, die sich als hinderlich für seine Übertragbarkeit erweist. Die in der Ausbildung vermittelten *Gewohnheiten*[h] (*»Routinen«*) sind das *Gedächtnis*[h] des Know-hows (*»remember by doing«;* Nelson/Winter, An Evolutionary Theory, S. 99).

Die Arbeit am Kompromiss ist besonders intensiv bei *Modernisierungsprozessen*[u], bei denen man um den Erhalt handwerklicher Kunstfertigkeit und *traditioneller Qualität*[h] bemüht ist, aber auch um die *Automatisierung*[u] der Verfahren, in denen das Produkt eine *persönliche Note*[h] bekommt (Boisard/Letablier, Un compromis). Solche Bemühungen, die im alltäglichen Betrieb von Unternehmen häufig schon zur Routine geworden sind, beruhen auf der Annahme, dass industrielle und häusliche Formen miteinander kompatibel gemacht werden können. Sie werden oft speziellen »Experten des Häuslichen« anvertraut (Thévenot, Économie et politique, S. 184). Sogar der am stärksten industriell orientierte Experte, der Fachmann der volkswirtschaftlichen Gesamtrechnung, muss manchmal solche Kompromisse berwerkstelligen und beispielsweise »ein Gleichgewicht, das ihm nicht gefällt« und das er »nicht anerkennt«, »wieder ins Lot bringen«. Er zieht Ergebnisse industrieller Messungen, auf Computerausdrucken stehende Kennziffern und Verhältniszahlen heran und fügt sie mit Einschätzungen häuslicher Art hinsichtlich dessen, was Personen und Dinge ergeben können, zusammen. Zu diesen Einschätzungen kommt er aufgrund stabiler Zusammenhänge, anhand deren sich im Lauf der Zeit das Vertrauen, das man den Wesen der häuslichen Natur entgegenbringen kann, erschließen lässt (Kramarz, La comptabilité).

Die Fertigkeit des Fachmanns

Die Figur des *qualifizierten Handwerkers* oder des *Fachmanns* bahnt einen ähnlichen Kompromiss an, indem sie die technische Fertigkeit mit einer in der praktischen Arbeit erworbenen Erfahrung verknüpft und in der höchsten Fachlichkeit Formen des Lernens und der Wissensvermittlung entdeckt, die den häuslichen Arrangements des Handwerks entsprechen. Da die Autorität im Haus ja nach *Generationen*[h] geordnet ist, kommt den *Älteren*, die auch schon *länger* im *Haus* sind, mehr Größe zu als den *jungen Leuten*. Der Kompromiss mit der industriellen Autorität unterstellt daher den Personen mit längerer Betriebszugehörigkeit eine an ihre *Berufserfahrung*[u-h] geknüpfte Eignung für bestimmte Dinge: »Der bedeutendste Bereich der Fabrik ist dem gewissenhaft arbeitenden älteren Personal anvertraut.« Dieser Kompromiss, der in der Gestalt des Angestellten »mit dreißig Jahren Betriebszugehörigkeit« konkret fassbar wird, steht offenkundig unter dem Damoklesschwert einer industriellen Prüfung, die nur standardisierte technische Fertigkeiten gelten lässt. Der autodidaktisch gebildete oder »hochgediente Ingenieur« steht auch im Zentrum dieses Spannungsverhältnisses, und der untersuchte Ratgeber, der speziell auf dieses Publikum zugeschnitten ist, soll den »aus der Belegschaft hervorgegangenen Führungskräften« beibringen, wie man sich der Aufnahme unter die von der Hochschule gekommenen Ingenieure würdig erweist. Letztere haben zusätzlich zur Allgemeinbildung ein *Diplom*[u-s], die Ersteren besitzen ein *Gepäck*[h], das »zumindest das Abc der Etikette enthalten sollte«. Der Kompromiss setzt an der »ständigen Weiterbildung« an: »Die Vermittlung der ›Etikette‹ sollte heutzutage definitiv zur Weiterbildung gehören, die ja im Lauf der Zeit nicht stehenbleibt, damit man sowohl mit als auch ohne Diplom Erfolg haben kann.«

Die Verfahren der offiziellen Anerkennung der Diplome des technischen Bildungswesens, die beispielsweise dazu führen, dass ein »Niveau IV« dem Titel »Bester Arbeiter Frankreichs« gleichgesetzt wird, setzen einen ähnlichen Kompromiss voraus (Affichard, L'homologation, S. 155f.).

Traditionelle Qualität

Der Kompromiss, der das kritische Verhältnis zwischen der Betriebszugehörigkeit und der technischen Fertigkeit bei der Bewertung der Mitarbeiter entspannen soll, kann auch angestrebt werden, um die Qualität von Produkten zu definieren. Einer der Vorteile des hier angewendeten Vorgehens besteht ja darin, in ein und demselben Analyserahmen die Bewertung von Personen und die von Dingen zu vereinen.

Das Verantwortungsbewusstsein des Chefs

Die industrielle wie die häusliche Größe erstrecken sich beide über eine umfangreiche Skala von Merkmalszuständen. Diese Skala lässt sich als eine auf *Autorität*[h-u] beruhende *Hierarchie*[h-u] fassen. Diese doppeldeutige *Autorität* entwirft ein Bild des Chefs, der mit der Autorität des *Vaters*[h] über seine *Kinder*[h] und zugleich mit jener des *Direktors*[u] über sein *Personal*[u] ausgestattet ist. Durch diesen Kompromiss wird der »*Abteilungsleiter* mit seiner Mannschaft von *mittleren Angestellten* zu einem richtigen kleinen Chef«. Umgekehrt findet sich dieselbe Mehrdeutigkeit infrage gestellt, wenn Klage gegen die »kleinen Chefs« geführt wird, deren häusliche Autorität (*Achtbarkeit*) im Hinblick auf ihre nur schwache industrielle Autorität (*Kompetenz*) beeinträchtigt wird.

Humankapital

Eindeutiger auf Seiten der industriellen Welt verortet, sind die Maßnahmen der *Human Relations* darum bemüht, die Normen der *Effizienz*[u] mit guten *Beziehungen zwischen den Personen*[h] kompatibel zu machen. Die *Human Relations* rücken damit den als *traditionell*[h] bezeichneten Beziehungen näher, die in der Welt des Hauses natürlich sind: »Die *Human Relations*, von denen man aktuell so viel Aufhebens macht [...], sind tatsächlich nur die dem heutigen Geschmack angepassten Regeln des traditionellen guten Benehmens.«

Kompromisse zwischen der Welt der Meinung

Die öffentliche Meinung bewegen

UND DER STAATSBÜRGERLICHEN WELT. Das *Publikum* macht als mehrdeutiges Wesen Übergänge zwischen der staatsbürgerlichen Welt und der Welt der öffentlichen Meinung möglich. Arrangements, in denen der großen Zahl eine große Bedeutung zukommt, sind den beiden Naturen häufig gemeinsam, auch wenn sie innerhalb dieser Welten jeweils unterschiedliche Ausprägungen erfahren. Das trifft etwa auf die *Demonstration* zu, die mit dem Protest in der staatsbürgerlichen Welt und dem Spektakel in der Welt der Meinung assoziiert wird (Public-Relations-Veranstaltung[o]), ebenso aber auch auf *Mobilisierungs*bemühungen, die in der staatsbürgerlichen Welt für das Werben für ein kollektives Anliegen (»bewusste und aktive *Mobilisierung* der größtmöglichen Anzahl von Arbeitnehmern[s]«) und in der Welt der Meinung für das Erregen der öffentlichen Aufmerksamkeit stehen (»neue Themen finden, mit denen sich das Interesse der *Öffentlichkeit*[o] *mobilisieren* lässt«). Wollte man diese Mehrdeutigkeit beseitigen, würde man damit den Kompromiss als solchen angreifen. Man kann allerdings auf sie hinweisen, indem man den doppeldeutigen Begriff in Anführungszeichen setzt, womit nahegelegt wird, dass der Begriff auch auf eine andere Natur verweist. In dem von uns zur Analyse der staatsbürgerlichen Welt herangezogenen Ratgeber wird der Begriff *Publikum* dann in Anführungszeichen gesetzt, wenn er eine Größe der Meinung ins Spiel bringt: »Die *Information*[o-s] einer gewerkschaftlichen *Betriebsgruppe*[s] ist ein im Dienste der *Aktion*[s] stehendes Werkzeug. Sie muss also gut *organisiert*[u] sein. [...] Man sollte daher das ›Publikum[o-s]‹, an das man sich richten will (alle Beschäftigten des Unternehmens oder nur bestimmte Kategorien ...), untersuchen, ebenso die Informationskanäle (*Flugblätter*, *Plakate*, *Versammlungen*[s] und Ähnliches), die Häufigkeit von solchen Initiativen sowie ihre genauen Ziele.«

Die *Information*, die, wie wir gesehen haben, der staatsbürgerlichen Welt nicht unvertraut ist (die »Bevölkerung« muss, um »gemeinsam debattieren« zu können, »ausreichend informiert sein«) und auf die in den von uns untersuchten Broschüren häufig Bezug genommen wird, stützt ebenfalls einen Kompromiss mit der Welt der Meinung, etwa wenn der Verfasser unseres Public-Relations-Handbuchs die Notwendigkeit hervorhebt, die *öffentliche Meinung* zu *informieren*: »Ein Unternehmen kann es sich heutzutage nicht erlauben, die öffentliche Meinung zu ignorieren«, insbesondere dann, wenn die Handhabung der Informationen die *Beteiligung*[s] von *Verantwortlichen*[s-u] und *Repräsentanten*[s] mit einschließt: »Im Vorfeld einer Demonstration eine interne *Public-Relations-Kampagne*[o] durchführen, deren Ziel darin besteht, das Personal über die verfolgten Ziele und die angepeilten Lösungen zu *informieren*[o-u] und Ideen, Vorschläge oder Unterstützung einzuholen. Damit wird es anschließend möglich, diese oder jene Aktion als aus den eingeholten Vorschlägen hervorgegangene Aktion zu *präsentieren*[o] (auch wenn das nicht ganz den Tatsachen entspricht). Es ist insbesondere immer möglich, von Zeit zu Zeit, ohne es freilich zu übertreiben, Koordinations*treffen*[s] abzuhalten, zu denen *Verantwortliche*[s-u] anderer *Abteilungen*[u] sowie *Vertreter*[s] des Personals der verschiedenen *Ebenen*[u] eingeladen sind.« Doch wie die vom Verfasser in seinen Text – der sich ja nicht an Gewerkschafter, sondern an Mitarbeiter der Öffentlichkeitsabteilung richtet – eingefügte Klammer zeigt, lässt sich diesem Kompromiss von der staatsbürgerlichen Welt aus leicht wieder der Vorwurf des Zynismus, der Instrumentalisierung und der Manipulation machen.

Zu den Kompromissen, die von der Welt der Meinung aus eine Brücke zur staatsbürgerlichen Welt schlagen, gehört auch das *Unternehmensmäzenat*, welches das *nationale Interesse*[s] mit einer *Public-Relations-Aktion*[o] verbindet: »Im *Bewusstsein*[s] ihrer *staatsbürgerlichen*[s] und *gesellschaftlichen*[s-u] *Verantwortung* gegenüber der *Allgemeinheit*[s] hat es sich die *Gesellschaft Singer* mittels des ›Singer-Mäzenatstages‹ zur *Aufgabe*[u] gemacht, die *Aufmerksamkeit*[o] der *öffentlichen Meinung*[o-u] auf eine *Pflicht*[s] von *nationalem Interesse*[s] zu lenken«; »eine *Kampagne*[o-u] von *nationalem Interesse*[s] (Verkehrsunfallverhütung, Kampagne gegen den Hunger und so weiter) kann für das Unternehmen eine ideale Gelegenheit sein, seine *Beteiligung*[s] geschickt auszunutzen, um in der *öffentlichen Meinung* mit einem äußerst sympathischen, sehr *humanen*[s] *Image*[o] zu *erscheinen*[o]«. Doch auch hier provoziert gewissermaßen der Autor wie im vorangegangenen Beispiel die Kritik an dem von ihm geschlossenen Kompromiss, indem er eine hinter dem Engagement stehende strategische Absicht einräumt (»geschickt ausnutzen«).

Seinen Namen in den Dienst einer guten Sache stellen

Die zwischen den staatsbürgerlichen Größen und den Größen der Meinung geschlossenen Kompromisse werden von Objekten, Personen oder Dispositiven gestützt, die sowohl *bekannt*[o] sind als auch einem *Gemeinwohl*[s] dienen. In der *Petition*[o-s] wird die Präsenz der Personen über die Nennung ihres *Namens* erzielt. Weil sie sich einen *Namen*[o] gemacht haben, verdienen sie es, mit auf der Liste der Unterzeichner zu stehen, die im Übrigen auch auf der Basis von *persönlichen Beziehungen*[h] erstellt worden sein kann. Die *Meinung*, die ihre *Bekanntheit*[o] ausmacht, ist das Äquivalenzprinzip, auf dem die alphabetische Abfolge (oder die Reihenfolge, in der die Unterschriften getätigt wurden) der Nennung von Personennamen beruht, die aus dem Blickwinkel aller anderen Arten, die Größe zu ermitteln, nicht miteinander vergleichbar wären. Genauso verhält es sich mit anderen Dispositiven, etwa den Lexika der Prominenten (*Who's who* und so weiter), in denen Personen, die verschiedene *Berufe*[u] oder *Funktionen* ausüben, nach dem Kriterium ihres *Renommees*[o] in Äquivalenz zueinander gesetzt sind. Bei den Petitionen wie den Unterstützerkomitees ist der Anlass für die Zusammenkunft von bekannten Persönlichkeiten der Einsatz für eine *gute Sache*[s]. Sie treten als Zeugen vor der öffentlichen Meinung auf, die sie gerade aufgrund der Tatsache verkörpern, dass sie *bekannt* sind. Ihre Anzahl kann umso geringer sein, je *bekannter* sie sind.

Wenn die Anzahl der Unterzeichner zunimmt, die Bekanntheit jedoch insgesamt abnimmt, dann rückt die Petition mehr zur staatsbürgerlichen Welt hin oder, wie bei der *Geste*[s-i], in Richtung eines staatsbürgerlich-inspirierten Kompromisses, wenn sie sich als *spontane*[i] Manifestation des *Allgemeinwillens*[s] präsentiert. Wie wir schon am Beispiel der Geste beobachten konnten, die, um mobilisieren zu können, auch sichtbar sein muss, stellen die Medien ein für die Anbahnung eines Kompromisses zwischen der Größe der Meinung und der staatsbürgerlichen Größe absolut notwendiges Instrument dar. Die Geschichte dieses Kompromisses deckt sich – insbesondere, was ihr Verhältnis zur Presse anbelangt – mit der Geschichte der *öffentlichen Meinung*, und seine Ausarbeitung steht in Verbindung mit den großen historischen Justiz*affären*. Eine wichtige Rolle spielte dabei sicherlich die Dreyfus-Affäre, welche die Kompromisse und das Spannungsverhältnis zwischen den Naturen, besonders zwischen der Justiz und der öffentlichen Meinung ins Spiel brachte.

Die Bürgschaft durch eine offizielle Person

In der Welt der Meinung verschmelzen *Schein* und *Wirklichkeit* miteinander. Aber wenn Kompromisse mit anderen Welten eingegangen werden, dann können die dadurch erzwungenen Zugeständnisse bis zur Profanierung des reinsten Ausdrucks von Größe in dieser Welt des Ruhmes gehen. In dem von uns zur Untersuchung dieser Größe herangezogenen Ratgeber kommt es schon zu einer Profanierung, wenn die Wirklichkeit des Scheins auch nur teilweise infrage gestellt wird. Es wird die rein instrumentelle Stoßrichtung der Maßnahmen zur Erregung von Aufmerksamkeit betont, hinter denen wiederum manipulative Absichten stecken können. Der Verfasser rät an manchen Stellen dazu, die Dinge in dieser oder jener Weise *darzustellen*°, auch wenn dies, wie er hinzufügt, »nicht ganz der Wahrheit entspricht«. An anderen Stellen weist er die Öffentlichkeitsbeauftragten, an die sich sein ja Buch richtet, darauf hin, dass es möglich sei, ein »Ereignis« »von A bis Z komplett ›aus dem Boden zu stampfen‹«. Das setzt die implizite Bezugnahme auf eine Wirklichkeit voraus, die sich von jener unterscheidet, die der Verantwortliche für Öffentlichkeitsarbeit durch »geschicktes Ausnutzen« der ihm zur Verfügung stehenden Mittel erzeugen will: »Wenn es nicht von Natur aus zu einem Ereignis kommt, dann ist es zumindest möglich, eines von A bis Z komplett aus dem Boden zu stampfen, [...] etwa dadurch, dass man einen Tag der offenen Tür, einen Kongress oder eine Ausstellung veranstaltet.« Der der Einladung eines Ministers im Rahmen einer Öffentlichkeitsaktion entspringende Nutzen ist nicht allein vom Renommee dieses Ministers abhängig (der einzigen Wirklichkeit, die in der Welt der Meinung zählt), sondern ebenso von der *öffentlichen*ˢ Bedeutung dieses Amtsträgers, der durch seine Anwesenheit dem Unternehmen eine *offizielle*ˢ »Bürgschaft« verleiht. Die in *offizieller Funktion auftretenden* Personen, die als Bürgen auftreten, können *Repräsentanten* oder *Amtsträger*ˢ sein. Ganz allgemein sind das *Persönlichkeiten* beziehungsweise *bekannte*° Personen, die dadurch die Situationen, an denen sie mitwirken, mit einem *allgemeinen Interesse*ˢ in Verbindung bringen.

Auf den Effekt der Bürgschaft stützt man sich auch

bei *Veranstaltungen*[o-s] wie etwa *Einweihungen*. Die Einweihung in ihrer kanonischen Form besteht darin, ein Objekt, beispielsweise ein Industrieprodukt, eine Brücke, ein Gebäude oder ein Schiff von der industriellen Welt abzulösen, um es ganz dem Allgemeininteresse zu widmen und der Öffentlichkeit zu übergeben. Während der gesamten Zeremonie wird es dann als ein Objekt der staatsbürgerlichen Welt behandelt. Wenn ein *Minister*[s] als Vertreter der staatsbürgerlichen Welt »an der *Einweihung* einer neuen *Fabrik*[u] oder an der *Präsentation*[o] eines neuen *Produkts*[m] teilnimmt, werden all seine Äußerungen von der *öffentlichen Meinung* als *offizielle*[s] Bürgschaft verstanden«.

Seine Bürgschaft zu verleihen, bezieht sich in der Welt, in der die Äquivalenz durch die Berühmtheit hergestellt wird, auf einen Vorgang, in dem ein Wesen ein anderes zu seinem Verbündeten macht, dessen Kredit ihm dann einen Zuwachs an Macht beschert (Latour, Les microbes). Die Bürgschaft bezieht sich aber auch auf die Größe, in deren Genuss die in der Welt der Meinung großen Personen in anderen Welten kommen können. Dieses Spannungsverhältnis zwischen dem der Meinung eigenen Äquivalenzprinzip und anderen Prinzipien zeigt sich in der Verlegenheit (»irgendwie«) oder in der distanzierten Haltung, die man gegenüber der Bürgschaft einnimmt, wenn dem Markt zugehörige (*Ware* oder *Produkt*) oder staatsbürgerliche Wesen (*Minister*) dabei mitwirken. Durch Vermittlung einer kompetenten Autorität bezeugt der Staat, was für wahr ausgegeben wird (»das ist wahr, es ist offiziell«).

Die *Umfrage* ist ein Kompromissobjekt, das vielfältige Übergänge ermöglicht. Sie stellt eine industrielle Unterfütterung der *Meinung*[o-u] dar, insofern sie ihr Objektivität verleiht. Sie steht aber auch der Bürgerbefragung und dem Mehrheitsprinzip nahe. Auch von ihr wird behauptet, dass sie die öffentliche *Meinung* verbürgt: »Durch den zunehmenden Einsatz von Meinungsumfragen hat sich folgende Tatsache bestätigen lassen: Die Veröffentlichung der Ergebnisse, denen zufolge eine *Mehrheit*[s] der Befragten diese oder jene *Meinung*[o] hat, bestärkt diese Personen in ihrer Meinung, verbürgt sie gewissermaßen und *beeinflusst*[o] so die Meinung der anderen.« Ebenso »stellt der Journalist für seine Leser eine Art Bürgschaft dar«: »Er hat eine Information als interessant beurteilt, geprüft und mit dem Hintergedanken, dass sie für die Zeitungsleser nützlich sein könnte, in seinen Kolumnen völlig *objektiv*[u] wiedergegeben. Der Unterschied zwischen einem von einem Journalisten unterzeichneten Artikel und einer Annonce oder einer PR-Veröffentlichung ist evident.«

Eine Mitgliederkampagne durchführen

Zur Welt der Meinung gehörige Dispositive werden in staatsbürgerlichen Situationen herangezogen, wenn Verfahren, in denen es darum geht, dem *Gemeinwillen*[s] eine Äußerung zu entlocken, mit Maßnahmen zur Anwerbung von *Mitgliedern* kombiniert werden sollen. Die *Propaganda*, die in der Welt der Meinung aufgrund der Kompromittierung mit politischen Interessen angeprangert wird (»es sei noch angemerkt, dass Öffentlichkeitsarbeit nichts mit *Propaganda* oder mit ›Gehirnwäsche‹ zu tun hat«), ist in der staatsbürgerlichen Welt eine Brücke, über die sich ein Kompromiss mit der Meinung anbahnen lässt. So steht in dem von uns für die Untersuchung der Umsetzung der staatsbürgerlichen Welt im Unternehmen herangezogenen Buch, dass »die *Betriebsgruppe* stets *kollektiv*[s] darüber entscheidet, in welchen Abteilungen sie regelmäßig *Propaganda*veranstaltungen[o] durchführen wird«. Die Absicht, Kompromisse mit der staatsbürgerlichen Welt einzugehen, zeigt sich besonders deutlich bei *Kampagnen* (ein Dispositiv, das der Welt der Meinung – Pressekampagne – und der staatsbürgerlichen Welt – Wahlkampagne – gemeinsam ist). Im Rahmen von Kampagnen »zur Schaffung eines für den Beitritt von Neumitgliedern günstigen *Klimas*[o]« wird auf Instrumente zurückgegriffen, die der staatsbürgerlichen Welt fremd sind, etwa *aufrüttelnde Themen*, die danach beurteilt werden, wie *zugkräftig*[o] sie sind und wie sehr sie die *Aufmerksamkeit erregen.* Die Initiativen, mit denen neue Mitglieder geworben werden sollen, sind offen für die Vermischung der staatsbürgerlichen Größen und derjenigen der Meinung. Denn da die *Anliegen*[s] *aller*[s] nicht direkt zum Ausdruck kommen können, bedarf es zunächst der *Übersetzung* durch eine Organisation, die die *Bewusstseinsbildung* der Personen im Auge hat und sich um die *Verbreitung*[o] dieser Anliegen kümmert. In diesem Zusammenhang spricht man von *Einfluss*° (»welche sind die ›strategischen‹ Sektoren der Fabrik, wo es von großem Nutzen wäre, wenn man dort starken Einfluss hätte?«), von *Einflussbereich*° oder *Zugkraft*°: »Die Verbreitung [der Gewerkschaftspresse] ist von großer Bedeutung. Ist sie bekannt, wird es der Betriebsgruppe möglich, ihren Einflussbereich abzuschätzen und daraus lehrreiche Schlussfolgerungen hinsichtlich ihrer Schlagkraft zu ziehen.«

Das Markenimage

UND DER WELT DES MARKTES. Die Bemühungen um Kompromisse zwischen der Größe der Meinung (*Bekanntheit*°) und der Größe des Marktes (*Preis*^{m}) verstärken sich gegenseitig aufgrund der diesen beiden Größen gemeinsamen Unbeständigkeit, der kontinuierlichen Skalierung ihrer Ränge und der Homogenität ihres räumlichen Geltungsbereiches. Die Größe, die einer im Fokus von Marketing- oder Werbeaktivitäten stehenden Ware in der Welt der Meinung zukommt, stellt einen solchen Kompromiss zwischen diesen beiden Größen dar.

Wie wir im Vorangegangenen schon angedeutet haben, ist der von uns zur Illustration der Welt des Marktes herangezogene Ratgeber so reich an Beispielen für diese Kompromisse, weil sich der Verfasser offen dazu bekennt, renommierte Wesen zu verkaufen und als *Vertreter*° der Marke von bekannten Personen (»Berühmtheiten aus dem Sport«: Tennis- oder Golfspieler) oder von weltweit agierenden Organisationen (Nobel-Stiftung, Katholische Kirche) tätig zu werden. Der Autor ist also darum bemüht, mit *bekannten Namen*° *Geschäfte*^{m} zu machen. Er kümmert sich um »Vermarktung und Management« dieser Namen und kombiniert dabei eine Größe der Meinung mit einer Größe des Marktes. So erklärt er einem Kunden – einem Unternehmer, der den Preis dafür, dass er für sein Produkt mit dem Namen eines bekannten Sportlers werben darf, als zu hoch empfindet –, dass das, »was er gekauft hat, die Identifikation seiner Marke mit einem Namen [sei], und dass das, was wir fordern, im Verhältnis zu den zigmillionen Dollars, welche die Entwicklung eines vergleichbaren Markenimages kosten würde, absolut angemessen ist«.

Ganz allgemein kann man sagen, dass das in den *Public-Relations*-Aktivitäten angestrebte »verkaufsfördernde Klima«, durch das die Aufmerksamkeit der Öffentlichkeit auf ein Produkt gezogen werden soll, auf einem ähnlich gearteten Kompromiss beruht. Natürlich wird der gesamte Aufwand an Öffentlichkeitsarbeit nicht um eines solchen Kompromisses willen betrieben. Das wird beispielsweise deutlich, wenn die Klärung in der Welt der Meinung zum einen dazu führt, dass die Abhängigkeit der Abteilung Öffentlichkeitsarbeit von der Abteilung *Vertrieb*[m] und überhaupt die Denkart der Vertriebsleute kritisiert wird, zum andern, dass zwischen dem zu dieser Welt gehörenden *Unternehmensimage*[o] und dem Markenimage[o-m], das einen Kompromiss mit der Welt des Marktes voraussetzt, ein Unterschied gemacht wird: »*Image*probleme können sich als ziemlich widersprüchlich erweisen. Wenn die allgemeine *Unternehmensimage*-Politik nicht klar definiert ist, wird die Abteilung Öffentlichkeitsarbeit permanent zwischen zwei Bestrebungen hin und her gerissen sein: entweder das Markenimage oder das Unternehmensimage zu fördern. Auf kurze Sicht braucht sich die Vertriebsabteilung um die Aktivitäten zur Verbesserung des Unternehmensimages überhaupt nicht zu kümmern, da sie selbst nur am Markenimage arbeitet.« Die Börse kann ebenfalls in einem solchen Kompromiss eine Rolle spielen (»ein vorteilhaftes Image [...] wirkt sich auf den Börsenkurs aus«), freilich mit dem Risiko, dass es zu spekulativen Bewegungen und einem Zusammenbruch des Marktes kommt.

Nur selten kommt es vor, dass der vorangegangene Kompromiss nicht auf eine dritte (die industrielle oder die häusliche) Welt ausgeweitet wird, die zur Stabilisierung des »Markenimages« des Produktes oder seines Rufes beiträgt (Eymard-Duvernay, La qualification). Im ersten Fall wird diese Stabilisierung durch eine Verlagerung hin zur industriellen Welt erreicht. Die Stabilität des Renommees einer Marke hängt dann an jener der Produktionsanlagen und -methoden sowie an der Dauer des *Nutzeffekts*[u] des Produkts für den Konsumenten. Weil im zweiten Fall das Unternehmen als *Haus*[h] einen Ruf zu verlieren hat und weil es auch ein wechselseitiges *Vertrauens*verhältnis[h] zu seiner

Kundschaft *unterhält*[h] (in der Marketingtheorie spricht man von »domestic markets«), ist der Konsum seines Produkts plötzlichen Schwankungen der natürlichen Bewertungen in der Welt des Marktes weniger unterworfen.

Die Methoden zum Aufbau eines Images

UND DER WELT DER INDUSTRIE. Die Größe der Meinung ist sehr unbeständig. »Man muss nur einen Monat lang aufmerksam die Presse verfolgen, um sich davon überzeugen zu können, dass Ereignisse, welche die öffentliche Meinung eines Landes einige Tage lang in ihren Bann ziehen, von einem Tag zum nächsten völlig vergessen sind, weil sie aus der Zeitung verschwunden sind. Wenn der Journalist das Thema nun nicht mehr aufgreift, so liegt das daran, dass er denkt, dass die Öffentlichkeit nicht mehr empfänglich dafür ist, dass ›sie nichts mehr davon wissen will‹ und dass andere Nachrichten interessanter sind.« Versuche, sie weniger schwankend zu machen, erfolgen entweder über Kompromisse mit der Welt des Hauses (wenn die *Meinung*[o] ins *Vertrauen*[h] gezogen wird) oder mit der industriellen Welt. Im ersten Fall stoßen wir auf den die Meinung stabilisierenden »Zustand des Vertrauens«, den Keynes als Beschränkung spekulativen Treibens anführte (Keynes, Allgemeine Theorie, S. 136). Im zweiten Fall sorgt die Verankerung in den Werkzeugen industrieller Art für die Stabilisierung: *Mittel*[u], *Methoden* und *Organisation* gewährleisten *Vorhersehbarkeit*[u] und *Stabilität.*

Mit dem, Begriff »Öffentlichkeitsarbeit« – das ist ja der Gegenstand des von uns für die Darstellung der Welt der Meinung herangezogenen Buches – bezeichnet man die *professionelle Fertigkeit*[u] von *Spezialisten*, die in *Unternehmen* an den vorgenannten Kompromissen mit Hilfe von *Instrumenten* und *Techniken* arbeiten, um eine gewisse *Kontrolle* über die öffentliche Meinung auszuüben. Unser Material ist also sehr reich an solchen Kompromissen. So »zielt eine *Kampagne* darauf ab, [...] ein *Image*[o] aufzubauen«, und das in etwa so, wie man eine industrielle Anlage *installiert*[u]. Diese Werkzeuge, etwa diejenigen, die in der Folge von industriellen *Investitionen*[u] *zum Einsatz kommen*[u], müssen ständig *unterhalten*[u] werden, um von Dauer zu sein: »Ein Image, das nicht systematisch unterhalten wird, verblasst allmählich in der öffentlichen Meinung, und das gesamte in dieses Image investierte Kapital verflüchtigt sich wieder.«

Die Messung der Meinung

Der Kompromiss zwischen der Welt der Meinung und der Welt der Industrie kommt auch im Einsatz von Instrumenten – insbesondere von auf *repräsentativen Stichproben* beruhenden *Umfragen*[o-u] – zum Ausdruck, mit denen *gemessen*[u] werden soll, ob eine Kampagne ihr *Zielpublikum*[o] erreicht hat.

Eine objektive Meinung

Ebenfalls zu einem Kompromiss mit der industriellen Welt gehören Konstellationen, in denen auf eine Realität Bezug genommen wird, die nicht nur der Meinung nach existiert. Das ist etwa dann der Fall, wenn man von einer Meinung behauptet, das sie »begründet ist oder eben nicht«, oder wenn man »objektive« von »subjektiven« Meinungen unterscheidet: Das *Produkt* selbst ist entweder gut oder von zweifelhafter *Qualität*[u], *nützlich* oder *unnütz*[u], *teuer* oder *billig*[m] und so weiter; jedenfalls führt es zu einem überwiegend *objektiven*[u] Urteil beim Konsumenten, zu einem *subjektiven* Urteil bei den Nicht-Konsumenten, die sich nur auf die *Meinung der anderen*[o] stützen.

Kompromisse zwischen der staatsbürgerlichen Welt

UND DER WELT DES MARKTES. In dem untersuchten Buch konnten keinerlei Kompromisse zwischen den beiden Welten gefunden werden.

UND DER WELT DER INDUSTRIE. Ungeachtet aller Unterschiede zwischen einer Ordnung, in der das, was bedeutsam ist, auch effizient ist, und einer Ordnung, in der alles Bedeutende einen allgemeineren Willen repräsentiert, stehen die industrielle und die staatsbürgerliche Größe im Zentrum intensiver Bemühungen um die Bildung von Kompromissen, wobei dies offensichtlich für die französische Gesellschaft in besonderem Maße zutrifft. Ein beredter Ausdruck davon ist die politische Philosophie Durkheims. Die von den Errungenschaften der Gewerkschaftsbewegung und den Bestimmungen des Sozialrechts getragene Figur des *Arbeiters* ist ein Resultat solcher Kompromissbildungen. Häufig kann allein schon das Adjektiv *sozial* eine Brücke bilden zwischen einer Würde, die in der Bildung eines in Gruppen wurzelnden kollektiven Willens praktiziert wird, und einer Würde, die in der Arbeit ihren Ausdruck findet. Die *sozialen Gruppen* setzen sich aus Menschen zusammen, die zugleich in ein und demselben Kollektivwillen aufgehen und im Rahmen einer Arbeitsteilung die gleiche Funktion ausüben.

Zu dem zentralen Kompromiss, den wir als »die Arbeitnehmerrechte« bezeichnen wollen, kommen noch einige nicht in demselben Maße symmetrische Konstellationen hinzu, bei denen eine der beiden Größen die andere, allerdings in instrumentalisierender Weise, verstärkt. Man kann beispielsweise in einer Gewerkschaft die staatsbürgerlichen Solidaritätsbeziehungen mittels »effizienter Mobilisierungsmethoden« zu konsolidieren versuchen, setzt sich zugleich aber dem Vorwurf der Bürokratisierung aus. Ebenso lässt sich in dem Wunsch der Menschen, in Belegschaften und Gruppen aufzugehen, einfach nur ein Mittel zur »Steigerung der Produktivität durch motivierte Arbeitnehmer« und der aus der »Gruppenarbeit« gezogene Nutzen sehen.

Die Arbeitnehmerrechte

Der im Sozialrecht verwirklichte Kompromiss zwischen der staatsbürgerlichen und der industriellen Größe stand lange Zeit im Zentrum intensiver Bemühungen. Dieser in dem Buch »Der Versorgerstaat« von François Ewald dargestellte Prozess vermittelt eine Ahnung von den für die Entstehung eines neuen Gemeinwesens notwendigen Vorarbeiten. Er kann allerdings nicht als abgeschlossen gelten. Es fehlt an einer Systematisierung, die für die Formulierung eines neuen Prinzips der Äquivalenz und des Gleichgewichts erforderlich wäre, das einer eigenen Rechtfertigungsprüfung zugrunde liegen könnte. Diese Unabgeschlossenheit wird besonders deutlich, wenn Wesen der industriellen Welt mit Wesen aus der staatsbürgerlichen Welt aneinandergeraten. Ein solcher Konflikt lässt sich jedoch nicht schlichten, ohne dass es seitens der Beteiligten zu einem Einvernehmen darüber kommt, dass es eines Ausgleiches zwischen den unterschiedlichen Ansprüchen bedarf. Die bei der Anwendung einer sozial- oder arbeitsrechtlichen Regelung beobachtbare Unmöglichkeit, aufgrund des Fehlens eines übergeordneten Prinzips eine einzelne Prüfung vollständig durchzuführen, macht ja gerade diesen Kompromiss aus, der darauf abzielt, über die beiden zur Verfügung stehenden Prinzipien hinauszugehen, ohne dies freilich erreichen zu können.

Der angestrebte Kompromiss wird von der *Gewerkschaftsbewegung* verkörpert, in weiterem Sinne aber auch von all jenen Einrichtungen, die sich als *sozial* bezeichnen lassen (Sozialrecht, Sozialarbeit, Sozialpolitik und so weiter). Er bezieht sich auf zwei Dinge, einerseits auf die *Einheit aller*[s], auf die Gruppe, die *kollektive Solidarität*, und auf eine *Nutzenfunktion*, auf *produktive Fertigkeiten*[u] andererseits. Dieser Kompromiss, der die *Würde der Arbeitnehmer* zur Geltung bringt, zeichnet sich dadurch aus, dass er an die Stelle des *Bürgers*[s] oder des *Menschen* im Allgemeinen – Begriffe, die zur Bezeichnung der staatsbürgerlichen Größe dienen – den Begriff des *Arbeitnehmers* setzt. Die bei Saint-Simon oft als Kontrast zu den *Untätigen* angeführten *Arbeitenden* kommen heutzutage nur noch dann in einem industriellen Kontext vor, wenn dieser auch eine staatsbürgerliche Komponente aufweist. »Da sie alle der gleichen Ausbeutungspolitik seitens des Arbeitgebers ausgesetzt sind«, sind die Arbeitnehmer durch ihre *Lage* charakterisiert, die es »zu verbessern gilt« und die sowohl die Fähigkeit zur politischen Meinungsäußerung als auch die Ausübung einer Funktion umfassen kann. Sogar für die Situation des »Arbeitslosen« (im Gegensatz zu der des streng industriell definierten »Müßiggängers«) ist ein eigenes System der Entschädigung vorgesehen, das einen solchen Kompromiss mit der staatsbürgerlichen Welt darstellt (Salais/Baverez/Reynaud, L'invention).

Zum Zusammenspiel des staatsbürgerlichen und des industriellen Gemeinwohls kommt es auch in Situationen wie dem *Streik*, der »durch sein Mobilisierungspotential belegt, dass eine latente ›Unzufriedenheit‹ besteht«. Der *Gewerbeaufsichtsbeamte* bewegt sich ebenfalls im Rahmen eines solchen Kompromisses, wenn er bei Meinungsverschiedenheiten durch einen *Appell* an die *Solidarität*[s] oder mit *recht-*

lichen[s] Mitteln die Anforderungen der *Produktion*[u] oder den vom *Markt*[m] ausgeübten Druck abschwächt (Dodier, Le travail d'acccommodation).

Die Solidität dieses staatsbürgerlich-industriellen Kompromisses zeigt sich an der Vielzahl der beschriebenen Institutionen, deren Nutzen genau darin besteht, einen *Tarifvertrag* oder eine *Betriebsvereinbarung* durch *Vertragsverhandlungen* abzuschließen, *Zugeständnisse* zu machen oder *Kompromisse* im herkömmlichen Sinne einzugehen, »an deren Zustandekommen die Arbeitnehmerorganisationen, aber auch das Arbeitgeberlager und der Staat beteiligt sind«, *sozialpolitische Maßnahmen* in *paritätisch besetzten Kommissionen* zusammen mit den *Sozialpartnern* und dem *Betriebsrat* einzuführen. Solche Kompromisse drängen die »klassischen produktivistischen Methoden zurück, die zu heftiger Verärgerung und fast immer zum Aufeinanderprallen von Unternehmer- und Arbeitnehmerinteressen führen, dessen negative Folgen noch lange zu spüren sind.«

Effektive Mobilisierungsmethoden

Kompromisse mit der industriellen Größe können sich auch darauf erstrecken, wie staatsbürgerliche Ordnung selbst verstanden wird. In solchen Fällen kommt es zu ihrer Anbahnung im Rahmen von *Organisationsbemühungen* dadurch, dass man Stabilisierungsinstrumente, die auf *Routinen*[u] basieren, mit der Äußerung des *Allgemeinwillens*[s] zu einem Ganzen verknüpft. Häufig gehen sie mit einer heftigen Kritik an der Inspiration einher. Sie werden im Umfeld von technischen Objekten, Mess- oder Prognoseinstrumenten, Fähigkeiten oder Kompetenzen, die als *technisch* bezeichnet werden, geschlossen: »Wenn zur Lösung der Probleme der Arbeitnehmer und gewerkschaftlichen Betriebsgruppen in der Tat ein *Wille zum Handeln*[s] erforderlich ist, dann benötigen sie aber auch ein Minimum an *technischen Fertigkeiten*[u].« Die hier von der *Betriebsgruppe*[s] verkörperte kollektive Person zeichnet sich durch ihr *Aktionspotential*[u] aus und wird quasi wie eine Maschine behandelt, die anhand der Durchführung einer *Messung* und der Erstellung einer *Prognose* hinsichtlich ihrer *Effizienz* und *Rentabilität* bewertet werden kann. Das gilt etwa für den *Arbeitsplan*, dessen »Erstellung ein wichtiger Moment für die ganze Betriebsgruppe ist«: »Die Mitglieder dürfen sich von den Ereignissen nicht überrollen lassen. Sie müssen auch Einfluss darauf ausüben können. Sie sollten imstande sein, sich Tag für Tag der Realität zu stellen, und über alle Mittel verfügen, um auch unvorhergesehene Dinge in den Griff bekommen zu können.« Die Betriebsgruppe muss auch einen Arbeitsplan ausarbeiten, der die Einführung einer ganzen Reihe von Objekten und Arrangements nach sich zieht, die in den Bereich der industriellen Welt gehören. Zu erledigende *Aufgaben*, *Ziele*, die für die Mitglieder insofern von Nutzen sind, als sie dann »wissen, woran sie sind und was zu tun ist«, *Programme* und *Grafiken*, »die den Fortschritt bei der Informationsverbreitung anzeigen«, *Erhebungen* (»wenn es im Betrieb etwa 70 % Arbeiter gibt und nur 10 % der organisierten Mitglieder Arbeiter sind, dann stellt das wohl ein Problem für die Betriebsgruppe dar«), *Organigramme* (»für die Ausarbeitung des Rekrutierungsplans erweist sich ein Organigramm des Unternehmens, auf dem die Verteilung des Personals, die Anzahl der organisierten Mitglieder und die Namen der Aktiven nach Büros, Werkshallen und Abteilungen verzeichnet sind, als nützliches Hilfsmittel. Damit lassen sich die zu erledigenden Aufgaben visualisieren«), ein *Haushalt*, »der dazu anhält, sich Gedanken über den Zusammenhang von Aktionen und den Finanzen zu machen«.

Die Steigerung der Produktivität durch motivierte Arbeitnehmer

Die Suche nach Wegen, »um das Interesse der Menschen an ihrer Arbeit zu wecken«, sie zu »motivieren« und ihnen »Verantwortung zu übertragen«, zielt auf die Errichtung eines Arrangements ab, das nicht rein industrieller Natur ist und in dem die Würde der Personen nicht ausschließlich in ihrer Arbeit wurzelt. Arbeit ist dann kein reiner Selbstzweck. »Eine höhere Motivation, eine bessere Atmosphäre, ein größeres Interesse an der Arbeit führen wiederum zu einem gesteigerten Engagement und damit zu höherer Produktivität.« Die skizzierten Kompromisse verknüpfen die *technische Entwicklung*[u] – ein harmonisches Bild der natürlichen industriellen Ordnung (eine andere Formulierung für *Fortschritt*[u]) – mit dem *Streben nach Höherem der Menschen*[u], worin sich die Würde der Personen in der staatsbürgerlichen Welt äußert. »Die Zukunft des Unternehmens im Hinblick auf die technische Entwicklung und die Sehnsüchte der Menschen zu definieren – darin besteht eine Antwort auf die industrielle Gesellschaft, deren Mitglieder zunehmend weniger tolerant gegenüber der Industrie sind, ohne freilich ganz auf sie verzichten zu können.«

Der dem Wohl der Menschen dienende Charakter der Arbeit stärkt ein Arrangement, auf dem ein vergleichbarer Kompromiss aufbauen kann. So weiht der Bildungsminister ein nationales Büro der MGEN[56] im Rahmen einer Zeremonie ein, die durchaus industrielle Züge trägt (Besichtigung der Einrichtungen, auf dem neuesten Stand der Technik befindliche medizinische Ausstattung, ein umfangreiches Budget und so weiter), bei der Präsentation des humanitären und gemeinnützigen Charakters der Aktivitäten im psychiatrischen Bereich dieses Zentrums und des vertraglichen Verhältnisses, das es mit dem Ministerium unterhält, aber auch auf staatsbürgerliche Wesen zurückgreift: »Parallel zu den pflegerischen Aktivitäten hat die MGEN die Voraussetzung für die Reintegration von Personen mit gesundheitlichen Beeinträchtigungen in Arbeit und in die Gesellschaft geschaffen. Dieses Ziel mag manchen Menschen etwas utilitaristisch vorkommen, so als ob der Staatsbedienstete nur als Produktionsfaktor gesehen würde. Für die Mitglieder aber besitzt es einen menschlichen Wert, der über das rein Ökonomische hinausgeht und darauf abzielt, dem Kranken seinen Platz im Leben, seine Unabhängigkeit, seine Würde wiederzugeben, mit einem Wort, ihn unter Einsatz kollektiver Solidarität wieder auf den Weg der Emanzipation des Menschen zu bringen.« (MGEN Actualité, Juni 1985)

Der Kompromiss zwischen diesen beiden Größen macht also *Produktivitätssteigerungen*[u] mit der *Befriedigung des Strebens nach Höherem*[s] der Menschen kompatibel, da es »Lösungen gibt, welche zugleich die Kosten und die Zufrie-

56 Die MGEN (Mutuelle Générale de l'Éducation Nationale) ist ein Versicherungsverein auf Gegenseitigkeit für die Beschäftigten des Bildungswesens, der Forschung und der Kultur mit einer großen Zahl von medizinischen und pflegerischen Einrichtungen; Anm. des Übers.

denheit aller Beschäftigtengruppen optimieren« und darauf beruhen, dass die technischen Probleme und die Probleme der Menschen zusammen angegangen werden«. So stehen in der »Arbeitsgruppe« »der Fachmann« und das »besonders motivierte Belegschaftsmitglied« Seite an Seite, ein Arrangement, dessen mangelnde Kohärenz einer rein industriellen (oder rein staatsbürgerlichen) Prüfung nicht standhalten würde.

Die Gleichsetzung der »Arbeitsbedingungen« mit der Messung der »Arbeitssicherheit« gehört ebenfalls in die Reihe derartiger Kompromisse. Ohne die Welt der Industrie zu verlassen, kann man sicherlich diejenigen *Faktoren*[u] identifizieren, die sich in der *Umgebung* des *Arbeitsplatzes* auf die Arbeitsleistung *negativ auswirken* oder gar *schädlich* sind. Das Arrangement der Arbeitsbedingungen weist ein Spannungsverhältnis zwischen zwei Größen auf, wie man an den Klagen über schlechte Arbeitsbedingungen oder »gesundheitliche Belastungen« sieht, oder an den Kompromissen, bei denen das Führungspersonal »die Lösungsansätze herausarbeitet, mit denen sich die Produktivität und die Arbeitsbedingungen zugleich optimieren lassen«. Über eine stärkere Gewichtung der staatsbürgerlichen Welt lässt sich an eine Würde des Menschen appellieren, die über seine Arbeit bei weitem hinausgeht:

»Investitionen des Unternehmens in die Humanisierung der Arbeitsbedingungen sind zweifellos nicht ohne weiteres umzusetzen, tragen zugleich aber auch viele Früchte. Sie sind, wenn Sie so wollen, rentabel, allerdings von einer Rentabilität, die über das Unternehmen hinausreicht.«

Gruppenarbeit

Die Verlagerung des Schwerpunktes hin zur staatsbürgerlichen Welt kann sich nicht auf die Würde der Personen stützen (»das Streben nach Höherem der Menschen«), sondern muss auf ein übergeordnetes gemeinsames Prinzip und seine spezifische Form von Größe (*alle*[s], *gemeinsam*, in der Gruppe, *kollektiv*) Bezug nehmen: »Mit *allen*[s] besser *produzieren*[u].« Durch diese Verschiebung kommt wahre Größe nicht mehr nur dem *Spezialisten*[u], sondern der ganzen *Gruppe*[s] zu: »und schon ist es nicht mehr der Spezialist, sondern die ganze Gruppe, die sagt: ›Ja, wir sind einverstanden, diese Umgebung ist thermisch nicht gesund. Wie können sie verlangen, dass jemand unter solchen Umständen arbeitet?‹« Von einer sich auf eine *Messung*ᵘ stützenden *mathematischen* Wahrheit bewegen wir uns übergangslos zu einer auf der *öffentlichen Meinung*, der Gruppen*meinung*ˢ beruhenden Wahrheit. »Da eine Einschätzung des nicht Messbaren nur schwer vorzunehmen ist, vertritt das vorliegende Handbuch den Standpunkt, wonach Bewertungen vorzunehmen oder Notizen zu machen sind [...]. Die Zusammenfassung der Notizen sollte auf nicht mathematische Weise erfolgen, um daraus Synthesen anfertigen zu können, die aufgrund der Konfrontation der Meinungen durchaus Sinn machen [...]. Eine solche Synthese ist nicht mathematisch. Vielmehr lässt sich mit der Vielzahl der Notizen eine umfassende Bewertung vornehmen, die die Meinung der Gruppe wiedergibt und für Handlungsentscheidungen von Bedeutung ist.«

Die *Mobilisierung*ˢ der *Energie*ᵘ des *Kollektivs* erfolgt durch Kompromisse, wie sie etwa die posttayloristischen Methoden der Arbeitsorganisation darstellen. Das gilt beispielsweise für die »autonome Gruppenarbeit«, »in der ein Team von Arbeitern eine Reihe von Aufgaben durchführt, ohne dass es zu einer eindeutigen Zuordnung eines Arbeiters zu einer Aufgabe kommt«. Ganz allgemein finden solche Verlagerungen statt, wenn »Probleme auf partizipative Art und Weise gelöst werden«, wodurch sich »Konsens erzielen lässt«.

Als Beispiel für die Umsetzung derartiger Kompromisse lässt sich daneben auch der solidarische Ausgleich ungleichmäßiger Arbeitsbelastungen innerhalb der Arbeitsgruppe anführen, ein Arrangement, das in diesem Falle von den Arbeitern und nicht vom Arbeitgeber getroffen wird (Dodier, Corps et accords).

Die Zertifizierung von Kompetenzen

Der Kompromiss zwischen der staatsbürgerlichen und der industriellen Welt, den die Zertifizierung von Kompetenzen erfordert, ist heutzutage schon so solide, dass wir uns zur Untersuchung seiner Komponenten ein früheres Stadium des Konsolidierungsprozesses vornehmen müssen. So hat John Hubbel Weiss anhand eines Vergleichs der Funktionsweise zweier französischer Hochschulen, der École Centrale und der École Polytechnique, zu Beginn des

19. Jahrhunderts gezeigt, dass die Abbrecherquoten vor Erhalt des Diploms für die École Centrale mit 60 % gegenüber 10 % für die École Polytechnique um einiges höher ausfielen, weil die Industriellen ihre Kinder hier unterbrachten, um ihnen eine im engen Sinne industrielle Kompetenz zu vermitteln, ohne dem Titel allzu viel Bedeutung einzuräumen, wohingegen der Titel für eine Laufbahn im Staatsdienst unerlässlich war (Weiss, The Making, S. 183–185).

Der Sicherheitsimperativ

Eine weitere Variante eines staatsbürgerlich-industriellen Kompromisses kann sich auf ein Sicherheitserfordernis stützen, wie sich am Fall eines großen öffentlichen Verkehrsunternehmens, nämlich der SNCF[57], deutlich machen lässt (Corcuff, Sécurité et expertise): Dieses Unternehmen, in dem eine große Anzahl von Situationen existieren, die der industriellen Natur zugehören (Maschinen, Werkstätten und so weiter), muss als öffentlicher Dienstleister eine starke Verbindung zur staatsbürgerlichen Welt aufrechterhalten. Im Unterschied zu den amerikanischen Eisenbahnen, bei denen von Anfang an das kommerzielle Interesse im Vordergrund stand, ist die französische Bahn, auch wenn sie bis zum letzten Krieg noch von privaten Gesellschaften betrieben wurde, in die Schaffung eines staatsbürgerlich-industriellen Kompromisses einbezogen gewesen. Dessen Stabilität beruhte zum großen Teil auf Vorkehrungen, die zur Gewährleistung der Transportsicherheit getroffen worden waren. Als »öffentlicher Dienstleister« ist die Bahn verpflichtet, dem Gemeinwohl und damit der öffentlichen Sicherheit oberste Priorität einzuräumen. Dieser Sicherheitsimperativ erklärt auch den großen Einfluss der Ingenieure im Unternehmensmanagement und erleichtert die Einführung der Psychotechnik, die sich definieren lässt als das Bemühen, den menschlichen Wesen die gleiche Aufmerksamkeit angedeihen zu lassen wie der Zuverlässigkeit des rollenden Materials. Die Angepasstheit und Vorhersehbarkeit menschlichen Verhaltens soll durch den Einsatz von nicht weniger wissenschaftlichen Methoden gewährleistet werden.

57 SNCF: Die französische Staatsbahn; Anm. des Übers.

Die Effizienz des öffentlichen Dienstes

Die öffentlichen Dienstleistungen bieten noch weitere Beispiele für Kompromisse zwischen der staatsbürgerlichen und der industriellen Welt, etwa wenn Maßnahmen zur Steigerung der Arbeitseffizienz vor allem gegenüber dem Personal mit der Sorge um das Wohl der Nutzer gerechtfertigt werden. Das ist etwa der Fall bei den städtischen Betrieben einer mittelgroßen Stadt im Norden Frankreichs, die von Claudette Lafaye untersucht wurde (Lafaye, Réorganisation industrielle). In einem derartigen Betrieb vom Umfang eines Großunternehmens, dem die Erledigung ganz unterschiedlicher Aufgaben obliegt, sind Arrangements zwischen der staatsbürgerlichen und der industriellen Welt besonders verbreitet. Die Legitimität einer kommunalen Maßnahme beruht nämlich zuvorderst auf einem staatsbürgerlichen Prinzip, das sich auf eine ganze Anzahl von Rechtstexten und Verordnungen stützt, in denen der Allgemeinwille niedergelegt ist, dessen ausführendes Organ die Verwaltung ist. Dem Bürgermeister und dem Stadtrat, die nach dem allgemeinen Wahlrecht gewählt werden, ist eine Aufgabe von öffentlichem Interesse übertragen. Sie müssen unter anderem die Gleichheit der Bürger vor dem öffentlichen Dienst garantieren. Um diesem Auftrag nachzukommen, müssen sie sich nicht nur auf eine große Zahl verschiedenartigster technischer Arrangements stützen, deren Einsatz besondere Kompetenzen erfordert und deren Bewertung auf einem industriellen Legitimitätsprinzip beruht. Das Spannungsverhältnis zwischen dem staatsbürgerlichen und dem industriellen Gemeinwesen ist genau dem Arrangement schon inhärent, das die Ausführung dieser speziellen Aktivitäten anleitet: Die Verantwortung für jede von ihnen wird nämlich – in einer Weise, die leicht zu Konflikten führen kann – einem von den Bürgern gewählten Stadtrat übertragen, der allerdings keine spezifische Kompetenz besitzt, und zugleich einem Abteilungsleiter, der keinerlei staatsbürgerliche Legitimierung hat, für sich jedoch den Besitz des für die Ausführung der der Abteilung obliegenden Aufgaben nötigen Wissens reklamieren kann. Gegenüber der Bevölkerung, aber auch gegenüber den städtischen Angestellten erfolgt die Rechtfertigung einer Investition in technische Gerätschaften nie allein unter Bezugnahme auf das Prinzip industrieller Effizienz. Das zeigt sich am Beispiel der Einführung eines neuen Systems zur Abfuhr des Hausmülls, die mit dem Argument höherer »Rentabilität« (»schnelle Amortisierung«, »Effizienz«) begründet wird, zugleich aber auch unter Bezugnahme auf das Gemeinwohl (»saubere Stadt«, aber auch »bessere Arbeitsbedingungen für das Personal«).

Kompromisse zwischen der Welt des Marktes

UND DER WELT DER INDUSTRIE. Unsere Entscheidung, all unsere die Praxis betreffenden Argumente aus Unternehmenshandbüchern zu ziehen, zeigt deutlich, dass das Unternehmen ein komplexes Arrangement darstellt. Es besteht aus Elementen, die sämtlichen hier untersuchten Naturen angehören. Es steht außer Zweifel, dass man von der Anerkennung der Vielfalt der in diesem Kapitel identifizierten Handlungsregime einen Fortschritt für das Verständnis solcher Organisation erwarten kann, was voraussetzt, dass man sie als *hybrides* Arrangement auffasst, das mehrere Rechtfertigungsformen ins Spiel bringt.

Für ein Unternehmen ist ein Kompromiss zwischen einer auf dem Markt und einer auf Effizienz basierenden Ordnung absolut zentral. Erfüllt es diesen Anspruch nicht, dann hat das Unternehmen keinerlei Daseinsgrundlage. In einer Welt des Marktes wird dieser Anspruch aufgrund der dadurch notwendigen Routinen nur zu einer Quelle von Rigiditäten. In einer industriellen Welt wird er aufgrund der Unvorhersehbarkeit der Kundenwünsche, die die straffe Organisation der technischen Anlagen beeinträchtigt, zu einer Quelle von Ineffizienz. Die Notwendigkeit von Kompromissen zwischen diesen Größen aufgezeigt zu haben, verdanken wir der institutionalistischen Schule in der Ökonomie. Sie hat auf die Bedeutung der Organisation und der Firma hingewiesen (Coase, The Nature). Immer wieder hat sie jedoch betont, dass ihr Funktionieren auf komplexeren als nur marktförmigen Transaktionen beruht (Williamson, Markets and Hierarchies; ders., The Economic Institutions) und dabei – um den Titel des Buches von Alfred Dupont Chandler aufzugreifen (The Visible Hand) – eine »sichtbare Hand« ins Spiel gebracht.

Ein verkäufliches Produkt

Das *Produkt* ist der Punkt, an dem die industrielle Natur und die Natur des Marktes am häufigsten miteinander zusammentreffen. Es kann das Resultat des *Funktionierens*[u] einer *effizienten Produktionseinheit* sein oder ein mehr oder weniger knappes *Gut*[m], nach dem *konkurrierende Wünsche* streben.

Die Beherrschung der Nachfrage

Die sogenannten »fordistischen« oder »Massenproduktionsregime« stellen kompromisshafte Arrangements dar, welche die Anforderungen einer von hoher Produktivität gekennzeichneten leistungsfähigen Fertigung mit der Notwendigkeit, die Marktnachfrage zu befriedigen, zu vereinbaren suchen. Diese Arrangements beruhen auf Skalenökonomien, die implizieren, dass der Preis der Ware sinkt, wenn die Zahl der Käufer zunimmt – ein Zusammenhang, der in der Welt des Marktes keineswegs natürlich ist. Was man normalerweise als Marktgröße bezeichnet, ist streng genommen kein Indikator für die Größe des Marktes in dem in diesem Buch verwendeten Sinne, da er eine Konzentration anzeigt, die der Konkurrenz eigentlich zuwiderläuft (Eymard-Duvernay, Conventions de qualité, S. 128). Fords Aufforderung, wonach man den Wettbewerbsgeist gering achten und sich lieber spezialisieren soll, besagt, dass die Arbeitsteilung ein funktionales Erfordernis ist, das nichts mit der Welt des Marktes gemein hat. Im Fall des fordistischen Systems besteht das Arrangement aus Elementen, die für die industrielle Effizienz sorgen, und einem »Leitmarkt«. Die Produktstandardisierung und die Art der Entlohnung sollen dabei den Kompromiss zwischen den zu den beiden Naturen gehörenden Objekten gewährleisten. Mit der Herausbildung eines Marktes von Massengütern soll das Sinken der Gestehungskosten mit einer Stabilisierung der Nachfrage einhergehen, was voraussetzt, dass die Fluidität des Marktes mit der für die industrielle Natur charakteristischen Vorhersehbarkeit in Einklang gebracht wird und dass die Instabilität der Größen des Marktes (insbesondere durch das »Marketing«) *kontrolliert wird*[u].

Ganz allgemein setzen Investitionsentscheidungen und das ihnen zugrunde liegende wirtschaftliche Kalkül einen

Kompromiss voraus zwischen einem industriellen Erfordernis, das zur Geltung kommt, wenn man die technische Leistungsfähigkeit der neuen Ausrüstung überprüft, und den Zwängen eines Finanzmarktes, die sich durch kurzfristige Zinsen ausdrücken lassen. Der Kompromiss besteht darin, bei Entscheidungen auf eine Wachstumsrate und einen Horizont (ein anderer Ausdruck für den Zinssatz) Bezug zu nehmen, will man die beiden Erfordernisse miteinander vereinbaren (Favereau/Thévenot, Reflexions).

Die Geschäftsmethoden

Kompromisse mit der industriellen Natur kommen in der von uns untersuchten Quelle relativ selten vor, vor allem im Vergleich zu ähnlichen französischsprachigen Handbüchern, die, selbst wenn sie sich hauptsächlich mit Geschäften und dem Verkauf befassen, alle ein ganzes Arsenal von Methoden präsentieren, die im Großen und Ganzen der industriellen Natur zuzuordnen sind. Diese französischsprachigen Handbücher richten sich nicht an *Geschäftsleute*[m], sondern an leitende kaufmännische Angestellte, Vertreter, Verkäufer, Vertriebsingenieure, Vertriebsleiter, Verkaufsleiter, Marketingleiter oder Produktleiter. Der Ansatz ist dabei hauptsächlich industriell, insofern es darum geht, mittels *rationaler Methoden*[u] die *Effizienz* und die *Produktivität* der Verkäufer zu *steigern*.

In dem untersuchten amerikanischen Handbuch ist die industrielle Natur viel weniger präsent, obwohl sie auftaucht, wenn der Autor sich an den Unternehmer richtet, der ja »das Ruder führen« soll. Diese Anleihen beziehen sich vor allem auf die Erfassungs- und *Messinstrumente*[u], mit denen sich *Stabilisierungen vornehmen* und *Voraussagen* machen lassen: »Notizen« (»Wenn man etwas notiert, verpflichtet man sich zugleich«), »Schreibblock«, *Plannings* und *Timings*, die man führen muss und die ein *Zeitmanagement*[u] mit fast schon militärischer Pünktlichkeit ermöglichen. Analog dazu besitzt der Generaldirektor Größe aufgrund seines Weitblicks wie auch seines ausgeprägten Sinns für Geschäfte und beim Schopf zu packende Gelegenheiten: »Ich habe noch nie einen *Vorstandsvorsitzenden*[u] oder einen *Generaldirektor*[u] gesehen, der nicht stolz auf seine Überzeugungsfähigkeit, das heißt sein *Verkaufstalent*[m], gewesen wäre.«

Der Nutzen zwischen Wunsch und Bedürfnis

Genauso wie das Produkt Übergänge zwischen den Welten des Marktes und der Industrie möglich macht, dient der Begriff des Nutzens – wenn damit nicht im engeren Sinne die Befriedigung eines Wunsches gemeint ist – in dem komplexen Arrangement der Firma häufig zur Anbahnung eines Kompromisses mit dem für die industrielle Welt spezifischen Erfordernis nach Funktionalität. Dieser Kompromiss vermengt tendenziell das, was von ihren subjektiven *Wünschen*[m] getriebene Personen bewegt, und das, was sie aus *funktionalen*[u] Gründen antreibt.

XI Die Relativierung

Private Arrangements

Um einen Kompromiss begründen zu können, bedarf es der Annahme eines Gemeinwohls. Damit der Kompromiss Bestand hat, darf eine Klärung nicht zu weit vorangetrieben werden, da es kein höherrangiges Gemeinwesen gibt, auf welches die in dem Kompromiss zusammengebrachten, im Grunde aber nicht miteinander zu vereinbarenden Welten zusammenlaufen könnten. Versucht man den Kompromiss auf eine solidere Grundlage zu stellen und damit zu stabilisieren, führt das eher zum gegenteiligen Effekt. Der Versuch, zu bestimmen, wie ein Gemeinwohl beschaffen sein könnte, mit dem sich der Kompromiss stützen ließe, läuft Gefahr, ihn wieder zu zerschlagen und Zwietracht zu erzeugen. Denn diese Erkundung der Grundlagen für die bestehende Einigkeit legt zwangsläufig offen, dass der Kompromiss nur ein schlichtes Konglomerat ohne jegliches Fundament ist, und das kommt praktisch seiner Infragestellung gleich. Er erscheint dann nicht mehr als eine zwischen allen um des Gemeinwohls willen geschlossene Übereinkunft, sondern als ein den Umständen geschuldetes Abkommen zwischen Menschen, die gut miteinander auskommen. Die Ausrichtung auf ein Allgemeininteresse ist das, wodurch sich der Kompromiss von einer »lokalen«, »auf gütlichem Wege« geschlossenen Übereinkunft abhebt, in der die Menschen sich nur wechselseitig Zugeständnisse machen und sich für einen Moment auf die Definition eines Gutes einigen, das ihnen in der betreffenden Situation gemeinsam ist.

Wir wollen diese zugunsten der Beteiligten geschlossene Transaktion ein *privates Arrangement* nennen (Rousseau nannte solche sich an privaten Interessen orientierende Vereinigungen »Klüngel«). Das private Arrangement ist eine in beiderseitigem Einvernehmen und nicht im Hinblick auf ein Allgemeinwohl geschlossene Übereinkunft zwischen zwei Parteien (»Du machst das, das kommt mir zupass, ich mache das, das kommt dir zupass«). Das die beiden Personen einigende Band lässt sich nicht für alles und jeden generalisieren. In einer zur Stadtverwaltung gehörigen Abteilung überlässt der Direktor seinem Stellvertreter, der sich ihm gegenüber im Büro sehr hilfsbereit zeigt und zu dem er ein kollegiales Verhältnis unterhält, übers Wochenende den Dienstwagen. Es handelt sich dabei um ein Arrangement, eine auf gütlichem Wege zwischen ihnen geschlossene Übereinkunft. Sie ist nicht Gegenstand einer expliziten Abmachung, lässt sich ja öffentlich gar nicht rechtfertigen und kann zu jedem Zeitpunkt wieder aufgekündigt werden, etwa wenn andere Mitarbeiter der Abteilung oder der Vorgesetzte sie als nicht zu rechtfertigende Begünstigung anprangern. Die Zurücknahme einer Bevorzugung, in deren persönlichen Genuss öffentliche Bedienstete kommen, wird zu keinerlei öffentlichem Protest führen. Die Betroffenen lassen ihrer Unzufriedenheit nur unter Murren im privaten Gespräch freien Lauf. Dagegen würde die Abschaffung einer Prämie, in deren Genuss sie als Angehörige einer tarifvertraglich festgelegten Kategorie kommen, bewirken, dass sie sofort in den Streik treten.

Solche Arrangements hat man häufig im Blick, wenn man von einer Beziehung, einer Situation oder einer Übereinkunft sagt, sie sei »privater Art« oder es handele sich dabei um ein »Bündnis«. Der Begriff »privat« besitzt im alltäglichen Sprachgebrauch unterschiedliche Bedeutungen. Er kann verwendet werden, um das zu bezeichnen, was der häuslichen Welt oder der des Marktes im Gegensatz zu anderen Welten – der staatsbürgerlichen Welt (der Respekt vor der Privatsphäre) oder auch der Welt der Meinung (das Privatleben eines Stars) – angehört. Mittels des Begriffes »privat« lässt sich jedoch auch ein Gegensatz zwischen den Arrangements, die Personen privat treffen, und solchen Arrangements herstellen, deren Berechtigung sich aufzeigen lässt, indem man bis zu dem sie stützenden Prinzip zurückgeht. In dieser Bedeutung wollen wir ihn hier verwenden. Somit gilt für uns das als »privat«, was ohne Rücksicht auf das Gemeinwohl nur den Nutzen der beteiligten Parteien kennt und nicht den Anspruch erhebt, generell rechtfertigbar zu sein. Von einem Bündnis lässt sich beispielsweise sagen, dass es privater Natur ist, insofern es sich nicht durch die Bezugnahme auf eines der Gemeinwesen begründen lässt. Diese beiden Bedeutungen werden häufig miteinander vermengt, vor allem, wenn der Begriff »privat« zur Bezeichnung von freundschaftlichen oder vertraulichen Situationen verwendet wird. Sie müssen allerdings sauber auseinandergehalten werden, um die Welt des Hauses in ihrer Allgemeinheit herauszuheben und die häuslichen Situationen unterscheiden zu können, die in einer rechtfertigbaren Form vorkommen, wie etwa Familienzusammenkünfte anlässlich einer Hochzeit oder eines Todesfalls, Situationen, in denen Personen zusammenkommen, die sich miteinander arrangieren können, ohne dass ein Zwang zur Rechtfertigung ihrer Übereinkunft gegenüber einem weiteren Kreis besteht.

Ist man »unter sich«, dann ist das Bemühen um das Gemeinwohl für eine Weile ausgesetzt. Man geht Bindungen ein, die keinem Gerechtigkeitserfordernis unterliegen und sich auch nicht universalisieren lassen: »Unter uns gesagt, würde ich dir raten, dass ...« »Unter uns« lässt sich alles sagen, man versteht sich eben. Der Ausschluss der anderen und in manchen Fällen ein Geheimnis spielen bei der Bildung eines Bündnisses eine Rolle, über dessen Beteiligte man sagt, sie stünden in einem Verhältnis der »Komplizenschaft« zueinander. Wenn zwei Personen sich über eine dritte lustig machen, was nicht nur im Beisein der betreffenden Person anstößig wäre, sondern auch vor einem nicht direkt beteiligten Publikum, dann prangern wir das heimliche Einverständnis zwischen den beiden an und sagen, dass es auf Kosten einer anderen Person geht. Einstiege in ein solches privates Arrangement bieten die Geschmacklosigkeit, die darin besteht, dass sich zwei Personen in aller Öffentlichkeit, also dem Erfordernis einer Rechtfertigung unterliegend, über einen Dritten lustig machten, die als »unpassend« empfundene Ironie, das unter vier Augen Gesagte und überhaupt alles, worin die Komplizenschaft zum Ausdruck kommt.

Anhand dieser kurzen Analyse der Konstellation des privaten Arrangements lässt sich nun begreifen, wie sich ein Kompromiss infrage stellen lässt. Um ihn angreifen zu können, muss man ihn auf ein privates Arrangement reduzieren, von dem die beteiligten Parteien profitieren. Man bezieht das in dem Kompromiss angestrebte und nicht näher spezifizierte Gemeinwohl auf ein *Interesse* und damit auf eine Eigenschaft, die dazu dienen kann, Äquivalenzen zwischen Personen herzustellen und sie in eine Ordnung zu bringen, ohne dass sich diese Ordnung in voller Allgemeinheit rechtfertigen ließe, da sie nicht auf einem Äquivalenzprinzip basiert, das die Zugehörigkeit der beteiligten Personen zu einem gemeinsamen Menschsein respektiert. Private Arrangements beruhen nämlich auf gemeinsamen Interessen, die, sobald sie zur Bewertung weiterer Personen ins Spiel gebracht werden, in einem Verallgemeinerungsprozess einbezogen werden, dem es an Legitimität fehlt. Hier muss aber noch eine Unterscheidung getroffen werden zwischen Zuordnungen, die wir der Einfachheit halber als »willkürlich« bezeichnen wollen, und zwar in dem Sinne, dass sie gar nicht mit den Anforderungen eines Gemeinwesens konfrontiert worden sind, und solchen, die inakzeptabel sind, weil sie nicht mit dem Modell der Rechtfertigungsordnung kompatibel sind, das wir entwickelt haben, um die Kompetenz formalisieren zu können, welche die Personen beim Urteilen an den Tag legen. Das ist etwa der Fall, wenn jemand Äquivalenzen aufstellt, wie sie für die Eugenik typisch sind, in denen die Größe dem Besitz einer ein für alle Mal im Körper eingeschriebenen biologischen Eigenschaft untergeordnet wird.

Die versteckte Andeutung

Wenn im Verlauf einer Meinungsverschiedenheit eine Partei die andere versteckter Andeutungen bezichtigt und diesem Vorgang einen negativen Wert beimisst (was natürlich nicht sämtliche Fälle einschließt, in denen etwas Doppeldeutiges geäußert wird oder etwas unausgesprochen bleibt), dann ist sie darum bemüht, verborgene Absichten zu enthüllen. Dem Gegner wird vorgeworfen, insgeheim unakzeptable Zuordnungen vorzunehmen, was die Zweideutigkeit seiner Äußerung unbewusst oder, was noch schlimmer wäre, absichtlich verrät. Als besondere Form der Verhüllung kann die Anspielung, wenn sie in einer polemischen Wendung festgestellt wird, vom Sprecher *per definitionem* nicht als solche dargestellt werden. Damit sie eine Rolle bei der Prüfung spielen kann, bedarf es folglich einer Interpretation, deren Gültigkeit sich ihrerseits wieder infrage stellen lässt. Das Aufdecken einer versteckten Andeutung gehört daher zu den Figuren der Enthüllung. Bezichtigt jemand einen anderen, er habe ihm gegenüber eine versteckte Andeutung gemacht, dann wird er sich zum Beweis für das Vorliegen eines Hintersinns auf eine Aussage stützen, die er eben für doppelsinnig hält. Dadurch wird der Gegner herausgefordert, seine wahren Absichten explizit zu machen. Der Vorwurf der Unterstellung setzt voraus, dass die Zweideutigkeit sich nicht ausräumen lässt, da die Klärung die explizite Bezugnahme auf nicht zu rechtfertigende Formen von Äquivalenz voraussetzt. Im Verlauf dieses Prozesses kann die Aufforderung zur Klärung aufrechterhalten werden. Die herausgeforderte Person gibt zwar zu, dass sie tatsächlich einen Hintergedanken hatte, verteidigt sich aber, indem sie zu erkennen gibt, sie sei nicht willens, den Streit weiter eskalieren zu lassen. Die Klärung bringt sie also dazu, sich weiter an dem Rechtfertigungsprozess zu beteiligen, indem sie klipp und klar das gültige Argument bringt, auf das sie anspielte, nämlich die Bezugnahme auf ein legitimes Prinzip, was zur Folge hat, dass sich die Auseinandersetzung verschärft.

Fällt jemandem eine versteckte Andeutung auf und fordert er denjenigen, der sie geäußert hat, dazu auf, sich zu rechtfertigen, dann könnte das etwa im Falle einer rassistischen oder frauenfeindlichen Bemerkung dazu führen, dass die Situation in eine staatsbürgerliche Prüfung einmündet; genauso gut könnte derjenige, der die Bemerkung gemacht hat, aber auch versuchen, diese Unterstellung durch Ausflüchte beiseitezuwischen. Man sagt dann, dass er versucht, den Vorfall »ins rechte Verhältnis zu setzen« (»Wir wollen das doch nicht an die große Glocke hängen; das war doch nur ein Spaß«). Im Verlauf einer Auseinandersetzung mit Kollegen wegen der Bereitschaftszeiten muss sich ein Radiologe sagen lassen: »Du wärst besser in Saint-Germain als in einem Krankenhaus«, eine Äußerung, die er aufgrund einer Assoziation mit dem leichtfertigen künstlerischen Milieu dieses Pariser Stadtviertels als Anspielung auf seine Homosexualität auffasst. Auf die Frage: »Was willst du damit sagen?«, sagt ihm der andere: »Gar nichts, nur dass du in Saint-Germain-des-Prés wohnst.« Wie man an diesem Beispiel sieht, lässt sich die Anschuldigung, in einer Situation, die dem Rechtfertigungsimperativ unterliegt, eine zweideutige Bemerkungen gemacht zu haben, mit dem Vorwurf eines geheimen Bündnisses oder einer Verschwörung vergleichen. Dabei werden Szenen angeführt, in denen ein Bündnis durch nicht zu rechtfertigende Urteile bestärkt wurde (jemand sagt beispielsweise, dass die Leute hinter seinem Rücken über ihn gesprochen haben, dass Gerüchte zirkuliert sind, dass es Geplauder und Klatsch gegeben hat und so weiter).

Die Flucht aus der Rechtfertigung

Nachdem wir untersucht haben, wie es dazu kommt, dass Personen darauf verzichten, ein privates Arrangement aufrechtzuerhalten oder sich weigern, eine zweideutige Bemerkung aufzuklären, interessieren wir uns nun für eine andere Variante, sich einem Streit zu entziehen. Im Unterschied zu den bisher untersuchten Lösungen, nämlich der Anprangerung und dem Kompromiss, erlaubt der Ausweg, den wir im Folgenden erkunden wollen, nur dann die ganze Härte einer Auseinandersetzung zu vermeiden, wenn man den Zwang zur Rechtfertigung aussetzt, ohne sich wiederum solchen Zwängen zu unterwerfen, die die Möglichkeit der Vergebung eröffnen – ein Fall, der im Rahmen des hier entfalteten Forschungsprogramms nicht näher untersucht wird (vgl. dazu das Nachwort).

Wollen sich die Menschen der Prüfung entziehen und einen Konflikt hinsichtlich dessen, worauf es wirklich ankommt, vermeiden, dann können sie sich auch darauf verständigen, dass es auf gar nichts ankommt.

Was soll die Uneinigkeit, wenn sowieso alles egal ist? Diese Figur wollen wir *Relativierung* nennen. Bei der Relativierung verzichtet man auf die Prüfung und zieht sich auf die Umstände, das Drumherum zurück. Die Situation wird als folgenlos und von rein lokaler Bedeutung angesehen und die darin vorkommenden Wesen als ohne Ordnung und bedeutungslos, so dass es praktisch unnütz, wenn nicht gar unmöglich wäre, sie in ein allgemeingültiges Verhältnis zueinander zu bringen. Die durch die Relativierung verschaffte Erleichterung ergibt sich just aus der Befriedung, die dadurch entsteht, dass man zu einer entspannten Situation zurückkehrt, in der sich die Frage nach der Einigung nicht stellt. Die Relativierung kann daher eine Antwort auf die Furcht davor sein, sich einer Prüfung aussetzen zu müssen (etwa so, wenn Schulkinder am Tag der Prüfung ein Mordsspektakel veranstalten). Die Relativierung kann sich aber auch als ein Mittel erweisen, einen sanften Übergang in eine andere Welt zu bewerkstelligen und dabei die Meinungsverschiedenheit zu vermeiden, die sich unweigerlich einstellt, sobald ein alternatives Gerechtigkeitsprinzip im Zuge einer Anprangerung eingeführt wird.

Will man etwas relativieren, dann genügt es nicht, dass man sich einfach gehenlässt. Die Relativierung erfordert ein stillschweigendes, aber aktives Einverständnis aller beteiligten Personen, sich für die Kontingenz zu interessieren und sie in den Vordergrund zu rücken. Wendet man sich erneut den Begleitumständen, dem Drumherum zu, zieht es durchaus einigen Aufwand nach sich, die Frage nach der Gerechtigkeit zurückzustellen, indem man die Wesen beiseiteschiebt oder ignoriert, die die Situation erneut in Richtung einer Prüfung zerren könnten, würde ihre Bedeutung erst einmal erkannt. Man muss die Assoziationen und Vergleiche einschränken, um jeglicher Verallgemeinerung aus dem Weg zu gehen, die das Risiko mit sich brächte, eine Spannung zwischen miteinander nicht zu vereinbarenden Prinzipien zu erzeugen. Man muss auch klarmachen, dass nichts wirklich von Bedeutung ist oder es verdient, festgestellt und aufgegriffen zu werden: »nicht schlimm«, »kein Problem«, »macht nichts«, »wie dem auch sei« und so weiter. Wenn die zeitliche oder räumliche Nähe Assoziationen und Vergleiche aufdrängt, die sich nur schwer ignorieren lassen, umgeht man sie, indem man sie jenseits aller Rechtfertigung, etwa so wie einen metaphorischen Vergleich, eine augenblickliche und zufällige Assoziation, behandelt, »mit der rein gar nichts zu beweisen ist«. Folglich muss man nahe am Rand der Bedeutungslosigkeit bleiben und – wie man daran sieht, wenn jemand zu kindischem Verhalten regrediert – einen Genuss dabei empfinden können, »klein« zu sein.

Kindern stehen nicht sämtliche Formen der Anprangerung zur Verfügung, da sie auch keinen Zugang zur Allgemeinheit in sämtlichen Naturen haben. In manchen, etwa der staatsbürgerlichen Natur, vegetieren sie in den Randzonen des Menschseins dahin, da sie nur als zukünftige Bürger relevant sind, und das nur, insofern sie das Objekt staatsbürgerlicher Erziehung abgeben. Sie sind bestens dafür gerüstet, durch ihr Geschrei und ihr unangebrachtes Spielen, ihr entwaffnendes Lachen und kindliches Gerede Situationen zunichte zu machen, die eigentlich eindeutig einer bestimmten Größe zuneigen. Die Relativierung, der jede Größe fremd ist, ist ein Zustand, in den Kinder leicht verfallen. Doch gerät die Versuchung, sich an die Umstände zu halten, wo sie ganz in ihrem Element sind, weil da alles klein ist, in Konflikt mit dem Wunsch »groß zu werden«, also die Möglichkeit des Zugangs zur Allgemeinheit zu erhalten, die das Erwachsensein ausmacht.

Die Tatsache, dass die Kontingenz in den Vordergrund gerückt wird, macht die Relativierung äußerst instabil. Wenn alles den gleichen Wert hat, weil kein gemeinsamer Maßstab existiert, dann bedeutet dies das Ende des Gemeinwesens. Gewiss ist der Konflikt aufgehoben, aber nur insofern zugleich jedes Urteilen überhaupt unmöglich wird. Aus diesem Grund ist die Relativierung häufig eine Konfiguration des Übergangs zwischen den Prüfungen verschiedener Naturen.

Relativismus

Die Relativierung stellt einen besonders instabilen Moment innerhalb einer Auseinandersetzung dar, der zwar den Konflikt zunächst aussetzt, allerdings um einen Übergang zu einer anderen Natur zu bewerkstelligen, sobald die Gefahr erst einmal gebannt ist. Die Personen können nämlich nicht lange in der Bedeutungslosigkeit verharren, ohne dass sich das sie einigende Band der Identität auflöst, ohne den politischen Zustand zu verlassen und zu einer Form der Selbstliebe und Selbstgenügsamkeit zu regredieren, die sich nicht mehr um das Erreichen eines Einvernehmens mit anderen schert. Um der Relativierung eine stabilere Position zu verschaffen und so den Übergang zum *Relativismus* – als einer offen erklärten Lebenseinstellung – zu vollziehen, muss man noch einen Schritt weitergehen und unter Ausklammerung der Zwänge des Gemeinwesens die Position eines Außenstehenden einnehmen, von der aus das weltliche Treiben einem allgemeinen Äquivalent untergeordnet werden kann, das kein Gemeinwohl ist. Dieses allgemeine Äquivalent wird heute meist als Stärke, Gewalt, Interesse oder Macht bezeichnet und so behandelt, als ob es ganz natürlich allen Wesen anhaften würde. Alle Wesen finden sich in ein und demselben Kosmos vermengt, was die Trennung zwischen verschiedenen Rechtfertigungsregistern und sogar zwischen menschlichen und nicht menschlichen Wesen tendenziell aufhebt. Die allen von uns untersuchten Welten eigenen Größen können daher vom Standpunkt des Relativismus aus als die kostümierte Manifestation einer maßgebenden Kraft behandelt werden.[58]

58 Theoriekonstruktionen, die die Wesen entsprechend des Grades, in dem sie von einer Kraft beherrscht sind, definieren und die folglich diese maßgebende Kraft als ein allgemeines Äquivalent ansehen, sind nicht ausschließlich in den Sozialwissenschaften zu finden. Einzelpersonen nehmen häufig Bezug auf derartige Interpretationen, wenn sie Rechenschaft ablegen müssen über Verhaltensweisen, die dem Rechtfertigungsimperativ zu entgehen scheinen, und über die Wiederholung von Prüfungen, deren Ausgang stets als ungerecht beurteilt wird, so als ob dieses Verhalten den Regeln der Billigkeit, auf denen die Möglichkeit zur Verständigung beruht, in anormaler Weise Widerstand entgegensetzte. So stellt das von Jeanne Favret entwickelte Modell der Hexerei in der Mayenne, das auf einer Theorie der Kraft beruht (der Hexer ist der starke Mann, dem alles gelingt und dessen Größe in ungerechtfertigter und unverständlicher Weise zunimmt; Favret, Relations), eine der Formen dar, in denen die von den Menschen angewandte Kompetenz sich schematisieren lässt, um Handlungen erklären zu können, die sich erfolgreich wiederholen lassen, auch wenn sie nicht den Regeln der Äquivalenz und der Billigkeit unterstehen, denen die gerechten oder zumindest weniger angreifbaren Prüfungen gehorchen (was Jeanne Favret als die »gewöhnlichen Vermittlungen« bezeichnet).
Die Möglichkeit, aufgrund eines wesentlichen Übermaßes an Kraftanwendung zum Nachteil anderer an Größe zu gewinnen, die den Kern dieses Kompetenzmodells ausmacht, welches Deutungen im Rahmen der Hexerei ermöglicht (Augé, Théorie), wird von manchen Menschen ernsthaft in Betracht gezogen, da sie selbst mit Zuständen vertraut sind, in denen sie sich stark genug fühlen, um sich dem Ausgang einer feindlichen Prüfung zu entziehen, indem sie sich ihrer Schwäche bedienen, um sie ohne Begründung oder Rechtfertigung in einem reinen Willensakt umzukehren. Diese Umkehrungsformel – hinter deiner Größe verbirgt sich Erbärmlichkeit, hinter meiner Erbärmlichkeit steht eine Macht – beschreibt die Art und Weise, wie abwesende Größen sich an den Rändern herumtreiben und plötzlich an die Tür klopfen. Die Macht manifestiert sich dann wie während der frühen Kindheit in Form eines Allmachtswunsches im Rohzustand, der grenzenlos und zugleich unpräzise ist. Doch in einem Modell gerechtfertigten Handelns muss sich ein Ausbruch von Macht, wie derjenige, auf dem die Hexerei ihre eigene Theorie der Größe errichtet, verwandeln, sobald er auf das Hindernis der Kritik in Form eines Klärungserfordernisses stößt, dem sich die Menschen nicht entziehen können, ohne dass ihre Absichten

Der Relativismus unterscheidet sich also insofern von der Relativierung, als er imstande ist, das Gemeinwohl von einem allgemeinen Gesichtspunkt aus anzuprangern. Nichtsdestotrotz führt er nicht wieder zurück zur Anprangerung. Der Relativismus greift sich das, worauf es in einer Situation ankommt, das, was von Bedeutung ist, heraus, um es herabzuwürdigen, ohne sich jedoch auf ein alternatives Prinzip zu berufen. Die Reichen machen Geschäfte, weil sie geldgierig sind, genauso wie Amtsträger und Abgeordnete – alles große Wesen in einer Demokratie – Politik machen, weil sie machtbesessen sind. Es ist derselbe Wille zur Macht als grenzenloser Seinswille, der in der Leidenschaft für den Reichtum, dem Wunsch nach Herrschaft, der Charakterstärke, der inspirierten Interesselosigkeit (die als ein Interesse angesehen wird, dem es nur darum gehe, eine Schuld zu erzeugen, um die Zuneigung zu gewinnen), der Dumpfheit des Instinkts, der blinden Unnachgiebigkeit des Unbewussten zum Ausdruck kommt – allesamt unbestimmte, gegeneinander austauschbare und ineinander übersetzbare Kräfte, deren ungestümes Drängen nur durch eine stärkere Kraft im Zaum gehalten werden kann. Während bei der Anprangerung die Gültigkeit des einen Prinzips dadurch bestritten wird, dass man sich auf ein anderes beruft, das im selben Zuge zutage tritt, erlaubt sich der kritische Relativismus anzuprangern, ohne die Position klarzumachen, von der aus dies geschieht, da er keine spezielle Form von Gemeinwohl aufs Korn nimmt, sondern überhaupt die Möglichkeit eines Gemeinwohls. Interessen regieren die Welt, und von den ihm innewohnenden Kräften beherrscht »ist sich jeder selbst der Nächste«, das heißt, er muss zusehen, seinen eigenen Interessen gemäß zu handeln. Das Bloßlegen von Interessen hinter allem und jedem ist eines von den Instrumenten, deren sich der Relativismus gerne bedient. Die Bedeutung, in der der Begriff des Interesses hier verwendet wird, muss allerdings von jener unterschieden werden, die er im Gemeinwesen des Marktes annimmt. Dort bezeichnet er nämlich die Eigenschaft, die es den Wesen ermöglicht, durch Aufopferung ihrer besonderen Neigungen Größe zu erlangen. Dagegen dient das Reduzieren auf Interessen beim kritischen Relativismus dazu, die Bezugnahme auf die

---

durch die Bezichtigung des Wahnsinns disqualifiziert werden. Um zum Ausdruck gebracht und gerechtfertigt werden zu können, muss der Machtzuwachs unter Bezugnahme auf eine begründete Größe spezifiziert werden, was ein Umkippen in eine andere Natur bewirkt, die neue Prüfungen enthält (häufig in die inspirierte Natur, wenn die vorhandene Ausstattung auf den eigenen Körper beschränkt bleibt).

Größe auszusetzen und die Realität jeglicher Form von Opfer infrage zu stellen.

Wenn sie in der Lage sind, sich diese Ressource zu eigen zu machen, dann greifen die Alltagsakteure heutzutage zur Untermauerung relativistischer Positionen oft auf sozialwissenschaftliche Erkenntnisse zurück. Dieser Umweg kommt nicht von ungefähr. In der kritischen Haltung, die sich zuerst bei Nietzsche findet und insbesondere über das Werk Max Webers (Fleischmann, De Weber à Nietzsche) in die sozialwissenschaftliche Praxis importiert wurde, findet man die Fragestellungen in systematischster Weise ausgedrückt, die die Möglichkeit, etwas zu relativieren, aufwirft. Das Thema des »Nihilismus« kann dazu dienen, den elenden Zustand aufzudecken, in dem sich eine sämtlicher Werte beraubte Welt befindet, was sogar implizit die Hoffnung auf eine Wiederherstellung der Werte voraussetzt (»Es fehlt das Ziel; es fehlt die Antwort auf das ›Warum‹«[Nietzsche, Wille, S. 10]). Es kann zugleich auch als kritisches Verfahren angewandt werden, um sich eine von der Tyrannei der Werte befreite Position zu verschaffen, indem die Werte gegeneinander ausgespielt werden: »Alle Ziele sind vernichtet: die Werthschätzungen kehren sich gegeneinander.« (Nietzsche, Fragmente 1882–1884, S. 228) Diese Denkfigur ließe sich durchaus mit der Anprangerung vergleichen (man stützt sich auf ein Prinzip, um ein anderes zu bekämpfen), wenn nicht die Bezugnahme auf jeden der Werte einem kritischen Vorhaben untergeordnet wäre, das letztlich auf eine Überwindung sämtlicher Werte hinausläuft. Die Werte werden relativiert durch das Nebeneinander von einander widerstreitenden Anprangerungen, deren Zusammenstellung in ein und dasselbe Textkorpus darauf abzielt, alle Größen ins Elend zu stürzen und die Nichtigkeit eines wie auch immer gearteten Gemeinwohls offenzulegen. Hinter jedem Opfer steckt in Wirklichkeit ein Interesse: »Wir gehen unserem *Geschmack* nach und benennen es mit den erhabensten Worten, als Pflicht und Tugend und Opfer.« (Nietzsche, Fragmente 1880–1882, S. 481) Ist erst einmal die Äquivalenz durch den Willen, als Sein fortzudauern, hergestellt, wird es möglich, eine allgemeine Ökonomie der Formen der Verwandlung dieser gewöhnlichen Machtgelüste zu entwerfen: »In Wahrheit handelt man ›unegoistisch‹, weil es die Bedingung ist, unter der *allein* man noch *fortexistirt* d.h. man denkt an die Existenz des Anderen gewohnheitsmäßig eher als an die eigne (z.B. der Fürst an das Volk, die Mutter an das Kind) weil sonst der Fürst nicht als Fürst, die Mutter nicht als Mutter existiren könnte: sie wollen die Erhaltung *ihres* Machtgefühls, wenn es auch die beständige Aufmerksamkeit und zahllose Selbstaufopferung zu Gunsten der Abhängigen fordert.« (Ebenda, S. 521)

Der Rückgriff auf ein allgemeines Äquivalent ist nötig, weil selbst der konsequenteste Relativismus sich nicht den Erfordernissen entziehen kann, die auf der Relativierung lasten, ohne in einen radikalen und selbstzerstörerischen Nihilismus zu verfallen, der sich selbst zum Schweigen verurteilte. Und das ist im philosophischen oder politischen Nihilismus noch nie wirklich erreicht worden. Ist nämlich erst einmal die kritische Sicht auf alle Werte eingenommen, dann steht der Relativismus vor der Herausforderung, für sich selbst eine Begründung und Rechtfertigung zu suchen, was dazu führt, dass er aus seiner eignen Logik entweder dadurch ausbricht, dass er zu einer Anprangerung regrediert, die sich ein anderes Rechtfertigungsprinzip suchen muss, oder (und die beiden Verfahren sind durchaus miteinander vereinbar) dass er sich auf die Suche nach einem neuen Prinzip begibt. Der kritische Relativismus kann also in Empörung umschlagen, die sich auf eine Größe stützt, um die Erbärmlichkeit eitler Illusionen anzuprangern. Bei Nietzsche wird häufig Kritik an der Größe der Meinung durch die inspirierte Größe geübt: »Jetzt ist es erst der Widerhall, durch den die Ereignisse ›Größe‹ bekommen – der Widerhall der Zeitungen.« (Nietzsche, Fragmente 1882–1884, S. 83) Der Relativismus kann sich auch auf die Neuerrichtung eines Gemeinwesens ausrichten. Dazu muss die Kraft als verborgenes, allgemeines Äquivalent, als absoluter und von der Bürde der Rechtfertigung entlasteter Herrscher in eine wirkliche Größe verwandelt werden, deren Bestimmung darin liegt, ihre universelle Berufung, nämlich die Wesen auf die gerechteste Art und Weise zu ordnen, zur Anerkennung zu bringen, was den Horizont eines Gemeinwohls wiederherstellt: »Rang bestimmend, Rang anhebend sind allein Macht-Quantitäten: und nichts sonst.« (Nietzsche, Wille, S. 581) Die Begründung dieses Gemeinwesens, in dem die »Vitalität« des »Lebens ›an sich‹« für die Gerechtigkeit stünde, wird von Nietzsche in seinen Schriften nicht geliefert, zweifelsohne unter anderem aufgrund seines inneren Widerstrebens, den Grundsatz eines (mit dem Judentum und dem Christentum assoziierten und als Ausdruck einer Moral des Ressentiments und als Mittel der Unterdrückung der Großen durch die Mittelmäßigen angesehenen) gemeinsamen Menschseins anzuerkennen, eine Haltung, die ihn dazu führt, die Personen auf ihren jeweiligen Rang festzulegen (ein Hindernis, auf das wir schon gestoßen sind, als es um die Begründung eines hygienischen Gemeinwesens auf der Grundlage der biologische Äquivalenz ging).

Schließlich bleibt noch eine dritte Möglichkeit übrig. Wenn er nicht auf ein Gemeinwohl zurückfällt, kann der Relativismus noch versuchen, eine Allianz mit der Wissenschaft einzugehen, wie das in dem oben zitierten Fragment die Bezugnahme auf das Quantum Macht nahelegt. Entweder ist diese Quantität nicht messbar – was ein Widerspruch in sich wäre – oder man kann ein Maß angeben, was ja mit dem Projekt, die Stärke zu einem allgemeinen Äquivalent zu machen, vereinbar wäre; in diesem letzteren Fall müsste man die methodischen Regeln festlegen, anhand deren sich diese Messung unabhängig von der Person objektiv vornehmen lässt.[59] Alles auf Interessen zurückzuführen, stellt also den kritischen Moment des Positivismus dar, an dem sich die Wissenschaft gegenüber den Werten autonom macht. Das kann aber nicht die wissenschaftliche Aktivität in Gänze ausmachen, die, um ihre Gültigkeit unter Beweis zu stellen, Kontakt zur Realität halten, Voraussagen machen und über den Reduktionismus der Einzelinteressen hinausgelangen muss. Wenn jedes Wesen von seinem Eigeninteresse beherrscht ist, dann sind

59 Vgl. für das Vorhaben, die Werte auf wissenschaftlich messbaren Kräften zu begründen, und ganz allgemein für das delikate Problem der Messung der Kräfte bei Nietzsche, Gilles Deleuze, der in »Nietzsche und die Philosophie« schreibt: »Nietzsche war immer der Meinung, daß die Kräfte quantitativ seien und sich quantitativ zu definieren hätten.« (Deleuze, Nietzsche, S. 49) Zur Untermauerung seiner Behauptung zitiert er die folgende Passage aus »Der Wille zur Macht«, in der die Absicht zum Ausdruck kommt, die Stärke zu einem neuen allgemeinen Äquivalent zu machen, mit dem sich die wahre Größe von den trügerischen Werten unterscheiden lässt: »Unsere Erkenntnis ist in dem Maße wissenschaftlich geworden, als sie Zahl und Maß anwenden kann. Der Versuch wäre zu machen, ob nicht eine wissenschaftliche Ordnung der Werte einfach auf einer Zahl- und Maßskala der Kraft aufzubauen wäre [...] Alle sonstigen ›Werte‹ sind Vorurteile, Naivitäten, Missverständnisse. – Sie sind überall reduzierbar auf jene Zahl- und Maßskala der Macht.« (Zit. n. ebenda, S. 49) Doch dieses Vorhaben ist höchst ambivalent aufgrund des Preises, der dem, was »nicht gleichzumachen« ist, anhaftet, also dem, was »in der Quantität nicht gleichzumachen« ist, insofern »die Quantität nicht von der Quantitäts-Differenz zu trennen« ist. Wenn die »Quantitäts-Differenz [...] die Essenz der Kraft [bildet], das Verhältnis der Kraft auf Kraft«, dann existieren die Kräfte nur in »Zusammenstößen der Kräfte«. Dadurch hängen sie vom Zufall der Zusammenstöße ab, »die als solche einem jeden Gesetz gegenüber gleichgültig sind« (Deleuze, Nietzsche, S. 49f.). Das läuft allerdings dem industriellen Prinzip der Stabilisierung der Messung, welches für das wissenschaftliche Unterfangen essentiell ist, ganz besonders zuwider.

diese Interessen inkommensurabel; das Ergebnis davon ist eine chaotische Ordnung, über die sich keine Aussage treffen lässt. Die Wissenschaft muss also das Interesse durch ein zusätzliches Erfordernis spezifizieren und es einer Determinierung unterstellen, die seine Richtung präzisiert. Dieses Erfordernis unterscheidet sich von den Prinzipien der politischen Philosophie, insofern es als eine Determinierung angesehen wird, der die Individuen unwillentlich ausgesetzt sind. Das gilt beispielsweise für die Unterscheidung zwischen dem Kollektivbewusstsein bei Durkheim und dem Allgemeinwillen bei Rousseau oder auch zwischen der Determinierung durch den Markt in der Ökonomie und dem Markt als Einigungsprinzip bei Adam Smith.

Diese Unterscheidung ist besonders ausgeprägt, wenn sich zeigen lässt, dass sich die Beschränkungen, die die Wissenschaft dem Interesse auferlegt, sich von den Werten, auf die sich die Personen zur Rechtfertigung ihres Verhaltens beziehen, unterscheiden. Doch abgesehen von der Tatsache, dass sie nicht für ihr eigenes Fundament sorgen können – eine Kritik, die schon oft an sie gerichtet wurde[60] –, können die Humanwissenschaften, die ja von dieser Allianz profitiert und den Relativismus als Stütze herangezogen haben, um sich von der Autorität der Werte zu befreien (und insbesondere um sich von den Rechtswissenschaften abzulösen), die für die Menschen bestehende Notwendigkeit, ihre Einigung auf ein Gemeinwohl aufzubauen und dessen Legitimität auf einer Metaphysik zu begründen, nicht mehr anerkennen. Das in höchstem Maße Spezifische an ihrem Gegenstand entgeht ihnen daher tendenziell. Das heißt nicht, dass sie die Augen gegenüber den Metaphysiken der Einigung, welche die Rechtfertigungen der Menschen stützen, verschließen. Doch wenn sie sich in die Verlegenheit bringen, diese Metaphysiken im Rahmen einer Wissenschaft zu erörtern, dann externalisieren sie diese und erklären sie zu trügerischen Formen einheimischen Wissens. Sie können den Rechtfertigungsimperativ überhaupt nur dann begreifen, wenn sie ihn als Illusion oder Trugbild entlarven, wie das beispielsweise die häufige Verwendung des Begriffes »Ideologie« zeigt. Zugleich (und an diesem Punkt ist Max Weber selbst nie richtig eindeutig) weicht die Analyse des Legitimitätserfordernisses einer Analyse der Legitimation, die nicht mehr als notwendige Begründung, sondern als Rationalisierung im psychoanalytischen Sinne, als Versuch einer nachträglichen Legitimierung, einer Verwandlung des Seins in ein Sein-Sollen, einer

60 Vgl. etwa die von Leo Strauss an Max Weber geäußerte Kritik (Strauss, Naturrecht, S. 37–82).

Geltendmachung durch eine Erhebung des faktischen Zustands zu einer Norm aufgefasst wird. Die Legitimation trägt dadurch das Ihre dazu bei, die soziologischen Auffassungen von gesellschaftlicher Ordnung als Produkt unbewusster Regulierungen einerseits und als Ausdruck einer Herrschaft der Starken über die Schwachen andererseits miteinander kompatibel zu machen. Sie wird als willkürlich und – zumindest implizit – als ungerecht hingestellt, auch wenn die mangelnde Bezugnahme auf ein Gemeinwohl der Klärung der Ungerechtigkeit entgegensteht. Diese Klärung hätte genau genommen zur Voraussetzung, dass man zur Begründung einer legitimen Ordnung auf eine Größe Bezug nehmen könnte und sich damit vom Relativismus abkehrte.

Indem sie auf ihre eigene Art der Frage nach den Möglichkeitsbedingungen einer politischen Ordnung nachgeht, ohne auf Vertragstheorien zurückgreifen zu müssen, in Abgrenzung zu denen sie sich ja gerade entwickelt hat, errichtet die klassische Soziologie Modelle, die versuchen, die für Ordnung und Stabilität verantwortlichen Faktoren von den von den Akteuren angeführten Motiven und Gründen zu lösen. Solche Modelle setzen alle die Existenz eines irgendwie gearteten *Unbewussten* voraus (Nisbet, Tradition, S. 82f.), wobei dieses Erklärungsschema häufig nicht explizit gemacht wird und ihm auch kein theoretischer Status eingeräumt wird, wie dies gegen Ende des 19. Jahrhunderts dann für die in anderen Theorietraditionen stehende und sich auf die Biologie stützende Psychologie der Fall sein wird (Sulloway, Freud). Diese Modelle machen in ihrer ausgereiftesten Form Anleihen bei der Durkheim'schen Lehre wie bei der Marx'schen Theorie, deren offenkundigste Divergenzen – Konsens versus Konflikt – die eigentlich zwischen ihnen bestehenden engen Verbindungen, die – wie Pierre Ansart gezeigt hat (Ansart, Marx) – vor allem dem bei beiden nachweisbaren Einfluss Saint-Simons zuzuschreiben sind, verstellen. Die Personen werden als inkohärent (und damit als »klein«) dargestellt, da sie ihr Verhalten im Namen von trügerischen Scheinmotiven rational rechtfertigen (Vorbegriffe und Ideologien), während sie doch in Wirklichkeit von verborgenen, jedoch objektiven Kräften determiniert sind. Die Ordnung wird durch eine Täuschung aufrechterhalten (Entfremdung, Glauben), die, ohne mit Waffengewalt durchgesetzt zu werden, dennoch von einer Form von Gewalt herrührt. Diese Täuschung stellt die fraglos gegebene und nur in Ausnahmefällen infrage gestellte Stabilität der gesellschaftlichen Ordnung sicher. Der Soziologe kann sich insofern als Wissenschaftler fühlen, als er sich nicht übers Ohr hauen lässt und das Verborgene unter dem falschen Schein hervorzukehren versteht, gemäß der Devise, dass

»alle Wissenschaft überflüssig [wäre], wenn die Erscheinungsform und das Wesen der Dinge unmittelbar zusammenfielen« (Marx, Kapital, Bd. 3, S. 825). Das Schema des Unbewussten führt die Frage der Herstellung der Ordnung einer originellen Lösung zu, da sich dadurch der Zwang als eine der Person äußerliche und ihr zugleich innewohnende Macht, als eine verinnerlichte Äußerlichkeit fassen lässt: Eine Kraft, deren Gewaltcharakter offenkundig würde, wenn sie von außen auferlegt wäre, hat nun von den Personen Besitz ergriffen, übt von innen her einen Zwang auf sie aus, bestimmt ihr Tun, indem sie sich aufs Engste ihrem Willen anschmiegt. Sie verwischt tendenziell den Unterschied zwischen physischer Gewalt und anderen Formen von Zwang und behandelt im Extremfall sämtliche Formen von Determinierungen, seien sie gerechtfertigt oder nicht, gleich. Die sehr generelle Erklärung durch »Kräfteverhältnisse« – eine äußerst zweideutige Formulierung, da sie eine Assoziation herstellt zwischen dem Rückgriff auf Gewalt und dem Rückgriff auf ein Äquivalenzprinzip, das dazu nötig ist, um Dinge in ein »Verhältnis« zueinander zu bringen – lässt keinerlei Raum mehr dafür, wie die Personen ihre Handlungen rechtfertigen. Natürlich darf der trügerische Charakter der Deutungen, denen sich die Menschen hingeben, nicht durch eine Unfähigkeit, die verborgene Natur der Phänomene zu erkennen, durch eine quasi natürliche Blindheit erklärt werden, da in den von den Sozialwissenschaften untersuchten Fällen die Systeme, die die Regelmäßigkeit der Ursachen gewährleisten, von derselben Art sind wie die von den Personen selbst angeführten Motive (der Wert der Arbeit, familiäre Erziehung, kollektive Solidarität und so weiter). Zudem wird den Menschen, die von den Theorien, die das wissenschaftliche Unterfangen einem Prinzip des Nicht-Bewussten unterordnen, die Fähigkeit zugesprochen, ihre Illusionen abzuschütteln und ein Bewusstsein der Wirklichkeit zu entwickeln, wenn diese durch die Wissenschaft entschleiert wird.

Die Vorbedingung für eine sorgfältige Sozialwissenschaft besteht darin, die Rechtfertigungen der Personen und die Metaphysiken der Einigung, auf denen diese Rechtfertigungen aufbauen, ernst zu nehmen, da dieses Erfordernis einen gewissen Zwang auf die Interpretation ausübt. Diese Interpretation setzt sich dem Vorwurf der Willkür aus, wenn sie jegliche Bewertungen gleich behandelt und wenn sie sich ein unendliches Universum von »Repräsentationen« oder »Werten« zum Gegenstand wählt, schließlich wenn sie sich der Spontaneität der Praxis, dem anarchischen Charakter der Wirklichkeit oder der Unvorhersehbarkeit der sich aus dem zufälligen Aufeinandertreffen von Kräften ergebenden

Assoziationen beugt. Das hier vorgestellte Modell nimmt zwar einen zwingenden Rechtfertigungsimperativ an, stellt jedoch natürlich nicht in Abrede, dass die Personen sich diesem Imperativ nicht auch durch Gewalt oder Täuschung entziehen können; vielmehr lassen sich damit die Übergänge zur Gewalt oder der Rückfall in die Bedeutungslosigkeit genau ausmachen; ebenso lassen sich auch die auf eine Rechtfertigung hinauslaufenden Situationen von solchen der Herrschaft oder der Kontingenz unterscheiden; und indem es die allgemeinen Anforderungen, denen ein Prinzip genügen muss, um in einem Urteil angewandt werden zu können, herausarbeitet, lassen sich auch die akzeptablen Rechtfertigungen von den inakzeptablen Zuordnungen unterscheiden. Es erhebt daher den Anspruch, der Kompetenz gerecht zu werden, die die Personen selbst an den Tag legen, um ihre Einigung auf eine feste Grundlage zu stellen oder ihre Meinungsverschiedenheiten auszufechten. Genau die Fähigkeit des Modells, die Untersuchungsgegenstände einzugrenzen und zu spezifizieren, sowie insbesondere die Fokussierung auf Situationen der Prüfung zu Lasten der kontingenten Umstände machen es zum einen möglich, neue Sachverhalte zu registrieren, deren Relevanz sich mit den auf Gewalt zentrierten Analyserahmen nicht erschließt, zum andern den Vorgang der Rechtfertigung, der Anprangerung oder der Kompromissbildung zu beschreiben und dabei dem Hin und Her zwischen einem desillusionierten Relativismus und einer pamphletartigen Anklage zu vermeiden. In Prüfungssituationen oder in solchen, die für eine Prüfung präpariert sind, bringen die Personen ihre Urteilsfähigkeit zum Einsatz, weil solche Situationen kohärent sein müssen, damit sich eine Einigung aus dem Ergebnis der Prüfung ergeben kann.

Nachwort
Schritte auf dem Weg zu einer Pragmatik der Reflexion

Das in seinen groben Zügen dargestellte Modell der Rechtfertigung erhebt keineswegs den Anspruch, das Verhalten der Akteure in allen erdenklichen Situationen erklären zu können. Die zahlreichen empirischen Untersuchungen, die sich auf dieses Modell stützen (Boltanski/Thévenot [Hg.], Justesse et justice), haben seine Relevanz für die Analyse der für Auseinandersetzungen zentralen Operationen der Rechtfertigung bestätigt. Zugleich konnte dabei gezeigt werden, dass zur Erklärung von Verhaltensweisen, die weniger direkt dem Rechtfertigungsimperativ unterliegen, eine Erweiterung des Analyserahmens nötig wäre. Die Momente des Streits sind in Wirklichkeit ja nur Unterbrechungen im normalen Ablauf der Interaktionen zwischen Personen. Wir müssen sie also wieder in den Handlungsablauf eingliedern, der im Vorfeld oder im Anschluss an den Moment des Urteils nicht den starken Beschränkungen der Reflexion und der Rechtfertigung unterliegt, die wir untersucht haben. Unsere aktuellen Forschungen richten sich in Fortführung und Erweiterung des in diesem Buch dargestellten Programms auf Konstellationen, in denen der Rechtfertigungsdruck weniger spürbar ist, sei es, weil der Akteur keinerlei Kritik und keinem Erklärungsdruck bezüglich dessen, was er tut, ausgesetzt ist, oder weil der Rechtfertigungsdruck nur wieder Unfrieden in gerade erst befriedete Beziehungen bringen würde.

Die Rolle der Rechtfertigung im Spektrum der Handlungen

Unsere Bemühungen richteten sich zunächst darauf, die Grenzen des Analyserahmens auszuloten und Situationen zu identifizieren, die von denjenigen, an denen der Rahmen entwickelt worden war, abweichen, und damit das Modell der Rechtfertigung auf solche Fälle anzuwenden, die nicht all die für die Kritik charakteristischen Eigenschaften aufweisen (Thévenot, Équilibre et rationalité). So muss zuweilen ein individuelles Verhalten, ohne dass dabei eine Kontroverse mit anderen stattfindet, durchaus Anforderungen entsprechen, die denen der Rechtfertigung nicht unähnlich sind, etwa wenn bestimmte Zwänge bezüglich der Kohärenz und der Kontrolle bestehen. Die Wirkung eines Widerstands, auf den man im Handlungsverlauf stoßen kann und der einem Einwand vergleichbar ist, der nach einer Erwiderung verlangt, erinnert insofern an den Zyklus von Kritik und Rechtfertigung. Handlungen, in denen keine Beteiligung seitens anderer vorliegt und die somit dem Zwang zur Einigung nicht zu unterliegen scheinen, lassen sich nicht beschreiben, ohne dass zugleich Überprüfungen bezüglich der Koordinierung zwischen verschiedenen Zuständen einer Person vorgenommen werden. Ohne eine Rechtfertigung in dem hier verwendeten Sinne zu enthalten, erfordert die Koordinierung der Handlungen eines einzelnen Individuums seitens des Akteurs ein Nachdenken über seine Handlungen und eine Überprüfung ihrer Kohärenz (Thévenot, L'action). Die gleichen Forschungen zeigten andererseits, dass mehrere Personen ihr Handeln koordinieren können, ohne deshalb Anforderungen hinsichtlich einer gemeinsam ausgeübten Kontrolle der Einigung an den Tag zu legen, vergleichbar denjenigen, die wir mit dem Begriff des Rechtfertigungsimperativs beschrieben haben. Schließlich zeigten Feldbeobachtungen, dass es durchaus zur Einstellung von Auseinandersetzungen kommen kann, ohne dass ein nochmaliges Eingehen auf ein solches Einverständnis feststellbar wäre, das auf einer allgemeinen Argumentation und auf Äquivalentsetzungen beruhte, die eine solide Grundlage für ein Urteil böten.

Unsere Strategie bestand nun nicht darin, die Ergebnisse aus den vorangegangenen Forschungsarbeiten bei der Untersuchung dieser neuartigen Konstellationen zu ignorieren, sondern zu erkunden, inwieweit solche Konstellationen ebenfalls den Anforderungen unterliegen, wie wir sie im vorliegenden Buch anhand von Rechtfertigungssituationen näher bestimmt haben. Im Rahmen der Untersuchung der einzelnen Phasen, die der Rechtfertigung vorangehen oder auf sie folgen, betrachteten wir die sich im Vorfeld der Beurteilung abspielenden Handlungsmomente näher, in denen die Meinungsverschiedenheit noch nicht offen thematisiert ist, ohne dass man deshalb jedoch sagen könnte, dass sich die Menschen einig sind, es kam ja nicht zu einer Beurteilung der Situation. Bei der Untersuchung, wie Personen sich nach und nach auf eine Beurteilung zubewegen, haben wir ein besonderes Augenmerk auf die Art und Weise gelegt, wie die Kluft hinsichtlich der Erwartungen nach und nach überbrückt wird, ohne dass es zwischen den Beteiligten zu einem Disput kommt, der den normalen Handlungsverlauf unterbräche, oder dass es in der Folge auch zu einem Anheben des Niveaus an Allgemeinheit kommt, was die Aufmerksamkeit auf die Äquivalenzen lenken würde (Thévenot, ebenda). Unser Interesse richtete sich in der Folge auch auf die im Anschluss an eine Beurteilung folgenden Momente und dabei vor allem darauf, wie es zur Befriedung des Konflikts und zur Einstellung der Kritik kommt, was ja die Voraussetzung für die Beendigung der Auseinandersetzung ist (Boltanski, L'amour).

Unterhalb der Schwelle des Urteils: Erfahrungen von Unstimmigkeit und die Rückkehr zur angemessenen Handlungsweise

Ohne uns hier intensiv auf die Ausarbeitung einer Pragmatik der Reflexion, die den Schwerpunkt unserer laufenden Arbeiten bildet, einzulassen, möchten wir hier einige ihrer wichtigsten Konstellationen vorstellen. Zunächst beginnen wir mit solchen Momenten geringerer Reflexivität, die sich noch knapp unterhalb der Schwelle des Urteils bewegen; anschließend wollen wir dann die Möglichkeiten der Akteure ausloten, dieses Spannungsverhältnis durch die Verringerung der reflexiven Distanz zu lockern.

Um zu verstehen, wie die Akteure sich im Handlungsverlauf an einem zu fällenden Urteil ausrichten, wählen wir einen Zugang zum Handeln, der sich auf den Moment konzentriert, in dem jemand reflektierend auf das bereits Geschehene zurückblickt beziehungsweise das, was gerade abläuft, interpretiert. Wir beschränken unsere Analyse der Absichten und Überzeugungen auf die Suche, auf die sich die Personen selbst begeben, vor allem wenn sie anfangen, etwas zu hinterfragen. Wir behalten also unsere bei der Untersuchung von Rechtfertigungen in Situationen der Auseinandersetzung eingenommene methodologische Haltung bei, die darin besteht, so nah wie möglich an den Argumentationsgängen der Akteure zu bleiben und eben nicht das Geschehen aus reiner Bequemlichkeit nur aus der Vogelperspektive zu betrachten und folglich etwas zu den Handlungen der Akteure hinzuerfinden zu müssen. Unser Interesse am Urteilen hatte nichts mit einer kritischen Reflexion hinsichtlich der Kategorien der Erkenntnis zu tun. Es ging aus einer Analyse von Auseinandersetzungen hervor und mündete in eine Pragmatik ein. Ebenso muss unser Interesse an der reflexiven Rückschau der Akteure sich in erster Linie darauf richten, wie sie überhaupt dazu kommen, diese Zurückwendung vorzunehmen.

Der Entschluss, unsere Analyse mit dem Moment der interpretierenden Zurückwendung auf das Vergangene zu beginnen, wird durch das

Gewicht, das wir in den vorangegangenen Forschungsphasen auf die Rechtfertigung gelegt hatten, nicht verzerrt. Diese Herangehensweise ist vernünftig, insofern sie den Grenzen Rechnung trägt, auf die die Akteure stoßen, wenn sie die Handlungen der anderen sowie ihre eigenen identifizieren wollen. Das Wissen der Akteure kann sich nur in der Erfahrung eines Misserfolgs bilden, also wenn sie merken, dass irgendwo »der Wurm drin steckt«. Wenn wir einen Zugang zu den Reflexionen über Vergangenes bekommen wollen, müssen wir uns also vorrangig auf die kleinen Schwierigkeiten richten, aufgrund deren die Akteure – selbst ohne Beisein anderer menschlicher Wesen und noch viel mehr, wenn sie mit ihnen interagieren – ihre Erwartungen bezüglich der beteiligten Dinge oder Personen explizit machen. Wir stehen damit einer Beziehung gegenüber, die an jene des Urteilens erinnert, eine Beziehung zwischen einer unbefriedigten Erwartung und der Notwendigkeit, Wesen zu erkennen und einzuordnen, auf deren Fähigkeiten man zählen können muss, um angemessen zu handeln.

Die reflektierende Rückschau inmitten des Handlungsverlaufs erfolgt nicht in sprachlicher Form, wie das beim Urteil der Fall ist, bei dem ja über eine Sachlage in einem Bericht Rechenschaft abgelegt werden muss. Im Unterschied zum Bericht muss die reflektierende Rückschau die Sachlage nicht in einer solchen Form kondensieren, dass sie sich kommunizieren lässt, ohne dabei den ganzen Wust an Begleitumständen mitzuschleppen, auf den sie verweist. Die Bezeichnungen für die Wesen können hier im Vagen bleiben oder nur lokal gelten, da mit ihrer Hilfe ja hier und jetzt der Haken an der Sache gefunden werden soll. Ihr Verhältnis zum Bezeichneten ist nur in geringem Maße einer Kontrolle unterworfen, sie werden aber gestützt durch Akte der Zurschaustellung. Die Frage nach einer gemeinsam vorgenommenen Bewertung kommt gar nicht erst auf, ebenso wenig die Notwendigkeit, den Weg über legitime Größen zu nehmen, um die Personen zu erfassen. Der Handlungsverlauf kann durch den einen oder anderen der beteiligten Akteure eine Änderung erfahren, ohne dass es notwendigerweise zu einem Einvernehmen zwischen den Beteiligten hinsichtlich des Vorfalls oder zu einer Identifizierung der Mängel kommen muss, durch die der Vorfall auf eine allgemeinere Ebene gehoben würde und daraus Konsequenzen gezogen werden könnten. In dieser Konstellation verfügen die Akteure über keinerlei Mittel, die Konformität der von den einzelnen Protagonisten jeweils vorgenommenen Deutungen zu gewährleisten. Sobald diese Deutungsunterschiede explizit gemacht werden, eröffnet dies weitere Möglichkeiten, von denen wir uns im Folgenden einige näher ansehen wollen.

Vom Wutausbruch zur Krise

Wird eine Schwierigkeit nicht ausgeräumt, dann kann jemand sie einzugrenzen versuchen, indem er den Handlungsverlauf ohne Überprüfung des Drumherums gewaltsam wieder auf Kurs bringt, freilich auf die Gefahr hin, einen Zornesausbruch zu provozieren. In der bei diesem Eingriff in den Handlungsverlauf gebotenen Eile wird die für die Bildung eines von allen Beteiligten getragenen Urteils im Vorfeld notwendige Beratung umgangen. Stattdessen kommt eine Option zum Einsatz, die, da sie nicht explizit gemacht wird, auch nicht Gegenstand einer gemeinsamen Bewertung ist. Sie nimmt die Form eines Zornesausbruchs an, der gar in eine Beschimpfung umschlägt. Die für diesen Moment charakteristische Gefühlsäußerung ist die Antwort auf die Spannung, zu der es aufgrund des Umstands kommt, dass eine Beratung nicht möglich ist. Sie überkommt den Akteur einfach, der sich zu einer solchen Geste hinreißen lässt, ohne sie nochmals überdenken zu können.

Wenn es im Anschluss an einen solchen Vorfall nicht gelingt, Wiedergutmachung zu leisten, das heißt, abweichende Deutungen zum Schweigen zu bringen, können die Akteure Gewaltausbrüche nur dadurch vermeiden, dass sie sich auf eine gemeinsam vorgenommene Urteilsfindung einlassen. Im Unterschied zum Wiedergutmachen oder zum Wutausbruch verlangt die Urteilsbildung zunächst, dass man eine laufende Handlung aussetzt und sich auf einen Prozess einlässt. Wenn man verstehen will, warum eine Situation möglicherweise eine Wendung hin zu einem Zornesausbruch nimmt, muss man erst einschätzen, welche Kosten das Eindämmen abweichender Interpretationen mittels einer gemeinsamen Beratung verursacht – eine Möglichkeit, die wir in diesem Buch bereits untersucht haben und auf die wir gleich nochmals näher eingehen werden. Geht man zur Debatte über, zieht dies nämlich eine völlige Umwälzung der Situation nach sich, insofern eine interne oder öffentliche Beratung eine Unterbrechung der laufenden Handlung voraussetzt, die aufgrund der von ihr *per definitionem* bewirkten Veränderung des Zustands der Welt zwangsläufig die Zukunft mit ins Spiel bringt.

Nachdem die im Handlungsverlauf auftretenden Spannungen noch nicht stark genug waren, um die Meinungsverschiedenheit offenkundig zu machen, da die abweichenden Beurteilungen ja nicht explizit waren, wird sie erst mit dem Übergang zur Debatte manifest. Zusammen mit dem Aussetzen der Handlung kommt es dann tatsächlich zur Krise. Als Krise verstehen wir nun nicht ein Chaos, das von Akteuren verursacht wird, die alle ihre eigenen Ziele verfolgen, ohne dabei irgendeine Koordinierungsabsicht an den Tag zu legen; vielmehr möchten wir den Begriff für Momente verwenden, in denen die Beteiligten sich darauf einigen, dass die Realität gemeinsam ermittelt werden muss. Nur in diesem Fall lässt sich von Ungewissheit sprechen, ein Begriff, der im Durcheinander chaotischer Handlungen fehl am Platz wäre. Bemühen sich die Akteure gemeinsam um die Reduzierung der Ungewissheit hinsichtlich einer Realität, dann kommen sie zu Einschätzungen, die durchaus schon Gewissheiten hinsichtlich der Zukunft in sich tragen. Es darf daher nicht einfach ein Eingriff vorgenommen werden, der für sich genommen den Eindruck eines Einsatzes von Gewalt erweckte. Die Krise ist also ein paradoxer Moment, in dem die Einzelnen im Unterschied zum Moment der Handlung ganz mit der Frage nach der Einigung über die Wirklichkeit beschäftigt sind, in dem aber ohne einen Vollzug der Handlung in einer mit Erwartungen und Verpflichtungen erfüllten Gegenwart der Sinn für die Wirklichkeit fehlt. Wenn Einigung herrscht, nimmt die Realität die Gestalt eines Verzeichnisses von Objekten an, die mit allgemeinen Fähigkeiten ausgestattet sind, während sie im Moment des Handlungsvollzugs darin besteht, dass man mit den vorhandenen Dingen zurechtkommt. In Krisensituationen bestehen diese beiden Möglichkeiten nicht. Die Personen sind nicht mehr mit dem Vorhandensein von unverzüglich zu erledigenden Dingen konfrontiert, können sich aber auch noch nicht auf die Realität eines gemeinsam getroffenen Urteils stützen. Sie müssen daher persönlich Urteile vertreten, die Allgemeingültigkeit beanspruchen. Für sie birgt dies das Risiko eines Realitätsverlusts, in dem der Unterschied zwischen dem Örtlichen oder Persönlichen und dem Allgemeinen oder Universellen verschwimmt. Der pathologische Realitätsverlust des Größenwahns oder des paranoiden Wahns zeigt sich besonders dann, wenn die Akteure permanent Deutungen vornehmen, in denen Zweifel an der Wirklichkeit geäußert werden, und damit den Moment der Krise ewig hinausziehen. Ein Unterbrechen des Handelns in der Krise ist nämlich nur dann zulässig, wenn die Akteure guten Willen in ihrem Bemühen um eine Einigung an den Tag legen. Um nicht pathologisch zu sein, muss die gemeinsame Beratung auf ein Ende in Gestalt einer Entscheidung zulaufen, die mit den vorgebrachten Argumenten kompatibel ist.

Der Moment der Wahrheit beim Urteilen

Die Beratung, die auf ein von allen Beteiligten getragenes Urteil hinausläuft, unterliegt argumentativen Zwängen, wie sie auch dem Protokoll eigen sind; auch bei ihr müssen die Argumente mit Beweisen unterlegt werden, müssen Feststellungen gemacht werden, welche die durch die Krise erschütterte Realität wieder festigen sollen. Die Anforderungen, die an die im Rahmen einer Situationsbeurteilung verwendete Sprache gerichtet sind, entsprechen denjenigen, wie sie auch für die Argumentation in der Rhetorik und die wissenschaftliche Wahrheitssuche gelten. Wollen wir herausbekommen, in welcher Form die Beteiligten ihre Argumente vorbringen, dann müssen wir die Anforderungen in Bezug auf Legitimität und Kohärenz näher betrachten, denen das Urteil genügen muss, um durch die Niederschrift in einem Protokoll zum Abschluss zu kommen. In der politischen Philosophie, den Gerechtigkeitstheorien, aber auch in der Rhetorik – insofern sie ihre Verbindungen zu den normativen Disziplinen nicht gekappt hat – findet sich genau diese argumentative Dimension der Rechtfertigung in rationalisierter Form. In dieser Hinsicht kommt es also darauf an, eine Entscheidung zu begründen, und das nicht nur als eine schlichte Anpassung an die gegebenen Umstände, sondern indem man ihren Geltungsbereich auf andere Zeiten und andere Orte ausweitet und ihr damit allgemeine Relevanz verleiht. Der Abschluss des Entscheidungsprozesses und die von allen gebilligte Einstellung weiterer Ermittlungen sind im Moment der Beurteilung von höherer Bedeutung als die Frage, in welcher Form der Entscheidung bei einer Wiederaufnahme der Handlung Folge geleistet werden kann. Will man die Handlung mit einer Entscheidung abschließen, begibt man sich in einen Raum gemeinsamer Beratung, in dem es einzig um die logische Stimmigkeit der darin ausgetauschten Argumente geht.

Für das Urteil sind allerdings nicht nur die argumentativen Aspekte der Kommunikation wesentlich. Es ist zugleich auch der Augenblick der Wahrheit, in dem die Akteure zur Durchsetzung ihrer Position gehalten sind, die vorhandenen Wesen zu kategorisieren, offenzulegen, welcher Art sie sind, und von der argumentativen Kohärenz zur Überprüfung der Fakten überzugehen. Die Beweiserbringung erfordert, dass man dem Verhältnis zwischen Protokoll und Wirklichkeit eine gesteigerte Aufmerksamkeit entgegenbringt und einen auf die Realität verweisenden, referentiellen Gebrauch der Sprache bevorzugt. Die Realität muss einen getreuen Niederschlag im Protokoll finden, das in kontrollierter Form einen Bericht über die Fakten gibt und sie in einer von den örtlichen

Kontingenzen unabhängigen Form festhält. Dadurch wird ihre Übertragung über die Begrenztheit der jeweiligen Situation hinaus auch auf andere Situationen möglich, und das völlig unabhängig von den Eigenschaften desjenigen, der das Urteil ausspricht oder übermittelt. Diese gemeinsam vorgenommene Bestimmung all dessen, was in der Situation von Belang ist, drängt sich nicht bei allen Formen von Handlungen gleichermaßen auf. Nur wenn sie stattfindet, treten Konstellationen zutage, die dem Begriff der Situation entsprechen. Die Eigendynamik des Prozesses mit den dazugehörigen Äußerungen von Kritik, seinen Prüfungen und wiederaufgenommenen Ermittlungen verleiht den Situationen ihre eigene Gestalt und trägt zur Objektivierung der Wesen bei, die als Beweise eingebracht worden sind. Um sich auf Tatsachen beziehen zu können, muss das Urteil dasjenige an den Wesen herausgreifen, was über die unmittelbare Handlung hinaus Bedeutung hat und für ihren Fortbestand sorgt. Daher verlangt die Identifizierung der Situation ein Aussetzen der Handlung, um die Relevanz der Wesen sichtbar zu machen.

Die Spannung des Urteils und die Einordnung unergründlicher Personen

Wenn wir die Frage nach dem Urteil problematisieren, wollen wir dadurch die innere Spannung sichtbar machen, der der Gerechtigkeitssinn ausgesetzt ist, sobald wir uns von einer gedanklichen Konstruktion, die dem Zwang zu einem gut durchdachten Urteil untersteht, abwenden, um uns der Integration des Urteils in den Handlungsverlauf zu widmen. Um auf diese Spannung zu treffen, müssen wir uns nun dem zuwenden, was aus pragmatischer Perspektive im Anschluss an das Urteil folgt, und die Rückkehr der Personen in einen gemeinsamen Handlungsverlauf vorwegnehmen. Diese Spannung ist in solchen Situationen nicht sichtbar, in denen die Basis für das Urteil ein Bericht über eine vollzogene Prüfung und damit über die allgemeinen Eigenschaften der beteiligten Personen ist.

Diese Spannung lässt sich schematisch folgendermaßen beschreiben: Die Lösung einer Meinungsverschiedenheit in einer Prüfung hat eine nähere Beurteilung der Fähigkeiten der Personen zur Voraussetzung. Das muss von einem bestimmten Blickwinkel aus geschehen, also innerhalb einer Welt und in einem Größenzustand, der das Konvergieren der Erwartungen erlaubt. Auf diese Weise fixiert das Urteil das Verhältnis zwischen der Fähigkeit einer Person und der Handlung. Wie aber schon die Ausführungen zum Modell der Rechtfertigungsordnung gezeigt haben, akzeptiert der Gerechtigkeitssinn die nähere Beurteilung der Personen nur unter dem Vorbehalt einer nicht endgültigen Zuschreibung der Größen zu den Personen. Wie wir gesehen haben, versucht dieses Modell zwei Anforderungen gerecht zu werden, die nur schwer unter einen Hut zu bringen sind: einem Ordnungserfordernis, das nötig ist, um Handlungen mit anderen möglich zu machen, die keine Auseinandersetzungen sind; zum andern dem Erfordernis des gemeinsam geteilten Menschseins. Die Bezugnahme auf die grundlegende Gleichheit zwischen den menschlichen Wesen verbietet ihre wie auch immer geartete endgültige Hierarchisierung, welche die Menschheit als solche auflösen würde, indem sie ein Kontinuum vom mehr zum weniger Menschlichen schüfe. Dauerhaft den Wesen zugeschriebene Eigenschaften gestatten sehr wohl, Erwartungen zu erzeugen. Doch stehen sie sowohl der Vorstellung eines gemeinsamen Menschseins als auch der Anerkennung einer Unsicherheit, die das menschliche Handeln eigentlich ausmacht, im Wege.

Integriert man das Urteil in eine Abfolge von Handlungen, dann kommt eine der Konsequenzen aus dem oben genannten Verbot einer dauerhaften Zuschreibung in der Notwendigkeit zum Ausdruck, die Möglichkeit einer neuerlichen Zuschreibung von Größe stets offenzuhalten. Diese kann in einer erneuten Prüfung erfolgen, in der sich das Verhältnis der Merkmalszustände von Personen und Dingen jeweils neu einpendeln kann. Bei der Überprüfung der Dinge werden nämlich die Fähigkeiten der Personen offensichtlich. Diese Möglichkeit setzt jedoch ebenfalls voraus, dass die Merkmalszustände von Personen sich nicht mit den Personen vermischen. Wir verlassen also einen auf die Unmöglichkeit einer wesensmäßigen Hierarchie und auf die Gleichheit ausgerichteten Ansatz des gemeinsamen Menschseins – der von den politischen Philosophien des Gemeinwohls wie von den Gerechtigkeitstheorien geteilt wird – und nähern uns einem Ansatz, der sich daran orientiert, dass der Charakter von Personen sich nicht fassen lässt und es ebenso unmöglich ist, sie auf eine das Wissen um ihre Fähigkeiten zusammenfassende Beurteilung festzunageln. Die zwischen den beiden Erfordernissen des Modells der Rechtfertigungsordnung (Ordnung und gemeinsames Menschsein) bestehende Spannung bildet also den Kern des Verhältnisses zwischen dem Aussetzen des Urteils und dem, was auf das Urteil folgt.

Wenn wir das Urteil wieder in den Handlungsverlauf eintauchen, kommt das Problem der mangelnden Kompatibilität zwischen den beiden Anforderungen – dem der Ordnung und dem des gemeinsamen Menschseins – wieder an die Oberfläche, das die formale Konstruktion des Gemeinwohls noch hatte befrieden können. Das Erfordernis einer näheren Beurteilung muss also in eine Ontologie der Person integriert werden, die zugleich den Fortbestand eines Wesens zwischen den Handlungen anerkennt – was ein Vermögen zur näheren Bestimmung im Urteilsprozess voraussetzt – und den unerschöpflichen und dadurch auch nicht fassbaren Charakter dessen, wozu eine Person fähig ist, anerkennt. Das schränkt allerdings in beträchtlichem Maße die Möglichkeit ein, sich auf ein Urteil zu stützen, um zu bestimmen, wie man sich im Umgang mit anderen verhalten kann. Das Aussetzen des Urteils ist das Ergebnis einer rückschauenden Ermittlung dessen, was geschehen ist. Es ist auf die Stabilisierung der wechselseitigen Erwartungen ausgerichtet, insofern es die zukünftigen Fähigkeiten beschreibt. Dadurch setzt es sich potentiell dem Vorwurf aus, die unergründlichen Personen völlig in der Beurteilung ihres Zustands aufgehen lassen zu wollen.

Dieser stets mögliche Vorwurf und das gemeinsame Wissen um die Unmöglichkeit, die Ermittlung ein für alle Mal abzubrechen, verleihen dem Aussetzen des Urteils seinen konventionellen Charakter, dies im Sinne, dass jeder weiß, dass die Einordnungen weder die der Totalität des vergangenen Handelns zusammenfassen noch sämtliche Möglichkeiten zukünftiger Akte erfassen können.

Das Urteil zwischen Macht und Vergessen

Ein Urteil, das faktisch wirksam geworden ist, setzt sich potentiell dem Vorwurf aus, einen vergangenen Zustand der Prüfung unrechtmäßig auf Dauer stellen zu wollen, indem es die Personen auf die einmal von ihnen vorgenommenen Bewertungen reduziert und sie in die Schranken des festgelegten Größenverhältnisses verweist. Der Begriff Macht, der stets in denunzierender Absicht verwendet wird, bezeichnet genau dieses faktisch wirksam gewordene Urteil. Die faktische Geltung setzt voraus, dass die Personen mit den durch das Urteil ermittelten Fähigkeiten in eins gesetzt werden können und dass ihre Handlungen entweder direkt – was den Einsatz von Stärke und Gewalt voraussetzt – kontrolliert werden können oder indirekt durch das Arrangement der sie umgebenden Objekte. Das Anprangern der Macht zielt nicht nur darauf, dass Personen in ein Gehäuse von Objekten ohne jeglichen Spielraum eingeschlossen werden, in dem ihr Handeln auf das von passiven Agenten beschränkt bleibt. Aber es können auch hinterhältigere Formen von Macht angeprangert werden. Wenn beispielsweise eine Handlung mit einer Prüfung konfrontiert wird, kann sich die Erbärmlichkeit der verfügbaren Objekte als hinderlich für das Sichtbarwerden der Größe der Personen erweisen, was die Folgen einer vergangenen Prüfung auf ewig fortschreibt. In dieser typischen Konstellation entspringt die einer Person zugeschriebene Minderwertigkeit nicht mehr einer disziplinarischen Willkür. Ganz im Gegenteil ist sie im gemeinsam getroffenen Urteil verankert, dem die betreffende Person nicht entgehen kann, da sie das Objekt einer permanenten Kontrolle ist. Das Verhalten menschlicher Wesen in diesem Zustand entspricht nicht mehr der Sprache des Handelns, vielmehr lässt es sich umstandslos in der Sprache der Kräfte beschreiben. Die für die Verallgemeinerung der Beschreibung in der Form von Gesetzen nötigen Äquivalenzen sind also gewährleistet.

Die Vergebung stellt eine entgegengesetzte Figur dar, den Disput auszusetzen, in der die vorgenommene Bewertung der Fähigkeiten der Person wieder fallengelassen wird. Bei der Vergebung sieht man ganz von einer Bewertung der Person ab, die eine Herstellung von Äquivalenzen zur Voraussetzung hätte. Stattdessen konzentriert man sich ganz auf eine Annäherung an die Person, der es um ihre Einzigartigkeit geht. Verzeihen eröffnet die Möglichkeit für Vergessen, was es einer Person erlaubt, des für das Fällen eines Urteils notwendigen Aufrechnens der vergangenen Handlungen zu entgehen. Im Unterschied zu dem, was sich beim Urteil abspielt, begründet das für die Vergebung nötige Aussetzen des Disputs keinerlei Erwartungen, die wiederum die Bezugnahme auf näher bestimmte Fähigkeiten und damit auf Äquivalenzen zur Voraussetzung hätten. Mit höherer Gewissheit als das Urteil markiert die Vergebung ein klares Aussetzen der Ermittlung und erklärt sie für ungeeignet. Die Vergebung macht die für das Urteil erforderlichen Zuordnungen zunichte und verzichtet auf einen Überblick über die vergangenen Handlungen und deren Aufrechnung. Bringt jemand seine Vergebung in emotionaler Weise zum Ausdruck, kommt er tendenziell ohne sprachliche Mittel aus, die ja stets Assoziationen oder Vergleiche enthalten könnten; das gilt insbesondere für die an einer Überprüfung der Wahrheit orientierte formale Sprache des Protokolls. Eine Bezugnahme auf Objekte ist hier fehl am Platz, da sie die Äquivalenz mit sich führt, die ja in der Identifizierung der Objekte wie auch in der Prüfung enthalten ist, in der sie zur Geltung gebracht werden. Schließlich kann die Vergebung nur in Gegenwart von anderen gewährt werden, weshalb sie sich nicht generalisieren lässt. Der Handlungsverlauf wird im Anschluss an die Vergebung fortgesetzt, ohne dass aus der Krise die Konsequenzen gezogen worden wären und ohne dass man aus den aus der Ermittlung und eventuell aus dem Urteil gezogenen Lehren Nutzen gezogen hätte.

Humanes Urteilen und Toleranz beim Handeln

Humanität beim Urteil walten zu lassen bedeutet, dass man sich nicht darauf beschränkt, den Begriff, den man sich von den Personen macht, an dieser Beurteilung festzumachen. Sie hat vielmehr zur Voraussetzung, dass man im weiteren Verlauf der Handlung das Spannungsverhältnis zwischen der Beurteilung der Personen-Zustände und dem Verständnis des Begriffs der Person als eines nicht auf seine Beurteilung reduzierbaren Wesens akzeptiert. Diese Haltung zeigt sich daran, dass man nicht jedes Handeln als Prüfung auffasst, dass man also am Handeln beteiligt bleibt, ohne ständig darauf zu achten, ob es mit dem Urteil konform geht. Das verlangt eine gewisse Toleranz gegenüber den Abweichungen, mit denen man umgeht, als würden sie keinerlei Konsequenzen nach sich ziehen. Toleranz wird hier nicht als eine moralische Haltung verstanden, sondern als ein Erfordernis der Pragmatik. Ohne sie wäre eine Wiederaufnahme des Handlungsverlaufs blockiert. Entweder man sieht das Urteil als etwas Dauerndes an, was in einem ständigen Verdacht zum Ausdruck kommt und abgesehen davon, dass es eine weitere Beteiligung am Handlungsverlauf verhindert, dem oben erwähnten paranoiden Angstzustand gleichkommt; oder man beteiligt sich an der Handlung und versucht ein dem Urteil äußerst genau entsprechendes Arrangement von Objekten errichten, was jede Handlung zu einer Prüfung macht. Das ist beispielsweise der Fall beim Konzipieren einer Fertigungslinie für eine Fabrik. Die Koordinierung ist dabei so von Maschinen und Instrumenten mit peinlich genau definierten Funktionen und Leistungen abhängig, dass jegliche Abweichung sofort als Defekt sichtbar wird. Sie verbietet es, dass die Konsequenzen solcher Abweichungen für andere durch Korrekturen repariert werden können. Vom Blickwinkel der Moral aus gesehen ist diese pragmatische Toleranz im Vergleich zur Figur der Vergebung in der Geduld enthalten. Dadurch, dass sie den Augenblick der Prüfung hinausschiebt, hält sie auch das Wissenwollen im Zaum, das zur Ermittlung und zum Urteil drängt.

Toleranz macht es möglich, die Lage der Akteure nachzuvollziehen, in der sie die ganze Last der Korrektur allein zu tragen haben, ohne sie durch eine Bemerkung oder eine Entschuldigung deutlich zu machen. Erst wenn man die Geduld angesichts einer Reihe von Vorfällen verliert, bringt man die Defekte mit schon früher vorgefallenen Defekten zusammen und macht sich allmählich über die Fähigkeiten einer Person Gedanken, die zunächst noch rein privat bleiben (»Das kann so nicht weitergehen, der ist ja unfähig«).

Aufgrund des Handlungsmodells, an dem wir uns orientieren und das die Erfordernisse der Pragmatik mit denen der Ethik zusammenbringt, vermeiden wir, die Ethik rein auf eine Frage des Urteils zu reduzieren, und richten unsere Aufmerksamkeit darauf, wie die Menschen mit dem Spannungsverhältnis umgehen zwischen dem Erfordernis eines wohlunterrichteten Urteils, das die Personen in den Personen-Zuständen aufgehen lässt, und den Erfordernissen der Personen, die verlangen, dass man ihr Handlungsfeld offen lässt. Menschliches Handeln, das auf Prüfungen verzichtet und sich eines Urteils völlig enthielte, kann mit Fug und Recht als utopisch angesehen werden. Aber ein Handlungsverlauf, der ständig kontrolliert und über Prüfungen auf die allgemeine Ebene bezogen wäre, hätte etwas völlig Unmenschliches an sich. Eine Pragmatik der Reflexion muss den Übergang von Momenten des völligen Aufgehens in einer Handlung und der dabei erfolgten völligen Zurücknahme der Reflexion – sie manifestieren sich in der Toleranz oder in örtlichen Anpassungen und können bis zum Vergessen oder zur Vergebung reichen – und solchen Momenten, wo es in der Krise zur reflexiven Rückwendung des Handelns auf sich selbst und zur Fixierung der Wirklichkeit in einem Protokoll kommt, erklären können.

Das Wissen um die Handlung

Anhand solcher Krisen und ihres Abschlusses in Form eines Protokolls, wie sie uns als Ausgangspunkt für unser Modell der Rechtfertigung gedient haben, lässt sich das Handeln analysieren, ohne dass man zwangsläufig auf die Probleme des Zugangs zu nach außen hin nicht greifbaren Intentionen durch Introspektion oder der mechanistischen Objektivierung in geregelten Systemen stößt. Krisen und Urteile sind nämlich Momente, in denen die Akteure ihr Handeln verbal ausführen und darlegen. Sie sind darum bemüht, mit sprachlichen Mitteln Verallgemeinerungen vorzunehmen und Fakten zu schaffen und machen davon einen Gebrauch, der dem wissenschaftlichen Gebrauch der Sprache nicht unähnlich ist. Wenn die Akteure sich in einem solchen Prozess befinden, dann gehen sie der Aufgabe der Ermittlung und Zurechnung von Intentionen nach, wobei sie die gleichen Kategorien anwenden wie diejenigen, die bei der Analyse von Handlungen verwendet werden. Deshalb erschien uns unsere Forschungsstrategie, die ja darin bestand, dass wir uns auf den Moment der Prüfung konzentrierten, in dem das Unausgesprochene explizit wird, als besonders angebracht. Wenn sie über die

Wirklichkeit nachdenken und überprüfen, was stimmig ist, vernachlässigen die Akteure die kontingenten Phänomene zugunsten dessen, was allgemeine Gültigkeit beanspruchen kann. Dabei decken sie das auf, was das Lokale mit dem Globalen verbindet. Sie betrachten den Handlungsverlauf mit einer objektiven Distanz und bedienen sich dabei einer deskriptiven Sprache, die den Sozialwissenschaften Anhaltspunkte bietet. In solchen auf ein Urteil hinauslaufenden Augenblicken der Ungewissheit, in denen verschiedene Wirklichkeiten aufeinanderstoßen, oder im Augenblick der Wahrheit, in der die Wirklichkeit Gestalt annimmt, ist das Risiko einer Verzerrung bei der Übertragung der Praxis der Akteure in eine wissenschaftliche Darstellung immer noch am geringsten. Doch verliert man dabei nicht zugleich – so wie Leute, die sich darauf einlassen – die Handlungszwänge aus den Augen, wenn man beim Rechtfertigungsprozess stehenbleibt?

Dieser Umweg ist dennoch notwendig, denn nur wenn wir uns auf den Augenblick der Rechtfertigung konzentrieren, finden wir auch einen Zugang zum Handeln, der die Bedeutung, die der zurückschauenden Reflexion dabei zukommt, angemessen berücksichtigen kann. Im Sinne einer Weiterführung unseres Forschungsprogramms in Richtung einer Pragmatik der Reflexion haben wir uns verstärkt denjenigen Momenten im Handlungsverlauf zugewandt, in denen eine Korrektur vorgenommen wird. Zu solchen Korrekturen kommt es aufgrund des Widerstands seitens eines anderen Wesens, das den Erwartungen nicht mehr entspricht und aus dem gesamten Handlungsverlauf sperrig herausragt. Die Untersuchung solcher Momente kann durchaus von der vorangegangenen Analyse der Rechtfertigung profitieren, weil ihnen beiden gemeinsam ist, dass sie – und sei es nur für eine kleine Schleife – eine Rückschau auf das Vergangene voraussetzen. Einer solchen Rückschau geht es darum, »Unebenheiten« auszumachen, unter denen sich Objekte abzeichnen. Dagegen unterscheidet sich diese Art von Rückschau von den im vorliegenden Buch untersuchten Rechtfertigungen, insofern sie nicht dem gleichen Zwang zur Explizitmachung und zum gemeinsam geteilten Erkennen unterliegt. In solchen Augenblicken müssen sich die Akteure weder über den Gegenstand ihrer Beunruhigung verständigen noch gar das Gefühl, irgendwie gestört zu werden, teilen. Dieser Unterschied stellt den Punkt dar, an dem die Analyse von Momenten des Vergessens und der Vergebung ansetzen kann. Solche Momente des Vergebens und Vergessens lassen sich nämlich schlecht fassen, wenn die beteiligten Personen dieselbe Haltung einnehmen, denn in einem solchen Fall lässt sich die Frage, welche Haltung sie einnehmen, nicht entscheiden. Dagegen springen sie geradezu ins Auge und sind der Analyse zugänglich, wenn die Akteure unterschiedliche Haltungen einnehmen. Wenn wir das Verhalten einer Person, die mit einer Ermittlung befasst ist, von der Einstellung einer anderen, die dieses Unterfangen verwirft, abkoppeln, können wir die in das Vergessen investierte Arbeit begreifen und auch jene Operationen untersuchen, mit denen man aus dem Prüfungsprozess aussteigen oder die Spuren des Urteils verwischen kann.

Durch die Ausweitung der Analyse der Rechtfertigung auf den allgemeineren Komplex des Verhältnisses von Reflexion und Handeln konnten wir einer für die Humanwissenschaften schon klassisch zu nennenden Alternative entgehen. Dabei stehen jene Ansätze, die sich für menschliches Verhalten nur insofern interessieren als es auf rationalen Entscheidungen beruht – die als der einzige Forschungsgegenstand angesehen werden, der einen Zugang zur Wahrheit eröffnet –, solchen Ansätzen gegenüber, die die Reflexion mit einer trügerischen Rationalisierung gleichsetzen und daher einen direkten Zugang zur Realität der Praxis suchen, deren Gründe den Akteuren angeblich unbekannt sind. Zur Überwindung dieses Gegensatzes muss man ihn aus dem Kampffeld der Lehrmeinungen evakuieren, auf dem sich völlig unvereinbare Anthropologien unversöhnlich gegenüberstehen, und ihn in den Ablauf menschlichen Handelns einfügen, in dem er am Werk ist. Wenn sie in der Welt bestehen wollen, müssen die Personen ständig zwischen Reflexion und Handeln hin und her wechseln, wobei sie unablässig zwischen Momenten der bewussten Beherrschung und Momenten, in denen die Anforderungen der Gegenwart sie mit Haut und Haaren in den Lauf der Dinge hineinzieht, schwanken. Die Untersuchung der Urteilsfähigkeit und der Struktur von ausgereiften Urteilen ist für die Analyse des Gerechtigkeitssinnes sicherlich unerlässlich. Doch sie ist nicht erschöpfend, da sie die Spannung unberücksichtigt lässt, die auf dem Gerechtigkeitssinn lastet, wenn er zum Einsatz kommt. Um seine Erforschung noch zu vertiefen, müssen wir ihm durch jene Operationen folgen, die den durchlaufenden Faden des Alltagslebens bilden. Mit einem dynamischen Modell müssten sich daher jene Handlungssequenzen begreifen lassen, die bisher der Analyse entgangen sind, da die Brüche, die sie mit sich bringen, von dem ewigen Hin und Her der Personen zwischen Wiedergutmachung und Krise, Toleranz und Auseinandersetzung, Urteilen und Vergessen einen recht chaotischen Eindruck vermitteln.

15. Januar 1991

Bibliographie

Adorno, Theodor W., *Philosophie der neuen Musik*, in: Ders., Gesammelte Schriften, Bd. 12, Frankfurt am Main 1975.

Affichard, Joëlle, *L'homologation des titres et diplômes de l'enseignement technologique. Une transformation pour donner valeur d'État à des formations spécifiques*, in: Salais/Thévenot (Hg.), Le travail, S. 139–159.

Aglietta, Michel/Orléan, André, La violence de la monnaie, Paris 1982.

Akrich, Madelaine, *De la position relative des localités: systèmes électriques et réseaux socio-politiques*, in: Innovations et ressources locales, Paris 1989, S. 117–166.

Angenot, Marc, La parole pamphlétaire. Typologie des discours modernes, Paris 1983.

Ansart, Pierre, Marx et l'anarchisme, Paris 1969.

Ders., Sociologie de Saint-Simon, Paris 1970.

Aristoteles, Rhétorique, Buch 1, Paris 1967.

Ders., Rhetorik, München 1980.

Ders., Organon, Bd. 1, Topik, Hamburg 1997.

Ders., *Les topiques*, Bd. 5, hrsg. von Tricot, Jules, in: Ders., Organon, Paris 1984.

Ders., Politik, hrsg. von Tsouyopoulos, Nelly/Grassi, Ernesto, Reinbek 1965.

Ders., Die Nikomachische Ethik, hrsg. von Wolf, Ursula, Reinbek 2006.

Arnauld, d'Andilly, Les Vies des saints pères des déserts et de quelques saintes écrites par des pères de l'église et autres anciens auteurs ecclésiastiques grecs et latins, Paris 1736.

Arnauld, Antoine, Die Logik oder Die Kunst des Denkens (1685), Darmstadt 1972.

Aron, Raymond, Hauptströmungen des soziologischen Denkens. Durkheim – Pareto – Weber, Reinbek 1979.

Aubenque, Pierre, La prudence chez Aristote, Paris 1963.

Auerbach, Erich, Mimesis. Dargestellte Wirklichkeit in der abendländischen Literatur, 10. Aufl., Tübingen und Basel 2001.

Augé, Marc, Théorie des pouvoirs et idéologie, Paris 1975.

Augustinus, Aurelius, Bekenntnisse, Frankfurt am Main 1987.

Ders., Vom Gottesstaat, 2 Bde., München 1977f.

Ders., Schriften gegen die Pelagianer, Bd. 1, Natur und Gnade, Würzburg 1971.

Ders., *Brief an Hilarius* (CLVII), in: Ders., Epistulae, Corpus Scriptorum Ecclesiasticorum Latinorum (CSEL), Bd. 44, Wien und Leipzig 1904, S. 449–488.

Ders., Über den Wortlaut der Genesis. Der große Genesiskommentar in 12 Büchern, 2 Bde., Paderborn 1961 und 1964.

Ders., De trinitate, Hamburg 2001.

Baker, Keith Michael, Condorcet. From Natural Philosophy to Social Mathematics, Chicago/London 1975.

Bastid, Paul, Sieyès et sa pensée (1939), Paris 1970.

Baumgartner, Charles, Artikel: *Grâce*, in: Dictionnaire de spiritualité, ascétique et mystique, doctrine et histoire, Teil 6, hrsg. von Marcel Viellier und André Rayez, Paris 1967, Sp. 701–763.

Bénichou, Paul, Morales du grand siècle, Paris 1948.

Benjamin, Walter, *Das Kunstwerk im Zeitalter seiner technischen Reproduzierbarkeit*, in: Ders., Gesammelte Schriften I,2, hrsg. von Tiedemann, Rolf/ Schweppenhäuser, Hermann, 2. Aufl., Frankfurt am Main 1978, S. 431–508.

Berger, Suzanne/Piore, Michael J., Dualism and Discontinuity in Industrial Societies, Cambridge 1980.

Besnard, Philippe, *Durkheim et les femmes ou le Suicide inachevé*, in: Revue française de sociologie, XIV, 1973, S. 27–61.

Ders., L'anomie. Ses usages et ses fonctions dans la discipline sociologique depuis Durkheim, Paris 1987.

Bloch, Marc, From Blessing to Violence. History and Ideology in the Circumcision Ritual of the Merina of Madagascar, Cambridge 1986.

Bodin, Jean, Sechs Bücher über den Staat, München 1981.

Ders., Abrégé de la République, London 1755.

Böhm-Bawerk, Eugen von, Kapital und Kapitalzins, 3 Bde., 4. Auflage, Jena 1921.

Boisard, Pierre/Letablier, Marie-Thérèse, *Le Camembert: Normand ou normé. Deux mondèles de production dans l'industrie fromagère*, in: Entreprise et produits, Paris 1987.

Dies., *Un compromis d'innovation entre tradition et standardisation dans l'industrie laitière*, in: Boltanski/Thévenot (Hg.), Justesse et justice, S. 209–218.

Boltanski, Luc, Die Führungskräfte, Die Entstehung einer sozialen Gruppe, Frankfurt am Main/New York 1990.

Ders., L'amour et la justice comme compétences, Paris 1990.

Ders./Luc, Darré, Yann/Schiltz, Marie-Ange, *La dénonciation*, in: Actes de la recherche en sciences sociales, 51, 1984, S. 3–40.

Ders./Thévenot, Laurent, *Finding One's Way in Social Space: A Study based on Games*, in: Social Science Information, Vol. 22 (4–5), 1983, S. 631–680.

Ders./Thévenot, Laurent (Hg.), Justesse et justice dans le travail, Paris 1989.

Bonald, Louis de, Démonstration philosophique du principe constitutif de la société (1830), Paris 1985.

Booth, Charles, *On occupations of the People of the United Kingdom, 1801–81*, in: Journal of the Royal Statistical Society, XLIX (Juni), S. 314–435.

Bossuet, Jacques Bénigne, Politique tirée des propres paroles de l'Écriture sainte (1790), Genf 1967.
Ders., Discours sur l'histoire universelle, Paris 1845.
Boudon, Raymond/Bourricaud, François, Soziologische Stichworte. Ein Handbuch, Opladen 1992.
Bourdieu, Pierre, Entwurf einer Theorie der Praxis auf der ethnologischen Grundlage der kabylischen Gesellschaft, Frankfurt am Main 1979.
Ders., Sozialer Sinn. Kritik der theoretischen Vernunft, Frankfurt am Main 1993.
Ders., Was heißt Sprechen? Die Ökonomie des sprachlichen Tauschs, Wien 1990.
Brown, Peter, Augustinus von Hippo, München 2000.
Ders., Die letzten Heiden. Eine kleine Geschichte der Spätantike, Berlin 1986.
Ders., Die Heiligenverehrung. Ihre Entstehung und Funktion in der lateinischen Christenheit, Leipzig 1991.
Cabanis, Pierre-Jean-Georges, Rapports du physique et du moral de l'Homme (1802), Paris 1843.
Cairnes, John Elliott, Some Leading Principles of Political Economy Newly Expounded, New York 1874.
Callon, Michel/Latour, Bruno, *Unscrewing the Big Leviathan or How Actors Macrostructure Reality*, in: Karin Knorr-Cetina/Aaron Victor Cicourel (Hg.), Toward an Integration of Micro- and Macro-Sociologies, London 1981.
Ders./Law, John, *La proto-histoire d'un laboratoire ou le difficile mariage de la science et de l'économie*, in: Innovations et ressources locales, Paris 1989, S. 1–34.
Cam, Pierre, Les prud'hommes, juges ou arbitres, Paris 1981.
Camusat, Pierre, Savoir-vivre et promotion, Paris 1970.
Carrel, Alexis, Der Mensch, das unbekannte Wesen, Stuttgart 1955.
Castiglione, Baldassare, Der Hofmann. Lebensart in der Renaissance, Berlin 1999.
Certeau, Julia de/Revel, Jacques, Une politique de la langue, Paris 1975.
CFDT (Hg.), La section syndicale, 1981.
Dies. (Hg.), Pour élire ou designer les délégués, 1983.
Chandler, Alfred Dupont, The Visible Hand. The Managerial Revolution in American Business, Cambridge (Mass.) 1977.
Chamboredon, Jean-Claude, *Emile Durkheim: le social, objet de science. Du moral au politique?*, in: Critique, XL, 1984, S. 460–531.
Charléty, Sébastien, Histoire du saint-simonisme (1825–1864), Paris 1931.
Chateauraynaud, Francis, *La faute professionnelle*, in: Boltanski/Thévenot (Hg.), Justesse et justice, S. 247–280.
Ders., Les affaires de faute professionnelle. Des figures de défaillance et des formes de jugement dans les situations de travail et devant les tribunaux. Thèse de doctorat, EHESS, Paris 1989.

Ders., Formes de justice, épreuves de normalité et traduction psychiatrique dans la construction d'affaires, DEA de sociologie, EHESS, 2 Bde., Paris 1986.

Chiovaro, Francesco, Les saints dans l'histoire du christianisme. Anthologie de la sainteté, Bd. 1, Paris 1987.

Cicero, De oratore. Über den Redner, Stuttgart 1976.

Ders., Topik, hrsg. von Zekl, Hans Günter, Hamburg 1983.

Ders., Vom rechten Handeln, 2. Aufl., Zürich und Stuttgart 1964.

Clausewitz, Carl von, Vom Kriege (1832), 17. Aufl., Bonn 1966.

Claverie, Élisabeth/Lamaison, Pierre, L'impossible marriage. Violence et parenté en Gévaudan, XVII, XVIII et XIX siècles, Paris 1982.

Dies., *De la difficulté de faire un citoyen: les ›acquittements scandaleux‹ du jury dans la France provinciale du début du XIXe siècle*, in: Études rurales, 95–96, 1984, S. 143–166.

Coase, Ronald, *The Nature of the Firm* (1937), in: Ders./Williamson, Oliver E./Winter, Sidney G., The Firm, the Market and the Law, Chicago 1988.

Condorcet, Jean A. de, *Essai sur la constitution et les fonctions des assemblées provinciales*, in: Ders., Sur les élections et autres textes, Paris 1986.

Corcuff, Philippe, *Sécurité et expertise psychologique dans les chemins de fer*, in: Boltanski/Thévenot (Hg.), Justesse et justice, S. 307–321.

Ders./Lafaye, Claude, *Une relecture critique du Pouvoir périphérique – du fonctionalisme au constructivisme*, in: Politix, 7, 1989.

Croce, Benedetto, Die Philosophie Giambattista Vicos, Tübingen 1927.

Cropsey, Joseph, *Adam Smith and Political Philosophy*, in: Skinner/Wilson (Hg.), Essays on Adam Smith, S. 132–153.

Darré, Jean-Pierre, *La fonction de production de la vache*, in: Thévenot (Hg.), Conventions économiques, S. 115–127.

Davy, Georges, *Introduction*, in: Émile Durkheim, Leçons de sociologie, S. 9–39.

Delamourd, Vinoli, ›Monsieur le Président ...‹ Les formes de justification de l'état de chômeur, Paris, DEA de sociologie, EHESS, Paris 1988.

Deleule, Didier, Hume et la naissance du libéralisme économique, Paris 1979.

Deleuze, Gilles, Nietzsche und die Philosophie, München 1976.

Demory, Bernard, La Créativité en pratique, Paris 1974.

Derouet, Jean-Louis, Pour une sociologie de l'établissement scolaire, Paris 1984.

Ders., *L'établissement scolaire comme entreprise composite. Programme pour une sociologie des établissements scolaires*, in: Boltanski/Thévenot (Hg.), Justesse et justice, S. 11–42.

Descartes, René, Discours de la méthode. Von der Methode des richtigen Vernunftgebrauchs und der wissenschaftlichen Forschung, Hamburg 1997.

Desrosières, Alain, *Élements pour l'histoire des nomenclatures socioprofessionnelles*, in: Pour une histoire de la statistique (1977), Bd. 1, Paris 1987, S. 155–231.

Ders., *Histoire des formes: statistiques et sciences sociales avant 1940*, in: Revue française de sociologie, 2, 1985, S. 277–310.

Ders., *L'ingenieur d'État et le père de famille: Émile Cheysson et la statistique*, in: Annales de Mines. Série »Gérer et comprendre«, 2, 1986, S. 66–80.

Ders., *L'opposition entre deux formes d'enquête: monographie et statistique*, in: Boltanski/Thévenot (Hg.), Justesse et justice, S. 1–9.

Ders./Thévenot, Laurent, Les catégories socioprofessionnelles, Paris 1988.

Di Bella, Maria Pia, *Implications et conséquences du code de l'honneur dans l'›Orestie‹ d'Eschyle*, in: Atti del convegno internazionale ›Letterature classiche e narratologia‹, Perugia 1981, S. 131–143.

Dodier, Nicolas, *Corps et accords. Les événements corporels individuels dans l'organisation collective des ouvriers*, in: Thévenot (Hg.), Conventions économiques, S. 91–114.

Ders., *Le travail d'accommodation des inspecteurs du travail en matière de sécurité*, in: Boltanski/Thévenot (Hg.), Justesse et justice dans le travail, S. 281–306.

Ders., *Représenter ses actions. Le cas des inspecteurs et des médecins du travail*, in: Pharo, Patrick/Quéré, Louis (Hg.), Les formes de l'action, Paris 1990, S. 115–148.

Doeringer, Peter B./Piore, Michael J., Internal Labor Markets and Manpower Analysis, Armonk und London 1985.

Domat, Jean, Œuvres complètes, Paris 1828.

Duby, Georges, *Die Jugend in der aristokratischen Gesellschaft*, in: Ders., Wirklichkeit und höfischer Traum. Zur Kultur des Mittelalters, Berlin 1986, S. 103–116.

Ders., Krieger und Bauern. Die Entwicklung von Wirtschaft und Gesellschaft im frühen Mittelalter, Frankfurt 1977.

Dumont, Louis, Individualismus. Zur Ideologie der Moderne, Frankfurt am Main/New York/Paris 1991.

Ders., Homo hierarchicus, Paris 1966.

Ders., Homo aequalis, Paris 1977.

Dupuy, Jean-Pierre, *De l'émancipation de l'économie: retour sur ›le problème d'Adam Smith‹*, in: Année sociologique, 37, 1987, S. 311–342.

Durkheim, Émile, Die elementaren Formen des religiösen Lebens (1912), Frankfurt am Main 1981.

Ders., Montesquieu et Rousseau précurseurs de la sociologie (1953), Paris 1966.

Ders., Soziologie und Philosophie (1925), Frankfurt am Main 1967.

Ders., *Einführung in die Sozialwissenschaft. Eröffnungsvorlesung von 1887–1888*, in: Ders., Frühe Schriften zur Begründung der Sozialwissenschaft, hrsg. von Lore Heisterberg, Darmstadt/Neuwied 1981.

Ders., La science sociale et l'action, Paris 1970.

Ders., Le socialisme. Sa définition, ses débuts, la doctrine saint-simonienne (1928), Paris 1971.

Ders., Textes, hrsg. von Victor Karady, 3 Bde., Paris 1975.
Ders., *La sociologie* (1915), in: Ders., Textes, Bd. 1, Éléments d'une théorie sociale, hrsg. von Victor Karady, Paris 1975, S. 109–118.
Ders., *Die positive Moralwissenschaft in Deutschland* (1887), in: Ders., Über Deutschland, Texte aus den Jahren 1887 bis 1915, Konstanz 1995, S. 85–175.
Ders., Leçons de sociologie, Paris 1969.
Ders., Über soziale Arbeitsteilung (1902), Frankfurt am Main 1992.
Ders., Physik der Sitten und des Rechts. Vorlesungen über Moral, hrsg. von Hans-Peter Müller, Frankfurt am Main 1991.
Elias, Norbert, Die höfische Gesellschaft, Frankfurt am Main 1983.
Elster, Jon, Subversion der Rationalität, Frankfurt am Main/New York 1987.
Ewald, François, Der Vorsorgestaat, Frankfurt am Main 1993 (um Buch IV gekürzte Fassung des französischen Originals L'État Providence, Paris 1986).
Ders., *La qualification des produits*, in: Salais/Thévenot (Hg.), Le travail, S. 239–247.
Ders., *Coopération et concurrence dans les relations d'entreprises*, in: Boltanski/Thévenot (Hg.), Justesse et justice, S. 121–133.
Ders., *Conventions de qualité et pluralité des formes de coordination*, in: Revue économique, 2, März 1989, S. 329–359.
Faccarello, Gilbert, *Quelques réflexions sur l'équilibre économique chez P. de Boisguilbert*, in: Œconomica, Cahiers de l'ISMEA, série P.E., 1, 1984, S. 35–62.
Ders., Aux origines de l'économie politique libérale: Pierre de Boisguilbert, Paris 1986.
Farge, Arlette/Foucault, Michel, Familiäre Konflikte: Die ›Lettres de cachet‹, Frankfurt am Main 1989.
Fasso, Guido, Vico e Grozio, Neapel 1972.
Faucci, Dado, *Vico and Grotius: Jurisconsults of Mankind*, in: Tagliacozzo/White (Hg.), Giambattista Vico, S. 61–76.
Favereau, Olivier, Le niveau d'emploi dans une économie en croissance, Thèse d'État, Université de Paris I, 2 Bde., Paris 1982.
Ders., *La formalisation du rôle des conventions dans l'allocation de ressources*, in: Salais/Thévenot (Hg.), Le travail, S. 249–267.
Ders., *Valeur d'option et flexibilité: De la rationalité substantielle à la rationalité procédurale*, in: Cohendet, Patrick/Llerena, Patrick (Hg.), Flexibilité, information et décision, Paris 1989, S. 121–267.
Ders., *Marchés internes, marchés externes*, in: Revue économique, 2, März 1989, S. 273–327.
Ders./Thévenot, Laurent, *Réflexions sur la notion d'équilibre utilisable dans une économie de marchés et d'organisations*, in: Hermès, Marché interne, marché externe, Paris 1991.
Favret, Jeanne, *Relations de dépendance et manipulation de la violence en Kabylie*, in: L'Homme, VIII, 4, 1968, S. 18–44.

Dies., Les mots, la mort, les sorts, Paris 1977.
Fleischman, Eugene, *De Weber à Nietzsche*, in: Archives européennes de sociologie, Bd. 5, 1964, S. 190–238.
Foucault, Michel, Die Sorge um sich. Sexualität und Wahrheit, Bd. 3, Frankfurt am Main 1989.
Ders., Die Ordnung der Dinge. Eine Archäologie der Humanwissenschaften, Frankfurt am Main 1974.
Furet, François, 1789 – Jenseits des Mythos (1978), Hamburg 1989.
Ders./Ozouf, Jacques, Lire et écrire. L'alphabétisation des Français de Calvin à Jules Ferry, 2 Bde., Paris 1977.
Galton, Francis, Hereditary Genius (1869), Gloucester, Mass. 1972.
Geertz, Clifford, Local Knowledge, New York 1983.
Ders., *The Bazaar Economy: Information and Search in Peasant Marketing*, in: American Economic Review, Bd. 68, Nr. 2, 1978.
Ginzburg, Carlo, Der Käse und die Würmer. Die Welt eines Müllers um 1600, Frankfurt am Main 1979.
Ders., *Spurensicherung. Der Jäger entziffert die Fährte, Sherlock Holmes nimmt die Lupe, Freud liest Morelli – die Wissenschaft auf der Suche nach sich selbst*, in: Ders., Spurensicherungen. Über verborgene Geschichte, Kunst und soziales Gedächtnis, Berlin 1983, S. 78–125.
Girard, René, Das Heilige und die Gewalt (1972), Frankfurt am Main 1992.
Godard, Olivier, *Jeux de natures: quand le débat sur l'efficacité des politiques publiques contient la question de leur légitimité*, in: Mathieu, Nicole/Jolivet, Marcel (Hg.), Du rural à l'environnement. La question de la nature aujourd'hui, Paris 1989.
Ders., *Environnement, modes de coordination et systèmes de légitimité: analyses de la catégorie de patromoine naturel*, in: Revue économique, 2, März 1990, S. 215–242.
Goffman, Erving, Wir alle spielen Theater. Die Selbstdarstellung im Alltag (1959), München 1969.
Goldschmidt, Victor, Anthropologie et politique. Les principes du système de Rousseau, Paris 1974.
Gouhier, Henri, *La jeunesse d'Auguste Comte et la formation du positivisme*, in: Ders., Auguste Comte et Saint-Simon (1941), Bd. 3, Paris 1970.
Gracián, Baltasar, Hand-Orakel und Kunst der Weltklugheit (1674), Frankfurt am Main 1986.
Ders., L'homme de cour (1674), Paris 1692.
Grassi, Ernesto, *Critical Philosophy or Topical Philosophy? Meditations on the* De nostri temporis studiorum ratione, in: Tagliacozzo/White (Hg.), Giambattista Vico, S. 39–50.
Guy, Jean-Claude, Paroles des anciens. Apophtegmes des pères du désert, Paris 1976.

Habermas, Jürgen, Theorie des kommunikativen Handelns, 2 Bde., Frankfurt am Main 1981.
Hacking, Ian, The Emergence of Probability, Cambridge 1975.
Halbwachs, Maurice, *Introduction, notes, commentaires*, in: Rousseau, Jean-Jacques, Du contrat social (1943), hrsg. von M. Halbwachs, Paris 1976.
Hayek, Friedrich A. von, Gesammelte Schriften in deutscher Sprache, Tübingen 2001ff.
Ders., *Mißbrauch und Verfall der Vernunft*, hrsg. von Viktor Vanberg, in: Ders., Gesammelte Schriften, Abt. B, Bd. 2, Tübingen 2004.
Héran, François, *L'assise statistique de la sociologie*, in: Économie et statistique, 169, 1984, S. 23–36.
Hirschman, Albert O., Exit, Voice and Loyality, Cambridge, Mass. 1970.
Ders., Engagement und Enttäuschung. Über das Schwanken der Bürger zwischen Privatwohl und Gemeinwohl, Frankfurt am Main 1988.
Ders., Leidenschaften und Interessen. Politische Begründungen des Kapitalismus vor seinem Sieg, Frankfurt am Main 1987.
Ders., Entwicklung, Markt, Moral. Abweichende Betrachtungen, München/Wien 1989.
Ders., *Der Begriff des Interesses. Von der Beschönigung zur Tautologie*, in: Ders., Entwicklung, Markt, Moral, S. 132–149.
Ders., *Der Streit um die Bewertung der Marktgesellschaft*, in: Ders., Entwicklung, Markt, Moral, S. 192–225.
Hobbes, Thomas, Leviathan oder Stoff, Form und Gewalt eines kirchlichen und bürgerlichen Staates (1651), Frankfurt am Main 1984.
Ders., Naturrecht und allgemeines Staatsrecht in den Anfangsgründen (1640), Darmstadt 1983.
Hollander, Samuel, *On the Role of Utility and Demand in The Wealth of Nations*, in: Skinner/Wilson (Hg.), Essays on Adam Smith, S. 313–323.
Hume, David, Ein Traktat über die menschliche Natur (1740), 2 Bde., 2. durchges. Aufl., Hamburg 1989.
Jamous, Raymond, Honneur et baraka, Paris 1977.
Jaume, Lucien, *La théorie de la ›personne fictive‹ dans le Leviathan de Hobbes*, in: Revue française de sciences politiques, Bd. 33, 6, 1983, S. 1009–1035.
Julia, Dominique, La Révolution. Les trois couleurs du tableau noir, Paris 1981.
Kantorowicz, Ernst M., Die zwei Körper des Königs. Eine Studie zur politischen Theologie des Mittelalters (1957), München 1990.
Kaplan, Steven L., Le complot de famine. Histoire d'une rumeur au XVIIIe siècle, Paris 1976.
Ders., Les ventres de Paris. Pouvoirs et approvisionnements dans la France d'ancien régime (1984), Paris 1988.
Ders., Le pain, le peuple et le Roi. La bataille du libéralisme sous Louis XV (1976), Paris 1986.

Kauder, Emil, *The Retarded Acceptance of The Marginal Utility Theory*, in: Quarterly Journal of Economics, Bd. 67, 4, 1953, S. 564–575.
Keohane, Nannerl O., Philosophy and the State in France. From the Renaissance to the Enlightenment, Princeton 1980.
Kerr, Clark, *The Balkanisation of Labor Markets*, in: Bakke, Edward Wight, u.a. (Hg.), Labor Mobility and Ecomomic Opportunity, New York 1954, S. 92–110.
Keynes, John M., Allgemeine Theorie der Beschäftigung, des Zinses und des Geldes, unveränd. Nachdr. der 1936 erschienenen 1. Aufl., Berlin 1955.
Koselleck, Reinhart, Kritik und Krise. Eine Studie zur Pathogenese der modernen Welt, 7. Aufl., Frankfurt am Main 1992.
Kramarz, Francis, *La comptabilité nationale à la maison*, in: Boltanski/Thévenot (Hg.), Justesse et justice, S. 219–245.
La Bruyère, Jean de, Charaktere, Wiesbaden 1979.
Lacan, Jacques, Über die paranoische Psychose in ihren Beziehungen zur Persönlichkeit und frühe Schriften zur Paranoia, Wien 2002.
Lacroix, Bernard, Durkheim et le politique, Paris 1981.
Lafaye, Claudette, La cohérence des services municipaux et la pluralité des logiques d'action, vervielfältigtes Manuskript, Paris 1987.
Dies., *Réorganisation industrielle d'une municipalité de gauche*, in: Boltanski/ Thévenot (Hg.), Justesse et justice, S. 43–66.
Dies., *Situations tendues et sens ordinaire de la justice au sein d'une administration municipale*, in: Revue française de sociologie, Bd. XXXI, 2, April-Juni 1990, S. 199–223.
Lagarde, Georges de, La naissance de l'esprit laïque au déclin du Moyen Âge, Louvain 1956.
Langlois, Charles-Victor/Seignobos, Charles, Introduction aux études historiques, Paris 1898.
Latour, Bruno, Les microbes, Paris 1983.
Ders., La science en action, Paris 1989.
Ders./ Strum, Shirley C., *Human Social Origins: oh please, tell us another origin story*, in: Journal of Social and Biological Structures, 9, 1986, S. 169–187.
Ders./Woolgar, Steve, La vie de laboratoire, Paris 1988.
LeBon, Gustave, Die Psychologie der Massen (1895), Stuttgart 1982.
Lévy-Bruhl, Henri, La preuve judiciaire, Paris 1964.
Lewis, Andrew W., Le sang royal. La famille capétienne et l'État, France, X[e]–XIVe siècle (1981), Paris 1986.
Locke, John, Zwei Abhandlungen über die Regierung, Frankfurt am Main 1977.
Lombroso-Ferrero, Gina, La rançon du machinisme, Paris 1931.
Lukes, Steven, Emile Durkheim. His Life and his Work, London 1973.
Lüdtke, Alf, *Lohn, Pausen, Neckereien: Eigensinn und Politik bei Fabrikarbeitern in Deutschland um 1900*, in: Ders., Eigensinn. Fabrikalltag, Arbeiter-

erfahrungen und Politik vom Kaiserreich bis in den Faschismus, Hamburg 1993, S. 120–160.
MacCormack, Marc H., Tout ce que vous n'apprendrez jamais à Harvard (1984), Paris 1985
Mackenzie, Donald A., Statistics in Britain, 1865–1930, Edinburgh 1981.
Macpherson, Crawford B., Die politische Theorie des Besitzindividualismus. Von Hobbes bis Locke (1964), Frankfurt am Main 1967.
Malkiel, Maria Rosa Lida de, L'idée de la gloire dans la tradition occidentale, Paris 1968.
Mandeville, Bernard, Die Bienenfabel oder Private Laster, öffentliche Vorteile, Frankfurt am Main 1980.
Marin, Louis, Le portrait du roi, Paris 1981.
Marrou, Henri-Irénée, Saint Augustin et l'augustinisme, Paris 1957.
Marx, Karl, *Das Kapital*, Bd. III (1894), in: Ders./Engels, Friedrich, Werke, Bd. 25, Berlin 1983.
Mauss, Marcel, *Die Gabe. Form und Funktion des Austauschs in archaischen Gesellschaften* (1925), in: Ders., Soziologie und Anthropologie, Bd. 2, Frankfurt am Main 1989, S. 9–144.
Mead, George Herbert, Geist, Identität und Gesellschaft (1934), Frankfurt am Main 1968.
Mesnard, Pierre, L'essor de la philosophie politique au XVI siècle, 2. Auflage, Paris 1977
Mills, C. Wright, *Introduction*, in: Thorstein Veblen, The Theory of the Leisure Class. An Economic Study of Institutions, New York 1953.
Mises, Ludwig von, Die Bürokratie (1944), 2. Aufl., Sankt Augustin 2004.
Montesquieu, Charles-Louis de, Vom Geist der Gesetze, Tübingen 1951.
Morin, Edgar, Les stars, Paris 1972.
Moscovici, Serge, Das Zeitalter der Massen. Eine historische Abhandlung über die Massenpsychologie, Frankfurt am Main 1986.
Mousnier, Roland, Les institutions de la France sous la monarchie absolue, 2 Bde., Paris 1974.
Nelson, Richard R./Winter, Sidney G., An Evolutionary Theory of Economic Change, Cambridge 1982.
Nicole, Pierre, Essais de Morale (1671), Paris 1733.
Nietzsche, Friedrich, Der Wille zur Macht. Versuch einer Umwertung aller Werte, Stuttgart 1964.
Ders., *Die fröhliche Wissenschaft*, in: Ders., Werke, Kritische Gesamtausgabe, Abt. V, Bd. 2, hrsg. von Colli, Giorgio/Montinari, Mezzino, Berlin/New York 1973.
Ders., Kritische Studienausgabe, 15 Bde., hrsg. von Colli, Giorgio/Montinari, Mezzino, 2. Auflage, München 1988.
Ders., *Zur Genealogie der Moral* (1887), in: Ders., Jenseits von Gut und Böse. Zur Genealogie der Moral. Kritische Studienausgabe, Bd. 5, S. 245–412.

Ders., Nachgelassene Fragmente 1880–1882, in: Ders., Kritische Studienausgabe, Bd. 9.
Ders., Nachgelassene Fragmente 1882–1884, in: Ders., Kritische Studienausgabe, Bd. 10.
Nisbet, Robert, The Sociological Tradition, New York 1966.
Nozick, Robert, Anarchy, State and Utopia, Oxford 1974.
Olson, Mancur, Die Logik kollektiven Handelns. Kollektivgüter und die Theorie der Gruppen, 5. Aufl., Tübingen 2004.
Palladius, Historia Lausiaca. Die frühen Heiligen in der Wüste, Zürich 1987.
Pappas, John, *La campagne des philosophes contre l'honneur*, in: Studies on Voltaire and the 18th Century, Bd. 205, 1982, S. 31–44.
Parrot, Jean-Philippe, La réprésentation des intérêts dans le mouvement des idées politiques, Paris 1974.
Pascal, Blaise, *Drei Vorträge vor dem Prinzen von Luynes über den Stand der großen Herrn*, in: Ders., Die Kunst zu überzeugen und die anderen kleineren philosophischen und religiösen Schriften, Heidelberg 1963, S. 128–136.
Ders., Gedanken über die Religion und einige andere Themen, hrsg. von J.-R. Armogathe, Stuttgart 1997.
Pharo, Patrick, Le civisme ordinaire, Paris 1985.
Pierrot, Maurice, Productivité et conditions de travail. Un guide diagnostic pour entrer dans l'action, Paris 1980.
Pizzorno, Alessandro, *Sur la rationalité du choix démocratique*, in: Birnbaum, Pierre/Leca, Jean (Hg.), Sur l'individualisme, 2. Aufl., Paris 1991, S. 343–354.
Platon, *Phaidros*, in: Ders., Werke, hrsg. von Heitsch, Ernest/Müller, Carl Werner, Band III, 4, Göttingen 1993.
Ders., *Gorgias*, in: Ders., Werke, hrsg. von Heitsch, Ernest/Müller, Carl Werner, Band VI, 3, Göttingen 2004.
Polanyi, Michael, Personal Knowledge. Towards a Post-Critical Philosophy, Chicago 1962.
Pollak, Michael, *La gestion de l'indicible*, in: Actes de la recherche en sciences sociales, 62–63, 1986.
Ders., Die Grenzen des Sagbaren. Lebensgeschichten von KZ-Überlebenden als Augenzeugenberichte und Identitätsarbeit, Frankfurt am Main 1988.
Ders., L'expérience concentrationnaire. Essai sur le maintien de l'identité sociale, Paris 1990.
Prost, Antoine, Les anciens combattants et la société française. 1914–1939, 3 Bde., Paris 1977.
Pufendorf, Samuel von, Le droit de la Nature et des Gens, ou le Système général des Principes les plus importants de la Morale, de la Jurisprudence et de la Politique (lat. Original 1672), Leiden 1771 (Übersetzung Jean Barbeyracs).
Ders., Acht Bücher vom Natur- und Völkerrecht mit des weitberühmten JCti. Johann Nicolai Hertii, Johann Barbeyrac und anderer Hoch-Gelehrten

Männer außerlesenen Anmerckungen erläutert und in die Teutsche Sprach übersetzt, Nachdr. der Ausgabe Frankfurt am Main 1711, 2 Bde., Hildesheim/Zürich/New York 1998.

Raphael, David D., *The Impartial Spectator*, in: Skinner/Wilson (Hg.), Essays on Adam Smith, S. 83–99.

Rawls, John, Eine Theorie der Gerechtigkeit, Frankfurt am Main 1975.

Revel, Jacques, *Vom Nutzen der Höflichkeit*, in: Ariès, Philippe/Duby, Georges (Hg.), Geschichte des privaten Lebens, Bd. 3, Von der Renaissance zur Aufklärung, hrsg. von Ariès, Philipe/Chartier, Roger, Frankfurt am Main 1991, S. 173–211.

Reynolds, Loyd George, The Structure of Labor Markets, New York 1951.

Ricœur, Paul, Hermeneutik und Psychoanalyse. Der Konflikt der Interpretationen II, München 1974.

Ders., Die Interpretation. Ein Versuch über Freud, Frankfurt am Main 1974.

Ders., *La raison pratique*, in: Ders, Du texte à l'action. Essais d'hermeneutique II, Paris 1986, S. 263–288.

Richards, Audrey I./Kuper, Adam (Hg.), Councils in Action, Cambridge 1971.

Riley, Patrick, Will and Political Legitimacy, Cambridge 1982.

Ders., The General Will before Rousseau, Princeton 1986.

Robertson, Hector M./Taylor, William L., *Adam Smith's Approach to the Theory of Value*, in: Economic Journal, 67, 266, 1957, S. 181–198.

Roover, Raymond de, *Scholastic Economics: Survival and Lasting Influence from the Sixteenth Century to Adam Smith*, in: Quarterly Journal of Economics, 69, 2, 1955, S. 161–190.

Ders., La Pensée économique des scolastiques, doctrines et méthodes, Montreal und Paris 1971.

Rosanvallon, Pierre, Le moment Guizot, Paris 1985.

Rosch, Eleanor/Lloyd, Barbara B., Cognition and Categorization, New York 1978.

Rousseau, Jean-Jacques, Schriften zur Kulturkritik, Hamburg 1978.

Ders., *Abhandlung über den Ursprung und die Grundlagen der Ungleichheit unter den Menschen* (1755), in: Ders., Schriften zur Kulturkritik, S. 61–269.

Ders., *Abhandlung über die Frage: Hat der Wiederaufstieg der Wissenschaften und Künste zur Läuterung der Sitten beigetragen?* (1750), in: Ders., Schriften zur Kulturkritik, S. 2–59.

Ders., Bekenntnisse (1781), Frankfurt am Main und Leipzig 1985.

Ders., *Vom Gesellschaftsvertrag*, in: Ders., Politische Schriften, Paderborn 1977, Bd. 1, S. 59–208.

Ders., Julie ou la nouvelle Héloïse, Paris 1967.

Ders., Julie oder Die neue Heloise, München 1978.

Ders., Emile oder über die Erziehung, 11. Aufl., Paderborn u.a. 1993.

Ders., *Du contrat social ou Essai sur la forme de la république (Première*

Version) [Genfer Manuskript], hrsg. von Derathé, Robert, in: Ders., Œuvres complètes, Bd. 3, Paris 1964, S. 279–346.
Ders., *Du contrat social ou, Principes du droit politique*, hrsg. von Derathé, Robert, in: Ders., Œuvres complètes, Bd. 3, Paris 1964, S. 347–470.
Sabel, Charles F., Work and Politics, Cambridge 1982.
Sacco, Nicola/Vanzetti, Bartolomeo, The Letters of Sacco and Vanzetti, hrsg. von Frankfurter, Marion D./Jackson, Gardener, New York 1928.
Sahlins, Marshall D., The Use and Abuse of Biology. An Anthropological Critique of Sociobiology, Ann Arbor 1976.
Saint-Simon, Claude-Henri de, Œuvres complètes, 6 Bde., Nachdruck, Paris 1966.
Ders., *L'Industrie* (1817), in: Œuvres complètes, Bd. 1 und 2.
Ders., *L'organisateur* (1819), in: Œuvres complètes, Bd. 2.
Ders., *Du système industriel* (1819), in: Œuvres complètes, Bd. 3 und 6.
Ders., *Introduction aux travaux scientifiques du XIXe siècle* (1808), in: Ders., La physiologie sociale, S. 47–49.
Ders., *Lettre à un Américain* (1808), in: Ders., La physiologie sociale, S. 78–79.
Ders., La physiologie sociale. Œuvres choisies (1965), hrsg. von Gurvitch, Georges, Paris 1965.
Salais, Robert/Thévenot, Laurent (Hg.), Le travail. Marchés, règles, conventions, Paris 1986.
Ders., Baverez, Nicolas/Reynaud, Bénédicte, L'invention du chômage. Histoire et transformations d'une catégorie en France des années 1890 aux années 1980, Paris 1986.
Sartre, Jean-Paul, *Das Sein und das Nichts. Versuch einer phänomenologischen Ontologie*, in: Ders., Gesammelte Werke in Einzelausgaben, Philosophische Schriften, Bd. 3, hrsg. von König, Traugott, Reinbek 1993.
Schneider, Christian, Principes et techniques des relations publiques, Paris 1970.
Schumpeter, Joseph A., Geschichte der ökonomischen Analyse, 2 Bde., Göttingen 1965.
Seneca, *Vom glücklichen Leben (De vita beata)*, in: Ders., Von der Ruhe der Seele und andere Essays, München 1991.
Sewell, William H., Work and Revolution in France: The Language of Labor from the Old Regime to 1848, Cambridge 1980.
Sieyès, Emmanuael J., *Was ist der Dritte Stand?*, in: Ders., Politische Schriften 1788–1790, hrsg. von Schmitt, Eberhard/Reichardt, Rolf, 2. Auflage, München 1981, S. 117–195.
Silver, Allan, *Friendship and Trust as Moral Ideal: A Historical Approach*, Journal européen de sociologie, 30, 1989, S. 274–297.
Skinner, Andrew S./Wilson, Thomas (Hg.), Essays on Adam Smith, Oxford 1975.

Skinner, Quentin, The Foundations of Modern Political Thought, 2 Bde., Cambridge 1978.

Smith, Adam, Essays Philosophical and Literary (1795), London 1880.

Ders., Correspondence of Adam Smith, hrsg. von Mossner, Ernest Campbell/ Ross, Ian Simpson, Indianapolis 1987.

Ders., Theorie der ethischen Gefühle, 2. Aufl., Hamburg 1977.

Ders., Untersuchung über Wesen und Ursachen des Reichtums der Völker, Tübingen 2005.

Starobinski, Jean, Rousseau. Eine Welt von Widerständen, München 1988.

Steuart, James, Untersuchung über die Grundsätze der Volkswirtschaftslehre (1767), 3 Bde., Jena 1913f.

Strauss, Leo, Naturrecht und Geschichte (1953), Frankfurt am Main 1977.

Sulloway, Frank J., Freud, Biologist of the Mind: Beyond the Psychoanalytic Legend, New York 1979.

Tagliacozzo, Giorgio/White, Hayden V. (Hg.), Giambattista Vico, an International Symposium, Baltimore 1969.

Thévenot, Laurent, *Une jeunesse difficile. Les fonction sociales du flou et de la rigueur dans les classements*, in: Actes de la recherche en sciences sociales, 26–27, 1979, S. 3–18.

Ders., *L'économie du codage social*, in: Critiques de l'Économie politique, 23–24, 1983, S. 188–222.

Ders. (Hg.), Conventions économiques, Paris 1986.

Ders., *Les investissements de forme*, in: Thévenot (Hg.), Conventions économiques, S. 21–71.

Ders., *Les enquêtes: formation qualification professionnelle et leurs ancêtres français*, in: Affichard, Joëlle (Hg.), Pour une histoire de la statistique, Bd. 2, Paris 1987, S. 117–165.

Ders., *Économie et politique de l'entreprise. Économies de l'efficacité et de la confiance*, in: Boltanski/Thévenot (Hg.), Justesse et justice, S. 135–207.

Ders., *Équilibre et rationalité dans un univers complexe*, in: Revue économique, 2, März 1989, S. 147–197.

Ders., *L'action qui convient*, in: Pharo, Pierre/Quéré, Louis (Hg.), Les formes de l'action, Paris 1990, S. 39–69.

Ders., *L'origine sociale des enquêtes de mobilité sociale*, in: Annales ESC, 6, November/Dezember 1990, S. 1275–1300.

Thomas von Aquin, *Klugheit*, in: Ders., Summa Theologica, Band 17B, Heidelberg u.a. 1966.

Ders., Somme théologique, 2a–2ae Questions 47–56, Paris 1949.

Ders., Recht und Gerechtigkeit. Theologische Summe II-II, Fragen 57–79. Nachfolgefassung von Band 18 der deutschen Thomasausgabe, Bonn 1987.

Thomasius, Christian, *Göttliche Rechtsgelehrtheit*, in: Ders., Ausgewählte Werke, Bd. 4, hrsg. von Schneiders, Werner, Hildesheim/Zürich/New York 2001.

Tocqueville, Alexis de, Über die Demokratie in Amerika, München 1976.
Turgot, Anne-Robert-Jacques, *Grundriß für zwei Abhandlungen über die Universalgeschichte*, in: Ders., Über die Fortschritte des menschlichen Geistes, hrsg. von Rohbeck, Johannes/Steinbrügge, Liselotte, Frankfurt am Main 1990, S. 168–220.
Ders., Les édits de Turgot (1776), Paris 1970.
Turner, Victor, The Forest of Symbols: Aspects of Ndembu Ritual, Ithaca 1967.
Vaughan, Charles Edwyn, The Political Writings of Jean-Jacques Rousseau (1915), 2 Bde., New York 1971.
Veblen, Thorstein, Theorie der feinen Leute, Eine ökonomische Untersuchung der Institutionen, Frankfurt am Main 1986.
Vernant, Jean-Pierre (Hg.), Divination et rationalité, Paris 1974.
Vico, Giambattista, Autobiographie (1744), Zürich und Brüssel 1948.
Ders., Prinzipien einer neuen Wissenschaft über die gemeinsame Natur der Völker (1744), 2 Bde., Hamburg 1990.
Ders., Vom Wesen und Weg der geistigen Bildung (1709), Darmstadt 1963.
Ders., Vie de Giambattista Vico écrite par lui-même suivie de La méthode des études de notre temps, Paris 1981.
Villey, Michel, Le droit et les droits de l'homme, Paris 1983.
Walliser, Bernard, Anticipations, équilibres, et rationalité économique, Paris 1985.
Walras, Léon, *Éléments d'Économie politique pure ou Théorie de la richesse sociale (1874)*, in: Walras, Auguste et Léon, Œuvres économiques complètes, Bd. 8, Paris 1988.
Walzer, Michael, Regicide and Revolution. Speeches at the Trial of Louis XVI., Cambridge 1974.
Ders., Sphären der Gerechtigkeit: ein Plädoyer für Pluralität und Gleichheit, Frankfurt am Main 1992.
Weber, Max, Wirtschaft und Gesellschaft, 5. Rev. Auflage, Tübingen 1980.
Weiss, John Hubel, The Making of Technological Man. The Social Origins of French Engeneering Education, Cambridge (Mass.) 1982.
Weisung der Väter. Apophthegmata Patrum, Trier 2003.
Williamson, Oliver E., Markets and Hierarchies. Analysis and Antitrust Implications. A Study in the Economics of Internal Organization, New York 1975.
Ders., The Economic Institutions of Capitalism: Firms, Market, Rational Contracting, New York 1985.
Wissler, André, Cohésion de l'entreprise et pluralité des logiques d'action, Arbeitspapier, Groupe de Sociologie politique et morale, Paris 1987.
Ders., *Les jugements dans l'octroi de crédit*, in: Boltanski/Thévenot (Hg.), Justesse et justice, S. 67–119.
Ders., *Prudence bancaire et incertitude*, in: Innovation et ressources locales, Paris 1989, S. 201–237.